# DIREITO ADMINISTRATIVO

FERNANDO FERREIRA BALTAR NETO
RONNY CHARLES LOPES DE TORRES

# DIREITO ADMINISTRATIVO

9ª edição
revista, atualizada e ampliada

2019

EDITORA JusPODIVM
www.editorajuspodivm.com.br

coleção
SINOPSES para concursos
Coordenação
Leonardo Garcia
9

EDITORA *Jus*PODIVM

www.editorajuspodivm.com.br

Rua Território Rio Branco, 87 – Pituba – CEP: 41830-530 – Salvador – Bahia
Tel: (71) 3045.9051
• Contato: https://www.editorajuspodivm.com.br/sac

**Copyright:** Edições *Jus*PODIVM



**Diagramação:** Lupe Comunicação e Design *(lupecomunicacao@gmail.com)*

**Capa:** Ana Caquetti

**ISBN:** 978-85-442-2506-6

# Coleção Sinopses para Concursos

A *Coleção Sinopses para Concursos* tem por finalidade a preparação para concursos públicos de modo prático, sistematizado e objetivo.

Foram separadas as principais matérias constantes nos editais e chamados professores especializados em preparação de concursos a fim de elaborarem, de forma didática, o material necessário para a aprovação em concursos.

Diferentemente de outras sinopses/resumos, preocupamo-nos em apresentar ao leitor o entendimento do STF e do STJ sobre os principais pontos, além de abordar temas tratados em manuais e livros mais densos. Assim, ao mesmo tempo em que o leitor encontrará um livro sistematizado e objetivo, também terá acesso a temas atuais e entendimentos jurisprudenciais.

Dentro da metodologia que entendemos ser a mais apropriada para a preparação nas provas, demos destaques (em outra cor) às palavras-chaves, de modo a facilitar não somente a visualização, mas, sobretudo, a compreensão do que é mais importante dentro de cada matéria.

Quadros sinóticos, tabelas comparativas, esquemas e gráficos são uma constante da coleção, aumentando a compreensão e a memorização do leitor.

Contemplamos também questões das principais organizadoras de concursos do país, como forma de mostrar ao leitor como o assunto foi cobrado em provas. Atualmente, essa "casadinha" é fundamental: conhecimento sistematizado da matéria e como foi a sua abordagem nos concursos.

Esperamos que goste de mais esta inovação que a Editora Juspodivm apresenta.

Nosso objetivo é sempre o mesmo: otimizar o estudo para que você consiga a aprovação desejada.

Bons estudos!

**Leonardo Garcia**
leonardo@leonardogarcia.com.br
www.leonardogarcia.com.br
Instagram: @leomgarcia

# Guia de leitura da Coleção

A Coleção foi elaborada com a metodologia que entendemos ser a mais apropriada para a preparação de concursos.

Neste contexto, a Coleção contempla:

- **Doutrina otimizada para concursos**

Além de cada autor abordar, de maneira sistematizada, os assun-tos triviais sobre cada matéria, são contemplados temas atuais, de suma importância para uma boa preparação para as provas.

> Muitos dos conceitos do nosso Direito Administrativo foram concebidos ainda no período do **Estado Liberal**. Outra parte desse ramo jurídico foi concebida durante o **Estado Social**. A concepção democrática, hoje pretendida, exige a acomodação dos conceitos e normas tradicionais ao novo paradigma constitucional (**Estado Democrático de Direito**), impondo uma *"outra qualidade de Estado"*.
>
> Perceber essa mutação no direito administrativo é um diferencial que auxilia no estudo da matéria e no desenvolvimento do jurista, sendo importante para a compreensão de algumas questões objetivas, além de essencial para questões suscitadas em provas subjetivas e orais, pelas melhores bancas.

- **Entendimentos do STF e STJ sobre os principais pontos**

> Segundo precedente do STF, é compatível com o princípio da impessoalidade, dispositivo de Constituição Estadual que vede ao Estado e aos Municípios atribuir nome de pessoa viva a avenida, praça, rua, logradouro, ponte, reservatório de água, viaduto, praça de esporte, biblioteca, hospital, maternidade, edifício público, auditórios, cidades e salas de aula (STF, ADI 307/CE, rel. Min. Eros Grau, 13.2.2008).

- **PALAVRAS-CHAVES EM OUTRA COR**

As palavras mais importantes (palavras-chaves) são colocadas em outra cor para que o leitor consiga visualizá-las e memorizá-las mais facilmente.

> **Cargo** é o local criado por lei dentro do serviço público que possui atribuições, nomenclatura e remuneração próprias.
>
> O cargo público, por sua vez, subdivide-se em **cargo efetivo e em comissão.**

- **QUADROS, TABELAS COMPARATIVAS, ESQUEMAS E DESENHOS**

Com esta técnica, o leitor sintetiza e memoriza mais facilmente os principais assuntos tratados no livro.

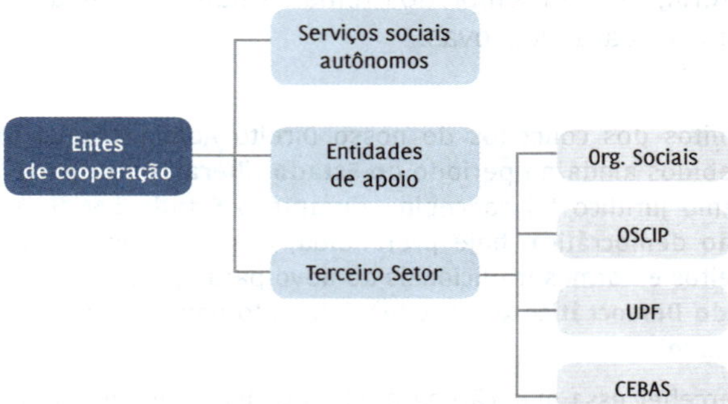


- **QUESTÕES DE CONCURSOS NO DECORRER DO TEXTO**

Por meio da seção *"Como esse assunto foi cobrado em concurso?"* é apresentado ao leitor como as principais organizadoras de concurso do país cobram o assunto nas provas.

> **▸ Como esse assunto foi cobrado em concurso?**
> No concurso para provimento do cargo de Procurador do Estado do Ceará-2008, foi considerada incorreta a seguinte assertiva: *Ao criar uma autarquia, a administração pública apenas transfere a ela a execução de determinado serviço público, permanecendo com a titularidade desse serviço.*

# Sumário

Capítulo 1

# Noções preliminares

*Ronny Charles*

## 1. BREVE HISTÓRICO SOBRE O ESTADO – DO MODELO LIBERAL AOS TEMPOS ATUAIS

Nesse capítulo introdutório, traçaremos um breve esboço sobre a evolução do **Estado Moderno**, partindo de sua compleição liberal e chegando ao momento mais recente, notadamente em sua faceta econômica e jurídica. Tal narrativa permite uma visão ampla sobre vários ramos do Direito Público, inclusive o Administrativo, ajudando a entender e a perceber as mudanças ocorridas, suas características e suas tendências.

Com o **Estado Moderno**, foi erigido um ordenamento legal fundado, inicialmente, no poder unitário, totalitário e absoluto, concentrado na pessoa do príncipe, em período que ficou marcado pelo **absolutismo monárquico**. Contudo, conforme ensina Dirley da Cunha Júnior, se o início da organização do Estado indica a existência de uma Administração Pública, pode-se dizer que apenas com a submissão do Estado ao Direito (**Estado de Direito**) foi provocada a construção de um verdadeiro **Direito Administrativo,** ramo que "regula as relações entre Administração Pública e administrados, assegurando a correta e legítima gestão do interesse público e garantindo os direitos dos administrados".

A passagem do **Estado Absolutista** para o **Estado Liberal de Direito** representou a mudança de um modelo baseado na autoridade do príncipe e sua infalibilidade, para uma realidade que tratava com primazia a autonomia da pessoa humana e a liberdade civil e econômica do indivíduo. Essas eram aspirações seculares da classe burguesa, que consolidaram uma concepção de Estado com poderes limitados.

A limitação dos poderes estatais impunha a obediência às normas jurídicas, estabelecidas por parlamentares (representantes do povo), que estipulavam as diretrizes de sua atuação. A concepção liberal clássica de **Estado de Direito** teve por base um pilar institucional de freios e contrapesos (*checks and balances*) entre as três facetas do Poder constituído (Executivo, Legislativo e Judiciário). No **Estado Liberal**, a Administração Pública tinha atuação reduzida e excepcional, como reflexo das aspirações burguesas e da repulsa aos excessos praticados pelo **Estado Ab-**

**solutista**. Vale frisar, as Constituições, naquele momento, resguardavam, apenas, a **primeira geração** (ou dimensão) de direitos fundamentais, reconhecidos como afirmação do indivíduo frente ao Estado.

Percebe-se, então, que esse período foi marcado por uma **abstenção estatal** na área econômica e na prestação de serviços públicos. Esta atuação equidistante, embora tenha garantido liberdade para a expansão das atividades de Mercado, permitiu também o incremento de problemas sociais e econômicos não resolvidos pela insuficiente autorregulação do sistema mercadológico. Os graves problemas causados pela atuação desregrada do mercado indicavam certa exaustão do modelo liberal e a necessidade de uma reformulação no papel do Estado na conjuntura social.

Com a grande depressão vivida pelo capitalismo do início do século XX, que culminou com a **quebra da Bolsa de Nova Iorque**, em 1929, o modelo de Estado liberal foi pressionado a se renovar, passando a invocar a maior presença estatal na economia e na materialização de direitos sociais.

Uma nova proposta de Estado, conhecida como **Estado Social (do Bem-Estar Social ou *welfare state*)**, agregou outros objetivos à atuação/intervenção estatal, passando a ter como meta o atendimento das necessidades da coletividade. Não por coincidência, as constituições nacionais começaram a registrar direitos e garantias fundamentais de **segunda geração** (ou dimensão) que reclamavam prestações materiais pelo Estado, em favor dos indivíduos, como instrumento para efetivar liberdades públicas.

O **Estado Social** surgiu com a incumbência de dar resposta a questões sociais que clamavam por uma **intervenção estatal**, de modo a assegurar condições mínimas para aqueles incapazes de prover o seu próprio sustento. Nesse contexto, a proteção da liberdade e a presunção da igualdade entre os homens deixaram de ser o foco único, crescendo a importância da atuação pública na amenização das desigualdades sociais.

Diante do novo paradigma, a Administração Pública teve que ampliar suas atribuições e deveres perante a sociedade, buscando suprir anseios coletivos como saúde, assistência e educação. Canotilho lembra que, se o Estado, em sua configuração moderna, foi concebido em razão de um Estado de Direito, justificado pela necessidade de oferecer proteção contra violências públicas e privadas, garantindo liberdade e segurança; da mesma forma, o Estado Social surgiu para dar solução a outro tipo de violência, a pobreza.

No novo ambiente, impôs-se a necessidade de realização de determinadas prestações públicas, agora entendidas como ônus estatal, que assumiu a dupla função de suprir as deficiências do sistema de mercado e implementar objetivos definidos de políticas públicas.

Esse novo paradigma, certamente, afetou materialmente a Administração Pública e, por consequência, o Direito Administrativo. Não apenas pela revisitação de alguns de seus princípios de atuação (como a igualdade), mas também pela repercussão da grande expansão de suas atividades (com a criação de novos órgãos e o estabelecimento de novas competências), que precisaram ser reguladas por normas jurídicas.

Contudo, no decorrer do século XX, diante da sobrecarga das prestações sociais, falta de autonomia, complexidade das instituições políticas, crises administrativas e carência de apoio pelos cidadãos, configurou-se um quadro de ingovernabilidade que levou à **crise do Estado Social.** À medida que ela era aprofundada, evidenciavam-se os problemas relativos à estrutura estatal e as dificuldades para atender à cobertura de novas demandas sociais, como o desemprego, a proteção ao meio ambiente e o desenvolvimento de políticas públicas.

Ademais, o crescimento desmesurado do Estado, que passou a ser prestador de serviços públicos, investidor e empresário, além de impor um crescente aumento da dívida pública, permitiu um fortalecimento exagerado do Poder Executivo, desequilibrando o tradicional sistema de controle e gerando inúmeras fragilidades estruturais, identificadas (até hoje) na origem de escândalos políticos.

Na verdade, a chamada crise do Estado Social (ou de Bem-Estar) parecia relacionada, grosso modo, a fatores como as dificuldades de fomento do desenvolvimento e manutenção da estabilidade econômica, através da intervenção maciça do Estado, a crise de legitimidade dos representantes políticos, o excesso de demandas e o consequente aumento da carga fiscal para dar conta de seu custeio. Todos esses elementos foram potencializados por variáveis externas ou exógenas, como o fim do desenvolvimento pós-guerra, o rompimento do sistema de equilíbrio cambial firmado pelo acordo de ***Bretton-Woods***, as crises do petróleo, a nova realidade globalizada e a instabilidade do mercado financeiro internacional.

Revigoraram-se algumas teorias que permeavam o raciocínio liberal, notadamente da primazia da iniciativa privada e da necessidade da retração estatal em sua atuação interventiva. O Estado, outrora apontado como o único capaz de resolver as injustiças e desequilíbrios causados pelo apetite capitalista da doutrina liberal, passou a ser considerado, por alguns radicais, ávidos pelo retorno do Estado mínimo, como o grande problema da crise econômica enfrentada pela maioria dos Estados que adotaram o postulado do *welfare state*.

De qualquer forma, a história já provou os malefícios que podem ser causados pela atuação libertina do Mercado, cristalizando a lição de que ela gera modelos antagônicos, desinteressantes para o próprio capital. A recente **crise do sistema financeiro mundial** fortaleceu o raciocínio que coloca o Estado como ator relevante no cenário econômico, pela compreensão de que sua atuação é necessária para manter o equilíbrio do sistema social.

Noutro diapasão, continua em vigor a tese de que o Estado deve centrar seus esforços nas suas atividades precípuas, redimensionando a sua atuação na busca por eficiência e pela legitimidade de suas ações. Ademais, exige-se proteção para o cidadão, frente a algumas práticas autoritárias exercitadas pela Administração Pública, hipertrofiada no transcorrer do Estado Social.

Neste novo cenário econômico e jurídico, fortemente afetado pelo fenômeno da globalização, a ampliação das potencialidades tecnológicas, inclusive de comunicação, e a consagração dos direitos humanos, descortina-se um novo paradigma. Discute-se uma nova via para a concepção de existência e de atuação da figura estatal, potencializando seu papel regulador e sedimentando sua condição de **Estado Democrático de Direito**.

Segundo Di Pietro, essa configuração do **Estado Democrático de Direito** é resultado da síntese dialética dos momentos anteriores da evolução dos paradigmas de Estado, constituindo-se em novo conceito, que une preceitos do direito formal burguês e do direito materializado no Estado Social.

Conforme será visto adiante, novamente se faz necessário revisitar o modelo de Administração Pública, as normas que a regulam e os seus princípios. Além de impor a **eficiência** como princípio, o Direito Administrativo rediscute conceitos como **legalidade, publicidade, supremacia do interesse público, personalização do direito administrativo, atos** e **contratos administrativos,** entre outros. Tal embate impõe a necessidade de **rediscussão do papel do Estado**, dilema que não se resolve com a mera redução da quantidade de Estado, mas sim, nas palavras de Boaventura de Sousa Santos, pela construção de outra qualidade de Estado.

Muitos dos conceitos do nosso Direito Administrativo foram concebidos ainda no período do **Estado Liberal**. Outra parte desse ramo jurídico foi concebida durante o **Estado Social**. A concepção democrática, hoje pretendida, exige a acomodação dos conceitos e normas tradicionais ao novo paradigma constitucional (**Estado Democrático de Direito**), impondo necessária evolução ao nosso Direito Administrativo.

Perceber essa mutação no direito administrativo é um diferencial que auxilia no estudo da matéria e no desenvolvimento do jurista, sendo importante para a compreensão de algumas questões objetivas, além de essencial para questões suscitadas em provas subjetivas e orais, pelas melhores bancas.

▸ **Como esse assunto foi cobrado em concurso?**

No concurso para Analista Judiciário do Tribunal de Justiça do Ceará (Cespe/2014), foi considerada errada, a seguinte assertiva: "O Estado liberal, surgido a partir do século XX, é marcado pela forte intervenção na sociedade e na economia".

No concurso para o Tribunal de Justiça do Paraná (2008), com a seguinte ementa: "Analisando o arcabouço constitucional que indica as noções do Estado Democrático de Direito, a moderna doutrina do Direito Administrativo aponta para uma transformação da noção de Interesse Público, aludindo a um fenômeno chamado "personalização do direito administrativo". Nesse contexto, assinale a alternativa correta: "Foi considerada correta a seguinte alternativa: "O Interesse Público confunde-se com a atividade da Administração Pública na realização da democracia e dos direitos fundamentais;"

> **Importante!**
> Este sucinto relato tem a pretensão de (didaticamente) permitir ao leitor a compreensão de algumas tendências de nosso Direito Administrativo, constantemente suscitadas em questões das melhores bancas de exame (direta ou indiretamente), tornando mais produtiva a leitura do conteúdo deste livro.

## 2. O ESTADO E SUAS FUNÇÕES

### 2.1. Funções estatais clássicas

Tradicionalmente, podemos considerar o **Estado** como uma instituição, organizada social, jurídica e politicamente, detentora de personalidade jurídica de direito público e de poder soberano para, através de suas instituições e de um **Governo**, dentro de uma área territorial, gerir os interesses de um **povo**.

No Brasil, temos um sistema de Governo que concentra as funções de chefe de Estado e de chefe de governo na pessoa do chefe do Poder Executivo.

Consolidou-se o entendimento clássico de que o Estado possui três funções (legislativa, jurisdicional e administrativa), realizadas por seus Poderes (Legislativo, Judiciário e Executivo) de forma típica ou atípica. Importante lembrar que cada Poder, além de sua função típica, também possui funções atípicas. Assim, por exemplo, embora a função típica do Poder Legislativo envolva a criação de normas jurídicas que inovam o ordenamento (função legislativa), seus órgãos também exercem função administrativa, notadamente na relação com seus servidores ou quando realizam contratações públicas. Outrossim, o Legislativo exerce função jurisdicional, atipicamente, ao julgar o Presidente da República (CF, art. 52, I).

Em nossa opinião, parece mais adequada a alusão às funções **legislativa, jurisdicional e executiva**, subdividindo-se, a última, em **função política** (ou de governo) e em **função administrativa**.

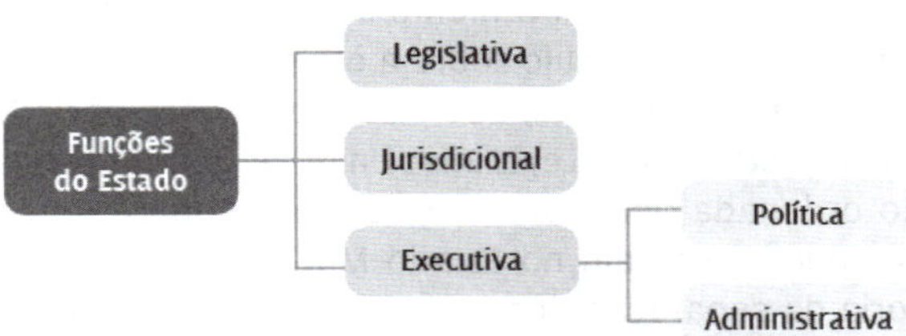


Enquanto a **função política** (ou de Governo) está relacionada à superior gestão da política estatal (como ocorre no veto presidencial, na cassação política de um parlamentar ou em algumas decisões do Tribunal Constitucional), a **função administrativa** está relacionada à execução das normas jurídicas para atendimento direto e imediato do interesse da coletividade, através de comportamentos infralegais, submetidos a um regime jurídico próprio (o administrativo), a uma estrutura hierárquica e ao controle de legalidade pelo Poder Judiciário.

> **▸ Como esse assunto foi cobrado em concurso?**
>
> No concurso para Analista Judiciário do Tribunal de Justiça do Ceará (Cespe/2014), foi considerada errada, a seguinte assertiva: "A administração pública, em sentido estrito, abrange a função política e a administrativa."

## 2.2. Funções essenciais à Justiça

Cabe observar, ainda, que a Constituição, ao tratar sobre a organização dos Poderes, em seu título IV, insere determinadas funções em capítulo próprio, classificando-as como **"funções essenciais à Justiça"**, com configuração constitucional peculiar, sendo o referido capítulo dividido em três seções, designadas, respectivamente, **"Do Ministério Público"**, **"Da Advocacia Pública"** e, a última delas, **"Da Advocacia e da Defensoria Pública"**.

Vale fazer referência ao ensino de Diogo de Figueiredo Moreira Neto, principal fonte de escritos sobre o tema. O célebre doutrinador nos ensina que:

> "A Constituição de 1988, no Título consagrado à Organização dos Poderes, além dos quatros tradicionais Capítulos, dedicados aos três Poderes do Estado, apresenta um quarto, cuidando, em apartado, das Funções Essenciais à Justiça.
>
> Surpreendentemente, ao que se nota, a literatura juspolítica nacional, com poucas e lúcidas exceções, parece não ter dado conta da transcendência dessa inovação e do que ela representa para a realização do valor justiça, aqui entendida como síntese da licitude, da legitimidade e da legalidade, no Estado contemporâneo, como aventam os jusfilósofos mais respeitáveis, como MIGUEL REALE, um valor básico e instrumental para a realização de todos os demais, por pressupor 'uma composição isenta e harmônica de interesses'".[1]

Importante perceber que o deslocamento das funções essenciais à Justiça para um capítulo próprio, inserido no título sobre a organização dos Poderes, mas autônomo em relação aos três anteriores, que discorrem sobre os Poderes da clássica repartição (Executivo, Judiciário e Legislativo) não se deu de forma despropositada. A distribuição ordenada pela Constituição tem sentido e demonstrou sintonia com as mudanças que ocorreram no Estado Moderno, tornando inadequada ou insuficiente a teoria da separação dos poderes, em sua compleição original.

> **▸ Atenção!**
>
> As funções essenciais à Justiça, conforme lições do Mestre Diogo de Figueiredo Moreira Neto, apresentam-se como sistema de controle,

1. MOREIRA NETO, Diogo de Figueiredo. As funções essenciais à justiça e as procuraturas constitucionais. *Revista da Procuradoria-Geral do Estado do Rio de Janeiro*. Rio de Janeiro, n. 45, p. 41-57, 1992.

> através de funções específicas que atuam por órgãos técnicos, *"exercentes de uma parcela do poder estatal, mas destacados dos Poderes do Estado"*. A Constituinte buscou prestigiar funções imprescindíveis para o equilíbrio e para a harmonia dos Poderes estatais, e é sob esse aspecto que deve ser percebida a atuação da advocacia privada e das *"procuraturas constitucionais"* (o Ministério Público, a Advocacia de Estado e a Defensoria Pública).

### 2.3. A função administrativa. Critérios de identificação e espécies

O presente trabalho se deterá especificamente ao estudo da **função administrativa**. Ela se diferencia das demais funções e é exercida tipicamente pelo Poder Executivo e atipicamente pelo Poder Legislativo e pelo Poder Judiciário. Quando qualquer dos poderes/funções ou de seus órgãos e entidades atua no campo dessa função administrativa, atua enquanto Administração Pública, **submetendo-se ao seu regime jurídico.**

> **Atenção!**
>
> Em relação ao nepotismo (que afronta princípios do regime jurídico da administração pública), o Supremo tem assentado que a nomeação de parentes para cargos políticos não configuraria afronta aos princípios constitucionais que regem a Administração Pública, tendo em vista sua natureza eminentemente política (STF AgR 6650, Rel. Min. Ellen Gracie, 16/10/2008).
>
> *Importante perceber que tal entendimento do Supremo segue a linha de raciocínio de que há uma diferenciação entre função administrativa e função política, não se submetendo esta última, ao regime jurídico da Administração Pública.*

A doutrina identifica as funções administrativas através de três critérios:

| | |
|---|---|
| Critério subjetivo ou orgânico | leva em conta o sujeito responsável pelo exercício da função administrativa; |
| Critério objetivo material | busca reconhecer a função através de elementos intrínsecos da atividade, ou seja, através de seu conteúdo; |
| Critério objetivo formal | busca reconhecê-la pelo regime que a disciplina. |

Embora parte da doutrina aponte um ou outro critério como mais adequado para a identificação da função administrativa, parece-nos que nenhum deles é suficiente. Assim, eles devem ser avaliados em seu conjunto, para a correta identificação da função administrativa.

A função administrativa compreende diversas atividades, como:

| | |
|---|---|
| Serviços públicos | atividade direcionada a proporcionar utilidades ou comodidades para os administrados, para satisfação de suas necessidades; |
| Poder de polícia | atividade que contém ou restringe o exercício das liberdades, adequando-as ao interesse público; |
| Fomento | atividade administrativa de estímulo à iniciativa privada de utilidade pública, que desenvolve atividades de interesse coletivo; |
| Intervenção | atuação da Administração no domínio econômico, seja de forma direta (através de suas empresas estatais), seja de forma indireta, através da regulamentação e da fiscalização da atividade econômica. |

## 3. ADMINISTRAÇÃO PÚBLICA E DIREITO ADMINISTRATIVO

A **Administração Pública** é a faceta organizacional do Estado voltada para o atendimento das necessidades coletivas, no desempenho de sua função administrativa.

A expressão pode ser compreendida em dois sentidos:

a) **Sentido objetivo** (administração pública): consiste na própria atividade administrativa exercida pelos órgãos e entes estatais.

b) **Sentido subjetivo** (Administração Pública): consiste no conjunto de órgãos, entidades e agentes que tenham a atribuição de executar a função administrativa. Nesse caso, a expressão se inicia com letras maiúsculas.

O **Direito Administrativo** se apresenta como o ramo do Direito Público que envolve normas jurídicas disciplinadoras da Administração Pública em seus dois sentidos, enquanto atividade administrativa propriamente dita e enquanto órgãos, entes e agentes que possuem a atribuição de executá-la. Em outras palavras, é o ramo do Direito Público que envolve normas jurídicas disciplinadoras do exercício da função administrativa.

Enquanto arcabouço de regras disciplinadoras da Administração Pública, o Direito Administrativo abrange normas (sejam princípios ou regras) que orientam os entes e órgãos do Estado, em suas atividades administrativas.

Nessa feita, o exercício de funções outras, que não a administrativa, são reguladas por outros ramos do Direito (o Constitucional, por exemplo). Da mesma forma, há incidência do direito administrativo em atividades que, para sua realização, exigem o exercício da função administrativa. A constituição do crédito tributário ou a concessão de uma aposentadoria, embora sejam objeto, respectivamente, das disciplinas direito tributário e direito previdenciário, na prática, submetem-se a certas regras de direito administrativo, em relação aos servidores públicos envolvidos, processamento administrativo, revisão de atos administrativos praticados, entre outros.

▸ **Como esse assunto foi cobrado em concurso?**

No concurso para o cargo de Delegado de Polícia de Pernambuco (Cespe/2016), com a seguinte ementa: "Considerando os princípios e fundamentos teóricos do direito administrativo, assinale a opção correta." Foi considerada correta a seguinte alternativa: "D) A administração pública, em sentido estrito e subjetivo, compreende as pessoas jurídicas, os órgãos e os agentes públicos que exerçam função administrativa."

No concurso para o cargo de Juiz do Tribunal de Justiça de São Paulo (Vunesp/2009), com a seguinte ementa: "*Um dos aspectos primordiais do Direito Administrativo brasileiro é o de ser um conjunto:*", foi considerada correta a seguinte alternativa: "*d) de princípios e normas limitador dos poderes do Estado.*"

A Doutrina elenca diversos critérios, historicamente, utilizados para a conceituação do Direito Administrativo, indicando seus principais defensores:

a) **Critério do Poder Executivo:** (Lorenzo Meucci) de acordo com essa corrente, o objeto do Direito Administrativo estaria relacionado à atuação, exclusiva, do Poder Executivo. Essa corrente é insuficiente, uma vez que os Poderes Legislativo e Judiciário também exercem, atipicamente, a função administrativa.

b) **Critério do serviço público:** (Léon Duguit e Gaston Jéze), essa corrente defendia que o objeto do Direito Administrativo envolveria a disciplina jurídica dos serviços públicos prestados. Essa corrente também se apresentou insuficiente, uma vez que a Administração Pública, no exercício de sua função administrativa, exerce outras atividades, além da prestação de serviço público, que são também reguladas pelo Direito Administrativo, como: a atividade de fomento e de poder de polícia, entre outros.

c) **Critério das relações jurídicas:** (Laferrière) para essa corrente, o Direito Administrativo seria o conjunto de regras disciplinadoras das relações entre a Administração e os administrados. Também aqui pode ser suscitada certa imprecisão, uma vez que essas relações jurídicas, muitas vezes, são objeto de outros ramos do direito público, como o Constitucional, o Penal ou o Tributário. Ademais, esse critério despreza a atuação administrativa, em seu âmbito interno, como nas relações entre seus órgãos, sem participação dos administrados.

d) **Critério teleológico ou finalístico:** de acordo com seus pensadores, o Direito Administrativo seria o conjunto de normas que disciplinariam o Poder Público para a consecução de seus fins. Esse raciocínio, embora não esteja errado, parece insuficiente para delimitar, com precisão, esse ramo do Direito. No Brasil, essa corrente foi defendida por Oswaldo Aranha Bandeira de Mello.

e) **Critério negativo ou residual:** (Tito Prates da Fonseca) para seus defensores, o Direito Administrativo deveria ser definido por exclusão. Assim, pertenceriam ao Direito Administrativo as atividades que não pertencessem aos demais ramos jurídicos, nem aquelas relacionadas à sua função legislativa ou jurisdicional.

f) **Critério da Administração Pública:** (Hely Lopes Meirelles) essa corrente, que nos parece a mais acertada, prestigia o critério funcional, segundo o qual o

Direito Administrativo seria o ramo do direito que envolve normas jurídicas disciplinadoras da Administração Pública, em seu sentido objetivo e subjetivo.

▸ **Como esse assunto foi cobrado em concurso?**

No concurso para Procurador do Tribunal de Contas do Estado da Paraíba (Cespe/2014), foi considerada errada, a seguinte assertiva: "*Para Gaston Jezè, defensor da Escola do Serviço Público, o direito administrativo tem como objeto a soma das atividades desenvolvidas para a realização dos fins estatais, excluídas a legislação e a jurisdição*".

No concurso para Advogado da FUNASG (FUNCAB/2015), foi considerada correta, a seguinte assertiva: "Direito Administrativo é o ramo do Direito Público que estuda princípios e normas reguladores do exercício da função administrativa."

Necessário fazer referência aos conceitos de **administração pública extroversa** e **administração pública introversa**.

**Administração pública extroversa** envolve a relação existente entre a Administração e os administrados. Já a **Administração pública introversa** envolve a relação entre os próprios entes públicos. Conforme doutrina de Diogo de Figueiredo Moreira Neto, A administração pública extroversa é **finalística**, enquanto a administração pública introversa é **instrumental**, servindo como meio para a efetivação da Administração Pública extroversa.

### 3.1. Fontes do direito administrativo

Quando se aponta uma fonte de algo, ela está relacionada à origem daquele objeto de estudo. Pensando o Direito administrativo como um conjunto de normas, formado por regras e princípios, que disciplinam a Administração Pública, demonstra-se importante buscar identificar aquilo que provoca, revela ou dá origem, justamente, a tais normas jurídicas.

As **fontes do Direito Administrativo** não se resumem às normas oriundas do Estado, já que a disciplina deste ramo do direito sofre influência também dos demais setores, como o mercado e a sociedade. Rafael Oliveira lembra, por exemplo, a aplicação da *Lex mercatoria*, considerada fonte do chamado Direito Administrativo Global (*Global Administrative Law*), nas relações comerciais internacionais que envolvem o Estado.

Em apertada síntese, de acordo com a melhor doutrina, podemos apontar as seguintes fontes para o Direito Administrativo:

a) **princípios**; b) **leis**; c) **atos normativos infralegais**; d) **doutrina**; e) **jurisprudência** (destaque para as súmulas vinculantes e decisões em ADI, ADC e ADPF); f) **costumes**; g) **precedentes administrativos**.

Em relação aos precedentes administrativos como fontes, Rafael Carvalho lembra que eles pressupõem a prática reiterada de atos administrativos em situações similares, devendo a Administração restar vinculada a tais entendimentos quando analisar relações jurídicas distintas, mas que possuam identidade subjetiva e objetiva. Tal vinculação decorreria da necessidade de respeito à segurança jurídica, à isonomia e da vedação à arbitrariedade estatal. O autor ressalta que apenas em duas situações a Administração poderia se afastar de um precedente administrativo:

a) quando o ato invocado como precedente for ilegal;

b) quando o interesse público justificar a alteração motivada do entendimento administrativo, hipótese em que seria possível a adoção da teoria denominada "*prospective overruling*", segundo a qual a alteração de orientação jurídica deve ser aplicada apenas para os casos futuros.

> **Como esse assunto foi cobrado em concurso?**
> No concurso para Procurador do Tribunal de Contas do Estado da Paraíba (Cespe/2014), foi considerada errada, a seguinte assertiva: "*A lei é fonte primária do direito, sendo que o costume, fonte secundária, não é considerado fonte do direito administrativo*".

### 3.2. Sistemas administrativos

Em todo o mundo, adotam-se diferentes Sistemas (ou modelos) para correção dos atos administrativos ilegais ou ilegítimos, praticados pelo Poder Público:

**a)** O **Sistema do contencioso administrativo** (Sistema francês), restringe o controle dos atos da Administração, pelo Poder Judiciário. Nesse Sistema, em regra, os atos da Administração sujeitam-se à jurisdição do **contencioso administrativo**, formado por órgãos da Administração Pública.

Marinela pondera que este Sistema admite exceções, fazendo com que certas questões sejam julgadas pelo Poder Judiciário (como, por exemplo, causas envolvendo capacidade das pessoas e litígios decorrentes de atividades públicas, com caráter privado).

**b)** O **Sistema judiciário** (Sistema inglês ou Sistema de jurisdição única) permite que o controle de todos os atos da administração seja feito pelo Poder Judiciário. Nesse Sistema, em regra, as decisões administrativas, mesmo tomadas em um ambiente "contencioso" (ex: decisão de uma junta de recursos), podem ser revistas pelo Poder Judiciário.

É o Sistema adotado pelo Brasil, conforme evidencia a Constituição Federal, ao consagrar o princípio da inafastabilidade do controle jurisdicional, ao estabelecer que "a lei não excluirá da apreciação do Poder Judiciário lesão ou ameaça a direito" (Art. 5º, XXXV).

SCATOLINO e TRINDADE advertem que este princípio, contudo, comporta algumas exceções, entre elas:

> I - Justiça desportiva: segundo a Constituição, o Poder Judiciário só admitirá ações relativas à disciplina e às competições desportivas após esgotarem-se as instâncias da justiça desportiva, regulada em Lei (Art. 217, §1º).
>
> II - Habeas Data: de acordo com a Jurisprudência do STJ, não cabe Habeas Data se não houve recusa de informações por parte da autoridade administrativa.
>
> III - Súmulas vinculantes: embora a Reclamação seja o meio adequado para impugnar judicialmente, descumprimento de uma súmula vinculante, a lei nº 11.417, de 2006, estabeleceu que o uso da reclamação apenas é admitido após o esgotamento das vias administrativas.
>
> IV - Mandado de segurança: a Lei nº 12.016/de 2009, previu que sua interposição não é cabível quando caiba recurso administrativo com efeito suspensivo, independente de caução.
>
> V - Benefício previdenciário: os autores registram que o STF já admitiu a exigibilidade de prévio requerimento administrativo (sem necessidade de esgotamento da via administrativa), como condição para o exercício de direito de ação, para que se postule a concessão de benefício previdenciário (Informativo 756). Esta condição não ocorreria nas hipóteses de pretensões de revisão, restabelecimento ou manutenção de benefício anteriormente concedido, nas quais o pedido poderia ser formulado diretamente em juízo.

## 4. REFORMA ADMINISTRATIVA

Para entendermos melhor a atualidade vivenciada em nosso direito administrativo, é importante visitar algumas lições sobre a **Reforma Administrativa,** ainda inconclusa, mas com agudas manifestações nos anos 90. Essa reforma repercutiu em nosso modelo de administração pública, alterando institutos outrora concebidos e criando outros tantos, que hoje fazem parte de nosso ordenamento.

### 4.1. Introdução

Importante frisar que esse movimento não foi identificado apenas em nosso país. As alterações sociais, econômicas e políticas que, no final do século XX, afetaram toda a sociedade mundial, causaram transformações nos modelos estatais, culminando com aquilo que se costumou chamar de **crise do Estado Social**.

Se a grande depressão de 1929 e a existência do socialismo soviético foram importantes para a transformação do Estado, que abandonou a sua configuração mínima, proposta pela máxima ***laissez faire, laissez passer***, para adotar uma postura intervencionista, característica do ***welfare state***, também os problemas econômicos e políticos vividos após a década de 70, como a crise do petróleo, o endividamento fiscal dos Estados, as dificuldades de satisfação (***outputs***) das exigências sociais e dos grupos de interesse organizados (***inputs***), a prática indiscriminada de **rent-seeking** (busca de privilégios pela manipulação do ambiente econômico ou político) e a própria crise de legitimidade estatal, levaram ao fortalecimento dos pensamentos contrários à ampliação da estrutura administrativa.

Em outras palavras, se as deficiências do mercado influenciaram a passagem para o modelo do Estado Social, as deficiências do governo incitaram o debate sobre a necessidade de nova mudança de paradigmas.

As discussões sobre a redefinição do papel estatal ganharam contorno de questão de ordem. Assim, de acordo com o novo pensamento majoritário, influenciado pelo raciocínio neoliberal, deveria o Estado reduzir sua intervenção no Mercado e equacionar seus gastos, inclusive aqueles destinados às prestações de serviços públicos, ampliados na vigência do *Welfare State*. Essa **redefinição do papel estatal** exigia uma revisão do papel exercido pela Administração Pública, que a sintonizasse às alterações sofridas pelo mundo, decorrentes da mudança de paradigmas que acompanhava o movimento da globalização.

Segundo Di Pietro, antes da reforma, os governantes brasileiros se deparavam com pelo menos duas realidades no âmbito da administração pública. A primeira se relacionava à situação de crise, sobretudo no âmbito financeiro, já que o Poder Público não conseguia cumprir adequadamente as competências atribuídas pela Constituição. A segunda se relacionava à procura de soluções que permitissem a efetivação das aspirações constitucionais de um Estado que, entre seus objetivos, deve buscar a construção de uma sociedade livre, justa e solidária, garantir o desenvolvimento, erradicar a pobreza e promover o bem-estar de todos.

A verificação, no Estado Brasileiro, da revisão do modelo administrativo, começou com a reforma da gestão pública realizada entre os anos de 1995 a 1998, pela qual o Brasil acompanhou a segunda grande reforma do Estado Moderno, iniciada desde a década de 80, em países como a Inglaterra. Essa reforma administrativa foi marcada pela tentativa de implantação de uma administração gerencial, que repercutiu na inclusão da eficiência como um dos princípios constitucionais da Administração Pública. Esse princípio foi inserido no texto constitucional pela EC nº 19/98, passando a expressamente vincular e nortear a administração pública, exigindo que a atividade administrativa seja exercida com presteza, perfeição e rendimento funcional.

> **Como esse assunto foi cobrado em concurso?**
>
> No concurso para Procurador do Estado da Paraíba (Cespe/2008), com a seguinte ementa: *"O princípio da eficiência, introduzido expressamente na Constituição Federal (CF) na denominada Reforma Administrativa, traduz a idéia de uma administração"*, foi considerada correta a seguinte alternativa: *"e) gerencial"*.

### 4.2. Principais alterações

No caso do Brasil, permanece a crítica de que a mudança no modelo administrativo induziu governos recentes à importação de modelos internacionais que não tinham a necessária relação de simetria jurídica com nosso ordenamento. Os objetivos e as diretrizes para a reforma da administração pública brasileira foram registrados no **Plano Diretor da Reforma do Aparelho do Estado**.

Essa visão do Estado inspirou a adoção de diversas medidas que alteraram o panorama da Administração Pública. De qualquer maneira, importante salientar que a reforma do aparelho estatal brasileiro foi fortemente influenciada pelas mudanças do final do século XX, que atingiram tanto o modelo estatal como o próprio capitalismo. Vejamos adiante, algumas de suas principais alterações, também tratadas nessa obra, mais adiante, nos capítulos próprios:

### 4.2.1. *Servidor público*

A Reforma Administrativa trouxe várias alterações à relação Administração-servidor, inclusive em relação à remuneração e às regras de estabilidade, fixando, por exemplo, a possibilidade de avaliação de desempenho e a perda do cargo por excesso de despesas. As nuances e alterações realizadas serão estudadas no capítulo próprio, sobre agentes públicos.

### 4.2.2. *Contratos de gestão*

O **contrato de gestão** foi apresentado como instrumento de modernização da gestão pública. Di Pietro o aponta como forma de ajuste entre a Administração Pública Direta e entidades da Administração Indireta (**agência executiva**) ou entidades privadas que atuam paralelamente ao Estado (**Organizações Sociais**). O objetivo desse contrato seria o de estabelecer metas a serem alcançadas, em troca de benefícios ou parcerias com o Poder Público.

Quando realizado entre órgãos ou entidades da Administração, o contrato de gestão pode objetivar a ampliação da autonomia gerencial, orçamentária e financeira, devendo ter prazo de duração estabelecido em lei. Nos capítulos próprios, Organização da Administração Pública e Entes de cooperação, o tema será devidamente tratado.

### 4.2.3. *Agências executivas*

A Reforma estabeleceu a possibilidade de que o Poder Executivo qualifique como **agência executiva**, a autarquia ou a fundação que tenha cumprido requisitos estabelecidos para o alcance de uma maior eficiência em seu funcionamento, com melhor desempenho e redução de custos. Esse tema será abordado no capítulo sobre Organização da Administração Pública, ao qual remetemos o leitor.

### 4.2.4. *Agências reguladoras*

Com o objetivo de sanear as finanças públicas, o Governo Federal iniciou o **Programa Nacional de Desestatização**, transferindo à iniciativa privada alguns serviços públicos outrora prestados pelo Estado (Ex.: telefonia). Com o fim do monopólio estatal, foi necessária a criação de autarquias de regime especial (**agências reguladoras**), para a regulação dessas atividades econômicas transferidas ao setor privado.

Esse tema será abordado no capítulo sobre Organização da Administração Pública, ao qual remetemos o leitor.

### 4.2.5. *Terceiro setor*

No cerne da sociedade civil, surgem associações de pessoas que não participam da roupagem estatal, nem têm interesses privados que as identifiquem com o Mercado ou com agrupamentos corporativos. São organizações que, sem fins lucrativos e sem a perspectiva estatal, buscam o atendimento de interesses coletivos.

Não há uniformidade na doutrina, acerca da classificação e nomenclatura dessas entidades, embora seja comum a denominação **"Entes de cooperação"** ou **"entidades paraestatais"**. Os reformistas adotaram a expressão **"setor público não estatal"** para identificar um segmento da sociedade civil que muito se aproxima do que a doutrina define como **Terceiro Setor**.

José Eduardo Sabo Paes define o Terceiro Setor como o conjunto de organismos, organizações e instituições dotados de autonomia e administração própria, que apresentam como função e objetivo principal atuar voluntariamente junto à sociedade civil, visando ao seu aperfeiçoamento. Vital Moreira observa que o Terceiro Setor se encontra em um ambiente intermediário entre o Estado e o Mercado, possuindo características híbridas, compartilhando traços de ambos.

A expressão **Terceiro Setor** foi traduzida do inglês ***Third Sector*** e difundida a partir da década de setenta do século XX. Ela englobaria as entidades formadas pela sociedade civil que não possuem interesse de lucro e buscam a satisfação dos interesses sociais. Esse conceito, ainda em construção, engloba a sociedade civil em sua atuação como parceira do Estado, estimulando discussões sobre os seus reais contornos. Abordaremos o tema no capítulo **Entes de cooperação**.

A Reforma Administrativa gerou a criação de dois novos títulos para o Terceiro Setor parceiro (Organizações Sociais/OS e Organizações da Sociedade Civil de Interesse Público/OSCIP) e propôs a **"publicização"** dos serviços não exclusivos, o que resulta na descentralização daquelas prestações que não envolvam o exercício do poder de estado, como os serviços de educação, saúde e cultura, para esse **"setor público não estatal"**.

Mais recentemente, como se verá adiante no estudo específico deste tema, a Lei federal nº 13.019/2014 estabeleceu um peculiar marco regulatório para as parcerias firmadas entre o Estado e as organizações da sociedade civil, priorizando o processo (seletivo) e não a titulação, como forma de identificação do Terceiro Setor (organizações da sociedade civil aptas à parceria estatal).

Diante dessa concepção, as organizações do Terceiro Setor (ou setor público não estatal) passam a ser parceiras estratégicas na prestação de serviços de interesse público.

### 4.2.6. Gestão pública e serviços públicos

No âmbito do Plano Diretor da Reforma do Aparelho do Estado, concebeu-se que no aparelho estatal podem ser identificados quatro setores: o **núcleo estratégico**, o **setor de atividades exclusivas**, os **serviços não exclusivos**, e a **produção de bens e serviços para o mercado**.

O **núcleo estratégico** corresponde ao Governo em sentido lato, sendo o responsável pela definição das leis e das políticas públicas, tomando as decisões estratégicas para gestão do Estado. De acordo com o Plano Diretor, esse setor corresponde aos Poderes Legislativo e Judiciário, ao Ministério Público e, no Poder Executivo, ao Presidente da República, aos ministros e aos seus auxiliares e assessores diretos, responsáveis pelo planejamento e formulação das políticas públicas.

O setor de **atividades exclusivas** abarca as atividades que só o Estado pode prestar, diante da imposição constitucional ou da necessidade do exercício de seu poder extroverso. Nos dizeres de Bresser-Pereira, atividades exclusivas são aquelas "que garantem diretamente que as leis e as políticas públicas sejam cumpridas e financiadas". Inserem-se nesse setor a cobrança e fiscalização dos impostos, a polícia, a previdência social básica, o serviço de desemprego, a fiscalização do cumprimento de normas sanitárias, o serviço de trânsito, a compra de serviços de saúde pelo Estado, o controle do meio ambiente, o subsídio à educação básica, o serviço de emissão de passaporte, entre outros.

O setor de **serviços não exclusivos** corresponde ao setor em que o Estado atua simultaneamente com outras organizações públicas não estatais e privadas. Essas organizações públicas não possuem o poder de Estado, embora este exerça um papel de parceria, em função dos interesses fundamentais envolvidos pela prestação desses serviços, como educação e saúde.

O setor de **produção de bens e serviços para o mercado**, que corresponde à área de atuação das empresas estatais e se caracteriza pelas atividades econômicas voltadas para o lucro que ainda permanecem no aparelho do Estado.

Temos, em resumo:

| | |
|---|---|
| Núcleo estratégico | Governo em sentido lato, sendo o responsável pela definição das leis e das políticas públicas; |
| Atividades exclusivas | Atividades que só o Estado pode prestar; |
| Serviços não exclusivos | Atividades que o Estado realiza simultaneamente com outras organizações públicas não estatais e privadas (filantrópicas); |
| Produção de bens e serviços para o mercado | Atividades econômicas voltadas para o lucro, que ainda permanecem no aparelho do Estado; |

Diante dessa concepção do aparelho estatal, em relação aos **serviços públicos**, há a disposição dos reformistas de limitar a ação direta do Poder Público àquelas funções tidas como propriamente estatais, transferindo para o setor público não estatal a prestação dos serviços não exclusivos, movimento chamado de "**publicização**".

> ▸ **Atenção!**
> O movimento de publicização se fundamenta na passagem dos serviços para um setor público não estatal. O setor público não estatal é constituído pelas organizações sem fins lucrativos que estão orientadas diretamente para o atendimento do interesse público. Assim, essas entidades, embora não sejam estatais, são consideradas, para os reformistas, como parte deste setor intermediário, entre o público e o privado. Assim, "publicização" não equivale à "estatização" nem à "privatização".

Nesse contexto, os **serviços não exclusivos** foram apresentados como correspondentes a um setor onde o Estado atua simultaneamente com outras organizações públicas não estatais e privadas, como a saúde, a educação e a cultura. Para tais atividades são estipulados alguns objetivos específicos, que resumimos da seguinte forma:

| Objetivos para os Serviços Não Exclusivos: |
|---|
| Transferir para o setor público não estatal esses serviços, através de um programa de "publicização"; |
| Lograr uma maior autonomia e uma maior responsabilidade para os dirigentes desses serviços; |
| Fortalecer práticas de controle social, tanto em relação à formulação quanto à avaliação do desempenho; |
| Maior parceria entre o Estado, a organização social e a sociedade a que servem; |
| Aumento da eficiência e da qualidade dos serviços. |

Além disso, a Reforma previu novos instrumentos de **gestão pública**, como **consórcios públicos** e **convênios de cooperação**, autorizando a gestão associada de serviços públicos, bem como a transferência total ou parcial de encargos, serviços, pessoal e bens essenciais à continuidade dos serviços transferidos.

### 4.3. Formas de administração pública

Conforme explica brilhantemente Raquel Carvalho, além das mudanças estruturais no funcionamento do setor público, foi iniciada uma alteração ideológica no conteúdo da burocracia administrativa, migrando-a de um modelo weberiano para um modelo gerencialista. Isso porque a mudança de paradigmas exigiu adaptação do modelo jurídico administrativo aos novos desafios abraçados pelo Estado.

Vale, resumidamente, tratar sobre as três formas de Administração Pública, citadas expressamente no **Plano Diretor da Reforma do Aparelho do Estado.**

- **Administração Pública Patrimonialista.** A confusão ente o Estado e o Soberano, no período absolutista, gerou um modelo de administração em que o Estado funcionava como uma extensão do poder do príncipe. A *res publica* se confundia com a *res principis*, facilitando o uso indevido da máquina administrativa, através da corrupção e do nepotismo.

Com o fortalecimento do capitalismo e dos conceitos democráticos próprios do período liberal, tal concepção tornou-se inaceitável.

> **Importante!**
> Na administração pública patrimonialista o interesse público se confunde com o interesse do soberano.

- **Administração Pública Burocrática.** Di Pietro explica que esse modelo foi concebido na segunda metade do século XIX, ainda no período liberal, como forma de combater a corrupção e o assistencialismo da administração pública patrimonialista. A administração pública burocrática tem como princípios fundamentais a profissionalização dos agentes, sua organização em carreira, hierarquia funcional, impessoalidade e controle formal e a priori, partindo de uma desconfiança prévia em relação aos administradores.

Como identifica o Plano Diretor da Reforma do Aparelho do Estado, a qualidade fundamental da administração pública burocrática é a efetividade no controle dos abusos. Já seus defeitos (ou disfunções) se manifestam no excesso de burocracia e seriam: a autorreferência (o formalismo como um fim em si mesmo) e a incapacidade de voltar-se para a eficiência dos serviços prestados aos cidadãos.

Tais defeitos não eram significantes outrora, quando ao surgimento da administração pública burocrática (período liberal), porque os serviços do Estado eram muito reduzidos, restringindo-se, grosso modo, a manter a ordem, a administrar a justiça, a garantir os contratos e a propriedade. Contudo, com a ampliação administrativa decorrente do Estado Social, o modelo burocrático passou a demonstrar fragilidades.

> **Importante!**
> Na administração pública burocrática o interesse público se confunde com o interesse do próprio Estado.

- **Administração pública gerencial.** Ela teria surgido na segunda metade do século XX, como resposta à expansão da atuação estatal, ao desenvolvimento tecnológico e à globalização, que expuseram problemas relacionados à eficiência administrativa, fortalecendo a concepção de que é necessária a redução de custos estatais, priorizando o resultado, ao invés da lógica burocrática que prioriza a forma.

Não basta que a administração pública evite o nepotismo e a corrupção, ela precisa buscar **eficiência** em sua atuação. Os reformistas alegavam a necessidade de dar um salto adiante, no sentido de uma administração pública baseada em conceitos atuais de gestão e de eficiência, descentralizada, com responsabilização dos agentes envolvidos e voltada para o controle dos resultados, melhorando a qualidade dos serviços públicos e fomentando a participação popular.

O Plano Diretor aponta características fundamentais do modelo gerencial, que podem ser assim resumidas:

- definição precisa dos objetivos que o administrador público deverá atingir;
- autonomia do administrador, para que possa atingir os objetivos públicos definidos;
- o controle *a posteriori* dos resultados;
- a descentralização e a redução dos níveis hierárquicos;
- deslocamento da ênfase dos procedimentos (meios) para os resultados (fins).

Para a administração pública burocrática, o interesse público é frequentemente identificado com a afirmação do poder do Estado. Por conta disso, permite-se o direcionamento de uma parte substancial das atividades e dos recursos do Estado para o atendimento das necessidades da própria burocracia (os excessivos custos ou a ineficiência de exigências formais são tidos como irrelevantes). O conteúdo das políticas públicas é relegado a um segundo plano. A administração pública gerencial nega essa visão do interesse público, relacionando-o com o interesse da coletividade e não com o do aparato do Estado.

> **Importante!**
> Na administração pública gerencial o interesse público se confunde com o interesse da coletividade.

Tudo isso não significa o abandono generalizado da administração burocrática, pois, conforme admite o próprio Plano Diretor da Reforma do Aparelho do Estado, a administração pública gerencial está apoiada na anterior (burocrática), conservando seus princípios fundamentais. Defende-se que **a diferença fundamental estaria na forma de controle, que deixa de se basear nos processos para se concentrar nos resultados**.

Podemos indicar, sinteticamente, as seguintes formas de administração pública, com suas principais características:

| Administração Pública | |
|---|---|
| **Patrimonialista** | O aparelho estatal funciona como uma extensão do poder do soberano. A *res publica* não é diferenciada da *res principis*, trazendo como consequência a corrupção e o nepotismo. |

| Administração Pública | |
|---|---|
| **Burocrática** | Surge no Século XIX, como resposta ao patrimonialismo. O aparelho estatal utiliza controles administrativos a priori para evitar a corrupção e o nepotismo. Constituem princípios fundamentais a profissionalização dos agentes, a ideia de carreira, a hierarquia funcional, a impessoalidade e o formalismo. |
| **Gerencial** | Surge no século XX, como resposta à expansão das funções estatais, ao desenvolvimento tecnológico e à globalização. A reforma do aparelho do Estado passa a ser orientada pela eficiência, com controles a posteriori de resultados e maior autonomia ao administrador. |

▸ **Como esse assunto foi cobrado em concurso?**

No concurso de auditor do Estado de Minas Gerais (CESPE/2008), foi considerada correta a seguinte alternativa: *O Plano Diretor da Reforma do Aparelho do Estado identificava, em uma perspectiva histórica, três formas básicas de administração pública, a saber: administração pública patrimonialista, administração pública burocrática e administração pública gerencial.*

No concurso de auditor do Estado de Minas Gerais (CESPE/2008), com a seguinte ementa: *"São princípios comuns às reformas gerenciais ou modelos pós-burocráticos:"*, foi considerada correta a seguinte alternativa: *"o estímulo à melhoria na qualidade dos serviços públicos, a responsabilização dos agentes públicos e a transparência"*.

## 5. TENDÊNCIAS NO DIREITO ADMINISTRATIVO BRASILEIRO

As mudanças de paradigma influenciam uma revisitação do direito administrativo, alterando alguns de seus conceitos e institutos. Com base na melhor doutrina, podem ser destacadas algumas tendências, que serão esmiuçadas adequadamente nos capítulos próprios.

### 5.1. Princípio da legalidade

Conforme será visto, ao tratarmos sobre o regime jurídico-administrativo, o conceito de **legalidade estrita** foi afetado, dando ensejo à discussão de novos conceitos, como **legitimidade** e **juridicidade**, compatíveis com as complexas relações jurídicas travadas pela Administração Pública e com os princípios e os valores que fundamentam o Estado Democrático de Direito. Tal evolução será tratada no capítulo sobre regime jurídico-administrativo.

### 5.2. Controle social e democracia participativa

O **controle social** representa o controle da sociedade sobre os assuntos públicos, permitindo a fiscalização dos atos e contratos administrativos de interesse público geral, de forma, inclusive, mais eficiente e barata do que os meios burocráticos tradicionalmente concebidos.

Diante do **Estado Democrático de Direito**, consagrado pela Constituição Federal, é necessário implementar instrumentos que viabilizem a participação do cidadão e seu acesso aos dados e registros administrativos e a informações sobre atos de governo, conforme estabelece o inciso II, do § 3º do artigo 37 da Carta Magna. O aprofundamento da democracia pode produzir a redução da corrupção, pela concepção de mecanismos de controle social sofisticados que fomentem a participação ativa da sociedade na fiscalização da coisa pública.

Essa transformação, necessária na Administração Pública, permite o forjar de uma **democracia participativa**, em que os cidadãos e a sociedade civil não só participam da realização das ações públicas e de seu controle, mas, com o amadurecimento da experiência acumulada, passam a exercer função primordial na concepção de políticas públicas, ampliando não só a eficiência, mas também a legitimidade dessas ações.

Cada vez mais são exigidos instrumentos que garantam a participação do cidadão na gestão pública. No novo ambiente administrativo, a **transparência** é percebida como um valor fundamental para a atuação do Estado. Os conselhos com participação popular e as discussões populares prévias à elaboração de propostas orçamentárias também são exemplos do fortalecimento da **democracia participativa**, que induz a criação de instrumentos de atuação direta do cidadão na gestão pública, ultrapassando os instrumentos clássicos de participação da democracia representativa, através do voto.

### 5.3. Supremacia do interesse público sobre o privado

Esse raciocínio não é mais compreendido de forma absoluta. A posição vertical de supremacia entre o Poder Público e o administrado é vista sobre novo prisma. A doutrina moderna diferencia o **interesse público primário**, representado pelo interesse da sociedade, materializada pela proteção ao ambiente democrático e aos direitos fundamentais, do **interesse público secundário**, representado pelo interesse da máquina administrativa, enquanto pessoa ou órgão.

Se o **interesse público primário** ainda resguarda primazia, em relação aos interesses individuais, é também verdade que hoje, colisões entre o interesse do particular e o **interesse público secundário** (interesse da máquina administrativa, enquanto pessoa detentora de direitos e deveres), são solucionadas de acordo com os princípios, as normas e os elementos fáticos concretos, por vezes prestigiando o indivíduo, em detrimento da Administração.

### 5.4. Processualização do direito administrativo

Conforme determinado pela Constituição, atualmente, o respeito ao devido processo legal, à ampla defesa e ao contraditório são elementos essenciais nas demandas relacionadas a direito dos administrados, discutidas no ambiente administrativo (processos administrativos).

Nessa feita, tais garantias são tidas como essenciais para a aplicação de alguns atos administrativos, notadamente aqueles em que **a decisão administrativa afetar interesses de particulares. Nesses casos, conforme precedente do STJ, é imprescindível a observância do contraditório e da ampla defesa para que se aprecie a nulidade do ato** (RMS 27.440/AL, Rel. Ministro CASTRO MEIRA, DJe 22/09/2009).

## 5.5. Crise da noção de serviço público

A ampliação das atividades exercidas pelo Estado, em prol da comunidade, o fomento à participação de parte da sociedade civil na execução de serviços sociais e a transferência de serviços públicos econômicos para a iniciativa privada (privatização) geram dilemas em relação ao conceito de serviço público e o pertinente regime jurídico.

Di Pietro observa que a pretensa crise da noção de serviço público decorre da pressão para diminuir o rol desses serviços, notadamente em relação àqueles de natureza econômica. Tal movimento, influenciado pelo direito comunitário europeu, tende a adotar o raciocínio de que a existência de serviços públicos exclusivos do Estado é contrária à livre iniciativa e, por outro lado, a prestação pelo Estado (mesmo que não exclusiva), através de suas estatais, prejudica a livre concorrência. Os defensores desse raciocínio cobram, então, a privatização dos serviços públicos.

A citada autora observa que a consequência de privatizar uma atividade pública é a sua não obrigatoriedade de prestação, condição natural à livre iniciativa. Ademais, a atividade particular não é protegida pelos princípios comuns ao serviço público como: generalidade, continuidade e modicidade.

Nada obstante, no caso do Brasil, esse quadro de crise não é patente, pois a própria Constituição já indica um rol de atividades as quais, mesmo de natureza econômica, competem exclusivamente ao Poder Público, embora este possa delegar a prestação de tais serviços a terceiros, conforme será devidamente abordado no capítulo sobre serviços públicos.

## 5.6. "Agencificação", com outorga de função regulatória

Nosso ordenamento absorveu a criação de **agências reguladoras** com natureza de **autarquias de regime especial**, as quais a lei atribuiu função de regulação. As características das agências e sua função regulatória serão esmiuçadas adiante, em capítulo próprio, sobre a organização administrativa.

## 5.7. Princípio da subsidiariedade

Como lembra Raquel Carvalho, o vocábulo **subsidiariedade** deriva da palavra subsídio, cujo significado primitivo tinha relação com a utilização de recursos para ajudar ou assegurar algo. Vigorava a ideia de que os subsídios constituíam um complemento ao financiamento principal, destinados excepcionalmente, pelos súditos, ao rei, para completar seus recursos em situações extraordinárias, como a de uma guerra.

Para parte da doutrina, o princípio da subsidiariedade tem suas origens mais remotas no pensamento aristotélico, que apresentava uma sociedade composta por diversos grupos com tarefas específicas, realizando suas próprias necessidades. Contudo, a grande maioria aponta que foi com a doutrina social da Igreja Católica que foi dada uma construção dogmática à ideia de **subsidiariedade**.

O **princípio da subsidiariedade** se encontraria implícito na **Encíclica *Rerum Novarum*,** do Papa Leão XIII, escrita em 1891, coincidindo historicamente com um período em que o pensamento liberal já se encontrava em crise e ganhava força o discurso socialista de intervenção estatal. O objetivo, então, foi apontar a necessidade de equilíbrio entre a liberdade da iniciativa privada e a necessidade de intervenção estatal. Nessa esteira, exigia-se uma atuação ativa do Estado, para resolução dos problemas causados pelo liberalismo, ao mesmo tempo em que se contrapunha às ideias socialistas mais radicais como solução adequada para o quadro de crise.

Sobre esse enfoque, Silvio Rocha lembra que o texto religioso, usando o raciocínio de elevação da **dignidade da pessoa humana** como a peça chave de toda a doutrina social da Igreja, defendia a propriedade privada da revolução socialista e o operário da exploração do liberalismo econômico.

Outras manifestações da Igreja Católica adotaram o princípio da subsidiariedade, como a **Encíclica *Quadragesimo anno*,** do Papa Pio XI, em 1931, que o citava explicitamente. O texto indicava, como conteúdo do princípio, a lógica de que uma entidade superior não deve realizar os interesses da coletividade inferior quando esta puder supri-los, competindo ao ente maior atuar apenas nas matérias que não possam ser assumidas adequadamente pelos grupos sociais menores ou apoiá-los para o exercício de tais atribuições.

Silvia Torres explica que o fundamento do princípio da subsidiariedade é a própria natureza humana, tendo como referência o valor ético e o direito de autodeterminação do indivíduo, cuja primazia tem por base o reconhecimento de que **a dignidade da pessoa humana se sobrepõe ao Estado.**

A doutrina aponta o **princípio da subsidiariedade** como elemento que busca o equilíbrio entre a forte atuação estatal e a primazia da iniciativa privada, concebendo-o como forma de proteção da esfera de autonomia individual e da coletividade contra a intervenção pública injustificada.

Há na subsidiariedade, portanto, um **sentido negativo**, pela estipulação de limites para a intervenção estatal nas competências que puderem ser assumidas pelos particulares; mas, também, um **sentido positivo**, pela imposição ao Estado de um dever de intervenção, nos casos de insuficiência da iniciativa privada.

De qualquer forma, a aceitação do **princípio da subsidiariedade** implica uma limitação à intervenção estatal, já que a ação do Estado acaba restrita às funções que apenas ele pode desempenhar, cabendo-lhe, nos demais casos, fomentar, estimular e coordenar a atuação dos agrupamentos menores, adequando-os ao interesse da coletividade. Conforme explica Di Pietro, consagrado o princípio da subsidiariedade, na prestação de serviços públicos, o "Estado só presta as atividades que o particular não pode desenvolver ou ajuda o particular quando a iniciativa privada seja insuficiente".

## 5.8. Relativização das regras de direito público em algumas contratações administrativas

Com a ampliação das atribuições da máquina administrativa, as relações contratuais tornaram-se cada vez mais diversas e complexas, gerando dificuldades na tentativa de pensar uma roupagem jurídica única para todos esses pactos negociais. Conforme ensina Diogo de Figueiredo Moreira Neto, o Estado em mutação "privilegia a funcionalidade, pois que endereçada ao atingimento da eficiência". Nesse novo panorama, como conclui o autor, o importante não é mais o ritualismo do ato administrativo, do processo administrativo ou do contrato administrativo, "mas o resultado eficiente que de cada um deles se espera".

Alguns contratos realizados pela administração passam, para adequar-se eficientemente à realidade, a admitir uma relativização das regras de direito público sobre eles incidentes. Como exemplo, a doutrina admite a existência de **contratos privados da Administração**, nos quais o Poder Público firmaria negócios regulados, predominantemente, pelo direito privado, situando-se no mesmo plano jurídico dos particulares, sem deter, como regra, todas as prerrogativas determinadas pelo regime jurídico dos **contratos administrativos** (em sentido estrito).

Cabe observar que, de acordo com art. 62, §3º, da Lei nº 8.666/93, algumas das regras dos contratos administrativos são apenas parcialmente aplicáveis ("no que couber"), aos contratos de seguro, de financiamento, de locação em que o Poder Público seja locatário, aos demais cujo conteúdo seja regido, predominantemente, por norma de direito privado e aos contratos em que a Administração seja parte como usuária de serviço público.

Outrossim, as **parcerias público-privadas** trouxeram inovações para o nosso ordenamento, permitindo, por exemplo, a previsão de cláusula contratual para aplicação de penalidades tanto para o parceiro privado como para a Administração Pública, em caso de inadimplemento contratual.

## 5.9. Formas consensuais como instrumento de resolução de problemas da Administração

A resolução de litígios pela Administração, mesmo no ambiente extrajudicial, é uma ação legítima e necessária, na atual realidade. Embora seja questionada a falta de regulamentação legal sobre tais medidas (notadamente no ambiente extrajudicial), impõe-se refletir que exigir a judicialização de todas as demandas postas ao Poder Público é algo totalmente contrário ao desenvolvimento das relações jurídicas existentes entre a Administração Pública e os administrados.

É inegável que ao praticar um ato administrativo que represente a satisfação de uma pretensão colocada (processualmente) pelo administrado, perante a Administração, tem-se (em um sentido amplo) a disposição do Poder Público em relação a um conjunto de direitos passíveis de litígio judicial. Assim, quando em processo administrativo se reconhece uma dívida ou a legalidade de um pleito anteriormente indeferido, a Administração Pública está dispondo parcial ou totalmente das convicções que fundamentaram seu posicionamento anterior e contrário à pretensão do administrado. Em última análise, tal disposição equivale a um **acordo extrajudicial**.

A complexidade e o volumoso número de demandas provenientes das relações jurídicas administrativas, quando depositadas exclusivamente sobre a tutela do Judiciário, apenas entulham os cartórios de varas, prejudicando sua atuação eficiente e desprezando operosos instrumentos de resolução de litígios, como o diálogo para a construção de consensos.

A Advocacia-Geral da União tem realizado um exitoso trabalho de resolução consensual de conflitos, no seio da Administração pública federal, através de sua **Câmara de Conciliação e Arbitragem**. Sempre respeitando os princípios da Administração Pública, o objetivo do referido órgão é evitar litígios entre órgãos e entidades da Administração Federal. Com a edição da Portaria AGU nº 1.099, de 28 de julho de 2008, foram incluídas as controvérsias de natureza jurídica entre a Administração Pública Federal e a Administração Pública dos Estados ou do Distrito Federal.

Mais recentemente, a Lei federal nº 13.140, de 2015, dispôs sobre a mediação entre particulares como meio de solução de controvérsias e sobre a autocomposição de conflitos no âmbito da administração pública. A referida Lei admite que a União, os Estados, o Distrito Federal e os Municípios criem câmaras de prevenção e resolução administrativa de conflitos, no âmbito dos respectivos órgãos da Advocacia Pública.

### 5.10. Administração dialógica

A **administração pública dialógica** é uma tendência identificada em algumas atividades administrativas, notadamente na prestação de serviços públicos e nas contratações de grandes empreendimentos, que consiste na abertura de diálogo com os administrados, permitindo que eles colaborem para o aperfeiçoamento ou a legitimação da atividade administrativa.

Essa concepção se distancia de um modelo de **administração pública monológica,** no qual os particulares não têm oportunidade de interferir, preventivamente, colaborando para a realização da atividade administrativa.

Essa mudança de paradigma está relacionada, também, à evolução de democracia participativa, à processualização do direito administrativo e à utilização de formas consensuais para resolução de dilemas da Administração.

Em uma concepção de **administração pública dialógica**, os particulares podem atuar para colaborar com o aperfeiçoamento da atividade administrativa (ex: no planejamento de um grande empreendimento) ou também para a defesa de legítimos interesses próprios ou metaindividuais (ex: discussões sobre orçamento participativo ou com comunidades afetadas pela futura construção de uma Usina Hidrelétrica).

O envolvimento desses particulares pode, então, ampliar a legitimação da atuação administrativa, aperfeiçoá-la ou mesmo prevenir conflitos, benefícios dessa evolução de um modelo autoritário e isolado de ação administrativa, para um modelo dialógico, mais eficiente, legitimado e adequado às exigências de um Estado Democrático de Direito.

Capítulo 2

# O regime jurídico-administrativo

Ronny Charles

## 1. INTRODUÇÃO

A atuação da Administração Pública, em sua atividade administrativa, sofre a influência de um regime próprio, denominado **regime jurídico-administrativo**, caracterizado pela incidência de específicas normas jurídicas (princípios + regras), que darão especiais contornos à atividade administrativa e são fundamentais para a correta aplicação dos institutos pertinentes, assim como para a compreensão das proteções e das restrições jurídicas que se refletem sobre tal atividade.

O **regime jurídico-administrativo** gera um conjunto de prerrogativas e de restrições, não identificadas comumente nas relações entre particulares, que podem potencializar ou mesmo restringir as atividades da Administração Pública. Assim, se, por um lado, no contrato administrativo, a Administração possui poder sancionatório extracontratual (prerrogativa), por outro, ela se submete a limites específicos, para alterações nesse contrato (restrições).

> **▸ Como esse assunto foi cobrado em concurso?**
>
> No concurso para Defensor Público do Mato Grosso do Sul (Vunesp/2014), com a seguinte ementa: *"A expressão regime jurídico-administrativo é utilizada para designar"* foi considerada correta a seguinte assertiva: *"b) o conjunto das prerrogativas e restrições a que está sujeita a Administração Pública e que não se encontram nas relações entre particulares".*

> **▸ Importante!**
>
> Os princípios se diferenciam das regras. Eles se expressam em estruturas abertas, flexíveis, podendo, por isso mesmo, ser mais ou menos observados. Havendo conflito entre dois princípios, é sempre possível uma solução que atenda em certa medida a um e em certa medida ao outro, o que não ocorre com o conflito entre regras, que exige, sob o prisma tradicional, opção por uma delas.

Se, antes, os princípios eram considerados subsidiários, na fase pós-positivista do Direito eles alcançaram hegemonia sobre as regras jurídicas.

Nessa concepção de primazia dos princípios na aplicação de nosso ordenamento, eles assumem uma feição de arsenal normativo principiológico que conforma a Administração Pública, sendo apontados como pedra angular, que consagra valores, responsável pela harmonia e coerência do sistema. Nesse diapasão, Dirley da Cunha Júnior, fazendo alusão à **tridimensionalidade funcional dos princípios**, lembra que eles consagram valores **fundamentadores** do sistema jurídico, **orientadores** de sua exata compreensão, interpretação e aplicação, além de **supletivos** das demais fontes do direito.

| Tridimensionalidade funcional |
|---|
| **Consagram valores** fundamentais do sistema jurídico |
| **Orientam a compreensão** do ordenamento |
| **Suplementam as demais fontes** do direito |

Cabe ainda aludir à **força normogenética** dos princípios. Segundo Raquel Carvalho, a força normogenética deriva da condição de que a regra só ganha o contorno que tem, em virtude de um princípio que a antecede e a fundamenta. Conforme descrito pela excelente obra da autora, "a força normogenética dos princípios decorre da natureza de normas que constituem a base das regras jurídicas as quais, por conseguinte, devem manter conformidade com o conteúdo principiológico definido".

Por fim, vale lembrar que não há hierarquia entre os princípios; eventual conflito aparente entre eles é resolvido através da **ponderação de interesses** (ou ponderação de valores), realizada topicamente, na solução do caso concreto.

▸ **Como esse assunto foi cobrado em concurso?**

No concurso para Procurador do Tribunal de Contas do Amapá (FCC/2010), com a seguinte ementa: *"O princípio constitucional da eficiência, que rege a Administração Pública, apresenta-se em"* foi considerada falsa a seguinte assertiva: *b) hierarquia superior aos demais princípios constitucionais, uma vez que deve nortear toda a atuação da Administração Pública.*

## 2. CONTEÚDO DO REGIME JURÍDICO-ADMINISTRATIVO

Celso A. B. de Mello sugere que o regime jurídico-administrativo é formado por **princípios magnos**, em função dos quais se originariam todos os demais princípios que conformam a atividade administrativa. Tais princípios magnos seriam: **supremacia do interesse público** e **indisponibilidade do interesse público**, bases fundamentais do regime jurídico-administrativo, que estabelecem prerrogativas e sujeições à atividade administrativa.

A **supremacia do interesse público** traz como efeito uma relação de verticalidade, uma relativa preponderância dos interesses defendidos pela Administração, tidos como públicos ou gerais, daqueles interesses defendidos por particulares. Tal supremacia justificaria certa posição superior da Administração na prática de alguns atos e negócios jurídicos, como se dá na intervenção estatal na propriedade (ex: requisição), nas cláusulas extravagantes comuns aos contratos administrativos, nos atributos especiais cometidos aos atos administrativos (presunção de legitimidade, autoexecutoriedade, imperatividade), entre outros.

A **indisponibilidade do interesse público** traz como efeito a impossibilidade de livre transigência, por parte do Administrador, dos interesses públicos tutelados. De acordo com o princípio da indisponibilidade, os bens e interesses públicos não pertencem ao gestor ou mesmo à Administração, cabendo aos agentes administrativos geri-los e conservá-los, em prol da coletividade.

Se em tempos idos a supremacia do interesse público foi utilizada como justificativa para a prática de arbitrariedades, em detrimento de direitos fundamentais, e a indisponibilidade do interesse público foi posta como empecilho à atividade ordinária da Administração Pública, diante do Estado Democrático de Direito, a evolução desses conceitos exigiu uma distinção entre o interesse público da coletividade (primário ou interesse público propriamente dito) e o interesse público do aparato estatal, enquanto sujeito de direitos e deveres (secundário).

Essa releitura do conceito de interesse público relativiza a aplicação (outrora tida como absoluta) tanto da supremacia como da indisponibilidade desse interesse.

▸ **Como esse assunto foi cobrado em concurso?**

No concurso para o cargo de engenheiro civil da CAPES (Cesgranrio/2008), com a seguinte ementa: *"O instituto da requisição, previsto na Constituição Federal (artigo 5º, inciso XXV), autoriza às autoridades o uso de propriedade particular em determinadas situações, assegurando ao proprietário indenização ulterior, se houver dano. Trata-se de exemplo típico de aplicação concreta de um dos princípios que norteia a Administração, que é o da:"*, foi considerada correta a seguinte alternativa: *"e) supremacia do interesse público sobre o privado."*

## 2.1. Interesse público primário e interesse público secundário

Conforme explicado anteriormente, o conceito de interesse público envolve duas concepções, o **interesse público primário** (interesse da coletividade) e o **interesse público secundário** (interesse do Estado, enquanto sujeito de direitos). Tal dicotomia se fundamenta na constatação de que não há necessária coincidência entre o interesse público (relacionado a um conceito maior, de sociedade como um todo) e o interesse do Estado (relacionado a um conceito mais restrito, de Administração Pública).

| Interesse Público primário | Interesse da coletividade |
|---|---|
| Interesse Público secundário | Interesse do Estado, enquanto sujeito de direitos. |

Com a concepção de **Estado Democrático de Direito**, relativiza-se a predominância do interesse público secundário, que representa as aspirações da Administração Pública, em detrimento dos interesses do cidadão. A relação de verticalidade, outrora concebida pela doutrina, não pode mais justificar atuações administrativas autoritárias e arbitrárias, notadamente aquelas que conspurquem direitos individuais consagrados como fundamentais. O controle dos atos administrativos se impõe quando há a atuação do Estado em confronto com os princípios e os valores que norteiam o ordenamento jurídico.

Em princípio, somente o **interesse público primário** se apresenta com *status* superior, em relação ao interesse do particular. Conforme explica Luis Roberto Barroso, eventuais colisões entre o **interesse público secundário** (interesse da Administração) e o interesse do particular, são solucionadas concretamente, mediante a ponderação dos princípios e dos elementos normativos e fáticos do caso concreto.

▸ **Como esse assunto foi cobrado em concurso?**

No concurso para Juiz Federal substituto da 2ª Região (Cespe/2013), foi considerada errada a seguinte assertiva:

E) "Sempre que a administração pública estiver envolvida em relações jurídicas, sejam elas de direito público ou de direito privado, o interesse da administração pública deverá imperar, pois ele sempre se sobrepõe ao interesse privado."

## 3. PRINCÍPIOS DA ADMINISTRAÇÃO PÚBLICA

A doutrina reconhece vários princípios jurídicos no Direito Administrativo. Alguns foram positivados pelo constituinte ou pelo legislador ordinário, outros tantos são identificados através do estudo da natureza da atividade administrativa e de nosso ordenamento. Embora não se verifique unanimidade na doutrina, quanto ao número e ao nome, é possível destacar alguns princípios, expressamente indicados na Constituição ou em importantes normas legais.

### 3.1. Princípios constitucionais expressos

A Constituição Federal de 1988 estabeleceu expressamente que a administração pública direta e indireta de qualquer dos Poderes da União, dos Estados, do Distrito Federal e dos Municípios obedecerá aos princípios da **legalidade**, **impessoalidade**, **moralidade**, **publicidade** e **eficiência**. Uma dica para auxiliar a memorização, consiste na união das letras iniciais desses princípios, formando a palavra LIMPE.

| Princípios constitucionais expressos | |
|---|---|
| **L** | egalidade; |
| **I** | mpessoalidade; |
| **M** | oralidade; |
| **P** | ublicidade; |
| **E** | ficiência. |

A doutrina denomina tais princípios como **princípios constitucionais expressos** da Administração Pública. Diversos outros princípios fazem parte do regime jurídico administrativo e serão tratados neste e nos próximos capítulos. De qualquer forma, importa começar a análise pelos já referidos princípios constitucionais expressos.

### 3.1.1. *Princípio da legalidade*

É inicialmente manifestado pelo constituinte, quando estabelece, no art. 5.º, inc. II, da CF, que ninguém será obrigado a fazer ou deixar de fazer alguma coisa senão em virtude de lei. No direito privado, de acordo com este princípio, ao particular é permitido fazer tudo o que a lei não proíbe.

A submissão à legalidade está relacionada ao próprio Estado de Direito, apresentando-se como uma das principais garantias do indivíduo, contra os excessos da máquina pública. No âmbito do Direito Administrativo, pela doutrina tradicional, existe uma dupla subordinação da ação do administrador, em função do que estabelece a lei, de forma que ele só pode agir nos moldes e limites estabelecidos pela legislação.

Tal subordinação pode ser identificada por duas vertentes: o da vinculação negativa (***negative bindung***), segundo a qual a legalidade representaria uma limitação para a atuação do administrador, e o da vinculação positiva (***positive bindung***), segundo o qual a atuação dos agentes públicos depende de autorização legal.

Sob esse prisma, a legalidade administrativa se concretiza como uma garantia aos administrados, que podem exigir a consonância do ato administrativo com a lei, sob pena de sua invalidação.

- **Legalidade estrita.** Essa concepção de legalidade administrativa nasceu com o pensamento inspirador do Estado Liberal, influenciado pela preocupação com as arbitrariedades do período absolutista, do que resultou a ideia de restringir a atuação administrativa à mera execução das regras dispostas pelos representantes do povo. Assim, a legalidade estrita surgiu como um instrumento de proteção, um princípio limitador à atuação do Poder Público, a qual seria possível, apenas, dentro dos limites determinados pelas normas aprovadas pelos representantes do Povo.

Contudo, a partir do Estado Social, com a ampliação das atividades públicas e a concepção de que a atuação do Estado é necessária para contornar desequilíbrios econômicos e sociais, a vinculação estrita passou a se apresentar ora como uma justificativa para a prática de arbitrariedades, sob fundamento legal, ora como uma amarra incompatível com os desafios jurídicos modernos da Administração Pública. Tal quadro gerou o desenvolvimento do conceito de legalidade administrativa para duas novas concepções, a legitimidade e a juridicidade.

- **Legitimidade.** Representou um avanço em relação ao conceito tradicional de legalidade estrita. O desenvolvimento do modelo democrático de Estado e o enfraquecimento do positivismo tornaram insuficiente o raciocínio segundo o qual bastaria que a conduta administrativa fosse legal. Assim, passou-se a permitir o controle do ato administrativo, mesmo quando a conduta fosse aparentemente compatível com a lei.

Esse avanço está relacionado à mutação da noção clássica de legalidade para uma ideia de legitimidade, que exige também a obediência à moralidade e à finalidade pública. **Tal concepção** induz **uma maior amplitude ao controle do ato administrativo, sendo permitido ao** Poder Judiciário, invalidá-lo, avaliando sua adequação à finalidade pública e aos princípios que regem a Administração Pública, como a moralidade. Sob esse aspecto, o avanço da legalidade, para o conceito de legitimidade, **amplia a vinculação negativa**, que não se dá mais, apenas, em relação à Lei, mas às normas jurídicas pertinentes (leis + princípios).

> ▸ **Importante!**
>
> A doutrina de Alexandre Mazza ensina que a possibilidade de controle, pelo Poder Judiciário, da legitimidade dos atos praticados pela Administração Pública, fundamenta a percepção de existência do **princípio da sindicabilidade,** fundamentado na premissa constitucional de que "a lei não excluirá da apreciação do Judiciário lesão ou ameaça a direito".
>
> A doutrina de Raquel Carvalho suscita, ainda, o **princípio da constitucionalidade,** como uma evolução da noção clássica de legalidade (anterior à **Juridicidade)**, que permitiu o controle da atividade administrativa, em razão das normas constitucionais estabelecidas.

- **Juridicidade.** Também representa um avanço ou uma nova compreensão ao conceito de legalidade. A exigência de que a lei predetermine de forma completa e absoluta toda a atuação da Administração é incompatível com a realidade posta, sendo indispensável a existência de uma margem decisória importante de ponderação e concretização das normas constitucionais.

Raquel Carvalho explica que o desenvolvimento de técnicas de gestão pública, a desburocratização, a execução de políticas públicas, o uso preferencial de processos convencionais e a garantia de estabilização mínima das relações jurídicas surgiram como valor fundamental para modificar essa base filosófica, que lastreou a limitação estatal através da legalidade, fazendo com que, nesse contexto, a doutrina começasse a utilizar a noção de juridicidade.

A juridicidade é apresentada como um conceito maior, que extrapola a compreensão tradicional da legalidade estrita, pois vincula a Administração Pública ao ordenamento jurídico como um todo (formado não apenas pelas leis, mas também pela Constituição e pelos princípios jurídicos), permitindo uma margem maior de autonomia, dentro dos limites apresentados pelo ordenamento constitucional, para a satisfação das diretrizes apresentadas por ele.

Nesse aspecto, o avanço da legalidade, para o conceito de juridicidade, amplia a **vinculação positiva**, que não se dá mais, apenas, em relação à Lei, mas às normas jurídicas pertinentes (leis + princípios), não mais aceitando a ideia de Administração vinculada estrita e exclusivamente às regras prefixadas nas leis, mas sim ao próprio Direito. Portanto, podemos identificar, ao menos, três fases no conceito de legalidade administrativa:

| Legalidade estrita | Atuação do administrador vinculada aos limites estabelecidos pela Lei. |
|---|---|
| Legitimidade | Atuação do administrador vinculada não apenas aos limites legais, mas também à moralidade e à finalidade pública. |
| Juridicidade | Atuação do administrador vinculada aos limites estabelecidos pelo ordenamento jurídico como um todo. |

Celso A. B. de Mello observa que a vigência do princípio da legalidade pode sofrer restrições excepcionais, admitidas pela própria Constituição, nas situações de:

a) **medidas provisórias**;

b) decretação do **estado de defesa**;

c) decretação do **estado de sítio**.

▸ **Importante!**

Não deve se confundir o princípio da legalidade administrativa com o princípio da reserva legal, que impõe a necessidade de Lei para determinada atuação estatal (por exemplo, a exigência de que a regulamentação de determinada matéria seja feita por Lei).

▸ **Como esse assunto foi cobrado em concurso?**

No concurso para Juiz Leigo do MPE-PR (MPE-PR/2017), foi considerada correta a seguinte assertiva:

"b) Numa leitura denominada de "juridicidade administrativa", para a validação da ação administrativa, não basta que seja esta formalmente conforme a lei, sendo necessário, também, que se apresente em conformidade com os princípios da Administração Pública".

No concurso para Juiz Leigo do TJ-GO (CS-UFG /2017), o seguinte texto foi considerado como relacionado ao princípio da legalidade:

"Este princípio, juntamente com o de controle da Administração pelo Poder Judiciário, nasceu com o Estado de Direito e constitui uma das principais garantias de respeito aos direitos individuais. Isto porque a lei, ao mesmo tempo em que os define, estabelece também os limites da atuação administrativa que tenha por objeto a restrição ao exercício de tais direitos em benefício da coletividade. É aqui que melhor se enquadra aquela ideia de que, na relação administrativa, a vontade da Administração Pública é a que decorre da lei".

No concurso para a Administração da Fundação Hemocentro de Brasília - DF (IADES/2017), com o enunciado: "A principiologia ocupa posição importante para o estudo do direito administrativo, uma vez que informa vetores de interpretação para todo o ordenamento objeto de estudo. A esse respeito, assinale a alternativa que corresponde à caracterização do princípio da juridicidade"; foi considerada correta a seguinte resposta:

b) Como princípio evolutivo, amplia o espectro de abrangência das fontes legislativas, servindo de arrimo interpretativo de toda a ordem jurídica.

### *3.1.2. Princípio da impessoalidade*

A **impessoalidade** repele e abomina favoritismos e restrições indevidas, exigindo tratamento equânime e marcado pela neutralidade. Quando realiza a função administrativa, o gestor não age nem deve agir em nome próprio, mas em nome do Poder Público.

Em nossa opinião, a impessoalidade deve ser concebida em **dois aspectos**.

1) **Atendimento ao interesse público**. A impessoalidade proíbe que o agente público utilize seu cargo para a satisfação de interesses pessoais ou mesquinhos. Assim, não pode o agente público utilizar seu cargo para se promover, para beneficiar pessoa querida ou prejudicar um desafeto, por conta de interesses pessoais.

Materialização desse aspecto da impessoalidade é a obrigatoriedade de provimento de cargo através de concurso público, a vedação à promoção pessoal do agente público, a vedação ao ato administrativo de perseguição, a exigência de procedimento licitatório para que a Administração escolha uma empresa para contratar, entre outros. Vale sopesar, contudo, que a observância ao princípio da impessoalidade não prejudica que determinados atos administrativos, por sua própria natureza, tenham beneficiários certos.

Segundo precedente do STF, é compatível com o princípio da impessoalidade, dispositivo de Constituição Estadual que vede ao Estado e aos Municípios atribuir nome de pessoa viva a avenida, praça, rua, logradouro, ponte, reservatório de água, viaduto, praça de esporte, biblioteca, hospital, maternidade, edifício público, auditórios, cidades e salas de aula (STF, ADI 307/CE, rel. Min. Eros Grau, 13.2.2008).

2) **Imputação do ato administrativo.** A impessoalidade deve ter repercussão na relação jurídica do ato administrativo praticado. Quando realiza a atividade administrativa, o agente público age em nome do Poder público, de forma que os atos e provimentos administrativos não são imputáveis ao funcionário que os pratica, mas ao órgão ou entidade da Administração Pública.

Entendemos que a materialização desse aspecto da impessoalidade dá-se com a vedação à imputação direta de responsabilidade civil em detrimento do agente público. Embora tal agente possa ser responsabilizado pela prática de ato de improbidade (quando cabível), sofrer ação regressiva por parte da Administração ou mesmo sanção administrativa, ele deve estar protegido da responsabilização civil direta, sob pena de permitir-se um instrumento de restrição às atividades administrativas que afetem fortes grupos de interesse.

Conforme precedente do Supremo Tribunal Federal, uma coisa é assegurar ao ente público o direito de regresso, outra é imputar ao servidor diretamente a responsabilidade civil pela prática de ato administrativo que cause danos a terceiros (STF RE 327.904, DJ 08/09/2006). Nada obstante, convém registrar que o STJ tem firmado o entendimento de que deve-se franquear ao particular a possibilidade de ajuizar a ação diretamente contra o servidor, suposto causador do dano, contra o Estado ou contra ambos, se assim desejar" (STJ. REsp 1.325.862-PR., DJE 10.12.2013)."

Resguardando nosso respeito ao entendimento externado pelo STJ, entendemos que esse raciocínio merece reparos, por desconsiderar uma necessária proteção ao agente público, oriunda do regime jurídico administrativo e necessária ao exercício da função administrativa. Diante do caráter autônomo do direito de ação, a ausência dessa "proteção" pode prejudicar a escorreita ação administrativa, notadamente daqueles agentes públicos responsáveis por ações que afetem interesses econômicos de terceiros; assim, um fiscal sanitário que identifica irregularidade em um restaurante, um gestor que aplica merecidamente sanção a empresa inidônea, um pregoeiro que desclassifica proposta inexequível ou um auditor que autua empresa por irregularidades cometidas, todos, poderiam ser constrangidos a não exercer suas funções, pela ameaça de responder a diversas ações judiciais, movidas propositada e levianamente, contra a pessoa do servidor, apenas com o intuito de constranger o exercício da atividade administrativa.

Esperamos, sinceramente, que o STJ reveja sua jurisprudência, percebendo a questão sistematicamente e resguardando os aspectos de proteção ao escorreito exercício da atividade administrativa.

Mais recentemente, o Supremo Tribunal Federal, em Acórdão relatado pelo Ministro Barroso (RE 593525, DJe 07.10.2016), sabiamente reiterou o entendimento de que somente as pessoas jurídicas de direito público, ou as pessoas jurídicas de direito privado que prestem serviços públicos, poderão responder, objetivamente, pela reparação de danos a terceiros. Assim, renova-se o raciocínio firmado anteriormente, em Acórdão relatado pelo então Ministro Ayres Britto, segundo o qual a Constituição consagrou uma dupla garantia: uma, em favor do particular, que pode processar o Poder Público por danos decorrentes de ações e omissões de seus agentes públicos, no exercício da função; e, outra, em favor do próprio agente público, que responderá civilmente somente perante a pessoa jurídica estatal a qual esteja vinculado.

### *3.1.3. Princípio da moralidade*

A **moralidade administrativa** exige que a ação da administração seja ética e respeite os valores jurídicos e morais. De índole constitucional, tal princípio está associado à legalidade, contudo, mesmo na hipótese de lacuna ou de ausência de disciplina legal, o administrador não está autorizado a proceder em confronto com a ética e com a moral. O administrador não pode, sob o argumento de exercício da discricionariedade (juízo de oportunidade e de conveniência) atentar contra a moralidade.

Conforme ensina Fernanda Marinela, a moralidade administrativa não se confunde com a moralidade comum, pois enquanto a última se preocupa com a distinção entre o bem e o mal, a primeira está ligada ao conceito de bom administrador.

Esse princípio se apresenta como um vetor fundamental das atividades do Poder público, de forma que, verificada ofensa à moralidade, mesmo que uma conduta seja aparentemente compatível com a lei, deve ser invalidada. Tal compreensão está relacionada à mutação da noção clássica de **legalidade** para uma ideia de **legitimidade**, que, além do cumprimento das regras jurídicas, abarca também a **moralidade** e a **finalidade pública**.

A nomeação de cônjuge, companheiro ou parente em linha reta, colateral ou por afinidade, até o **terceiro grau**, inclusive, da autoridade nomeante ou de servidor da mesma pessoa jurídica investido em cargo de direção, chefia ou assessoramento, para o exercício de cargo em comissão ou de confiança ou, ainda, de função gratificada na administração pública direta e indireta em qualquer dos Poderes da União, dos Estados, do Distrito Federal e dos Municípios, compreendido o ajuste mediante designações recíprocas, viola a Constituição Federal (STF - Súmula Vinculante nº 13).

Conforme precedente do STF, a edição da Súmula vinculante nº 13 não esgotou as possibilidades de configuração de nepotismo, sendo possível, em cada caso concreto, proceder-se à avaliação das circunstâncias pertinentes, à luz da Constituição federal (STF, MS 31.697).

Importante perceber que o nepotismo afronta princípios jurídicos, como a moralidade e a impessoalidade, expressamente constantes na Constituição de 1988, como base normativa para a Administração Pública, e não simplesmente ao verbete sumular aprovado pelo STF (que reconheceu a aplicação dos pertinentes princípios e consequente ilegitimidade deste tipo de conduta). Assim, uma conduta praticada antes da edição da Súmula Vinculante n. 13 do STF (que rechaça o nepotismo) é igualmente ilegítima, podendo, inclusive, afigurar-se como ato de improbidade administrativa, "não servindo o aludido verbete sumular como marco inicial da prática já vedada pela Constituição" (AgInt no AREsp 625.949/MG, DJe 08/11/2018).

O Plenário do STF julgou procedente pedido formulado em ação direta para declarar a inconstitucionalidade de dispositivo da Lei nº 13.145/97, do Estado de Goiás, entendendo que o dispositivo questionado, ao permitir a nomeação, admissão ou permanência de até dois parentes das autoridades ali mencionadas, além do cônjuge do Chefe do Poder Executivo, criaria hipóteses que excepcionariam a vedação ao nepotismo. (STF. ADI 3745/GO, Rel. Min. Dias Toffoli, 15.5.2013. Pleno - Info 706)

Importante compreender que a vedação ao nepotismo tem como fundamento os princípios constitucionais da Administração, impessoalidade, moralidade administrativa e igualdade, não se exigindo a edição de lei formal para coibir a sua prática, nem podendo a Lei conspurcar tais princípios.

▸ **Atenção!**

Segundo precedente do STF (AgR 6650, Rel. Min. Ellen Gracie, 16/10/2008), em relação ao nepotismo, o Supremo tem assentado que a nomeação de parentes para cargos políticos não configuraria afronta aos princípios constitucionais que regem a Administração Pública, tendo em vista sua natureza eminentemente política.

Tal entendimento do Supremo segue a linha de raciocínio de que há uma diferenciação entre **função administrativa e função política**, e que o exercício desta última não se submete integralmente ao regime jurídico da Administração Pública.

▸ **Como esse assunto foi cobrado em concurso?**

No concurso para Procurador do Estado do Amazonas (FCC-2010), com o seguinte enunciado: *"NÃO é situação que configura nepotismo, a sofrer a incidência da Súmula Vinculante nº 13, editada pelo Supremo Tribunal Federal, a nomeação de"*, foi considerada correta a seguinte assertiva: *"d) cônjuge de Governador para cargo de Secretário de Estado"*.

No concurso para Procurador da República (2013), com o seguinte enunciado: "Consoante a jurisprudência dominante do Supremo Tribunal Federal, é correto afirmar que:" Foi considerada correta a seguinte assertiva: d) Exclui-se da vedação concernente ao nepotismo a nomeação de irmão de Governador para exercício do cargo de Secretário de Estado, por se tratar de agente político.

No concurso para o cargo de Delegado de Polícia de Pernambuco (Cespe/2016), com a seguinte ementa: "Tendo como referência a jurisprudência majoritária do STF acerca dos princípios expressos e implícitos da administração pública e do regime jurídico-administrativo, assinale a opção correta." Foi considerada correta a seguinte alternativa: "D) Segundo o STF, a vedação ao nepotismo decorre diretamente de princípios constitucionais explícitos, como os princípios da impessoalidade, da moralidade administrativa e da igualdade, não se exigindo a edição de lei formal para coibir a sua prática."

Tem-se entendido que a contratação de agentes públicos sem a realização de concurso caracteriza violação ao princípio da moralidade e da impessoalidade. Não obstante, o ressarcimento ao erário depende da demonstração do enriquecimento ilícito e do prejuízo para a administração.

> ▸ **Como esse assunto foi cobrado em concurso?**
>
> No concurso para Procurador do Estado de Alagoas (CESPE-2009), foi considerada correta a seguinte assertiva: *"O STJ fixou entendimento no sentido de que a contratação de agentes públicos sem a realização de concurso público enseja violação ao princípio da moralidade. Isso não quer dizer, contudo, que os responsáveis pela contratação devam ser condenados a ressarcir o erário, pois essa condenação depende da demonstração do enriquecimento ilícito e do prejuízo para a administração".*

### 3.1.4. *Princípio da publicidade*

A **publicidade** exige que a atuação do Poder Público seja transparente, com informações acessíveis à sociedade. Hodiernamente, a publicidade é compreendida de maneira mais ampla. Não basta a publicação dos atos administrativos, ela deve ser feita de forma clara, permitindo que os cidadãos possam exercer fiscalização social sobre os atos e negócios praticados pelos gestores públicos.

Por outro lado, deve-se evitar o desvirtuamento da publicidade de atos praticados pelo gestor; assim, a publicidade dos atos governamentais deve guardar um caráter exclusivamente educativo, informativo ou de orientação social, **sendo absolutamente vedada a publicação de informativos que visem ao proveito individual do administrador**.

O acesso aos documentos públicos de interesse particular ou de interesse coletivo ou geral pode ser ressalvado nas hipóteses em que o sigilo seja ou permaneça imprescindível à segurança da sociedade e do Estado. Da mesma forma, a lei pode restringir a publicidade dos atos processuais quando a defesa da intimidade ou o interesse social o exigirem.

Tem-se entendido, com razão, que é legítima a publicação, na internet, da relação de servidores públicos, com seus respectivos valores de vencimentos, medida que prestigia o princípio da publicidade.

> ▸ **Como esse assunto foi cobrado em concurso?**
>
> No concurso para Auditor Federal de Controle Externo do TCU (CESPE-2015), foi considerada correta a seguinte assertiva: *"De acordo com entendimento dominante, é legítima a publicação em sítio eletrônico da administração pública dos nomes de seus servidores e do valor dos vencimentos e das vantagens pecuniárias a que eles fazem jus".*

Vale registrar a edição da **Lei nº 12.527, de 2011** (denominada, **Lei de acesso a informações**), que dispõe sobre os procedimentos a serem observados pela

União, Estados, Distrito Federal e Municípios, com o fim de garantir o acesso a informações previsto no inciso XXXIII do art. 5º, no inciso II do § 3º do art. 37 e no § 2º do art. 216 da Constituição Federal.

As disposições desta Lei são aplicáveis, no que couber, às entidades privadas sem fins lucrativos que recebam recursos públicos diretamente do orçamento ou mediante subvenções sociais, contrato de gestão, termo de parceria, convênios, acordo, ajustes ou outros instrumentos congêneres. Nesta hipótese, a publicidade a que estão submetidas essas entidades relacionam-se à parcela dos recursos públicos recebidos e à sua destinação, sem prejuízo das prestações de contas a que estejam legalmente obrigadas.

Qualquer interessado poderá apresentar **pedido de acesso** a informações aos órgãos e entidades referidos pela Lei, por qualquer meio legítimo, devendo o pedido conter a identificação do requerente e a especificação da informação requerida.

O acesso à informação, disciplinado pela referida Lei, compreende, entre outros, os direitos de obter:

a) orientação sobre os procedimentos para a consecução de acesso, bem como sobre o local onde poderá ser encontrada ou obtida a informação almejada;

b) informação contida em registros ou documentos, produzidos ou acumulados por seus órgãos ou entidades, recolhidos ou não a arquivos públicos;

c) informação produzida ou custodiada por pessoa física ou entidade privada decorrente de qualquer vínculo com seus órgãos ou entidades, mesmo que esse vínculo já tenha cessado;

d) informação primária, íntegra, autêntica e atualizada;

e) informação sobre atividades exercidas pelos órgãos e entidades, inclusive as relativas à sua política, organização e serviços;

f) informação pertinente à administração do patrimônio público, utilização de recursos públicos, licitação, contratos administrativos; e

g) informação relativa à implementação, acompanhamento e resultados dos programas, projetos e ações dos órgãos e entidades públicas, bem como metas e indicadores propostos;

h) informação relativa ao resultado de inspeções, auditorias, prestações e tomadas de contas realizadas pelos órgãos de controle interno e externo, incluindo prestações de contas relativas a exercícios anteriores.

> ▸ **Atenção!**
> O acesso à informação não compreende aquelas referentes a projetos de pesquisa e desenvolvimento científicos ou tecnológicos cujo sigilo seja imprescindível à segurança da sociedade e do Estado.

São **vedadas** quaisquer exigências relativas aos motivos determinantes da solicitação de informações de interesse público.

O órgão ou entidade pública deverá autorizar ou conceder o acesso imediato à informação disponível. Quando não for possível conceder o acesso imediato, deve-se, em prazo não superior a **20 (vinte) dias** (admitida a prorrogação, justificada, por mais 10 (dez) dias):

a) comunicar a data, local e modo para se realizar a consulta, efetuar a reprodução ou obter a certidão;

b) indicar as razões de fato ou de direito da recusa, total ou parcial, do acesso pretendido; ou

c) comunicar que não possui a informação, indicar, se for do seu conhecimento, o órgão ou a entidade que a detém, ou, ainda, remeter o requerimento a esse órgão ou entidade, cientificando o interessado da remessa de seu pedido de informação.

A negativa de acesso às informações objeto de pedido devidamente formulado, quando não fundamentada, sujeitará o responsável a medidas disciplinares. Na hipótese de extravio da informação solicitada, o interessado poderá requerer à autoridade competente a imediata abertura de sindicância para apurar o desaparecimento da respectiva documentação.

No caso de indeferimento de acesso a informações ou às razões da negativa do acesso, poderá o interessado interpor recurso contra a decisão. O prazo recursal é de 10 (dez) dias, a contar da ciência do interessado.

Quando a negativa do acesso à informação ocorrer por órgãos ou entidades do Poder Executivo Federal, o requerente poderá recorrer à Controladoria-Geral da União, que deliberará no prazo de 5 (cinco) dias se:

a) o acesso à informação não classificada como sigilosa for negado;

b) a decisão de negativa de acesso à informação total ou parcialmente classificada como sigilosa não indicar a autoridade classificadora ou a hierarquicamente superior a quem possa ser dirigido pedido de acesso ou desclassificação;

c) os procedimentos de classificação de informação sigilosa, estabelecidos pela Lei nº 12.527, de 2011, não tiverem sido observados; e

d) estiverem sendo descumpridos prazos ou outros procedimentos previstos pela Lei nº 12.527, de 2011.

> **Atenção!**
>
> Mesmo no âmbito do Poder Executivo Federal, o recurso somente poderá ser dirigido à Controladoria-Geral da União depois de submetido à apreciação de pelo menos uma autoridade hierarquicamente superior àquela que exarou a decisão impugnada.

Outrossim, **é dever dos órgãos e entidades públicas promover**, independentemente de requerimentos, **a divulgação** em local de fácil acesso, no âmbito de suas competências, **de informações de interesse coletivo ou geral** por eles produzidas ou custodiadas, devendo constar, **no mínimo**:

- registro das competências e estrutura organizacional, endereços e telefones das respectivas unidades e horários de atendimento ao público;
- registros de quaisquer repasses ou transferências de recursos financeiros;
- registros das despesas;
- informações concernentes a procedimentos licitatórios, inclusive os respectivos editais e resultados, bem como a todos os contratos celebrados;
- dados gerais para o acompanhamento de programas, ações, projetos e obras de órgãos e entidades; e
- respostas a perguntas mais frequentes da sociedade.

Para divulgação das informações de interesse coletivo ou geral, acima referidas, os órgãos e entidades públicas deverão utilizar todos os meios e instrumentos legítimos de que dispuserem, sendo obrigatória a divulgação em sítios oficiais da rede mundial de computadores (internet).

> **Atenção!**
>
> Os Municípios com população de até **10.000 (dez mil) habitantes** ficam **dispensados** da divulgação obrigatória na internet, mantida a obrigatoriedade de divulgação, em tempo real, de informações relativas à execução orçamentária e financeira, nos critérios e prazos previstos pela Lei de Responsabilidade Fiscal.

A Lei, por outro lado, admite a possibilidade de **restrições** a informações consideradas imprescindíveis à segurança da sociedade ou do Estado, quando a divulgação ou acesso irrestrito possam:

- pôr em risco a defesa e a soberania nacionais ou a integridade do território nacional;
- prejudicar ou pôr em risco a condução de negociações ou as relações internacionais do País, ou as que tenham sido fornecidas em caráter sigiloso por outros Estados e organismos internacionais;
- pôr em risco a vida, a segurança ou a saúde da população;
- oferecer elevado risco à estabilidade financeira, econômica ou monetária do País;
- prejudicar ou causar risco a planos ou operações estratégicos das Forças Armadas;

- prejudicar ou causar risco a projetos de pesquisa e desenvolvimento científico ou tecnológico, assim como a sistemas, bens, instalações ou áreas de interesse estratégico nacional;
- pôr em risco a segurança de instituições ou de altas autoridades nacionais ou estrangeiras e seus familiares; ou
- comprometer atividades de inteligência, bem como de investigação ou fiscalização em andamento, relacionadas com a prevenção ou repressão de infrações.

Nesses casos, as informações serão passíveis de classificação como **ultrassecreta, secreta** ou **reservada**, admitindo-se os seguintes prazos máximos de restrição à publicidade:

- **ultrassecreta:** 25 (vinte e cinco) anos;
- **secreta:** 15 (quinze) anos; e
- **reservada:** 5 (cinco) anos.

Para a classificação da informação em determinado grau de sigilo, deverá ser observado o interesse público da informação e utilizado o critério menos restritivo possível.

> **Atenção!**
>
> As informações que puderem colocar em risco a segurança do Presidente e Vice-Presidente da República e respectivos cônjuges e filhos serão classificadas como reservadas e ficarão sob sigilo até o término do mandato em exercício ou do último mandato, em caso de reeleição.

A competência para classificação do sigilo de informações, no âmbito da administração pública federal, foi estabelecida de acordo com a classificação. Assim, será competente para a classificação:

a) **Ultrassecreta:** Presidente da República; Vice-Presidente da República; Ministros de Estado e autoridades com as mesmas prerrogativas; Comandantes da Marinha, do Exército e da Aeronáutica; e Chefes de Missões Diplomáticas e Consulares permanentes no exterior. Aquele que classificar informação como ultrassecreta, deverá encaminhar a decisão à **Comissão Mista de Reavaliação de Informações**, que poderá rever a classificação de informações ultrassecretas ou secretas, de ofício ou mediante provocação de pessoa interessada.

b) **Secreta**: autoridades com competência para a classificação como informação **ultrassecreta,** além dos titulares de autarquias, fundações ou empresas públicas e sociedades de economia mista;

c) **Reservada:** autoridades com competência para a classificação como informação **ultrassecreta** ou **secreta,** além daquelas que exerçam funções de direção, comando ou chefia, nível DAS 101.5, ou superior, do Grupo-Direção e Assessoramento Superiores, ou de hierarquia equivalente, de acordo com regulamentação específica de cada órgão ou entidade, observadas as disposições legais.

> **Atenção!**
>
> A competência, para a classificação como ultrassecreta e secreta, poderá ser delegada a agente público, inclusive em missão no exterior, vedada a subdelegação.
>
> Contudo, na hipótese de classificação, no grau de sigilo ultrassecreto, pelos Comandantes da Marinha, do Exército e da Aeronáutica, ou por Chefes de Missões Diplomáticas e Consulares permanentes no exterior, esta decisão deverá ser ratificada pelo respectivo Ministro de Estado.

Matheus Carvalho ressalta, com razão, a importância de não se confundir "publicidade" com "publicação", que é uma das formas para se garantir a publicidade. Nem sempre é a publicação em diário oficial, o instrumento necessário para respeitar-se o princípio da publicidade.

Nessa feita, importante perceber que o princípio da publicidade não impõe, apenas, a divulgação das decisões administrativas; ele exige transparência em toda a tramitação processual, resguardando o direito dos administrados de ter conhecimento sobre documentos e acesso a informações, durante o processo de tomada de decisão.

Conforme artigo 11 da Lei nº 8.429/92, constitui ato de **improbidade administrativa**, que atenta contra os princípios da Administração Pública, negar publicidade aos atos oficiais.

> **Como esse assunto foi cobrado em concurso?**
>
> No concurso para Juiz Leigo do MPE-PR (MPE-PR/2017), foi considerada correta a seguinte assertiva: "c) A publicidade se distingue da publicação dos atos administrativos, sendo esta apenas um dos meios de concretização daquele princípio."
>
> No concurso para Procurador da Fazenda (ESAF-2007), foi considerada correta a seguinte assertiva: "*Constitui ato de improbidade administrativa que atenta contra os princípios da Administração Pública negar publicidade aos atos oficiais*".
>
> No concurso para Analista Judiciário do TRT da 4ª Região (FCC/2015), foi considerada correta a seguinte assertiva: "*d) o princípio da publicidade não incide apenas para orientar a divulgação e a transparência dos atos finais, mas também permite aos administrados conhecer documentos e ter informações ao longo do processo de tomada de decisão.*"
>
> *No concurso para Juiz Substituto, do TJ/SC (FCC/2015), com o seguinte enunciado:* "Vigora no Brasil, disciplinando o direito constitucional de acesso à informação, a Lei nº 12.527/11. É ideia ESTRANHA ao regime dessa lei a:", sendo considerada correta a seguinte assertiva:

*"b) possibilidade de que qualquer interessado possa apresentar pedido de acesso a informações aos órgãos e entidades competentes, devendo o pedido conter a identificação do requerente, a especificação da informação requerida e os motivos determinantes da solicitação de informações de interesse público".*

Obs.: como visto, anteriormente, são vedadas quaisquer exigências relativas aos motivos determinantes da solicitação de informações de interesse público

### *3.1.5. Princípio da eficiência*

Esse princípio foi inserido no texto constitucional pela **EC nº 19/98**, passando a expressamente vincular e nortear a administração pública. O princípio da eficiência exige que a atividade administrativa seja exercida com presteza, perfeição e rendimento funcional, sua aplicação orienta e serve de fundamento para a construção de uma concepção de **Administração Pública Gerencial**.

O princípio da eficiência repercute tanto na atuação do agente público como na organização e estrutura da Administração Pública, e, embora inove ao englobar a preocupação com o resultado da atividade administrativa, não significa uma autorização à derrogação do regime jurídico de direito público ou quebra da legalidade.

O ilustre Marcus Bittencourt ensina que esse princípio exige a apresentação de resultados positivos para o serviço público e satisfatório atendimento das necessidades do administrado, não apenas na conduta do servidor público, mas também de toda a Administração Pública.

Conforme lembra Celso Antonio B. de Mello, a eficiência não pode ser concebida senão na intimidade do princípio da legalidade, pois jamais uma suposta busca de eficiência pode justificar a arbitrariedade. O autor lembra que ele se apresenta como uma faceta de um princípio mais amplo, tratado no Direito italiano: o **princípio da boa administração**. Assim, o agente público deve sempre buscar a melhor e mais adequada solução para os problemas administrativos, tendo como parâmetro o interesse público e a legalidade. Esta melhor solução, nem sempre será necessariamente a de menor custo, já que a avaliação de uma medida eficiente envolve outros elementos, além daqueles puramente econômicos.

Esse bom trato da coisa pública, atendendo à eficiência, tem relação direta com a concepção de **Estado Democrático de Direito**, no qual as regras e a atuação administrativa buscam dar garantias à coletividade, mas também protegem o indivíduo, inclusive de uma atuação exageradamente onerosa ou ineficiente do Estado que ele sustenta, através dos tributos.

▸ **Como esse assunto foi cobrado em concurso?**

No concurso do Tribunal Regional do Trabalho da 2ª Região (FCC/2008), foi tida como correta a seguinte referência ao princípio da eficiência: *"Exigência de que a atividade administrativa seja exercida com presteza, perfeição e rendimento funcional".*

> No concurso para Procurador do Tribunal de Contas do Amapá (FCC/2010), com a seguinte ementa: "*O princípio constitucional da eficiência, que rege a Administração Pública, apresenta-se em*" foi considerada correta a seguinte assertiva: *e) relação ao modo de organizar, estruturar e disciplinar a Administração Pública, não apenas em relação à atuação do agente público*. Na mesma questão, foi considerada errada a seguinte assertiva: "*c) relação ao modo de estruturação da Administração Pública, uma vez que autoriza a derrogação do regime jurídico de direito público e a aplicação do direito privado quando este se mostrar financeiramente mais atrativo*".
>
> No concurso para analista de Controle Externo, do TCE/CE (FCC/2015), com o seguinte enunciado: "O princípio da eficiência constante da Constituição da República possui conteúdo variável, relacionado com a finalidade da atuação da Administração pública, de modo que", foi considerada correta a seguinte assertiva: "e) nem sempre significa o direcionamento da ação estatal a juízos puramente econômicos, recomendando a utilização mais satisfatória dos recursos públicos caso a caso."

### 3.2. Outros princípios

Além dos princípios indicados pela Constituição, a administração pública deve obediência a outros princípios, alguns deles positivados pelo legislador infraconstitucional, em várias normas. A **Lei federal nº 9.784/99** (processo administrativo), por exemplo, estabeleceu a necessária obediência, dentre outros, aos princípios da legalidade, finalidade, motivação, razoabilidade, proporcionalidade, moralidade, ampla defesa, contraditório, segurança jurídica, interesse público e eficiência. A **Lei federal nº 8.666/93** (Licitações e contratos), faz também alusão a vários princípios, dentre eles: legalidade, impessoalidade, moralidade, igualdade, publicidade, probidade administrativa, vinculação ao instrumento convocatório, julgamento objetivo, além de princípios correlatos. Podemos citar, ainda, outros princípios, como o da autotutela, da presunção de legitimidade dos atos administrativos, do devido processo legal, entre tantos.

Há, portanto, vários princípios que moldam a atividade administrativa; alguns claramente apontados pelo legislador, outros tantos identificáveis pelo jurista, na análise do ordenamento. Todos eles serão abordados, no decorrer dessa obra.

Ressaltamos, aqui, alguns desses princípios:

#### *3.2.1. Razoabilidade e proporcionalidade*

Tais princípios possuem funções axiológicas e teleológicas essenciais, permitindo o controle dos atos administrativos. A jurisprudência tem cobrado o respeito a esses princípios, invalidando excessos na prática de atos administrativos.

A razoabilidade (ou proporcionalidade ampla) impõe uma tríplice exigência ao desempenho da função administrativa, de forma que, para a realização de fins públicos, sejam adotados meios ***adequados*, necessários** e **proporcionais** (as vantagens devem superar as desvantagens criadas.).

Alguns autores preferem denominar essa diferenciação como **subprincípios da proporcionalidade ampla**, quais sejam:

- **adequação (utilidade)** - a medida deve ser apta ao fim desejado;
- **necessidade (exigibilidade)** - o meio deve ser aquele que menos cause prejuízo aos administrados;
- **proporcionalidade em sentido estrito** - as vantagens devem superar as desvantagens.

Parte da doutrina tem feito alusão à **"teoria dos três testes"**, ao tratar sobre esses subprincípios, que devem ser "testados", para aferição do respeito ao princípio da proporcionalidade ampla. A exigência de razoabilidade traduz limitação material à ação da Administração Pública. Como destacou o STF, o exame da adequação de determinado ato estatal ao princípio da proporcionalidade, exatamente por viabilizar o controle de sua razoabilidade, inclui-se no âmbito da própria fiscalização de constitucionalidade das ações emanadas do Poder Público.

Sob esse aspecto, o princípio da proporcionalidade é essencial ao Estado Democrático de Direito, servindo como instrumento de tutela das liberdades fundamentais, **proibindo o excesso** e vedando o arbítrio do Poder, enfim, atuando como verdadeiro parâmetro de aferição da **constitucionalidade material** dos atos estatais (STF HC 103529-MC/SP. Informativo 585).

> ▸ **Como esse assunto foi cobrado em concurso?**
>
> No concurso para Perito Criminal da PC/AC (FUNCAB/2015), com o seguinte enunciado: "Suponhamos que Nicodemus foi alijado de concurso público para o provimento do cargo de perito criminal de polícia ante o argumento de estar inscrito no Serasa por compromissos pecuniários assumidos e não adimplidos. O caso hipotético citado retrata o desrespeito ao princípio da:", foi tida como correta a seguinte alternativa: "a) proporcionalidade."

### *3.2.2. Autotutela*

Esse princípio permite à Administração Pública a revisão de seus atos, seja por vícios de ilegalidade (**invalidação**), seja por motivos de conveniência e oportunidade (**revogação**).

O STF já sedimentou, através de sua Súmula 473 que "a Administração pública pode anular seus próprios atos, quando eivados de vícios que os tornem ilegais, porque deles não se originam direitos, ou revogá-los, por motivo de conveniência ou oportunidade, respeitados os direitos adquiridos e ressalvada, em todos os casos, a apreciação judicial".

A Lei nº 9.784/1999 estipula, em seu artigo 54, que o direito da Administração de anular os atos administrativos de que decorram efeitos favoráveis para os destinatários decai em cinco anos, contados da data em que foram praticados, salvo comprovada má-fé.

Em decisão na qual se evidencie não acarretarem lesão ao interesse público nem prejuízo a terceiros, os atos que apresentarem defeitos sanáveis poderão ser convalidados pela própria Administração.

> **Atenção!**
>
> Na **Heterotutela** o controle não é feito pelo órgão ou pela Administração Pública, mas por pessoa, órgão ou ente de esfera diversa. É o caso, por exemplo, da anulação de ato administrativo feita pelo Poder Judiciário, decorrente de reclamação perante o STF (CF, Art. 103-A, §3º), ou do controle dos atos do Executivo realizado pelo Poder Legislativo, em sua função fiscalizadora (CF, Art. 49, X).

### 3.2.3. *Presunção de legitimidade*

Segundo tal princípio, os atos administrativos se revestem de uma presunção relativa (***juris tantum***) de que são praticados legitimamente (de acordo com o Direito). Tal presunção é relativa, podendo ser contrariada por prova em contrário.

### 3.2.4. *Motivação*

O princípio da motivação obriga a Administração a explicitar o fundamento normativo de sua decisão, permitindo ao administrado avaliar a decisão administrativa, para conformar-se ou insurgir-se perante o Poder Judiciário.

A motivação deve ser explícita, clara e congruente, podendo consistir em declaração de concordância com fundamentos de anteriores pareceres, informações, decisões ou propostas, que, neste caso, serão parte integrante do ato (**motivação aliunde**).

A indicação dos pressupostos de fato e de direito que determinarem a decisão é critério obrigatório no processo administrativo. A Lei nº 9.784/99, em seu artigo 50, impõe expressamente a motivação em alguns atos administrativos, notadamente aqueles que:

- neguem, limitem ou afetem direitos ou interesses;
- decidam recursos administrativos;
- imponham ou agravem deveres, encargos ou sanções;
- decorram de reexame de ofício;
- decidam processos administrativos de concurso ou seleção pública;
- deixem de aplicar jurisprudência firmada sobre a questão ou discrepem de pareceres, laudos, propostas e relatórios oficiais;

- dispensem ou declarem a inexigibilidade de processo licitatório;
- importem anulação, revogação, suspensão ou convalidação de ato administrativo.

> ▸ **Como esse assunto foi cobrado em concurso?**
>
> No concurso para Juiz Substituto do TJ/PB (CESPE/2015), foi considerada ERRADA a seguinte assertiva: "*A administração pública deve dar publicidade aos atos administrativos individuais e gerais mediante publicação em diário oficial, sob pena de afronta ao princípio da publicidade*"

### 3.2.5. *Segurança jurídica*

Esse princípio tem por fundamento a necessária previsibilidade dos atos administrativos e estabilização das relações jurídicas. Têm-se limites para a atuação da Administração na prática de seus atos, como: vedação à aplicação retroativa de nova interpretação e sujeição do poder de autotutela a prazo razoável.

O princípio da segurança jurídica pode ser estudado sob dois prismas:

- **Objetivo:** refere-se à irretroatividade das normas e à proteção dos atos perfeitamente realizados, em relação a modificações legislativas posteriores e;
- **Subjetivo:** trata justamente da preservação das expectativas legítimas da sociedade com a produção de harmonia das relações jurídicas (princípio da **proteção da confiança**).

Têm-se apontado limites para a atuação da Administração na prática de seus atos, como:

a) **vedação à aplicação retroativa de nova interpretação;**

b) **sujeição do poder de autotutela a prazo razoável.**

Nesse prumo, a prerrogativa de revogação ou anulação de atos administrativos não pode se estender indefinidamente, ficando sujeita a prazo razoável e a limites de estabilização das situações criadas administrativamente.

O poder-dever da Administração de invalidar seus próprios atos sujeita-se ao limite temporal delimitado pelo princípio da segurança jurídica, pois os administrados não podem ficar indefinidamente sujeitos à instabilidade decorrente da autotutela estatal e à convalidação dos efeitos produzidos, quando, em razão de suas consequências jurídicas, a manutenção do ato servir mais ao interesse público do que sua invalidação. Da mesma forma, a exigibilidade da pretensão da Administração de apurar e punir irregularidades cometidas por seus agentes não é absoluta, encontrando limite temporal no princípio da segurança jurídica, de hierarquia constitucional, não se admitindo que os administrados fiquem indefinidamente sujeitos à instabilidade do poder sancionador do Estado. (STJ. AgRg no RMS 44657/RS, DJe 10/12/2014).

Noutro prisma, o STJ tem prolatado decisões entendendo que, sendo os atos administrativos de provimento absolutamente inconstitucionais, nem mesmo o Poder Constituinte derivado poderia relevar esse vício. Assim, não há que se falar em prescrição nem em decadência para que se tomem as providências cabíveis para restaurar a necessidade de observância do princípio constitucional do concurso público, não importando o tempo que o cidadão permaneceu, ilicitamente, no exercício do cargo (STJ, REsp 1310857/RN, 25/11/2014). Outrossim, o princípio da segurança jurídica e a suscitada decadência do direito da Administração, para anular seus próprios atos, não impedem a desconstituição de relações jurídicas que padecem de uma irremediável inconstitucionalidade, como é o caso dos servidores que mantêm contrato temporário com Poder Público, fora das permissivas contidas no art. 37, IX, da CF. (STJ, EDcl no RMS 33.143/PA, DJe 3/12/13).

Por fim, convém frisar que o princípio da segurança jurídica pode justificar que sejam considerados válidos atos administrativos praticados por agente público ilegalmente investido.

> ▸ **Como esse assunto foi cobrado em concurso?**
>
> No concurso do TJ/RS (FAURGS/2015), para outorga de delegação de Serviços Notariais e Registrais, com o seguinte enunciado: "Conforme o estabelecido na Lei nº 9.784, de 29 de janeiro de 1999, o princípio da segurança jurídica", foi tida como correta a seguinte alternativa: "c) proíbe a aplicação retroativa de nova interpretação da norma administrativa."
>
> No concurso para Auditor da FUB (CESPE/2015), foi considerada correta a seguinte assertiva: "*A proteção da confiança, desdobramento do princípio da segurança jurídica, impede a administração de adotar posturas manifestadamente contraditórias, ou seja, externando posicionamento em determinado sentido, para, em seguida, ignorá-lo, frustrando a expectativa dos cidadãos de boa-fé.*"
>
> No concurso para Procurador do Estado do PGE-SE (CESPE/2017), foi considerada correta a seguinte assertiva: "d) Em virtude dos princípios da proteção à confiança e da segurança jurídica, entende o STF que podem ser considerados válidos os atos praticados por agente público ilegalmente investido."

### *3.2.6. Contraditório e ampla defesa*

O princípio do contraditório e da ampla defesa consta registrado no inciso LV do artigo 5º da Constituição federal, ao destacar que "aos litigantes, em processo judicial ou administrativo, e aos acusados em geral são assegurados o contraditório e a ampla defesa, com os meios e recursos a ela inerentes".

Essa garantia é apresentada tanto para os processos judiciais como para os processos administrativos, permitindo-se formas instrumentais adequadas de socorro ao cidadão, entre outras hipóteses, sempre que houver a possibilidade de repercussão desfavorável na esfera jurídica dos envolvidos.

O **contraditório** se relaciona com a igualdade das partes e se traduz na necessidade de informação da existência de todos os atos do processo, além da possibilidade de reação aos atos desfavoráveis.

A **ampla defesa** pressupõe a prerrogativa de defender-se de acusações, para evitar sanções ou prejuízos. A atividade administrativa resta sujeita à obediência ao **devido processo legal** e ao princípio da ampla defesa e contraditório, não podendo deles prescindir, sob pena de anulação dos atos e decisões proferidas.

A garantia constitucional da ampla defesa afasta a exigência do depósito prévio como pressuposto de admissibilidade de recurso administrativo.

> ▸ **Importante!**
>
> Nos processos perante o Tribunal de Contas da União asseguram-se o contraditório e a ampla defesa quando da decisão puder resultar anulação ou revogação de ato administrativo que beneficie o interessado, excetuada a apreciação da legalidade do ato de concessão inicial de aposentadoria, reforma e pensão. (STF - Súmula Vinculante 3).
>
> Cabe observar que, em recentes decisões, o STF tem indicado o entendimento de que, mesmo nos casos de apreciação da legalidade do ato de concessão inicial de aposentadoria, reforma e pensão, em que a relação jurídica estabelecida se dá entre o TCU e a Administração Pública (o que, em princípio, não reclamaria a audição da parte diretamente interessada), em caso de decurso de tempo acima do razoável, deve-se resguardar o direito líquido e certo do impetrante de exercitar as garantias do contraditório e da ampla defesa. Com fundamento nos princípios da segurança jurídica e da lealdade, salientou-se a necessidade de se fixar um tempo médio razoável a ser aplicado a tais processos (indicou-se o prazo referencial de cinco anos), após o qual haver-se-ia de convocar o particular para fazer parte do processo de seu interesse (STF MS 25116/DF, Julg. 08/09/2010).
>
> O termo *a quo* desse prazo de 5 anos para que o TCU examine a legalidade dos atos concessivos de aposentadorias, reformas e pensões, conta-se a partir da data de chegada do processo administrativo na própria Corte de Contas (STF, MS 24781/DF, 02.03. 2011).

### *3.2.7. Igualdade*

O princípio da igualdade (ou isonomia) é resumido na sentença **"tratar igualmente os iguais e desigualmente os desiguais, na medida das desigualdades"**. Essa frase resume a transformação do sentido dado à igualdade com as mudanças de paradigmas que afetaram o Estado Moderno.

Durante o Estado Liberal, respeitar a isonomia significava tratar a todos igualmente (igualdade formal), uma conquista social que tinha como objetivo evitar as injustificáveis discriminações do período absolutista.

Com o Estado Social passou-se a admitir com maior acentuação o tratamento desigual entre os cidadãos, pelo Poder Público, não no sentido de garantir privilégios, como ocorria no Estado Absolutista, mas imbuído do intuito de corrigir distorções sociais, como a miséria.

Contudo, excessos estatais passaram a gerar desvirtuamentos, uma vez que o tratamento diferenciado proposto pelo Estado muitas vezes era estabelecido de forma desproporcional ou descompassada de eventuais diferenças reais identificadas na sociedade. Agindo dessa forma, sob o falso pretexto de tratar desigualmente os desiguais, criaram-se privilégios que geravam desigualdades entre os indivíduos, pelo próprio Estado.

Com o Estado Democrático de Direito, faz-se necessário impor certa relação entre a diferença existente no mundo real e a ação estatal. Assim, embora se permita o tratamento desigual aos desiguais, este deve ocorrer na medida das desigualdades postas. Tratamentos que ultrapassem esse limite descambarão para discriminações indevidas, materializadas em privilégios ou perseguições, incabíveis no novo paradigma estatal.

Celso Antonio Bandeira de Mello ensina com maestria que o alcance da igualdade não se limita a nivelar os cidadãos diante da norma legal posta, seu respeito exige que a própria lei seja editada em conformidade com a isonomia. Dessa forma, "não só perante a norma posta se nivelam os indivíduos, mas, a própria edição delas assujeita-se ao dever de dispensar tratamento equânime às pessoas".

A lei e o ato administrativo não devem ser fonte de privilégios ou perseguições, mas cumprir o papel de instrumento regulador da vida social, tratando equitativamente os cidadãos. Diante da "politização" (em um sentido pejorativo) cada vez mais acentuada da máquina administrativa, é muito comum o estabelecimento de regras que, a despeito de se fundamentarem em diferenças sociais, geram privilégios desproporcionais, afrontosos à isonomia.

Noutro prisma, como reflexo do princípio da igualdade, impõe-se "**autovinculação administrativa**", conceito que gera certa limitação à prática de um ato administrativo (mesmo que discricionário), em contradição a precedentes administrativos anteriores. Pela teoria da autovinculação administrativa, ao fixar determinado entendimento, por respeito à igualdade e à boa-fé, a Administração fica vinculada quando analisar relações jurídicas distintas, porém similares, embora possa alterar seu entendimento, de forma motivada e sem efeitos retroativos (***"prospective overruling"***).

Obviamente, não haverá vinculação a precedente, baseado em decisão ilegal.

> **Importante!**
>
> O STF já proclamou que "a lei pode, sem violação do princípio da igualdade, distinguir situações, a fim de conferir a um tratamento diverso do que atribui a outra. Para que possa fazê-lo, contudo, sem que tal

violação se manifeste, é necessário que a discriminação guarde compatibilidade com o conteúdo do princípio" *(STF - ADI N. 3.070-RN - RELATOR: MIN. EROS GRAU - Noticiado no Informativo 490).*

### *3.2.8. Finalidade pública*

A Administração Pública não existe como um fim em si mesmo; sua existência, suas ações e suas prerrogativas são justificadas pelas finalidades para as quais ela foi criada (atendimentos dos interesses da coletividade). Nessa feita, quando o aparato administrativo age em busca de outras finalidades (por exemplo, interesse do gestor), tal ação demonstrar-se-á ilegítima e passível de invalidação, em decorrência do desvio de finalidade.

O desvio de finalidade pode ser: **genérico**, quando a ação administrativa não atende o interesse público (ex: desapropriação de um imóvel particular, em virtude de antipatia político-partidária), ou **específico**, quando a ação administrativa, embora objetive uma finalidade pública, diferencia-se daquela especificamente determinada pela Lei (ex: diante de um servidor desidioso que mereça a aplicação de sanção administrativa, decide o gestor removê-lo para uma unidade longínqua).

Em síntese, podemos indicar os seguintes princípios jurídicos, que influenciam o regime jurídico administrativo da Administração Pública.

<table>
<tr><td rowspan="5">Princípios constitucionais expressos</td><td>Legalidade</td></tr>
<tr><td>Impessoalidade</td></tr>
<tr><td>Moralidade</td></tr>
<tr><td>Publicidade</td></tr>
<tr><td>Eficiência</td></tr>
<tr><td rowspan="8">Outros princípios do Direito Administrativo (rol exemplificativo)</td><td>Razoabilidade e proporcionalidade</td></tr>
<tr><td>Autotutela</td></tr>
<tr><td>Presunção de legitimidade</td></tr>
<tr><td>Motivação</td></tr>
<tr><td>Segurança jurídica</td></tr>
<tr><td>Contraditório e ampla defesa</td></tr>
<tr><td>Igualdade</td></tr>
<tr><td>Finalidade pública</td></tr>
</table>

Vale salientar que existem outros princípios aplicáveis ao Direito Administrativo, que serão analisados em capítulos próprios, relacionados aos temas com os quais possuem maior identidade.

Capítulo 3

# Organização da Administração Pública

Fernando Baltar

## 1. INTRODUÇÃO

Conforme leciona Hely Lopes Meirelles, a Administração "é o instrumental de que dispõe o Estado para pôr em prática as opções do Governo". Dessa forma, deve-se interpretar que a Administração é, apenas, a ferramenta disponibilizada ao Estado para buscar a satisfação dos interesses essenciais e secundários da coletividade.

A criação de órgãos e entidades públicas depende de lei em sentido formal, por expressa exigência da Constituição Federal de 1988, todavia a mesma Carta Republicana admite que o Chefe do Poder Executivo pode dispor sobre a organização e o funcionamento dos órgãos, mediante Decreto, desde que não importe aumento de despesas, nem criação ou extinção de órgãos públicos.

A Administração Direta é composta pelos **órgãos públicos** integrantes de sua estrutura, despidos de personalidade jurídica, enquanto a Administração Indireta, segundo informa o Decreto-Lei nº 200/67, compreende as **autarquias**, **fundações públicas**, **empresas públicas** e **sociedades de economia mista**.

Temos, portanto, as **pessoas políticas** ou **entes políticos** que são a União, Estados, Distrito Federal e Municípios, que são entes da federação previstos na Constituição e as **pessoas administrativas** ou **entes administrativos**, que são pessoas criadas por lei ou por autorização legal editada por ente político, para o desempenho de função administrativa ou exploração de atividade econômica (sociedades de economia mista e empresas públicas).

Os entes administrativos surgiram para suprir uma necessidade técnica. Constatou-se que aglutinar todas as competências não produzia os melhores resultados, face aos intermináveis corredores da burocracia administrativa, que necessitaria ser cada vez mais vascularizada, com um número maior de órgãos públicos.

Optou-se pela adoção da técnica da descentralização administrativa, criando outras pessoas jurídicas, com autonomia, mas submetidas a controle pelo ente político com a finalidade de desempenhar uma determinada atividade pública.

## 2. ÓRGÃOS PÚBLICOS

Como os entes da Federação (União, Estados, Distrito Federal e Municípios) possuem personalidades jurídicas próprias e, portanto, são sujeitos de direitos e obrigações no nosso ordenamento jurídico, surge a necessidade de explicar como uma ficção jurídica pode expressar sua vontade.

Surgiram diversas teorias objetivando explicar essa manifestação de vontade do Estado, dentre elas:

- **Teoria do mandato;**
- **Teoria da representação;**
- **Teoria do órgão;**

Segundo a **teoria do mandato**, o Estado outorga aos seus agentes um mandato para agir em seu nome. Tal teoria não explica de que forma o Estado transferiu poderes aos seus agentes, além de trazer a inconveniência de retirar do mandante (Estado) a responsabilidade pelos atos praticados pelo mandatário (agente público), que extrapolaram das atribuições outorgadas.

Pela **teoria da representação** o Estado seria representado por seus agentes. Di Pietro critica essa teoria, por entender inconsistente nivelar o Estado ao incapaz, que necessita de representação. A doutrina ainda critica a nuance de que, por esta teoria, o representado (Estado) não responde pelos atos que ultrapassam os poderes da representação.

A **teoria do órgão**, também chamada de **teoria da imputação volitiva**, estabelece que o Estado manifesta sua vontade por meio dos órgãos que integram a sua estrutura, de tal forma que quando os agentes públicos que estão lotados nos órgãos manifestam a sua vontade, esta é atribuída ao Estado.

A teoria do órgão é a teoria mais aceita em nosso ordenamento jurídico e é por seu intermédio que se consegue justificar a validade dos atos praticados pelo **"servidor de fato"**, que segundo Celso Antônio Bandeira de Mello seria "aquele cuja investidura foi irregular, mas cuja situação tem aparência de legalidade. Em nome do **princípio da aparência**, da boa-fé dos administrados, da segurança jurídica e do princípio da presunção de legalidade dos atos administrativos, reputam-se válidos os atos por ele praticados, se por outra razão não forem viciados".

Segundo Hely Lopes Meirelles, **órgãos públicos** são "centros de competência instituídos para o desempenho de funções estatais, através de seus agentes, cuja atuação é imputada à pessoa jurídica a que pertencem".

> **Atenção!**
>
> Nenhum órgão público possui personalidade jurídica própria, por mais relevantes que sejam as atribuições exercidas.

> **Como este tema vem sendo abordado em concursos ?**
>
> No concurso para provimento do cargo de Procurador do Município de Londrina/PR/2011, foi considerada incorreta a seguinte assertiva: "Os órgãos públicos são centros de competência instituídos no âmbito da mesma pessoa jurídica para o desempenho das funções estatais. Possuem personalidade jurídica e convivem paralelamente à estrutura da pessoa a que pertencem".

São exemplos de órgãos públicos a Presidência da República, os Ministérios, a Imprensa Nacional, a Advocacia-Geral da União, o Ministério Público, o Supremo Tribunal Federal, Tribunais de Justiça, polícias civis ou militares, Senado Federal, Câmara dos Deputados, Assembleias Legislativas, Câmaras Municipais, Receita Federal e Estadual, dentre outros.

José dos Santos Carvalho Filho, destaca, com propriedade, que, apesar dos órgãos serem entes despersonalizados, os órgãos públicos representativos de poderes (ex.: tribunais, casas legislativas) podem defender, em juízo, as suas prerrogativas constitucionais.

Essa capacidade processual extraordinária ou anômala é chamada de **personalidade judiciária** e, apesar de não conferir personalidade jurídica a esses órgãos, confere legitimidade para estarem em juízo defendendo suas competências. Ex.: Assembleia Legislativa pode impetrar mandado de segurança em face do Governador do Estado pelo não repasse da parcela do orçamento a que faz *jus*.

> **Como este tema vem sendo abordado em concursos?**
>
> No concurso para provimento do cargo de Procurador do MP junto ao TCU/2015, foi considerada incorreta a seguinte assertiva: "Considerando-se o conceito de órgão público, o TCU, embora não tenha personalidade jurídica, tem capacidade processual para defender suas prerrogativas e para atuar judicialmente em nome da pessoa jurídica que integra.".

Quanto à posição estatal os órgãos são classificados em:

a) **Independentes** – são os órgãos representativos de poderes que não se subordinam hierarquicamente a nenhum outro, tais como a Chefia do Executivo, os tribunais, as casas legislativas.

b) **Autônomos** – Formam a cúpula da Administração e se subordinam, apenas, aos órgãos independentes. Ex.: ministérios, secretarias estaduais e municipais.

c) **Superiores** – São os órgãos que exercem atribuições de direção, controle e chefia, mas que se subordinam a órgãos autônomos ou de hierarquia superior Ex.: diretorias, coordenações.

d) **Subalternos** – são órgãos de execução, despidos de função de comando. Ex.: protocolo, seção de expediente, de material, portaria.

Quanto à estrutura, os órgãos são classificados em:

a) **Simples ou unitários** – são órgãos que não possuem outros órgãos subordinados em sua estrutura. Ex: os órgãos subalternos como protocolo ou almoxarifado são órgãos simples.

b) **Compostos** – são órgãos onde ocorre a desconcentração de suas atividades para outros órgãos subordinados hierarquicamente. Ex: A Procuradoria-Geral da União é o órgão superior das Procuradorias Regionais da União e estas são os órgãos regionais das Procuradorias da União nos estados. A PGU, portanto, é um órgão composto.

Quanto à atuação funcional, são classificados em:

a) **Singulares ou unipessoais** – são órgãos cuja decisão depende da vontade de um único agente. Ex: Presidência da República.

Ainda quanto aos órgãos singulares, cumpre observar que o ilustre administrativista Celso Antônio Bandeira de Mello chama os órgãos singulares de simples.

b) **Colegiados, pluripessoais ou coletivos** – são órgãos em que as decisões são tomadas por mais de uma pessoa, por um colegiado que delibera sem que haja hierarquia entre seus membros, ainda que um seja nomeado diretor ou presidente. Ex: Conselho Nacional de Justiça, Conselho Superior da Advocacia-Geral da União, Conselho de Contribuintes, dentre outros.

Quanto às funções, os órgãos podem ser classificados em:

a) **Ativos** – são os órgãos que exercem diretamente função administrativa, prestando serviços públicos, tais como de polícia, saúde, educação, dentre outros.

b) **Consultivos** – são órgãos que possuem atuação preventiva, emitindo manifestações técnicas de natureza opinativa acerca do ato administrativo que se pretende praticar. Ex. Consultoria Jurídica da União nos estados.

c) **Controle** – são órgãos que exercem uma fiscalização sobre as atividades desempenhadas por outros órgãos e agentes públicos. Esse controle pode ser exercido interna ou externamente. Ex. Ministério da Transparência, Fiscalização e Controladoria-Geral da União, Tribunal de Contas da União.

## 3. AUTARQUIAS

### 3.1. Conceito

Pode-se conceituar autarquia como sendo a pessoa jurídica de direito público interno, criada por lei específica para prestação de serviço público específico, com autonomia administrativa, mas submetida a controle finalístico de suas atividades.

### 3.2. Características

Decorrem do conceito acima as seguintes características:

- personalidade jurídica de direito público interno;
- criação por lei;
- autonomia administrativa;
- prestação de serviço público específico;
- submissão a controle finalístico de suas atividades.

São exemplos de autarquias federais: INSS, INCRA, DNOCS, IBAMA, IPHAN, Banco Central, dentre outras.

## 3.3. Criação

O artigo 37, XIX, da Constituição, traz a seguinte redação: "***somente por lei específica poderá ser criada autarquia*** *e autorizada a instituição de empresa pública, de sociedade de economia mista e de fundação, cabendo à lei complementar, neste último caso, definir as áreas de sua atuação.*"

As autarquias, então, **nascem diretamente da lei**, não necessitando do registro de seus estatutos na Junta Comercial nem em unidade cartorial, e, por essa razão, sua **personalidade jurídica é de direito público**, não podendo ser equiparada às entidades privadas nem às entidades públicas de direito privado.

O que se afirma é que o ente político (União, Estados, Distrito Federal e Municípios), o qual detém competência legislativa inovadora, poderá, por uma opção política e por uma questão de técnica de descentralização, editar, por meio de sua casa legislativa, lei que venha a criar uma outra pessoa jurídica, transferindo para esta nova entidade um serviço público específico. Por exemplo, a União, por meio do Congresso Nacional, editou uma lei criando o INSS, autarquia federal que presta o serviço público de seguridade social, em seu próprio nome e sob sua responsabilidade.

> **▸ Como esse assunto foi cobrado em concurso?**
>
> No concurso para provimento do cargo de Procurador do Município de João Pessoa/PB-2018, foi considerada incorreta a seguinte assertiva: Situação hipotética: Determinado estado da Federação, para aprovação pelo Poder Legislativo, encaminhou projeto de lei que regulamenta instituição de autarquia e alterações orçamentárias e administrativas de determinada secretaria. Assertiva: Nessa situação, esse projeto de lei, apesar de multitemático, deverá ser aprovado à luz do princípio da reserva legal.
>
> A assertiva está incorreta tendo em vista que as autarquias só podem ser criadas por lei específica, conforme comando do art. 37, XIX da CF/88.

A União poderia prestar os serviços de seguridade social diretamente, por meio do Ministério da Previdência Social? Sim, mas optou pela técnica da descentralização, criando uma pessoa jurídica e conferindo a ela a responsabilidade de prestar esse serviço público.

> **Atenção!**
>
> Se a entidade política optar por descentralizar um **serviço público tipicamente estatal** - que não possa ser prestado por entidades privadas - deverá, necessariamente, criar uma autarquia, mas se o serviço a ser prestado não for um serviço típico de Estado, então, poderá optar pela criação de autarquia ou outra entidade pública.

Esse raciocínio significa que, se o serviço é tipicamente estatal e está descentralizado, a entidade prestadora é uma autarquia ou entidade pública com natureza autárquica; mas não se pode afirmar que toda autarquia presta um serviço público típico de Estado, como exemplo podemos citar as universidades públicas, que, apesar de serem autarquias, prestam um serviço que também é ofertado por entidades privadas.

As autarquias nascem com o único propósito de prestar um serviço público específico de forma mais eficiente e racional, como forma de descentralização administrativa por serviços ou funcional, enquanto o ente federado possui capacidade ampla para prestação dos mais diversos serviços públicos (proteção e preservação do meio ambiente, cultura, segurança, saúde, educação, dentre outros).

Como as autarquias nascem diretamente da lei, só podem ser **extintas por outra lei**, não se admitindo, por respeito ao princípio da legalidade, a extinção de autarquias por nenhum outro instrumento infralegal.

## 3.4. Prerrogativas

As autarquias, por serem pessoas jurídicas de direito público, possuem as prerrogativas administrativas do ente da federação que as criou, dentre elas:

a) imunidade relativa a impostos sobre o seu patrimônio, renda ou os serviços vinculados as suas finalidades essenciais (CF, art. 150, § 2º e 4º), chamada de **imunidade condicionada**;

> **Importante!**
>
> Nesse aspecto, o STF tem entendido, de uma forma geral, que basta determinada renda ser destinada à consecução das finalidades essenciais da entidade para que seja uma renda imune. Igualmente, se a renda obtida com o aluguel de determinado imóvel for destinada à consecução de tais finalidades, estariam abrigados pela imunidade tanto o patrimônio como a renda dele proveniente.
>
> Vale lembrar, também, que o Supremo considera que incide IPTU em imóvel de pessoa jurídica de direito público cedido à pessoa jurídica de direito privado, devedora do tributo.

b) impenhorabilidade, inalienabilidade e imprescritibilidade dos seus bens;

c) execução dos seus débitos via precatório;

d) execução fiscal dos seus créditos inscritos;

e) prazo em dobro para as suas manifestações processuais, salvo quando a lei, de forma expressa, determinar prazo diverso;

f) juízo privativo, se federais, de suas ações serem julgadas na justiça federal;

g) prescrição quinquenal de seus débitos, conforme estabelecido para a Fazenda Pública.

## 3.5. Capacidade de autoadministração

Com relação à **autonomia administrativa** das autarquias, deve-se partir do pressuposto de que não haveria nenhum sentido na criação de uma nova pessoa e a consequente transferência do serviço público, com a manutenção da submissão ao poder hierárquico em relação ao ente criador. Se essa fosse a intenção, dever-se-ia criar um órgão (**desconcentração**) e não uma autarquia (**descentralização**).

Se a opção política do governo foi pela **descentralização**, a nova pessoa que surgiu da vontade legislativa, naturalmente, deverá possuir capacidade de administrar a si própria, com **autonomia** em relação ao ente que a criou.

> ▸ **Como esse assunto foi cobrado em concurso?**
>
> No concurso para provimento do cargo de Auditor Fiscal/SEFAZ SC/2018, em cuja ementa trazia a afirmação de que "Como formas de organização administrativa, um ente federado pode optar pela desconcentração e pela descentralização," foi considerada correta a seguinte assertiva: *c) não sendo formas excludentes, pois a desconcentração envolve a criação de órgãos desprovidos de personalidade jurídica, integrantes da estrutura da Administração direta, enquanto a descentralização enseja a criação de pessoas jurídicas, que passam a integrar a Administração indireta.*

## 3.6. Controle finalístico, tutela ou vinculação

Capacidade de **autoadministração** não pode ser confundida com independência absoluta. As autarquias não se submetem ao poder hierárquico da pessoa que a criou, ou seja, não há subordinação entre uma autarquia e um ministério ou secretaria, mas haverá um **controle finalístico** de suas atividades, também chamado de **tutela** ou **supervisão**.

| Tutela, vinculação ou controle finalístico |
|---|
| Não é presumida, mas sim exercida nos termos fixados em lei; |
| Exercida por uma pessoa sobre outra (ex.: União sobre Ibama). |

O art. 26, do Decreto-Lei nº 200/67, que dispõe sobre a organização da Administração Pública Federal, estabelece que a supervisão ministerial visará assegurar, essencialmente:

- Realização dos objetivos fixados nos atos de constituição da entidade.
- Harmonia com a política e a programação do Governo, no setor de atuação da entidade.
- Eficiência administrativa.
- Autonomia administrativa, operacional e financeira da entidade.

No que concerne aos instrumentos disponibilizados à entidade supervisora, podemos citar:

a) indicação ou nomeação pelo Ministro ou, se for o caso, eleição dos dirigentes da entidade, conforme sua natureza jurídica;

b) designação, pelo Ministro, dos representantes do Governo Federal nas Assembleias Gerais e órgãos de administração ou controle da entidade;

c) recebimento sistemático de relatórios, boletins, balancetes, balanços e informações que permitam ao Ministro acompanhar as atividades da entidade e a execução do orçamento-programa e da programação financeira aprovados pelo Governo;

d) aprovação anual da proposta de orçamento-programa e da programação financeira da entidade, no caso de autarquia;

e) aprovação de contas, relatórios e balanços, diretamente ou através dos representantes ministeriais nas Assembleias e órgãos de administração ou controle;

f) fixação, em níveis compatíveis com os critérios de operação econômica, das despesas de pessoal e de administração;

g) fixação de critérios para gastos de publicidade, divulgação e relações públicas;

h) realização de auditoria e avaliação periódica de rendimento e de produtividade;

i) intervenção, por motivo de interesse público.

A extensão e a intensidade desse controle finalístico dependerão do que estiver previsto na lei de criação da autarquia. Atualmente, há autarquias que se submetem a um intenso controle de seus atos pelo ministério supervisor e outras, como as universidades e o Banco Central, que gozam de grande autonomia com relação aos Ministérios da Educação e da Fazenda.

Deve-se perceber que a **supervisão ministerial se diferencia da subordinação hierárquica**. Esta decorre da hierarquia e ocorre dentro da estrutura verticalizada de uma única pessoa jurídica, independentemente de previsão legal. Cite-se, como exemplo, as Superintendências de Polícia Federal nos Estados, as quais se subordinam hierarquicamente ao Departamento de Polícia Federal em Brasília – órgãos integrantes da estrutura de uma única pessoa: União – e essa subordinação deriva, naturalmente, da estrutura administrativa e não de determinação legal.

| Subordinação (hierarquia) |
|---|
| Exercida dentro de uma mesma pessoa jurídica (ex. Ministério do trabalho sobre as superintendências do trabalho); |
| Existe independentemente de previsão legal. |

## 3.7. Regime jurídico dos servidores

O regime de pessoal das autarquias deverá ser o mesmo da Entidade da Federação que a criou, o que significa que, atualmente, tais servidores públicos serão submetidos ao regime jurídico estatutário.

Tal vinculação decorre do julgamento do STF na ADI Nº 2.135 (Relator Min. Néri da Silveira), que teve o seu pedido cautelar atendido em 02/08/2007, considerando inconstitucional a alteração da redação do *caput* do art. 39, da Constituição Federal, que flexibilizava o regime jurídico único dos servidores públicos.

## 3.8. Autarquias corporativas

As entidades de classe como OAB, CREA, CRM, dentre outras, possuem, conforme entendimento pacífico na nossa doutrina e jurisprudência, **natureza jurídica de autarquia federal**. São pessoas jurídicas de direito público interno, que exercem poder de polícia administrativo quando exercem a fiscalização da respectiva atividade profissional.

Como autarquias gozam de imunidade com relação a impostos que incidam sobre o seu patrimônio, renda ou serviços vinculados a suas finalidades essenciais (CF, art. 150, § 2º e 4º) e estão submetidas à fiscalização pelo Tribunal de Contas da União dos gastos com a arrecadação das contribuições compulsórias dos seus filiados.

No entanto, tendo em vista sua natureza jurídica de entidade pública, tais autarquias corporativas estão obrigadas a contratar seu pessoal por concurso público, havendo, inclusive, entendimento sumulado pelo TCU, senão vejamos:

> Súmula nº 277/2012-TCU
>
> *Por força do inciso II do art. 37 da Constituição Federal, a admissão de pessoal nos conselhos de fiscalização profissional, desde a publicação no Diário de Justiça de 18/5/2001 do acórdão proferido pelo STF no mandado de segurança 21.797-9, deve ser precedida de concurso público, ainda que realizado de forma simplificada, desde que haja observância dos princípios constitucionais pertinentes.*

A Corte Federal de Contas avança ao determinar que inclusive as funções de confiança devem ser ocupadas exclusivamente pelo pessoal do seu quadro efetivo. Com relação aos cargos em comissão deve haver a obrigatoriedade de que instruções dos conselhos federais determinem limites mínimos a serem preenchidos pelo pessoal do quadro efetivo.

> **Atenção**
>
> O STF decidiu que, como os efeitos do caput do art. 39 da CF/1988, na redação dada pela EC/98, encontram-se suspensos, deve ser aplicado o regime estatutário para os servidores das autarquias corporativas.

> **Como esse assunto foi cobrado em concurso?**
>
> No concurso para provimento do cargo de Procurador do Município de São Paulo-2015, foi considerada incorreta a seguinte assertiva:
>
> (B) As autarquias especiais corporativas, como os conselhos de fiscalização profissional, não necessitam contratar mediante concurso público.

No tocante às contratações, o TCU possui entendimento harmonizado com o STJ, de que os conselhos de fiscalização profissional, considerando a sua natureza autárquica e capacidade tributária ativa, submetem-se ao regime da Lei 8.666/93.

No que concerne à OAB, o STF criou uma situação inusitada, pois, ao julgar a ADI nº 1717/DF, entendeu que o poder de polícia não seria passível de delegação a particulares, enquanto, no julgamento da ADI nº 3026, reconheceu que a OAB exerce poder de polícia, mas não está obrigada a realizar concurso público por se tratar de entidade privada. Tal decisão também traz a inconveniente indagação acerca do fundamento para a imunidade tributária de que goza a OAB com relação a impostos, visto que essa é uma prerrogativa, apenas, das pessoas jurídicas de direito público.

> **Como esse assunto foi cobrado em concurso?**
>
> No concurso para provimento do cargo de Procurador da República-2015, foi considera incorreta a seguinte assertiva:
>
> b) ( ) a OAB é uma autarquia especial, de onde a exigência de concurso público para a admissão dos contratados sob o regime trabalhista, segundo o STF.

A OAB, aos olhos do STF, é, ao mesmo tempo, entidade privada e autarquia: esta quando exerce poder de polícia e goza de isenção com relação a impostos sobre os seus bens e serviços vinculados à sua finalidade; aquela quando se livra das amarras do concurso público, da licitação e da fiscalização no uso dos recursos oriundos das contribuições dos seus integrantes.

> **Atenção!**
>
> O STJ entende que os conselhos de fiscalização possuem a natureza de autarquia especial, por força da interpretação dada pelo STF no julgamento da ADI 1.717-DF.

### 3.9. Foro das autarquias

O art. 109, inciso I, da Constituição Federal de 1988, estabelece que compete à **Justiça Federal** processar e julgar as causas em que as autarquias forem interessadas na condição de autoras, rés, assistentes ou oponentes.

O mesmo art. 109, em seu inciso VIII, atribui à Justiça Federal a competência para processar e julgar mandados de segurança contra as autoridades públicas que desempenham suas funções em autarquias.

Trata-se, por óbvio, de foro específico das autarquias federais, sendo a **justiça estadual** o foro das autarquias estaduais e municipais.

## 4. AGÊNCIAS REGULADORAS

### 4.1. Origem

Maria Sylvia Zanella Di Pietro afirma que, no Direito Brasileiro, qualquer órgão da Administração Direta ou entidade da Administração Indireta com função de regular as matérias de suas competências pode ser qualificada como agência reguladora, aqui considerada em uma acepção ampla. Nesse sentido, acentua a autora que o único que constitui inovação é o próprio vocábulo.

Para que possamos entender as **agências reguladoras**, primeiro teremos que reviver o período histórico de sua criação: na década de 90, quando o Brasil, recém-saído de um longo período de ditadura e de um processo de *impeachment* do seu primeiro Presidente eleito pelo voto direto, vivia um novo período democrático.

Nesse ambiente de insegurança, o governo resolveu implementar uma política de privatização de algumas entidades públicas e de concessão de serviços públicos que eram prestados por entidades públicas em regime de monopólio. Para que essa pretensão governamental se mostrasse exitosa, era necessário atrair um grande volume de capital de investimento. Trata-se de áreas como telefonia e energia, as quais exigem centenas de milhões e até mesmo de bilhões de reais, em investimento. Diante dessa necessidade, imperioso perceber que o investidor, nacional ou estrangeiro, não iria alocar os seus recursos se não sentisse a segurança de que poderia explorar os serviços pelo tempo necessário para obtê-lo de volta, acrescido dos lucros que venham a tornar o investimento rentável e sem a submissão às intempéries do humor político dos governantes.

Essas agências vieram a desempenhar os poderes que, na concessão, permissão e autorização de serviços públicos, eram, outrora, exercidos diretamente pela própria entidade estatal, na qualidade de poder concedente, cabendo-lhe a responsabilidade pela licitação e contratação dos serviços públicos, sua fiscalização e regulação.

Nesse ambiente, nasceram as agências reguladoras brasileiras, com inspiração no modelo norte-americano, em que as agências desfrutam de ampla independência no exercício de suas atribuições. Nas agências de regulação independente norte-americanas, por exemplo, o Presidente da República não possui competência para destituir o seu pessoal, sendo essa uma atribuição do Congresso, por se entender que os poderes normativos e decisórios dessas agências exigem uma maior estabilidade para os seus membros.

São exemplos de agência reguladora a ANP, ANATEL, ANEEL, ANVISA, ANA, ANTAQ, dentre outros.

## 4.2. Características

A **independência** das agências reguladoras americanas, por óbvio, não poderia ser conferida às agências pátrias, em virtude dos obstáculos constitucionais. No entanto, as agências reguladoras trouxeram algumas inovações que conferiram um aspecto menos político e mais técnico a essas entidades, sobretudo a forma de escolha dos seus dirigentes e o mandato a eles atribuído.

Uma das principais características que conferem natureza técnica às agências reguladoras é o fato de que suas decisões não se submetem à revisão de outro órgão integrante do Poder Executivo, mas, apenas, ao controle de legitimidade exercido pelo Poder Judiciário.

> **▸ Como esse assunto foi cobrado em concurso?**
> No concurso para provimento do cargo de Analista Judiciário - Área Fim do TJ-MS, realizado pela PUC-PR (2017), foi considerada correta a seguinte assertiva: "As agências reguladoras são autarquias em regime especial, sendo que os seus servidores efetivos são selecionados por concurso público e são regidos por normas estatutárias".

Seus dirigentes são nomeados pelo Presidente da República, após aprovação do Senado e exercem mandatos fixos, que não devem coincidir com o mandato do Presidente da República, preservando, assim, o caráter técnico e de continuidade da direção das agências reguladoras.

Uma vez nomeados, os seus dirigentes só podem perder seus cargos em caso de renúncia, de condenação judicial transitada em julgado ou de processo administrativo disciplinar que conclua pela aplicação da perda do cargo, em razão do cometimento de falta funcional grave (Lei nº 9.986/2000, arts. 5º, 6º e 9º). A duração do mandato e composição da diretoria varia de acordo com a lei criadora da agência.

O Supremo Tribunal Federal vem entendendo como constitucional a exigência prevista em lei que estabeleça a necessidade de aprovação prévia pelo Poder Legislativo para a nomeação, pelo Chefe do Executivo, de dirigentes de autarquias e fundações públicas, tanto as fundações públicas com personalidade jurídica de direito público quanto as fundações públicas com personalidade jurídica de direito privado (ADIMC 2.225/SC, rel. Min. Sepúlveda Pertence, 29.06.2000).

> **Como esse assunto foi cobrado em concurso?**
>
> No concurso para provimento do cargo de Procurador do Município de Natal/RN-2008, foi considerada correta a seguinte assertiva: "*Segundo jurisprudência do STF, a subordinação da nomeação dos dirigentes das agências reguladoras à prévia aprovação do Poder Legislativo não implica violação à separação e à independência dos poderes*".

Nosso ordenamento jurídico já possui entidades públicas integrantes da Administração Pública Indireta, com personalidade jurídica de direito público, desempenhando atividades técnicas com uma maior independência em relação ao ente que a criou, como é o caso das universidades, do Banco Central, da Comissão de Valores Mobiliários, dentre outras. Dessa forma, há que se reconhecer que a criação das agências reguladoras não passou de um *marketing* político e que, na realidade, essas entidades são autarquias submetidas a um regime especial.

No que concerne à **quarentena** para quem deixa determinados cargos públicos, importa destacar que a Lei nº 9.986/2000, que trata da gestão de recursos humanos das agências reguladoras, estabeleceu, em seu art. 8º, que os diretores das agências reguladoras ficam impedidos de exercer atividades ou de prestar qualquer serviço no setor regulado pela respectiva agência, por um período de quatro meses, contados da exoneração ou do término do seu mandato e que, durante a quarentena, o antigo diretor fará *jus à* remuneração compensatória equivalente à do cargo de direção que exerceu e aos benefícios a ele inerentes.

A quarentena em questão não existia para os demais ocupantes de cargos públicos estratégicos até o advento da Lei nº 12.813/2013, que dispõe sobre o conflito de interesses no exercício de cargo ou emprego do Poder Executivo federal e impedimentos posteriores ao exercício do cargo ou emprego, que fixou a quarentena de seis meses para os seguintes cargos e empregos públicos:

I - de ministro de Estado;

II - de natureza especial ou equivalentes;

III - de presidente, vice-presidente e diretor, ou equivalentes, de autarquias, fundações públicas, empresas públicas ou sociedades de economia mista; e

IV - do Grupo-Direção e Assessoramento Superiores - DAS, níveis 6 e 5 ou equivalentes.

Além dos agentes públicos mencionados acima, sujeitam-se ao mesmo disciplinamento os ocupantes de cargos ou empregos cujo exercício proporcione acesso à informação privilegiada capaz de trazer vantagem econômica ou financeira para o agente público ou para terceiro, conforme definido em regulamento.

Apesar de as agências reguladoras possuírem natureza de entidade autárquica especial, não se confundem com as autarquias, razão pela qual não podemos concluir que as agências reguladoras estariam inseridas no inciso III, acima destacado.

Ademais, pelo princípio hermenêutico da especialidade uma norma deve ser considerada especial quando possuir na sua descrição legal todos os elementos típicos da norma geral, acrescendo elementos de natureza objetiva ou subjetiva, denominados especializantes. A norma especial acresce um elemento próprio à descrição legal do tipo previsto na norma geral, tendo prevalência sobre esta, afastando-se assim o *bis in idem*, pois o comportamento só se enquadrará na norma especial, embora também seja previsto na geral, conforme ensina Maria Helena Diniz.

Portanto, ao regular, de forma geral, a quarentena dos ocupantes de diversos cargos públicos, mas não tratar especificamente da situação do diretor das agências reguladoras, entendemos que a Lei nº 12.813/2013 não revogou o art. 8º da Lei nº 9.986/2000.

Para reforçar o argumento acima, pode-se destacar que a redação inicial da Lei nº 12.813/2013 pretendia revogar expressamente o citado art. 8º da Lei nº 9.986/2000, sendo objeto de veto presidencial.

Contudo, faz-se necessário salientar que **a Advocacia-Geral da União vem entendendo que a Lei nº 12.813 alargou o prazo de quarentena para seis meses para os dirigentes das agências reguladoras.**

Trata-se, de entendimento que vincula os membros da Advocacia-Geral da União, vez que aprovado pelo Advogado-Geral da União, mas que não foi objeto de aprovação pela Presidência da República, razão pela qual não vincula toda a Administração Pública Federal.

**O desrespeito ao período de quarentena pelo antigo dirigente pode submetê--lo ao crime de advocacia administrativa, além de poder caracterizar improbidade administrativa.**

Durante o período da **quarentena** o ex-dirigente ficará vinculado à agência, fazendo jus à remuneração equivalente à do cargo de direção que exerceu e aos benefícios a ele inerentes.

> **▸ Como esse assunto foi cobrado em concurso?**
>
> No concurso para provimento do cargo de Promotor de Justiça – MG/2012, foi considerada incorreta a seguinte assertiva: "Quarentena é o mecanismo pelo qual o ex-dirigente de uma agência reguladora, seu cônjuge, companheiro ou parente em linha reta, colateral ou por afinidade, até o terceiro grau, inclusive, ficam impedidos de desempenhar funções públicas, pelo período de quarenta dias a contar da data de sua exoneração."

### 4.3. Regime de pessoal

A Lei nº 9.986/2000 inicialmente previu que as agências reguladoras teriam suas relações de trabalho reguladas pela CLT, entretanto a Lei nº 10.871/2004 alterou tal disposição criando as carreiras das agências reguladoras, as quais serão ocupadas por integrantes de cargos públicos, possuindo, dessa forma, **relação estatutária**.

> **Como esse assunto foi cobrado em concurso?**
>
> No concurso para provimento do cargo de Advogado da União (CESPE-2012) foi considerada incorreta a seguinte assertiva: "As relações de trabalho nas agências reguladoras são regidas pela CLT e pela legislação trabalhista correlata, em regime de emprego público"

## 4.4. Função regulatória

Quanto à **função reguladora**, esta pode ser considerada como uma competência de as agências expedirem normas com o intuito de regularem a prestação, a fiscalização e a fruição dos serviços públicos que lhe são afetos. No entanto, há que se indagar sobre a natureza dessas normas, se poderiam possuir um caráter inovador ou se prestariam, apenas, para complementar leis preexistentes.

José dos Santos Carvalho Filho ensina que, na França, ocorre o fenômeno da **deslegalização**, que consistiria em uma outorga de competência do Poder Legislativo a órgãos técnicos dotados de *expertise*, em razão da impossibilidade fática reconhecida de os parlamentares dominarem e acompanharem a evolução de áreas como telefonia, energia, dentre outras. Nessas situações, a agência reguladora possuiria competência para editar ato administrativo de caráter inovador, o que significa legislar, cabendo ao Poder Legislativo a fiscalização dessa atividade legislativa, tolhendo-a quando entendesse que há excesso ou dispondo de forma diversa, sempre que entender necessário ou, apenas, conveniente.

A **deslegalização** contribuiria para a produção de uma moderna legislação sobre temas técnicos, que sofrem constante evolução, contudo, a **deslegalização** não é admitida pelo nosso texto constitucional, que confere ao Poder Legislativo a competência para editar leis de caráter inovador, cabendo aos órgãos e entidades com função regulatória editar normas complementares no intuito de melhor disciplinar as suas áreas de atuação.

Caso a agência reguladora, no exercício de suas atividades, exorbite os limites de sua competência institucional ou venha a contrariar política pública fixada pelo Poder Executivo federal, caberá a interposição de recurso hierárquico impróprio ao ministério de sua área de atuação, nos termos fixados pelo Parecer Normativo nº 51/2006, da Advocacia-Geral da União, aprovado pelo Exmo. Presidente da República e, portanto, vinculante para toda a Administração Pública Federal.

Segue trecho do Parecer acima mencionado: "*Em suma, não há suficiente autonomia para as agências que lhes possa permitir ladear, mesmo dentro da lei, as políticas e orientações da administração superior, visto que a autonomia de que dispõem serve justamente para a precípua atenção aos objetivos públicos. Não é outra, portanto, a conclusão com respeito à supervisão ministerial que se há de exercer sempre pela autoridade ministerial competente, reduzindo-se, no entanto, à medida que, nos limites da lei, se atendam às políticas públicas legitimamente formuladas pelos Ministérios setoriais. Por isso, se afirma que a autonomia existe apenas para o perfeito cumprimento de suas finalidades legais".*

Enfim, as **agências reguladoras** possuem natureza jurídica de autarquias especiais, são criadas por lei específica, com a finalidade de absorver as matérias antes concentradas no Executivo. Possuem certa independência em relação ao Executivo, uma vez que possuem regime especial e mandato fixo.

> ▸ **Importante!**
>
> Em relação às agências Reguladoras, não há controle de subordinação ou hierarquia, mas existe uma tutela administrativa quanto aos fins.

> ▸ **Como esse tema vem sendo abordado em questões subjetivas de concurso?**
>
> **(MPF - PROCURADOR DA REPÚBLICA - 2013)** Discorra sobre as seguintes características das agências reguladoras: a) independência orgânica e administrativa (3 pontos); b) regime de pessoal dos dirigentes, do corpo técnico e da procuradoria (3 pontos); c) poder normativo (4 pontos).

## 5. FUNDAÇÃO PÚBLICA

### 5.1. Conceito

No direito privado, para que uma **fundação** seja criada, faz-se necessário que o seu instituidor (pessoa física ou jurídica) destaque uma parcela do seu patrimônio e o destine a um determinado fim, nos termos do art. 62, do Código Civil. Esse conjunto patrimonial possuirá personalidade jurídica distinta do seu instituidor e será gerida por administradores ou gestores que deverão cumprir os objetivos institucionais de criação dessa entidade, sendo fiscalizados pelo Ministério Público.

Essa ideia da fundação privada deve ser transposta para o Direito Administrativo, em que o instituidor será uma entidade pública que, por meio de uma lei, irá destacar uma parcela dos seus bens e, conferindo a esse conjunto patrimonial uma personalidade jurídica própria, atribuirá o desempenho de funções estatais, com autonomia, mas submetida a controle finalístico de suas atividades.

Segundo Hely Lopes Meirelles **fundação pública** "é o patrimônio, total ou parcialmente público, dotado de personalidade jurídica, de direito público ou privado, e destinado, por lei, ao desempenho de atividades do Estado na ordem social, com capacidade de autonomia e mediante controle da Administração Pública, nos limites da lei."

## 5.2. Personalidade jurídica das fundações públicas

Quando do estudo das autarquias, já foi mencionado que o artigo 37, XIX, da Constituição dispõe que as autarquias são criadas por lei específica, enquanto a instituição de fundações, empresas públicas e sociedades de economia mista ocorrerá por **autorização legal**.

Como a personalidade jurídica de direito público decorre da criação da entidade pública diretamente da lei, poder-se-ia concluir que as **fundações públicas**, nos termos da Constituição, são criadas por autorização legal, e sua personalidade jurídica seria de direito privado.

Esse pensamento, apesar de decorrer de evidente interpretação gramatical do inciso XIX, do art, 37, da nossa Lei Maior, não reproduz a realidade fática nem o entendimento dominante da nossa doutrina e jurisprudência. Atualmente, está pacificado **que as fundações públicas podem possuir personalidade jurídica de direito público ou de direito privado, conforme definido pela lei instituidora**.

Significa que o legislador pode optar por editar uma lei criando ou autorizando a criação de uma fundação pública. Caso o seu nascimento emane diretamente da lei, teremos fundação pública com personalidade jurídica de direito público, caso a lei simplesmente autorize a sua criação, os seus atos constitutivos deverão ser inscritos no registro civil das pessoas jurídicas, e, a partir de então, nascerá uma fundação pública com personalidade jurídica de direito privado.

## 5.3. Prerrogativas

As **fundações públicas de direito público** gozam das mesmas prerrogativas mencionadas para as autarquias, como impenhorabilidade dos bens, pagamento dos débitos via precatório, prazos processuais dilatados, bem como as referentes ao regime de pessoal. Por essa razão, Celso Antônio Bandeira de Mello as chama de "**fundações autárquicas**", que não estão submetidas à fiscalização do Ministério Público ou à exigência de inscrição dos seus atos constitutivos no Registro Civil das Pessoas Jurídicas, porque sua personalidade já decorre da lei. Exemplos: FUNAI, FUNASA.

A posição da **fundação pública de direito privado** é a mesma das sociedades de economia mista e empresas públicas, não dispondo dos privilégios outorgados às pessoas jurídicas de direito público, uma vez que a sua atuação será regida pelo direito privado, com algumas exceções conforme pode ser verificado abaixo.

No tocante aos **bens das fundações públicas**, importa destacar que o Supremo vem entendendo pela impenhorabilidade dos bens e pela imunidade das entidades públicas prestadoras de serviço público com relação aos impostos, ainda que se trate de empresas públicas, de forma que as fundações públicas, qualquer que seja a natureza jurídica de sua personalidade, possuem bens impenhoráveis.

Por sua vez, a imunidade com relação aos impostos é uma garantia conferida às fundações públicas com personalidade jurídica de direito público ou de direito privado, por expressa determinação do legislador constitucional.

▸ **Como esse assunto foi cobrado em concurso?**

No concurso para provimento do cargo de Juiz Substituto do TJ-PB-2011, realizado pelo CESPE, foi considerada correta a seguinte assertiva: "O princípio da imunidade tributária relativa aos impostos sobre a renda, sobre o patrimônio e sobre os serviços federais, estaduais e municipais é extensivo às fundações instituídas e mantidas pelo poder público, independentemente de estas possuírem personalidade de direito público ou de direito privado.".

### 5.4. Fiscalização pelo Ministério Público

O art. 66 do Código Civil atribui ao Ministério Público a competência para **fiscalizar** as fundações, para velar pelo fiel cumprimento dos seus objetivos estatutários, qualquer que sejam os seus gestores. O Código Civil, todavia, não especifica se essa fiscalização ocorrerá, apenas, nas fundações privadas ou em todas as fundações.

Uma primeira corrente de pensamento advoga a tese de que, como a lei não restringiu a atuação do Ministério Público, não caberia essa atribuição ao intérprete, devendo todas as fundações públicas e privadas se submeterem à fiscalização do órgão ministerial.

A linha de entendimento **majoritária** defende que o Código Civil disciplina as fundações que possuem personalidade jurídica de direito privado e que, portanto, só as fundações privadas e as fundações públicas de direito privado estariam submetidas ao poder de fiscalização do Ministério Público.

Por fim, outros alegam que a razão do legislador em estabelecer competência ao Ministério Público para fiscalizar as fundações é a necessidade de garantir que os seus objetivos institucionais sejam cumpridos e que elas não venham a se desvirtuar pelo desejo de seus administradores, cabendo ao Estado, por meio do Ministério Público, assegurar que isso não aconteça. Ocorre que as fundações públicas se submetem ao controle finalístico de suas atividades. Elas estão vinculadas ao ente público que as criou, não havendo razão para que haja uma dupla fiscalização por parte do Estado, por meio do órgão ao qual a fundação encontra-se vinculada e, concomitantemente, ao Ministério Público. Como todas as fundações públicas, qualquer que seja sua natureza jurídica, submetem-se a essa fiscalização dos seus atos, pelo instrumento da tutela ou supervisão ministerial, falece competência ao Ministério Público para fiscalizar as fundações públicas.

## 6. AGÊNCIAS EXECUTIVAS

### 6.1. Conceito

Considera-se **agência executiva** a autarquia ou fundação pública assim qualificada por ato do chefe do Executivo, o que permite a celebração, com o Ministério supervisor, de um **contrato de gestão**, passando a gozar de maiores privilégios.

As **agências executivas** não são entidades criadas para o desempenho de competências específicas, são autarquias ou fundações públicas que recebem uma **qualificação**, um *status*, em razão de um contrato de gestão que uma ou outra celebra com o órgão da Administração Pública Direta a que se acha vinculada, com o escopo de assegurar uma maior eficiência no desempenho de suas atividades e redução de custos.

> **Como esse assunto foi cobrado em concurso?**
>
> No concurso para provimento do cargo de Advogado da União-2012, foi considera *correta* a seguinte assertiva: "A qualificação de agência executiva federal é conferida, mediante ato discricionário do presidente da República, a autarquia ou fundação que apresente plano estratégico de reestruturação e de desenvolvimento institucional em andamento e celebre contrato de gestão com o ministério supervisor respectivo".

Busca-se o cumprimento do princípio constitucional da **eficiência** no serviço público, conferindo uma maior liberdade de atuação para as autarquias e fundações qualificadas como agência executiva, um afrouxamento das amarras decorrentes da supervisão ministerial (tutela).

### 6.2. Requisitos para qualificação

Para que possam vir a gozar de uma maior autonomia, o art. 51 da Lei nº 9.649/98 prevê a necessidade do preenchimento dos seguintes **requisitos** para qualificação de uma autarquia ou fundação pública como agência executiva.

I - Ter um plano estratégico de reestruturação e de desenvolvimento institucional em andamento, contendo os planos estratégicos de reestruturação e de desenvolvimento institucional. A autarquia ou fundação deve definir diretrizes, políticas e medidas voltadas para a racionalização de estruturas e do quadro de servidores, a revisão dos processos de trabalho, o desenvolvimento dos recursos humanos e o fortalecimento da identidade institucional da Agência Executiva;

II - Ter celebrado **contrato de gestão** com o respectivo Ministério supervisor, tendo o Ministério do Planejamento, Orçamento e Gestão e o Ministério da Fazenda como signatários intervenientes, que são órgãos e gestores dos instrumentos e verbas que irão garantir as condições operacionais para o cumprimento dos compromissos pactuados no contrato de gestão. Nesse contrato devem estar previstos os objetivos, as metas e os instrumentos a serem empregados, bem como as ferramentas para a avaliação do seu cumprimento.

Firmado o contrato de gestão o ente supervisor renuncia pelo tempo pactuado a determinados instrumentos de controle, além de se comprometer a repassar regularmente verbas orçamentárias em contrapartida ao cumprimento das metas cumpridas pela entidade supervisada e previstas no pacto de gestão.

A qualificação como agência executiva ocorrerá por meio de **Decreto** do Presidente da República, após a celebração do **contrato de gestão** e perdurará enquanto estiver em vigor o referido contrato.

> **Como esse assunto foi cobrado em concurso?**
>
> No concurso para provimento do cargo de Juiz do Trabalho Substituto 1ª região/2010, que solicitava a indicação da alternativa correta no que se refere às agências reguladoras e às executivas, foi considerada incorreta a seguinte assertiva: *"A agência executiva, como autarquia de regime especial, deve ser instituída por ato normativo do chefe do Poder Executivo. Nesse ato, devem ser definidas a organização, as competências e a função controladora que a agência exercerá sobre os particulares prestadores de serviços públicos"*.

Cumpre destacar que, conforme já mencionado anteriormente, a supervisão ministerial é estabelecida em extensão e intensidade pela lei, não podendo ser alterada pela celebração de um contrato. A vontade das partes contratantes não tem o condão de derrogar a vontade legislativa que só cede diante de uma nova lei que venha a contrariar ou alterar o que foi estabelecido pela anterior.

Enquanto os dirigentes das agências reguladoras são detentores de mandatos, os dirigentes das agências executivas não dispõem de tal estabilidade, podendo haver destituição sempre que a autoridade competente entender conveniente.

Segundo o Parecer AGU nº AC-051, "... um dos principais instrumentos de que dispõe nesse sentido o Ministro de Estado responsável pela supervisão de uma autarquia é a exoneração do dirigente da entidade, diretamente, se dele for essa competência, ou indicando essa medida ao Presidente da República, se deste. Com isso, poderá ser nomeado outro dirigente que, considerando a prerrogativa da Administração de anular seus próprios atos, quando eivados de vícios que os tornam ilegais, porque deles não se originam direitos (Súmula nº 473/STF)".

> **Como esse assunto foi cobrado em concurso?**
>
> No concurso para provimento do cargo de Juiz do Trabalho Substituto 1ª região/2010, que solicitava a indicação da alternativa correta no que se refere às agências reguladoras e às executivas, foi considerada correta a seguinte assertiva: *"Mandato fixo e estabilidade para os dirigentes, que somente perderão o mandato em caso de renúncia, de condenação judicial transitada em julgado ou de processo disciplinar, são traços específicos das agências reguladoras"*.

Exemplo de agência executiva é o Instituto Nacional de Metrologia - INMETRO, autarquia federal, vinculada ao Ministério do Desenvolvimento, Indústria e Comércio Exterior, que foi qualificada pelo Decreto Presidencial de 29 de julho de 1998.

### 6.3. Contratação direta em razão do pequeno valor

O art. 24, §1º, da Lei nº 8.666/93 prevê que as agências executivas poderão dispensar a licitação na contratação de bens, serviços e obras pelo **dobro do limite** estipulado para as autarquias e fundações públicas não qualificadas, o que corresponde a 20% do limite estipulado para a licitação na modalidade convite (atualmente, R$ 30.000,00, para contração de obras e serviços de engenharia; e R$ 16.000,00, para aquisição de bens ou contratação outros serviços).

> **Atenção!**
>
> O benefício de dispensar a licitação em razão do pequeno valor da contratação em percentual duplicado alcança, apenas, as agências executivas e não as agências reguladoras, que podem dispensar a licitação, em razão do pequeno valor das contratações, pelo percentual ordinário de 10% do limite previsto para a licitação na modalidade convite.

## 7. EMPRESAS ESTATAIS

### 7.1. Conceito

Por **empresas estatais** devem-se considerar as **empresas públicas**, as **sociedades de economia mista** e as **empresas** que, não tendo as características destas, estão **submetidas ao controle do Estado**, tais como as que foram adquiridas por outras estatais e que não se enquadram no conceito de empresa pública ou de sociedade de economia mista, em razão da ausência de lei que autorize a sua criação.

É possível que uma empresa privada tenha suas ações adquiridas ou desapropriadas pelo Poder Público, que passa a ser seu controlador. Com isso, a empresa passa a ser uma estatal, embora, para tanto, seja necessária prévia autorização legal.

Cabe observar que, antes do advento da Constituição Federal de 1988, algumas empresas privadas passaram ao controle da Administração Pública direta ou indireta sem a autorização legislativa. Tais empresas são consideradas empresas estatais, apesar da irregularidade em sua instituição. Marçal Justen Filho as chama de **empresas estatais de fato.**

### 7.2. Criação

O Estado pode optar por autorizar a criação de uma empresa pública ou de uma sociedade de economia mista para a **prestação de um serviço público** específico que não seja tipicamente estatal (serviço típico de Estado deve ser prestado pelo próprio ou por autarquia) ou para a **exploração de uma atividade econômica.**

A Constituição Federal, ao tratar das empresas públicas e sociedades de economia mista, condiciona que, quando o objeto for **exploração de atividade econômi-**

**ca**, sua criação só poderá ocorrer quando indispensável à **segurança nacional** ou a **relevante interesse público**, nos termos da lei.

No que concerne à **segurança nacional**, há vigente uma "lei de segurança nacional" (Lei nº 7.170/83). Significativa parcela dos seus dispositivos não foi recepcionada pela Carta Magna, e os que foram, na verdade, trazem condutas tipificadas como crimes contra a segurança. No tocante ao **relevante interesse coletivo**, não há qualquer diploma legal cuidando do tema, razão pela qual se deve entender que as hipóteses autorizadoras de criação de empresas públicas ou sociedades de economia mista seriam, apenas, àquelas prevista expressamente na Constituição Federal (ex.: art. 21, XII).

Essas empresas são criadas por lei específica **autorizadora**, possuindo patrimônio público (empresas públicas) ou público e privado (sociedade de economia mista), podendo estes bens ser onerados ou alienados independentemente de autorização legal.

O objetivo dessa descentralização administrativa é o de utilizar o modelo empresarial privado, seja para melhor atendimento aos usuários do serviço público ou para maior rendimento na exploração da atividade econômica. Dessa forma, o lucro pode e deve ser buscado sempre que possível, mas não será o único objetivo dessas empresas, nem mesmo das que foram criadas para a exploração de uma atividade econômica.

## 7.3. Regime jurídico

A Carta Magna, em seu art. 173, §1º, II, insere as empresas estatais que exploram atividade econômica no **regime jurídico de direito privado** aplicável às empresas privadas, inclusive em relação às causas trabalhistas e tributárias.

> ▸ **Como esse assunto foi cobrado em concurso?**
>
> No concurso para provimento do cargo de Juiz Federal substituto da 5ª Região/2011, realizado pelo CESPE, foi considerada correta a seguinte assertiva: "As empresas estatais exploradoras de atividade econômica de produção ou comercialização de bens ou de prestação de serviços sujeitam-se ao regime jurídico próprio das empresas privadas".

Apesar da redação contida no texto constitucional, pode-se afirmar que as empresas públicas e sociedades de economia mista atuam sob um **regime jurídico híbrido ou misto**, porque o direito privado é parcialmente derrogado pelo direito público. Tal derrogação é feita pela própria Constituição quando estabelece que os princípios da Administração Pública devem ser observados pelas entidades da administração indireta, da qual fazem parte as empresas públicas e as sociedades de economia mista, bem como pela legislação ordinária e complementar, sempre que cria um direito ou obrigação não extensível às entidades privadas.

Com relação ao pessoal das entidades estatais, será aplicável a **legislação trabalhista**. Os empregados das empresas prestadoras de serviço público ficam sujeitos a concurso público, salvo para os cargos e funções de confiança.

A admissão dos empregados das empresas que explorem atividade econômica, as quais devem ter regime jurídico similar ao das empresas privadas, dependerá do estatuto a ser aprovado. É o que dispõe o art. 173, § 1º, da Constituição de 1988. Segundo o dispositivo, a lei estabelecerá o estatuto jurídico da empresa pública, da sociedade de economia mista e de suas subsidiárias que explorem atividade econômica de produção ou comercialização de bens ou de prestação de serviços, dispondo sobre:

- sua função social e formas de fiscalização pelo Estado e pela sociedade;
- a sujeição ao regime jurídico próprio das empresas privadas, inclusive quanto aos direitos e obrigações civis, comerciais, trabalhistas e tributários;
- licitação e contratação de obras, serviços, compras e alienações, observados os princípios da administração pública;
- a constituição e o funcionamento dos conselhos de administração e fiscal, com a participação de acionistas minoritários;
- os mandatos, a avaliação de desempenho e a responsabilidade dos administradores.

Conforme indicam os incisos acima, estão elencadas as hipóteses de licitações, contratações de obras, serviços, compras e alienações, bem como as situações de benefícios fiscais não extensíveis às do setor privado.

O legislador constituinte, ao tempo que proíbe as empresas estatais que exploram atividade econômica de receberem tratamento diferenciado das demais empresas da iniciativa privada, reconhece a necessidade de que as amarras da licitação e da contratação de funcionários, bens e serviços sejam flexibilizadas, a fim de ajustar essas empresas estatais ao regime jurídico próprio das empresas privadas, obviamente, sem se distanciar dos princípios da legalidade, moralidade, impessoalidade, publicidade e eficiência.

Apenas 28 anos após a promulgação da nossa Constituição, o legislador regulamentou tal dispositivo, por intermédio da Lei nº 13.303/2016, que dispõe sobre o estatuto jurídico da empresa pública, da sociedade de economia mista e de suas subsidiárias, abrangendo toda e qualquer empresa pública e sociedade de economia mista da União, dos Estados, do Distrito Federal e dos Municípios que explore atividade econômica de produção ou comercialização de bens ou de prestação de serviços, ainda que a atividade econômica esteja sujeita ao regime de monopólio da União ou seja de prestação de serviços público.

Durante esse período as estatais e suas subsidiárias estavam obrigadas a se submeter aos ditames da Lei nº 8.666/93, salvo nas hipóteses em que houvesse comprovada incompatibilidade de consecução dos objetivos institucionais da pessoa jurídica, através do certame licitatório, situação em que não incidiria a Lei de Licitações e Contratos Administrativos.

O próprio STF vinha admitindo a adoção de regime diferenciado a estatais exploradoras da atividade econômica, sem restrição ao tipo de atividade (fim ou meio), sob o fundamento de que a atividade econômica exercida por essas empresas estatais, em regime de livre competição com as empresas privadas, justificaria a submissão a um regime diferenciado de licitação.

A nova Lei das Estatais definiu que as empresas públicas e as sociedades de economia mista são dispensadas da observância de suas regras acerca de licitações, nas seguintes situações:

- comercialização, prestação ou execução, de forma direta, de produtos, serviços ou obras especificamente relacionados com seus respectivos objetos sociais;
- nos casos em que a escolha do parceiro esteja associada a suas características particulares, vinculada a "oportunidades de negócio" definidas e específicas, justificada a inviabilidade de procedimento competitivo.

Nas situações acima descritas não há que se falar em processo de dispensa ou de inexigibilidade de licitação, mas de não incidência da legislação de licitação, ainda que o legislador tenha feito referência à "inviabilidade" de procedimento competitivo, típico das hipóteses de inexigibilidade de licitação.

Em acréscimo, a própria Lei considerou como "oportunidades de negócio" a formação e a extinção de parcerias e outras formas associativas, societárias ou contratuais, a aquisição e a alienação de participação em sociedades e outras formas associativas, societárias ou contratuais e as operações realizadas no âmbito do mercado de capitais, respeitada a regulação pelo respectivo órgão competente.

Esta descrição, entendemos, é meramente exemplificativa, não exaurindo a possibilidade de que outras relações negociais se enquadrem na referida hipótese.

A Lei nº 13.303/2016 foi fortemente influenciada pelas regras do Regime Diferenciado de Contratações – RDC, adotando diversas inovações tais como os modos de disputa aberto, fechado e misto, a contratação integrada, a pré-qualificação permanente de fornecedores e produtos, dentre outros, além de ter criado a contratação semi-integrada, aspectos que serão melhor analisados no capítulo de licitações.

Também é importante consignar que o Supremo entende que é aplicável o regime dos precatórios às empresas públicas e sociedades de economia mista prestadoras de serviço público próprio do Estado e de natureza não concorrencial. Nesse prumo, o STF definiu que é aplicável o regime de pagamento por precatório para a sociedade de economia mista prestadora de serviço público não concorrencial e, por isso, impossibilitada de sofrer constrição judicial de seus bens, rendas e serviços, em respeito ao princípio da legalidade orçamentária (CF, art. 167, VI) e da separação funcional dos poderes (CF, art. 2º c/c art. 60, § 4º, III).

> **Importante!**
>
> Deve-se ressaltar que o novo estatuto estabeleceu como dispensa em razão do pequeno valor as contratações que não ultrapassem R$ 100.000,00 (cem mil reais), para obras e serviços de engenharia e R$ 50.000,00 (cinquenta mil reais), para outros serviços e compras.

Quanto à obrigatoriedade para realização de concurso público para seleção de seu pessoal, o STF já decidiu no sentido de que: "... *ainda que editado o já referido estatuto jurídico para as empresas públicas e sociedades de economia mista que explorem atividade econômica, tal estatuto não poderá excluir a obrigatoriedade do concurso público, vez que se trata de corolário dos princípios constitucionais da publicidade e da impessoalidade, não havendo que se falar em colisão com o conteúdo do art. 170, § 1º da Constituição Federal de 1988*" (RE 558.833-AgR, Rel Min Ellen Gracie). Portanto, permanece inalterada a exigência para que as empresas estatais realizem concurso público para a contratação dos seus funcionários.

| Outras regras se aplicam aos empregados de empresas públicas e sociedades de economia mista: |
|---|
| a) não podem acumular seus empregos com cargos ou funções públicas (art. 37, XVII, da CF); |
| b) são equiparados a funcionários públicos para fins penais (art. 327, §1º, do CP); |
| c) são considerados agentes públicos para fins de incidência das diversas sanções na hipótese de improbidade administrativa (Lei nº 8.429/92). |

As chamadas **subsidiárias** são também identificadas pela nomenclatura **sociedades de economia mista de segundo grau,** vez que criadas por uma de primeiro grau. Para melhor ilustrar, podemos citar o caso do BB seguros, entidade pública, dotada de personalidade jurídica de direito privado.

A empresa pública ou sociedade de economia mista responsável pela constituição da subsidiária é também chamada de **sociedade ou empresa de primeiro grau ou primária**, enquanto a subsidiária de **sociedade ou empresa de segundo grau ou secundária**. Essas subsidiárias são controladas diretamente pela sociedade ou empresa primária, mas sofre controle indireto pelo ente político instituidor da sociedade ou empresa de primeiro grau.

> **Atenção!**
>
> Anteriormente à atual Carta Magna, as sociedades de economia mista podiam criar suas subsidiárias independentemente de autorização legislativa, todavia, com o advento da Constituição Federal de 1988, tais subsidiárias só podem ser criadas mediante lei autorizativa, nos termos dispostos no art. 37, inciso XX, da Lei Maior.

**▸ Atenção!**

Como dito acima, a Constituição tratou das empresas públicas e sociedades de economia mista que exploram atividade econômica, sem estabelecer qualquer critério distintivo, como o fato de exercer a atividade econômica em regime de competição ou exclusividade, não podendo haver tratamento privilegiado para qualquer uma delas. Todavia, ressalte-se que não é esse o atual posicionamento do Pretório Excelso que vem reconhecendo a impenhorabilidade dos bens e a imunidade com relação a impostos das empresas públicas e sociedades de economia mista que prestam serviço público ou exploram atividade econômica com exclusividade.

**▸ Como esse tema vem sendo abordado em questões subjetivas de concurso?**

**(MPDFT - Promotor de Justiça - DF/2011)** De acordo com o Supremo Tribunal Federal, a Empresa Brasileira de Correios e Telégrafos é beneficiária de imunidade tributária recíproca e se lhe aplica o privilégio da impenhorabilidade de seus bens, rendas e serviços. Considerando essa orientação jurisprudencial, disserte sobre o regime jurídico incidente sobre as empresas públicas e sociedades de economia mista.

O tema possui grande capacidade de provocar discussão e, no nosso entender, ainda não foi esgotado pelo Supremo Tribunal Federal, pois há empresas públicas e sociedades de economia mista que prestam serviço público em regime de monopólio, mas também exploram atividade econômica, desempenhando atividades híbridas que devem ser exercidas sob regimes jurídicos diversos.

É o caso da própria ECT que presta o serviço público postal sob o regime de monopólio, porém presta o serviço de entrega de encomendas em competição com empresas privadas como TAM EXPRESS, Gollog, dentre outras.

Da mesma forma podemos indicar a INFRAERO, empresa pública federal que presta o serviço público relativo à movimentação de aeronaves, passageiros e cargas, em regime de exclusividade, mas explora economicamente os aeroportos, transformando-os em *aero shoppings*, a tal ponto que a receita desses centros comerciais supera a decorrente do serviço público.

## 7.4. Nomeação dos dirigentes

O Supremo Tribunal Federal vem entendendo como inconstitucional a exigência prevista em lei federal, estadual distrital ou municipal que estabeleça a exigência de aprovação prévia pelo Poder Legislativo respectivo para a nomeação, pelo Chefe do Executivo, de dirigentes de empresas públicas e sociedades de economia mista, tanto as exploradoras de atividades econômicas quanto as prestadoras de serviços públicos (ADIMC 2.225/SC, rel. Min. Sepúlveda Pertence).

### 7.5. Falência das empresas públicas e sociedades de economia mista

A Lei nº 11.101/2005 (Lei de Falências), em seu art. 2º, dispõe que seus dispositivos não se aplicam a empresas públicas e a sociedades de economia mista.

Alguns autores, como José dos Santos Carvalho Filho e Celso Antônio Bandeira de Mello, defendem que a Lei de Falências ao excluir de sua aplicação as empresas públicas e sociedades de economia mista estaria se referindo apenas às Empresas Públicas **(EP)** e Sociedades de Economia Mista **(SEM) que prestem serviço público**. Segundo os autores, nesse caso (prestação de serviço público), não poderia o interesse dos credores se sobrepor aos interesses da coletividade, além da necessidade de observância ao princípio da continuidade dos serviços públicos.

Contudo, nas situações em que se tratar de **exploradoras de atividade econômica**, a Lei de Falências deveria ser necessariamente aplicada, face o disposto no art. 173, § 1º, inciso II, da Constituição Federal de 1988, que lhes atribuiu o regime jurídico de direito privado, sob pena de inconstitucionalidade do dispositivo da Lei nº 11.101/2005.

Apesar de respeitarmos a interpretação desses dois consagrados autores, cumpre destacar que a Lei de Falências não faz distinção com relação às empresas públicas e sociedades de economia mista prestadoras de serviço público ou exploradoras de atividade econômica, não havendo pronunciamento do Supremo Tribunal Federal acerca da inconstitucionalidade ou de uma possível interpretação do dispositivo conforme a Constituição Federal. Ademais, filiamo-nos ao posicionamento dos que, assim como Marçal Justen Filho, entendem que o regime falimentar seria inaplicável às empresas públicas e sociedades de economia mista em face de sua incompatibilidade com o regime jurídico de direito público, que, conforme explicado no item anterior, não será jamais afastado de forma absoluta das EP e SEM.

> **▸ Como esse assunto foi cobrado em concurso?**
>
> No concurso para provimento do cargo de Advogado da União-2012, realizado pelo CESPE, foi considerada incorreta a seguinte assertiva: "As empresas públicas e as sociedades de economia mista não se sujeitam à falência e, ao contrário destas, aquelas podem obter do Estado imunidade tributária e de impostos sobre patrimônio, renda e serviços vinculados às suas finalidades essenciais ou delas decorrentes".
>
> **COMENTÁRIO:** O equívoco da assertiva foi asseverar genericamente que as empresas públicas podem obter imunidade tributária, tendo em vista que as EP e SEM que exploram atividade econômica em regime de competição jamais poderiam gozar de tal privilégio, ante a expressa vedação contida no art. 173, § 2º, da Constituição Federal de 1988.

É dever do ente político instituidor da EP e SEM envidar todos os esforços para evitar sua insolvência, mas, caso se descuide, deverá suportar toda a responsabilidade civil da reparação dos lesados, decorrente de sua responsabilidade subsidiária.

## 7.6. Empresa pública

São **pessoas jurídicas de direito privado**, criadas mediante **autorização legal**, com **capital exclusivamente público**, para a prestação de serviço público ou a exploração de atividade econômica, podendo se revestir de **qualquer forma de organização empresarial**, inclusive sociedade anônima.

A constituição do **capital das empresas públicas é inteiramente público**, mas não necessita ser de um único ente público. Uma empresa pública pode, portanto, ter o seu controle acionário entre autarquia federal, fundação pública estadual e município.

> **Atenção!**
> Apesar da afirmação de que o capital das empresas públicas é inteiramente público, o Decreto-Lei nº 900/69, em seu art. 5º, admite a participação no capital da empresa pública federal de entidades da administração indireta da União, Estados, Distrito Federal e Municípios, desde que União permaneça detentora da maioria do capital votante, o que significa que uma empresa pública federal pode ter uma sociedade de economia mista, que possui participação do capital privado, como integrante de sua sociedade.

Caso todo o capital pertença a uma única entidade pública, teremos uma empresa pública **unipessoal**. Nas situações em que duas ou mais pessoas políticas ou administrativas detiverem o seu capital, estaremos diante de uma **sociedade pluripessoal**.

As empresas públicas podem assumir toda forma empresarial admitida em direito. Por qualquer forma admitida pelo nosso ordenamento jurídico leia-se sociedade civil, sociedade comercial, disciplinada pelo direito comercial, sociedade anônima ou qualquer outra forma empresarial inédita criada pela lei que autorizou sua criação.

> **Atenção!**
> Esse ineditismo na forma empresarial é uma faculdade exclusiva da União, em face de sua competência para legislar sobre direito comercial e civil. Estados e Municípios deverão adotar umas das formas empresariais já previstas pelo nosso ordenamento jurídico

São exemplos de empresas públicas federais a Caixa Econômica Federal, os Correios, a Infraero, a Casa da Moeda, dentre outros.

## 7.7. Sociedade de economia mista

São **pessoas jurídicas de direito privado**, criadas mediante **autorização legal**, com **capital público e privado**, sendo que o Poder Público detém a maioria do capital votante, para a prestação de serviço público ou exploração de uma atividade econômica, **sob a forma de sociedade anônima**.

> ▸ **Atenção!**
> Não se faz necessário que o Poder Público detenha o controle da maioria das ações da sociedade de economia mista, mas da maioria das ações com direito a voto.

São exemplos de sociedades de economia mista federal o Banco do Brasil, a Petrobras, a Eletrobrás, dentre outras.

Diante dos conceitos expostos, podemos apontar as seguintes diferenças entre empresa pública e sociedade de economia mista:

- a empresa pública possui capital exclusivamente público, enquanto a sociedade de economia mista possui capital público e privado; e
- a empresa pública pode assumir qualquer forma empresarial admitida em direito, enquanto a sociedade de economia mista necessariamente assumirá a forma de sociedade anônima.

> ▸ **Como esse assunto foi cobrado em concurso?**
> No concurso para provimento do cargo de Procurador do Estado da Paraíba-2008, com a seguinte ementa: *"Constitui elemento diferenciador entre sociedade de economia mista e empresa pública o (a):"*, *foi considerada correta a seguinte alternativa: b) composição do capital.*

Soma-se a essas distinções o foro diferenciado de que trata o art. 109, da Constituição Federal, para julgamento das causas de interesse das empresas públicas federais na Justiça Federal, privilégio não estendido às sociedades de economia mista, que, ainda que federais, terão suas causas julgadas pela justiça comum, salvo as de natureza trabalhista.

> ▸ **Como esse assunto foi cobrado em concurso?**
> No concurso para provimento do cargo de Juiz do Trabalho Substituto 1ª região/2010, foi considerada incorreta a seguinte assertiva: *"Os feitos em que as empresas públicas e as sociedades de economia mista sejam parte, na condição de autoras, rés, assistentes ou oponentes, são processados e julgados perante a justiça federal".*

| Quadro-resumo (Diferenças entre EP e SEM) | |
|---|---|
| **Empresas Públicas** | **Sociedades de Economia Mista** |
| Pessoas jurídicas de direito privado, | Pessoas jurídicas de direito privado, |
| Criadas mediante autorização legal | Criadas mediante autorização legal |

| Quadro-resumo (Diferenças entre EP e SEM) | |
|---|---|
| **Empresas Públicas** | **Sociedades de Economia Mista** |
| Capital exclusivamente público | Capital público e privado (o Poder Público detém a maioria do capital votante) |
| Prestação de serviço público ou exploração de atividade econômica | Prestação de serviço público ou exploração de atividade econômica |
| Qualquer forma de organização empresarial. | Sob a forma de sociedade anônima. |
| Foro federal (apenas Empresa Pública Federal) | Foro comum |

## 8. CONSÓRCIO PÚBLICO

### 8.1. Introdução

O art. 241, da Constituição Federal de 1988, regulamentado pela Lei nº 11.107/2005 dispõe que a União, Estados, Distrito Federal e Municípios, devem promover a gestão associada de serviços públicos por intermédio da celebração de **consórcios públicos**.

Dessa forma, os entes federados devem firmar **consórcio público** sempre que possuírem identidade de objetivos, sem que venham a perder suas respectivas autonomias administrativas. Ex.: serviço de captação e tratamento de água.

O Decreto nº 6.017/2007 estabelece que a União só poderá participar de consórcio público quando também integrarem todos os Estados em cujos territórios estejam situados os Municípios consorciados.

O mesmo Decreto também determina que a União somente celebre convênios com consórcios públicos constituídos sob a forma de **associação pública** ou que para essa forma tenham se convertido.

### 8.2. Requisitos

Para a formalização dos consórcios públicos é necessário o preenchimento dos seguintes requisitos:

I) **Celebração de protocolo de intenções**. A Lei nº 11.107/2005 dispõe que para que possa ser constituído um consórcio público é necessário que, previamente, as entidades federadas firmem um protocolo de intenções. Tal protocolo deve ser ratificado por lei ou ter sido subscrito com autorização legal, o que significa que é necessária a manifestação conjunta das vontades dos Poderes Executivo e Legislativo para a celebração de consórcios públicos; e

O representante legal do consórcio público deverá ser, obrigatoriamente, Chefe do Poder Executivo de ente da Federação consorciado.

> ▸ **Como esse assunto foi cobrado em concurso?**
>
> No concurso para provimento do cargo de Promotor de Justiça – RJ/2011, enunciado de uma questão tratava da seguinte situação: "A União Federal, um Estado-membro e doze Municípios de uma mesma região firmaram protocolo de intenções, expressando seu objetivo de implementar a gestão associada de determinado serviço público, e constituíram uma associação pública após a ratificação do protocolo por lei. Diante desses elementos, foi constituído:"
>
> A resposta indicou como correta a alternativa: "C) consórcio público;"

II) **Constituição de pessoa jurídica de direito público ou de direito privado.** Historicamente, havia uma discussão doutrinária acerca da necessidade ou não de constituição de uma nova pessoa jurídica quando os entes federados se associavam. Tal discussão foi superada com a supramencionada Lei dos Consórcios Públicos, que determina a formalização do ajuste através da **constituição de pessoa jurídica, sob a forma de associação pública ou pessoa jurídica de direito privado.**

Merece crítica a posição defendida por José dos Santos Carvalho e Filho, dentre outros autores, com fundamento no art. 6º, § 1º, da Lei 11.107/2005, de que só a **associação pública** integrará a Administração Indireta, em virtude de sua natureza pública. Entendemos que, mesmo no caso em que o consórcio público venha a se constituir sob a forma de pessoa jurídica de direito privado, ele deve integrar a Administração Indireta dos entes federativos consorciados. Nesse caso, o consórcio público revestido de personalidade jurídica de direito privado estaria na mesma situação jurídica das fundações públicas de direito privado, bem como das empresas públicas e sociedades de economia mista que possuem natureza jurídica de direito privado, mas integram a Administração Indireta.

Como a **associação pública** possui personalidade jurídica de direito público, pode-se afirmar que se trata de entidade pública da administração indireta com natureza autárquica. Uma autarquia que possui a peculiaridade de integrar a administração indireta de todos os entes integrantes do consórcio público, razão pela qual é nominada de **autarquia multifederativa.**

> ▸ **Como esse assunto foi cobrado em concurso?**
>
> No concurso realizado para provimento do cargo de Analista de Planejamento e Orçamento – 2008 foi considerada **correta** a seguinte assertiva: *"O consórcio público com personalidade jurídica de direito público integra a administração indireta de todos os entes da Federação consorciados".*

### 8.3. Prerrogativas

A associação pública ou pessoa jurídica de direito privado decorrente da constituição do consórcio público deterá **competência** para:

I - celebrar contratos e convênios com entidades públicas e privadas;

II - receber incentivos públicos;

III - promover desapropriações;

IV - celebrar contratos de concessão ou permissão de serviços públicos;

V - emitir documentos de cobrança e exercer atividades de arrecadação de tarifas e outros preços públicos;

VI - ser contratados sem licitação (dispensa) pela própria pessoa da administração direta ou indireta participante do ajuste.

Apesar de se submeterem as regras de licitação e de contratação previstas na Lei nº 8.666/93, os consórcios públicos gozam de tratamento diferenciado quando se trata de dispensa de licitação em razão do pequeno valor. É que o percentual geral de 10% do limite fixado para licitação na modalidade convite é duplicado, quando o consórcio for formado por até 3 (três) entes da Federação, ou triplicado, quando o consórcio for formado por maior número.

> **Como esse assunto foi cobrado em concurso?**
> No concurso realizado para provimento do cargo de Procurador do Estado de Sergipe (2017), foi considerada incorreta a seguinte assertiva: "O consórcio público poderá ter personalidade jurídica de direito público ou privado, sendo que, em ambas as formas, terão de ser observadas as mesmas normas de direito público para o regime de pessoal."

Considera-se como área de atuação do consórcio público, independentemente de figurar a União como consorciada, a que corresponde à soma dos territórios:

I - dos Municípios, quando o consórcio público for constituído somente por Municípios ou por um Estado e Municípios com territórios nele contidos;

II - dos Estados ou dos Estados e do Distrito Federal, quando o consórcio público for, respectivamente, constituído por mais de 1 (um) Estado ou por 1 (um) ou mais Estados e o Distrito Federal;

III - dos Municípios e do Distrito Federal, quando o consórcio for constituído pelo Distrito Federal e os Municípios;

## 8.4. Retirada do consórcio público

A **retirada** do ente da Federação do consórcio público dependerá de ato formal de seu representante na assembleia geral, na forma previamente disciplinada por lei.

Os bens destinados ao consórcio público pelo consorciado que se retira somente serão revertidos ou retrocedidos no caso de expressa previsão no contrato de consórcio público ou no instrumento de transferência ou de alienação.

### 8.5. Contrato de programa

Segundo o Decreto nº 6.107/2007 o **"Contrato de programa"** é o "instrumento pelo qual devem ser constituídas e reguladas as obrigações que um ente da Federação, inclusive sua administração indireta, tenha para com outro ente da Federação, ou para com consórcio público, no âmbito da prestação de serviços públicos por meio de cooperação federativa;".

Portanto, o contrato de programa é **obrigatório** quando um ente da federação venha a prestar serviços públicos conjuntamente com outro ente político, por meio de consórcio público.

O art. 13, *caput*, da Lei n° 11.107/05 estabelece que "deverão ser constituídas e reguladas por contrato de programa, como condição de sua validade, as obrigações que um ente da Federação constituir para com outro ente da Federação ou para com consórcio público no âmbito de gestão associada em que haja a prestação de serviços públicos ou a transferência total ou parcial de encargos, serviços, pessoal ou de bens necessários à continuidade dos serviços transferidos".

### 8.6. Contrato de rateio

O contrato de rateio é o instrumento por meio do qual os entes consorciados se comprometem a custear as despesas do consórcio. Conforme expressa previsão da Lei nº 11.107/2005, os entes consorciados somente entregarão recursos ao consórcio público mediante **contrato de rateio**.

Os entes consorciados, isolados ou em conjunto, bem como o consórcio público, são partes legítimas para exigir o cumprimento das obrigações previstas no contrato de rateio.

> **Atenção!**
> Poderá ser excluído do consórcio público, após prévia suspensão, o ente consorciado que não consignar, em sua lei orçamentária ou em créditos adicionais, as dotações suficientes para suportar as despesas assumidas por meio de contrato de rateio.

O contrato de rateio será formalizado em cada exercício financeiro e seu prazo de vigência não será superior ao das respectivas dotações orçamentárias, com exceção dos contratos que tenham por objeto exclusivamente projetos consistentes em programas e ações contemplados em plano plurianual ou a gestão associada de serviços públicos custeados por tarifas ou outros preços públicos.

É vedada a aplicação dos recursos entregues por meio de contrato de rateio para o atendimento de despesas genéricas, inclusive transferências ou operações de crédito.

> **Atenção!**
> Constitui ato de improbidade celebrar contrato de rateio de consórcio público sem suficiente e prévia dotação orçamentária, ou sem observar as formalidades previstas na lei.

## 9. SÚMULAS DO STF

- **Súmula 340.** Desde a vigência do código civil, os bens dominicais, como os demais bens públicos, não podem ser adquiridos por usucapião.
- **Súmula 346.** A Administração Pública pode declarar a nulidade dos seus próprios atos.
- **Súmula 516.** O serviço social da indústria (SESI) está sujeito à jurisdição da justiça estadual.
- **Súmula 517.** As sociedades de economia mista só têm foro na justiça federal, quando a União intervém como assistente ou opoente.
- **Súmula 556.** É competente a justiça comum para julgar as causas em que é parte sociedade de economia mista.
- **Súmula 654.** A garantia da irretroatividade da lei, prevista no art. 5º, XXXVI, da Constituição da República, não é invocável pela entidade estatal que a tenha editado.
- **Súmula Vinculante 27.** Compete à Justiça estadual julgar causas entre consumidor e concessionária de serviço público de telefonia, quando a ANATEL não seja litisconsorte passiva necessária, assistente, nem opoente.
- **Súmula Vinculante 52.** Ainda quando alugado a terceiros, permanece imune ao IPTU o imóvel pertencente a qualquer das entidades referidas pelo art. 150, VI, "c", da Constituição Federal, desde que o valor dos aluguéis seja aplicado nas atividades para as quais tais entidades foram constituídas.

## 10. SÚMULAS DO STJ

- **Súmula 42.** Compete à justiça comum estadual processar e julgar as causas cíveis em que é parte sociedade de economia mista e os crimes praticados em seu detrimento.
- **Súmula 324.** Compete à justiça federal processar e julgar ações de que participa a fundação habitacional do exército, equiparada à entidade autárquica federal, supervisionada pelo Ministério do Exército.
- **Súmula 333.** Cabe mandado de segurança contra ato praticado em licitação promovida por sociedade de economia mista ou empresa pública.

Capítulo 4

# Entes de cooperação

Ronny Charles

## 1. INTRODUÇÃO

Além dos órgãos e das entidades que compõem a Administração Direta e Indireta, existem outras pessoas jurídicas que prestam atividades de interesse público, **embora não integrem a Administração Pública, Direta ou Indireta**.

Não há uniformidade na doutrina, acerca da classificação e nomenclatura dessas entidades. Embora seja comum a denominação **"Entes de cooperação"** ou **"entidades paraestatais"**, necessário registrar que os reformistas preferiram a utilização do vocábulo **público não estatal**. Há ainda quem prefira a expressão **Terceiro Setor**, embora esta não seja comumente utilizada para todas as entidades envolvidas pelo conceito Entes de cooperação.

Fernanda Marinela apresenta o seguinte conceito para os **Entes de Cooperação**: *"são pessoas jurídicas de direito privado que, sem fins lucrativos, realizam projetos de interesse do Estado, prestando serviços não exclusivos e viabilizando seu desenvolvimento"*.

A doutrina sedimentou o entendimento de que os Entes de Cooperação compreendem: 1. os serviços sociais autônomos; 2. as entidades de apoio; 3. as organizações sociais (OS) e 4. as organizações da sociedade civil de interesse público (**OSCIPs**).

Nada obstante, preferimos envolver as duas últimas figuras no conceito de Terceiro Setor, incluindo, ainda, as entidades de utilidade pública federal (**UPF**), aquelas com certificado de entidades beneficentes de assistência social (**CEBAS**), bem como as Instituições Comunitárias de Educação Superior (**ICES**), titulação criada pela Lei nº 12.881/2013. Nessa feita, podemos apresentar o seguinte Quadro:

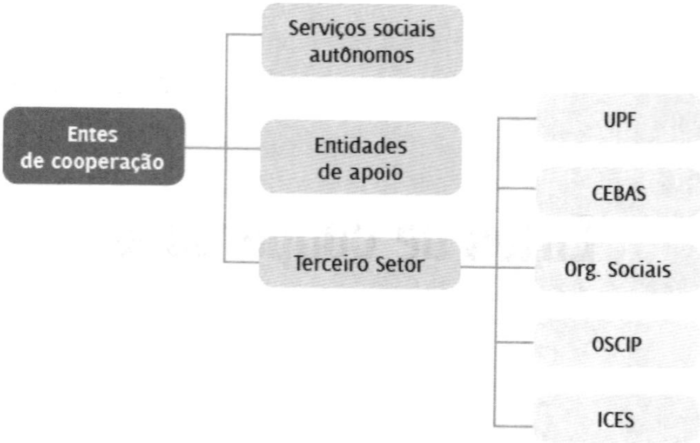


Entendemos que o conceito **"Terceiro Setor"** é mais restrito que o conceito **"Entes de Cooperação"**, motivo pelo qual trataremos especificamente do primeiro adiante. Ademais, as entidades de utilidade pública federal (UPF) e aquelas certificadas como entidades beneficentes de assistência social (CEBAS) ou como instituição comunitária de educação superior (ICES) fazem parte do marco regulatório do Terceiro Setor, tendo sofrido alterações legislativas importantes, recentemente, que podem ser cobradas pelas bancas de concurso.

De qualquer forma, importante observar que alguns autores utilizam a expressão "Terceiro Setor" como sinônimo de "Entes de Cooperação", entendimento que vem sendo adotado por algumas bancas de concurso. Nesse raciocínio, o conceito de Terceiro Setor englobaria tanto os serviços sociais autônomos como as entidades de apoio.

> **Atenção!**
>
> Convém registrar que a recente Lei federal nº 13.019/2014, estabeleceu um novo marco regulatório para as parcerias firmadas entre o Estado e as organizações da sociedade civil. Para facilitar a compreensão do tema, trataremos sobre este novo marco regulatório, adiante, em ponto específico deste capítulo.

Embora pessoas jurídicas de direito privado e não pertencentes à Administração Pública, as relações entre os Entes de Cooperação e o Estado, muitas vezes envolvendo recursos públicos, justificam a incidência parcial de normas de direito público, bem como a necessária sujeição aos controles realizados pela Administração Pública e pelo Tribunal de Contas.

De qualquer forma, tais pessoas jurídicas não pertencem ao Estado e se submetem, em regra, ao **regime jurídico de direito privado.** Nessa feita, por exemplo, mesmo em relação a demandas judiciais que envolvam recursos públicos ou a prestação de serviços de interesse público, os entes de cooperação não dispõem dos benefícios processuais inerentes à Fazenda Pública.

> **Como esse assunto foi cobrado em concurso?**
>
> No concurso para o cargo de analista administrativo do MPOG (FUNRIO/2009), com a seguinte ementa: *"As pessoas jurídicas que integram o Terceiro Setor têm regime jurídico:"*, foi considerada correta a seguinte alternativa: *"d) preponderantemente de direito privado, parcialmente afastado pela incidência de normas de direito público."*

## 2. SERVIÇOS SOCIAIS AUTÔNOMOS

**Serviços Sociais Autônomos** são pessoas jurídicas de direito privado, sem fins lucrativos, criadas por Lei, que prestam atividades de interesse público (serviços não exclusivos) em favor de certas categorias sociais ou profissionais. José dos Santos Carvalho Filho utiliza a denominação **Pessoas de Cooperação Governamental**.

> **Importante!**
>
> As atividades de interesse público realizadas pelos serviços sociais autônomos não são classificadas como serviços públicos, visto que lhes falta o elemento subjetivo (vide capítulo "serviços públicos").

> **Como esse assunto foi cobrado em concurso?**
>
> Em concurso para provimento de cargos na ANTAQ (Cespe/2014), foi considerada errada a seguinte assertiva: "As entidades que compõem o serviço social autônomo prestam serviço público e, por isso, integram a administração pública indireta, estando sujeitas ao controle do tribunal de contas"

Tais entidades, embora não integrem a Administração Pública, recebem fomento estatal e podem ser mantidas por recursos orçamentários ou por contribuições parafiscais.

**Contribuições parafiscais** são tributos instituídos para o custeio de atividades exercidas por entidades privadas, que não integram funções próprias do Estado, mas possuem conotação social ou de interesse público (paraestatais).

> **Como esse assunto foi cobrado em concurso?**
>
> No concurso para Defensor Público do DPE-AC (CESPE/2017), com o enunciado: "Acerca dos serviços sociais autônomos, julgue os itens a seguir"; foi considerada correta a seguinte assertiva: "*As entidades de cooperação governamental, às quais são destinados recursos oriundos de contribuições parafiscais, têm por finalidade desenvolver atividade social que represente a prestação de serviço de utilidade pública em benefício de certos grupamentos sociais ou profissionais.*"

No concurso para o cargo de Defensor Público - RN (Cespe/2015), com a seguinte ementa: "Acerca dos serviços sociais autônomos, assinale a opção correta.", foi considerada correta a seguinte alternativa: "E) Referidos entes de cooperação governamental, destinatários de contribuições parafiscais, estão sujeitos à fiscalização do Estado nos termos e condições estabelecidos na legislação pertinente a cada um."

Podemos citar como exemplo de **Serviços Sociais autônomos**: o SESI (Serviço Social da Indústria), o SENAI (Serviço Nacional de Aprendizagem Industrial), o SESC (Serviço Social do Comércio), o SEBRAE (Serviço Brasileiro de Apoio às Micro e Pequenas Empresas), o SENAC (Serviço Nacional de Aprendizagem Comercial), o SENAR (Serviço Nacional de Aprendizagem Rural), o SEST (Serviço Social do Transporte), o SENAT (Serviço Nacional de Aprendizagem do Transporte) e a ApexBrasil (Agência de Promoção de Exportações do Brasil), entre outros.

▸ **Atenção!**

O serviço social da indústria (SESI) está sujeito à jurisdição da justiça estadual (STF, Súmula 516).

Como ocorre com os demais Entes de Cooperação, embora pessoas jurídicas regidas pelo direito privado, há incidência parcial do regime público sobre tais entidades. Vejamos algumas de suas características:

a) **Natureza Jurídica.** São pessoas jurídicas de direito privado, despidas de finalidade lucrativa, que não integram a Administração Pública. Submetem-se a regime jurídico de direito privado, embora ocorra incidência parcial de normas de direito público, já que prestam atividades fomentadas pelo Poder Público.

b) **Licitação.** Os serviços sociais autônomos não estão sujeitos à observância dos estritos procedimentos da Lei Geral de Licitações e Contratos (Lei n. 8.666/93). Eles podem utilizar seus regulamentos próprios, embora tais regulamentos devam estar pautados nos princípios gerais aplicáveis à Administração Pública.

O Plenário do TCU (Acórdão nº 1392/2013), por exemplo, já decidiu que, diferentemente dos órgãos e entes federais (por conta da regra de obrigatoriedade do Decreto nº 5.450/2005), as entidades integrantes do "Sistema S" (Serviços Sociais Autônomos) não estão obrigadas a utilizar a modalidade pregão para a aquisição de bens e serviços comuns.

O mesmo TCU não admite que as entidades do "Sistema S" contratem com empresas em débito com a seguridade social ou com o FGTS, exigindo a verificação da regularidade (Acórdão 1770/2013-Plenário) e limita a exigência habilitatória apenas à documentação listada no regulamento licitatório próprio da entidade, na forma estabelecida pelo edital, pelo raciocínio de que o rol de exigências de habilitação em licitação é taxativo (Acórdão 2375/2015 - Plenário).

> ▸ **Atenção!**
> As entidades do Sistema S não podem inovar na ordem jurídica, por meio de seus regulamentos próprios, instituindo novas hipóteses de dispensa e de inexigibilidade de licitação, haja vista que a matéria deve ser disciplinada por norma geral, de competência privativa da União (TCU, Acórdão 3195/2014-Plenário).

c) **Regime de pessoal.** O regime de pessoal é celetista (CLT). Há divergência doutrinária acerca da necessidade ou não de realização de concurso para a contratação de pessoal. O TCU admite que os serviços sociais autônomos podem promover, à sua discricionariedade, seleções externas e internas para o recrutamento de pessoal, preservado o processo seletivo público externo para o ingresso de funcionários nos seus quadros. Foi recomendado que as entidades do Sistema "S" elaborassem um regulamento dos processos de recrutamento interno, fixando regras claras e objetivas que resguardem o atendimento dos princípios constitucionais da legalidade, impessoalidade, moralidade, eficiência e publicidade (TCU - Acórdão nº 369/2009-Plenário). O STF já prolatou decisão, proferindo entendimento segundo o qual essas entidades não estão submetidas à exigência de concurso público para a contratação de pessoal, nos moldes do art. 37, II, da Constituição Federal (STF, RE 789874, Tribunal Pleno, julgado em 17/09/2014). Por fim, vale suscitar entendimento do TCU, segundo o qual não se pode atribuir responsabilidade a membros de órgãos colegiados de entidades integrantes do Sistema S por atos de gestão praticados pelo corpo diretivo sobre os quais não foram consultados acerca de sua legalidade e legitimidade. (TCU. Acórdão 6684/2016 – Primeira Câmara.)

d) **Campo de atuação.** Via de regra, essas entidades, também denominadas de **"Sistema S"**, apresentam certa vinculação com respectivas áreas econômicas, agrupamentos sociais ou profissionais (comércio, indústria, transporte, exportações, entre outros).

e) **Criação.** A criação depende de lei, que autoriza as respectivas Confederações Nacionais a constituí-las formalmente, sob uma das formas jurídicas admitidas (fundações, associações...).

> ▸ **Como esse assunto foi cobrado em concurso?**
> No concurso para Defensor Público do DPE-AC (CESPE/2017), com o enunciado: "Acerca dos serviços sociais autônomos, julgue os itens a seguir"; foi considerada correta a seguinte assertiva: "*Conforme entendimento do STF, as entidades de serviços sociais autônomos integrantes do sistema "S" não se submetem à exigência do concurso público para a contratação de pessoal.*"
> No 21º concurso para o cargo de Procurador da República, foi considerada errada a seguinte alternativa: *c) os serviços sociais autônomos destinam-se a prestar serviços públicos;*

No concurso para o cargo de Procurador do Tribunal de Contas do Estado do Amapá (FCC/2010), com a seguinte ementa: *"Os Serviços Sociais Autônomos:"*, foi considerada correta a seguinte alternativa: *"a) prestam atividade de cooperação e fomento, revestindo- se da forma de entes de natureza privada."*

## 3. ENTIDADES DE APOIO

As entidades de apoio também são pessoas jurídicas de direito privado, despidas de finalidade lucrativa, que exercem serviços não exclusivos relacionados à ciência, pesquisa, saúde e educação.

Segundo Di Pietro, elas são "instituídas por servidores públicos, porém em nome próprio, sob a forma de fundação, associação ou cooperativa", para a prestação de serviços não exclusivos, mantendo vínculo jurídico com a Administração Pública (Direta ou Indireta) através de convênios.

A citada autora parece defender a total não incidência do regime jurídico de direito público para essas entidades. Nessa feita, elas não precisariam licitar, nem realizar concurso público ou mesmo se submeter à tutela administrativa. Embora tal raciocínio tenha boa fundamentação, parece-nos necessário certo cuidado na extensão dessas liberdades, uma vez que tais pessoas jurídicas podem ser utilizadas por gestores públicos para fuga indevida do regime jurídico administrativo. Cite-se, como exemplo, os famosos casos de fundações de apoio, utilizadas para contratações de equipamentos superfaturados (como sofisticadas lixeiras), sem licitação.

A Lei federal nº 8.958/94 busca regular as relações entre as instituições federais de ensino superior e de pesquisa científica e tecnológica e as fundações de apoio. Segundo a referida Lei, as Instituições Federais de Ensino Superior (IFES) e as demais Instituições Científicas e Tecnológicas (ICTs) poderão celebrar convênios e contratos, inclusive nos termos da dispensa do inciso XIII do art. 24 da Lei nº 8.666/93, por prazo determinado, com fundações instituídas com a finalidade de apoiar projetos de ensino, pesquisa, extensão, desenvolvimento institucional, científico e tecnológico e estímulo à inovação, inclusive na gestão administrativa e financeira necessária à execução desses projetos.

▸ **Atenção!**

Quando financiadas com recursos repassados pelas IFES e demais ICTs às fundações de apoio, é vedado o enquadramento no conceito de desenvolvimento institucional, das seguintes atividades:

a) manutenção predial ou infraestrutural, conservação, limpeza, vigilância, reparos, copeiragem, recepção, secretariado, serviços administrativos na área de informática, gráficos, reprográficos e de telefonia e demais atividades administrativas de rotina, bem como as respectivas expansões vegetativas, inclusive por meio do aumento no número total de pessoal; e

> b) outras tarefas que não estejam objetivamente definidas no Plano de Desenvolvimento Institucional da instituição apoiada.

Vejamos algumas características dessas entidades:

a) **Natureza Jurídica.** São pessoas jurídicas de direito privado, despidas de finalidade lucrativa, que não integram a Administração Pública. Segundo Fernanda Marinela, elas podem ser instituídas sob a forma de fundação (privada), associação ou cooperativa.

b) **Licitação.** Elas não precisam realizar licitação (nos estritos termos da Lei nº 8.666/93), para firmar contratos. Há, ainda, hipótese de dispensa licitatória para a contratação, pela Administração Pública, de instituição brasileira incumbida regimental ou estatutariamente da pesquisa, do ensino ou do desenvolvimento institucional, desde que a contratada detenha inquestionável reputação ético-profissional e não tenha fins lucrativos;

> ▸ **Atenção!**
>
> De acordo com o artigo 3º da Lei 8.958/94, alterado pela Lei nº 12.243/2016, na execução de convênios, contratos, acordos e demais ajustes abrangidos por esta Lei **que envolvam recursos provenientes do poder público**, as fundações de apoio adotarão regulamento específico de aquisições e contratações de obras e serviços, **a ser editado por meio de ato do Poder Executivo de cada nível de governo.**
>
> Nas contratações que **não envolvam a aplicação de recursos públicos**, aplicam-se as **regras instituídas pela instância superior da fundação de apoio**, disponíveis em seu sítio eletrônico, respeitados os princípios da legalidade, impessoalidade, moralidade, publicidade, economicidade e eficiência.

c) **Regime de pessoal.** O regime de pessoal é celetista (CLT). De acordo com Di Pietro, não há necessidade de realização de concurso para a contratação de pessoal.

d) **Campo de atuação.** Serviços não exclusivos relacionados à ciência, pesquisa, saúde, educação, desenvolvimento institucional, científico, tecnológico e estímulo à inovação.

> ▸ **Atenção!**
>
> É vedada a subcontratação total do objeto dos ajustes realizados pelas IFES e demais ICTs com as fundações de apoio, bem como a subcontratação parcial que delegue a terceiros a execução do núcleo do objeto contratado

e) **Criação.** Elas não são instituídas por iniciativa do Poder Público e devem estar constituídas sob a forma de fundações de direito privado. Fernanda

Marinela observa a possibilidade de constituição sob a forma de associação ou cooperativa.

> **Atenção!**

As fundações de apoio às universidades públicas têm personalidade jurídica de direito privado, com patrimônio e administração próprios, não fazendo parte da Administração Pública Indireta, razão pela qual, as ações em que atuarem como parte devem ser julgadas pela Justiça Comum Estadual (STJ. Rel. Min. Francisco Falcão. DJE Data:10/11/2008).

> **Como esse assunto foi cobrado em concurso?**

No concurso para o cargo de Advogado da União (Cespe/2009), foi considerada errada a seguinte alternativa: "*As entidades de apoio são pessoas jurídicas de direito privado sem fins lucrativos, que podem ser instituídas sob a forma de fundação, associação ou cooperativa, tendo por objeto a prestação, em caráter privado, de serviços sociais não exclusivos do Estado. Tais entidades mantêm vínculo jurídico com a administração pública direta ou indireta, em regra, por meio de convênio. Por sua vez, os serviços sociais autônomos são entes paraestatais, de cooperação com o poder público, prestando serviço público delegado pelo Estado.*"

**Obs.:** como já explicado anteriormente, os serviços sociais autônomos não prestam serviços públicos delegados pelo Estado.

## 3.1. Entidades de apoio e contratações com recursos públicos

Segundo a Lei nº 8.958/1994, as instituições federais de ensino superior e de pesquisa científica e tecnológica poderão contratar, nos termos do inciso XIII do art. 24 da Lei nº 8.666/93, e por prazo determinado, instituições criadas com a finalidade de dar apoio a projetos de pesquisa, ensino e extensão e de desenvolvimento institucional, científico e tecnológico de interesse das instituições federais contratantes.

Embora o dispositivo apenas mencione a contratação direta por parte das próprias instituições federais de ensino, a doutrina consolidou o entendimento de que outros órgãos da Administração possuem também essa prerrogativa.

Muitas vezes, essas entidades de apoio acabam por realizar atividades administrativas no lugar de entes e órgãos da Administração Direta e Indireta, sem o devido respeito às regras do regime jurídico administrativo. Essa fuga é ilícita. O Tribunal de Contas da União identificou vários abusos praticados com a utilização indevida dessas entidades, como a contratação sem licitação de equipamentos e serviços que deveriam ser prestados ou contratados diretamente pela Administração, bem como a subcontratação, por essas entidades de apoio (contratadas sem licitação), em favor de empresas privadas. Dentre as recomendações do TCU, sobre o tema, destacamos:

- não contratar fundações de apoio, por meio de dispensa de licitação, para a execução de atividades administrativas e de competência exclusiva do órgão (Acórdão nº 5.478/2009-2ª Câmara)

- exigir prestação de contas periódica em todas as avenças em que as fundações de apoio arrecadem recursos em nome da entidade pública (Acórdão nº 1.829/2009- Plenário)
- não contratar fundação de apoio para atividades de gerência financeira não previstas em seus estatutos (Acórdão nº 1.782/2009-Plenário)

Noutro diapasão, é possível a contratação de fundação de apoio, por dispensa de licitação, para a realização de vestibular, desde que haja nexo efetivo entre a natureza da instituição e o objeto contratado e compatibilidade com os preços de mercado (TCU, Acórdão 2506/2013-Segunda Câmara).

> ▸ **Importante!**
> Os contratos firmados com as fundações de apoio com base na dispensa de licitação prevista no inc. XIII do art. 24 da Lei nº 8.666, de 1993, devem estar diretamente vinculados a projetos com definição clara do objeto e com prazo determinado, sendo vedadas a subcontratação, a contratação de serviços contínuos ou de manutenção e a contratação de serviços destinados a atender as necessidades permanentes da instituição (Orientação Normativa AGU Nº 14, de 01 abril de 2009).

## 4. O TERCEIRO SETOR

Discordamos da tentativa de igualar "Terceiro Setor" ao conceito de "Entes de Cooperação". Entendemos que o segundo é um conceito maior, que envolve o primeiro (Terceiro Setor). Diferentemente dos demais entes de cooperação, cuja existência depende da vontade ou da atividade estatal, a correta definição do conceito de Terceiro Setor parece exigir forte ligação ao conceito de **sociedade civil**, independência em relação ao Estado e existência anterior à formatação da parceria para o exercício de atividades de interesse público.

**Hegel** foi o primeiro autor moderno em cuja obra a ideia de sociedade civil cumpre um papel fundamental. Para ele, a família e o Estado não eram capazes de estabelecer o conjunto de determinações para a vida dos indivíduos das sociedades modernas, motivo pelo qual surgiria, para isso, um conjunto de instituições entre a família e o Estado. Visão diferente traçou **Gramsci**, para quem a sociedade civil representa o **ambiente de disputas ideológicas da superestrutura social**. Gramsci visualizava a sociedade civil como parte da superestrutura, composta pela sociedade política (que seria o Estado, em sentido estrito) e pela sociedade civil (**Estado = sociedade política + sociedade civil**).

Para **Bobbio**, sociedade civil é o lugar onde surgem e se desenvolvem os conflitos econômicos, sociais, ideológicos, religiosos, que as instituições estatais têm a tarefa de resolver, mediando-os, evitando-os ou reprimindo-os. São as **organizações ou movimentos sociais que representam determinados grupos da sociedade.**

Para **Habermas**, o atual significado da expressão "sociedade civil" possui um núcleo institucional formado por associações e organizações livres, não estatais e não econômicas, as quais ancoram as estruturas de comunicação da esfera pública nos componentes sociais do mundo da vida. A sociedade civil compõe-se de **movimentos, organizações e associações, os quais captam os ecos dos problemas sociais que ressoam nas esferas privadas, condensa-os e os transmitem, a seguir, para a esfera pública política**.

Podemos então resumir a evolução do conceito moderno de sociedade civil, de acordo com alguns de seus principais pensadores:

| | |
|---|---|
| Hegel | Conjunto de instituições entre a família e o Estado |
| Gramsci | Ambiente de disputas ideológicas da superestrutura social |
| Bobbio | Organizações ou movimentos sociais que representam determinados grupos da sociedade |
| Habermas | Núcleo institucional que capta os problemas sociais e os reflete para a esfera pública política. |

Segundo a compreensão habermasiana (mais moderna) do conceito de sociedade civil, nela podem ser identificados importantes parceiros para a Administração Pública, pois, como advertiu Alexis de Tocqueville, o Governo não consegue refletir, sozinho, a renovação dos sentimentos e das ideias de um grande povo, papel para o qual a sociedade civil possui especial vocação. Não à toa que entidades da sociedade civil são comumente as precursoras nos debates de importantes temas, como a corrupção, a proteção ao meio ambiente, o combate à miséria, entre outros.

**É nessa concepção de parcerias da Administração Pública com a sociedade civil que nasce o conceito de Terceiro Setor**. O grande diferencial entre o Terceiro Setor e os demais entes de cooperação é que ele é formado por instituições que existem e realizam suas atividades independentemente da vontade estatal. São justamente suas atividades que justificam a iniciativa estatal de fomentá-las, através de parcerias.

Partindo do pressuposto de que o **Terceiro Setor** não pertence ao Estado, pode-se concebê-lo como elemento privado; reconhecendo que ele institucionalmente se diferencia das pessoas naturais, pode-se restringir sua análise às organizações personalizadas e detentoras de direitos e deveres jurídicos, dotadas, portanto, de personalidade jurídica; por fim, acrescentando sua diferenciação em relação aos entes pertencentes ao mercado, pode-se identificar que as atividades exercidas por tais entidades não visam ao lucro. Disso resulta o raciocínio comum de que o Terceiro Setor é representado por pessoas jurídicas de direito privado, não pertencentes ao Estado e imbuídas de finalidades não lucrativas.

Contudo, tal compreensão ampla confunde o conceito de Terceiro Setor com a definição de sociedade civil apresentada por Habermas, incorrendo no erro de não servir à separação entre o gênero e sua espécie. A natureza privada, institucional e a ausência de finalidade lucrativa não delimitam corretamente as entidades pertencentes ao Terceiro Setor. Convém perscrutar os elementos que diferenciam esse segmento dos outros grupos não governamentais ou elementos da sociedade civil.

Pelos critérios estabelecidos no ***Handbook on Nonprofit Institutions in the System of National Accounts*** (Manual sobre as Instituições sem Fins Lucrativos no Sistema de Contas Nacionais), editado pela Organização das Nações Unidas, em conjunto com a Universidade Jonh Hopkins, fariam parte do Terceiro Setor as entidades que, cumulativamente, apresentem as seguintes características:

**I** - natureza privada;

**II** - ausência de finalidade lucrativa;

**III** - sejam institucionalizadas, com regular constituição e personalidade jurídica;

**IV** - sejam autoadministradas; e

**V** - exerçam atividades voluntárias.

Tais elementos ainda parecem incompletos, pois o conceito de atividade voluntária é impreciso. Ademais, a ausência de finalidade lucrativa não é suficiente a caracterizar o intuito que se entende pertinente na adequação de uma entidade ao conceito de Terceiro Setor. Resta confirmada a tendência de dar importância aos objetivos públicos e à prática de atividades sociais para o enquadramento de uma entidade a esse importante segmento da sociedade civil.

Nesse quadro, além do Primeiro Setor, personalizado pelo Estado, e o Segundo Setor, na figura do Mercado, apresenta-se esse novo segmento do conjunto societário, que se manifesta através de **organizações de origem privada**, autônomas e altruísticas, **despidas de finalidade lucrativa** e com o **objetivo de promoção do bem-estar coletivo**. Assim, podemos apontar os seguintes elementos essenciais para a caracterização do Terceiro Setor:

- origem privada (fora do Estado);
- inexistência de finalidade lucrativa (fora do mercado);
- objetivos e ações devem envolver atividades de interesse público, passíveis de fomento estatal.

A atividade de fomento estatal, no domínio dos serviços sociais, envolve disciplina não coercitiva da conduta dos particulares que desempenham atividades de interesse público, através de estímulos ou sanções premiais, em observância aos princípios da consensualidade e da participação na Administração Pública. Assim, a atividade de fomento admite cessão de recursos, bens e pessoal da Administração Pública, para as entidades privadas.

Nosso ordenamento jurídico historicamente identificava o Terceiro Setor através de **títulos jurídicos**, com o intuito de diferenciar as entidades desse segmento do restante da sociedade civil, realizando o seu **marco regulatório** e servindo como chancela e justificativa para o **fomento estatal**.

Contudo, recentemente, foi aprovada a **Lei 13.019/2014**, com início de vigência em 2016 (para os Municípios, a vigência se iniciará em 2017), a qual estabelece o **regime jurídico das parcerias voluntárias entre a administração pública e as organizações da sociedade civil.**

A referida Lei não opta pela titulação como técnica de identificação do Terceiro Setor, estabelecendo um conceito de **Organização da Sociedade Civil**, compatível com as características fundamentais de uma entidade do Terceiro Setor, além de diversas regras que deverão ser atendidas, pela Administração e pela entidade parceira, para que se legitime a parceria entre elas.

Adiante, em ponto específico, trataremos sobre esse novo marco legal.

> ▸ **Como esse assunto foi cobrado em concurso?**
>
> No concurso para o cargo de Auditor Fiscal da Receita Federal (ESAF/2014), foi considerada errada a seguinte assertiva: *"o terceiro setor compreende as entidades da sociedade civil de fins públicos e lucrativos coexistindo com o primeiro setor, que é o Estado, e o segundo setor, que é o mercado."*

## 4.1. Terceiro Setor e entidades fechadas

Entende-se como **entidade fechada** aquela cuja inserção e atuação estão restritas a determinado grupo social. Suas finalidades são corporativas ou reduzidas aos interesses de seus membros, como se verifica nos sindicatos, clubes, associações fechadas, entre outros.

Alguns autores defendem que mesmo entidades fechadas poderiam ser incluídas na definição de integrantes do Terceiro Setor, pelo benefício indireto que suas atividades trazem à coletividade. Divergimos desse raciocínio, pela constatação de que os fenômenos da vida social e sua interação tornam natural que determinadas atitudes, embora imbuídas de finalidades egoísticas, reservadas a determinados grupos, possam ter efeitos favoráveis à coletividade. Mesmo o Mercado ou as entidades totalmente corporativas podem, através de algumas atividades subsidiárias, gerar benefícios à coletividade como um todo ou promover ações isoladas de interesse público, o que não justificaria sua inclusão na definição de Terceiro Setor.

O que diferencia as entidades do Terceiro Setor das sociedades pertencentes ao mercado ou mesmo dos agrupamentos corporativos institucionalizados? Certamente, a autonomia em relação ao Estado e os interesses altruísticos defendidos. Enquanto as sociedades pertencentes ao mercado desenvolvem suas atividades movidas pelo interesse lucrativo e os agrupamentos corporativos realizam suas atividades em prol de interesses internos da categoria, o Terceiro Setor atua objetivando a consecução de finalidades públicas, não restritas a determinados setores da coletividade.

Nesse prumo, no **Plano Diretor da Reforma do Aparelho do Estado**, os reformistas preferiram determinar esse segmento da sociedade através da expressão "**público não estatal**". Bresser-Pereira e Cunill Grau fazem a distinção entre público, privado e corporativo, da seguinte forma. *"Público: entendido como o que é de todos e para todos, se opõe tanto ao privado, que está voltado para o lucro ou para o consumo, como ao corporativo, que está orientado para a defesa política de interesses setoriais ou grupais (sindicatos ou associações de classe ou de região) e para o consumo coletivo (clubes)"*.

O enquadramento de uma entidade como Terceiro Setor a coloca como parceira estratégica do Estado, na consecução de finalidades públicas. Deve-se então perceber que a definição de Terceiro Setor tem esta função, identificar as entidades da sociedade civil pertencentes ao **público não estatal**, potencialmente parceiras da Administração, na prestação de **serviços não exclusivos**.

Seguindo esse raciocínio, convém observar que estender essas parcerias a entidades fechadas pode resultar no incentivo ao ***rent-seeking*** (*busca de privilégios pela manipulação do ambiente econômico ou político*) ou na promoção desproporcional de bem estar a grupos fechados, ideologicamente vinculados ao gestor público, afrontando o princípio da isonomia. Vale lembrar a diretriz dada na **Declaração de Direitos do Homem e do Cidadão**, de que o Estado (força pública) é instituído para fruição de todos e não para utilidade particular daqueles a quem é confiada sua gestão.

O interesse público não apenas deve ser resguardado pelos efeitos da ação da entidade, ele deve ser seu principal objetivo. Diante dessa premissa, entendemos que não parece adequado adicionar as entidades fechadas ao conceito de Terceiro Setor (estratégico para parcerias com o Estado). Elas pertencem à sociedade civil, mas em suas atividades objetivam, prioritariamente, interesses específicos de um grupo determinado.

> **▸ Como esse assunto foi cobrado em concurso?**
>
> No concurso para o cargo de analista judiciário do Tribunal de Justiça do Distrito Federal (Cespe/2008), foi considerada correta a seguinte assertiva: *"O uso indiscriminado da expressão terceiro setor acabou por tornar o conceito demasiadamente abrangente, fazendo que nele se possam enquadrar todos os modelos de entidades que não se incluam no conceito do primeiro setor, o Estado, e do segundo setor, o mercado."*
>
> **Obs:** Atente-se que a alusão ao uso indiscriminado é reflexo da crítica realizada pela doutrina especializada, contrária à expansão indevida do conceito de Terceiro Setor.

## 4.2. O marco legal do Terceiro Setor no Brasil

Até o início do século XX, é pequena ou praticamente nula a movimentação da sociedade civil brasileira na prestação de serviços de interesse da coletividade.

As entidades prestadoras de serviços de interesse público começaram a receber benefícios estatais, a partir do século XX, obtidos através de pedidos dirigidos ao Presidente da República, sendo a concessão baseada em critérios pouco definidos.

Somente na década de trinta é que veio a ser criada a **Caixa de subvenções**, pela qual o Ministério da Justiça passou a desempenhar a função de análise e fiscalização dos pedidos de **subvenção social**, utilizando critérios previamente definidos. Até aquele momento, não fora estabelecido qualquer marco para as entidades do Terceiro Setor, inexistindo diferenciação entre elas e a sociedade civil em geral, inclusive para fins de beneficiamentos ou parcerias com o Estado.

A solução, adotada pelo direito brasileiro, foi a utilização de **titulações jurídicas** que, após a comprovação de cumprimento dos requisitos formais exigidos, serviriam como chancela às atitudes de incentivo (fomento).

Até a década de 90 do século passado, podemos destacar duas titulações: a certificação como **entidade de utilidade pública federal** e a certificação como **entidade beneficente de assistência social**.

Contudo, identificou-se um quadro de crise em tais titulações, denominado pela doutrina de **"síndrome da inautenticidade"**. A dificuldade em separar as autênticas entidades do Terceiro Setor daquelas entidades da sociedade civil de interesses corporativos ou com finalidades de "favorecimento mútuo", produziu um processo de proliferação de entidades inautênticas e o estímulo a processos de corrupção, de forma que o setor de filantropia passou a receber a pecha de "pilantropia".

Com a crise do título de utilidade pública e o forjar de uma reforma administrativa, na década de noventa, ganhou força o discurso de necessária revisão do **marco legal do Terceiro Setor**, com migração para um modelo gerencial. Esse movimento resultou na apresentação de propostas para uma nova concepção dessas parcerias com o Estado. De tais propostas, foram produzidas duas Leis federais, a Lei nº 9.637, de 15 de maio de 1998 e a Lei nº 9.790, de 23 de março de 1999. Essas normas criaram dois novos títulos para certificação de entidades da sociedade civil com atuação em serviços públicos, respectivamente, o de **Organização Social (OS)** e o de **Organização da Sociedade Civil de Interesse Público (OSCIP)**.

As duas leis avançaram em relação a uma proposta mais gerencial para essas relações de cooperação. Estipulou-se tanto a necessidade de cumprimento de requisitos formais para o recebimento da titulação, como a necessidade de pactos de cooperação, denominados **contrato de gestão**, no caso das **Organizações Sociais**, e **termos de parceria**, no caso das **OSCIPs**. Esses instrumentos trazem, em seu bojo, regras específicas relacionadas à atividade a ser desenvolvida com o incentivo estatal, mediante o estabelecimento de metas e obrigações, com previsão dos resultados a serem atingidos e dos critérios objetivos de avaliação e desempenho das atividades prestadas.

Essa mudança de concepção é resultado direto do novo paradigma que se buscou implantar na Administração Pública brasileira, na passagem de uma visão organizacional burocrática e formal para um modelo gerencial.

> **Como esse assunto foi cobrado em concurso?**
>
> No concurso para o cargo de Juiz do Tribunal Regional Federal da 5ª Região (2009), foi considerada correta a seguinte assertiva: "*A administração pública gerencial deve dar ênfase na avaliação que tem como parâmetro os resultados obtidos, especialmente quando se trata da prestação de serviços sociais e científicos. Por essa razão, tanto a lei que trata das organizações sociais quanto a que trata das OSCIPs preveem que o instrumento firmado entre o poder público e as entidades qualificadas – contrato de gestão e termo de parceria, respectivamente – deve estipular as metas e os resultados a serem atingidos e os critérios objetivos de avaliação e desempenho.*"

Em 2013, a Lei nº 12.881 criou um novo título para definição, qualificação, prerrogativas e finalidades das **Instituições Comunitárias de Educação Superior - ICES**. Trata-se, sem dúvida, de uma nova espécie para o marco legal do Terceiro Setor.

Em síntese, as principais titulações jurídicas do Terceiro Setor, são as seguintes:

| Terceiro Setor |
|---|
| Entidade de Utilidade Pública |
| Entidade Beneficente de Assistência Social |
| Organização Social – OS |
| Organização da Sociedade Civil de Interesse Público – OSCIP |
| Instituições Comunitárias de Educação Superior – ICES |

Além dessas titulações, como já observado, cumpre registrar que a Lei nº 13.019/2014, instituiu normas gerais para as parcerias voluntárias entre o Poder Público e as Organizações da Sociedade Civil (OSC), para a consecução de finalidades de interesse público. A referida Lei, diferentemente da normatização anterior, não estabeleceu titulação específica (para identificar o Terceiro Setor parceiro), mas previu regras gerais para regular as parcerias entre o Estado e as Organizações da Sociedade Civil.

No raciocínio desta nova Lei, a identificação do Terceiro Setor não será definida pela concessão de um título jurídico, mas pela aptidão da Organização da Sociedade Civil para disputar o pertinente processo seletivo, cumprir os requisitos específicos e firmar a parceria com o ente público.

> **Atenção!**
>
> Vale observar a não inclusão, nesse elenco, das Organizações Não Governamentais (ONGs) e das cooperativas sociais. A expressão "ONG" é utilizada genericamente para caracterizar as entidades privadas, associativas e filantrópicas, não pertencentes à Administração Pública, detendo ou não a titulação jurídica destinada à qualificação como

entidade do Terceiro Setor. Quanto às cooperativas sociais, a Lei nº 9.867/1999, que as criou, apenas trouxe regras esparsas sobre essas pessoas jurídicas, sem apresentar claro balizamento sobre sua natureza, não servindo a qualificá-la, como uma espécie autônoma do Terceiro Setor, no sentido restrito aqui defendido.

### 4.2.1. *Certificado de Utilidade Pública Federal (UPF)*

Em relação aos títulos jurídicos apontados, ainda na década de trinta, foi publicada a Lei Federal nº 91, de 28 de agosto de 1935, que determinava as regras pelas quais as sociedades civis, as associações e as fundações constituídas no país, com o fim exclusivo de servir desinteressadamente à coletividade, poderiam ser declaradas de utilidade pública. Foi, então, estabelecida uma titulação que permitia certa diferenciação entre entidades da sociedade civil.

A titulação não garante, por si só, benefícios estatais à entidade declarada de utilidade pública. Contudo, com o tempo, novas disposições normativas transformaram o título em um requisito para a concessão de benefícios não previstos em sua legislação original, por exemplo: de acordo com a Lei nº 9.249/95, para que uma empresa possa realizar, em seu imposto de renda, dedução de doações feitas a entidades civis, estas devem possuir tal certificação.

Quando da aprovação da Lei nº 91/35, pela inexistência de benefícios pelo poder Público, permitiu-se certa liberalidade na concessão do título de utilidade pública, constando como requisitos:

- a existência de personalidade jurídica;
- a não remuneração dos cargos de diretoria e dos conselhos;
- o efetivo funcionamento e o serviço desinteressado à comunidade;

Pela simplicidade e caráter meramente protocolar, essas exigências não se prestam ao correto balizamento das entidades do Terceiro Setor que realizam serviços de interesse público, o que prejudica sua utilização como parâmetro para as parcerias com o Poder Público.

▸ **Atenção!**

No âmbito federal, a Lei nº 91/1935 foi expressamente revogada pela Lei 13.204/2015.

### 4.2.2. *Certificado de Entidade Beneficente de Assistência Social (CEBAS)*

Com relação à **certificação de entidade beneficente de assistência social**[1], já se exigiam maiores requisitos, conforme o estabelecido pelo Decreto Federal nº

1. Antes chamado de Certificação de Entidade de Fins Filantrópicos.

2.536/98, uma vez que esse título permite **isenção (imunidade) de contribuições para a seguridade social**.

> ▸ **Atenção!**
> O certificado de entidade beneficente de assistência social (CEBAS), no prazo de sua validade, possui natureza declaratória para fins tributários, retroagindo seus efeitos à data em que demonstrado o cumprimento dos requisitos estabelecidos por lei complementar para a fruição da imunidade.

Tendo em vista que o referido título permite imunidade em relação a contribuições previdenciárias, essas dificuldades ensejaram enormes críticas, tanto pela renúncia fiscal indevida, para as entidades não merecedoras da titulação, como pelos entraves a entidades legítimas.

As exigências burocráticas prejudicaram entidades realmente beneficentes e com excelentes trabalhos em favor da coletividade, bem como demonstraram a ineficiência do Estado para o gerenciamento das certificações, conforme o modelo de controle inicialmente proposto. As críticas e as pressões dos grupos de interesse levaram a uma recente reformulação desse título, inicialmente através de Medida provisória (que foi rejeitada) e, posteriormente, através da **Lei federal nº 12.101/2009**.

A referida Lei foi precedida pela tentativa de regramento do tema através de medida provisória, situação que envolveu uma inédita devolução do texto da MP, pelo então Presidente do Senado, e culminou com sua rejeição (da Medida Provisória) pela Câmara dos Deputados. Esse fato criou uma situação esdrúxula, pois a rejeição, além de devolver as regras anteriormente positivadas (apontadas, indiretamente, como responsáveis pela prescrição de bilhões de reais, em créditos tributários), não prejudicou peremptoriamente os efeitos gerados durante a vigência da Medida Provisória, permitindo o perdão de débitos pendentes.

> ▸ **Atenção!**
> Esse novo regramento gerou importante alteração na dinâmica da concessão dos certificados de entidades de fins filantrópicos. Embora este título não seja tratado pela maioria dos manuais, sua importância na prática administrativa e as polêmicas que envolveram a reformulação de suas regras o tornam um assunto potencialmente explorado pelas bancas de concurso.

De acordo com a Lei federal nº 12.101/2009, a certificação das entidades beneficentes de assistência social e a isenção (imunidade) de contribuições para a seguridade social serão concedidas às pessoas jurídicas de direito privado, sem fins lucrativos, reconhecidas como entidades beneficentes de assistência social com a finalidade de prestação de serviços nas áreas de **assistência social, saúde** ou **educação**, e que atendam requisitos legais.

Anteriormente, para todas as áreas (saúde, educação e assistência social), a concessão desse título era da competência do CNAS, com possibilidade de recurso para o Ministro da Previdência. Com o novo regramento, a análise e decisão dos requerimentos de concessão ou de renovação dos certificados devem ser apreciadas pelos seguintes órgãos, de acordo com as respectivas áreas de atuação:

| | |
|---|---|
| **Entidades da área de saúde** | Ministério da Saúde |
| **Entidades educacionais** | Ministério da Educação |
| **Entidades de assistência social** | Ministério do Desenvolvimento Social e Combate à Fome |

▸ **Importante!**

A entidade que atue em mais de uma das áreas (saúde, educação e assistência social) deverá, na forma regulamentada, manter escrituração contábil segregada por área, fazendo o pedido de certificação ao Ministério responsável pela sua área de atuação preponderante.

Assim, com a aprovação da Lei federal nº 12.101/2009, sacramentou-se a opção política de segmentação das certificações e suas prorrogações (repactuações), de acordo com as respectivas áreas de atuação.

A entidade interessada na certificação deverá apresentar, juntamente com o requerimento, todos os documentos necessários à comprovação dos requisitos legais. A tramitação e a apreciação do requerimento deverão obedecer à ordem cronológica de sua apresentação, salvo em caso de diligência pendente, devidamente justificada, ou no caso de entidade ou instituição sem fins lucrativos e organização da sociedade civil que celebrem parceria para executar projeto, atividade ou serviço em conformidade com acordo de cooperação internacional do qual a República Federativa do Brasil seja parte.

O **prazo de validade** da certificação será de 1 (um) a 5 (cinco) anos, conforme critérios definidos em regulamento. Será considerado tempestivo o requerimento de renovação da certificação, protocolado no decorrer dos 360 (trezentos e sessenta) dias que antecedem o termo final de validade do certificado, permanecendo sua certificação válida, até a data da decisão sobre o requerimento de renovação, tempestivamente apresentado.

▸ **Atenção!**

Os requerimentos, protocolados antes de 360 (trezentos e sessenta) dias do termo final de validade do certificado, não serão conhecidos.

Os Ministérios responsáveis pela certificação deverão manter, nos respectivos sítios na internet, lista atualizada com os dados relativos aos certificados emitidos, seu período de vigência e sobre as entidades certificadas, incluindo os serviços prestados por essas dentro do âmbito certificado e recursos financeiros a elas destinados.

Verificada prática de irregularidade na entidade certificada, são **competentes para representar**, motivadamente, ao Ministério responsável pela sua área de atuação (sem prejuízo das atribuições do Ministério Público):

(i) o gestor municipal ou estadual do SUS ou do SUAS, de acordo com a sua condição de gestão, bem como o gestor da educação municipal, distrital ou estadual;

(ii) a Secretaria da Receita Federal do Brasil;

(iii) os conselhos de acompanhamento e controle social previstos na Lei nº 11.494, de 20 de junho de 2007, e os Conselhos de Assistência Social e de Saúde; e

(iv) o Tribunal de Contas da União.

A **representação** será dirigida ao Ministério que concedeu a certificação e conterá a qualificação do representante, a descrição dos fatos a serem apurados e, sempre que possível, a documentação pertinente e demais informações relevantes para o esclarecimento do seu objeto.

Recebida a representação, caberá ao Ministério competente:

a) dar ciência da representação à entidade, que terá o prazo de 30 (trinta) dias para apresentação de defesa; e

b) decidir sobre a representação, no prazo de 30 (trinta) dias a contar da apresentação da defesa.

Quando a representação for **improcedente**, o processo será arquivado. Se **procedente** a representação, após a decisão final (transcorrido o prazo para interposição de recurso), a autoridade responsável deverá cancelar a certificação e dar ciência do fato à Secretaria da Receita Federal do Brasil.

O Certificado de Entidade de Fins Filantrópicos é mero reconhecimento, pelo Poder Público, do preenchimento das condições que devem ser atendidas para que a entidade receba o benefício constitucional (imunidade), sendo constitucional a exigência de renovação periódica (STF, AgR no RE 428.815/AM, DJU 7.6.2005).

> ▸ **Importante!**
> A obtenção ou a renovação do Certificado de Entidade Beneficente de Assistência Social (Cebas) não exime a entidade do cumprimento dos requisitos legais supervenientes (Súmula STJ nº 352).

A entidade beneficente, que possua o CEBAS, fará jus à **"isenção"** do pagamento das contribuições sociais de que tratam os arts. 22 e 23 da Lei nº 8.212/1991, desde que atenda, cumulativamente, aos seguintes requisitos:

a) não percebam seus diretores, conselheiros, sócios, instituidores ou benfeitores remuneração, vantagens ou benefícios, direta ou indiretamente, por qualquer forma ou título, em razão das competências, funções ou atividades que lhes sejam atribuídas pelos respectivos atos constitutivos;

> ▸ **Importante!**
> A Lei nº 13.151/2015 excepcionou o caso de associações assistenciais ou fundações, sem fins lucrativos, cujos dirigentes poderão ser remunerados, desde que atuem efetivamente na gestão executiva, respeitados como limites máximos os valores praticados pelo mercado na região correspondente à sua área de atuação, devendo seu valor ser fixado pelo órgão de deliberação superior da entidade, registrado em ata, com comunicação ao Ministério Público, no caso das fundações;

b) aplique suas rendas, seus recursos e eventual superávit integralmente no território nacional, na manutenção e desenvolvimento de seus objetivos institucionais;

c) apresente certidão negativa ou certidão positiva com efeito de negativa de débitos relativos aos tributos administrados pela Secretaria da Receita Federal do Brasil e certificado de regularidade do Fundo de Garantia do Tempo de Serviço - FGTS;

d) mantenha escrituração contábil regular que registre as receitas e despesas, bem como a aplicação em gratuidade de forma segregada, em consonância com as normas emanadas do Conselho Federal de Contabilidade;

e) não distribua resultados, dividendos, bonificações, participações ou parcelas do seu patrimônio, sob qualquer forma ou pretexto;

f) conserve em boa ordem, pelo prazo de 10 (dez) anos, contado da data da emissão, os documentos que comprovem a origem e a aplicação de seus recursos e os relativos a atos ou operações realizados que impliquem modificação da situação patrimonial;

g) cumpra as obrigações acessórias estabelecidas na legislação tributária;

h) apresente as demonstrações contábeis e financeiras devidamente auditadas por auditor independente, legalmente habilitado nos Conselhos Regionais de Contabilidade, quando a receita bruta anual auferida for superior ao limite fixado pela Lei Complementar no 123, de 14 de dezembro de 2006.

### 4.2.3. *Organização Social (OS)*

a) **Introdução.** De acordo com a Lei federal nº 9.637/98, o Poder Executivo poderá qualificar como **organizações sociais** pessoas jurídicas de direito privado, sem fins lucrativos, cujas atividades sejam dirigidas ao ensino, à pesquisa científica, ao desenvolvimento tecnológico, à proteção e preservação do meio ambiente, à cultura e à saúde, conforme os requisitos nela previstos. As organizações sociais não pertencem à administração pública direta ou indireta, não compõem o aparato estatal, mas são títulos jurídicos criados para auxiliar a atuação do setor público, viabilizando o fomento e a execução de atividades relativas às áreas especificadas pelo legislador.

Segundo o STF, a atribuição de título jurídico de legitimação da entidade através da qualificação configura hipótese de credenciamento, no qual não incide a licitação pela própria natureza jurídica do ato, que não é contrato, e pela inexistência de qualquer competição, já que todos os interessados podem alcançar o mesmo objetivo, de modo includente, e não excludente (ADI 1.923-DF).

Conforme a Lei nº 9.637/98, a aprovação da qualificação como organização social se insere na **competência discricionária** do Ministro ou titular de órgão supervisor ou regulador da área de atividade correspondente ao seu objeto social e do Ministro de Estado da Administração Federal e Reforma do Estado (atualmente, Ministro do Planejamento). Essa discricionariedade é corretamente criticada pela doutrina, por permitir privilégios nada isonômicos.

A **Organização Social** foi expressamente prevista no Plano de Reforma do Estado, que apontava sua criação com a intenção de "**publicização**" daquilo que os reformistas chamavam de serviços públicos não estatais. O objetivo era o de que universidades e hospitais públicos, centro de pesquisas, bibliotecas e museus estatais fossem transformados em entidades de natureza privada, recebesse qualificação de organização social e celebrassem **contratos de gestão** com o Poder Público para a prestação de serviços não exclusivos, podendo ser destinados recursos orçamentários e bens públicos para tais integrantes do setor público não estatal.

> **Atenção!**
>
> A doutrina questiona a validade da expressão "**publicização**", adotada pelo Plano Diretor de Reforma do Estado, pois, na verdade, a substituição da entidade pública prestadora de serviços por uma entidade privada, qualificada como Organização Social, serviria como instrumento de "**privatização**", já que ocorreria uma transformação da entidade pública em privada.

> **Como esse assunto foi cobrado em concurso?**
>
> No concurso para Juiz federal (TRF da 4ª Região/2014), foi considerada correta a seguinte assertiva: "*O Poder Executivo poderá qualificar como Organizações Sociais, por meio de contratos de gestão, pessoas jurídicas de direito privado, sem fins lucrativos, cujas atividades sejam dirigidas ao ensino, à pesquisa científica, ao desenvolvimento tecnológico, à proteção e à preservação do meio ambiente, à cultura e à saúde, desde que satisfeitos os requisitos exigidos na Lei nº 9.637/98.*"

b) **Conselho de administração.** A Lei nº 9.637/98 exige a permanência, no cerne da Organização Social, de representantes do Poder Público. Cite-se, como exemplo, a participação mínima de 20% na composição do **Conselho de administração**, podendo chegar até a 40% de sua totalidade. Acrescente-se a exigência legal para que parte do Conselho seja formada por pessoas de notória capacidade profissional e reconhecida idoneidade moral.

Entre outras atribuições privativas, pelo artigo 4º da Lei nº 9.637/98, compete ao **Conselho de administração**:

I. fixar o âmbito de atuação da entidade, para consecução do seu objeto;

II. aprovar a proposta de **contrato de gestão** da entidade;

III. aprovar a proposta de orçamento da entidade e o programa de investimentos;

IV. fixar a remuneração dos membros da diretoria.

c) **Perda da qualificação.** O Poder Executivo poderá proceder à desqualificação da entidade como organização social, quando constatado o descumprimento das disposições contidas no contrato de gestão.

A desqualificação será precedida de processo administrativo, assegurado o direito de ampla defesa, respondendo os dirigentes da organização social, individual e solidariamente, pelos danos ou prejuízos decorrentes de sua ação ou omissão.

A desqualificação importará **reversão dos bens** permitidos e dos valores entregues à utilização da organização social, sem prejuízo de outras sanções cabíveis.

d) **Servidor público.** É facultada ao Poder Executivo a cessão especial de servidor para as organizações sociais, com ônus para a origem. Não será incorporada aos vencimentos ou à remuneração de origem do servidor cedido qualquer vantagem pecuniária que vier a ser paga pela organização social.

e) **Contrato de gestão.** Entende-se por contrato de gestão o instrumento firmado entre o Poder Público e a entidade qualificada como organização social, com vistas à formação de parceria entre as partes para fomento e execução de atividades relativas à pesquisa científica, ao desenvolvimento tecnológico, à proteção e preservação do meio ambiente, à cultura e à saúde.

A natureza jurídica deste instrumento é convenial. Neste sentido, o STF firmou que o contrato de gestão configura hipótese de convênio, por consubstanciar a conjugação de esforços com plena harmonia entre as posições subjetivas, que buscam um negócio verdadeiramente associativo, e não comutativo, para o atingimento de um objetivo comum aos interessados (ADI 1.923-DF).

O **contrato de gestão** deve ser elaborado pelo órgão (ou entidade supervisora) e pela organização social (**em comum acordo**), discriminando as atribuições, responsabilidades e obrigações do Poder Público e da organização social. Diante da lógica gerencial adotada, a legislação específica prevê que devem ser estipuladas as metas e os resultados a serem atingidos e os critérios objetivos de avaliação e desempenho das atividades prestadas em virtude do contrato de gestão.

Após aprovação pelo Conselho de Administração da entidade, o contrato de gestão deve ser submetido ao Ministro de Estado ou autoridade supervisora da área correspondente à atividade fomentada.

As organizações sociais podem receber recursos orçamentários e bens públicos, para cumprimento do contrato de gestão. Os resultados atingidos com a execução do contrato de gestão devem ser analisados, periodicamente, por **comissão de avaliação**, indicada pela autoridade supervisora da área correspondente, composta por especialistas de notória capacidade e adequada qualificação.

> **▸ Importante!**
>
> Os responsáveis pela fiscalização da execução do contrato de gestão, ao tomarem conhecimento de qualquer irregularidade ou ilegalidade na utilização de recursos ou bens de origem pública por organização social, dela darão ciência ao Tribunal de Contas da União, sob pena de **responsabilidade solidária.**

Havendo indícios fundados de malversação de bens ou recursos de origem pública, cabe representação ao Ministério Público, à Advocacia-Geral da União ou à Procuradoria da entidade, para requerimento, em juízo, da decretação da **indisponibilidade dos bens** da entidade e o **sequestro dos bens** dos seus dirigentes, bem como de agente público ou terceiro, que possam ter enriquecido ilicitamente ou causado dano ao patrimônio público.

Até o término da ação, o Poder Público permanecerá como depositário e gestor dos bens e valores sequestrados ou indisponíveis e velará pela continuidade das atividades sociais da entidade.

> **▸ Como esse assunto foi cobrado em concurso?**
>
> No concurso para Promotor de Justiça, no MPE/PA (FCC/2014), com o seguinte enunciado: "*No tocante às chamadas organizações sociais, a legislação federal aplicável a tais entidades*", foi considerada correta a seguinte assertiva: "*c) prevê responsabilidade individual e solidária dos dirigentes pelos danos ou prejuízos decorrentes de sua ação ou omissão, em caso de desqualificação da entidade pelo descumprimento das disposições contidas no contrato de gestão.*"
>
> *No concurso para o cargo de analista, do Ministério Público de São Paulo (Vunesp/2010), com a seguinte ementa: "Sobre a execução e a fiscalização do contrato de gestão das Organizações Sociais, é correto afirmar que:",* foi considerada correta a seguinte alternativa: "*e) na hipótese de decretação de indisponibilidade de bens da entidade ou de sequestro de bens dos dirigentes, o poder público será o depositário e gestor desses bens até o término da ação.*"

Conforme precedente do STJ, a responsabilidade pelo não cumprimento das metas do contrato de gestão, regra geral, é imputável à organização Social, não havendo como atribuir ao Poder Público, que lhe transferiu recursos financeiros e lhe cedeu servidores públicos, a culpa pelo cumprimento insatisfatório das metas estipuladas. Assim, apesar de competir ao Poder Público a fiscalização, a avaliação e o acompanhamento dos resultados do contrato de gestão, essas providências não afastam a responsabilidade da **organização social** de cumprir as metas acordadas (STJ, MS 10.527, DJ 07/11/2005).

> **▸ Como esse assunto foi cobrado em concurso?**
>
> No 21º concurso para o cargo de Procurador da República, foi considerada correta a seguinte assertiva: *"as organizações sociais, segundo o regime legal em vigor, poderão ser destinados recursos orçamentários e bens públicos, além de ser admissível, ainda, a cessão especial de serviço público com ônus para a Administração;"* No mesmo sentido, no concurso para analista administrativo da Anatel (Cespe/2006), foi considerada correta a seguinte assertiva: *"As organizações sociais podem receber recursos orçamentários e bens públicos, para cumprimento do contrato de gestão".*

f) **Licitação**. Em princípio, elas não precisam seguir o rito licitatório da Lei nº 8.666/93 para firmar contratos. Nesse sentido, o artigo 17 da Lei nº 9.637/98 estabelece que a organização social fará publicar, no prazo de 90 dias da assinatura do contrato de gestão, regulamento dos procedimentos para a contratação de obras, serviços e compras com emprego de recursos públicos. Há ainda, hipótese de **dispensa** licitatória para a celebração de contratos de prestação de serviços com as organizações sociais, qualificadas no âmbito das respectivas esferas de governo, para atividades contempladas no contrato de gestão (Lei nº 8.666/93, art. 24, inc. XXIV).

O TCU, aperfeiçoando seu entendimento sobre o tema, tem assentado que as Organizações Sociais, em suas contratações mediante uso de verbas públicas, "não estão sujeitas à observância dos estritos procedimentos das normas gerais de licitações e contratos aplicáveis ao Poder Público, e sim aos seus regulamentos próprios, pautados nos princípios gerais aplicáveis à Administração Pública". (Acórdão 5236/2015-Segunda Câmara).

> **▸ Como esse assunto foi cobrado em concurso?**
>
> No concurso para Juiz Substituto, no TJ-PR (Cespe/2017), foi considerada CORRETA a seguinte assertiva: "Segundo o STF, o procedimento de qualificação pelo poder público de entidades privadas como OS prescinde de licitação".
>
> No concurso para Promotor de Justiça, no MPE/PA (FCC/2014), com o seguinte enunciado: *"No tocante às chamadas organizações sociais, a legislação federal aplicável a tais entidades"*, foi considerada errada a seguinte assertiva: *"d) estabelece como hipótese de* ***inexigibilidade*** *de licitação a celebração de contratos de prestação de serviços com as organizações sociais, qualificadas no âmbito das respectivas esferas de governo, para atividades contempladas no contrato de gestão."*

No concurso do Assessor Jurídico do Tribunal de Justiça do Piauí (FCC/2010), foi considerada errada a seguinte alternativa: "*c) As Organizações Sociais devem realizar licitação, na modalidade concorrência, para aquisição de bens ou serviços de interesse comum, adquiridos em decorrência de recursos repassados pela União.*"

Nada obstante, recentes escândalos envolvendo transferência de recursos para entidades do Terceiro Setor têm gerado certa pressão sobre tais relações de parceria, exigindo maior controle para evitar o desenvolvimento de grandes focos de corrupção. Nessa feita, embora não se submetam estritamente às regras das leis licitatórias, parece correta a exigência de que tais entidades desenvolvam procedimentos de seleção para as contratações realizadas com recursos públicos, que respeitem princípios básicos como: publicidade, julgamento objetivo e isonomia.

▸ **Atenção!**

De acordo com o Decreto federal nº 6.170/2011, a aquisição de produtos e a contratação de serviços com recursos da União transferidos a entidades privadas sem fins lucrativos deverão observar os princípios da impessoalidade, moralidade e economicidade, sendo necessária, no mínimo, a realização de cotação prévia de preços no mercado antes da celebração do contrato.

Em 2015, o STF concluiu o julgamento da **ADI 1923**, que tinha por objeto a Lei das Organizações Sociais, conferindo, por maioria, interpretação conforme a Constituição à Lei nº 9.637/98 e ao art. 24, XXIV da Lei nº 8.666/93, para que:

*(i)* o procedimento de qualificação seja conduzido de forma pública, objetiva e impessoal, com observância dos princípios do *caput* do art. 37 da Constituição Federal, e de acordo com parâmetros fixados em abstrato segundo o que prega o art. 20 da Lei nº 9.637/98;

*(ii)* a celebração do contrato de gestão seja conduzida de forma pública, objetiva e impessoal, com observância dos princípios do *caput* do art. 37 da Constituição Federal;

*(iii)* as hipóteses de dispensa de licitação para contratações (Lei nº 8.666/93, art. 24, XXIV) e outorga de permissão de uso de bem público (Lei nº 9.637/98, art. 12, § 3º) sejam conduzidas de forma pública, objetiva e impessoal, com observância dos princípios do *caput* do art. 37 da Constituição Federal;

*(iv)* os contratos a serem celebrados pela Organização Social com terceiros, com recursos públicos, sejam conduzidos de forma pública, objetiva e impessoal, com observância dos princípios do *caput* do art. 37 da Constituição Federal, e nos termos do regulamento próprio a ser editado por cada entidade;

(v) a seleção de pessoal pelas Organizações Sociais seja conduzida de forma pública, objetiva e impessoal, com observância dos princípios do *caput* do art. 37 da CF, e nos termos do regulamento próprio a ser editado por cada entidade; e

(vi) para afastar qualquer interpretação que restrinja o controle, pelo Ministério Público e pelo Tribunal de Contas da União, da aplicação de verbas públicas.

#### *4.2.3.1. Decreto federal nº 9.190/2017*

O Decreto federal nº 9.190/2017 regulamentou o art. 20 da Lei nº 9.637/98, para tratar sobre Programa Nacional de Publicização - PNP, em relação à absorção de atividades, originalmente desenvolvidas por entidades ou órgãos da União, pelas Organizações Sociais, com o objetivo de firmar parcerias de longo prazo, com vistas à prestação, de forma contínua, de serviços de interesse público à comunidade beneficiária.

Para tanto, o Decreto alinhou as seguintes diretrizes:

- alinhamento aos princípios e aos objetivos estratégicos da política pública correspondente, respeitadas as especificidades de regulação do setor;
- ênfase no atendimento ao cliente-cidadão;
- ênfase nos resultados qualitativos e quantitativos, nos prazos pactuados; e
- controle social das ações de forma transparente.

Segundo o Decreto, é vedada a qualificação de organizações sociais para desenvolvimento de atividades:

- exclusivas de Estado;
- de apoio técnico e administrativo à administração pública federal; e
- de fornecimento de instalação, bens, equipamentos ou execução de obra pública em favor da administração pública federal.

O processo de qualificação de entidade privada sem fins lucrativos como organização social compreende as seguintes fases:

I - decisão de publicização;

II - seleção da entidade privada;

III - publicação do ato de qualificação; e

IV - celebração do contrato de gestão.

A decisão de publicização, após justificada proposta encaminhada pelo Ministro de Estado supervisor da área para o Ministério do Planejamento, Desenvolvimento e Gestão, será efetuada em ato conjunto pelos respectivos Ministros (Ministro supervisor e Ministro do Planejamento) e, se for o caso, com anuência da autoridade supervisora, e publicada no Diário Oficial da União.

A seleção da entidade privada sem fins lucrativos, a ser qualificada como organização social, será realizada pelo órgão supervisor ou pela entidade supervisora da área e observará as seguintes etapas:

- divulgação do chamamento público;
- recebimento e avaliação das propostas;
- publicação do resultado provisório;
- fase recursal;
- publicação do resultado definitivo.

A seleção da entidade privada se iniciará com a divulgação de chamamento público pelo órgão supervisor ou pela entidade supervisora da atividade.

A avaliação das entidades privadas sem fins lucrativos inscritas no chamamento público será realizada por comissão de avaliação especialmente criada para esta finalidade pela Secretaria-Executiva do órgão supervisor ou pela entidade supervisora.

Não poderão ser nomeados para a referida comissão, servidores que tenham sido cedidos a organização social com contrato vigente com a administração pública federal ou servidores que trabalhem na área responsável pela supervisão dos contratos de gestão.

A decisão da comissão de avaliação será **publicada** no Diário Oficial da União e a íntegra do relatório será publicada no sítio eletrônico oficial do órgão supervisor ou da entidade supervisora. Cabe **recurso** desta decisão, no prazo de dez dias, contado da data de publicação no Diário Oficial da União.

A decisão final sobre a escolha da entidade privada para fins de qualificação como organização social e **celebração de contrato de gestão** será formalizada em ato do Ministro de Estado ou do titular da entidade supervisora da área de atuação, tendo como base o relatório de avaliação do órgão responsável, e será publicada no Diário Oficial da União.

> **Atenção!**
>
> Enquanto durar a vigência do contrato de gestão, os membros da comissão de que trata o *caput* não poderão ser cedidos à organização social qualificada.

O contrato de gestão discriminará os serviços, as atividades, as metas e os objetivos a serem alcançados nos prazos pactuados, o cronograma de desembolso financeiro e os mecanismos de avaliação de resultados das atividades da organização social. Ele terá vigência plurianual e poderá ser alterado por meio de termos aditivos, mediante acordo entre as partes.

É possível a renovação do contrato de gestão por períodos sucessivos, inclusive com redução de valor ou de objeto, a critério da autoridade supervisora, condicionado à demonstração do cumprimento de seus termos e suas condições.

A autoridade supervisora será responsável pelo acompanhamento e pela avaliação da execução das metas relativas às atividades intersetoriais, por meio da comissão de avaliação do contrato de gestão. Esta decisão de renovação não afasta a possibilidade de realização de novo chamamento público para qualificação e celebração de contrato de gestão com outras entidades privadas interessadas na mesma atividade publicizada.

> **Importante!**
>
> Eventuais excedentes financeiros do contrato de gestão ao final do exercício, apurados no balanço patrimonial e financeiro da entidade privada, serão incorporados ao planejamento financeiro do exercício seguinte e utilizados no desenvolvimento das atividades da entidade privada com vistas ao alcance dos objetivos estratégicos e das metas do contrato de gestão.

Incumbe ao Conselho de Administração da organização social, entre outras coisas, zelar pelo cumprimento dos resultados pactuados, pela aplicação regular dos recursos públicos, pela adequação dos gastos e pela sua aderência ao objeto do contrato de gestão.

O órgão supervisor ou a entidade supervisora emitirá parecer final em cada exercício compreendido no ciclo de vigência do contrato de gestão e terá como base as informações constantes dos relatórios emitidos pela comissão de avaliação e o parecer da auditoria externa sobre os demonstrativos financeiros e contábeis e as contas da organização social.

O órgão supervisor ou a entidade supervisora deverá disponibilizar em seu sítio eletrônico:

- os atos de chamamento público;
- a cópia integral dos contratos de gestão e seus aditivos;
- os relatórios de execução, acompanhados das prestações de contas correspondentes; e
- os relatórios apresentados pelas comissões de avaliação.

Respeitada a ampla defesa e contraditório, a entidade privada sem fins lucrativos poderá ser desqualificada:

- por decisão fundamentada do órgão supervisor ou da entidade supervisora;
- pelo encerramento do contrato de gestão;
- quando constatado o descumprimento das disposições contidas no contrato de gestão, na Lei ou no regulamento; e

- pelo não atendimento, de forma injustificada, às recomendações da comissão de avaliação ou do órgão supervisor ou da entidade supervisora.

A desqualificação ocorrerá em ato do Poder Executivo federal, cuja proposição caberá ao órgão supervisor ou à entidade supervisora, ouvido o Ministério do Planejamento, Desenvolvimento e Gestão.

Na hipótese de desqualificação da organização social, o órgão supervisor ou a entidade supervisora providenciará a incorporação integral do patrimônio, dos legados ou das doações que lhe foram destinados e dos excedentes financeiros decorrentes de suas atividades.

### 4.2.4. *Organizações da Sociedade Civil de Interesse Público (OSCIP)*

a) **Introdução.** Na sequência da publicação da Lei nº 9.637/98 (Lei das Organizações Sociais), foi aprovada a Lei n.º 9.790/99. Com a aprovação da referida Lei, instituiu-se a mais recente titulação, que permite a qualificação de pessoas jurídicas de direito privado, sem fins lucrativos, como **Organização da Sociedade Civil de Interesse Público (OSCIP)**.

Vale salientar que, tecnicamente, **OSCIP não é uma pessoa jurídica, mas uma qualificação especial**, concedida pelo Estado às pessoas jurídicas da sociedade civil, sem fins lucrativos, que tenham por finalidade determinadas atividades sociais elencadas pela Lei. Nada obstante, é comum a referência às OSCIPs como pessoas jurídicas.

> **Atenção!**
>
> A Lei 13.019/2014 acrescentou exigência de "funcionamento regular há, no mínimo, 3 (três) anos", para a obtenção da qualificação como OSCIP.

> **Como esse assunto foi cobrado em concurso?**
>
> No concurso para Juiz do TJ/SP (VUNESP/2014), foi considerada correta a seguinte assertiva: *"são pessoas jurídicas de direito privado, sem fins lucrativos, instituídas por particulares para desempenhar serviços não exclusivos do Estado, com fiscalização pelo Poder Público."*

Com as OSCIPs, surgiu um novo marco para o Terceiro Setor, que objetiva transpor a inadequação dos títulos anteriores, em especial no que se refere à delimitação desse segmento e suas parcerias com o Poder Público.

A Lei nº 9.790/99 estabelece tanto as entidades passíveis de certificação, como indica aquelas para as quais a qualificação estaria vedada. Assim, além de exigir a ausência de finalidade lucrativa e delimitar as áreas de interesse (serviços não exclusivos passíveis de parceria), a Lei exclui as entidades de fins corporativos ou de favorecimento mútuo (como sociedades comerciais, sindicatos, associações de classes, organizações partidárias, instituições hospitalares privadas e não gratuitas, cooperativas, escolas privadas dedicadas ao ensino formal não gratuito, entre outros). Essa tendência caracteriza aquilo que Paulo Modesto chamou de "**especificação detalhada dos candidatos positivos**".

A qualificação como OSCIP somente será conferida às pessoas jurídicas de direito privado, sem fins lucrativos, cujos objetivos sociais envolvam a promoção de pelo menos uma das seguintes finalidades:

| | | |
|---|---|---|
| • assistência social; | • cultura e defesa do patrimônio histórico e artístico; | • educação gratuita; |
| • saúde gratuita; | • segurança alimentar e nutricional; | • defesa do meio ambiente e do desenvolvimento sustentável; |
| • voluntariado; | • desenvolvimento econômico, social e combate à pobreza; | • experimentação, não lucrativa, de novos modelos sócio-produtivos e econômicos; |
| • promoção de direitos e assessoria jurídica gratuita; | • ética, paz, cidadania, direitos humanos, democracia e valores universais; | • desenvolvimento de tecnologias alternativas, conhecimentos técnicos e científicos. |

▸ **Atenção!**

A Lei 13.204, de 14/12/2015, acrescentou nova finalidade passível de qualificação como OSCIP:

- "estudos e pesquisas para o desenvolvimento, a disponibilização e a implementação de tecnologias voltadas à mobilidade de pessoas, por qualquer meio de transporte".

▸ **Como esse assunto foi cobrado em concurso?**

No concurso para analista do Ministério Público de São Paulo (Vunesp/2010), com a seguinte ementa: "*De acordo com a lei, as Organizações da Sociedade Civil de Interesse Público, para que assim possam ser classificadas, devem ter como uma das suas finalidades, além de outras, a:*", foi considerada correta a seguinte alternativa: "*d) promoção da segurança alimentar e nutricional.*"

Em apertada síntese, entre outros, **não são passíveis de qualificação como OSCIP**:

| | | |
|---|---|---|
| • sociedades comerciais; | • sindicatos e associações de classe; | • instituições religiosas; |
| • organizações partidárias e assemelhadas; | • entidades de benefício mútuo; | • as entidades e empresas que comercializam planos de saúde e assemelhados; |

| | | |
|---|---|---|
| • instituições hospitalares privadas não gratuitas; | • escolas privadas não gratuitas; | • organizações sociais; |
| • as cooperativas; | • as fundações públicas; | • Pessoas de direito privado criadas por órgão ou fundações públicos; |
| • organizações creditícias, vinculadas ao sistema financeiro nacional. | | |

▸ **Como esse assunto foi cobrado em concurso?**

No concurso para Juiz Substituto, no TJ-PR (Cespe/2017), foi considerada ERRADA a seguinte assertiva: "Cumpridos os requisitos legais, caso uma OS requeira a qualificação como OSCIP, o poder público deverá outorgar-lhe o referido título, pois se trata de decisão vinculada do ministro da Justiça.".

No concurso para Juiz federal (TRF da 4ª Região/2014), foi considerada correta a seguinte assertiva: "*Independentemente das atividades às quais se dediquem, nunca poderão ser qualificadas como OSCIPs, entre outras, as instituições religiosas ou voltadas à disseminação de credos, cultos, práticas e visões devocionais e confessionais, as fundações públicas e as empresas que comercializem planos de saúde.*"

No concurso para o cargo de auditor (Cespe AUGEM/2008), foi considerada errada a seguinte assertiva: "*b) as sociedades comerciais podem qualificar-se como OSCIPs.*"

No concurso para o cargo de Juiz Federal do TRF da 2ª Região (Cespe/2009), foi considerada correta a seguinte assertiva: "*e) Não podem ser qualificadas como OSCIPs as organizações sociais.*"

A Lei nº 9.790/99 é uma Lei Federal, que trata sobre matéria não incluída no rol das competências legislativas privativas da União, previsto no artigo 22 da Constituição Federal. Inexistindo restrição constitucional, o regramento federal não vincula, necessariamente, Estados e Municípios, sendo possível regulação específica pelas demais unidades federativas.

Não obstante, embora inexista a obrigatoriedade de aplicação da referida lei federal, têm-se entendido que não há impedimento para que Estados e Municípios firmem ajustes com as OSCIPs qualificadas pela União.

▸ **Como esse assunto foi cobrado em concurso?**

No concurso para o cargo de Procurador do Estado de Pernambuco (Cespe/2009), foi considerada errada a seguinte assertiva: "*e) Os estados-membros e os municípios não podem firmar ajustes com as organizações civis de interesse público qualificadas pela União.*"

b) **Outorga da qualificação.** A qualificação é ato vinculado ao cumprimento dos requisitos legais. O requerimento de qualificação deve ser formulado ao **Ministério da Justiça.**

A Lei nº 9.790/99 estipulou prazo de **30 (trinta dias)** para o deferimento ou não do pedido (pelo Ministério da Justiça), a contar da data de recebimento do requerimento, e prazo de **15 (quinze) dias** para emissão de certificado, em caso de deferimento.

> ▸ **Como esse assunto foi cobrado em concurso?**
>
> No concurso para o cargo de auditor (Cespe AUGEM/2008), foi considerada errada a seguinte assertiva: *"c) o deferimento ou indeferimento ao pedido de qualificação de uma organização como OSCIP é atribuição de competência do Ministério da Fazenda."*
>
> No concurso para Procurador do BACEN (Cespe/2013), foi considerada correta a seguinte assertiva:
>
> B) O poder público deverá outorgar o título de OSCIP às entidades que preencherem os requisitos exigidos pela legislação de regência para o recebimento da qualificação, em decisão de natureza vinculada.

Conforme já explicado, seguindo a lógica de **especificação detalhada dos candidatos positivos**, a Lei nº 9.790/99 delimitou as áreas de interesse (finalidades) das entidades passíveis de certificação e vedou a qualificação a determinadas pessoas jurídicas. Ademais, além de detalhar os candidatos positivos, a legislação apresenta como **condição prévia à qualificação**, que o estatuto da pessoa jurídica interessada disponha expressamente sobre regras como:

- observância dos princípios administrativos (legalidade, impessoalidade, moralidade, publicidade, economicidade e eficiência);
- adoção de práticas de gestão administrativa;
- constituição de conselho fiscal ou órgão equivalente;
- a previsão de que, em caso de dissolução da entidade, o respectivo patrimônio líquido será transferido a outra OSCIP;
- a previsão de que, na hipótese de a pessoa jurídica perder a qualificação com OSCIP, o acervo patrimonial disponível, adquirido com recursos públicos, durante o período da qualificação, será transferido a outra OSCIP;
- a possibilidade de se instituir remuneração para os dirigentes que atuem efetivamente na gestão executiva e para aqueles que a ela prestam serviços específicos (respeitados os valores do mercado regional);
- normas de prestação de contas, com exigências formais mínimas.

c) **Perda da qualificação.** A **perda da qualificação** pode se dar a pedido (**voluntária**) ou mediante decisão proferida em processo administrativo ou judicial (**sancionatória**), de iniciativa popular ou do Ministério Público, no qual serão assegurados a ampla defesa e o devido contraditório.

> **▸ Como esse assunto foi cobrado em concurso?**
>
> No concurso para o cargo de Juiz do Tribunal Regional Federal da 1ª Região (Cespe/2009), foi considerada correta a seguinte assertiva: "*A perda da qualificação de OSCIP ocorre a pedido ou mediante decisão proferida em processo administrativo ou judicial, de iniciativa popular ou do MP, no qual serão assegurados a ampla defesa e o contraditório.*" No mesmo sentido, no concurso para o cargo de Procurador do Estado de Pernambuco (Cespe/2009), foi considerada correta a seguinte assertiva: "*d) A organização civil de interesse público pode perder a qualificação a pedido ou mediante decisão em processo administrativo, assegurado o contraditório e a ampla defesa.*"

d) **Servidor público**. É permitida a participação de servidores públicos na composição de conselho de Organização da Sociedade Civil de Interesse Público.

> **▸ Atenção!**
>
> Anteriormente, era vedada a percepção de remuneração ou subsídio, a qualquer título; contudo, a Lei 13.204/2015 revogou esta vedação.

e) **Termo de Parceria.** A legislação permite que as entidades qualificadas como OSCIP, desde que atendam a determinadas condições legais, possam firmar **termos de parceria** com a Administração, para fins de prestação de serviços não exclusivos do Estado.

O **termo de parceria** consubstancia um instrumento de cooperação firmado entre o Poder Público e entidades qualificadas como OSCIPs, para fins de realização de serviços não exclusivos indicados pela Lei nº 9.790/99. Tal pacto cooperativo permite a destinação de recursos públicos para a OSCIP.

A partir da edição do Decreto federal nº 7.568/11, em regra, tornou-se obrigatória a seleção de OSCIPs, para firmar termo de parceria, por meio de processo seletivo denominado "concursos de projetos".

A definição de termo de parceria apresentada indica a existência de **elementos subjetivos** e **elementos objetivos** para tais pactos administrativos. Só é lícita a transferência de recursos públicos, através de termo de parceria, se respeitados tais elementos.

| Elemento subjetivo | Elemento objetivo |
|---|---|
| Apenas as OSCIPs regularmente certificadas podem firmar termos de parceria. | Restringe-se a formação de termo de parceria apenas para o fomento e a execução das atividades de interesse público previstas na Lei. |

O órgão estatal, responsável pela celebração do termo de parceria, deve, previamente, verificar o **regular funcionamento da organização**. Ademais, a celebração do termo de parceria deve ser precedida de consulta ao respectivo **conselho de políticas públicas**. Inexistindo conselho da área de atuação correspondente, o órgão estatal parceiro ficará dispensado de realizar a consulta.

O modelo dado ao **termo de parceria** tem relação com a concepção gerencial de Administração Pública (preocupada mais com o resultado que com o controle dos meios) e corresponde a uma tentativa de implementação, na gestão administrativa, da ideia de ***accountability***, que pressupõe: a especificação antecipada dos níveis de desempenho, a autoridade para determinar como os recursos serão empregados e um processo de avaliação para saber se os resultados foram obtidos.

> **Importante!**
>
> É necessária a realização de auditoria sobre a aplicação dos eventuais recursos públicos objeto do termo de parceria.

> **Como esse assunto foi cobrado em concurso?**
>
> No concurso para Juiz federal (TRF da 4ª Região/2014), foi considerada correta a seguinte assertiva: *"O termo de parceria é o instrumento passível de ser firmado entre o Poder Público e as entidades qualificadas como Organizações da Sociedade Civil de Interesse Público (OSCIPs), destinado à formação de vínculo de cooperação entre as partes, para fomento e execução de atividades de interesse público, como, por exemplo, promoção da assistência social, da cultura, da defesa e da conservação dos patrimônios históricos e artísticos e dos estudos e pesquisas para desenvolvimento de tecnologias alternativas, atendidos os requisitos da Lei nº 9.790/99 e do Decreto nº 3.100/99."*

Os responsáveis pela fiscalização do termo de parceria, ao tomarem conhecimento de qualquer irregularidade ou ilegalidade na utilização de recursos ou bens públicos, devem dar imediata ciência ao Tribunal de Contas respectivo e ao Ministério Público, sob pena de **responsabilidade solidária**.

> **Importante!**
>
> Havendo indícios fundados de malversação de bens ou recursos de origem pública, cabe representação ao Ministério Público e à Advocacia-Geral da União, para requerimento, em juízo, da decretação da indisponibilidade dos bens da entidade e o sequestro dos bens dos seus dirigentes, bem como de agente público ou terceiro, que possam ter enriquecido ilicitamente ou causado dano ao patrimônio público.

Quando for o caso, o pedido incluirá a investigação, o exame e o bloqueio de bens, contas bancárias e aplicações mantidas pelo demandado no País e no exterior, nos termos da lei e dos tratados internacionais. Até o término da ação, o Poder Público permanecerá como depositário e gestor dos bens e valores sequestrados ou indisponíveis, velando pela continuidade das atividades sociais da organização parceira.

Por fim, caso a OSCIP adquira bem imóvel com recursos provenientes da celebração do termo de parceria, este será gravado com **cláusula de inalienabilidade**.

> ▸ **Como esse assunto foi cobrado em concurso?**
>
> No 21º concurso para o cargo de Procurador da República, foi considerada correta a seguinte assertiva: *"as organizações de sociedade civil ou interesse público poderão, segundo o regime legal em vigor, ser destinados recursos públicos;"*

f) **Licitação**. Em princípio, assim como ocorre com as Organizações Sociais, as OSCIPs não precisam seguir estritamente o rito licitatório da Lei nº 8.666/93. O artigo 14 da Lei nº 9.790/99 estabelece que a OSCIP parceira fará publicar, no prazo máximo de trinta dias, contado da assinatura do Termo de Parceria, regulamento próprio contendo os procedimentos que adotará para a contratação de obras e serviços, bem como para compras com emprego de recursos provenientes do Poder Público, observados os princípios da legalidade, impessoalidade, moralidade, publicidade, economicidade e eficiência.

Também em relação às OSCIPs, tem-se percebido a necessidade de especial cuidado para evitar o desenvolvimento de grandes focos de corrupção. Nessa feita, embora não se submetam estritamente às regras das leis licitatórias, parece correta a exigência de que tais entidades desenvolvam procedimentos de seleção para as contratações realizadas com recursos públicos, respeitando princípios básicos como: publicidade, julgamento objetivo e isonomia.

> ▸ **Importante!**
>
> Em julgado interessante, prolatado em 2014, o Tribunal de Contas da União, percebendo a utilização indevida de entidades do Terceiro Setor, vedou "às entidades qualificadas como Organização da Sociedade Civil de Interesse Público (Oscip), atuando nessa condição, participar de processos licitatórios promovidos pela Administração Pública Federal". (TCU, Acórdão 746/2014-Plenário e Acórdão 4652/2015-Segunda Câmara)

### 4.2.5. *Instituições Comunitárias de Educação Superior (ICES)*

A Lei nº 12.881/2013 estabeleceu uma nova titulação para parcerias entre o Poder Público e entidades da sociedade civil, que preenche as condições para ser compreendida como uma nova espécie, no marco legal do Terceiro Setor.

A nova titulação é denominada **Instituições Comunitárias de Educação Superior (ICES)**, compreendidas como organizações da sociedade civil brasileira que possuem, cumulativamente, as seguintes características:

1. estarem constituídas na forma de associação ou fundação, com personalidade jurídica de direito privado, inclusive as instituídas pelo poder público;
2. patrimônio pertencente a entidades da sociedade civil e/ou poder público;
3. sem fins lucrativos, assim entendidas as que observam, cumulativamente, os seguintes requisitos:
   a) não distribuem qualquer parcela de seu patrimônio ou de suas rendas, a qualquer título;
   b) aplicar integralmente no País os seus recursos na manutenção dos seus objetivos institucionais;
   c) manter escrituração de suas receitas e despesas em livros revestidos de formalidades capazes de assegurar sua exatidão;
   d) transparência administrativa;
   e) destinação do patrimônio, em caso de extinção, a uma instituição pública ou congênere.

O regime jurídico da **Instituição Comunitária de Educação Superior (ICES)** é claramente inspirado nas OSCIPs, embora a criação desta nova espécie de qualificação para o Terceiro Setor tenha decorrido de objetivos mais específicos.

A **Instituição Comunitária de Educação Superior (ICES)** deverá ofertar serviços gratuitos à população, proporcionais aos recursos obtidos do poder público, conforme previsto em instrumento específico. Elas institucionalizarão programas permanentes de extensão e ação comunitária voltados à formação e desenvolvimento dos alunos e ao desenvolvimento da sociedade.

A qualificação como **ICES** garante à entidade da sociedade civil as seguintes prerrogativas:

- ter acesso aos editais de órgãos governamentais de fomento direcionados às instituições públicas;
- receber recursos orçamentários do poder público para o desenvolvimento de atividades de interesse público;
- ser alternativa na oferta de serviços públicos nos casos em que não são proporcionados diretamente por entidades públicas estatais;
- oferecer, de forma conjunta, com órgãos públicos estatais, mediante parceria, serviços de interesse público, de modo a bem aproveitar recursos físicos e humanos existentes nas instituições comunitárias, evitar a multiplicação de estruturas e assegurar o bom uso dos recursos públicos.

A entidade, para obter a qualificação como **Instituição Comunitária de Educação Superior (ICES)**, deve prever em seu estatuto normas que disponham sobre:

1. a adoção de práticas de gestão administrativa, necessárias e suficientes para coibir a obtenção, de forma individual ou coletiva, de privilégios, benefícios ou vantagens pessoais;

2. a constituição de conselho fiscal ou órgão equivalente, dotado de competência para opinar sobre os relatórios de desempenho financeiro e contábil e sobre as operações patrimoniais realizadas, emitindo pareceres para os organismos superiores da entidade;
3. normas de prestação de contas a serem atendidas pela entidade, que determinarão, no mínimo:
    a) a observância dos princípios fundamentais de contabilidade e das Normas Brasileiras de Contabilidade;
    b) publicidade, por qualquer meio eficaz, no encerramento do exercício fiscal, do relatório de atividades e das demonstrações financeiras da entidade;
    c) prestação de contas de todos os recursos e bens de origem pública;
4. participação de representantes dos docentes, estudantes e técnicos administrativos em órgãos colegiados acadêmicos deliberativos da instituição.

Quem detém **competência** para conceder a titulação de **ICES** é o **Ministério da Educação.** Para tanto, uma vez cumpridos os requisitos legais, a instituição interessada deverá formular requerimento escrito ao referido Ministério, com cópias autenticadas dos seguintes documentos:

- estatuto registrado em cartório;
- balanço patrimonial e demonstração do resultado do exercício anterior;
- Declaração de Regular Funcionamento;
- Relatório de Responsabilidade Social relativo ao exercício do ano anterior;
- inscrição no Cadastro Nacional de Pessoas Jurídicas.

Após o requerimento, o Ministério da Educação terá prazo de **30 (trinta) dias** para decidir pelo deferimento ou indeferimento do pedido.

Em caso de **deferimento,** o Ministério da Educação publicará a decisão no Diário Oficial da União, no prazo de 15 (quinze) dias, e emitirá, no mesmo prazo, certificado de qualificação da requerente como Instituição Comunitária de Educação Superior.

Em caso de **indeferimento,** o Ministério da Educação dará ciência da decisão, mediante publicação no Diário Oficial da União, cabendo recurso da instituição, no prazo de **30 (trinta) dias,** ao Ministro da Educação, que promoverá novo exame.

O pedido de qualificação será indeferido quando:

- a requerente não atender aos requisitos estabelecidos na Lei nº 12.881/2013;
- a documentação apresentada estiver incompleta.

> **Importante!**
> A qualificação dessas entidades é ***ato vinculado*** ao cumprimento dos requisitos legais, não havendo margem à discricionariedade.

De acordo com a Lei nº 12.881/2013, denomina-se como **Termo de Parceria** o instrumento de cooperação a ser firmado, entre o poder público e as Instituições de Educação Superior qualificadas como Comunitárias, para o fomento e a execução das atividades de interesse público previstas na referida Lei.

A Instituição Comunitária de Educação Superior (**ICES**) fará publicar, no prazo máximo de 30 (trinta) dias, contado da assinatura do Termo de Parceria, regulamento próprio contendo os procedimentos que adotará para a contratação de obras e serviços, bem como para compras com emprego de recursos provenientes do poder público.

> **Como esse assunto foi cobrado em concurso?**
>
> No concurso para o cargo de Analista Judiciário - TRE-PE (Cespe/2017), com o seguinte enunciado: "Pessoa jurídica de direito privado sem fins lucrativos, não integrante da administração pública, que atua na área de ensino e pode contratar diretamente com o poder público por dispensa de licitação, para a prestação de serviços contemplados no contrato de gestão firmado com o ente público, é denominada".
>
> Foi considerada ERRADA a seguinte alternativa: "instituição comunitária de educação superior".
>
> **Obs:** como visto acima, o instrumento de cooperação com as ICES é denominado Termo de Parceria, não contrato de gestão, como tratou o enunciado da questão.

## 4.3. A Lei 13.019 e as parcerias com Organizações da Sociedade Civil

A **Lei 13.019/2014**, que teve o início de sua vigência adiado para o ano de 2015, estabelece o regime jurídico das parcerias voluntárias entre a administração pública e as organizações da sociedade civil. A referida Lei, antes mesmo de entrar em vigor, foi alterada pela **Lei 13.204, de 14/12/2015**, que trouxe diversas modificações ao texto original.

Não há, neste marco legal, o tradicional modelo de titulação. O novo diploma estabelece um conceito de **organização da sociedade civil**, além de diversas regras relacionadas à celebração de parcerias com o Poder Público.

De acordo com o novo diploma (consolidadas as alterações decorrentes da Lei 13.204, de 14/12/2015), podem ser compreendidas como **organizações da sociedade civil**:

a) **entidade privada sem fins lucrativos** que não distribua entre os seus sócios ou associados, conselheiros, diretores, empregados, doadores ou terceiros eventuais resultados, sobras, excedentes operacionais, brutos ou líquidos, dividendos, isenções de qualquer natureza, participações ou parcelas do seu patrimônio, auferidos mediante o exercício de suas atividades, e que os aplique integralmente na consecução do respectivo objeto social, de forma imediata ou por meio da constituição de fundo patrimonial ou fundo de reserva;

b) **sociedades cooperativas** previstas na Lei nº 9.867/1999; as integradas por pessoas em situação de risco ou vulnerabilidade pessoal ou social; as alcançadas por programas e ações de combate à pobreza e de geração de trabalho e renda; as voltadas para fomento, educação e capacitação de trabalhadores rurais ou capacitação de agentes de assistência técnica e extensão rural; e as capacitadas para execução de atividades ou de projetos de interesse público e de cunho social.

c) **organizações religiosas** que se dediquem a atividades ou a projetos de interesse público e de cunho social distintas das destinadas a fins exclusivamente religiosos;

Percebe-se, claramente, uma ampliação do rol de entidades da sociedade civil que podem realizar as parcerias com o Poder Público. Por outro lado, diferentemente do que fora feito pelos marcos legais anteriores, há uma ênfase na necessidade de seleção competitiva, entre as entidades interessadas, imaginando-se que este certame e seus requisitos específicos (em razão da parceria) sirvam melhor à identificação das entidades legítimas, que a cartorária identificação de requisitos, para a certificação.

> **Importante!**
>
> De qualquer forma, cumpre observar que nem toda a organização da sociedade civil poderá firmar parceria, mas apenas as que atendam requisitos estabelecidos pela lei ou pelo respectivo processo seletivo.
>
> Outrossim, é vedada a celebração dessas parcerias, com objeto que envolva ou inclua, direta ou indiretamente, delegação das funções de regulação, de fiscalização, de exercício do poder de polícia ou de outras atividades exclusivas de Estado.

### *4.3.1. Dos instrumentos de parceria*

A Lei previu os seguintes instrumentos de parcerias: **termo de colaboração, termo de fomento e acordo de cooperação.** É importante diferenciá-los:

- O **termo de colaboração** é o instrumento por meio do qual são formalizadas as parcerias estabelecidas pela administração pública com organizações da sociedade civil, para a consecução de finalidades de interesse público e recíproco, **propostas pela administração pública,** que envolvam a transferência de recursos financeiros;
- O **termo de fomento** é o instrumento por meio do qual são formalizadas as parcerias estabelecidas pela administração pública com organizações da sociedade civil, para a consecução de finalidades de interesse público e recíproco, **propostas pelas organizações da sociedade civil,** que envolvam a transferência de recursos financeiros;
- O **acordo de cooperação** é o instrumento por meio do qual são formalizadas as parcerias estabelecidas pela administração pública com organizações da

sociedade civil, para a consecução de finalidades de interesse público e recíproco, **que não envolvam a transferência de recursos financeiros.**

Em suma, todos os três instrumentos possuem natureza jurídica convenial, para formalização de parcerias. No **termo de colaboração**, a proposta de parceria (com transferência de recursos financeiros) surge à partir da Administração Pública; no **termo de fomento**, a proposta de parceria (com transferência de recursos financeiros) surge à partir de uma organização da sociedade civil. Por fim, no **acordo de cooperação**, independente de quem proponha a parceria, o aspecto fundamental é a ausência de transferência de recursos públicos.

> ▸ **Importante!**
>
> As parcerias firmadas por prazo indeterminado antes da data de entrada em vigor da Lei 13.019/2014, ou prorrogáveis por período superior ao inicialmente estabelecido, no prazo de até um ano após a data da entrada em vigor desta Lei, serão, alternativamente:
>
> I - substituídas pelos instrumentos conveniais previstos pela Lei nº 13.019/2014, conforme o caso;
>
> II - objeto de rescisão unilateral pela administração pública.

#### *4.3.2. Do chamamento público*

O objetivo do **chamamento público** é selecionar organizações da sociedade civil que tornem mais eficaz a execução do objeto.

O **Chamamento público** é o procedimento destinado a selecionar organização da sociedade civil para firmar parceria, no qual se garanta a observância dos princípios da isonomia, da legalidade, da impessoalidade, da moralidade, da igualdade, da publicidade, da probidade administrativa, da vinculação ao instrumento convocatório, do julgamento objetivo e dos que lhes são correlatos.

O edital do **chamamento público** deverá ser amplamente divulgado em página do sítio oficial da administração pública na internet, com antecedência mínima de trinta dias. Já o termo de fomento, o termo de colaboração e o acordo de cooperação somente produzirão efeitos jurídicos após a publicação dos respectivos extratos no meio oficial de publicidade da administração pública.

As propostas serão julgadas por uma **comissão de seleção** (que deve ter, pelo menos, um servidor ocupante de cargo efetivo ou emprego permanente).

> ▸ **Importante!**
>
> Será impedida de participar da comissão de seleção, pessoa que, nos últimos cinco anos, tenha mantido relação jurídica com, ao menos, uma das entidades participantes do chamamento público.

O grau de adequação da proposta aos objetivos específicos do programa ou da ação em que se insere o objeto da parceria e, quando for o caso, ao valor de referência constante do chamamento constitui **critério obrigatório de julgamento**.

Em relação ao **procedimento** utilizado no certame, a Lei nº 13.019/2014, aparentemente, inspirou-se na modalidade **Pregão**. De acordo com a referida Lei, somente depois de encerrada a etapa competitiva e ordenadas as propostas, a administração pública procederá à verificação dos documentos que comprovem o atendimento pela organização da sociedade civil selecionada dos requisitos legais (previstos pelos artigos 33 e 34, como uma espécie de habilitação, para tais entidades).

Quando a organização da sociedade civil melhor classificada não atender aos requisitos legais (indicados pelos arts. 33 e 34), poderá ser convidada aquela imediatamente mais bem classificada, para aceitar a celebração de parceria, **nos termos da proposta por ela apresentada**.

Caso a organização da sociedade civil convidada aceite celebrar a parceria, serão verificados os documentos que comprovem o atendimento aos requisitos legais (previstos nos artigos. 33 e 34). Não comprovado o atendimento, este procedimento poderá se repetir, na ordem de classificação, até conclusão da seleção.

> **▸ Atenção!**
> O artigo 24 da Lei nº 13.019/2014 admite a seleção de propostas apresentadas exclusivamente por concorrentes sediados ou com representação atuante e reconhecida na unidade da Federação onde será executado o objeto da parceria. Da mesma forma, admite o estabelecimento de cláusula que delimite o território ou a abrangência da prestação de atividades ou da execução de projetos, conforme estabelecido nas políticas setoriais.

Exceto nas hipóteses previstas pela Lei 13.019/2014, a celebração de termo de colaboração ou de fomento será precedida de chamamento público voltado a selecionar organizações da sociedade civil que tornem mais eficaz a execução do objeto.

> **▸ Importante!**
> A Lei nº 13.019/2014 prevê o **Procedimento de Manifestação de Interesse Social**, instrumento por meio do qual as organizações da sociedade civil, movimentos sociais e cidadãos poderão apresentar propostas ao poder público para que este avalie a possibilidade de realização de um chamamento público objetivando a celebração de parceria. A proposição ou a participação no Procedimento de Manifestação de Interesse Social não impede a organização da sociedade civil de participar no eventual chamamento público subsequente.

### *4.3.3. Exceções ao chamamento público*

As **exceções** previstas pela referida Lei possuem sistemática inspirada na Lei nº 8.666/93, sendo possível identificar hipóteses de **dispensa** e de **inexigibilidade.**

A administração pública poderá dispensar a realização do chamamento público:

*(i)* no caso de urgência decorrente de paralisação ou iminência de paralisação de atividades de relevante interesse público, pelo prazo de até cento e oitenta dias;

*(ii)* nos casos de guerra, calamidade pública, grave perturbação da ordem pública ou ameaça à paz social;

*(iii)* quando se tratar da realização de programa de proteção a pessoas ameaçadas ou em situação que possa comprometer a sua segurança;

*(iv)* no caso de atividades voltadas ou vinculadas a serviços de educação, saúde e assistência social, desde que executadas por organizações da sociedade civil previamente credenciadas pelo órgão gestor da respectiva política.

Será considerado **inexigível** o chamamento público na hipótese de inviabilidade de competição entre as organizações da sociedade civil, em razão da natureza singular do objeto da parceria ou se as metas somente puderem ser atingidas por uma entidade específica, especialmente quando:

*(i)* o objeto da parceria constituir incumbência prevista em acordo, ato ou compromisso internacional, no qual sejam indicadas as instituições que utilizarão os recursos;

*(ii)* a parceria decorrer de transferência para organização da sociedade civil que esteja autorizada em lei, com identificação expressa da entidade beneficiária.

A ausência de realização de chamamento público será devidamente justificada pelo administrador público, com publicação do extrato da justificativa, sob pena de nulidade do ato de formalização da parceria.

> **Importante!**
>
> Os termos de colaboração ou de fomento que envolvam recursos decorrentes de emendas parlamentares às leis orçamentárias anuais e os acordos de cooperação serão celebrados sem chamamento público, exceto, em relação aos acordos de cooperação, quando o objeto envolver a celebração de comodato, doação de bens ou outra forma de compartilhamento de recurso patrimonial, hipótese em que o respectivo chamamento público observará o disposto na Lei 13.019/2014.

### *4.3.4. Outras nuances*

A organização da sociedade civil prestará contas da boa e regular aplicação dos recursos recebidos no prazo de até noventa dias a partir do término da vigência da parceria ou no final de cada exercício, se a duração da parceria exceder um ano.

O prazo para a prestação final de contas será estabelecido de acordo com a complexidade do objeto da parceria, podendo a administração pública promover a instauração de tomada de contas especial, antes do término da parceria, ante evidências de irregularidades na execução do objeto.

**Prescreve em cinco anos**, contados a partir da data da apresentação da prestação de contas, a aplicação de penalidade decorrente de infração relacionada à execução da parceria.

> **Atenção**

Não se aplicam as exigências da Lei nº 13.019/2014:

a) às transferências de recursos homologadas pelo Congresso Nacional ou autorizadas pelo Senado Federal naquilo em que as disposições específicas dos tratados, acordos e convenções internacionais conflitarem com esta Lei;

b) aos contratos de gestão celebrados com organizações sociais, desde que cumpridos os requisitos previstos na Lei nº 9.637, de 15 de maio de 1998;

c) aos convênios e contratos celebrados com entidades filantrópicas e sem fins lucrativos, nos termos do § 1º do art. 199 da Constituição Federal;

d) aos termos de compromisso cultural referidos no § 1º do art. 9º da Lei nº 13.018, de 22 de julho de 2014;

e) aos termos de parceria celebrados com organizações da sociedade civil de interesse público, desde que cumpridos os requisitos previstos na Lei nº 9.790, de 23 de março de 1999;

f) às transferências referidas no art. 20 da Lei nº 10.845, de 5 de março de 2004, e nos arts. 5º e 22 da Lei nº 11.947, de 16 de junho de 2009;

g) às parcerias entre a administração pública e os serviços sociais autônomos;

h) aos pagamentos realizados a título de anuidades, contribuições ou taxas associativas em favor de organismos internacionais ou entidades que sejam obrigatoriamente constituídas por: membros de Poder ou do Ministério Público; dirigentes de órgão ou de entidade da administração pública; pessoas jurídicas de direito público interno; pessoas jurídicas integrantes da administração pública.

> **Como esse assunto foi cobrado em concurso?**

No concurso para Analista Judiciário do TRT – 21ª Região (FCC/2017), com o enunciado: "Pretende um determinado Município realizar procedimento para identificação, no setor privado, de pessoa jurídica apta a gerir uma unidade de reabilitação recém construída pelo ente no bojo de seu Programa "Cuidar, Reabilitar e Incluir". Uma possível solução para a municipalidade seria a realização de."

Foi considerada correta a seguinte assertiva:

*"b) procedimento de chamamento para seleção e posterior celebração de termo de colaboração com organização da sociedade civil, para a realização das finalidades de interesse público comum e recíprocas de gestão do equipamento público e atendimento dos munícipes enquadrados no Programa."*

No concurso para Promotor de Justiça Substituto - MPE-RR (CESPE/2017), com o enunciado: "Determinado estado da Federação pretende propor a celebração de parceria com uma organização da sociedade civil na área de preservação do meio ambiente, visando à consecução de interesse público e recíproco. Tal parceria envolverá o repasse de recursos financeiros do estado para a organização. Nessa situação, deverá ser firmado o instrumento denominado."

Foi considerada correta a seguinte assertiva:

*"b) termo de colaboração, realizado mediante prévio chamamento público."*

No concurso para o cargo de Analista Judiciário - TRE-PE (Cespe/2017), foi considerada CORRETA a seguinte assertiva: "No caso de parceria a ser firmada entre a administração pública e organização da sociedade civil, se não houver transferências voluntárias de recursos, deverá ser utilizado o instrumento jurídico estabelecido em lei denominado acordo de cooperação".

## 4.4. Fundos patrimoniais (Endowments) e a Lei nº 13.800, de 04 de janeiro de 2019

Foi publicada no Diário Oficial da União (DOU), no dia 07 de janeiro, a Lei nº 13.800/19, que dispõe sobre a constituição de fundos patrimoniais com o objetivo de arrecadar, gerir e destinar doações de pessoas físicas e jurídicas privadas para programas, projetos e demais finalidades de interesse público.

### 4.4.1 *Fundos patrimoniais* (Endowments)

O diploma legislativo estabelece um interessante modelo para financiamento das atividades do Terceiro Setor. Os fundos patrimoniais, também conhecidos como *endowments*, são ferramentas importantes de financiamento das organizações da sociedade civil. Em apertada síntese, *endowments* são estruturas para receber e administrar bens e direitos, com o intuito de gerar recursos contínuos para a manutenção, expansão e promoção de uma determinada atividade; ou seja, é uma estrutura que capta recursos e utiliza este patrimônio e seus rendimentos para financiar uma atividade, uma causa ou uma entidade.

▸ **Atenção!**

Os *endowments* não devem ser confundidos com fundos de investimentos. Nos fundos de investimentos, a reunião de recursos, por investidores, objetiva retorno financeiro. No *endowments* a reunião de recursos tem por objetivo manter ou ampliar a atividade, causa ou entidade de interesse público.

Esta é uma modelagem adotada em outros países, notadamente em reconhecidas instituições de ensino como Harvard, Oxford, Cambridge, Yale, além de outras organizações sem fins lucrativos como as Fundações Ford, Rockefeller, Bill & Melinda Gates, entre outras.

O modelo pode se tornar uma solução para o financiamento sustentável das atividades de interesse público realizadas pelas Organizações da Sociedade Civil (Terceiro Setor) e há anos sua regulamentação vem sendo proposta pela sociedade civil organizada. Embora com alguns vetos ao texto, a aprovação da Lei nº 13.800/2019 teve o mérito de melhor definir o regramento desses fundos patrimoniais, estabelecendo uma maior segurança jurídica a potenciais doadores.

### 4.4.2 *A Lei nº 13.800/2019 e o regime jurídico dos fundos patrimoniais*

Para a compreensão do regramento da Lei 13.800/2019, importante fixar algumas definições:

- **instituição apoiada:** será a instituição pública ou privada sem fins lucrativos e os órgãos a ela vinculados dedicados à consecução de finalidades de interesse público e beneficiários de programas, projetos ou atividades financiados com recursos de fundo patrimonial;
- **organização gestora de fundo patrimonial:** é a instituição privada sem fins lucrativos instituída na forma de associação ou de fundação privada com o intuito de atuar exclusivamente para um fundo na captação e na gestão das doações oriundas de pessoas físicas e jurídicas e do patrimônio constituído;
- **organização executora:** instituição sem fins lucrativos ou organização internacional reconhecida e representada no País, que atua em parceria com instituições apoiadas e que é responsável pela execução dos programas, dos projetos e de demais finalidades de interesse público;
- **fundo patrimonial:** conjunto de ativos de natureza privada instituído, gerido e administrado pela organização gestora de fundo patrimonial com o intuito de constituir fonte de recursos de longo prazo, a partir da preservação do principal e da aplicação de seus rendimentos;
- **instrumento de parceria:** acordo firmado entre a organização gestora de fundo patrimonial e a instituição apoiada, que estabelece o vínculo de cooperação entre as partes e que determina a finalidade de interesse público a ser apoiada;

A **organização gestora de fundo patrimonial** instituirá fundo patrimonial com a finalidade de constituir fonte de recursos de longo prazo para o fomento das instituições apoiadas e para a promoção de causas de interesse público.

Esses **fundos patrimoniais,** constituídos nos termos da Lei nº 13.800/2019, poderão apoiar instituições relacionadas à educação, à ciência, à tecnologia, à pesquisa e à inovação, à cultura, à saúde, ao meio ambiente, à assistência social, ao desporto, à segurança pública, aos direitos humanos e a demais finalidades de interesse público.

O objetivo será gerar uma fonte regular e estável de recursos para fomento das finalidades de interesse público patrocinadas e desenvolvidas pela instituição apoiada.

A Lei determina que o ato constitutivo da **organização gestora de fundo patrimonial** conterá:

- a denominação, que incluirá a expressão "gestora de fundo patrimonial";
- as instituições apoiadas ou as causas de interesse público às quais se destinam as doações oriundas de pessoas físicas e jurídicas a serem captadas e geridas, que só poderão ser alteradas mediante aprovação de quórum qualificado, a ser definido em seu estatuto;
- a forma de representação ativa e passiva, judicial e extrajudicial, as regras de composição, o funcionamento, as competências, a forma de eleição ou de indicação dos membros do Conselho de Administração, do Comitê de Investimentos e do Conselho Fiscal, ou órgãos semelhantes, sem prejuízo da previsão de outros órgãos, e a possibilidade de os doadores poderem ou não compor algum desses órgãos;
- a forma de aprovação das políticas de gestão, de investimento, de resgate e de aplicação dos recursos do fundo patrimonial;
- os mecanismos de transparência e prestação de contas;
- a vedação de destinação de recursos a finalidade distinta da prevista no estatuto e de outorga de garantias a terceiros sobre os bens que integram o fundo patrimonial;
- as regras para dissolução, liquidação e transferência de patrimônio da organização gestora de fundo patrimonial; e
- as regras do processo de encerramento do instrumento de parceria e do termo de execução de programas, projetos e demais finalidades de interesse público.

A Lei 13.800/2019 impõe algumas **obrigações** para a **organização gestora de fundo patrimonial**, dentre elas a de manter a contabilidade e registros em consonância com os princípios gerais da contabilidade brasileira, incluída a divulgação em seu sítio eletrônico das demonstrações financeiras e da gestão e aplicação de recursos, com periodicidade mínima anual.

O art. 8º da Lei define que o **Conselho de Administração da organização gestora de fundo patrimonial** será composto por, **no máximo, 7 (sete) membros remunerados**, possibilitada a admissão de outros membros sem remuneração. A lei também discorre acerca de diversos pontos atinentes ao Conselho de Administração, mandato dos membros, indicação, composição e impedimentos.

### *4.4.3 Das Receitas dos Fundos Patrimoniais e da Utilização dos Recursos*

De acordo com o art. 13 da lei 13.800/2019, constituem receitas do fundo patrimonial:

- os aportes iniciais;
- as doações financeiras e de bens móveis e imóveis e o patrocínio de pessoas físicas, de pessoas jurídicas privadas, nacionais ou estrangeiras, de Estados estrangeiros e de organismos internacionais e multilaterais;
- os ganhos de capital e os rendimentos oriundos dos investimentos realizados com seus ativos;
- os recursos derivados de locação, empréstimo ou alienação de bens e direitos ou de publicações, material técnico, dados e informações;
- os recursos destinados por testamento, nos termos do Código Civil;
- as contribuições associativas;
- as demais receitas patrimoniais e financeiras;
- a exploração de direitos de propriedade intelectual decorrente de aplicação de recursos do fundo patrimonial;
- a venda de bens com a marca da instituição apoiada; e
- os recursos provenientes de outros fundos patrimoniais.

> ▸ **Atenção!**
> É vedada a transferência de recursos da administração pública direta, autárquica, fundacional e de empresa estatal dependente, incluída a instituição apoiada, para fundos patrimoniais.

O fundo patrimonial poderá receber, quando admitidas em seu ato constitutivo, as seguintes modalidades de doação: **a)** doação permanente não restrita; **b)** doação permanente restrita de propósito específico; e **c)** doação de propósito específico.

> ▸ **Atenção!**
> Havia previsão, no Projeto, da possibilidade de dedução, no imposto de renda, das doações feitas a organizações gestoras de fundo patrimonial que apoiam instituições públicas, **porém o respectivo texto foi vetado**, sob o argumento de que "as proposições com possibilidades de benefícios tributários dos quais decorram potencial renúncia de receitas devem atender aos requisitos da legislação orçamentária e financeira".

### 4.4.4 *Da Formalização do Instrumento de Parceria e do Termo de Execução de Programas, Projetos e demais Finalidades de Interesse Público*

A instituição apoiada firmará instrumento de parceria com a organização gestora de fundo patrimonial e, no caso de instituição pública apoiada, serão firmados também termos de execução de programas, projetos e demais finalidades de interesse público, verificado o cumprimento dos requisitos de constituição.

O instrumento de parceria firmado pelos representantes da instituição pública apoiada e da organização gestora de fundo patrimonial poderá ter prazo indeterminado e constituirá título executivo extrajudicial.

### 4.4.5 *Da aplicação de recursos dos fundos patrimoniais e execução de despesas*

A aplicação financeira dos recursos do fundo patrimonial obedecerá às diretrizes e aos limites prudenciais estabelecidos pelo Conselho Monetário Nacional, para o caso particular dos fundos patrimoniais de organização gestora que tenha celebrado instrumento de parceria com cláusula de exclusividade com instituição pública apoiada, ou, na sua ausência, para uma das modalidades de fundos de investimento regulados pela CVM, conforme aplicável (art. 20).

A destinação dos recursos do fundo patrimonial para programas, projetos e atividades de interesse da instituição pública apoiada será precedida da celebração de termo de execução de programas, projetos e demais finalidades de interesse público entre a instituição apoiada, a organização gestora de fundo patrimonial e, quando necessário, a organização executora.

Será **vedada a destinação de recursos para pagamento de despesas correntes** de instituições públicas apoiadas, **exceto** para as seguintes hipóteses:

- obras, inclusive para adaptação e conservação de bens imóveis, equipamentos, materiais, serviços, estudos necessários ao fomento, ao desenvolvimento, à inovação e à sustentabilidade da instituição pública apoiada;
- bolsas de estudos e prêmios por destaque nas áreas de pesquisa, inovação, desenvolvimento, tecnologia e demais áreas de interesse da instituição pública apoiada;
- capacitação e qualificação necessárias para o aperfeiçoamento do capital intelectual da instituição apoiada; e
- auxílios financeiros destinados à execução e à manutenção de projetos decorrentes de doações ou do patrimônio do fundo, aos programas e redes de pesquisa, ao desenvolvimento e inovação, diretamente ou em parceria, ou destinados a ações de divulgação científica e tecnológica para a realização de eventos científicos, à participação de estudantes e de pesquisadores em congressos e em eventos científicos e à editoração de revistas científicas.

> **Atenção!**
>
> É vedada a utilização de recursos do fundo patrimonial para instituir ou custear programas de benefícios assemelhados a programas de remuneração e previdência a dirigentes, a servidores e a empregados da instituição pública apoiada.

Caracterizam-se como despesas da organização gestora de fundo patrimonial, custeadas pelos recursos do fundo patrimonial, aquelas consideradas necessárias e usuais para a manutenção das atividades de gestão, incluídos gastos com material permanente e de consumo, aluguéis, auditorias, salários, tributos, taxas e honorários profissionais relativos à gestão dos recursos.

### 4.4.6 *Do Descumprimento do Termo de Execução e do Encerramento do Instrumento de Parceria*

A instituição apoiada, a organização executora e a organização gestora de fundo patrimonial poderão expedir recomendações mútuas, na hipótese de verificação de irregularidades ou de descumprimento do instrumento de parceria ou do termo de execução de programas, projetos e demais finalidades de interesse público celebrado. Essas recomendações expedidas estipularão prazo para adoção de providências, assegurado o direito de esclarecimento pelo partícipe notificado.

A organização gestora de fundo patrimonial e a instituição apoiada, ouvida a outra parte, poderão determinar:

- a suspensão temporária do termo de execução de programas, projetos e demais finalidades de interesse público até a cessação das causas que a motivaram ou por até 2 (dois) anos;
- a suspensão temporária do instrumento de parceria até a cessação das causas que a motivaram ou por até 2 (dois) anos, com a consequente impossibilidade de firmar novos termos de execução e o bloqueio de movimentação do fundo patrimonial ou parcela dele;
- o encerramento do termo de execução ou da parceria.

Quando da liquidação e dissolução da organização gestora de fundo patrimonial, o patrimônio líquido existente será destinado a outra organização gestora de fundo patrimonial com finalidade de interesse público similar, observadas as regras estabelecidas no estatuto e no instrumento de parceria que tenha cláusula de exclusividade.

> **Atenção!**
> As disposições das Leis nºs 8.666, de 21 de junho de 1993, 13.019, de 31 de julho de 2014, e 9.790, de 23 de março de 1999, não se aplicam aos instrumentos de parceria e aos termos de execução de programas, projetos e demais finalidades de interesse público.

## 5. A PRESTAÇÃO DE SERVIÇOS NÃO EXCLUSIVOS PELO TERCEIRO SETOR

A prestação de serviços não exclusivos pelas entidades do Terceiro Setor, através de fomento estatal, não retira do Estado a responsabilidade pelo planejamento e pela efetivação de políticas públicas. Inadmissível esse tipo de raciocínio, que busca comprometer a responsabilização social do Estado brasileiro, culminando no que alguns chamam de **"privatização da questão social"**.

Outro aspecto negativo, que merece destaque, é a tentativa de utilização de entidades do Terceiro Setor para terceirização de serviços administrativos ou para a realização de atividades finalísticas do órgão parceiro, burlando a obrigatoriedade de licitação e de realização de concurso público.

O fomento deve ser instrumentalizado para incentivar a atuação do Terceiro Setor e não para transferir as obrigações estatais para o setor privado.

Tal compreensão tem relação direta com o princípio da subsidiariedade, que se apresenta como modelo inspirador para a reforma do aparelho estatal, rompendo, conforme explica Flavia Piovesan, com o "consenso intervencionista e impulsionador da transformação da Administração Pública, que perde sua configuração impositiva e burocratizada, ganhando feição consensual e gerencial, com a substituição do mecanismo clássico da coerção pelo da colaboração".

A mudança de paradigma, que permite a concepção de que os serviços de interesse público possam ser realizados pelo Terceiro Setor, com o fomento do Estado, apresenta-se como algo natural ao **Estado Democrático de Direito**, que tem entre seus princípios fundamentais a participação ativa da sociedade na gestão dos interesses públicos e a defesa do **pluralismo**, ampliado pela participação do Terceiro Setor, mais sensível à ressonância dos problemas sociais, o que pode legitimar e atualizar as ações de políticas públicas desenvolvidas pelo Estado.

Os reformistas pretenderam introduzir uma nova fórmula de gestão de serviços públicos, na qual o Estado financia a prestação de serviços não exclusivos, mediante a outorga de subsídios financeiros a particulares. Esses particulares se encontrariam em um setor da sociedade denominado pelos reformistas de **"público não estatal"**, para o qual seria descentralizada a execução dos serviços não exclusivos do Estado, através de **fomento** público.

Contudo, é essencial a percepção dos princípios que devem reger essas parcerias entre o Estado e o Terceiro Setor, destacando o caráter público das entidades e a sua separação em relação ao aparelho estatal. É nessa conjuntura que devem ocorrer as parcerias. Foi nesse espírito, de buscar identificar o público não estatal, que a Lei nº 9.790/99 estipulou candidatos positivos e candidatos negativos, para fins de realização da parceria.

Noutro prisma, devem-se identificar duas importantes nuances que envolvem essas parcerias.

- Por respeito ao princípio da subsidiariedade, essas parcerias não devem se resumir ao custeio do setor privado para a prestação de serviços não exclusivos, mas devem objetivar algo maior, o incentivo a essa atividade privada. Isso pode gerar um efeito multiplicador positivo na realização de políticas públicas. Deve-se coibir o dirigismo estatal e a dependência econômica do Terceiro Setor.

- Impõe-se que a transferência de recursos públicos para as entidades parceiras implique incidência parcial do regime jurídico administrativo, impedindo que esse novo raciocínio de prestação de serviços de interesse público seja deturpado pela ação predatória da corrupção.

> **Como esse assunto foi cobrado em concurso?**
>
> No concurso para o cargo de Técnico Tributário do SEFAZ-RS (CESPE/2018), com a seguinte ementa: "Acerca da prestação de serviço público, assinale a opção correta", foi considerada correta a seguinte alternativa: "e) a prestação de serviço público por meio de parceria da administração pública com entidades do terceiro setor é permitida".

## 6. O QUARTO SETOR

Alguns doutrinadores defendem que a realidade econômica indica a existência de um Quarto Setor, que vive marginalmente aos demais, sendo caracterizado pela informalidade.

Fernanda Marinela reconhece esse Quarto Setor como um sinônimo da economia informal, o qual sobrevive por intermédio de criativos artifícios e ganhou relevância devido à larga faixa que representa no PIB brasileiro.

A ilustre autora observa ainda que esse Quarto Setor está infiltrado em todos os outros. Vale transcrever seu comentário: "*No primeiro setor, encontra-se o ladrão que não sobreviveria sem a proteção da polícia e dos Poderes Executivo, Legislativo e Judiciário, lembrando-se de que hoje existem representantes dos bandidos. No segundo setor, há as mercadorias roubadas, os combustíveis misturados com solvente. Por fim, o terceiro setor também está batizado com ilegalidade, em decorrência das inúmeras instituições que têm apenas a fachada de beneméritas*".

Na verdade, aquilo que vem se chamando de Quarto Setor é a faceta marginal da sociedade contemporânea, que se evidencia nas lacunas existentes pelos demais setores. Não nos parece que esses segmentos devem ser percebidos como um setor autônomo, mas como disfunções dos demais.

Essas disfunções não apenas devem ser combatidas repressivamente pelo Estado, como devem gerar a reflexão da sociedade como um todo, para a formulação de soluções. Exemplos dessas disfunções são identificados em atividades da corrupção eleitoral e administrativa, no crime organizado, nas atividades das milícias privadas, no comércio informal e na pirataria.

Capítulo 5

# Atos administrativos

*Fernando Baltar*

## 1. INTRODUÇÃO

Inicialmente, cabe destacar que **ato administrativo** é espécie do gênero ato jurídico, que tradicionalmente pode ser definido como sendo todo ato lícito que tenha por fim imediato adquirir, resguardar, transferir, modificar ou extinguir direitos.

A primeira grande questão que se apresenta no estudo deste assunto é a diversidade de definições que podem ser dadas a ato administrativo.

## 2. CONCEITO

Hely Lopes Meirelles define **ato administrativo** como sendo "toda manifestação unilateral da Administração que, agindo nessa qualidade, tenha por fim imediato adquirir, transferir, modificar, extinguir e declarar direitos, ou impor obrigação aos administrados ou a si própria".

Por sua vez, Maria Sylvia Zanella Di Pietro conceitua **ato administrativo** como "a declaração do Estado ou de quem o represente, que produz efeitos jurídicos imediatos, com observância da lei, sob regime jurídico de direito público e sujeita a controle pelo Poder Judiciário".

Para melhor entender ambas as definições, devemos analisá-las por partes.

O ato administrativo é uma **declaração do Estado**, aqui entendido, por todos aqueles órgãos que o compõem, tanto no Poder Executivo, como nos demais poderes, além das entidades da administração indireta detentoras de personalidade jurídica de direito público.

**O regime jurídico é o administrativo**, ou seja, aquele em que a Administração atua com supremacia em relação aos particulares.

**Produz efeitos jurídicos imediatos**, o que significa que causa uma alteração na situação jurídica do destinatário do ato, seja conferindo, transferindo, modificando, extinguindo ou declarando um direito ou impondo uma obrigação.

A **sujeição ao controle judicial** é outra característica inafastável do ato administrativo, em razão do mandamento constitucional do art. 5º, XXXV (indeclinabilidade da jurisdição).

Não estando presentes tais requisitos, ainda que a Administração venha a expressar sua vontade e que prolate atos, estes não devem ser nominados de administrativos por não se submeterem ao regime jurídico de direito público. Podemos citar como exemplo os atos bilaterais de locação de imóvel e os que objetivam meramente a gestão do patrimônio público.

Dessa forma, os atos praticados pela Administração podem ser catalogados como atos de direito público e atos de direito privado ou atos administrativos e atos da administração, ou ainda, atos administrativos típicos (regidos pelo direito público) e atos administrativos atípicos (regidos pelo direito privado).

| Atos praticados pela administração | |
|---|---|
| **Atos administrativos** | também chamados de atos de direito público; |
| **Atos da Administração** | também chamados de atos de direito privado. |

> **Atenção!**
> A Administração pode praticar atos administrativos (atos regidos pelo direito público) e atos de natureza privada, também chamados de meros atos da Administração.

**Ato administrativo** não se confunde com **fato administrativo**. Os fatos administrativos são fatos concretos que produzem efeito no direito administrativo, como a reforma de um prédio, a construção de uma ponte ou a morte de um servidor, enquanto os atos administrativos decorrem da manifestação de vontade da Administração, razão pela qual os **atos podem ser revogados ou anulados**, enquanto **os fatos administrativos não admitem invalidação**.

Questão importante concerne às consequências jurídicas decorrentes do **silêncio administrativo**.

Silêncio administrativo não pode ser considerado ato administrativo e, a rigor, a ausência de manifestação da Administração não produz consequências jurídicas imediatas, salvo o **silêncio qualificado** que, segundo Marçal Justen Filho, seria "aquele que permite inferir a vontade da Administração Pública em determinado sentido, a isso se somando a possibilidade de reconhecer a omissão como manifestação daquela vontade. O silêncio qualificado é um modo de exercitar a função administrativa. Mas a qualificação do silêncio depende da disciplina jurídica".

Portanto, se a norma legal estabelecer que a ausência de manifestação da Administração significa a sua aquiescência ou discordância a um determinado pleito, por exemplo, significa que houve o deferimento ou indeferimento decorrente da consequência normativa determinada pelo legislador do silêncio administrativo.

Contudo, ausente a determinação normativa, não há como se presumir a manifestação da Administração acerca de um determinado assunto se não houver a prolação de ato administrativo, salvo se a Administração se posicionar indireta, mas inequivocamente, em um determinado sentido. Nessas situações deverá ser apurada a responsabilidade do servidor responsável pela não produção do ato administrativo no tempo adequado.

> ▸ **Como esse assunto foi cobrado em concurso?**
>
> No 19º concurso para provimento do cargo de Procurador da República, foi considerada incorreta, a seguinte assertiva: "*No direito administrativo brasileiro, tendo o administrador o dever de agir, quando provocado pelo administrado, o seu silêncio, a exemplo do que ocorre em outros países da Europa continental, significa aquiescência à prática do ato solicitado*".

## 3. REQUISITOS DO ATO ADMINISTRATIVO

Os requisitos, também chamados de **elementos do ato administrativo** são aqueles que constituem sua formação.

Celso Antônio Bandeira de Mello não concorda com o estabelecimento de elementos ou requisitos do ato administrativo da forma tradicionalmente apontada pela doutrina administrativista, entendendo ser necessário separar os elementos do ato dos **pressupostos de existência** e dos **pressupostos de validade**.

Segundo Bandeira de Mello são elementos do ato administrativo:

| | |
|---|---|
| **Conteúdo** | É aquilo que o ato dispõe, o que o ele decide, enuncia, certifica, opina ou modifica na ordem jurídica. É o próprio ato, em sua essência. |
| **Forma** | É o revestimento exterior do ato. É o modo pelo qual este aparece e revela sua existência. |

Já os pressupostos de existência do ato administrativo seriam:

| | |
|---|---|
| **Objeto** | "é aquilo sobre o que o ato dispõe. Não pode haver ato sem que exista algo a que ele esteja reportado". Exemplo de ato que não possui o objeto como pressuposto de existência: intimação, por edital, a servidor já falecido. |
| **Pertinência temática** | Para que exista ato administrativo será necessário que o ato possa ser atribuído ao Estado no desempenho de sua função administrativa. |

Por fim, Celso Antônio entende pela necessidade do ato administrativo possuir o que ele nomeia como **pressupostos de validade**:

| Pressuposto subjetivo | A autoridade administrativa competente para a prática do ato |
|---|---|
| Pressupostos objetivos | Motivo e requisitos procedimentais; |
| Pressuposto teleológico | Finalidade |
| Pressuposto lógico | Causa |
| Pressupostos formalísticos | Forma |

O festejado autor conclui que sem os elementos do ato administrativo não haverá que se falar sequer em ato jurídico, enquanto a ausência dos pressupostos de existência resultará na falta de um ato administrativo. Por sua vez, a inexistência ou vícios nos pressupostos de validade trará como consequência um ato administrativo inválido.

## 3.1. Competência

A **competência**, também chamada de **sujeito**, é o elemento que indica quem é a autoridade administrativa que pode produzir (assinar) o ato administrativo.

Competência pode ser conceituada como o conjunto de atribuições funcionais conferidos pela lei às entidades, órgãos e agentes públicos para o desempenho de suas funções e sua delimitação ocorre da seguinte forma:

I) Em razão da matéria;

II) Em razão do território;

III) Em razão da hierarquia; e

IV) Em razão do tempo.

A principal característica da competência é que se trata de um elemento sempre vinculado, o que significa que a lei irá definir, em todas as situações, quem será a autoridade administrativa competente.

Portanto, pode-se afirmar que a legalidade é a principal característica da competência, vez que ela sempre decorrerá da lei. Consequentemente a **competência é inderrogável**, não podendo ser modificada pela vontade das partes.

Ela pode ser objeto de **delegação** ou de **avocação**, desde que a lei não tenha conferido exclusividade a esta competência.

A Lei nº 9.784/99 veda, expressamente, a possibilidade de delegação da competência nas seguintes situações:

a) Casos de edição de atos de caráter normativo;

b) Decisão de recursos; e.

c) Matérias de competência exclusiva do órgão ou autoridade.

| Impossibilidade de delegação da competência | | |
|---|---|---|
| Casos de edição de atos de caráter normativo | Decisão de recursos | Matérias de competência exclusiva do órgão ou autoridade |

A Lei nº 9.784/99, no entanto, admite a delegação de competência de um órgão administrativo ou de seu titular para outros órgãos ou titulares, ainda que estes não lhe sejam hierarquicamente subordinados, quando for conveniente, em razão de circunstâncias de índole técnica, social, econômica, jurídica ou territorial salvo quando existir lei vedando tal transferência.

Inserida na possibilidade de delegação acima, encontra-se a delegação de competência dos órgãos colegiados aos respectivos presidentes.

Como requisito de eficácia o ato de delegação e sua revogação deverão ser publicados oficialmente, devendo constar as matérias e poderes transferidos, os limites da atuação do delegado, a duração e os objetivos da delegação e o recurso cabível, podendo conter ressalva de exercício da atribuição delegada.

Por se tratar de ato discricionário guiado pela conveniência e oportunidade da autoridade administrativa, o ato de delegação é revogável a qualquer tempo pela autoridade delegante.

Após a revogação do ato de transferência de competência, não poderá a antiga autoridade delegada revogar os atos praticados no exercício da delegação, sendo tal atribuição da autoridade delegante.

**▸ Atenção!**

As decisões adotadas por delegação devem mencionar explicitamente esta qualidade e considerar-se-ão editadas pelo delegado.

**▸ Como esse assunto foi cobrado em concurso?**

No concurso realizado pela FCC - Analista Judiciário – TRF 5/2012, foi considerada correta a seguinte assertiva: "um órgão administrativo pode delegar competência a outro órgão, se não houver impedimento legal, quando for conveniente em razão de circunstâncias de índole técnica".

Lucas Rocha Furtado defende a impossibilidade de desempenho das funções delegadas enquanto perdurar válida a delegação, podendo, inclusive haver a declaração de nulidade do ato praticado pela autoridade delegante, enquanto não houver revogação da delegação.

Todavia, filiamo-nos ao entendimento de José dos Santos Carvalho Filho, o qual entende que **a delegação não retira da autoridade delegante a competência para desempenhar a atribuição delegada**. Em sua visão, haveria uma cumulação de competência.

> ▸ **Como esse assunto foi cobrado em concurso?**
> No concurso realizado pelo CESPE para provimento do cargo de Procurador Federal-2010, foi considerada correta a seguinte assertiva: "*O ato de delegação não retira a atribuição da autoridade delegante, que continua competente cumulativamente com a autoridade delegada para o exercício da função*".

A mesma Lei nº 9.784/99 restringiu a possibilidade de avocação para os casos temporários e que sejam justificados por motivos relevantes, dessa forma, a lei restringiu o poder hierárquico da Administração criando requisitos para a sua aplicação.

### 3.2. Finalidade

**Finalidade** é o resultado que a Administração pretende alcançar com o ato administrativo. A finalidade tem como característica apresentar-se como reflexo da legalidade, tendo em vista que o ato administrativo deve sempre ser produzido de acordo com a previsão explícita ou tácita da lei. Sob tal prisma, é o Poder Legislativo quem define os objetivos que o ato deverá alcançar, não havendo discricionariedade para a Administração.

Exemplo que ilustra esta característica é a remoção de ofício, criada pelo legislador para que a Administração possa melhor distribuir os servidores em face das necessidades e peculiaridades de cada localidade. Ela não pode ser utilizada para punição do servidor, por contrariar os fins estabelecidos pelo legislador para o instituto da remoção "ex officio".

A infração da lei, seja em sentido amplo ou estrito, caracterizará desvio de poder, dando ensejo à invalidação do ato.

O **desvio de poder** consiste no mau uso da competência para praticar atos administrativos desviados de sua finalidade, que buscam alcançar objetivos impossíveis, ilícitos ou que não podem ser atingidos pelo ato utilizado. São dois os tipos de desvio:

- atos praticados com finalidade alheia ao interesse público. Ex.: remoção *ex officio* de servidor inimigo;
- atos praticados com desvio à finalidade pública específica determinada pela lei. Ex.: remoção *ex officcio* de servidor relapso.

**Abuso de poder** é o gênero do qual são espécies o excesso de poder e o desvio de poder, e ambos invalidam o ato administrativo.

A tese do ***d'excès de pouvoir***, de excesso de poder surgiu na França como um instrumento recursal específico que permitia a denúncia dos cidadãos no que concerne a graves irregularidades praticadas pela Administração e que viessem a atingir-lhes. Eduardo Garcia de Enterria, em sua obra "As Transformações da Justiça Administrativa – Da Sindicalidade restrita à Plenitude Jurisdicional. Uma Mudança de Paradigma?" exemplifica tais irregularidades com os vícios de competência, a invasão de funções próprias dos juízes civis e, posteriormente, a violação direta da lei, alertando, inclusive, que em um momento posterior, surgiu o "desvio de poder", que significa a utilização de um poder legal para fins distintos daqueles estimados pela lei.

Didaticamente podemos resumir o abuso de poder da seguinte forma:

| ABUSO DE PODER | |
|---|---|
| **Excesso de poder** | O agente público extrapola a competência que lhe foi conferida pela lei |
| **Desvio de poder** | O agente público apesar de competente, não pratica o ato de acordo com o interesse público ou o pratica fugindo dos fins específicos fixados pelo legislador |

▸ **Como esse assunto foi cobrado em concurso?**

No 19º concurso para provimento do cargo de Procurador da República, foi considerada correta, a seguinte assertiva: "Há desvio de poder quando uma autoridade administrativa, embora tenha competência para praticá-lo, produz o ato desviado da finalidade para a qual, legalmente, deveria ser produzido".

## 3.3. Forma

O ato administrativo deve se revestir de alguma **forma**, que deverá ser determinada pela lei. Como a atividade administrativa é pública e se submete à fiscalização pelos órgãos públicos e pela população, via de regra, o ato administrativo deve ser escrito, em obediência ao princípio da documentação, podendo a lei estabelecer uma forma mais solene.

Permitem-se os **atos verbais**, apenas, em casos de urgência e de irrelevância do assunto para a Administração. Hely Lopes concebe, ainda, o caso de transitoriedade da manifestação da vontade da administração.

Há, também, a forma **gestual** ou por meio de **sinais sonoros**, por meio dos quais a Administração manifesta a sua vontade, tais como os praticados pelos agentes de trânsito que possuem significados próprios e visam controlar o tráfego.

▸ **Como esse assunto foi cobrado em concurso?**

No concurso para provimento do cargo de Juiz do Trabalho Substituto da 1ª Região-2010, foi considerada *incorreta*, a seguinte assertiva: "Em *obediência ao princípio da solenidade da forma, entendida esta como o meio pelo qual se exterioriza a vontade da administração, o ato administrativo deve ser escrito e manifestado de maneira expressa, não se admitindo, no direito público, o silêncio como forma de manifestação da vontade da administração".*

**▸ Atenção!**

A irregularidade na forma do ato administrativo admite convalidação (salvo quando a forma for considerada essencial para a validade do ato), mas a inexistência de forma significa a inexistência do próprio ato, o que impossibilita qualquer tipo de convalidação.

Diferença entre FORMA e FORMALIZAÇÃO, segundo Celso Antônio Bandeira de Mello:

I) FORMA é o modo pelo qual o ato administrativo revela sua existência.

II) FORMALIZAÇÃO é a aparência externa pelo qual o ato deve ser revestido

### 3.4. Motivo

**Motivo** é o pressuposto de fato e de direito que justifica a prática do ato administrativo. A lei pode ou não determinar expressamente os motivos, o que significa que esse elemento, ao contrário dos anteriores (competência, finalidade e forma), pode ser **vinculado** ou **discricionário**.

Ainda que o motivo seja discricionário, a lei irá prever, pelo menos de forma abstrata, o que se costuma chamar de "**motivo legal**". Ex.: a lei proíbe a prática de atos públicos contrários à moral.

Di Pietro e José dos Santos Carvalho Filho fazem a distinção entre **motivo** e **motivação**, entendendo que o primeiro seria a circunstância de fato que impele a vontade do administrador, enquanto a segunda seria a explicitação dessa circunstância fática, ou seja, a motivação exprime de modo expresso e textual todas as circunstâncias de fato que levaram o agente à manifestação da vontade.

A nova Lei de Introdução às Normas do Direito Brasileiro (LINDB) prestigiou a motivação dos atos administrativos ao estabelecer que, nas esferas administrativa, controladora e judicial, não se decidirá com base em valores jurídicos abstratos sem que sejam consideradas as consequências práticas da decisão.

Dispõe ainda que a motivação demonstrará a necessidade e a adequação da medida imposta ou da invalidação de ato, contrato, ajuste, processo ou norma administrativa, inclusive em face das possíveis alternativas.

A adequação é a aptidão ou pertinência da ação administrativa, enquanto a necessidade está relacionada à escolha da administração que causa a menor restrição ao direito do administrado, também chamada de "escolha mais suave".

> **Como esse assunto foi cobrado em concurso?**
>
> No 16º concurso para provimento do cargo de Procurador da República foi exigido dos candidatos que discorressem sobre o seguinte tema: "Distinga motivo e motivação do ato administrativo, indicando e explicando, sucintamente, quais são os requisitos e a razão de ser da motivação." Por se tratar de questão aberta os elaboradores exigem que o candidato demonstre domínio do assunto, sendo necessário apontar que o motivo, segundo entendimento doutrinário dominante, é requisito essencial para a formação do ato administrativo, traduzindo-se como a situação fática *ou jurídica que impulsiona a atuação administrativa, já a motivação seria a explicitação dessa circunstância fática ou legal, que deve estar presente em todos os atos administrativos, salvo nas nomeações e exonerações para cargos de livre provimento em que é suficiente a demonstração da competência da autoridade que exarou o ato. No 22º concurso para provimento do cargo de Procurador da República foi considerada correta seguinte alternativa: "motivo ou causa é a situação de direito, expressa sempre em lei, que determina ou autoriza a realização do ato administrativo, enquanto a motivação é a exposição dos fatos e dos fundamentos jurídicos do ato".*

José dos Santos Carvalho Filho entende que apenas os atos vinculados necessitam de motivação. No entanto, entendemos que o melhor posicionamento é o defendido por Maria Sylvia Di Pietro e Hely Lopes Meirelles que entendem pela necessidade de motivação tanto dos atos vinculados quanto dos discricionários.

Seguindo este último entendimento, a motivação, via de regra, é obrigatória, salvo nos casos em que basta a evidenciação pelo agente público da sua competência para que o ato esteja completo. Ex.: exoneração *ad nutum*. Entretanto, caso o ato seja fundamentado, o administrador estará vinculado a esta fundamentação.

Com relação ao **momento da motivação**, Celso Antônio Bandeira de Mello assevera que a justificativa do ato administrativo deve ser contemporânea à sua prática ou pelo menos anterior a ela, admitindo-se, todavia, a motivação tardia nos atos vinculados onde houver comprovação da ocorrência do motivo previsto pelo legislador como autorizador para a manifestação da vontade da Administração. Isso porque a lei já havia predeterminado a conduta da Administração diante da ocorrência de determinado motivo.

Já nos atos discricionários a ausência de motivação contemporânea ou anterior à produção do ato resultará na sua invalidação.

Apesar do entendimento acima espelhar o pensamento majoritário da doutrina, é oportuno destacar que o STJ, por intermédio de sua segunda turma (DJe 26/2/13; MS 11.862-DF), decidiu que nas situações em que a lei não exige motivação seria possível admitir situações excepcionais de motivação tardia, desde que presentes os seguintes requisitos:

a) Que o motivo extemporaneamente alegado preexista;

b) Que era idôneo para justificar o ato; e

c) Que o motivo foi a razão determinante da prática do ato.

> **Atenção!**
>
> O STJ vem entendendo que, mesmo diante da margem de liberdade de escolha da conveniência e oportunidade concedida à Administração, é necessária adequada motivação, explícita, clara e congruente, do ato discricionário (art. 50, I e § 1º, da Lei n. 9.784/1999) que nega, limita ou afeta direitos ou interesses dos administrados. Destacando que não se supre esse requisito pela simples invocação da cláusula do interesse público, determinando a anulação dos atos desprovidos de motivação para que outro seja emitido pela autoridade impetrada com a observância do requisito da motivação suficiente e adequada (Informativo nº 248).

Cumpre destacar, neste momento, a chamada **"teoria dos motivos determinantes"**, segundo a qual a validade do ato está vinculada à veracidade dos fatos descritos como motivadores de sua prática. Dessa forma, o ato discricionário, uma vez motivado, passa a se vincular aos motivos indicados pela Administração Pública como justificadores de sua prática. Tal vinculação abrange as circunstâncias de fato e de direito, de tal forma que se tais circunstâncias se mostrem inexistentes ou inválidas, acarretarão a invalidade do ato administrativo.

Caso um servidor público federal solicite a licença capacitação por três meses, a Administração poderá conceder ou negar (ato discricionário), contudo, quando o fizer, deverá motivar tal decisão e as razões expostas como justificadoras vincularão o ato. A Administração não está obrigada a deferir a licença no momento em que o servidor a pleiteia, ela possui discricionariedade para tomar decisão concessiva ou denegatória, mas qualquer que seja a decisão, ela estará vinculada aos motivos que foram determinantes para sua formação.

No entanto, quando o ato estiver estribado em diversos fatos verdadeiros, mas apenas um não corresponder à realidade, não ocorrerá sua invalidação, tendo em vista que, dentro do contexto de produção do ato, os fatos indicados em sua justificativa foram, efetivamente, determinantes para sua produção.

> **Como esse assunto foi cobrado em concurso?**
>
> *No concurso para provimento do cargo de Juiz Federal Substituto – 2013 (CESPE) foi considerada correta a seguinte assertiva: "E) Em razão da teoria dos motivos determinantes, no caso de exoneração ad nutum de ocupante de cargo em comissão, de livre nomeação e exoneração, não há necessidade de motivação, mas, caso haja motivação, o administrador ficará vinculado a seus termos".*

> **Como esse tema vem sendo abordado em questões subjetivas de concurso?**
>
> **(CESPE – Juiz de Direito - AL/2008)** Disserte, de forma clara e precisa, acerca da Teoria dos Motivos Determinantes e exemplifique sua aplicação.

Lúcia Valle de Figueiredo e Celso Antônio Bandeira de Mello inserem a **causa** como um novo requisito para o ato administrativo.

Para Lúcia Valle de Figueiredo a causa seria a relação de adequação entre os pressupostos do ato e seu objeto. No nosso entender, tal conceito estaria abrangido pelo motivo, não havendo razão para sustentar a distinção entre motivo e causa. Celso Antônio Bandeira de Mello, por sua vez, amplia o entendimento exposto acima, dispondo que causa seria "a correlação lógica entre o pressuposto (motivo) e o conteúdo do ato em função da finalidade tipológica do ato".

Haveria, então, uma análise acerca da razoabilidade e da proporcionalidade da causa com a consequente aferição de sua regularidade ou irregularidade.

Cabe lembrar que Celso Antônio não concorda com o estabelecimento de elementos ou requisitos do ato administrativo, na forma tradicionalmente apontada pela doutrina, entendendo ser necessário separar os elementos do ato dos pressupostos de existência e dos pressupostos de validade. Concordamos que a causa é um pressuposto de validade do ato administrativo, pois só será válido o ato que guardar a devida adequação entre as razões que ensejaram a sua produção e o conteúdo do ato. Contudo, rejeitamos a causa como elemento de formação da manifestação de vontade da Administração, não obstante a envergadura dos doutrinadores que defendem tal entendimento.

> ▸ **Como esse assunto foi cobrado em concurso?**
>
> No concurso para provimento do cargo de Procurador junto ao TCE/SC-2010, foi considerada **correta** a seguinte assertiva: "*O conceito de causa, consoante estabelecido pela doutrina no Direito Administrativo, leva à verificação da validade do ato administrativo pelo exame da pertinência entre o motivo do ato e o seu objeto*".

## 3.5. Objeto ou conteúdo

O **Objeto** é o efeito jurídico imediato que o ato produz e, assim como no direito privado, deve ser lícito (conforme a lei), possível (realizável no mundo dos fatos e do direito), certo (definido quanto ao destinatário, aos efeitos, ao tempo e ao lugar) e moral (em consonância com os padrões comuns de comportamento, corretos, justos e éticos). Pode, também, ser conceituado como o resultado prático que a Administração se propõe a alcançar.

O **objeto** ou o **conteúdo** do ato pode ou não vir fixado em lei (vinculado ou discricionário). Quando deixado a critério do administrador, não pode ser substituído pelo julgador na sua análise jurídica.

Pare resumir os requisitos do ato administrativo, apresentamos o seguinte quadro:

| Requisitos do ato administrativo | |
|---|---|
| Competência | • Elemento vinculado;<br>• Admite delegação e avocação nas hipóteses reguladas por lei. |
| Finalidade | • Elemento vinculado. |
| Forma | • **Elemento vinculado.** |
| Motivo | • Pressuposto fático e jurídico que justifica o ato administrativo;<br>• Elemento vinculado ou discricionário. |
| Objeto | • **Elemento vinculado ou discricionário.** |

## 4. MÉRITO ADMINISTRATIVO

O **mérito administrativo** está relacionado com a possibilidade de a Administração Pública valorar os critérios de conveniência, oportunidade e conteúdo do ato administrativo.

Por essa razão, só há que se falar em mérito administrativo diante do ato discricionário, vez que, no ato vinculado, o mérito do ato (a valoração dos critérios de conveniência, oportunidade e conteúdo) é do legislador, que determina à Administração o que fazer e quando fazer.

> ▸ **Como esse assunto foi cobrado em concurso?**
>
> No 19º concurso para provimento do cargo de Procurador da República, esta assertiva foi considerada correta: "Nos atos vinculados, não se pode, propriamente, falar em *mérito do ato administrativo*, dado refletirem apenas o atendimento das disposições legais, não havendo, por isso, campo para a incidência da discricionariedade do administrador".

## 5. ATRIBUTOS DO ATO ADMINISTRATIVO

### 5.1. Presunção de legitimidade

A **presunção de legitimidade** advém do princípio da legalidade e reveste os atos administrativos de uma presunção relativa, também chamada *juris tantum*, de que os atos são praticados de acordo com a lei e com os princípios que regem a Administração Pública e o Direito Administrativo.

Conforme já mencionado, trata-se de **presunção relativa**, que cede diante de prova em contrário.

Podemos, também, distinguir a presunção de legitimidade da **presunção de veracidade**: a primeira seria a presunção de que o ato praticado pela Administração estaria de acordo com a lei, enquanto a segunda diz respeito aos fatos, presumindo que estes são verdadeiros quando alegados pela Administração, como nos casos das certidões, atestados, declarações, vez que dotadas de fé-pública.

Apesar dos atos administrativos gozarem da presunção de legitimidade a autoridade administrativa deverá evidenciar a sua competência para praticá-lo, razão pela qual não há que se falar em presunção de competência administrativa.

A exceção ao princípio da presunção de legitimidade dos atos administrativos é a ordem manifestamente ilegal dada a servidor público, que admite a resistência sem prévio recurso ao Poder Judiciário visando a declaração de ilegalidade.

### 5.2. Imperatividade

Segundo, praticamente, todos os mais renomados autores administrativistas, **imperatividade** "é a qualidade pela qual os atos administrativos se impõem a terceiros, independentemente de sua concordância".

Este atributo não se encontra presente em todos os atos emanados pela Administração, mas caracteriza os que emitirem uma ordem, um comando ao particular.

### 5.3. Exigibilidade

Alguns autores, como Marçal Justen Filho, referem-se à exigibilidade como sinônimo de imperatividade. Filiamo-nos ao pensamento de Celso Antônio Bandeira de Mello, no sentido de que a exigibilidade é atributo autônomo do ato administrativo e não se confunde com a imperatividade, pois este atributo apenas impõe uma obrigação, enquanto aquele exige a obediência a uma obrigação já imposta pela Administração, por meio de instrumentos indiretos de coação, sem a necessidade de prévia autorização do Poder Judiciário.

### 5.4. Autoexecutoriedade

Consiste na possibilidade de a Administração pôr em execução os seus atos, através dos seus próprios meios, sem necessidade de intervenção do Poder Judiciário.

A **autoexecutoriedade** só será possível quando a lei expressamente a previr ou quando se tratar de medida urgente, sem a qual haverá grave comprometimento do interesse público, sendo entendido que a autorização para a auto-executoriedade estaria prevista de maneira implícita.

Importante ressaltar a diferença entre **autoexecutoriedade** e **exigibilidade**, que se encontra no meio coercitivo. O segundo se utiliza de meios indiretos de coerção, como multa ou outras penalidades administrativas, enquanto na executoriedade a Administração faz uso de meios diretos de coerção, utilizando, até mesmo, força física para dar efetividade às suas decisões.

### 5.5. Tipicidade

A **tipicidade** é atributo previsto por um pequeno leque de autores, merecendo destaque Di Pietro e consiste na necessidade de que o ato administrativo corresponda a figuras previamente definidas pela lei. Trata-se de decorrência do princípio da legalidade que afasta a possibilidade de a Administração praticar atos inominados, diferentemente do particular.

| Atributos do ato administrativo |
|---|
| Presunção de legitimidade |
| Imperatividade |
| Exigibilidade |
| Autoexecutoriedade |
| Tipicidade |

## 6. CLASSIFICAÇÃO DOS ATOS ADMINISTRATIVOS

### 6.1. Atos gerais e individuais

#### *6.1.1. Atos gerais.*

Os **atos gerais** são aqueles que possuem destinatários inespecíficos, com caráter de norma, em face de sua abstração (não trata da situação de uma ou algumas pessoas identificadas). Ex.: um edital de concurso público, regulamentos e resoluções.

A característica mais importante dos atos gerais é que eles prevalecem sobre os atos individuais, ainda que tenham sido emanados da mesma autoridade.

#### *6.1.2. Atos individuais.*

São aqueles que têm por destinatário sujeito ou sujeitos especificamente determinados. O **ato individual** pode ser singular ou plúrimo. **Singular** é o ato que possui um único destinatário identificado, como, por exemplo, a nomeação de um servidor para ocupar determinado cargo comissionado. **Plúrimo** é o ato que possui mais de um destinatário e todos se encontram identificados, como a nomeação de vários candidatos aprovados em concurso para ocuparem cargos efetivos.

Outra distinção entre o ato geral e o individual é que, conforme já reconheceu o STF, na súmula 473, aquele, por ser abstrato, não gera direito subjetivo para os seus destinatários, podendo ser revogado a qualquer tempo pela Administração, enquanto este, por ter destinatário certo, gera direito subjetivo para eles, tornando-se irrevogável.

▸ **Como esse assunto foi cobrado em concurso?**

No concurso para provimento do cargo de Procurador junto ao TCE/SC-2010, foi solicitado dos candidatos que analisassem as seguintes assertivas, que tratavam da classificação dos atos administrativos:

1. atos administrativos de comando abstrato e impessoal, semelhantes aos da lei;

2. atos administrativos resultantes da vontade de um único órgão, mas que dependem da verificação por parte de outro, para se tornar exeqüíveis;

3. atos administrativos que se dirigem a destinatários certos, criando-lhes situação jurídica particular.

Para a correlação foram ofertadas as seguintes possibilidades:

(A) gerais, compostos e individuais.

(B) gerais, complexos e individuais.

(C) gerais, complexos e simples.

(D) de gestão, compostos e simples.

(E) de gestão, vinculados e internos

O gabarito apontou como **correta,** a alternativa "a".

## 6.2. Atos De Império, de Gestão e de Expediente

### 6.2.1. *Atos de Império*

São os atos administrativos propriamente ditos, revestidos de imperatividade, do chamado *jus imperie*, produzidos com supremacia sobre o administrado.

### 6.2.2. *Atos de Gestão*

São aqueles praticados com a finalidade de gerir os seus bens e serviços, sem a necessidade das prerrogativas do regime jurídico administrativo, razão pela qual a Administração age em situação de igualdade com o particular.

**▸ Atenção!**

Maria Sylvia Di Pietro e Celso Antônio entendem que essa distinção encontra-se ultrapassada, sendo aconselhável substituí-la pela de atos administrativos e atos de direito privado.

### 6.2.3. *Atos de Expediente*

Hely Lopes também acrescenta uma nova categoria, que seriam os atos de expediente, destinados a dar andamento aos processos e papéis que tramitam na administração.

## 6.3. Atos Vinculados e Discricionários

### 6.3.1. *Atos Vinculados*

São aqueles em que o legislador consegue antever o caso concreto e definir previamente qual deve ser a conduta da Administração. Dessa forma, esta não efetua nenhum juízo de valor no momento de produzir esses atos, não havendo que se falar em mérito administrativo. Nesses casos, todos os seus elementos (competência, finalidade, forma, motivo e objeto) estão previstos na lei.

### *6.3.2. Atos Discricionários*

São aqueles em que o legislador, justamente por não conseguir definir qual deve ser a melhor conduta da Administração para cada caso concreto, confere à Administração a faculdade de decidir, diante da situação fática, qual deve ser a solução que melhor atende ao interesse público. Costuma-se, nessas situações, utilizar critérios de conveniência, oportunidade e conteúdo, o que significa que a Administração decidirá quando e como agir.

▸ **Atenção!**

A discricionariedade não surge da ausência de lei, mas da possibilidade de a Administração decidir **dentro das opções conferidas pelo legislador.**

▸ **Como esse assunto foi cobrado em concurso?**

No concurso para provimento do cargo de Juiz do Trabalho (TRT 15ª Região - 2013) foi considerada incorreta a seguinte assertiva: "o ato administrativo vinculado impede que o administrador público exceda os parâmetros traçados em lei para sua atividade, diferentemente do ato discricionário, que tem como premissas a oportunidade, a conveniência, a justiça e a equidade, todas de livre aferição pelo administrador público, que, todavia, não poderá rever atos administrativos já consumados".

*COMENTÁRIO*: A assertiva se encontra incorreta tanto com relação à livre aferição do administrador, no que tange à oportunidade, conveniência, justiça e equidade dos atos discricionários, quanto à impossibilidade de revisão dos atos já consumados, vez que a liberdade de um ato administrativo é mitigada pelos princípios da administração (ex.: moralidade, impessoalidade, eficiência, razoabilidade) e o princípio da autotutela possibilita que a Administração Pública possa rever seus atos a qualquer tempo, desde que não alcançados pela decadência.

Ponto de intensa discussão no direito administrativo diz respeito à presença ou não da discricionariedade nos **conceitos jurídicos indeterminados**.

Se é certo que quando o legislador se utiliza de conceitos que admitem um único significado (conceitos **teoréticos** ou **uni significativos**), haverá conduta vinculada pela ausência de capacidade de valoração da Administração diante do caso concreto e que, quando a lei oferece opções de decisão à Administração que deve ponderar qual a que melhor se amolda à situação fática, estaremos diante de uma conduta discricionária, tais certezas não se apresentam quando o legislador faz uso de conceitos jurídicos indeterminados, que consistiriam no uso de termos ou expressões vagos, tais como o dever de lealdade e a atuação desidiosa previstos na Lei nº 8.112/90 ao servidor público federal.

Nos conceitos jurídicos indeterminados não haverá, necessariamente, discricionariedade administrativa, pois se impõe primeiramente a interpretação do conceito jurídico diante do caso concreto. Se, após a interpretação, o aplicador da norma estiver em uma zona de certeza positiva ou negativa não há que se falar em discricionariedade, vez que não haverá liberdade de atuação para a Administração que deverá cumprir fielmente a vontade do legislador.

Portanto, se o estatuto jurídico dos servidores públicos federais determina que a conduta desidiosa do servidor deve ser punida com a pena de suspensão de até 90 dias, deve o interprete verificar se a conduta imputada ao servidor se amolda à situação prevista na lei. Encontrando resposta certa quanto à adequação ou não da conduta, afirma-se que se encontra dentro da zona de certeza negativa ou positiva e, portanto, não tem opção, devendo aplicar a pena (zona de certeza positiva) ou deixar de aplicá-la (zona de certeza negativa).

Contudo, após a interpretação da norma, é possível que o interprete se encontre em uma **zona de incerteza** (zona cinzenta ou *gray*) na qual haverá uma indefinição que propiciará à Administração a tomada de decisão que melhor atender ao caso segundo um juízo de oportunidade e conveniência.

Já as **cláusulas gerais** são normas com comandos indeterminados e que não possuem a consequência jurídica nos casos de sua inobservância.

Segundo Fredie Didier Jr., as cláusulas gerais seriam como "estabelecer uma pauta de valores a ser preenchida historicamente de acordo com as contingências históricas".

Ponto de identidade entre as cláusulas gerais e os conceitos jurídicos indeterminados é que ambos são imprecisos no pressuposto, no conteúdo; contudo, diferenciam-se porque os conceitos jurídicos indeterminados indicam a consequência jurídica, que não estão previstas nas cláusulas gerais.

Nos exemplos apresentados acima para explicar os conceitos jurídicos indeterminados, caso fosse excluída a consequência que é a aplicação de sanção administrativa para o servidor que age com desídia, estaríamos diante de uma cláusula geral e não de um conceito jurídico indeterminado.

## 6.4. Atos Simples, Complexos e Compostos

### 6.4.1. *Atos Simples*

São os atos que, para existirem, dependem da manifestação de um único órgão. Como exemplo desses atos, podemos citar o alvará de construção e a licença para condução de veículos automotores.

### 6.4.2. *Atos Complexos*

São os atos que, para existirem, dependem da manifestação de vontade de mais de um órgão. Ressalte-se que, apesar de mais de um órgão expressar sua vontade, na verdade, um único ato será produzido. Ex.: portaria conjunta entre dois ou mais ministérios ou secretarias.

Da mesma forma que para a elaboração do ato complexo, faz-se necessária a manifestação conjunta de dois ou mais órgãos, para a revogação também será demandada a manifestação de todos os órgãos envolvidos.

Nesse sentido, pronunciou-se o STJ ao tratar da revogação de uma portaria interministerial editada pelo Ministério da Educação e Cultura e o Ministério do Planejamento.

> **Como esse assunto foi cobrado em concurso?**
>
> No 19º concurso para provimento do cargo de Procurador da República, esta assertiva foi considerada incorreta: "Em verdade, o *ato administrativo complexo* se confunde com contrato administrativo, por não serem, ambos, atos unilaterais e encerrarem, um e outro, uma unidade de vontades dos partícipes na formação dos institutos em apreço".

### *6.4.3. Atos Compostos*

São os atos que dependem da manifestação de vontade de mais de um órgão, onde é possível identificar a existência de uma vontade principal e outra meramente acessória.

Os atos compostos se assemelham aos complexos pela necessidade de manifestação de vontade de mais de um órgão para que um único ato venha a completar o seu ciclo de formação. O que os diferencia é que, nos atos complexos, há duas vontades principais e, nos atos compostos, existirá uma vontade principal e outra acessória, normalmente, homologatória da vontade preponderante. Ex.: manifestação que dependa de aprovação (homologação) de uma autoridade superior.

> **Atenção!**
>
> Di Pietro traz como exemplo de ato composto a nomeação do Procurador Geral da República, a qual deve ser, previamente, aprovada pelo Senado. O exemplo de José dos Santos Carvalho Filho para ato complexo é a nomeação de Ministro do Superior Tribunal de Justiça, o que se explica pela necessidade de elaboração de lista tríplice pelo STJ (ato principal), escolha de qualquer integrante dessa lista pelo Presidente da República (ato principal) e aprovação prévia do Senado (ato acessório).

## 6.5. Ato perfeito, válido, eficaz e exequível

### *6.5.1. Ato Perfeito*

**Ato perfeito**, ao contrário do que poderia se presumir não é o ato praticado de acordo as normas de regência, mas o ato que completou as etapas necessárias para sua existência. Dessa forma, um ato complexo só se considerará completo ou perfeito quando forem exaradas todas as manifestações jurídicas de vontades dos órgãos necessários para a formação de um único ato.

Pode haver ato perfeito, porém inválido.

### 6.5.2. *Ato válido*

**Ato válido** é o ato que foi praticado de acordo com a lei, é um ato **sem vícios**. Ato válido, portanto, é sinônimo de atos sem irregularidades, o que não significa que ele já está produzindo os seus efeitos, conforme será visto logo adiante.

### 6.5.3. *Ato eficaz*

**Ato eficaz** é o ato que está apto a produzir os seus efeitos. Apesar de se tratar de um ato **apto a produzir efeitos**, o ato eficaz pode estar pendente de uma condição suspensiva, o que impediria a produção imediata de seus efeitos.

Não há que se confundir o ato eficaz com o ato perfeito. A perfeição está relacionada a existência do ato, enquanto a eficácia relaciona-se com capacidade para produzir efeitos.

Para melhor ilustrar essa distinção, valemo-nos do seguinte exemplo: caso a lei determine que para que um determinado ato venha a produzir efeitos é necessária sua publicação em Diário Oficial e ele venha a completar todas as etapas para sua existência, sem a publicação o ato será perfeito, mas não eficaz. Publicado, será perfeito e eficaz.

Ainda sobre a eficácia, Celso Antônio Bandeira de Mello assevera que a **eficácia** seria a "situação de disponibilidade para produção dos efeitos *típicos*, próprios, do ato".

Portanto, teríamos efeitos típicos e efeitos atípicos do ato administrativo.

No tocante aos efeitos típicos, também chamados de próprios, correspondem à tipologia específica do ato e seriam uma consequência lógica, como é o caso do desligamento de um servidor no caso de uma demissão. O ato administrativo é a demissão e o efeito típico seria o desligamento.

Por sua vez, os efeitos atípicos se dividem em:

a) Efeitos preliminares ou prodrômicos; e

b) Efeitos reflexos.

Efeito preliminar ou prodrômico seria aquele produzido enquanto perdura a situação de pendência do ato. O ato é eficaz, mas ainda não é exequível, visto que depende da implementação de uma condição futura, como a homologação por outro órgão. Nessa situação, segundo Celso Antônio, o efeito atípico do ato seria acarretar para o órgão controlador a obrigação de emitir o ato de controle (homologar ou não).

Já o efeito reflexo, seria aquele que, indiretamente, atinge terceiros, que não figuram como destinatários do ato administrativo, como é o caso de um locatário do bem desapropriado. O sujeito passivo da desapropriação é o proprietário, mas inegavelmente o locatário foi atingido, por via reflexa, pelo ato expropriatório.

> ▸ **Como esse tema vem sendo abordado em questões subjetivas de concurso?**
>
> **(UFMT - Promotor de Justiça - MT/2012)** Os atos administrativos possuem efeitos próprios e impróprios. Quais são estes últimos e o que os diferencia dos primeiros? Qual a importância da distinção entre esses dois tipos de efeitos? Fundamente as suas respostas.

### *6.5.4. Ato exequível*

**Ato exequível** é aquele apto a produzir efeitos imediatamente. Ex.: um ato que completou suas etapas de formação e que foi publicado em janeiro, para começar a produzir seus efeitos no dia 15 de fevereiro, é eficaz desde o dia de sua publicação, mas só será exequível no dia 15 de fevereiro.

## 6.6. Atos constitutivos, declaratórios e ablatórios

### *6.6.1. Atos constitutivos*

**Atos administrativos constitutivos** de direitos são aqueles cuja manifestação jurídica de vontade da Administração faz nascer um direito para o administrado, tais como a autorização de uso, a permissão de uso, a licença para condução de veículo motorizado, para construir, dentre outros.

Tal constituição pode-se dar no exercício do poder discricionário da Administração que verifica a conveniência e a oportunidade de emitir o ato constitutivo ou quando a Administração se limita a verificar se o administrado preenche os requisitos legais necessários à produção do ato administrativo. Nesse último caso, os atos administrativos são nomeados de **constitutivos-formais.**

### *6.6.2. Atos declaratórios*

**Atos administrativos declaratórios** são as manifestações jurídicas de vontade da Administração que se limitam a afirmar a existência de um determinado direito do administrado. Não há ampliação nem restrição a direito, apenas a declaração de existência ou inexistência prévia de um direito.

Caso um particular ocupe legitimamente um determinado imóvel da União e receba uma notificação para desocupá-lo, sob o fundamento de que se trata de uso irregular de patrimônio público e, instaurado processo administrativo, venha a ser comprovada a regularidade da ocupação, a decisão administrativa será, meramente, declaratória de um direito preexistente do administrado, sem restringir ou ampliá-lo.

### 6.6.3. *Atos ablatórios ou ablativos*

Atos administrativos **ablatórios** ou **ablativos** são aqueles que **restringem direitos do administrado**, tais como a cassação de uma licença, revogação de ato administrativo, rescisão de contrato administrativo ou declaração de nulidade de um contrato administrativo.

## 6.7. Ato nulo, ato anulável e inexistente

### 6.7.1. *Ato nulo*

**Ato nulo** é o ato contaminado com vício insanável, eivado de nulidade absoluta, que não admite correção. Hely Lopes não concorda com a existência de atos anuláveis no Direito Administrativo, por entender que nunca o interesse privado possa se sobrepor ao público. Entretanto, a maioria da doutrina entende que, no Direito Administrativo, existe tanto o ato nulo quanto o anulável. O primeiro seria o que não admite convalidação, e o segundo o que pode ser sanado.

A declaração de nulidade do ato administrativo produz efeitos "**ex tunc**", retroagindo desde a data da sua produção.

> ▸ **Atenção!**
>
> STJ (Informativo nº 320) e STF (RE 452.721-MT) entendem que, mesmo diante de um ato nulo, caso venha a se tratar de ato constitutivo ou ampliativo de direito, a Administração deverá observar o prévio processo administrativo, em que sejam observados o contraditório e a ampla defesa.

### 6.7.2. *Ato anulável*

**Ato anulável** é o ato contaminado com vício sanável, que admite convalidação.

A **convalidação** é a correção da irregularidade do ato administrativo. Também produz efeitos "**ex tunc**", retroagindo até a data em que foi praticado, só que para finalidade diversa, com a convalidação, o ato passa a ser regular desde o seu nascimento.

> ▸ **Como esse assunto foi cobrado em concurso?**
>
> O CESPE, no concurso para provimento do cargo de Procurador Federal-2003, considerou a seguinte assertiva como correta: "*Os atos que apresentarem defeitos sanáveis poderão ser convalidados pela própria administração em decisão na qual se evidencie não acarretarem lesão ao interesse público nem prejuízo a terceiro*".

A Administração não pode convalidar um ato anulável que tenha sido objeto de impugnação administrativa ou judicial.

Excetuam-se os casos de motivação tardia de ato vinculado, após a impugnação do ato.

> **Atenção!**
>
> Diante de um ato anulável, a Administração deverá convalidá-lo, não sendo discricionária tal decisão, salvo nos casos de atos discricionários expedidos por autoridade incompetente. Nesses casos, não se pode obrigar a autoridade competente para a prática do ato a agir da mesma forma que a pessoa incompetente.

Uma indagação relevante consiste em saber que tipo de irregularidade pode ser convalidada e qual não admite convalidação, em outras palavras, que tipo de vício será considerado sanável e qual será insanável? Conforme já estudado, os atos administrativos são formados com os seguintes elementos: **competência, finalidade, forma, motivo** e **objeto**, o que significa que o vício estará presente em um ou alguns desses elementos.

> **Atenção!**
>
> Cumpre registrar que a Lei nº 9.784/99, em seu artigo 55, ao tratar sobre a convalidação dos atos administrativos, não a restringe a vícios neste ou naquele elemento do ato. Nesta esteira, parte da doutrina defende a possibilidade de a Administração Pública convalidar atos administrativos nos quais se verifiquem a ocorrência de "defeitos sanáveis", de menor gravidade, sem qualquer restrição ao elemento do ato administrativo no qual este vício seja identificado. Lucas Furtado, por exemplo, defende que não é adequada a definição prévia sobre em quais elementos do ato administrativo recaem defeitos tidos por sanáveis, uma vez que a Lei de regência não fez tal restrição
>
> Nada obstante, trataremos abaixo da posição abraçada pela doutrina tradicional, ainda exigida pelas bancas.

Os vícios relacionados à **competência** admitem convalidação (nesse caso, também chamada de ratificação), desde que não se trate de matéria de competência exclusiva, quando a irregularidade será considerada insanável. Ex.: se determinado ato foi assinado pelo Secretário Executivo de uma determinada pasta, quando a lei determina o ministro como autoridade competente, essa irregularidade pode ser suprida com a ratificação do ato pelo Ministro, todavia, se a lei confere competência para a prática de um ato ao Ministro do Meio Ambiente e quem o pratica é o Ministro dos Transportes, tal ato não será passível de convalidação, por se tratar de matéria de competência exclusiva.

No que concerne aos vícios relacionados à **forma**, a convalidação é possível desde que a mesma não seja considerada essencial à validade do ato. Ex.: se a lei determina que deva ocorrer a **notificação** por escrito do acusado em processo administrativo e ocorre a **intimação** por escrito, trata-se de mero erro formal incapaz de nulificar o processo. No entanto, se a **notificação** ocorrer verbalmente, tem-se vício insanável, por ser a forma escrita essencial para a validade do ato.

Portanto, quando a forma determinada pelo legislador não interferir nos direitos ou garantias do administrado a sua inobservância não implicará em nulidade do ato, mas em vício plenamente sanável, que poderá resultar na responsabilização funcional do agente público descuidado, vez que a intenção do legislador era de uniformizar os procedimentos administrativos.

> **Atenção!**
>
> A inexistência da forma significa inexistência do próprio ato.
>
> Quando a forma for estipulada como garantia de direito individual, será considerada essencial para a validade do ato.

Quando o **motivo** ou a **finalidade** estiverem viciados, o ato nunca poderá ser convalidado.

O **objeto**, quando ilegal, também não poderá ser convalidado, sendo admitida, apenas, a **conversão,** que é a transformação de um ato inválido em ato de outra categoria, com efeitos retroativos à data do ato original. O exemplo clássico é o da concessão de uso materializada sem licitação, quando a lei a exige. Nesse caso, a concessão de uso pode ser convertida em autorização ou permissão de uso, institutos precários e que, portanto, prescindem de licitação.

### *6.7.3. Ato Inexistente*

**Ato inexistente** é o ato que guarda, apenas, a aparência de ato administrativo, mas retrata, na verdade, uma conduta criminosa. Ex.: ato praticado por um usurpador de função pública ou licença para funcionamento de uma casa de prostituição ou venda de entorpecentes.

> **Atenção!**
>
> A diferença ente os atos nulos e os inexistentes é que o ato nulo pode ser convalidado pela prescrição, enquanto o ato inexistente nunca poderá ser convalidado, além de admitir o direito de resistência contra eles.

## 7. ESPÉCIES DE ATOS ADMINISTRATIVOS

### 7.1. Atos normativos

Os atos administrativos normativos são manifestações abstratas de vontade do Poder Público para destinatários indeterminados, porém determináveis.

Os atos normativos podem ser considerados como **leis em sentido material** e **atos administrativos em sentido formal**. Na sua essência tais atos não possuem o caráter individualizador, típico dos atos administrativos, revestindo-se, na verdade, da generalidade das leis.

Os atos normativos, portanto, são normas, mas não são leis em sentido estrito. Produzidos pela Administração Pública, não podem inovar no ordenamento jurídico, criando direitos ou deveres para os administrados.

Quando o conteúdo normativo possuir aplicação geral, presumem-se legalmente constituídos e devidamente publicados quando inseridos no Diário Oficial da União, sem necessidade de intimação pessoal dos administrados (STJ, MS 14.686/DF, DJe 20/09/2017).

Os atos normativos devem ser expedidos sempre que a lei necessitar de uma melhor orientação para o seu cumprimento, sendo correto afirmar que nem toda lei precisa ser regulamentada, mas toda lei pode ser regulamentada.

Apesar de a função regulamentar ser a mais evidente nos atos normativos, cumpre destacar que a EC nº 32/2001, possibilitou a edição de decretos pelo Chefe do Poder Executivo federal de caráter autônomo, decretos que não visam explicar a execução de lei, mas tratar de assunto que, *a priori*, deveria ser de competência do Poder Legislativo.

Os doutrinadores administrativistas costumam apontar as hipóteses descritas nas alíneas "a" e "b", do inciso VI, do art. 84, da Constituição Federal de 1988 como autorizadoras de expedição do decreto autônomo, a saber:

- Organização e funcionamento da Administração federal, desde que não implique aumento de despesa nem criação ou extinção de órgãos públicos; e
- Extinção de cargos ou funções públicas, quando vagos.

Em nosso entender, a hipótese da alínea "a" não descreve o exercício do poder normativo com caráter autônomo, mas do poder hierárquico, tendo em vista que, se não há aumento de despesa, nem criação ou extinção de órgão público, o Chefe do Poder Executivo estará organizando o funcionamento da estrutura administrativa, exercendo o seu poder hierárquico.

Já na alínea "b" temos típico ato normativo autônomo, já que os cargos e funções públicas são criados por lei e só por lei poderiam ser extintos, não fosse a autorização constitucional em testilha, que faculta a extinção, pela via do decreto, quando eles estiverem vagos.

São exemplos de atos normativos:

- **Decretos.** São atos de competência privativa do Chefe do Poder Executivo. A Constituição Federal estabelece em seu art. 84, inciso IV, que o Presidente da República pode expedir decretos e regulamentos para sua fiel execução. Tratam-se dos **decretos regulamentares ou de execução**, que não podem ultrapassar, nem contrariar o disposto em lei, nem criar direito ou obrigação. É exemplo dessa modalidade o Decreto nº 5.450/2005, que regulamenta o pregão eletrônico.

Há, também os decretos autônomos, previstos no inciso VI, alíneas "a" e "b", do já citado art. 84, que tratam da possibilidade do Presidente da República (leia-se chefe do Poder Executivo da União, Estados, Distrito Federal e Municípios) já explicados acima.

- **Regulamentos.** Assim como os decretos, os regulamentos visam detalhar, explicar a correta execução de uma lei administrativa. Entendemos conforme José dos Santos Carvalho Filho, que os regulamentos, apesar de indicados no art. 84, IV da Constituição Federal, não constituem espécie autônoma, mas sim um apêndice de decreto, que normalmente se limitam a aprovar as regras estabelecidas em um regulamento.

- **Resoluções e Instruções Normativas.** São atos normativos gerais ou individuais, emanados de autoridades de elevado escalão administrativo, como ministros e secretários estaduais e municipais, que buscam uniformizar o procedimento administrativo ou explicar a execução de leis, decretos e regulamentos na suas respectivas pastas (art. 87, inciso II, da CF).

### 7.2. Atos ordinatórios

Os **atos administrativos ordinatórios** são comandos expedidos pela autoridade administrativa de hierarquia superior para os seus subordinados. Possuem como fundamento o poder hierárquico e não podem contrariar as determinações contidas nos atos normativos.

Os atos administrativos ordinatórios só possuem incidência no âmbito da própria Administração, não podendo obrigar os particulares. Ademais, só alcançam os servidores que estão subordinados hierarquicamente à autoridade que os expediu, que estão obrigados a seguir fielmente às suas determinações, sob pena de cometimento de ilícito funcional, ressalvadas as ordens eminentemente ilegais, tal como a ordem de um delegado para que um policial civil torture um acusado a fim de obter uma confissão.

São exemplos de atos ordinatórios:

- **Portarias.** São atos administrativos por meio dos quais as autoridades administrativas expedem ordens gerais ou específicas aos seus subordinados ou determinam a abertura de processo administrativo, sindicância e até nomeação de servidores.

> **▸ Atenção!**
>
> Apesar de tradicionalmente as portarias estarem inseridas na categoria de atos ordinatórios, não é incomum que altas autoridades administrativas emitam normatizações de situações por meio de portaria. Assim sendo, o que importa é a natureza jurídica do ato e não a sua terminologia.

- **Ordens de serviço.** São comandos gerais expedidos para disciplinar a forma de condução de determinada atividade. Por exemplo, por intermédio de uma ordem de serviço o Procurador-Chefe pode determinar a forma de distribuição dos processos na procuradoria.

- **Circulares.** Usualmente são atos administrativos que expõem e esclarecem um comando, uma ordem específica para execução de determinado serviço.

> **Como esse assunto foi cobrado em concurso?**
>
> No concurso para provimento do cargo de Procurador da Fazenda Nacional-2012, com questão que possuía o enunciado: "À luz da tradicional doutrina administrativista, é possível identificar, como espécie de ato administrativo, o chamado ato ordinatório, que tem, como um de seus exemplos".
>
> Foi considerada **correta** a alternativa: c) as circulares

## 7.3. Atos negociais

Os **atos administrativos negociais** são manifestações da Administração que coincidem com a pretensão de particulares.

Os atos negociais não se confundem com os contratos administrativos, pois nestes há manifestação bilateral de vontade das partes, enquanto naqueles a Administração manifesta unilateralmente sua concordância ou o seu consentimento à pretensão do administrado.

Os atos negociais podem ser discricionários quando a Administração analisando os aspectos da conveniência e oportunidade decide fundamentadamente se atende ao interesse público aquiescer à pretensão do administrado.

> **Como esse assunto foi cobrado em concurso?**
>
> No concurso para provimento do cargo de Defensor Público Federal-2015, a seguinte assertiva foi considerada correta:
>
> Os atos administrativos negociais são também considerados atos de consentimento, uma vez que são editados a pedido do particular como forma de viabilizar o exercício de determinada atividade ou a utilização de bens públicos.

Quando o legislador define requisitos que uma vez preenchidos conferem direito ao administrado ao ato negocial não há discricionariedade, mas vinculação da Administração á vontade da lei, cabendo apenas analisar o preenchimento das condições legais.

São exemplos de atos negociais:

- **AUTORIZAÇÃO** – É o ato administrativo **unilateral, discricionário** e **precário** pelo qual a Administração faculta o uso de bem público a particular para atender ao seu interesse privado ou faculta a prestação de serviço público, ou ainda para a prática de determinada conduta que desautorizada seria considerada ilícita. Exemplo da primeira situação seria a interdição de rua para evento festivo. Exemplo da segunda situação seria a autorização para taxistas. Exemplo da terceira situação seria a autorização para portar arma.

Como a autorização é expedida em caráter extremamente precário, a Administração por razões de conveniência e oportunidade pode revogá-la a qualquer tempo, sem que surja para o particular direito à indenização.

- **PERMISSÃO** – É também ato administrativo **unilateral, discricionário** e **precário** pelo qual a Administração faculta o uso de bem público a particular, mas diferencia-se da autorização por visar atender a interesse do particular e da coletividade.

Cumpre destacar que a permissão de serviços públicos NÃO é ato administrativo unilateral, mas contrato administrativo, conforme dispõe o art. 40, da Lei das Concessões e Permissões de Serviço Público (Lei nº 8.987/95).

- **LICENÇA** – É o ato administrativo vinculado pelo qual a Administração, após verificar que o administrado preenche todos os requisitos estabelecidos pela lei, libera o desempenho de atividade (licença para construir, para conduzir veículo motorizado).

> **Atenção!**
>
> Por se tratar de ato vinculado individual a licença não admite, normalmente, revogação. Todavia, o STF vem entendendo que não fere direito adquirido decisão que, no curso do processo de pedido de licença de construção, em projeto de licenciamento, estabelece novas regras de ocupação de solo, ressalvando-se ao prejudicado o direito à indenização dos prejuízos efetivamente suportados pelo administrado (**RE nº 212.780-RJ, Rel. Min. Ilmar Galvão**).

## 7.4. Atos enunciativos.

Segundo Diogo Figueiredo Moreira Neto, atos enunciativos são todos aqueles em que a Administração se restringe a certificar ou a atestar um fato constante de registros, processos e arquivos públicos ou emitir opinião sobre determinado assunto.

São exemplos de atos enunciativos:

- **CERTIDÕES** – são cópias dotadas de fé pública de registro de alguma informação de que disponha a Administração em seus arquivos, expedidas em razão de solicitação do requerente. Podem ser de inteiro teor, quando reproduzem todo o conteúdo ou resumidas, quando apenas as informações mais relevantes são reproduzidas. Ex.: certidão de regularidade perante a fazenda pública federal, perante o INSS ou com as obrigações referentes ao FGTS.

- **ATESTADOS** - São atos pelos quais a Administração declara a existência de um fato ou uma situação de que tenha conhecimento. Difere da certidão, haja vista que as certidões se referem a registros administrativos, enquanto o atestado visa a comprovar, normalmente, situações transitórias. Ex: atestado de incapacidade física decorrente de enfermidade que acomete servidor, emitida por junta médica.

- **PARECERES OU NOTAS TÉCNICAS** - São manifestações dos órgãos técnicos da Administração que retratam a opinião sobre determinado tema submetido à sua apreciação e que visam orientar o gestor na tomada de decisões. Tais manifestações devem obrigatoriamente ser observadas quando a lei lhes confere caráter vinculativo, como é o caso do art. 38, parágrafo único da Lei nº 8.666/93, que determina que os editais de licitação e contratos administrativos devem ser **aprovados** pelo órgão jurídico competente. Nessas situações a opinião da consultoria jurídica será vinculante.

Quando a lei não conferir obrigatoriedade o parecer será mera opinião técnica que admite entendimento contrário da autoridade competente que, nesses casos, deverá fundamentar seu entendimento divergente.

## 7.5. Atos punitivos.

São os instrumentos por meio dos quais a Administração aplica uma sanção a servidores ou aos administrados.

A capacidade para a aplicação de **atos punitivos** decorre do poder de polícia administrativo, do poder disciplinar e independem de prévia anuência do Poder Judiciário, que sempre poderá exercer controle sobre os aspectos da legalidade e da proporcionalidade da sanção aplicada.

Outra característica dos atos punitivos é que sua aplicação deve decorrer de expressa previsão legal ou de situações em que se exige uma atuação imediata da Administração, sob pena de comprometimento irreversível do interesse da coletividade. Em tais casos, entende-se que há autorização legal implícita, como a do imóvel que ameaça ruir a qualquer momento, ameaçando a vida, integridade física dos vizinhos e transeuntes. Ainda que não haja autorização específica, poderá a Administração proceder a demolição imediata do imóvel.

São exemplos de atos punitivos:

- **MULTAS** - Sanções de natureza pecuniária impostas em razão de regra estabelecida pela Administração. Sua execução não se dará por meio coercitivo administrativo, devendo haver execução judicial.

- **INTERDIÇÃO DE ATIVIDADES** - Determinação administrativa de proibição de atividade que contraria suas determinações, tais como estabelecimento que venda produtos consumíveis, com o prazo de validade vencido. Admite a autoexecutoriedade.

- **DESTRUIÇÃO DE COISAS E DEMOLIÇÃO ADMINISTRATIVA** – Ato administrativo autoexecutável de destruição ou demolição de bens móveis ou imóveis nocivos à saúde ou segurança da sociedade.

| Espécies de atos administrativos |
|---|
| Atos normativos |
| Atos ordinatórios |
| Atos negociais |
| Atos enunciativos |
| Atos punitivos |

## 8. INVALIDAÇÃO DOS ATOS ADMINISTRATIVOS

Os atos administrativos podem ser invalidados pela própria Administração ou pelo Poder Judiciário.

- **Administração Pública**. Pode invalidar os seus atos sob o aspecto da **conveniência** e **oportunidade** ou, ainda, em face de sua **ilegalidade**.
- **Poder Judiciário**. Quando provocado, só poderá apreciar o ato administrativo sob o aspecto de sua legitimidade, sendo-lhe vedado substituir o gestor quanto ao mérito do ato administrativo.

### 8.1. Revogação

**Revogação** é a invalidação do ato administrativo por razões de conveniência ou oportunidade da Administração.

A revogação pode ser expressa ou tácita, será explícita quando a autoridade competente manifestar o seu desejo de desfazer um ato discricionário válido, será implícita quando a autoridade praticar ato incompatível com ato anterior.

Na revogação, a Administração revê o seu julgamento acerca do mérito do ato administrativo, que passa a ser interpretado como inconveniente, revelando-se necessária a sua retirada do mundo jurídico. Apenas os atos administrativos discricionários admitem revogação, vez que, apenas esses envolvem mérito administrativo passível de aferição pela autoridade administrativa.

Será competente para revogar o ato administrativo tanto a autoridade prolatora quanto outra hierarquicamente superior.

▸ **Como esse assunto foi cobrado em concurso?**

No concurso para provimento do cargo de Procurador do Município de João Pessoa-PB/2018, foi considerada **incorreta**, a seguinte assertiva: "A revogação de ato administrativo é fundada em razões de interesse público – conveniência e oportunidade –, podendo ser efetivada pelo Poder Judiciário no exercício de sua função típica".

> **Atenção!**
> Só a Administração pode revogar seus atos e apenas os atos válidos podem ser revogados, haja vista que, se o ato for inválido, só caberá a sua anulação, não havendo que falar em critérios de conveniência e oportunidade.

José dos Santos Carvalho Filho, com propriedade, elenca cinco hipóteses de atos administrativos que são insuscetíveis de revogação:

1) **os atos que exauriram os seus efeitos** (ex: ato que deferiu as férias já gozadas de servidor);
2) **atos vinculados** (já explicado acima);
3) **atos que geraram direito adquirido** (seriam os atos individuais - vide item 6.1.2, tais como o ato que concede uma licença ambiental);
4) **atos integrativos**, que são aqueles que integram um processo ou procedimento administrativo, em face da preclusão administrativa;
5) **meros atos administrativos** como pareceres, certidões e atestados.

Pode ser adicionado ao elenco acima a peculiar situação dos atos complexos, tendo em vista que sua formação depende da demonstração de vontade de mais de um órgão e sua revogação não pode ocorrer pela manifestação de vontade de apenas um órgão.

> **Como esse assunto foi cobrado em concurso?**
> Em concurso realizado pelo CESPE, para provimento do cargo de Advogado da União-2012, a seguinte assertiva foi considerada correta: "Embora a revogação seja ato administrativo discricionário da administração, são insuscetíveis de revogação, entre outros, os atos vinculados, os que exaurirem os seus efeitos, os que gerarem direitos adquiridos e os chamados meros atos administrativos, como certidões e atestados".

No tocante aos **atos individuais**, há corrente de entendimento segundo a qual não se estaria, na verdade, suprimindo o direito de a Administração revogar os atos que considerar contrários ao interesse público, mas protegendo o direito individual do administrado, admitindo-se a revogação de ato administrativo individual que viesse a se opor ao interesse público, desde que a Administração venha a promover uma indenização completa dos prejuízos suportados pelo administrado.

O exemplo que ilustra essa situação seria o da licença para construir determinado tipo de edificação que, antes da construção, venha a contrariar o novo plano diretor do município o qual não mais autoriza edificação contemplada pela licença. Haveria a revogação da licença com a indenização dos prejuízos.

Outra corrente doutrinária, todavia, entende, com maior propriedade, que, no caso retratado, não haveria que se falar em revogação de ato administrativo individual, mas de desapropriação do direito de construir determinada edificação, que, também, pressupõe o pagamento prévio de uma justa indenização.

A revogação opera efeitos **"ex nunc"**, da data de sua revogação em diante, permanecendo válidos todos os efeitos anteriores, mesmo porque o ato era válido e válidos serão todos os seus efeitos, até o momento da revogação.

> ▸ **Como esse assunto foi cobrado em concurso?**
>
> Em concurso realizado pelo CESPE, para provimento do cargo de Procurador Federal-2010, a seguinte assertiva foi considerada incorreta: *"O ato administrativo pode ser inválido e, ainda assim, eficaz, quando, apesar de não se achar conformado às exigências normativas, produzir os efeitos que lhe seriam inerentes, mas não é possível que o ato administrativo seja, ao mesmo tempo, perfeito, inválido e eficaz".*

Se houver revogação do ato que havia revogado o anterior, ocorrerá a **repristinação** da situação original, sem efeito retroativo. Significa que, caso haja revogação de um ato que revogou um determinado posicionamento da Administração que gerava direito a alguns administrados, haverá o retorno desse direito para os administrados a partir da revogação do ato revogador, vez que não há que se falar em direitos retroativos.

| Revogação | | |
|---|---|---|
| **Competência** | **Efeito** | **Hipóteses de cabimento** |
| Administração pública | *Ex nunc* (a partir da revogação) | Conveniência administrativa |

## 8.2. Anulação

**Anulação** é a declaração de invalidade do ato administrativo produzido em desobediência à norma legal.

> ▸ **Atenção!**
>
> Tanto a Administração quanto o Poder Judiciário podem anular os atos administrativos ilegais, sejam eles vinculados ou discricionários.

O Poder Judiciário, dentro da sua competência de fiscalizar a atuação da Administração, pode, inclusive, adentrar na análise do mérito administrativo visando aferir sua adequação a princípios constitucionais ou do direito administrativo, tais como o princípio da moralidade ou da razoabilidade, mas jamais poderá o Poder Judiciário substituir o mérito do administrador pelo mérito do julgador, vez que um Poder não pode usurpar a competência do outro. Se o Legislativo outorgou competência para que a Administração escolha o momento e o objeto do ato administrativo, tal faculdade é exclusiva da Administração.

No entanto, a impossibilidade de substituição do mérito administrativo não pode ser confundida com a verificação, por parte do Poder Judiciário, da observância das leis e dos princípios que regem os atos administrativos.

Nessas situações, trata-se de aferição não só da **legalidade**, mas da **legitimidade** (conformidade com as normas e princípios) do ato administrativo.

> **Atenção!**
>
> O Poder Judiciário pode adentrar no mérito administrativo para verificar a sua conformidade com as leis e os princípios que regem a Administração e o Direito Administrativo.

Trata-se de tema que, ainda hoje, carrega acalorados debates, vez que as bancas de concurso e a própria jurisprudência não se encontram alinhadas em um único discurso, senão vejamos os trechos das seguintes ementas do STJ:

> - ***O STJ tem jurisprudência firmada no sentido de que não cabe ao Poder Judiciário analisar o mérito administrativo****, mas somente aferir a regularidade do procedimento e a legalidade do ato de demissão. (MS 12660/DF, Rel Min Marilza Maynard – Desembargadora Convocada do TJ/SE – data da publicação 22/08/2014)*
>
> 5. ***Neste diapasão, cabe relembrar que compete ao Poder Judiciário imiscuir-se no mérito do ato administrativo, ainda que discricionário, para averiguar os aspectos de legalidade do ato, mormente quando as questões de cunho eminentemente ambientais demostram a incúria da Administração em salvaguardar o meio ambiente.*** (AgRg no AREsp 476067/SP, Relator Ministro Humberto Martins - Data da Publicação/Fonte DJe 28/05/2014)

Pode-se perceber que a depender do caso concreto a Corte Cidadã ora entende que é possível ao Poder Judiciário analisar o mérito do ato administrativo, ora entende pela impossibilidade.

Apesar de nos filiarmos ao entendimento de que é possível ao Poder Judiciário a análise do mérito administrativo, sobretudo para a aferição da adequação dos princípios constitucionais da Administração Pública e do direito administrativo ao caso concreto, não sendo admissível a substituição do mérito administrativo pelo mérito judicial, ressaltamos que, em não raras oportunidades, as bancas de concurso consideram ser vedado ao Judiciário adentrar no mérito do ato administrativo.

> **Como esse assunto foi cobrado em concurso?**
>
> No concurso para provimento do cargo de Juiz Federal da 5ª Região-2009, foi considerada incorreta a seguinte assertiva: "*Cada vez mais a doutrina e a jurisprudência caminham no sentido de admitir o controle judicial do ato discricionário. Essa evolução tem o propósito de substituir a discricionariedade do administrador pela do Poder Judiciário*".

> ▸ **Como esse tema foi abordado em questões subjetivas?**
> **(TJ/MS - Juiz de Direito - MS/2010)** Segundo o entendimento jurídico predominante, o controle judicial do ato administrativo (ainda que praticado em nome de alguma discricionariedade) permite o exame dos motivos? Justifique.

Enquanto o Poder Judiciário necessita ser provocado acerca da ilegalidade do ato administrativo, a Administração Pública, em face do seu poder de **autotutela**, ainda que não tenha sido provocada, tem o dever de anular os seus atos eivados de nulidade insanável.

A **anulação** opera efeitos **"ex tunc"**, retroagindo à época em que o mesmo fora praticado, invalidando os efeitos passados, presentes ou futuros do ato anulado.

Apesar da regra geral acima, jurisprudência e doutrina concordam que há situações em que as circunstâncias específicas podem recomendar que, apesar de nulo o ato desde o seu nascimento, sua anulação venha a operar efeitos "ex nunc". Celso Antônio Bandeira de Mello ensina que caso o ato viciado seja restritivo de direitos a declaração de sua nulidade terá efeitos retroativos, mas caso se trate de atos ampliativos de direitos contaminados com vício insanável, a declaração de sua nulidade valerá dali por diante.

Quando se afirma que os atos nulos podem ser invalidados a qualquer tempo, quer-se, na verdade, afirmar que podem ser invalidados desde que não tenha ocorrido a **decadência** (alguns autores nomeiam de **prescrição**), pois diante da decadência administrativa e judicial, ocorre a convalidação pelo decurso do tempo, estabilizando as relações jurídicas.

A Lei nº 9.784/99, que regula o processo administrativo federal, estipula em seu art. 54 que "o direito da Administração de anular os atos administrativos de que decorram efeitos favoráveis para os destinatários decai em cinco anos, contados da data em que foram praticados, salvo comprovada má-fé".

> ▸ **Como esse assunto foi cobrado em concurso?**
> No concurso para provimento do cargo de Delegado de Polícia - MT/2017, questão que tratava da seguinte situação "Em março de 2017, o governo de determinado estado da Federação declarou nulo ato que, de boa-fé, havia concedido vantagem pecuniária indevida aos ocupantes de determinado cargo a partir de janeiro de 2011. Nessa situação hipotética," indicou como correta a seguinte assertiva: "a declaração de nulidade do ato é nula de pleno direito, pois ocorreu a decadência do direito."

Por sua vez, o TCU, modificando seu tradicional entendimento, editou a Súmula nº 249, que possui a seguinte redação: "é dispensável a reposição da quantia indevidamente percebida de boa-fé, em virtude de erro escusável de interpretação de lei por parte da Administração, à vista da presunção de legalidade do ato administrativo e do caráter alimentar das parcelas salariais".

Também nesse sentido, o entendimento da quinta turma do STJ, segundo a qual *descabe a restituição dos valores de gratificação percebidos de boa-fé pelo servidor, mas pagos em decorrência de errônea interpretação ou má aplicação da lei pela Administração.* (Resp. 488.905-RS).

No que concerne à **teoria do "fato consumado"**, esta seria a convalidação de uma ilegalidade pela consolidação da situação de fato. O STJ e o STF rejeitam sua aplicação, quando decorrente de provimentos judiciais provisórios (Agr. RMS 23.544). Todavia, essa teoria vem sendo acolhida em situações excepcionais, como, por exemplo, no caso de uma liminar que autoriza a transferência de estudante de uma universidade privada para uma pública, cujo julgamento do mérito, pela ilegalidade de tal transferência, só venha a ocorrer após a conclusão do curso (Ag-RE 429.906-SC).

Em sentido contrário, o STJ decidiu em 2017 (EREsp 1.157.628-R) que a "teoria do fato consumado" não pode ser aplicada para consolidar remoção de servidor público destinada a acompanhamento de cônjuge, em hipótese que não se adequa à legalidade estrita, ainda que tal situação haja perdurado por vários anos em virtude de decisão liminar não confirmada por ocasião do julgamento de mérito.

A declaração de ilegalidade dos atos individuais exige a instauração de processo administrativo, assegurando-se o contraditório e a ampla defesa aos administrados que venham a sofrer lesão em seu direito. Nesse sentido a Súmula vinculante nº 03, do STF que dispõe: *"Nos processos perante o Tribunal de Contas da União asseguram-se o contraditório e a ampla defesa quando da decisão puder resultar anulação ou revogação de ato administrativo que beneficie o interessado, excetuada a apreciação da legalidade do ato de concessão inicial de aposentadoria, reforma e pensão"*.

A exigência de prévia notificação do interessado e do devido processo legal não podem constituir exigência quando se tratar de anulação de ato administrativo geral, face à impossibilidade de identificação de todos os possíveis afetados.

Verificando-se que há vício insanável em ato administrativo individual, que gere direito subjetivo a destinatários identificados, para sua invalidação será necessária a abertura de processo administrativo instaurado com a notificação dos afetados e com observância dos princípios do contraditório e da ampla defesa, sob pena de nulidade da declaração de ilegalidade.

Noutro prisma, quando o vício insanável atingir um ato geral, não será necessário processo administrativo prévio, tendo em vista o caráter abstrato do ato geral.

### *8.2.1. Cassação*

A **cassação** é espécie do gênero anulação e consiste em invalidar um ato que nasceu regular, mas se tornou irregular no momento de sua execução. Podemos citar como exemplo a expedição de alvará de construção que foi concedido regularmente, mas é cassado em face de irregularidade no momento de sua execução.

Ainda que o ato administrativo tenha nascido sem vício, a irregularidade posterior impõe sua cassação que possuirá efeitos "ex tunc", retroagindo à data da prolação do ato viciado.

▸ **Como esse assunto foi cobrado em concurso?**

No concurso para provimento do cargo de analista judiciário - área judiciária - TER-RJ/2012, foi considerada **incorreta** a seguinte assertiva: "Tratando-se de nulidade superveniente, os efeitos da declaração de nulidade de determinado ato administrativo não retroagem".

| Anulação | | |
|---|---|---|
| Competência | Efeito | Hipóteses de cabimento |
| - Administração pública e<br>- Poder Judiciário | *Ex tunc* (retroage à data de produção do ato anulado) | Vício insanável |

### 8.2.2. *Outras formas de invalidação*

Também podem ser consideradas como formas de invalidação dos atos administrativos:

**CADUCIDADE** - o ato administrativo é invalidado em face de uma norma jurídica posterior que traz como consequência expressa ou tácita a impossibilidade de manutenção do ato até então válido. Ex.: Lei que proíbe determinada permissão de uso que, até então, era regularmente outorgada pela administração.

**CONTRAPOSIÇÃO OU DERRUBADA** - a extinção do ato administrativo decorre da edição de novo ato que produz efeito contraposto. Diante da contradição dos efeitos entre os dois atos administrativos prevalece apenas o ato mais recente, com a consequente invalidação do mais antigo.

**RENÚNCIA** - é a modalidade de extinção que alcança apenas os atos constitutivos, também chamados de ampliativos, vez que o beneficiário pode se recusar a ser o detentor do direito, tal como ocorre quando o detentor de uma permissão de uso de bem público não mais a deseja.

**RECUSA** - A recusa ocorre quando o beneficiário do ato administrativo rejeita os efeitos que o ato iria produzir. O ato ainda não está produzindo efeitos e, para tanto, necessitaria da concordância do destinatário que os recusa, invalidando o ato administrativo.

## 9. SÚMULAS DO STF

- **Súmula Vinculante 3.** Nos processos perante o tribunal de contas da união asseguram-se o contraditório e a ampla defesa quando da decisão puder resultar anulação ou revogação de ato administrativo que beneficie o interessado, excetuada a apreciação da legalidade do ato de concessão inicial de aposentadoria, reforma e pensão.

- **Súmula 346.** A administração pública pode declarar a nulidade dos seus próprios atos.
- **Súmula 473.** A administração pode anular seus próprios atos, quando eivados de vícios que os tornam ilegais, porque deles não se originam direitos; ou revogá-los, por motivo de conveniência ou oportunidade, respeitados os direitos adquiridos, e ressalvada, em todos os casos, a apreciação judicial.
- **Súmula 683** "o limite de idade para a inscrição em concurso público só se legitima em face do art. 7º, XXX, da constituição, quando possa ser justificado pela natureza das atribuições do cargo a ser preenchido".
- **Súmula 684.** É inconstitucional o veto não motivado à participação de candidato a concurso público.

Capítulo 6

# Poderes administrativos

*Fernando Baltar*

## 1. INTRODUÇÃO

Para que o Estado possa exercer as suas atribuições constitucionais, o nosso ordenamento jurídico atribui aos entes públicos, detentores da responsabilidade de tutelar o interesse público e de sobrepô-lo aos interesses individuais, certas prerrogativas, que aqui chamaremos de **poderes**, constituindo-se em verdadeira obrigação imposta ao Estado de buscar a satisfação do interesse da coletividade.

Os poderes da Administração se constituem em verdadeiras **faculdades-obrigações**, não havendo para a autoridade administrativa a possibilidade de exercer ou não as faculdades que a lei lhe outorgou. Se há a possibilidade de agir, deve-se entender como um dever administrativo. São os poderes-deveres da Administração.

Segundo Hely Lopes Meirelles "se para o particular o poder de agir é uma faculdade, para o administrador público é uma obrigação de atuar, desde que se apresente o ensejo de exercitá-lo em benefício da coletividade". Por sua vez, José dos Santos Carvalho Filho, conceitua os poderes administrativos como "o conjunto de prerrogativas de direito público que a ordem jurídica confere aos agentes administrativos para o fim de permitir que o Estado alcance seus fins".

Como consequência, pode-se afirmar que os poderes administrativos são **irrenunciáveis e indisponíveis**, razão pela qual a omissão do agente público caracteriza abuso de poder pela autoridade administrativa.

| Poder-dever da administração | |
|---|---|
| Irrenunciáveis | Obrigatoriedade do seu exercício |

Conforme já asseverado no tópico de atos administrativos, **abuso de poder** é o gênero do qual são espécies o **desvio** e o **excesso** de poder.

- Haverá **desvio de poder** quando o agente público, embora agindo dentro de sua competência, desvia-se dos fins previstos pelo legislador.

- Já o **excesso de poder** restará configurado quando o agente público agir fora dos limites de sua competência.

Não há um consenso entre os autores sobre a adequada classificação dos poderes da Administração. Assim, alguns doutrinadores, como Hely Lopes Meirelles, inserem nesse capítulo os Poderes Discricionário e Vinculado, enquanto outros entendem que a vinculação e a discricionariedade devem ser interpretadas como uma característica da atividade administrativa e não como um poder autônomo.

Realmente, a Administração no desempenho dos poderes regulamentar, hierárquico, disciplinar e de polícia poderá, em algumas situações, aferir os critérios de conveniência, oportunidade e conteúdo e, em outras, deverá se limitar a cumprir a vontade do legislador que definiu previamente qual deveria ser a conduta administrativa diante do caso concreto.

No que concerne à discricionariedade e à vinculação, remetemos o leitor ao pertinente tópico, no capítulo que trata sobre os **atos administrativos**.

Conforme a maioria dos autores, os poderes da administração podem ser classificados em:

I) Poder Regulamentar;

II) Poder Hierárquico;

III) Poder Disciplinar;

IV) Poder de Polícia.

## 2. PODER REGULAMENTAR

A Constituição Federal de 1988 estabelece a separação de poderes, conferindo ao Poder Legislativo a função típica de criar direitos e obrigações por meio de normas, mas a Administração Pública, também por determinação constitucional, possui competência atípica normativa, o que significa que a Administração Pública também poderá editar normas, desde que não venha a usurpar a competência do Poder Legislativo.

Portanto, os atos administrativos regulamentares só podem ser expedidos *secundum legem* (de acordo com a lei), não se admitindo exercício do poder regulamentar *ultra legem* (além do que está estabelecido na lei) ou *contra legem* (contrária à lei). Disso deriva a impossibilidade de que os atos administrativos regulamentares inovem em nosso ordenamento jurídico, criando direitos ou obrigações. Deve-se respeito ao disposto no art. 5º, inciso II, da Constituição Federal, segundo o qual: "ninguém será obrigado a fazer ou deixar de fazer alguma coisa senão em virtude de lei".

Pontes de Miranda já afirmava que: "onde se estabelecem, alteram ou extinguem direitos não há regulamentos - há abuso do poder regulamentar, invasão de competência legislativa. O regulamento não é mais do que auxiliar das leis, auxiliar que sói pretender, não raro, o lugar delas, mas sem que possa, com tal desenvoltura, justificar-se e lograr que o levem à categoria de lei".

As chamadas **obrigações primárias** são aquelas impostas pela lei, enquanto as **obrigações subsidiárias** são os requisitos que devem ser observados pelos administrados para que se faça *jus* a determinado direito estabelecido em lei. São exemplos de obrigações subsidiárias os regulamentos do imposto de renda, que dispõe sobre os formulários em que serão inseridas as informações da declaração.

Em outras palavras a criação de direitos e obrigações decorre de lei (ato normativo primário), podendo o decreto ou outro ato administrativo regulamentar (ato normativo derivado) estabelecer requisitos para observância dos direitos legais.

> **Como esse assunto foi cobrado em concurso?**
>
> No concurso para Juiz Substituto-AM/2016, realizado pelo CESPE, foi considerada correta a seguinte assertiva: "Poder regulamentar é a prerrogativa concedida à administração pública de editar atos gerais para complementar as leis e permitir a sua efetiva aplicação."

Outra hipótese ocorreria quando o legislador edita **normas abertas.** Elas são aquelas com definição ampla, que dependem de norma posterior para que possuam aplicabilidade. Como exemplo, podemos citar os regulamentos que indicam quais os requisitos para transporte de cargas inflamáveis, quando o legislador estabelece restrições ao transporte desses produtos.

As espécies de decretos mais citados pelos doutrinadores nacionais são:

1. Decreto de execução ou regulamentar;
2. Decreto autorizado; e
3. Decreto autônomo.

Conforme já mencionado, **o decreto de execução ou regulamentar** se restringe a explicar como se dará a fiel execução da lei, ainda que esta não exija, restringindo-se aos limites e ao conteúdo estabelecidos na norma legal primária.

**O decreto ou regulamento autorizado** também chamado de **delegado** é o que regulamenta a lei em face de sua determinação expressa. A lei estabelece os limites e os contornos da matéria a ser regulamentada, mas transfere para o Poder Executivo a fixação de normas técnicas para a sua execução. José dos Santos Carvalho Filho nos brinda com o seguinte exemplo: "se a lei concede algum benefício mediante a comprovação de determinado fato jurídico, pode o ato regulamentar indicar quais documentos o interessado estará obrigado a apresentar".

Contudo, o Supremo Tribunal Federal possui entendimento pacífico no sentido que essa delegação não pode implicar em uma delegação da função legislativa, nomeada de "**delegação em branco**", em respeito ao princípio constitucional da separação dos poderes.

> ▸ **Como esse assunto foi cobrado em concurso?**
>
> No concurso para advogado do BESC-2004, com a seguinte ementa: *O Prefeito de determinado Município no interior do Estado de Santa Catarina edita normas gerais e abstratas para viabilizar o fiel cumprimento da lei. Este ato está baseado em seu poder*: foi considerada correta a seguinte assertiva: *a) regulamentar.*

Além do Decreto Regulamentar e do Decreto Autorizado, deve-se atentar para o **Decreto Autônomo**, que seria o decreto que trata de matéria de lei.

Os doutrinadores administrativistas costumam apontar as hipóteses descritas nas alíneas "a" e "b", do inciso VI, do art. 84, da Constituição Federal de 1988 como autorizadoras de expedição do decreto autônomo, a saber:

a) Organização e funcionamento da Administração federal, desde que não implique aumento de despesa nem criação ou extinção de órgãos públicos; e

b) Extinção de cargos ou funções públicas, quando vagos.

Em nosso entender, a hipótese descrita na alínea "a" não descreve o exercício do poder normativo com caráter autônomo, mas o exercício do poder normativo em decorrência do seu poder hierárquico, tendo em vista que não havendo aumento de despesa, nem criação ou extinção de órgão público, o Chefe do Poder Executivo estará organizando o funcionamento da estrutura administrativa, exercendo assim o seu poder hierárquico.

Ademais, a organização e o funcionamento da Administração se configura perfeitamente na chamada **"reserva de administração"**, que seriam os espaços de atuação que o legislador constituinte outorgou para regulamentação pela Administração Pública, nos quais é vedada a intromissão do Poder legislativo, sob pena de inconstitucionalidade.

Neste sentido, o Ministro Celso de Melo assim se pronunciou: "O princípio constitucional da reserva de administração impede a ingerência normativa do Poder Legislativo em matérias sujeitas à exclusiva competência administrativa do Poder Executivo. É que, em tais matérias, o Legislativo não se qualifica como instância de revisão dos atos administrativos emanados do Poder Executivo. (...) Não cabe, desse modo, ao Poder Legislativo, sob pena de grave desrespeito ao postulado da separação de poderes, desconstituir, por lei, atos de caráter administrativo que tenham sido editados pelo Poder Executivo, no estrito desempenho de suas privativas atribuições institucionais. Essa prática legislativa, quando efetivada, subverte a função primária da lei, transgride o princípio da divisão funcional do poder, representa comportamento heterodoxo da instituição parlamentar e importa em atuação *ultra vires* do Poder Legislativo, que não pode, em sua atuação político-jurídica, exorbitar dos limites que definem o exercício de suas prerrogativas institucionais".

Portanto, o Pretório Excelso entende que as matérias que o legislador constituinte outorgou para que a Administração Pública as regulasse, por meio de

Decreto não podem ser modificados por lei de iniciativa do Poder Legislativo, em respeito ao princípio constitucional da Separação de Poderes. Essas matérias, segundo ensina Di Pietro estariam protegidas pela **"reserva de regulamento"**.

Já na alínea "b" temos típico ato normativo autônomo, já que os cargos e funções públicas são criados por lei e só por lei poderiam ser extintos, não fosse a autorização constitucional em testilha, que faculta a extinção, via decreto, quando eles estiverem vagos.

> ▸ **Como este tema vem sendo abordado em concurso?**
>
> No concurso para provimento do cargo de Defensor Público – RN/2015, foi considerada correta a seguinte assertiva: No exercício do poder regulamentar, é conferida à administração pública a prerrogativa de editar atos gerais para complementar a lei, em conformidade com seu conteúdo e limites, não podendo ela, portanto, criar direitos e impor obrigações, salvo as excepcionais hipóteses autorizativas de edição de decreto autônomo.

A **competência** para expedir Decretos e Regulamentos é do Chefe do Poder Executivo, mas a competência para a expedição dos demais atos regulamentares é distribuída por vários órgãos e entidades públicas.

Tal competência abrange, tão somente, as leis afetas ao Direito Administrativo, relacionadas ao exercício da função administrativa, não havendo tal faculdade para as normas afetas ao direito civil, comercial ou penal, exemplificativamente.

Nem toda lei necessita ser regulamentada, mas tal juízo de valor compete ao Chefe do Poder Executivo, o que nos remete à máxima de que "toda lei pode ser regulamentada".

> ▸ **Como esse assunto foi cobrado em concurso?**
>
> No 22º concurso para provimento do cargo de Procurador da República foi considerada incorreta a seguinte assertiva: *o poder regulamentar da Administração somente pode ser exercido em relação às leis que expressamente recomendem a necessidade de regulamentação, não podendo contrariar, restringir ou ampliar suas disposições.*

Celso Antônio Bandeira de Mello destaca que: "onde não houver liberdade administrativa alguma a ser exercida (discricionariedade) – por estar prefigurado na lei o único modo e o único possível comportamento da Administração, ante hipóteses igualmente estabelecidas em termos de objetividade absoluta -, não haverá lugar para regulamento que não seja mera repetição da lei ou desdobramento do que nelas se disse sinteticamente".

Quando a lei remete sua aplicação à expedição de um Decreto, estamos tratando de faculdade conferida, com exclusividade, ao Chefe do Poder Executivo (**Poder regulamentar**), que, ao exercê-la, obriga todos os Poderes, visto que o

Legislativo e Judiciário também exercem função administrativa, e ao Chefe do Executivo compete, nos termos dispostos no art. 84, IV, da Carta Magna, a direção da Administração Pública.

Todavia, se o mesmo se valer de Decreto para expedir comandos decorrentes não da competência normativa constitucional, mas proveniente de sua condição de mais alta autoridade de um poder, tal ato, apesar do conteúdo normativo, deverá ser considerado como produto do **Poder Hierárquico** e como tal, vinculará apenas o Poder Executivo.

Pode ser citado, como exemplo, o trecho do Decreto nº 5.450/2005, que regulamenta o pregão eletrônico e estabelece a modalidade pregão e a forma eletrônica como obrigatória, enquanto a Lei nº 10.520/2002, que criou o pregão, preceitua que a nova modalidade de licitação deveria ser utilizada "preferencialmente". Ora, o Presidente da República, utilizando-se de sua competência para complementar normas, regulamentou o pregão eletrônico vinculando os demais Poderes da República, todavia, quando determina a adoção obrigatória do pregão e de sua forma eletrônica, não se poderia interpretar que estava no exercício de seu Poder Regulamentar, vez que contrário à vontade do legislador, mas utilizou-se do seu Poder Hierárquico de comando sobre os demais agentes que compõem o Poder Executivo Federal, sem vincular os Poderes Legislativo e Judiciário.

▸ **Importante!**

Conforme explicado acima, alguns atos administrativos possuem caráter normativo, mas não foram emanados do Poder Regulamentar, tendo em vista que não estão regulamentando uma lei preexistente, contudo tem a sua origem no Poder Hierárquico que, conforme será analisado no próximo tópico, atribui competência aos agentes situados em posição de prevalência hierárquica a dar ordens aos seus subordinados. Exemplo da situação retratada é o regimento interno dos tribunais; comumente, os elaboradores de concurso procuram induzir o candidato ao erro de correlacioná-lo ao Poder Regulamentar, quando se trata de um produto do **Poder Hierárquico**.

▸ **Como esse assunto foi cobrado em concurso?**

No concurso para provimento do cargo de Analista Judiciário promovido pelo TRF 5ª Região (FCC-2017) foi oferecida a seguinte hipótese "O chefe do departamento pessoal de uma determinada autarquia federal, para o bom funcionamento dos serviços afetos à sua unidade, editou ato normativo interno estabelecendo horários de saída para o almoço, respeitando, para tanto, as especificidades das jornadas de trabalho de cada subordinado. Justificou o ato na necessidade de a unidade contar, sempre, com pelo menos um servidor. A edição do ato encontra fundamento no poder" foi considerada **correta** a seguinte assertiva:

"B) hierárquico, que é próprio da função administrativa, e por meio do qual a Administração pública mantém a disciplina e impõe o cumprimento de deveres funcionais. "

Alguns autores, como Lucas Furtado, em sua obra "Curso de Direito Administrativo" entendem pela possibilidade de que a Administração edite atos normativos despidos de função meramente regulamentar, desde que não venham a criar obrigações para os particulares, nem restrinjam, limitem ou condicionem o exercício de direitos. Realmente, se o ato administrativo normativo não implicar uma mudança na situação jurídica dos seus destinatários, não haverá razão para a sua proibição.

Além do Chefe do Poder Executivo, outras autoridades administrativas podem exercer parcela do poder regulamentar, expedindo atos administrativos com o objetivo de explicar a execução de leis, decretos e regulamentos nas suas respectivas pastas.

Nesse sentido, o inciso II, do parágrafo único, do art. 87, da Constituição Federal de 1988, estabelece que compete ao **Ministro de Estado** "expedir instruções para a execução das leis, decretos e regulamentos". Apesar da Constituição se referir às "instruções", são exemplos de atos administrativos regulamentares da competência dos Ministros de Estado as **instruções normativas, orientações normativas, resoluções.**

Com base na diferenciação acima, José dos Santos Carvalho Filho indica que existem **atos de regulamentação de primeiro grau**, que seriam os decretos e regulamentos, responsáveis pela explicação das leis e os **atos de regulamentação de segundo grau**, que regulamentam os de primeiro grau, como as já referidas instruções normativas e orientações normativas ministeriais.

| Atos de regulamentação | |
|---|---|
| **De primeiro grau** | **De segundo grau** |
| Decretos | Instruções normativas |
| Regulamentos | Orientações normativas |
| - | Resoluções |

▸ **Atenção!**

Cumpre destacar que a Lei nº 9.096/95, que trata dos partidos políticos, atribui em seu art. 61, ao Tribunal Superior Eleitoral, competência para expedir instruções visando a sua fiel execução. Apesar desta lei eleitoral se referir a "instruções", resta evidente que se trata de atos de regulamentação de primeiro grau.

| | |
|---|---|
| Decreto | **EXECUÇÃO OU REGULAMENTAR.** Explica a execução de lei, sem inovar no ordenamento jurídico, ainda que a lei não o exija; |
| | **AUTORIZADO**. É exigido por lei, que estabelece os limites e os contornos da matéria a ser regulamentada, mas transfere para o Poder Executivo a fixação de normas técnicas. |
| | **AUTÔNOMO.** Trata de matéria reservada à lei (art. 84 VI, "a" e "b", da CF 88). |

| | |
|---|---|
| Regulamento | **REGULAMENTO.** Assim como os decretos, visam detalhar, explicar a correta execução de uma lei administrativa; |
| | **REGULAMENTO AUTORIZADO.** Regulamenta a lei em face de sua determinação expressa. |
| Instruções normativas e orientações normativas | Atos administrativos da competência dos Ministros de Estado, que visam regulamentar leis e decretos. |

▸ **Como esse assunto foi cobrado em concurso?**

No concurso para provimento do cargo de Promotor de Justiça de Sergipe-2010, realizado pelo CESPE, foi considerada incorreta a seguinte assertiva: *O poder regulamentar formaliza-se por meio de decretos e regulamentos. Nesse sentido, as instruções normativas, as resoluções e as portarias não podem ser qualificadas como atos de regulamentação.*

## 3. PODER HIERÁRQUICO

**Poder hierárquico**, segundo leciona Hely Lopes Meirelles, *"é o instrumento disponibilizado à Administração para distribuir e escalonar as funções dos seus órgãos, ordenar e rever a atuação de seus agentes, estabelecendo a relação de subordinação entre os servidores do seu quadro de pessoal"*.

O poder hierárquico, ao contrário dos demais poderes, não depende de prévia existência legal, pois se presume pela estrutura naturalmente verticalizada da Administração, razão pela qual a autoridade hierarquicamente não precisa demonstrar sua competência legal para obrigar um subordinado a cumprir suas determinações, sob pena de incorrer em falta funcional, salvo nas situações de ordens manifestamente ilegais.

Este poder é exercido dentro do âmbito interno dos órgãos integrantes de uma mesma entidade, que estão situados em uma posição de superioridade com relação a outro, que se situa em posição de superioridade em relação a outro e assim sucessivamente, no que se costuma chamar de característica **pirâmide.**

Não há que se falar em hierarquia entre duas entidades distintas. Ex.: Há hierarquia ente o Presidente da República (Comandante em Chefe das Forças Armadas) e o Ministro da Defesa e entre este e os Comandantes do Exército, da Marinha e da Aeronáutica, mas não há hierarquia entre o Ministro da Previdência e o presidente do INSS (autarquia). Nesse último caso, a influência (controle) de uma entidade sobre outra é denominada de **supervisão** (tutela). Assim, não existe hierarquia, mas há supervisão ministerial entre o Ministério da Previdência Social e o INSS.

Isto posto, deve-se diferenciar a **subordinação hierárquica** da **vinculação administrativa** (estudada em autarquias, fundações públicas e empresas estatais), pois a primeira admite todos os meios de controle do superior sobre o inferior, enquanto o segundo é exercido nos limites estipulados pela lei, sem suprimir a autonomia do ente supervisionado.

Esse poder confere à autoridade administrativa a faculdade de ordenar, coordenar, controlar e corrigir as atividades administrativas.

Do **poder hierárquico** decorrem algumas **faculdades implícitas** para o administrador, tais como:

a) Dar ordens;

b) Fiscalizar o seu cumprimento;

c) Delegar e avocar atribuições; e

d) Rever os atos inferiores.

A prerrogativa de um superior hierárquico dar ordens, fiscalizar seu cumprimento e rever a atuação de seus subordinados **não depende de expressa previsão legal**, mas decorre naturalmente da estrutura verticalizada da Administração.

**Delegar** significa transferir parcela de competência do superior para o subordinado hierárquico, enquanto **avocar** significa o chamamento de parcela da competência do subordinado pelo superior hierárquico.

A Lei nº 9.784/99 veda, expressamente, a possibilidade de **delegação** da competência nas seguintes situações:

a) Casos de edição de atos de caráter normativo;

b) Decisão de recursos; e

c) Matérias de competência exclusiva do órgão ou autoridade.

A **avocação** é admitida pela Lei nº 9.784/99 para os casos temporários e que sejam justificados por motivos relevantes.

> **Como esse assunto foi cobrado em concurso?**
>
> No 22º concurso para provimento do cargo de Procurador da República foi considerada correta a seguinte assertiva: *a avocação, no plano do poder hierárquico da Administração, desonera o agente público inferior de toda a responsabilidade pelo ato avocado pelo superior;*

Lucas Rocha Furtado defende a impossibilidade de desempenho das funções delegadas, pelo delegante, enquanto perdurar válida a delegação. Nesse caso, defende o autor a admissibilidade de declaração de nulidade do ato praticado pela autoridade delegante, enquanto não houver revogação da delegação. Nada obstante, filiamo-nos ao entendimento de José dos Santos Carvalho Filho, o qual entende que a delegação não retira da autoridade delegante a competência para desempenhar a atribuição delegada. Na visão do autor, haveria uma **cumulação de competência**.

Convém ressaltar que os órgãos consultivos, embora estejam incluídos na estrutura hierárquica da administração para fins disciplinares, não estão submetidos ao poder hierárquico, quando do exercício de suas atribuições. Dessa forma, em uma Consultoria Jurídica de Ministério, pode o Consultor determinar o critério de distribuição dos processos, dos estagiários, definir a rotina de expediente, definir a escala de férias, dentre outros temas afetos à rotina administrativa, mas não pode determinar qual deva ser a conclusão do parecerista, podendo, todavia, discordar do opinamento, desde que o faça fundamentadamente.

Não há hierarquia nos Poderes Legislativo e Judiciário no que concerne ao desempenho de suas funções constitucionais de legislar e jurisdicional o que significa que os presidentes dessas casas não podem determinar como devem votar e julgar os seus colegas parlamentares e magistrados, embora possam determinar o horário de expediente, concessão de férias ou licenças, dentre outras matérias administrativas.

> ▸ **Como esse assunto foi cobrado em concurso?**
>
> No concurso para provimento do cargo de Procurador junto ao Tribunal de Contas de Santa Catarina – 2010, realizado pela FEPESE foi considerada incorreta a seguinte assertiva: *Existe Poder Hierárquico na função judicial.*

Com a reforma do Judiciário promovida pela EC nº 45/2004, criou-se uma **hierarquia parcial** no Poder Judiciário, traduzida na faculdade do Supremo Tribunal Federal editar **súmula** com efeito **vinculante** de ofício ou mediante provocação, pelo voto de dois terços dos seus membros, depois de reiteradas decisões sobre matéria constitucional, para os demais órgãos do Poder Judiciário e à administração pública direta e indireta, nas esferas federal, estadual e municipal.

Diversamente das demais súmulas editadas pelo Supremo ou pelos demais tribunais que fornecem um entendimento da Corte que pode ou não ser seguido, a súmula vinculante torna **obrigatória** a sua observância pelos magistrados e agentes da Administração Pública.

## 4. PODER DISCIPLINAR

**Poder disciplinar** é o instrumento disponibilizado à Administração Pública para apurar infrações e aplicar penalidades aos servidores públicos e demais pessoas sujeitas à disciplina administrativa. Portanto, apenas os servidores públicos e pessoas vinculadas à Administração Pública, como as contratadas, submetem-se ao poder disciplinar.

Portanto, o que marca o início do exercício do poder disciplinar e o fim do hierárquico é a abertura de processo administrativo para apurar a responsabilidade pela prática de uma irregularidade administrativa.

Se um superior hierárquico, fiscalizando o cumprimento de uma ordem, verifica o cometimento de uma transgressão administrativa que é, justamente, o descumprimento de sua ordem, estará exercendo o seu poder hierárquico, todavia, quando determina a abertura de processo administrativo para apurar a responsabilidade pela desobediência ao seu comando, exercerá o seu poder disciplinar, sendo esta linha tênue que separa os poderes hierárquico e disciplinar comumente questionada em concursos públicos.

Enquanto no Direito Penal há um sistema de **rígida tipicidade**, onde cada conduta considerada ilícita é cuidadosamente descrita, no Direito Administrativo o legislador costuma fazer uso de normas gerais de conduta, enumerando deveres e obrigações que, uma vez não observados pelos agentes públicos, implicam na ocorrência de ilícito funcional.

O legislador, em algumas oportunidades, faz uso dos tipos administrativos para caracterizar as irregularidades funcionais. Citamos, como exemplo, o caso do art. 138, da Lei nº 8.112/90, que descreve o tipo administrativo do abandono de cargo, punível com a pena de demissão (art. 132, II): *Configura abandono de cargo a ausência intencional do servidor ao serviço por mais de trinta dias consecutivos.* Todavia, trata-se de exceção a regra dos tipos abertos do poder disciplinar da Administração.

> **Como esse assunto foi cobrado em concurso?**
>
> No concurso para provimento do cargo de Juiz do Trabalho Substituto 1ª região/2010, realizado pelo CESPE foi considerada incorreta a seguinte assertiva: *No campo disciplinar, o direito administrativo utiliza, como regra, o sistema da rígida tipicidade, prevendo cada conduta ilícita e a sanção respectiva.*

A **sanção de natureza disciplinar** não se confunde com a sanção penal ou civil, por terem fundamentos diversos, o que possibilita que uma pessoa possa ser condenada tanto na esfera administrativa quanto na penal e na civil, pelo cometimento de um único ato transgressor, sem incorrer no chamado *"bis in idem"*. De qualquer forma, deve sempre haver observância ao devido processo legal, com respeito ao contraditório e à ampla defesa ao acusado, nos termos dispostos pelo art. 5º, LV, da Constituição Federal de 1988.

> **Atenção!**
>
> Tradicionalmente, a doutrina administrativista costuma enfatizar o aspecto discricionário do poder disciplinar, traduzido na possibilidade da autoridade competente aferir aspectos como gravidade da infração, danos que dela provierem, circunstâncias agravantes e atenuantes (art. 128, da Lei nº 8.112/90). Contudo, o STJ vem entendendo que não há discricionariedade (juízo de conveniência e oportunidade) no ato administrativo que impõe sanção disciplinar. O que se faz é dar efetividade a comandos constitucionais e infraconstitucionais (vide o art. 128 da Lei n. 8.112/1990).

Apesar da observação acima, cumpre destacar que algumas bancas elaboradoras de concursos ainda defendem o exercício discricionário do poder disciplinar, justamente pela possibilidade de ponderação das circunstâncias fáticas que gravitam em torno da infração administrativa e do agente público responsável, conforme se depreende da questão abaixo:

> ▸ **Como esse assunto foi cobrado em concurso?**
>
> No concurso para provimento do cargo de Procurador Federal (2007), foi considerada *correta* a seguinte assertiva: *"O ato disciplinar é vinculado, deixando a lei pequenas margens de discricionariedade à administração, que não pode demitir ou aplicar quaisquer penalidades contrárias à lei, ou em desconformidade com suas disposições"*.

Além dos servidores públicos, o poder disciplinar também pode ser exercido em face das pessoas físicas e jurídicas que celebram contratos com a Administração. Nesses casos, trata-se de um regime contratual em que as situações que ensejam aplicação de punição devem estar descritas no ajuste de vontades.

## 5. PODER DE POLÍCIA

O **poder de polícia** pode ser compreendido como a faculdade conferida ao Estado para restringir o exercício de um direito individual em face de um potencial ou real benefício decorrente dessa restrição para a sociedade e possui como fundamento o princípio da supremacia do interesse público sobre o privado.

Na verdade, o conceito acima, fornecido pelo saudoso mestre Hely Lopes Meirelles, envolve o poder de polícia *lato senso* do Estado, tendo em vista que a restrição a direito individual só pode decorrer do Poder Legislativo (lei em sentido formal) e não do poder normativo da Administração.

O poder de polícia em sentido estrito seria aquele conferido pela lei, para a Administração fiscalizar e dar cumprimento às restrições individuais impostas pelo Direito. Conforme destaca Celso Antônio Bandeira de Mello, o poder de polícia, via de regra, impõe uma obrigação negativa ao administrado, um não fazer, visando propiciar um determinado benefício para a coletividade.

Podem-se identificar, com clareza, duas atividades administrativas inerentes, são elas:

I) A prestação de serviço público à coletividade;

II) A atividade estatal que limita o exercício de direito individual, chamada polícia administrativa.

Essa segunda atividade surge da necessidade do convívio em sociedade. Para que não prevaleça a "lei do mais forte", faz-se necessário que o Estado, guardião do interesse coletivo, impeça que o excesso no exercício de um direito individual venha a afetar o exercício de outro direito individual ou coletivo.

Para cada restrição a direito individual corresponde um poder de polícia administrativa, para que a Administração possa tornar-se efetiva e obedecida. Nesse aspecto, a exigência da carteira nacional de habilitação para conduzir veículos motorizados é uma restrição ao direito do indivíduo de conduzir um veículo, caracterizando-se, portanto, como um exemplo do poder de polícia administrativo.

Enquanto alguns serviços públicos admitem delegação de sua execução, **o poder de polícia não admite tal transferência de responsabilidade**, vez que, no exercício de tal poder, a Administração poderá se valer de sua força, da superioridade dos interesses por ela tutelados.

É dizer, o poder de polícia da Administração não pode ser delegado para concessionárias e permissionárias de serviço público, nem mesmo outorgado para entidades da administração indireta que possuam personalidade jurídica de direito privado.

Nesse sentido o STF tem entendido no sentido da indelegabilidade, a uma entidade privada, de atividade típica de Estado, que abrange até poder de polícia, de tributar e de punir, como a concernente ao exercício de atividades profissionais regulamentadas (ADI 1.717-DF, Rel. Min. Nelson Jobim, pub. 28.03.2003).

Sobre a possibilidade de delegação das atividades acessórias do Poder de Polícia, importa destacar a decisão do STJ (REsp nº 7.12312/DF), na qual a Corte Cidadã decidiu que toda notificação de trânsito tem que ser lavrada por autoridade administrativa, sob o fundamento da impossibilidade de delegação do Poder de Polícia, todavia, consignou a possibilidade de delegação dos atos materiais que precedem ao ato jurídico, o que nos remete ao ciclo do Poder de Polícia.

Na lição de Diogo de Figueiredo Moreira Neto, são quatro os ciclos ou fases do Poder de Polícia, senão vejamos:

a) **ordem de polícia**: é o preceito legal elementar, uma determinação estatal que conduza o administrado à observância de uma determinada regra ou princípio. Normalmente traduzida em um comando negativo absoluto (não fazer), podendo ainda se revestir de um comando negativo com reserva de consentimento, por meio do qual a Administração proíbe o uso de bem ou o exercício de atividade sem a sua prévia autorização, ou ainda por um **comando positivo** (fazer).

   Ex: A proibição de condução de veículo automotor sob a influência de álcool.

b) **consentimento de polícia**: é o ato administrativo por meio do qual a Administração verifica se a atividade ou o uso de propriedade estão adequadas às ordens de polícia. O consentimento normalmente se exterioriza como um alvará, uma licença ou uma autorização.

   Ex: emissão da carteira corporifica a vontade o Poder Público.

c) **fiscalização de polícia**: é a aferição da observância das ordens e do consentimento de polícia. A Administração tem o poder/dever de verificar se as determinações estatais estão sendo obedecidas e se não está sendo desempenhada nenhuma atividade sem o devido consentimento administrativo.

Ex: Redutores eletrônicos de velocidade equipados com câmeras (pardais).

d) **sanção de polícia**: é o ato administrativo que pune o desrespeito às ordens ou ao consentimento de polícia.

Ex: Aplicação de multa por autoridade de trânsito, sanitária, ambiental, dentre outras.

Para o STJ, somente os atos dos ciclos de polícia denominados "consentimento" e "fiscalização" são passíveis de delegação pela Administração Pública, posição exteriorizada da seguinte forma: "No âmbito da limitação do exercício da propriedade e da liberdade no trânsito, esses grupos ficam bem definidos: o CTB estabelece normas genéricas e abstratas para a obtenção da Carteira Nacional de Habilitação (legislação); a emissão da carteira corporifica a vontade o Poder Público (consentimento); a Administração instala equipamentos eletrônicos para verificar se há respeito à velocidade estabelecida em lei (fiscalização); e também a Administração sanciona aquele que não guarda observância ao CTB (sanção)."

Nesse aspecto, o STF criou uma situação inusitada, pois, ao julgar a ADI nº 1717/DF, entendeu que o poder de polícia não seria passível de delegação a particulares, enquanto, no julgamento da ADI nº 3026, reconheceu que a OAB exerce poder de polícia, mas não está obrigada a realizar concurso público por se tratar de entidade privada. Tal decisão também traz a inconveniente indagação acerca do fundamento para a imunidade tributária de que goza a OAB com relação a impostos, visto que essa é uma prerrogativa, apenas, das pessoas jurídicas de direito público.

A OAB, aos olhos do STF, é, ao mesmo tempo, entidade privada e autarquia: esta quando exerce poder de polícia e goza de isenção com relação a impostos sobre os seus bens e serviços vinculados à sua finalidade; aquela quando se livra das amarras do concurso público, da licitação e da fiscalização no uso dos recursos oriundos das contribuições dos seus integrantes.

A **polícia administrativa** não se confunde com a **polícia judiciária**. Enquanto esta é exercida por corporações policiais (estaduais e federais) e busca reprimir os ilícitos penais, aquela é inerente e se difunde por toda a Administração Pública, além de buscar evitar e reprimir a prática de irregularidades administrativas.

Segundo José dos Santos Carvalho Filho "quando agentes administrativos estão executando serviços de fiscalização em atividades de comércio, ou em locais proibidos para menores, ou sobre as condições de alimento para consumo, ou ainda em parques florestais, essas atividades retratam o exercício de polícia administrativa. Se, ao contrário, agentes estão investigando a prática de crime e, com esse objetivo, desenvolvem várias atividades necessárias à sua apuração, como oitiva de testemunhas, inspeções e perícias em determinados locais e documentos, convocação de indiciados etc., são essas atividades caracterizadas como polícia judiciária, eis que, terminada a apuração, os elementos são enviados ao Ministério Público para, se for o caso, providenciar a propositura de ação penal".

Cabe diferenciar também o **poder de polícia** do **poder disciplinar**. Este é conferido à Administração para punir as irregularidades praticadas pelos seus servidores ou pessoas submetidas à disciplina administrativa (contratados), enquanto, no exercício do poder de polícia, a Administração ultrapassa o seu âmbito interno e impõe obrigações a particulares, podendo fiscalizar o cumprimento de tais obrigações e aplicar sanções, em caso de inobservância.

A imposição de restrição a direito individual não pode decorrer diretamente de ato administrativo, ainda que de cunho normativo, pois apenas a lei pode inovar no nosso ordenamento para interferir e mitigar o espectro de liberdade do indivíduo, a quem tudo é permitido, desde que não seja proibido. Dessa forma, o poder de polícia pode ser compreendido em sentido amplo ou restrito.

Em **sentido amplo**, é o poder do Estado, aí inserido o Poder Legislativo, de editar normas de caráter geral e inovador as quais venham a diminuir e/ou condicionar o direito individual; enquanto, em **sentido restrito**, é a faculdade da Administração (Poderes Executivo, Legislativo e Judiciário, no exercício da função administrativa) de fiscalizar e aplicar as sanções no caso de descumprimento das proibições legais que não possuam caráter criminal.

## 5.1. Atributos

### *5.1.1. Discricionariedade*

O **poder de polícia**, usualmente, é exercido com certa discricionariedade, cabendo à Administração valorar qual o melhor momento de exercê-lo e qual é a sanção mais adequada no caso concreto dentre todas as que estão elencadas na lei, visto não ser factível que o Poder Legislativo venha a prever todas as hipóteses possíveis de exercício da polícia administrativa.

No entanto, há hipóteses em que o legislador anteviu a situação fática e define qual deve ser a conduta da Administração, não conferindo qualquer liberdade a esta, que será compelida a agir da única forma autorizada pelo legislador, não importando o julgamento do agente público para o caso concreto.

Dessa forma, apesar da discricionariedade ser indica pela maioria da doutrina administrativista como atributo do poder de polícia, não se pode afirmar que todo ato emanado do poder de polícia seria revestido de discricionário.

Exemplo de **poder de polícia discricionário** é a autorização para porte de arma e produção de material bélico.

Exemplo de **poder de polícia vinculado** é a licença para dirigir veículos automotores, para exercer determinada profissão.

> ▸ **Como esse assunto foi cobrado em concurso?**
> No concurso para provimento do cargo de auditor do Município de Angra dos Reis-2010, foi considerada incorreta, a seguinte assertiva: *"Diante da natureza restritiva dos atos praticados na atuação do poder de polícia administrativa, estes são estritamente vinculados".*

Costuma-se indicar a discricionariedade como um atributo do poder de polícia, todavia, entendemos que não há razão para incluí-la e excluir a presunção de legitimidade e a imperatividade, como fazem Hely Lopes e Di Pietro. A atividade de polícia administrativa pode ser vinculada ou discricionária, mas sempre gozará da presunção de legitimidade e obrigará o seu destinatário, independentemente de sua aquiescência (imperatividade).

### 5.1.2. *Autoexecutoriedade*

A **autoexecutoriedade** consiste na faculdade da Administração de decidir e de executar diretamente sua decisão por seus próprios meios, sem intervenção do Poder Judiciário.

Esse atributo não é inerente a todas as medidas de polícia, devendo a lei prever a sua execução ou **que a urgência do caso lhe imponha**. Portanto, se um fiscal da Receita Estadual não possuir competência legal para apreender uma mercadoria que se encontra transitando de forma irregular, não poderá retê-la, como forma de coerção, para o pagamento do tributo devido.

No entanto, se estivermos tratando de um fiscal sanitário que, igualmente, não tenha recebido do legislador competência para apreender mercadorias, poderá assim proceder, se constatar que o produto se encontra impróprio para o consumo, sendo esta a única forma para proteger a coletividade, devendo-se entender que, em tais hipóteses, há uma **presunção legal ficta** para tanto.

Apesar de a autoexecutoriedade ser elencada como atributo do Poder de Polícia, ela só existirá se estiver expressamente prevista em lei ou se a urgência da situação determinar que autoexecutar suas decisões é a única forma de a Administração satisfazer o interesse público.

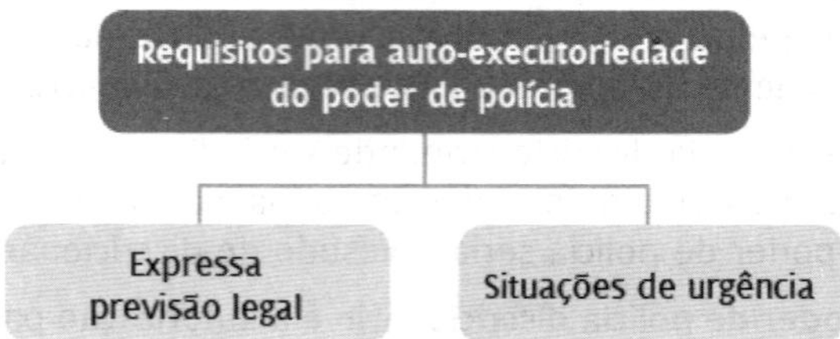


> ▸ **Atenção!**
>
> O STJ entendeu (informativo nº 311) que, sobre a retenção de veículo de transporte rodoviário de passageiros, por prática de irregularidade que consiste na falta de correspondência entre a lista de passageiros e as pessoas efetivamente transportadas, **é ilegal** o ato de autoridade que condiciona a liberação ao prévio pagamento de multa (art. 85 do Dec. n. 2.521/1998).

Sempre que possível, a Administração, no exercício do seu poder de polícia, ainda que autoexecutável, deverá oportunizar ao administrado a **ampla defesa** e o **contraditório** prévios, ressalvadas as hipóteses em que isso poderá pôr em risco o interesse da coletividade.

Caso o particular sinta que algum direito seu fora violado, poderá acionar as vias judiciais para analisar a legalidade do ato. Ex.: Prefeitura que localiza obra sendo construída sem licença, oferecendo risco aos proprietários dos imóveis vizinhos, poderá interditar e até mesmo promover a demolição do prédio, sem autorização judicial. Nesse sentido, já decidiu o STF.

> **▸ Como esse assunto foi cobrado em concurso?**
>
> No concurso para provimento do cargo de analista do STF-2008, foi considerada correta a seguinte assertiva: "*A suspensão temporária do alvará de funcionamento da referida UTI neonatal, que decorreu do exercício de poder de polícia, poderia ocorrer mesmo sem o prévio contraditório e a ampla defesa na esfera administrativa*".

Na lição de Maria Sylvia Di Pietro, a diferença entre **autoexecutoriedade** e **exigibilidade** reside no meio coercitivo. Na **exigibilidade**, a Administração faz uso de meios indiretos de coerção, como multa ou outras penalidades administrativas, enquanto na **autoexecutoriedade**, empregam-se meios diretos de coerção, obrigando o administrado, pelo *jus imperie*, a fazer ou deixar de fazer algo.

Outros autores entendem que a exigibilidade seria uma consequência natural da imperatividade (José dos Santos), como a prerrogativa da Administração exigir do particular uma obrigação positiva (Lucas Furtado).

### 5.1.3. *Coercibilidade*

A **coercibilidade** significa que a Administração poderá utilizar de força para remover os obstáculos à efetivação de suas decisões.

Na verdade, este atributo é inerente à autoexecutoriedade, vez que seria impensável que a Administração detivesse o poder de executar suas decisões, sem prévia anuência do Poder Judiciário, despida de força, seria como atribuir uma arma sem munição.

Por óbvio, o **excesso da coercibilidade** configura abuso ou desvio de poder, nulificadores do ato, que se torna passível de invalidação pela própria Administração ou pelo Poder Judiciário, quando provocado para efetuar o controle sobre os atos administrativos e de responsabilização do agente público responsável pelo ato administrativo abusivo.

## 5.2. Condições de validade ou limites ao Poder De Polícia

Constituem **limitadores ao Poder de Polícia** os aspectos vinculados ao seu exercício, tais como a **competência**, a **finalidade** e a **forma**, vez que sempre estarão definidos em lei, o que configura uma garantia para o administrado.

Outro limite ao poder de polícia é a necessidade de que o ato respeite o princípio da **razoabilidade** e da **proporcionalidade**, tendo em vista que o Estado, ao exercer o seu poder de polícia, deve restringir o exercício de direitos individuais, apenas, na exata proporção em que a restrição proporciona um benefício para a coletividade, razão pela qual a Administração deve procurar o meio menos gravoso que possa preservar o interesse público. Desta forma, só poderá limitá-los quando estes entrarem em conflito com o interesse coletivo, e esta limitação deverá restringir-se à resolução desse conflito.

> **Como esse assunto foi cobrado em concurso?**
>
> No 22º concurso para provimento do cargo de Procurador da República foi considerada correta a seguinte assertiva: *as condições de validade do ato de polícia são as mesmas do ato administrativo comum, ou seja, a competência, a finalidade e a forma, acrescidas da proporcionalidade da sanção e da legalidade dos meios empregados pela Administração;*

Também pode ser considerado como um limitador do poder de polícia a prescrição do direito da Administração aplicar as sanções decorrentes do descumprimento das determinações estatais.

A Lei nº 9.873/99 estabelece em seu art. 1º que prescreve em cinco anos a ação punitiva da Administração Pública Federal, direta e indireta, no exercício do poder de polícia, objetivando apurar infração à legislação em vigor, contados da data da prática do ato ou, no caso de infração permanente ou continuada, do dia em que tiver cessado.

Ressalte-se que o **prazo de cinco anos** é contado a partir da prática do ato, salvo nas situações de infração permanente ou continuada, da qual são exemplos a obra executada em desacordo com as restrições impostas pela prefeitura.

> **Como esse assunto foi cobrado em concurso?**
>
> No concurso para provimento do cargo de Procurador Federal-2010, realizado pelo CESPE, foi considerada incorreta a seguinte assertiva: *O prazo prescricional para que a administração pública federal, direta e indireta, no exercício do poder de polícia, inicie ação punitiva, cujo objetivo seja apurar infração à legislação em vigor, é de cinco anos, contados da data em que o ato se tornou conhecido pela administração, salvo se se tratar de infração dita permanente ou continuada, pois, nesse caso, o termo inicial ocorre no dia em que cessa a infração.*

> **Atenção!**
>
> O STJ entende que não cabe ao Poder Judiciário adentrar no mérito do valor cobrado em multas aplicadas pela Administração, sob o prisma do princípio da proporcionalidade, visto que não cabe ao Judiciário substituir o administrador.

## 6. SÚMULAS DO STF

- **Súmula 397.** O poder de polícia da Câmara dos Deputados e do Senado Federal, em caso de crime cometido nas suas dependências, compreende, consoante o regimento, a prisão em flagrante do acusado e a realização do inquérito.
- ***Súmula 645.*** É competente o município para fixar o horário de funcionamento de estabelecimento comercial.
- **Súmula 646.** Ofende o princípio da livre concorrência, lei municipal que impede a instalação de estabelecimentos comerciais do mesmo ramo em determinada área.

## 7. SÚMULAS DO STJ

- **Súmula 19.** A fixação do horário bancário, para atendimento ao público, é da competência da União.
- **Súmula 312.** No processo administrativo para imposição de multa de trânsito, são necessárias as notificações da autuação e da aplicação da pena decorrente da infração.

Capítulo 7

# Agentes públicos

*Fernando Baltar*

## 1. CONCEITO

**Agente público** é qualquer pessoa responsável, de forma definitiva ou transitória, pelo desempenho de uma função pública.

Tal assertiva engloba no conceito de agente público um conjunto maior que o de indivíduos que possuem vínculo jurídico efetivo com o aparelho estatal ou que recebem remuneração para a prestação de suas atividades profissionais. Assim, embora a atividade exercida seja temporária ou permanente, remunerada ou não, o que caracterizará o agente público será o exercício de uma **função pública**.

Conforme explica Fernanda Marinela, a caracterização de agente público, de acordo com esse conceito amplo, traz como resultado algumas consequências, dentre elas:

- Aqueles que praticam atos no exercício de uma função pública podem ser controlados judicialmente, estando sujeitos, por exemplo, aos remédios constitucionais, como o mandado de segurança, a ação popular, o mandado de injunção.
- Os danos decorrentes do exercício de uma função pública estão sujeitos ao regime de responsabilidade civil do Estado, uma vez que a própria Constituição (§ 6º do artigo 37) estabeleceu que as pessoas jurídicas de direito público e as de direito privado prestadoras de serviços públicos responderão pelos danos que seus agentes, nessa qualidade, causarem a terceiros, assegurado o direito de regresso contra o responsável nos casos de dolo ou culpa.
- Submete o indivíduo a regimes jurídicos específicos, como o identificado na Lei nº 8.429/92, que prevê a punição por atos de improbidade praticados por qualquer agente público.

> **Atenção!**
> O STF firmou distinções no regime de responsabilidade dos agentes políticos, em relação aos demais agentes públicos, pela prática de atos previstos na Lei de Improbidade Administrativa (Vide capítulo sobre **improbidade administrativa**).

## 2. CLASSIFICAÇÃO

Pela classificação adotada por Celso Antônio Bandeira de Mello, os agentes públicos podem ser:

I. agentes políticos;

II. servidores públicos;

III. particulares em colaboração com o Poder Público.

### 2.1. Agentes políticos

**Agentes políticos** são os agentes públicos responsáveis pela formação da vontade política do Estado. Ex.: Presidente da República, Governadores de Estado, Prefeitos e seus auxiliares imediatos, tais como Ministros e Secretários, Deputados, Senadores e Vereadores.

Segundo essa conceituação, adotada por doutrinadores como Celso Antônio Bandeira de Mello, dentre outros, os membros do Poder Judiciário e do Ministério Público não estariam inseridos dentro dessa classificação, justamente por faltar o elemento político no desempenho de suas funções, que são essencialmente técnicas. Contudo, nas decisões judiciais (STF RE 228977-2), verifica-se que os julgadores sempre classificam os membros dessas instituições como agentes políticos.

No tocante aos membros dos Tribunais de Contas, o STF, na Rcl-6702, decidiu que se aplica a Súmula Vinculante nº 13, que trata do nepotismo, para as nomeações para o cargo de Conselheiro de Tribunal de Contas, com o argumento de que tais cargos não se enquadrariam no conceito de agente político, vez que exercem função de auxiliar no Poder Legislativo no controle da Administração Pública.

Divergimos de tal entendimento, haja vista que os Tribunais de Contas possuem natureza de órgãos independentes e que, portanto, seus membros deveriam ser considerados agentes políticos, na esteira do pensamento da doutrina majoritária, mas advertimos que se trata de entendimento proveniente da nossa Suprema Corte.

Também nesse sentido se posiciona Hely Lopes Meirelles, o qual entende que os primeiros escalões dos Poderes Executivo, Legislativo e Judiciário devem ser considerados como agentes políticos, bem como os membros do Ministério Público, Tribunais de Contas e representantes diplomáticos, devendo os integrantes das carreiras da Advocacia-Geral da União, Procuradorias dos Estados e Municípios e da Defensoria Pública serem considerados como servidores públicos e não como agentes políticos.

Apesar de nos filiarmos ao entendimento de Celso Antônio Bandeira de Mello, destacamos o já mencionado posicionamento dos nossos tribunais a respeito do tema.

| Agentes políticos |
|---|
| Chefe do poder executivo e auxiliares diretos (ministros e secretários estaduais e municipais). |
| Membros do poder legislativo (senadores, deputados federais, estaduais e distritais e vereadores). |
| Membros da magistratura e ministério público. |
| Membros dos tribunais de contas (ministros e conselheiros). |
| Diplomatas. |

## 2.2. Servidores públicos

**Servidores públicos** são os agentes públicos que possuem vínculo com a Administração Pública direta, autárquica ou fundacional e recebem remuneração paga pelo erário. Os servidores públicos estão organizados dentro de uma estrutura hierárquica e desempenham as atribuições dos seus cargos, fixadas por lei.

Seguindo a classificação de Celso Antônio Bandeira de Mello, podem ser divididos da seguinte forma:

### 2.2.1. *Servidores estatutários*

São aqueles submetidos a um regime estatutário (lei que estabelece os direitos e obrigações do servidor com o Estado empregador), estabelecido por lei de competência de cada um dos entes federados. Por se tratar de lei e não de contrato, essa relação de direitos e obrigações poderá ser unilateralmente modificada pelo Estado, em face de sua competência para editar leis, desde que sejam respeitados os direitos adquiridos do servidor. Esses servidores ocupam cargos públicos.

As atividades típicas de Estado devem ser desempenhadas necessariamente por servidores públicos, face a garantia expressamente estampada no art. 247, da Constituição Federal de 1988. Dessa forma, os membros da Advocacia-Geral da União (Advogados da União e Procuradores da Fazenda Nacional) e da Procuradoria Geral Federal (Procuradores Federais) devem ocupar cargos públicos e possuir uma relação estatutária com a União, mas as atividades administrativas desses órgãos podem ser desempenhadas por empregados públicos, caso retornasse o regime jurídico múltiplo que será analisado no item 4, do presente capítulo.

### 2.2.2. Empregados públicos

São aqueles que ocupam emprego público, contratados pelo regime trabalhista e que, por se tratar de ajuste bilateral de vontades, não pode ser modificado unilateralmente por nenhuma delas, cabendo recordar, ainda, que só quem possui competência para legislar sobre matéria trabalhista é a União.

E a União, exercendo sua competência legislativa, editou a Lei nº 9.962/2000, que disciplina o regime de emprego público do pessoal da Administração federal direta, autárquica e fundacional, dispondo, logo em seu art. 1º que o pessoal admitido para emprego público na Administração federal direta, autárquica e fundacional terá sua relação de trabalho regida pela CLT e legislação trabalhista correlata, naquilo que a lei não dispuser em contrário.

Dessa forma, os empregados públicos federais serão regidos apenas parcialmente pela legislação trabalhista, enquanto os empregados públicos dos estados, municípios e Distrito Federal estarão submetidos integralmente à legislação trabalhista por lhes falecer competência para legislar sobre direito do trabalho.

> **Como esse assunto foi cobrado em concurso?**
>
> No concurso para Juiz Substituto da Paraíba-2011, realizado pelo CESPE, foi considerada *correta* a seguinte assertiva: A Lei n.º 9.962/2000, que disciplina o regime de emprego público, é aplicável apenas no âmbito da administração federal, não podendo ser utilizada pelos estados ou pelo DF, os quais, ao contratarem por esse regime, deverão obedecer ao disposto na Consolidação das Leis do Trabalho.

> **Atenção!**
>
> Autores de relevo, como Lucas Rocha Furtado, defendem que os empregados públicos não podem ser inseridos na classificação de servidores públicos, tendo em vista o tratamento diferenciado conferido pela Constituição Federal em algumas situações (Título III, Capítulo VII, Seção II), preferindo classificar os empregados públicos como espécie autônoma do gênero agentes públicos.

Em recente decisão com repercussão geral, o STF entendeu que quando se trata de contrato de trabalho regido exclusivamente pela CLT a competência para julgamento é da Justiça do Trabalho.

Ao apreciar o caso concreto de uma professora do Estado do Piauí, contratada em 1982, sem concurso público, o Ministro Teori Zavascki assim se pronunciou "Não se trata nem se alega a existência de vínculo subordinado à relação estatutária e nem de trabalho temporário submetido a lei especial. Trata-se, sim, de contrato de trabalho celebrado em 1982, época na qual se admitia a vinculação de servidores, à Administração Pública, sob regime da CLT".

### *2.2.3. Servidores temporários.*

São aqueles previstos na Constituição Federal de 1988, os quais podem ser contratados, sem concurso, por tempo determinado para atender à necessidade temporária de excepcional interesse público. Esses servidores (Diógenes Gasparini entende que não podem ser considerados como servidores públicos, mas agentes temporários) exercem função, sem estarem vinculados a cargo ou emprego público.

Cada ente federado possui competência para legislar sobre as situações e requisitos necessários à contratação temporária, desde que observem os elementos constitucionais da excepcionalidade e transitoriedade.

O STF, na ADI nº 3068/DF, entendeu que, na contratação de servidores temporários, deverá ser demonstrada a **necessidade temporária de excepcional interesse público, quer para o desempenho das atividades de caráter eventual, temporário ou excepcional, quer para o desempenho das atividades de caráter regular e permanente,** e que, ainda que se demonstre a inércia da Administração em realizar tempestivamente concurso público, o interesse público não pode ser punido, em reverência ao princípio da continuidade da atividade estatal.

Segundo decisão com repercussão geral da Suprema Corte, nos termos do art. 37, IX, da CF, para que se considere válida a contratação temporária de servidores públicos, é preciso que: a) os casos excepcionais estejam previstos em lei; b) o prazo de contratação seja predeterminado; c) a necessidade seja temporária; d) o interesse público seja excepcional; e) a contratação seja indispensável, sendo vedada para os serviços ordinários permanentes do Estado que estejam sob o espectro das contingências normais da Administração. (RE 658026, 11.4.2014)

É importante destacar que a contratação por tempo determinado para atendimento de necessidade temporária de excepcional interesse público realizada em desconformidade com os preceitos do art. 37, IX, da CF não gera quaisquer efeitos jurídicos válidos em relação aos servidores contratados, com exceção do direito à percepção dos salários referentes ao período trabalhado e, nos termos do art. 19-A da Lei 8.036/90, ao levantamento dos depósitos efetuados no FGTS.

Na mesma esteira, o STJ decidiu pela possibilidade de contratação temporária de servidor público, ainda que para o exercício de atividades permanentes do órgão ou entidade, desde que objetive o atendimento de demanda temporária de excepcional interesse público.

> ▸ **Atenção!**
>
> Os servidores temporários, apesar de serem contratados, serão julgados pela justiça comum (estadual ou federal) e não pela justiça trabalhista, segundo entendimento consolidado pelo STF.

O entendimento de que a Justiça do Trabalho não possui competência para julgar as relações entre os servidores temporários e a Administração Pública foi deflagrado na Ação Direta de Inconstitucionalidade (ADIN) nº 3395-6 - Distrito Federal. Nessa decisão restou afastada a competência da justiça trabalhista para apreciar as ações entre o Poder Público e seus servidores, quando a vinculação entre ambos for constituída em uma relação tipicamente jurídico-administrativa.

A seguir, trecho de informativo do STF sobre o tema: *"A ministra Cármen Lúcia Antunes Rocha, do Supremo Tribunal Federal (STF), julgou procedente a Reclamação (RCL) 6667, ajuizada na Corte pelo estado de Rondônia, declarando a incompetência da Justiça do Trabalho para processar e julgar ação trabalhista, proposta por ex-servidora temporária. Em conseqüência dessa decisão, a ministra cassou decisão do ministro relator do Superior Tribunal de Justiça (STJ), que considerou a Justiça do Trabalho competente para julgar a causa. Cármen Lúcia determinou a remessa dos autos à Justiça comum estadual, por considerar ser ela a competente para o julgamento. Em setembro passado, a ministra Cármen Lúcia deferiu liminar na RCL, determinando a suspensão dos efeitos da decisão do STJ até decisão de mérito da causa. No caso, o processo teve origem na Vara do Trabalho de Buritis (RO) que, em novembro de 2007, suscitou conflito negativo de competência entre aquela instância e o juiz de direito da Comarca de Buritis, o que motivou a remessa dos autos ao STJ. A corte superior julgou ser competente a Justiça do Trabalho para analisar o caso. Dessa decisão, o estado de Rondônia recorreu ao STF, alegando afronta à decisão proferida pelo Supremo no julgamento da Medida Cautelar na Ação Direta de Inconstitucionalidade (ADI) 3395. Sustenta que a autora do processo foi contratada com base no regime estatutário da legislação estadual, que regula as relações de contrato temporário no estado. Por essa razão, para o governo, a Justiça estadual seria incompetente para processar e julgar a ação. A ministra Cármen Lúcia, ao reconhecer a competência da justiça comum estadual, citou não só ao julgamento da ADI 3395, invocado pelo estado de Rondônia, como também diversos outros precedentes da Corte. Entre eles estão a RCL 5381, do Amazonas, em caso semelhante, relatada pelo ministro Carlos Britto, e o Recurso Extrtaordinário (RE) 573202, relatado pelo ministro Ricardo Lewandowski. Neste último julgamento,* ***o STF, por 7 votos a 1, confirmou jurisprudência preponderante na Corte no sentido de que a relação de emprego entre o Poder Público e seus servidores é sempre de caráter jurídico-administrativo e, portanto, a competência para dirimir conflitos entre as duas partes será sempre da Justiça Comum (Federal ou Estadual), e não da Justiça do Trabalho****"* (destacamos).

Ademais, a Suprema Corte, ao apreciar o Tema 544 da repercussão geral, entendeu que a justiça comum é competente para julgar causa relacionada ao direito de greve de servidor público, pouco importando se se trata de celetista ou estatutário.

### 2.3. Militares

Os **militares** são agentes públicos, mas a Constituição Federal de 1988, com redação dada pela EC nº 18, dispõe que o regime jurídico dos militares estará disciplinado em lei própria, retirando o tratamento jurídico de servidores públicos.

É fato que os militares são **agentes públicos** e que não se enquadram na categoria de agentes políticos, mas o legislador constituinte optou por não considerá-

-los servidores públicos; dessa forma, não são imediatamente extensíveis aos militares os direitos e as prerrogativas conferidas aos servidores públicos.

O regime jurídico dos militares é erigido sob os pilares da hierarquia e da disciplina, mas a Carta Magna consagra aos militares os direitos ao décimo terceiro salário; ao salário família; ao gozo de férias anuais remuneradas, acrescidas de um terço; licença gestante, licença paternidade, além dos demais previstos em legislação específica.

Aos militares é vedada a sindicalização, greve e filiação a partidos políticos.

### 2.4. Particulares em colaboração com o Poder Público

Hely Lopes chama essa categoria de **agentes honoríficos** e **agentes delegados**, definindo-os como as pessoas físicas que prestam serviços ao Estado, sem vínculo empregatício, com ou sem remuneração. Segundo Celso Antônio, "é composta de pessoas que, sem perderem sua qualidade de particulares – portanto, de pessoas alheias à intimidade do aparelho estatal (exceto os recrutas), mas que exercem função pública".

Classificam-se em:

#### 2.4.1. *Por delegação do Poder Público*

Tais como os que exercem serviços notariais ou de registro, desempenhando função pública em seu próprio nome, com remuneração paga pelos usuários desses serviços por eles prestados, sem vínculo empregatício, mas submetidos à fiscalização do Poder Público delegante.

#### 2.4.2. *Por requisição, nomeação ou designação*

São os jurados, conscritos e mesários da justiça eleitoral, os quais não necessitam possuir vínculo com o Estado e exercem tais funções sem remuneração (o conscrito é exceção no tocante à remuneração).

#### 2.4.3. *Gestores de negócios*

São as pessoas que assumem, de forma espontânea, o desempenho de funções públicas em situações de emergência como terremotos, inundações, epidemia, etc.

| Quadro sinótico: Agentes públicos | |
|---|---|
| **Agentes políticos** | - |
| **Servidores públicos** | • Servidores estatutários<br>• Empregados públicos<br>• Servidores temporários |
| **Militares** | - |
| **Particulares em colaboração com o Poder Público** | • Por delegação<br>• Por requisição, nomeação ou designação<br>• Gestores de negócios |

## 3. CARGOS, EMPREGOS E FUNÇÕES PÚBLICAS

**Cargo** é o local criado por lei dentro do serviço público que possui atribuições, nomenclatura e remuneração próprias.

O cargo público, por sua vez, subdivide-se em **cargo efetivo e em comissão.**

**Cargo efetivo** é aquele cujo provimento decorre de prévia aprovação em concurso público de provas ou de provas e títulos.

**Cargo em comissão** é aquele de livre provimento e exoneração. São os cargos em comissão que, segundo estabelece a Constituição devem ser criados por lei apenas para desempenho das atribuições de direção, chefia e assessoramento.

Os cargos em comissão podem ser ocupados por servidores de carreira ou por estranhos ao serviço público, mas a lei deverá fixar um percentual mínimo destes cargos que devem ser ocupados por servidores de carreira. Segundo o STF, para a criação de cargos em comissão, faz-se necessária a observância das seguintes condições:

a) exercício de funções de direção, chefia e assessoramento, não se prestando ao desempenho de atividades burocráticas, técnicas ou operacionais;

b) tal criação deve pressupor a necessária relação de confiança entre a autoridade nomeante e o servidor nomeado;

c) o número de cargos comissionados criados deve guardar proporcionalidade com a necessidade que eles visam suprir e com o número de servidores ocupantes de cargos efetivos no ente federativo que os criar; e

d) as atribuições dos cargos em comissão devem estar descritas, de forma clara e objetiva, na própria lei que os instituir.

Ao estabelecer tais balizas, o Pretório Excelso adequadamente restringe o poder do Chefe do Poder Executivo de enviar projetos de lei que criem cargos em comissão desviados de sua finalidade fixada constitucionalmente.

O **emprego público** também é um local no serviço público, criado por lei, com atribuições, nomenclatura e remuneração próprias, podendo distinguir-se uma da outra pelo tipo de vínculo que liga o servidor ao Estado.

**Função** é a atribuição ou o conjunto de atribuições conferidas aos cargos isolados ou organizados em carreira ou, ainda, aos que desempenham função pública em caráter excepcional e transitório.

Os cargos públicos, os empregos públicos e as funções públicas só podem ser criados por lei, no entanto a extinção dos cargos e das funções públicas pode ocorrer por decreto, desde que estejam vagos (art. 84, VI, "b", CF/88). Cabe registrar, porém, o entendimento doutrinário de que os empregos públicos, notadamente aqueles pertinentes às estatais exploradoras de atividade econômica, não exigiriam lei, para sua criação.

As **funções de confiança,** da mesma forma que os cargos em comissão, só podem ser criadas por lei para desempenho das atribuições de direção, chefia e assessoramento. No entanto, diferenciam-se dos cargos em comissão pelo fato de que só podem ser desempenhadas por servidores de carreira, que são os efetivos.

> **Atenção!**
>
> Todo cargo possui uma função, mas nem toda função corresponde a um cargo, como as funções criadas para atendimento de situações excepcionais e temporárias.

| | |
|---|---|
| **Cargo público** | • Efetivo (provimento decorrente de concurso público);<br>• Em comissão (livre provimento e exoneração);<br>• Criado por lei;<br>• Atribuições, nomenclatura e responsabilidades próprias;<br>• Vínculo estatutário. |
| **Emprego público** | • Criado por lei;<br>• Atribuições, nomenclatura e responsabilidades próprias;<br>• Vínculo trabalhista.<br>• Contratação decorrente de aprovação prévia em concurso público. |

Os cargos distribuem-se em **classes** e **carreiras** e, excepcionalmente, criam-se isolados.

| Classe | Carreira | Quadro |
|---|---|---|
| é o conjunto de cargos da mesma instituição e que possuem as mesmas funções e remuneração, os quais devem ser providos por concurso público de provas ou de provas e títulos. Podem ser consideradas como as etapas de acesso na carreira. | é o conjunto de classes da mesma instituição. O conjunto de carreiras e de cargos isolados constitui o quadro permanente do serviço público. | é o conjunto de carreiras, cargos isolados e funções gratificadas de um mesmo serviço, órgão ou Poder. Não se admite promoção ou acesso de um quadro para outro |

## 4. REGIME JURÍDICO DO SERVIDOR

A redação original da Constituição Federal de 1988 estabelecia o regime jurídico único, que significa a adoção de um único regime estatutário ou trabalhista para reger a relação do Estado com seus servidores.

Com o advento da EC nº 19/98, foi abolida a exigência do regime jurídico único, podendo o Estado decidir livremente qual o regime jurídico que regeria as relações com seus servidores, criando cargos ou empregos públicos, ressalvadas as carreiras em que a própria Carta Magna previu a obrigatoriedade da adoção do regime estatutário para os seus integrantes, como nos casos dos membros da

Magistratura, do Ministério Público, da Advocacia-Geral da União, dos Tribunais de Contas, das carreiras policiais e diplomáticas.

Esse cenário foi novamente alterado com o julgamento pelo STF da cautelar, na ADI 2.135 (relator Ministro Néri da Silveira, julgamento em 02/08/2007), que considerou inconstitucional a EC nº 19/98, no tocante à extinção da obrigatoriedade do regime jurídico único.

O fundamento para tal decisão decorre da ausência da aprovação na Câmara dos Deputados, em dois turnos, do trecho da emenda, que foi alterada pelo Senado Federal, suprimindo a menção ao regime jurídico único. Segundo o art. 118, do Regimento Interno da Câmara dos Deputados, havia necessidade de nova votação, para cumprimento da exigência de aprovação por dois turnos em cada uma das Casas Legislativas do Congresso Nacional (art. 60, § 2º, CF/88).

Dessa forma, ficou, em sede cautelar, **afastada a nova redação do *caput* do art. 39, retomando-se a redação original do texto constitucional, que estabelecia o regime jurídico único.**

> ▸ **Como esse assunto foi cobrado em concurso?**
>
> No concurso público realizado para provimento do cargo de Procurador da Fazenda Nacional - 2012, constou questão cujo enunciado tinha a seguinte redação: "No que se refere ao chamado Regime Jurídico Único, atinente aos servidores públicos federais, é correto afirmar que:"
>
> Foi considerada correta a seguinte alternativa: "*e) tal regime, que deixou de ser obrigatório a partir de determinada emenda constitucional, passou a novamente ser impositivo, a partir de decisão liminar do Supremo Tribunal Federal com efeitos ex nunc*".

O STF já entendeu que o **servidor não tem direito adquirido a regime jurídico**, podendo o Estado modificá-lo unilateralmente ou transformá-lo em celetista, entretanto, caso o vínculo seja contratual ou celetista, o Estado não poderá obrigar o servidor a adotar o novo regime. Será uma questão de opção que ocorrerá sem solução de continuidade.

Portanto, caso uma lei venha a transformar determinados empregos e cargos públicos a mudança do regime jurídico trabalhista para o estatutário não será contado da data de publicação da lei, mas da data em o servidor expressamente optar pela mudança, que poderá ser demonstrada por meio da apresentação da opção constante da carteira de trabalho.

Ocorre que, havendo a transposição do regime celetista para o estatutário, também não haverá direito adquirido às vantagens do regime anterior (AgRg no RE 732.512 - Min Gilmar Mendes).

Ainda acerca do regime jurídico dos servidores públicos, importa assinalar que, recentemente, o Exmo. Presidente da República aprovou o parecer da AGU nº GMF-02, tornando a matéria vinculante para toda a Administração Pública, segundo o qual a

Administração Pública Federal deve proceder ao desconto dos dias de paralisação decorrentes do exercício do direito de greve pelos servidores públicos, em virtude da suspensão do vínculo funcional que dela decorre, salvo quando ficar demonstrado que a greve foi provocada por conduta ilícita da Administração, e constatada situação de abusividade pelo Poder Judiciário.

Portanto, o corte de ponto passa a ser um dever, e não uma opção, da Administração que, entretanto, poderá firmar acordo para, em vez de realizar desconto, permitir a compensação das horas não trabalhadas pelos servidores.

Por fim, convém destacar que a AGU firmou recentemente o entendimento de que a o direito à remoção para acompanhar cônjuge ou companheiro, também servidor, só existirá quando este for removido de ofício, apenas, ainda que detentor de cargo em que assegurada a garantia da inamovibilidade.

Tal Parecer ainda fixou os seguintes requisitos para as remoções em comento, que devem ser cumulativamente preenchidos: (a) que o cônjuge ou companheiro removido seja servidor público civil ou militar, de qualquer dos Poderes da União, dos Estados, do Distrito Federal e dos Municípios, (b) que a sua remoção tenha sido no interesse da Administração, ou seja, de ofício, sem que tenha manifestado o seu interesse em se deslocar para localidade diversa; e (c) a necessidade de haver prévia coabitação do casal, de modo a comprovar a sua ruptura com o deslocamento de um dos consortes.

## 5. CONDIÇÕES DE INGRESSO

O art. 37, inc. II da Constituição dispõe que a investidura em cargo ou emprego público depende de aprovação prévia em **concurso público** de provas ou de provas e títulos, de acordo com a natureza e a complexidade do cargo ou emprego, na forma prevista em lei, ressalvadas as nomeações para **cargo em comissão** declarado em lei de livre nomeação e exoneração.

Por sua vez, o inciso V, do mesmo dispositivo constitucional, assevera que as **funções de confiança** serão exercidas exclusivamente por servidores ocupantes de cargo efetivo, e os cargos em comissão, por servidores de carreira nos casos, condições e percentuais mínimos previstos em lei para as atribuições de direção, chefia e assessoramento.

> ▸ **Como esse assunto foi cobrado em concurso?**
> No concurso realizado para provimento do cargo de Procurador do Município de Natal-RN/2008, foi considerada incorreta a seguinte assertiva:
> *"As funções de confiança e os cargos em comissão podem ser preenchidos por servidores que não ocupem cargo efetivo, nos casos, condições e percentuais mínimos previstos em lei".*
> Observação: Atente-se que a assertiva seria correta se fosse retirada a menção às funções de confiança.

**Em resumo:**

- para o provimento dos empregos públicos e cargos efetivos, faz-se necessária a aprovação prévia em concurso público de provas ou de provas e títulos;
- as funções de confiança só podem ser desempenhadas por servidores ocupantes de cargos públicos efetivos; e
- os cargos em comissão podem ser ocupados por quem não ocupa cargo efetivo (livre provimento), mas a lei tem que destinar um percentual para os servidores efetivos organizados em carreira. Esses cargos só podem ser criados para o desempenho das funções de direção, chefia e assessoramento.

Não há necessidade de realização de concurso para:

a) Cargos em comissão;

b) Cargos vitalícios de Ministros ou de Conselheiros dos Tribunais de Contas;

c) Magistrados dos Tribunais Superiores;

d) 1/5 dos tribunais de 2ª instância;

e) Juiz do TRE;

f) Funções temporárias (servidores temporários).

> **Atenção!**
> Celso Antônio Bandeira de Mello entende que, nas **empresas estatais que explorem atividade econômica**, pode haver contratação sem concurso nas situações em que, para cumprimento dos seus fins e pelas circunstâncias do momento, o concurso bloquearia o desenvolvimento de suas normais atividades no setor e se perderia a possibilidade de admitir pessoal qualificado que não se interessaria em disputar concursos, por ser de pronto absorvido pela demanda do mercado.

Os cargos e empregos públicos são acessíveis aos brasileiros e aos estrangeiros na forma da lei. O estrangeiro pode vir a ser um servidor público, desde que a lei autorize. O dispositivo constitucional depende de regulamentação para se tornar efetivo, o que significa que a União, os Estados, o Distrito Federal e os Municípios necessitam editar lei própria, definindo quais cargos e empregos serão acessíveis aos estrangeiros; não havendo lei reguladora, não poderá o estrangeiro ter acesso aos cargos e empregos públicos.

Já existe lei autorizando o acesso de estrangeiros aos cargos e aos empregos públicos de professores de universidades federais e de institutos federais de pesquisa científica.

É vedada a **distinção entre brasileiros** natos e naturalizados para fins de acesso aos cargos e empregos, ressalvados os cargos que a Constituição considerou privativos de **brasileiros natos**, como:

a) Ministros do STF;

b) Oficial das Forças Armadas;

c) Membros da carreira diplomática;

d) Presidente e Vice-Presidente da República;

e) Presidente da Câmara do Deputados;

f) Presidente do Senado;

g) Ministro da Defesa.

O inciso III, do já mencionado art. 37, da Constituição Federal de 1988, fixa em **até dois anos** o prazo de validade do concurso público, **prorrogável uma vez pelo mesmo período**. O entendimento dominante da doutrina é de que a possibilidade de prorrogação deverá estar contemplada expressamente no instrumento convocatório. Ausente a previsão em edital, revela-se impossível a prorrogação.

Dentro do prazo de validade do concurso o candidato aprovado deve ser nomeado, sob pena de decadência do seu direito. A posse e o exercício podem ocorrer depois de expirado o prazo de vigência do certame.

Dessa forma, os concursos podem ter o seu prazo de validade fixado em dias, semanas, meses ou até anos, desde que observem o mencionado limite, entretanto os dois anos devem ser considerados como prazo máximo e a prorrogação deve ficar a critério da Administração, não havendo direito subjetivo para o concursando a esta prorrogação.

O candidato aprovado em concurso público possuía, segundo anterior entendimento doutrinário e jurisprudencial, **mera expectativa** de ser nomeado. No entanto, a Sexta Turma do STJ, que foi posteriormente seguida pelo STF, entendeu que o **candidato aprovado em concurso público dentro do número de vagas previstas em edital possui direito líquido e certo à nomeação**.

Por maioria, os Ministros entenderam que o instrumento convocatório (edital), uma vez veiculado, constitui ato discricionário da Administração Pública, ensejando, em contrapartida, direito subjetivo à nomeação e à posse para os candidatos aprovados e classificados dentro do número de vagas previstas no edital.

O STJ entende que a abertura de novo concurso, enquanto vigente a validade do certame anterior, confere direito líquido e certo a eventuais candidatos cuja classificação seja alcançada pela divulgação das novas vagas (AgRg no REsp 1402265/PE, julgado em 04/02/2014, DJe).

É importante destacar que o STJ já pacificou o entendimento de que o prazo para impetração do mandado de segurança no caso de desrespeito ao direito subjetivo à nomeação para os candidatos aprovados dentro do número de vagas não se esvai juntamente com o prazo de validade do concurso. Na verdade, o termo inicial do prazo decadencial para essas hipóteses é o término do prazo de validade do concurso (RMS 34329/RN).

O STF entendia que o direito à nomeação dos candidatos aprovados está relacionado aos cargos existentes ou nos que vierem a vagar no prazo de validade do concurso (Informativo nº 713).

Entretanto, em novo julgamento, o Pretório Excelso modificou o seu entendimento e passou a decidir que o surgimento de novas vagas durante o prazo de validade de concurso não geraria, automaticamente, um direito à nomeação dos candidatos aprovados fora das vagas do edital, nem mesmo que novo concurso fosse aberto durante a validade do primeiro.

O provimento dos cargos dependeria de análise discricionária da Administração Pública, moldada pelo crivo de conveniência e oportunidade. A despeito da vacância dos cargos e da publicação do novo edital durante a validade do concurso, poderiam surgir circunstâncias e legítimas razões de interesse público que justificassem a inocorrência da nomeação no curto prazo, de modo a obstaculizar eventual pretensão de reconhecimento do direito subjetivo à nomeação dos aprovados em colocação além do número de vagas. A referida discricionariedade, porém, seria aquela consentânea com o Direito Administrativo contemporâneo, ou seja, não seria livre e irrestrita, mas vinculada a certas premissas. Ou seja, deveria basear-se no dever de boa-fé da Administração Pública, além de pautar-se por um incondicional respeito aos direitos fundamentais e aos princípios da eficiência, da impessoalidade, da moralidade e da proteção da confiança, todos inerentes ao Estado de Direito (Informativo nº 803, Repercussão Geral).

Portanto, atualmente, o candidato aprovado fora do número de vagas definidas no edital do concurso não possui direito subjetivo à nomeação caso surjam novas vagas durante o prazo de validade do certame, salvo se houver manifesto comportamento da Administração destinado a prover tais cargos durante a validade do certame.

O STJ, por sua vez, entende que o candidato aprovado fora das vagas previstas originariamente no edital, mas classificado até o limite das vagas surgidas durante o prazo de validade do concurso, possui direito líquido e certo à nomeação **se o edital dispuser que serão providas, além das vagas oferecidas, as outras que vierem a existir durante sua validade** (MS 18.881-DF, Rel. Min. Napoleão Nunes Maia Filho, j. 28.11.2012. 1ª S. - Info. 511).

O STJ também definiu que o candidato aprovado fora do número de vagas previstas no edital de concurso público tem direito subjetivo à nomeação quando o candidato imediatamente anterior na ordem de classificação, embora aprovado fora do número de vagas, for convocado para vaga surgida posteriormente e manifestar desistência.

Acerca do reconhecimento de direito subjetivo à nomeação dentro do prazo de validade do concurso para o candidato aprovado dentro do número de vagas, cabe destacar que o Ministro Carlos Ayres ponderou que **esse direito não é absoluto e cede diante de impossibilidades supervenientes devidamente demonstradas pela Administração.**

Nesse sentido, o STF, em repercussão geral (RE 598.099/MS, Pleno, Rel. Min. Gilmar Mendes, DJe 03.10.2011), identificou hipóteses excepcionais nas quais a Administração pode deixar de realizar a nomeação de candidato aprovado dentro do número de vagas, desde que tenham as seguintes características:

a) superveniência: os eventuais fatos ensejadores de uma situação excepcional devem ser necessariamente posteriores à publicação do edital do certame público;

b) imprevisibilidade: a situação deve ser determinada por circunstâncias extraordinárias, imprevisíveis à época da publicação do edital;

c) gravidade: os acontecimentos extraordinários e imprevisíveis devem ser extremamente graves, implicando onerosidade excessiva, dificuldade ou mesmo impossibilidade de cumprimento efetivo das regras do edital;

d) necessidade: a solução drástica e excepcional de não cumprimento do dever de nomeação deve ser extremamente necessária, de forma que a Administração somente pode adotar tal medida quando absolutamente não existirem outros meios menos gravosos para lidar com a situação excepcional e imprevisível.

Saliente-se, ainda, que o candidato aprovado possui direito à nomeação imediata caso ocorra burla na ordem de classificação ou quando for contratado ou nomeado servidor, sem concurso público (nomeações "ad hoc" ou contratações de terceirizados).

> **Atenção!**
> O STF, inclusive, editou, nesse sentido, a Súmula nº 15, pela qual "dentro do prazo de validade do concurso, o candidato aprovado tem direito à nomeação, quando o cargo for preenchido sem observância da classificação".

Vale ainda registrar que, segundo o STF, mesmo se tratando de concurso para cadastro de reserva, a nomeação de terceirizados em detrimento dos candidatos aprovados no concurso para idêntica função pública e, desde que vigente o certame, viola o disposto no art. 37, II da nossa Carta Magna, fazendo surgir para os candidatos aprovados no concurso o direito subjetivo à nomeação (Rcl-29307).

No que concerne ao controle dos concursos públicos efetuado pelo Poder Judiciário, predomina o entendimento de que não cabe ao Judiciário o papel de revisor das bancas de concurso e que é inevitável, nas **provas discursivas**, certa discricionariedade na avaliação das respostas. Nas provas de **múltipla escolha**, o Judiciário também tem se pautado pela fiscalização da observância ao princípio da isonomia e a verificar se as questões foram formuladas de acordo com o programa estabelecido pelo edital, não ingressando no mérito dos quesitos.

No entanto, o STJ entende que a banca examinadora pode exigir conhecimento sobre legislação superveniente à publicação do edital, desde que vinculada às matérias nele previstas.

▸ **Como esse assunto foi cobrado em concurso?**

No concurso para Advogado da UEM-2018, foi considerada correta a seguinte assertiva: a banca examinadora pode exigir conhecimento sobre legislação superveniente à publicação do edital, desde que vinculada às matérias nele previstas.

A Constituição, em seu art. 5º, veda as distinções baseadas em sexo, idade, raça, credo e convicções políticas. Tais vedações não devem ser interpretadas de forma absoluta, pois a própria Carta Política, em seu art. 37, inc. I atribui **à lei ordinária** a competência para fixar os requisitos de acesso aos cargos, empregos e funções.

A doutrina e a jurisprudência admitem que o **legislador** fixe **critérios limitativos** ao sexo e à idade dos candidatos, quando essas limitações guardem **correlação lógica** e sejam necessárias em razão das atribuições a serem exercidas. Segundo o Ministro Sepúlveda Pertence, no Agr. RE 327.784, *não cabe ao edital limitar o que a lei não restringiu.* Ex.: guarda de presídio feminino, policial, delegado.

A aferição do cumprimento do requisito de idade, assim como o diploma ou habilitação legal para exercer o cargo público deve se dar no momento da posse e não no momento da inscrição, salvo nos concursos públicos para ingresso na Magistratura ou no Ministério Público, quando a comprovação dos requisitos exigidos deve ser feita na inscrição definitiva e não na posse.

O STF entendeu inconstitucional edital de concurso público para ingresso em curso de formação de oficiais de polícia militar estadual que previa a possibilidade de participação apenas de candidatos do sexo masculino. Assentou-se a afronta ao mencionado princípio da isonomia, haja vista que tanto o edital quanto a legislação que regeria a matéria não teriam definido qual a justificativa para não permitir que mulheres concorressem ao certame e ocupassem os quadros da polícia militar.

A Suprema Corte também julgou inconstitucional, com repercussão geral, a **proibição de tatuagens** a candidatos a cargo público estabelecida em leis e editais de concurso público, por entender que se trataria de barreiras arbitrárias para impedir o acesso de candidatos a cargos públicos o que afrontaria os princípios constitucionais da isonomia e da razoabilidade e que qualquer obstáculo a acesso a cargo público deve estar relacionado unicamente ao exercício das funções públicas (RE/898450 - DJ 23/08/2016), ressalvada a possibilidade de o edital estabelecer restrição para os candidatos com tatuagens que representem, por exemplo, obscenidades, ideologias terroristas, discriminatórias, que preguem a violência e a criminalidade, discriminação de raça, credo, sexo ou origem, temas inegavelmente contrários às instituições democráticas e, portanto, dotadas de razoabilidade suficiente para obstaculizar o acesso a uma função pública.

No que concerne especificamente ao **exame psicotécnico**, o entendimento dominante é de que a exigência deve estar prevista em lei e no edital, não sendo suficiente a mera previsão em edital, nem em ato normativo infralegal.

Nesse sentido a Súmula nº 686, do Supremo Tribunal Federal, *in verbis*: "Só por lei se pode sujeitar a exame psicotécnico a habilitação de candidato a cargo público".

O exame psicotécnico deve ter caráter público, não se admitindo que a Administração venha a estabelecer, ainda que por edital, caráter sigiloso ao exame. Ademais, os critérios de avaliação devem ser objetivos, a fim de permitir ao candidato a avaliação do resultado.

**No caso de declaração de nulidade de exame psicotécnico previsto em lei e em edital, é indispensável a realização de nova avaliação, com critérios objetivos, para prosseguimento no certame**; ou seja, caso haja decisão judicial anulando o exame psicotécnico, deverá ser realizado novo exame com novos critérios objetivos; uma vez que, se a lei exige exame psicotécnico para a investidura no cargo público, o Poder Judiciário não poderia dispensá-lo, sob pena de ofensa aos princípios da isonomia e da legalidade.

Por sua vez, os exames físicos também podem ser considerados legítimos, desde que tal exigência se encontre prevista em lei, guarde relação de pertinência com as atividades a serem desenvolvidas, esteja pautada em critérios objetivos e seja passível de recurso.

O Supremo Tribunal Federal possui entendimento pela impossibilidade de remarcação de teste de aptidão física em concurso público em razão de problema temporário de saúde, em observância ao princípio constitucional da isonomia, tão caro aos concursos públicos, defendendo a inexistência de direito constitucional à remarcação de provas em razão de circunstâncias pessoais dos candidatos. (RE 630.733, Rel. Min. Gilmar Mendes, DJe de 20/11/2013)

Ocorre que no final de 2017, o Min Luiz Fux aponta para uma nova interpretação do tema, ao compreender que a remarcação de teste de aptidão física em concurso público em razão de problema temporário de saúde não violaria o princípio da isonomia no tocante às candidatas gestantes, afastando o entendimento assentado no julgamento do RE 630.733, acima mencionado.

Tal entendimento foi consagrado pela Suprema Corte, com a seguinte redação, em sede de repercussão geral: "É constitucional a remarcação do teste de aptidão física de candidata que esteja grávida à época de sua realização, independentemente da previsão expressa em edital do concurso público." (RE 1058333 – 21/11/2018)

O Supremo também entende que as **provas de títulos** em concursos públicos para provimento de cargos efetivos no seio da Administração Pública brasileira, qualquer que seja o Poder de que se trate ou o nível federativo de que se cuide, **não podem ostentar natureza eliminatória**, prestando-se apenas para classificar os candidatos, sem jamais justificar sua eliminação do certame.

No que tange aos concursos que possuem fase de investigação social, é relevante destacar que o STF entende que nessa fase não pode haver a exclusão do concurso de candidato condenado em ação penal, ainda não transitada em julgado, em respeito ao princípio da presunção de inocência.

> **Atenção!**
>
> O STF (MS 20.972-DF) e o STJ (RESP nº 24.558-1-DF) entendem que, caso o servidor público já tenha se submetido a exame psicotécnico e aprovado para cargo público de funções idênticas ou semelhantes, na mesma pessoa federativa, seria ilegal exigir novo exame ou reprová-lo, caso venha a se submeter a nova avaliação, salvo se a Administração tenha-lhe atribuído alguma psicopatologia, por meio de avaliação médica, durante o exercício de suas funções públicas.

> **Como esse assunto foi cobrado em concurso?**
>
> No concurso para Defensor Público do Estado do Acre - CESPE/2017, foram consideradas corretas apenas as assertivas III e IV, descritas a seguir:
>
> *Com base nas disposições constitucionais e na jurisprudência do STF, julgue os itens a seguir, a respeito de concursos públicos.*
>
> *I. Existindo previsão em edital, as provas de títulos poderão ter natureza eliminatória ou classificatória.*
>
> *II. Candidato condenado em ação penal, ainda que não transitada em julgado, poderá ser excluído do certame na fase de investigação social.*
>
> *III. O exame psicotécnico deverá ser previsto em lei e basear-se em critérios objetivos de reconhecido caráter científico.*
>
> *IV. Editais de concurso público não podem estabelecer restrição a pessoas com tatuagem, salvo em razão de conteúdo que afronte valores constitucionais.*

A Suprema Corte entende que é constitucional a regra inserida no edital de concurso público, denominada cláusula de barreira, com o intuito de selecionar apenas os candidatos mais bem classificados para prosseguir no certame. (RE 635739, 19.2.2014).

Os candidatos que foram nomeados posteriormente, por força de decisão judicial, não fazem jus às promoções ou progressões funcionais que alcançariam caso houvesse ocorrido, a tempo e modo, a nomeação, mesmo que a decisão possua eficácia retroativa; outrossim, não possuem direito à indenização, sob fundamento de que deveriam ter sido investidos em momento anterior, salvo situação de arbitrariedade flagrante.

Com relação à **reserva de vagas** a serem preenchidas pelos portadores de necessidades especiais, a Constituição, em seu art. 37, inciso VIII, estabelece que a lei reservará percentual dos cargos e de empregos públicos para as pessoas portadoras de deficiência, sendo que os critérios para essa admissão deverão ser definidos em lei.

A Lei em questão é a de nº 7.853/89, que garantiu a percentagem mínima de 5% das vagas aos portadores de deficiência, enquanto, no âmbito federal, a Lei nº 8.112/90, estabeleceu o máximo de 20%.

> **Atenção!**
> Em ação julgada pelo STF, discutia-se o direito de nomeação de candidato portador de necessidades especiais em concurso do TJDFT, com apenas duas vagas. Caso se entendesse pela procedência, o arredondamento da fração que corresponderia a 5%, ou mesmo a 20%, levaria a se chegar a 50% das vagas reservadas para os portadores. Tal situação levaria os candidatos em geral a concorrerem a uma das vagas, e os deficientes, à outra, aumentando os percentuais mínimo – 5%, ou mesmo o máximo – de 20%, para 50%. Para o Ministro Marco Aurélio, "a eficácia do artigo 37, inciso VIII, pressupõe campo propício a ter-se com a incidência do percentual concernente à reserva para portadores de deficiência, resultado a desaguar em certo número de vagas. Isso não ocorre, quando existentes apenas duas".

Por fim, é importante destacar que o STF acolheu a tese da AGU no sentido de reconhecer a legalidade da reserva de vinte por cento das vagas, também chamada de **cotas** em concursos públicos federais a candidatos negros, conforme previsto na Lei nº 12.990/2014, bem como a legitimidade do critério da autodeclaração, com possibilidade de utilização subsidiária de critérios de heteroidentificação, no intuito de coibir fraudes, desde que respeitados a dignidade da pessoa humana, o contraditório e a ampla defesa.

Trata-se de uma reserva transitória de vagas, vez que a vigência da Lei nº 12.990/2014 expirará em dez anos.

| Em resumo: |
|---|
| • O edital terá prazo de validade de até dois anos; |
| • Admite-se a prorrogação, uma única vez, pelo mesmo prazo, desde que haja previsão no edital; |
| • Podem ser fixadas restrições de acesso aos cargos e empregos públicos desde que prevista em Lei e que haja correlação lógica com as atribuições a serem desempenhadas; |
| • O candidato aprovado dentro do número de vagas possui direito subjetivo à nomeação durante o prazo de validade do concurso, desde que não surja circunstância superveniente impeditiva. |

## 6. PROVIMENTO E VACÂNCIA

### 6.1. Provimento

**Provimento** é o fato administrativo que retrata o preenchimento de um cargo ou função pública. Há dois tipos de provimento: o **originário** e o **derivado**.

### 6.1.1. *Tipos de provimento*

O **provimento originário**, também chamado **inicial**, indica que o vínculo do servidor com o cargo ou função pública não decorre de prévia vinculação com a Administração.

**Provimento derivado** é o que depende de um vínculo anterior do servidor com a Administração. Ex.: a reintegração, a promoção, aproveitamento.

Dessa forma, será **originário** o provimento para o cargo de juiz, se o nomeado for um advogado, professor ou analista judiciário, mas será **derivado** o provimento do cargo de desembargador, salvo se pertencente ao quinto constitucional indicado pela OAB.

Quando o servidor é nomeado, mas não toma posse no prazo legal, torna-se sem efeito a sua nomeação, entretanto, quando o servidor é empossado e não entra em exercício no prazo legal, o mesmo será exonerado.

### 6.1.2. *Formas de provimento*

Quanto às formas de provimento, temos:

I. **Nomeação** – é a mais comum e ocorre para provimento originário dos cargos efetivos e em comissão;

> **Atenção!**
>
> Após a nomeação o servidor possui o prazo de trinta dias para tomar posse e quinze dias para entrar em exercício. Admite-se a posse por procuração, mas o exercício corresponde ao desempenho das funções atribuídas ao servidor e, portanto, não admite a outorga de responsabilidades.

II. **Promoção vertical** – é a forma pela qual o servidor sai de seu cargo e ingressa em outro de categoria mais elevada (a promoção horizontal que é a que o servidor não muda de categoria, mas, apenas, de classe, não é forma de provimento, pois não gera vacância do cargo);

III. **Readaptação** – é a forma de provimento pela qual o servidor passa a ocupar cargo diverso do que ocupava, tendo em vista a necessidade de adequar o desempenho da função pública com a limitação física ou psíquica sofrida (na hipótese de inexistência de vaga, exercerá suas funções como excedente);

IV. **Recondução** – é o retorno do servidor que tenha estabilidade ao cargo que ocupava anteriormente, por motivo de sua inabilitação em estágio probatório relativo a outro cargo ou pela reintegração de outro servidor ao cargo de que teve de se afastar;

> **Como esse assunto foi cobrado em concurso?**
>
> No concurso para Juiz de Direito Substituto – AM/2016, foi considerada incorreta a seguinte assertiva:

E) Recondução é o retorno do servidor público, estável ou não, ao cargo anteriormente ocupado e decorre de inabilitação em estágio probatório relativo a outro cargo ou de exoneração do anterior ocupante.

▸ **Atenção!**

Em 2009, a AGU emitiu o Parecer nº JT -03, aprovado pelo Presidente da República, vinculando, portanto, toda a Administração Pública Federal, admitindo a recondução de ex-procuradora federal que estava ocupando cargo de procuradora estadual. Na ocasião, ficou definido que os requisitos para a recondução são:

a) não tenha sido adquirida a estabilidade no novo cargo;

b) ao revés, que se tenha adquirido a estabilidade no cargo anterior.

Portanto, preenchidos os requisitos expostos acima, é possível a recondução para cargo público federal civil, não importando a qual poder ou unidade da federação se encontrava vinculado.

V. **Reintegração** – é o retorno do servidor demitido ilegalmente. Se outro servidor ocupava o cargo e também e detinha a estabilidade, será reconduzido ao cargo de origem, sem direito à indenização, ou será aproveitado em outro cargo (se já era servidor anteriormente), ou, ainda, será posto em disponibilidade com remuneração proporcional ao tempo de serviço;

VI. **Aproveitamento** – é o reingresso do servidor em disponibilidade, quando haja cargo vago de natureza e vencimento compatíveis com o anteriormente ocupado. A Administração deverá verificar se estão presentes os pressupostos para o aproveitamento, a saber: a) compatibilidade de cargos e de nível de remuneração; e b) a idade e condições de saúde do servidor. Dessa forma, caso o servidor esteja em disponibilidade, face a extinção do seu cargo de motorista, não possuirá direito subjetivo a ser aproveitado no cargo de fiscal da receita;

VII. **Reversão** – é o retorno à atividade do servidor aposentado e dar-se-á no interesse da Administração, ou quando cessar invalidez temporária. Nesse segundo caso, o servidor terá que ser examinado por junta médica oficial, que o declarará apto para voltar ao trabalho. O retorno independe da existência de cargo vago, pois a lei estabelece que o servidor poderá exercer suas funções como excedente.

É interessante anotar que, segundo entendimento do Tribunal de Contas da União (Acórdão 2217/2016), o exercício de atividade remunerada no setor privado por servidor aposentado por invalidez não implica necessariamente reversão, tampouco obrigação de ressarcir os valores recebidos a título de proventos. Tendo a junta médica oficial atestado a persistência das condições que ensejaram a aposentadoria e inexistindo provas de fraude em tal declaração, não há óbice a que o servidor exerça atividade privada por sua conta e risco.

Mas, quando o pedido de reversão ocorrer no interesse da Administração, só será atendido se preencher três condições: a existência de cargo vago; a aposentadoria ter sido voluntária e ocorrida há menos de cinco anos da data da solicitação de reversão; tratar-se de servidor estável quando na atividade.

A **disponibilidade** é a garantia de inatividade remunerada assegurada ao servidor estável, em caso de ser extinto o cargo ou declarada a sua desnecessidade. A remuneração será proporcional ao tempo de serviço.

> ▸ **Como esse assunto foi cobrado em concurso?**
>
> No concurso para Cartório - MG/2015, com o enunciado: Em caso de extinção de cargo público, assinale a alternativa correta:
>
> Foi considerada correta a seguinte assertiva:
>
> A) O servidor estável deve ser aproveitado, de forma adequada, em outro cargo.

| | | |
|---|---|---|
| Tipos de provimento | Originário | Independe de prévia vinculação do servidor com a Administração; |
| | Derivado | Depende de prévio vínculo do servidor com a Administração; |
| Formas de provimento | Nomeação | Provimento originário para cargos efetivos e em comissão; |
| | Promoção vertical | Progressão na carreira do servidor; |
| | Readaptação | Decorrente de limitação física ou psíquica do servidor; |
| | Recondução | Retorno do servidor estável em virtude de inabilitação em estágio probatório ou reintegração; |
| | Reintegração | Retorno do servidor demitido ilegalmente; |
| | Reversão | Retorno do servidor aposentado; |
| | Aproveitamento | Reingresso do servidor em disponibilidade. |

Apesar de não estarem contempladas no rol da Lei nº 8.112/90, a **transformação** e a **reclassificação** são formas de provimento derivado, conforme recorda Diogo de Figueiredo Moreira Neto, em sua obra "Curso de Direito Administrativo", por meio das quais o servidor público civil é investido em novo cargo ou função, com diferente denominação e enquadramento, em virtude da extinção do cargo ou função que detinha.

É o que ocorreu com os antigos cargos de procuradores das autarquias federais (IBAMA, INCRA, INSS, DNOCS, dentre outros) que foram transformados em Procuradores Federais.

Por fim, cabe destacar que as formas de provimento estudadas estão previstas na Lei nº 8.112/90 que é o estatuto jurídico dos servidores públicos federais e que os estados, DF e municípios podem legislar estabelecendo outras formas de provimento para os seus servidores, devendo observar, apenas, os limites estabelecidos pela Constituição Federal de 1988.

Nesse sentido, o STJ decidiu que não é possível a aplicação, por analogia, do instituto da recondução previsto no art. 29, I, da Lei 8.112/1990 a servidor público estadual na hipótese em que o ordenamento jurídico do estado for omisso acerca desse direito.

### 6.2. Vacância

É o fato administrativo pelo qual o servidor é destituído do cargo. A **vacância** ocorrerá nas seguintes situações:

I. **Exoneração** - a pedido ou de ofício, nos casos de cargo em comissão ou inabilitação em estágio probatório;

II. **Demissão** – é forma de sanção administrativa e é aplicada pela prática de ilícito administrativo apurado em processo administrativo disciplinar em que sejam assegurados o contraditório e a ampla defesa;

III. **Promoção**;

IV. **Readaptação**;

V. **Aposentadoria**;

VI. **Posse em outro cargo inacumulável**;

VII. **Falecimento**

## 7. REMUNERAÇÃO DOS SERVIDORES

Existem duas formas de remuneração dos servidores: os **vencimentos** e o **subsídio**. Os **vencimentos** consistem no pagamento de uma parcela fixa (vencimento) e de uma parcela variável (composta das gratificações, adicionais e indenizações). Já o **subsídio** é pago mediante uma parcela única.

| Formas de remuneração ou estipêndio dos servidores públicos | | |
|---|---|---|
| **Subsídio** | Parcela fixa que admite a percepção de verbas indenizatórias | **Obrigatório - membros de poder, os membros da AGU, da Defensoria Pública e ministros e secretários estaduais e municipais. Facultativo - demais servidores organizados em carreira** |
| **Vencimentos** | Parcela fixa (vencimento) acrescida de parcela variável (gratificações, adicionais, indenizações) | **Servidores organizados em carreira** |

A Constituição determina que alguns cargos necessariamente devem ser remunerados por **subsídio**, tais como os membros do Poder Judiciário, do Ministério Público, do Legislativo, dos Tribunais de Contas, da Advocacia Geral da União, Defensoria Pública e das polícias, bem como os primeiros escalões do Poder Executivo (ministros, secretários estaduais e municipais).

Os demais cargos que estejam organizados em carreira podem (trata-se de faculdade e não de direito) ser remunerados por subsídio.

A **fixação** e **alteração da remuneração** dos servidores públicos só podem ser realizadas por lei específica (ressalvados os servidores do Poder Legislativo, cuja remuneração é fixada por ato do Congresso Nacional) e depende de prévia dotação orçamentária e de autorização específica da lei de diretrizes orçamentárias. Nesse sentido, já apontou o Pretório Excelso ao decidir com repercussão geral que não cabe, ao Poder Judiciário, que não tem a função legislativa, aumentar vencimentos de servidores públicos sob o fundamento de isonomia.

A EC nº 19/98 proibiu qualquer **vinculação ou equiparação de remuneração**, o que significa que estão vedados os reajustes automáticos de vencimentos ou subsídios, ressalvadas as situações, expressamente, previstas na Constituição, como a existente entre a remuneração dos Ministros do STF e do STJ (95% daquela) e a remuneração dos Ministros do STJ e do Tribunal de Contas da União.

A Constituição assegura aos servidores públicos **revisão geral anual**, na mesma data e sem distinção de índices, o que não significa que esse é o único momento para que os servidores possam obter melhorias em suas remunerações, vez que nada impede que ocorram reestruturações e concessão de vantagens a carreiras específicas com o intuito de valorizá-las e torná-las mais atrativas.

A Carta Magna fixa, também, como **teto máximo** (de remuneração ou subsídio, de qualquer servidor ou agente político) o subsídio mensal dos Ministros do Supremo Tribunal Federal. Este teto não inclui as parcelas de caráter indenizatório, como diárias e auxílio moradia, por exemplo.

No caso dos conselhos de fiscalização profissional, em face de sua natureza autárquica, a Corte de Contas Federal entende que seus servidores se submetem ao teto constitucional previsto no art. 37, XI da Constituição de 1988.

**▸ Como esse tema vem sendo cobrado em concurso?**

No concurso realizado para Cartório de MG/2015, foi considerada incorreta a seguinte assertiva:

D) As parcelas de caráter indenizatório previstas em lei serão computadas no teto remuneratório.

**▸ Importante!**

O subsídio de Ministro do STF também é aplicado como teto para as empresas públicas, sociedades de economia mista e suas subsidiárias que recebem recursos públicos para custear suas despesas.

Quando se trata de acumulação de cargos autorizada pela Constituição, a Suprema Corte entende que deve ser considerado cada um dos vínculos formalizados, afastada a observância do teto remuneratório quanto ao somatório dos ganhos do agente público. O argumento é que a percepção somada de remunerações relativas a cargos acumuláveis, ainda que acima, no cômputo global, do patamar máximo, não interfere nos objetivos que inspiram o texto constitucional. As situações alcançadas pelo art. 37, XI, da CF são aquelas nas quais o servidor obtém ganhos desproporcionais, observadas as atribuições dos cargos públicos ocupados. Admitida a incidência do limitador em cada uma das matrículas, descabe declarar prejuízo à dimensão ética da norma, porquanto mantida a compatibilidade exigida entre trabalho e remuneração.

Da mesma forma, quando se trata de percepção cumulativa de aposentadoria e pensão, a matéria parece que se encontra pacificada, vez que o STJ, em harmonia ao que vinha sendo decidido pelos órgãos administrativos do Poder Judiciário e do Ministério Público, julgou que, nesses casos, o teto constitucional deve incidir isoladamente sobre cada uma das verbas.

## 8. RESPONSABILIDADE DOS SERVIDORES

### 8.1. Responsabilidade civil

Os servidores públicos, no desempenho de suas funções, podem praticar ilícitos administrativos, penais e causar danos à própria Administração ou a terceiros. Nesses casos, o servidor deverá ser sancionado administrativa, penal e civilmente.

A **responsabilidade civil** obriga o servidor a reparar o dano causado no exercício de suas funções, desde que tenha agido com culpa ou dolo (responsabilidade subjetiva). Independe da responsabilidade administrativa e penal e todas podem ser apuradas de maneira concomitante, em razão da independência das instâncias.

Os danos causados pelo servidor à Administração serão apurados por meio de processo administrativo em que deverão ser observados os princípios do contraditório e da ampla defesa. Constatando-se a responsabilidade do servidor, surge o dever de reparar o prejuízo por ele causado.

Tema controverso concerne à forma como se dará essa reparação. Há defensores da tese de que os valores deverão ser descontados mensalmente da remuneração do servidor responsável pelo evento lesivo em percentual previsto em norma legal, o qual não dependerá de seu prévio consentimento, devendo, todavia, haver prévia notificação. Di Pietro faz a ressalva de que, nos casos dos empregados públicos que são contratados sob o regime celetista, o desconto só poderá ser efetuado com o consentimento do empregado. Hely Lopes vai além ao entender que, em todo e qualquer caso, será necessária a concordância do servidor, e, havendo negativa, a execução será judicial.

O STF, em voto da lavra do Min. Maurício Corrêa, entendeu que o art. 46, da Lei nº 8.112/90, não é dotado de autoexecutoriedade, sendo necessária a aquiescência do servidor. Caso o mesmo não autorize o desconto, a Administração Pública terá que se valer das vias executivas (informativo nº 336).

Entretanto, a Excelsa Corte, posteriormente, (informativo 355) julgou possível o desconto na remuneração de servidor para pagamento de dívidas decorrentes de contas julgadas irregulares pelo TCU, utilizando como fundamento o mesmo art. 46, da Lei nº 8.112/90. Ressalte-se que, no processo de tomada de contas especial, já havia sido observado o direito à ampla defesa, bem como cumprida a exigência de notificação prévia do desconto ao servidor.

Percebe-se um sensível crescimento das decisões judiciais favoráveis ao desconto em folha dos servidores para ressarcimento dos danos ao erário, desde que observados o contraditório e a ampla defesa nos processos administrativos de apuração de responsabilidade.

A Advocacia-Geral da União, no entanto, provocada pelas Consultorias Jurídicas da União nos Estados emitiu pronunciamento em 2011 sobre o tema que pode ser resumido da seguinte forma:

- AGU – (Parecer nº 156/2010/DECOR/CGU/AGU) possibilidade de se efetuar desconto em folha para restituição ao erário de valores pagos indevidamente, decorrentes de decisão judicial provisória, desde que seja previamente oportunizado o contraditório e a ampla defesa.
- AGU – (Parecer nº 069/2011/DECOR/CGU/AGU) impossibilidade de desconto, sem a anuência do servidor, dos danos provocados por servidor público conduzindo veículo oficial.

Aparentemente, a Advocacia-Geral da União opta pela possiblidade do desconto em folha quando o valor a ser restituído ao erário está liquidado, como nos pagamentos efetuados equivocamente ou decorrentes de decisão judicial provisória que venha a ser reformada. Todavia, quando se trata de valores que necessitam ser aferidos, como danos causados pelo servidor no exercício de suas funções, o desconto em folha só seria admissível com sua expressa anuência, caso contrário deve ser impetrada uma ação judicial para ressarcimento da fazenda pública.

No entanto, nos fundamentos de recente manifestação (Parecer nº 040/2016/DECOR/CGU/AGU, aprovado pelo Advogado-Geral da União e, portanto, vinculante para todos os membros da AGU), a Advocacia-Geral da União se posicionou pela possibilidade de desconto em folha dos valores referentes a prejuízos causados por servidores, bastando terem sido observados, em processo administrativo prévio, os princípios do contraditório, da ampla defesa e do devido processo legal, sendo desnecessária a concordância do servidor.

### 8.2. Responsabilidade administrativa

É a responsabilidade decorrente do cometimento de ilícitos administrativos pelo servidor. Trata-se de aplicação do poder disciplinar pelo qual a própria Administração aplica as sanções devidas, segundo avaliação de mérito da autoridade administrativa competente, razão pela qual o Poder Judiciário, no exercício do controle externo, só poderá anulá-la, mas jamais substituí-la ou alterá-la.

Conforme já ressaltado, a **responsabilidade administrativa** independe da responsabilidade civil ou penal, razão pela qual a Administração não precisa aguardar o início, o desenvolvimento ou a conclusão de processo civil ou criminal a que o servidor esteja sujeito, pela prática do mesmo fato.

O art. 126, da Lei nº 8.112/90, contempla uma possibilidade de **comunicação de instâncias** ou, em outras palavras, de repercussão da decisão de uma esfera em outra. Trata-se da **absolvição criminal pela inexistência do fato ou de sua autoria**.

No entanto, o STF amplia esse entendimento ao considerar três as situações de comunicabilidade da sentença absolutória penal, a saber: quando decide a) pela inexistência de autoria do fato, b) pela inocorrência material do próprio evento ou, ainda, c) pela presença de qualquer das causas de justificação penal (MS 23.190, Rel. Min. Celso de Melo, publicada no DJ 01.08.2013).

Então, se o servidor pratica um fato que é considerado, ao mesmo tempo, um ilícito penal e administrativo, poderá ser processado em ambas as instâncias, sem haver a necessidade de o processo administrativo aguardar o desfecho da ação penal. Contudo, caso o servidor seja absolvido na ação penal, porque o Judiciário entendeu que não existiu o fato ou que o servidor não foi o seu autor, tal decisão repercutirá na esfera **administrativa**, afastando a responsabilidade do servidor.

**▸ Atenção!**

A absolvição criminal do servidor por falta de provas não tem o poder de afastar a sua responsabilidade administrativa.

**▸ Como esse assunto foi cobrado em concurso?**

No concurso para provimento do cargo de Juiz de Direito Substituto do DF/2015, foi assinalada como correta a alternativa "C" para a seguinte questão:

Pedro, servidor público distrital estável, sofreu processo administrativo disciplinar em razão da prática de infração funcional assemelhada ao crime de corrupção passiva. Ele foi devidamente intimado do procedimento, durante o qual foram descritas as condutas a ele imputadas e apontado o enquadramento legal pertinente. A Pedro foi concedido prazo para apresentar defesa e indicar as provas que reputasse imprescindíveis a essa defesa. Concluído o processo administrativo com dois meses de atraso, a comissão processante emitiu parecer favorável à condenação de Pedro à pena de demissão a bem do serviço público. Nessa situação hipotética,

A) se Pedro tivesse sido absolvido na esfera criminal sob a fundamentação de que sua conduta constituía infração penal, seria vedada a aplicação de qualquer punição por infração disciplinar a Pedro por este mesmo fato, ainda que a comissão processante verificasse que tal conduta violava dever funcional.

B) o processo administrativo contra Pedro será nulo se a sua defesa não tiver sido subscrita por advogado.

C) ainda que ocorra o trânsito em julgado de sentença absolutória de Pedro em processo criminal por insuficiência de provas, será permitido à autoridade administrativa competente condenar o servidor e aplicar-lhe a pena de demissão pelos mesmos fatos.

D) caso a autoridade administrativa competente demita Pedro nos termos propostos pela comissão processante, o atraso no encerramento do processo administrativo contra Pedro implicará a nulidade do ato demissório.

E) se tivesse havido indeferimento das provas requeridas por Pedro, mesmo se a comissão processante tivesse demonstrado sua desnecessidade para o esclarecimento do feito, seria nulo o processo por violação aos princípios da ampla defesa e do contraditório.

O ilícito administrativo, normalmente, não possui a tipicidade do ilícito penal, sendo considerado como transgressão o desrespeito a mandamentos gerais de obrigações que deverão ser observados por todos os servidores. Justamente em face dessa discricionariedade, exige-se da autoridade competente a justificativa necessária para demonstrar a adequação da sanção imposta com a irregularidade praticada.

### 8.3. Responsabilidade penal

É aquela advinda da prática de **ilícito penal** por servidor público no exercício de sua função ou a pretexto de exercê-la. Ela é aferida pelo Poder Judiciário.

A lei penal, ao tratar dos crimes contra a Administração Pública, considera servidor público o estatutário, o empregado público e os particulares em colaboração com o Poder Público.

> **Atenção!**
>
> O princípio da insignificância é inaplicável aos crimes contra a administração pública.

## 9. ACUMULAÇÃO DE CARGOS, EMPREGOS E FUNÇÕES PÚBLICAS

A Constituição Federal de 1988, em seu art. 37, inc. XVII veda a acumulação remunerada de cargos, empregos e funções públicas na Administração Direta e Indireta, bem como nas suas subsidiárias e empresas controladas direta ou indiretamente pelo Poder Público. Já o inciso anterior, do mesmo art. 37, admite algumas **situações de cumulatividade**, desde que haja compatibilidade de horários, devendo sempre ser observado o teto remuneratório (subsídio de Ministro do STF).

Dessa forma, a acumulação de cargos, empregos e funções públicas é possível, desde que haja compatibilidade de horários e nas seguintes situações:

a) Dois cargos de professor;

b) Um cargo de professor com outro técnico ou científico; e

c) Dois cargos ou empregos privativos de profissionais de saúde, com profissões regulamentadas.

Detectada a qualquer tempo a acumulação ilegal de cargos, empregos ou funções públicas, o servidor será notificado para apresentar opção no prazo improrrogável de dez dias, contados da data da ciência e, na hipótese de omissão, a administração adotará procedimento sumário para apurar o ilícito administrativo.

A opção pelo servidor até o último dia de prazo para defesa configurará sua boa-fé, hipótese em que se converterá automaticamente em pedido de exoneração do outro cargo.

No caso de acumulação ilegal de cargos públicos, a restituição de valores recebidos pelo servidor somente é devida caso seja constatada a não contraprestação de serviços, sob pena de se configurar enriquecimento sem causa da Administração.

No tocante à acumulação de horários, é importante assinalar que a Advocacia-Geral da União e o Tribunal de Contas da União possuem entendimento diametralmente contrário à sólida jurisprudência do Superior Tribunal de Justiça e do Supremo Tribunal Federal.

A AGU, por intermédio de parecer aprovado pelo Presidente da República (PARECER GQ-145) e, portanto, vinculante para toda a Administração Pública Federal, tratam da compatibilidade de horários de forma objetiva.

Para o Parecer GQ-145, a compatibilidade é presumida quando a soma das jornadas não ultrapassa 60 horas semanais e não são coincidentes; já a incompatibilidade é presumida quando a soma das jornadas ultrapassa 80 horas semanais, ainda que não coincidentes.

Ficou assentado como razoável uma jornada máxima de 60 horas semanais, com o intuito de preservar a saúde física e mental do servidor, de forma a remanescer tempo minimamente suficiente para sua locomoção, higiene, alimentação e repouso, em observância ao princípio da dignidade da pessoa humana.

Em março de 2016 o Tribunal de Contas da União, por meio do Acórdão n. 603/2016-TCU-Plenário comunicou à Advocacia-Geral da União acerca da divergência entre o Parecer GQ-145/1998 e a mais recente jurisprudência da Corte Federal de Contas. O TCU, modificando o seu entendimento, o qual esposava a tese defendida pela AGU, pela limitação em 60 horas semanais a jornada de trabalho semanal máxima admitida, passou a defender que nas situações de acumulação de cargos públicos deve ser analisada caso a caso e que, portanto, é possível a acumulação remunerada de cargos públicos, ainda que ultrapassada a carga horária de 60 horas semanais, desde que demonstrada ausência de prejuízo concreto às respectivas funções exercidas.

Novamente não encontramos segurança jurídica quando pesquisamos o tema no STJ, vez que há decisões que entendem que a limitação das 60 horas imposta no já mencionado Parecer GQ-145 seria ilegal devendo a constatação da compatibilidade ser aferida caso a caso e outras que defendem a razoabilidade do entendimento exposto no Parecer da AGU.

A seguir faremos uma breve comparação das decisões com entendimento antagônico sobre o limite de 60 horas para acumulação, destacando os anos em que foram proferidas:

MS 19476/DF, Mandado de Segurança 2012/0249508-8 (2014) - entendimento, segundo o qual cumpre à Administração Pública comprovar a existência de incompatibilidade de horários em cada caso específico, não sendo suficiente o cotejamento do somatório de horas trabalhadas com o padrão objetivo estabelecido em um parecer da AGU ou mesmo de acórdão do Tribunal de Contas da União.

Resp 1.565.429-SE (DJe 04/02/2016) – entendimento pela aplicação do limite de 60 horas estabelecido no Parecer da AGU em observância ao princípio da eficiência, pela necessidade de que o profissional necessita estar em boas condições físicas e mentais para bem exercer suas atribuições.

**▸ Como este tema vem sendo abordado em concurso?**

Em concurso realizado pela PGE/PA (2012) para provimento do cargo de Procurador do Estado, foi considerada incorreta a seguinte assertiva: O STF entende não ser inconstitucional lei que condicione o direito de acumular cargos públicos à observância de uma deter minada jornada de trabalho semanal máxima. Exemplo disso foi o reconhecimento pela Corte Maior, no julgamento do RE 633298, da legitimidade do legislador para estabelecer limitações à carga horária, visando resguardar a saúde e o bem-estar do servidor, pois o direito de acumular cargos públicos não pode se sobrepor à higidez mental e física do servidor, muitas vezes submetido a jornadas de trabalho extenuantes.

**▸ Atenção!**

O STJ possui entendimento pela impossibilidade de acumulação dos cargos de técnico judiciário e professor, por entender que o primeiro não possui natureza técnica (ROMS 14456/AM, Relator Min. HAMILTON CARVALHIDO, DJ de 02.02.2004).

**▸ Como esse assunto foi cobrado em concurso?**

Em concurso realizado pelo TST (2008) para provimento do cargo de analista, foi oferecida a seguinte situação: "Considere que Carlos seja servidor público ocupante de cargo comissionado em um Tribunal Regional do Trabalho (TRT). Nessa situação hipotética, julgue os itens que se seguem." Foi considerada correta a seguinte assertiva: *Carlos não pode acumular remuneradamente esse cargo público com outro cargo comissionado na administração pública federal.*

Na questão acima, cumpre observar que, de fato, a regra é pela impossibilidade de acumulação de cargos comissionados, em face da ausência de amparo constitucional. Ocorre que a Lei nº 8.112/90, apesar de reconhecer a vedação da aglutinação de cargos em comissão como regra geral, excepciona tal possibilidade quando admite, em seu art. 119, que o servidor possa exercer mais de um cargo de confiança ou de natureza especial, interinamente, sem prejuízo das atribuições do que atualmente ocupa, hipótese em que deverá optar pela remuneração de um deles durante o período da interinidade.

> **▸ Como esse assunto foi cobrado em concurso?**
>
> Em concurso realizado pela ESAF para provimento do cargo de Procurador da Fazenda Nacional - 2012, foi considerada correta a seguinte assertiva: *Admite-se, excepcionalmente, que o servidor tenha exercício simultâneo em mais de um cargo em comissão.*

A Constituição admite também que o servidor eleito para o **cargo de Vereador** venha a acumular os cargos e a remuneração, se houver compatibilidade de horários.

> **▸ Como esse assunto foi cobrado em concurso?**
>
> Em concurso realizado Cespe - Juiz Federal Substituto 2ª região/2013 foi considerada incorreta a seguinte assertiva: O servidor público investido no mandato de prefeito deverá ser afastado do cargo, emprego ou função, sendo-lhe possível cumular os vencimentos, todavia, sempre observando o teto constitucional, ou seja, o subsídio fixado para os ministros do STF.

Por fim, o art. 37, § 10, da Constituição veda a percepção simultânea de proventos de **aposentadoria** com a remuneração de cargo, emprego ou função pública, **ressalvados os cargos acumuláveis na forma desta Constituição, os cargos eletivos e os cargos em comissão declarados em lei de livre nomeação e exoneração.**

## 10. ESTABILIDADE, VITALICIEDADE E ESTÁGIO PROBATÓRIO

### 10.1. Estabilidade

É o direito outorgado ao servidor estatutário, nomeado em virtude de concurso público, de permanecer no serviço público após três anos de efetivo exercício (art. 41 da CF, com redação dada pela EC 19/98), que dependerá de avaliação especial de desempenho do servidor, a ser realizada por comissão funcional com esta finalidade.

Apesar de o dispositivo legal se referir à necessidade de efetivo exercício pelos três anos iniciais para que o servidor seja detentor da estabilidade, alguns afastamentos não possuem o condão de suspender a contagem do prazo legal. É o caso do gozo da licença gestante, da licença adotante e da licença paternidade que, segundo Orientação Normativa da Câmara Nacional de Uniformização da AGU nº 03/2016, não implica na suspensão da contagem do prazo do estágio probatório. Tal entendimento foi recentemente aprovado pelo Presidente da República, vinculando toda a Administração Pública Federal.

A **estabilidade** ocorre no serviço público e não no cargo. Ela é conferida, apenas, aos servidores estatutários efetivos, não fazendo *jus* os ocupantes de cargo comissionado, os temporários e os empregados públicos. No que concerne a estes últimos, convém destacar que a Constituição se refere ao servidor **nomeado** para ocupar **cargo público,** enquanto o empregado público é contratado para ocupar emprego público, conforme já destacado no item 3, do presente capítulo.

No entanto, o TST, através do Enunciado nº 390, vem entendendo que o empregado público da administração direta, autárquica e fundacional possui direito à estabilidade prevista no art. 41, da CF.

Trata-se de entendimento rejeitado pela doutrina administrativista e que não deve ser acatado pelo Supremo Tribunal Federal.

O art. 19 do Ato de Disposições Constitucionais Transitórias (ADCT) estabeleceu, também, que serão considerados estáveis todos os servidores públicos civis federais, estaduais, distritais e municipais, da Administração Direta ou Indireta, que estivessem em exercício há pelo menos cinco anos na data da promulgação da Constituição Federal de 1988, ainda que tenham ingressado no serviço público sem concurso. José dos Santos Carvalho Filho chama essa garantia de **estabilização.**

Os servidores detentores da estabilidade prevista no art. 19 da ADCT serão estáveis no serviço público, mas não podem ser considerados efetivos, haja vista que a efetividade está relacionada com o provimento decorrente de prévia aprovação em concurso público.

Por sua vez, os servidores que ingressaram no serviço público, sem concurso, anteriormente à Constituição Federal de 1988 e que não possuem os requisitos previstos no, já mencionado, art. 19 da ADCT (cinco anos antes da promulgação da Carta Magna) não são estáveis, nem efetivos.

▸ **Como esse tema vem sendo abordado em questões subjetivas de concursos?**

**(MPE-MS – Promotor de Justiça - MS/2008)** Zenaide Barbosa, assessora do Secretário de Estado de Educação, foi exonerada deste cargo em comissão em 20/01/2007. Pleiteou em juízo a invalidação do ato de exoneração, sob o argumento de que, embora não tenha prestado concurso público, é servidora pública estadual desde abril de 1982, tendo exercido cargo de professora até 18/05/1988, e, a partir de 19/05/1988, passou a exercer o cargo em comissão de assessora mencionado até a data da exoneração. Que na data da promulgação da Constituição do Brasil, 05/10/1988, exercia cargo público há mais de cinco anos, o que lhe dá direito à declaração de estabilidade excepcional prevista no art. 19 do ADCT - CF/1988, e, portanto, só pode perder seu cargo por sentença judicial transitada em julgado ou processo administrativo em que tenha assegurada ampla defesa. Zenaide tem razão no seu pleito? Justifique

Os empregados de **empresas públicas** e **sociedades de economia mista** não são servidores públicos, salvo nas situações específicas previstas em lei (ex.: lei penal-crimes contra a Administração Pública), e, portanto, não detém a estabilidade do art. 41, da Constituição.

Contudo, segundo o entendimento de Celso Antônio Bandeira de Mello, estes empregados não podem ser demitidos pela simples vontade do seu dirigente, sendo necessária a apuração de suas faltas ou insuficiência de desempenho, com direito à defesa, em reverência ao princípio constitucional da impessoalidade, norteador de toda a Administração Pública.

Em recente julgado (RE nº 589.998-PI/Relator Ministro Ricardo Lewandowski), o nosso Pretório Excelso entendeu que os empregados das empresas públicas e sociedades de economia mista que prestam serviço público não fazem jus à estabilidade prevista no art. 41 de nossa Lei Maior, mas que, como eles são admitidos com observância dos princípios da impessoalidade e da isonomia, tais princípios também devem ser respeitados no momento de sua dispensa, razão pela qual a motivação da demissão se faz indispensável e sua ausência contamina o ato com vício insanável.

A necessidade de motivação da dispensa, contudo, não pode ser confundida com obrigação de instauração de processo administrativo disciplinar, tendo em vista que tal instituto está previsto no estatuto jurídico dos servidores públicos (ex.: Lei nº 8.112/90 - servidores públicos federais), não sendo aplicável aos empregados das estatais, que, por sua vez, são regidos pela CLT.

▸ **Como esse assunto foi cobrado em concurso?**

No concurso para provimento do cargo de Juiz do Trabalho (TRT 15ª Região - 2013) foi considerada incorreta a seguinte assertiva: "segundo recente decisão do STF, com repercussão geral, é obrigatória a motivação para dispensa de empregados de empresas estatais e sociedades de economia mista, tanto da União quanto dos Estados, Municípios e do distrito Federal, mesmo não se aplicando a esses empregados a estabilidade prevista no artigo 41 da CF, estabelecendo, inclusive, a necessidade de instauração de processo administrativo disciplinar para fins de motivação da dispensa".

**COMENTÁRIO:** O equívoco está na exigência de processo administrativo disciplinar para a dispensa do empregado da empresa pública e da sociedade de economia mista.

Tendo adquirido a **estabilidade**, o servidor só poderá ser demitido nas seguintes hipóteses:

I. **Sentença judicial transitada em julgado**;

II. **Processo administrativo disciplinar** em que lhe seja assegurada ampla defesa e contraditório.

III. Quando demonstrar **insuficiência de desempenho**, comprovada em processo administrativo, por meio de avaliações periódicas em que lhe seja assegurada oportunidade de defesa (alguns autores entendem que essa é uma situação de exoneração); e

IV. Para adequar os **gastos com pessoal** aos limites fixados na lei de responsabilidade fiscal, após ter sido providenciada a redução de pelo menos 20% das despesas com cargos em comissão ou funções de confiança e a exoneração de servidores não estáveis.

Nesse caso (**adequação de gastos com pessoal**), o servidor estável fará *jus* a uma indenização de uma remuneração por ano de serviço, não podendo ser criado cargo ou emprego com funções iguais ou semelhantes por quatro anos.

> **▸ Como esse assunto foi cobrado em concurso?**
> No concurso para provimento do cargo de **Juiz de Direito Substituto-CE/2012**, foi considerada incorreta a seguinte assertiva: "A estabilidade dos servidores efetivos assemelha-se à condição de vitaliciedade, sendo comum, em ambos os casos, o fato de sua perda só poder derivar de sentença judicial transitada em julgado".

## 10.2. Vitaliciedade

É a garantia conferida aos membros da magistratura, Ministério Público e Tribunais de Contas de permanecerem no serviço público, salvo determinação judicial transitada em julgado.

A **vitaliciedade** é adquirida após dois anos de exercício para os membros da magistratura e do Ministério Público de primeiro grau (aprovados em concurso público) e imediatamente para os membros da magistratura, do Ministério Público de segundo grau. Todos os membros dos Tribunais de Contas (ministro - TCU; conselheiros - TCE e TCM) adquirem a vitaliciedade com a investidura no cargo. Além da vitaliciedade, os membros da magistratura e do Ministério Público também são detentores da inamovibilidade que é a garantia de não serão removidos sem o seu consentimento.

Tal garantia, segundo o entendimento do STJ, começa a vigorar com o exercício do detentor da inamovibilidade, vez que a Constituição fixou o prazo de dois anos apenas para a vitaliciedade.

### 10.3. Estágio probatório

É o período dentro do qual o servidor é avaliado quanto aos requisitos necessários para o desempenho do cargo, tais como demonstração de iniciativa, adequação, disciplina, assiduidade e outros do mesmo gênero.

> ▸ **Atenção!**
>
> Apesar de não gozar da estabilidade, o servidor em estágio probatório não poderá ser exonerado sem regular processo que apure a sua capacidade.

Durante vários anos, perdurou uma imensa celeuma doutrinária e jurisprudencial acerca do **prazo do estágio probatório**, tendo em vista que a Lei nº 8.112/90 fixa, tanto para a estabilidade, quanto para o estágio probatório, o prazo de dois anos, que foi fixado em face da redação original da Constituição estabelecer o prazo da estabilidade em dois anos.

Conforme assinalado acima, a EC nº 19/98 aumentou para três anos o prazo para o servidor estatutário efetivo adquirir a estabilidade. Dessa forma, o dispositivo que tratava da estabilidade na Lei nº 8.112/90 e os demais estatutos estaduais e municipais foram revogados pela citada emenda constitucional.

Todavia, como estabilidade e estágio probatório são institutos distintos, não havia consenso acerca da revogação tácita ou não do prazo fixado nos estatutos dos servidores públicos para o estágio probatório.

> ▸ **Importante!**
>
> O STF, em reiteradas oportunidades, vem entendendo ser indissociável o prazo do estágio probatório do prazo da estabilidade. Além disso, declarou que a nova regra constitucional do art. 41 seria imediatamente aplicável e que as legislações estatutárias que estabeleciam prazo inferior a três anos para o estágio probatório estariam em desconformidade com o comando constitucional, estando, aparentemente, superada a discussão sobre o tema.

| | | |
|---|---|---|
| Estabilidade | **Após três anos de efetivo exercício** | Servidor público estatutário aprovado em concurso público. |
| | **Efetivo exercício há pelo menos cinco anos na data da promulgação da CF/88** | Servidor público estatutário que ingressou no serviço público sem concurso |
| Vitaliciedade | **Após dois anos de efetivo exercício** | Magistrados e membros do Ministério Público de primeiro grau |
| | **A partir da investidura do cargo** | Membros dos tribunais de contas e demais membros da magistratura e do Ministério Público |

| Estágio probatório | Três anos | Servidor público estatutário e efetivo |
|---|---|---|
| | Dois anos | Titular de cargo vitalício |

## 11. REGIME ESPECIAL DE PREVIDÊNCIA DO SERVIDOR

### 11.1. Beneficiários do regime especial

Apenas os servidores efetivos e vitalícios se aposentam pelo regime especial de aposentadoria dos servidores públicos.

Por sua vez, os servidores ocupantes exclusivamente de cargos em comissão, empregados públicos e servidores temporários serão aposentados pelo Regime Geral de Previdência Social - RGPS.

### 11.2. Requisitos para aposentadoria voluntária

Os requisitos para que o servidor possa se aposentar voluntariamente são os seguintes:

| | Homem | Mulher |
|---|---|---|
| **Idade** | 60 anos | 55 anos |
| **Tempo de contribuição** | 35 anos | 30 anos |
| **Tempo de serviço público** | 10 anos | 10 anos |
| **Tempo no cargo** | 5 anos | 5 anos |

▸ **Atenção!**

Há redução em cinco anos dos prazos supracitados para o professor que comprove exclusivamente tempo de efetivo exercício das funções de magistério na educação infantil e no ensino fundamental e médio. O Tribunal de Contas da União, inclusive, decidiu que o período de tempo de serviço relativo a afastamento ou licença para estudo não pode ser enquadrado como de efetivo magistério, sendo ilegal o seu cômputo para fins de aposentadoria especial de professor. **A lei definirá prazos diferenciados para os servidores que desempenham suas funções em condições perigosas, penosas e insalubres.**

▸ **Como esse assunto foi cobrado em concurso?**

Em concurso público realizado para provimento do cargo de Juiz - SE/2007, foi considerada incorreta a seguinte assertiva: *"A CF, em observância ao princípio da isonomia, veda a adoção de critérios diferenciados para concessão de aposentadoria".*

### 11.3. Aposentadoria por invalidez

Na **aposentadoria por invalidez**, via de regra, o servidor receberá **proventos proporcionais** ao tempo de contribuição, que nunca poderá ser inferior a 1/3 da remuneração da atividade. No entanto, perceberá **proventos integrais**, se a invalidez decorrer de acidente de serviço, moléstia profissional ou doença grave, contagiosa ou incurável, na forma da lei.

### 11.4. Pensão por morte

O dependente do servidor possui direito de receber 100% de sua remuneração a título de pensão na hipótese de seu falecimento, caso a remuneração ou aposentadoria não ultrapassasse o teto do RGPS (atualmente fixado em R$ 5.645,81). Em caso contrário, o pensionista receberá os 100% correspondente ao teto do RGPS + 70% do que exceder.

**Ex.:** se o servidor recebia R$ 3.000, o seu pensionista receberá os mesmos R$ 3.000,00 (R$ 3.000,00 é um valor inferior ao teto do RGPS). Se o servidor recebia R$ 10.000,00, o seu pensionista receberá R$ 8.693,74 (100% do valor correspondente ao teto do RGPS, mais 70% da parcela que excede esse valor).

A pensão pode ser requerida a qualquer tempo, prescrevendo tão-somente as prestações exigíveis há mais de 5 anos.

O benefício também deixa de ser, em regra, vitalício. A partir de agora dependerá da expectativa de sobrevida do cônjuge, companheiro ou companheira no momento do óbito.

A Lei nº 13.135/2015 estabeleceu para o cônjuge ou companheiro (a) uma série de exigências para que possa fazer *jus* à pensão, são elas:

1) Caso o óbito tenha ocorrido sem que o servidor tenha efetuado 18 contribuições mensais ou caso o casamento ou a união estável tiverem sido iniciados em menos de 2 anos antes do óbito do servidor a pensão só será devida por 4 meses;
2) Caso tenha sido superado o período de carência de 18 contribuições e o casamento conte com mais de dois anos o cônjuge ou companheira perceberá a pensão da seguinte forma:
    a. Por 3 anos, caso tenha menos de 21 anos de idade, na data do óbito;
    b. Por 6 anos, caso tenha entre 21 e 26 anos de idade, na data do óbito;
    c. Por 10 anos, caso tenha entre 27 e 29 anos de idade, na data do óbito;
    d. Por 15 anos, caso tenha entre 30 e 40 anos de idade, na data do óbito;
    e. Por 20 anos, caso tenha entre 41 e 43 anos de idade, na data do óbito;
    f. De forma vitalícia, caso tenha 44 ou mais anos de idade, na data do óbito.

Nos casos de óbito decorrente de acidente de trabalho, salvo nas hipóteses de acidente de qualquer natureza ou de doença profissional ou do trabalho, serão dispensadas as carências de 18 contribuições mensais, bem como da comprovação de dois anos de casamento ou de união estável.

Com relação aos beneficiários, segundo a nova redação, são eles:

- I) o cônjuge;
- II) o cônjuge divorciado ou separado judicialmente ou de fato, com percepção de pensão alimentícia estabelecida judicialmente;
- III) o companheiro ou companheira que comprove união estável como entidade familiar;
- IV) o filho de qualquer condição que atenda a um dos seguintes requisitos:
  a) seja menor de 21 (vinte e um) anos;
  b) seja inválido;
  c) tenha deficiência grave (nesse caso a vigência ocorrerá apenas em 18/06/2017);
  d) tenha deficiência intelectual ou mental, nos termos do regulamento.
- V) a mãe e o pai que comprovem dependência econômica do servidor; e
- VI) o irmão de qualquer condição que comprove dependência econômica do servidor e atenda a um dos requisitos previstos no inciso IV.

> **Atenção!**
> O enteado e o menor tutelado equiparam-se a filho mediante declaração do servidor e desde que comprovada dependência econômica.

A concessão de pensão ao cônjuge, companheiro e/ou filho exclui o direito dos demais beneficiários e, na ausência destes, a concessão à mãe e/ou ao pai exclui o direito do irmão.

Ocorrendo habilitação de vários titulares à pensão, o seu valor será distribuído em partes iguais entre os beneficiários habilitados.

A inclusão do período de carência de comprovação de dois anos de casamento ou de união estável foi uma importante ferramenta para frear os casamentos fictícios com pessoas gravemente enfermas, onde o objetivo principal é simplesmente criar o benefício da pensão por morte.

Ressalte-se, ainda, que a Lei nº 13.135/2015 estabeleceu que será considerado na contagem das 18 contribuições mensais, já mencionada, o tempo de contribuição para o Regime Próprio de Previdência Social (RGPS) e determinou a proibição da percepção cumulativa de pensão deixada por mais de um cônjuge ou companheiro(a) e de mais de 2 pensões, ressalvando o direito de opção.

### 11.5. Contribuição do aposentado e pensionista

Incidirá **contribuição previdenciária** sobre as aposentadorias e pensões que ultrapassem o teto do RGPS.

A EC nº 41/2003 previu que aqueles que já se encontravam na situação de aposentados e pensionistas no momento de sua publicação deveriam contribuir para a previdência da seguinte forma: no que exceder a 50%, se servidores dos Estados, DF e Municípios, e 60%, se servidores da União. Entretanto, o STF entendeu que essa diferenciação violava o princípio da isonomia, devendo ser considerado o critério previsto no art. 195, II e 40, §18, da Constituição, ou seja, **só haverá contribuição dos inativos na parcela que ultrapassar o teto do RGPS.**

### 11.6. Abono de permanência

O servidor que optar por permanecer em atividade após preencher os requisitos para aposentadoria voluntária (60/55; 35/30; 10 e 5) fará *jus* a um **abono de permanência** no valor da contribuição.

> **Atenção!**
> O servidor que, podendo se aposentar voluntariamente, permanece em atividade não deixa de recolher sua contribuição para a previdência, mas o valor recolhido lhe é devolvido a título de **abono de permanência.**

### 11.7. Aposentadoria proporcional e compulsória

A **aposentadoria proporcional** ocorrerá nos casos de aposentadoria voluntária por idade (H/65 anos; M/60 anos) ou por invalidez, ou, ainda, quando ocorrer a aposentadoria compulsória, e o servidor receberá os proventos proporcionalmente ao seu tempo de contribuição.

A EC nº 88/2015, determinou que até que seja editada lei complementar os Ministros do Supremo Tribunal Federal, dos Tribunais Superiores e do Tribunal de Contas da União aposentar-se-ão, compulsoriamente, aos 75 anos de idade.

Por sua vez, a referida EC foi regulamentada estendendo a idade máxima para a aposentadoria compulsória para todos os servidores públicos da União, dos Estados, do Distrito Federal e dos municípios.

### 11.8. Regime complementar oficial de previdência

O tempo de contribuição federal, estadual ou municipal será contado para efeito de aposentadoria e o tempo de serviço correspondente para efeito de disponibilidade.

Pelo **regime complementar oficial de previdência**, a União, os Estados, o Distrito Federal e os Municípios, desde que instituam regime de previdência complementar para os seus respectivos servidores titulares de cargo efetivo, poderão fixar, para o valor das aposentadorias e pensões, o limite máximo estabelecido pelo RGPS.

A Emenda Constitucional nº 20/98 determina que o **regime de previdência complementar** oficial será **instituído por lei** de iniciativa do Poder Executivo da União, dos Estados e dos Municípios e oferecerá aos respectivos participantes planos de benefícios somente na modalidade de contribuição definida.

**A emenda constitucional acima mencionada foi regulamentada no âmbito federal pela Lei nº 12.618, de 30 de abril de 2012, que definiu os beneficiários obrigatórios e facultativos da seguinte forma:**

- **Beneficiários obrigatórios** - servidores públicos titulares de cargo efetivo da União, suas autarquias e fundações, inclusive para os membros do Poder Judiciário, do Ministério Público da União e do Tribunal de Contas da União.

> **Atenção!**
>
> A Orientação Normativa nº 17, de 23 de dezembro de 2013 da Secretaria de Gestão Pública do Ministério do Planejamento, Orçamento e Gestão disciplinou expressamente que os servidores federais que ingressaram ou ingressarem em cargos públicos efetivos no Poder Executivo Federal a partir de 04 de fevereiro de 2013 se submetem ao regime de previdência complementar de que trata a Lei nº 12.618/2012.
>
> Determina, ainda, que os servidores egressos de órgãos ou entidades dos Estados, Distrito Federal e Municípios a partir de 04 de fevereiro de 2014 também se submetem à previdência complementar federal, ainda que não tenha ocorrido solução de continuidade.
>
> Trata-se de decisão polêmica, que vai de encontro ao entendimento da maioria dos autores especializados, que defendem que, nesses casos, justamente por não haver solução de continuidade, o servidor faria *jus* ao antigo regime de aposentadoria, razão pela qual acreditamos que a matéria será judicializada e decidida pela Suprema Corte.

- **Beneficiários facultativos** - servidores que ingressaram no serviço público em data anterior à vigência da Lei nº 12.618/2012.

> **Atenção!**
>
> Os beneficiários facultativos poderão optar pela migração para o novo regime, desde que o façam expressamente no prazo de 24 meses a contar do início da vigência da Lei 12.618/2012. Tal opção é irrevogável e irretratável.

Caso um servidor que tenha ingressado no serviço público venha a optar pela migração para o regime de previdência complementar, ele fará jus a três benefícios, um deles referente à contribuição ao regime próprio de aposentadoria (que não poderá exceder ao que é pago pelo RGPS), o segundo consistente em um benefício especial correspondente ao tempo em que contribuiu pela remuneração integral e o terceiro e último será o benefício que resultar da acumulação de suas reservas na Funpresp, que dependerá da rentabilidade do mercado.

Apesar de todos esses benefícios, que buscam atrair os servidores que ingressaram anteriormente à criação do regime complementar, não há nenhuma garantia de que esses benefícios somados serão equivalentes à última remuneração do servidor na atividade.

Foram criadas fundações públicas de direito privado para gerir a previdência dos beneficiários desse novo regime, que gozarão de autonomia administrativa, financeira e gerencial e terão sede e foro no Distrito Federal, são elas:

Fundação de Previdência Complementar do Servidor Público Federal do Poder Executivo (Funpresp-Exe), para os servidores públicos titulares de cargo efetivo do Poder Executivo – Criada por intermédio do Decreto nº 7.808, de 20 de setembro de 2012.

Fundação de Previdência Complementar do Servidor Público Federal do Poder Legislativo (Funpresp-Leg), para os servidores públicos titulares de cargo efetivo do Poder Legislativo e do Tribunal de Contas da União e para os membros deste Tribunal.

O Ato da Mesa nº 74, de 31 de janeiro de 2013 aprovou o convênio de adesão do Poder Legislativo Federal à Fundação de Previdência Complementar do Servidor Público Federal do Poder Executivo - Funpresp-Exe, e o Regulamento do Plano de Benefícios- do Poder Legislativo Federal – LegisPrev. Dessa forma, o Poder Legislativo Federal, usando da faculdade conferida pela Lei nº 12.618/2012, deixa de estabelecer um plano próprio e adere ao Funpresp-Exe.

Consideram-se membros do Tribunal de Contas da União os Ministros, os Auditores, conforme o § 4º do art. 73 da Constituição Federal (auditores que substituem os Ministros do TCU), e os Subprocuradores-Gerais e Procuradores do Ministério Público junto ao Tribunal de Contas da União.

Fundação de Previdência Complementar do Servidor Público Federal do Poder Judiciário (Funpresp-Jud), para os servidores públicos titulares de cargo efetivo e para os membros do Poder Judiciário – Criada pela Resolução STF nº 496, de 25/10/2012, que incluiu como beneficiários da Funpresp-Jud os servidores e membros do Ministério Público da União e do Conselho Nacional do Ministério Público.

O regime jurídico de pessoal da Funpresp-Exe, Funpresp-Leg e Funpresp-Jud será o previsto na legislação trabalhista.

Os planos de aposentadoria serão na modalidade contribuição definida e o valor do benefício programado será calculado de acordo com o montante do saldo da conta acumulado pelo participante, devendo o valor do benefício estar permanentemente ajustado ao referido saldo.

As contribuições do ente público e dos beneficiários incidirão sobre a parcela da base de contribuição que exceder o teto do RGPS.

A alíquota da contribuição do participante será por ele definida anualmente. Por sua vez, a alíquota da contribuição do patrocinador será igual à do participante, observado o disposto no regulamento do plano de benefícios, e não poderá exceder o percentual de 8,5% (oito inteiros e cinco décimos por cento).

Além da contribuição normal, o participante poderá contribuir facultativamente, sem contrapartida do patrocinador, na forma do regulamento do plano.

## 11.9. Regras de transição

Para os servidores que ingressaram no serviço público antes da publicação da EC nº 20/98, foram criadas algumas **regras transitórias** para aposentadoria.

A primeira delas prevê a possibilidade de aposentadoria voluntária, desde que presentes os seguintes requisitos:

| | Homem | Mulher |
|---|---|---|
| **Idade** | 53 anos | 48 anos |
| **Tempo de contribuição** | 35 anos | 30 anos |
| **Pedágio** | 20% do tempo restante | 20 % do tempo restante |

Ex.: se um servidor homem ingressou no serviço público em 1978 com 18 anos de idade, em 1998 (ano da EC 20) ele possuía 20 anos de contribuição, faltavam 15 anos para poder se aposentar, mas, com o pedágio (20% do tempo restante), faltarão 18.

Outra situação transitória para os mesmos servidores foi criada pela EC nº 47/2005 e estabelece critérios que privilegiam quem possui mais tempo de serviço público.

| Homem | Mulher |
|---|---|
| Não há idade mínima | Não há idade mínima |
| Tempo de contribuição - **35 anos** | Tempo de contribuição - **30 anos** |
| Tempo de serviço público - **15 anos** | Tempo de serviço público - **15 anos** |
| Tempo no cargo - **5 anos** | Tempo no cargo - **5 anos** |
| Diminuição de um ano no limite de idade (60 anos) para cada ano a mais de contribuição | Diminuição de um ano no limite de idade (55 anos) para cada ano a mais de contribuição |

Preenchidos os requisitos acima haverá uma redução de um ano na idade mínima para cada ano a mais de contribuição. EX.: ao preencher todos os requisitos, o servidor homem que contar 36 anos pode se aposentar com 59 anos.

## 12. SÚMULAS DO STF

- **Súmula Vinculante 3.** Nos processos perante o Tribunal de Contas da União asseguram-se o contraditório e a ampla defesa quando da decisão puder resultar anulação ou revogação de ato administrativo que beneficie o interessado, excetuada a apreciação da legalidade do ato de concessão inicial de aposentadoria, reforma e pensão.
- **Súmula Vinculante 4.** Salvo nos casos previstos na Constituição, o salário mínimo não pode ser usado como indexador de base de cálculo de vantagem de servidor público ou de empregado, nem ser substituído por decisão judicial.
- **Súmula Vinculante 13.** A nomeação de cônjuge, companheiro ou parente em linha reta, colateral ou por afinidade, até o terceiro grau, inclusive, da autoridade nomeante ou de servidor da mesma pessoa jurídica investido em cargo de direção, chefia ou assessoramento, para o exercício de cargo em comissão ou de confiança ou, ainda, de função gratificada na administração pública direta e indireta em qualquer dos poderes da União, dos estados, do Distrito Federal e dos municípios, compreendido o ajuste mediante designações recíprocas, viola a Constituição Federal.
    - **Súmula Vinculante 15.** O cálculo de gratificações e outras vantagens do servidor público não incide sobre o abono utilizado para se atingir o salário mínimo.
    - **Súmula Vinculante 16.** Os artigos 7º, IV, e 39, § 3º (redação da EC 19/98), da Constituição, referem-se ao total da remuneração percebida pelo servidor público.
    - **Súmula Vinculante 33.** Aplicam-se ao servidor público, no que couber, as regras do regime geral da previdência social sobre aposentadoria especial de que trata o artigo 40, § 4º, inciso III da Constituição Federal, até a edição de lei complementar específica.
    - **Súmula Vinculante 34.** A Gratificação de Desempenho de Atividade de Seguridade Social e do Trabalho – GDASST, instituída pela Lei 10.483/2002, deve ser estendida aos inativos no valor correspondente a 60 (sessenta) pontos, desde o advento da Medida Provisória 198/2004, convertida na Lei 10.971/2004, quando tais inativos façam jus à paridade constitucional (EC 20/1998, 41/2003 e 47/2005).
    - **Súmula Vinculante 37.** Não cabe ao Poder Judiciário, que não tem função legislativa, aumentar vencimentos de servidores públicos sob o fundamento de isonomia.
    - **Súmula Vinculante 42.** É inconstitucional a vinculação do reajuste de vencimentos de servidores estaduais ou municipais a índices federais de correção monetária.
    - **Sumula Vinculante 43.** É inconstitucional toda modalidade de provimento que propicie ao servidor investir-se, sem prévia aprovação em concurso

público destinado ao seu provimento, em cargo que não integra a carreira na qual anteriormente investido.

- **Sumula Vinculante 44.** Só por lei se pode sujeitar a exame psicotécnico a habilitação de candidato a cargo público.
- **Súmula 10.** O tempo de serviço militar conta-se para efeito de disponibilidade e aposentadoria do servidor público estadual.
- **Súmula 11.** A vitaliciedade não impede a extinção do cargo, ficando o funcionário em disponibilidade, com todos os vencimentos.
- **Súmula 16.** Funcionário nomeado por concurso tem direito à posse.
- **Súmula 17.** A nomeação de funcionário sem concurso pode ser desfeita antes da posse.
- **Súmula 18.** Pela falta residual, não compreendida na absolvição pelo juízo criminal, é admissível a punição administrativa do servidor público.
- **Súmula 19.** É inadmissível segunda punição de servidor público, baseada no mesmo processo em que se fundou a primeira.
- **Súmula 20.** É necessário processo administrativo com ampla defesa, para demissão de funcionário admitido por concurso.
- **Súmula 21.** Funcionário em estágio probatório não pode ser exonerado nem demitido sem inquérito ou sem as formalidades legais de apuração de sua capacidade.
- **Súmula 22.** O estágio probatório não protege o funcionário contra a extinção do cargo.
- **Súmula 36.** Servidor vitalício está sujeito à aposentadoria compulsória, em razão da idade.
- **Súmula 339.** Não cabe ao Poder Judiciário, que não tem função legislativa, aumentar vencimentos de servidores públicos sob fundamento de isonomia.
- **Súmula 679.** A fixação de vencimentos dos servidores públicos não pode ser objeto de convenção coletiva.
- **Súmula 680.** O direito ao auxílio-alimentação não se estende aos servidores inativos.
- **Súmula 681.** É inconstitucional a vinculação do reajuste de vencimentos de servidores estaduais ou municipais a índices federais de correção monetária.
- **Súmula 682.** Não ofende a Constituição a correção monetária no pagamento com atraso dos vencimentos de servidores públicos.
- **Súmula 683.** O limite de idade para a inscrição em concurso público só se legitima em face do art. 7º, XXX, da Constituição, quando possa ser justificado pela natureza das atribuições do cargo a ser preenchido.
- **Súmula 684.** É inconstitucional o veto não motivado à participação de candidato a concurso público.

- **Súmula 685.** É inconstitucional toda modalidade de provimento que propicie ao servidor investir-se, sem prévia aprovação em concurso público destinado ao seu provimento, em cargo que não integra a carreira na qual anteriormente investido.
- **Súmula 686.** Só por lei se pode sujeitar a exame psicotécnico a habilitação de candidato a cargo público.
- **Súmula 726.** Para efeito de aposentadoria especial de professores, não se computa o tempo de serviço prestado fora da sala de aula.

> **Observação:**
>
> *No julgamento da ADI 3772 (DJ nº 59/2009), o Supremo Tribunal Federal, em Sessão Plenária, por maioria, decidiu que as funções de direção, coordenação e assessoramento pedagógico integram a carreira do magistério, desde que exercidos, em estabelecimentos de ensino básico, por professores de carreira, excluídos os especialistas em educação, fazendo jus aqueles que as desempenham ao regime especial de aposentadoria estabelecido nos arts. 40, § 4º, e 201, § 1º, da Constituição Federal.*

## 13. SÚMULAS DO STJ

- **Súmula 125.** O pagamento de férias não gozadas por necessidade do serviço não está sujeito à incidência do imposto de renda.
- **Súmula 137.** Compete à justiça comum estadual processar e julgar ação de servidor público municipal, pleiteando direitos relativos ao vínculo estatutário.
- **Súmula 147.** Compete à justiça federal processar e julgar os crimes praticados contra funcionário público federal, quando relacionados com o exercício da função.
- **Súmula 173.** Compete à justiça federal processar e julgar o pedido de reintegração em cargo público federal, ainda que o servidor tenha sido dispensado antes da instituição do regime jurídico único.
- **Súmula 218.** Compete à justiça dos estados processar e julgar ação de servidor estadual decorrente de direitos e vantagens estatutárias no exercício de cargo em comissão.
- **Súmula 377.** O portador de visão monocular tem direito de concorrer, em concurso público, às vagas reservadas aos deficientes.

## 14. SÚMULAS DO TCU

- **Súmula 112.** Ao Tribunal de Contas da União, no exercício da auditoria financeira e orçamentária e no exame e julgamento da regularidade das contas de pessoas ou entidades sob a sua jurisdição, compete verificar a observância dos limites de vencimento ou remuneração de pessoal em atividade, em face das disposições legais e regulamentares pertinentes.

- **Súmula 229.** OS SERVIDORES E DIRIGENTES DAS EMPRESAS ESTATAIS, DE QUE TRATA O ARTIGO 1º DO Decreto-Lei nº 2.355, de 27-08-87, estão sujeitos ao limite máximo de remuneração mensal, calculado com base na legislação vigente, excluídas apenas as parcelas legalmente autorizadas, caracterizando-se como ato irregular de gestão a inobservância deste preceito.
- **Súmula 231.** A exigência de concurso público para admissão de pessoal se estende a toda a administração indireta, nela compreendidas as autarquias, as fundações instituídas e mantidas pelo poder público, as sociedades de economia mista, as empresas públicas e, ainda, as demais entidades controladas direta ou indiretamente pela união, mesmo que visem a objetivos estritamente econômicos, em regime de competitividade com a iniciativa privada.
- **Súmula 246.** O fato de o servidor licenciar-se, sem vencimentos, do cargo público ou emprego que exerça em órgão ou entidade da administração direta ou indireta não o habilita a tomar posse em outro cargo ou emprego público, sem incidir no exercício cumulativo vedado pelo artigo 37 da Constituição Federal, pois que o instituto da acumulação de cargos se dirige à titularidade de cargos, empregos e funções públicas, e não apenas à percepção de vantagens pecuniárias.
- **Súmula 599.** O princípio da insignificância é inaplicável aos crimes contra a administração pública.

Capítulo 8

# Licitações públicas

*Ronny Charles*

## 1. CONCEITO E FUNDAMENTOS CONSTITUCIONAIS

Quando um cidadão efetua uma compra economicamente relevante, ele, mesmo que de forma intuitiva, realiza procedimentos de planejamento e seleção do objeto pretendido, antes da contratação. Antes da aquisição de um automóvel, por exemplo, ele identifica sua necessidade, define o objeto apto a tal satisfação, afere os eventuais custos, avalia sua disponibilidade financeira e, por fim, seleciona, no mercado, a melhor proposta para a aquisição daquele bem. Pois bem, a Administração, em suas contratações, precisa realizar ações semelhantes. Para tanto, em razão da indisponibilidade do interesse público, buscando consagrar a **isonomia** e a **impessoalidade**, o legislador optou por estabelecer procedimentos formais prévios para a realização dessa contratação, objetivando a escolha da **melhor proposta** possível. A este procedimento, chamamos **licitação**.

Assim, **licitação** *é o procedimento prévio de seleção por meio do qual a Administração, mediante critérios previamente estabelecidos, isonômicos, abertos ao público e fomentadores da competitividade, busca escolher a melhor alternativa para a celebração de um contrato.*

Para o correto estudo desta matéria, é importante visitar seus **fundamentos constitucionais**.

- O **inciso XXVII do artigo 22 da Constituição Federal** outorga à União a competência privativa para legislar sobre normas gerais de licitação e contratação, em todas as modalidades, para a Administração Pública Direta, autárquica e fundacional da União, Estados, Distrito Federal e Municípios, obedecido o disposto no art. 37, XXI, e para as empresas públicas e sociedades de economia mista, nos termos do inciso III do § 1° de seu artigo 173.

Cabe observar que a **competência privativa** para legislar da União se restringe às **normas gerais**. Por conta disso, os demais entes federativos podem legislar sobre normas específicas em licitações e contratação.

Outrossim, a edição da Lei nº 8.666/93 não exauriu a competência da União para estabelecer regras gerais, tanto que, posteriormente, foram aprovadas outras normas com estabelecimento de regras gerais que se somam ao estatuto, como a Lei nº 8.987/95 (Concessões Públicas) e a Lei nº 10.520/2002 (Pregão).

> **Atenção!**
>
> Naquilo que é geral, a lei federal que tratar sobre licitações possui caráter nacional, aplicando-se a todos os entes da Federação. Naquilo que remete a especificidades, regula apenas o campo federal, ficando os demais entes livres para a aprovação de disposições próprias.
>
> Nesse prumo, o STF entendeu que a competência legislativa do Estado-membro para dispor sobre licitações e contratos administrativos respalda a fixação por lei de preferência para a aquisição de softwares livres pela Administração Pública regional, sem que se configure usurpação da competência legislativa da União para fixar normas gerais sobre o tema (STF, ADI 3059, Tribunal Pleno, julgado em 09/04/2015).

- O inciso XXVII do artigo 22 remete ao **inciso XXI do artigo 37 da Constituição Federal**, que estabelece: ressalvados os casos especificados na legislação, as obras, serviços, compras e alienações serão contratados mediante processo de licitação pública que assegure igualdade de condições a todos os concorrentes, com cláusulas que estabeleçam obrigações de pagamento, mantidas as condições efetivas da proposta, nos termos da lei, o qual somente permitirá as exigências de qualificação técnica e econômica indispensáveis à garantia do cumprimento das obrigações.

A norma constitucional permite ressalvas à obrigatoriedade de licitar, as quais devem ser estabelecidas pela legislação. Necessário perceber que as ressalvas ao **princípio da obrigatoriedade** devem ser estabelecidas pelo legislador, tanto em sua **perspectiva burocrática** (dever do gestor de, em regra, realizar o procedimento licitatório) como em sua **perspectiva democrática** (direito do fornecedor de disputar a licitação). Assim, é incabível a criação de uma hipótese de contratação direta (dispensa ou inexigibilidade) por decreto ou ato infralegal (perspectiva burocrática); outrossim, não parece admissível que uma Portaria ou Resolução prejudique, sem amparo legal, o direito de participação no certame, pelo fornecedor (perspectiva democrática).

Destacamos, ainda, a preocupação do constituinte com a isonomia, com a manutenção das condições da proposta, com a proporcionalidade das exigências habilitatórias e com o pagamento das obrigações contraídas. Tais referências devem nortear a aprovação das leis, de seus regulamentos e, também, a atuação dos órgãos da Administração Pública, pois elas foram eleitas pelo constituinte como elementos indispensáveis ao ambiente licitatório.

- O inciso XXVII do artigo 22 também faz alusão ao **inciso III do § 1° do artigo 173 da Constituição**. Esse dispositivo, ao tratar das estatais, definiu que a lei estabelecerá o estatuto jurídico da empresa pública, da sociedade de economia mista e de suas subsidiárias **que explorem atividade econômica** de produção ou comercialização de bens ou de prestação de serviços.

Entre outros aspectos, tal estatuto deve dispor sobre licitação e contratação de obras, serviços, compras e alienações, observando os princípios da Administração Pública. A União, recentemente, aprovou a Lei federal nº 13.303/2016, que dispôs sobre o estatuto jurídico das estatais, tratada neste livro, em tópico específico.

- Por fim, cabe mencionar o texto do **artigo 175 da Constituição**. Ao tratar sobre a prestação de serviços públicos, o dispositivo afirmou que sua prestação, diretamente pelo Poder Público ou por regime de concessão ou permissão, decorrerá sempre de licitação.

> ▸ **Como esse assunto foi cobrado em concurso?**
>
> No concurso para Promotor do Ministério Público do Estado de Roraima (Cespe/2008), foi considerada **errada** a seguinte assertiva: *"O estado de Rondônia editou uma lei disciplinando o sistema de registro de preços. Nessa situação, a referida lei é inconstitucional, já que é de competência privativa da União legislar acerca de licitações públicas".*
>
> *Obs: Lembramos que a competência privativa da União para legislar se restringe às normas gerais.*

## 2. OBJETO E FINALIDADE

A) **Objeto.** A licitação tem por **objeto** as obras, serviços, inclusive de publicidade, compras, alienações, concessões, permissões e locações da Administração Pública, quando contratadas com terceiros. Assim, quando aliena um bem, realiza compras (papel, cadeiras, automóveis...), contrata serviços (manutenção, vigilância, telefonia...) ou obras, o gestor deve, em regra, submeter-se a este procedimento prévio.

Segundo a Lei nº 8.666/93, considera-se **obra** toda construção, reforma, fabricação, recuperação ou ampliação, realizada por execução direta ou indireta. **Serviço** seria toda atividade destinada a obter determinada utilidade de interesse para a Administração (conserto, transporte, locação de bens, seguro ou trabalhos técnico-profissionais, entre outros). Já **compra** se caracteriza como toda aquisição remunerada de bens (para fornecimento de uma só vez ou parceladamente) e a **alienação** significa toda transferência de domínio de bens a terceiros.

> ▸ **Atenção!**
>
> A conceituação legal pode gerar discussões técnicas sobre a natureza de determinado objeto. Por exemplo, têm-se entendido que o fornecimento de passagens aéreas e terrestres se enquadra no conceito de serviço, e não no conceito de compra.

Conforme delineou o TCU, em trecho de sua Súmula 177, **a definição precisa e suficiente do objeto licitado é indispensável**. Para tanto, antes da execução das obras e dos serviços, devem ser confeccionados o **projeto básico** e o **projeto executivo** (este último, quando for o caso), devendo o primeiro (projeto básico), necessariamente, preceder a licitação.

Assim, admite-se que a licitação de uma obra ou serviço de engenharia seja precedida, apenas, do **projeto básico**, desenvolvendo-se o **projeto executivo** concomitantemente à execução do empreendimento. Nessa hipótese, o **projeto executivo** pode ficar a encargo do contratado, vencedor da licitação da obra ou do serviço de engenharia.

> **▸ Como esse assunto foi cobrado em concurso?**
>
> No concurso para o cargo de Analista Judiciário do STM (CESPE/2018), foi considerada correta a seguinte assertiva: "É possível que a administração pública autorize o início da execução de obra contratada antes da aprovação do respectivo projeto executivo, desde que o projeto básico já tenha sido aprovado.".

Na modalidade pregão, usada para a contratação de bens e serviços comuns, os regulamentos federais fazem alusão a outro instrumento, denominado **termo de referência.** Ele deverá conter elementos capazes de propiciar avaliação do custo pela administração diante de orçamento detalhado, definição dos métodos, estratégia de suprimento, valor estimado em planilhas de acordo com o preço de mercado, cronograma físico-financeiro, se for o caso, critério de aceitação do objeto, deveres do contratado e do contratante, procedimentos de fiscalização e gerenciamento do contrato, prazo de execução e sanções.

> **▸ Atenção!**
>
> Em licitações de obras e serviços de engenharia, é necessária a elaboração de projeto básico adequado e atualizado, assim considerado aquele aprovado com todos os elementos descritos no art. 6º, inciso IX, da Lei nº 8.666, de 21 de junho de 1993, constituindo prática ilegal a revisão de projeto básico ou a elaboração de projeto executivo que transfigurem o objeto originalmente contratado em outro de natureza e propósito diversos (TCU, Súmula nº 261).

Questão importante, relacionada ao objeto da licitação, é a possibilidade de **aglutinação** ou de **fracionamento** indevidos. Para melhor compreensão do assunto, temos utilizado o conceito de "**pretensão contratual**", que se diferencia do objeto contratual.

A pretensão contratual envolve a necessidade de contratação da Administração. Ela pode dar ensejo a um ou a vários objetos contratuais, que corresponderão a um ou a vários certames, dentro de uma mesma licitação. Tal percepção é evidente em algumas situações.

Nas licitações que utilizam o procedimento auxiliar Sistema de Registro de Preços (o qual será tratado mais adiante), podemos ter a reunião das pretensões contratuais de diversos órgãos (órgão gerenciador e órgãos participantes), formando um único objeto licitatório.

Outrossim, nas licitações que envolvem vários itens autônomos, por exemplo, temos uma única pretensão contratual (ex: aquisição de gêneros alimentícios), dividida, se for o caso, em vários itens, os quais representarão objetos licitatórios autônomos, mesmo que constantes em um mesmo edital.

Bom lembrar que, sendo tecnicamente possível e inexistindo prejuízo à economia de escala ou ao conjunto da contratação, as disputas licitatórias devem ser divididas em itens (gerando adjudicação de itens autônomos), de forma a beneficiar o aumento da competitividade. Nesse sentido, a Súmula 247 do TCU sedimenta que **é obrigatória a admissão da adjudicação por item e não por preço global, desde que não haja prejuízo para o conjunto ou complexo ou perda de economia de escala.**

**Em síntese,** a pretensão contratual representa a necessidade de contratação da Administração (enquanto órgão ou ente público que concretamente busca uma contratação), enquanto o objeto da licitação é a aquisição, serviço, obra ou alienação que são apresentados ao público para disputa e ulterior contratação, que será dividida em itens autônomos, ou não.

Importante frisar que, muitas vezes, para ampliar a competição, é importante dividir a pretensão contratual em vários objetos ou itens, gerando certames autônomos que permitem uma maior participação de empresas interessadas e a consecução de melhores propostas. Assim, quando possível a divisão da pretensão contratual em vários objetos (itens), a aglutinação que prejudica a competitividade e a ampla participação de licitantes é indevida.

> **Atenção!**
>
> A aglutinação será indevida, apenas, quando prejudicar injustificadamente a competitividade e quando for possível a divisão em vários objetos. Quando a aglutinação se dá por justificativas técnicas, impedir prejuízos ao conjunto da pretensão contratual ou evitar perda de economia de escala, ela é lícita.

Por outro lado, identificou-se também que alguns gestores, para evitar a utilização de modalidades formalmente mais rígidas, dividiam a pretensão contratual em vários procedimentos licitatórios. Imaginemos um gestor que, diante da necessidade administrativa (pretensão contratual) de realizar uma obra, fraciona-a em três licitações independentes, permitindo-se usar a modalidade convite (mais branda) e evitando a necessária utilização da modalidade tomada de preços.

Tal atitude é denominada **"fracionamento indevido"**, que consiste na atitude do gestor de, na tentativa de evitar a utilização dos procedimentos licitatórios mais complexos e com maior competitividade, dividir o objeto contratual de forma a permitir a utilização de procedimentos de seleção mais simplificados ou até a dispensa do certame. Esse procedimento é ilegal e tem sido condenado pelos órgãos de controle.

**B) Finalidade.** A **finalidade** (ou objetivo) da licitação reúne a busca pela contratação mais vantajosa e o respeito ao tratamento igualitário e impessoal a todos os interessados em firmar a contratação administrativa (**"vantajosidade"** + **"isonomia"**). Essa finalidade dual foi resumida no artigo 3º da Lei nº 8.666/93, ao estabelecer que a licitação destina-se a garantir a observância do princípio constitucional da isonomia e a selecionar a proposta mais vantajosa para a Administração.

Recentemente, a **Lei nº 12.349/2010** incluiu a **"promoção do desenvolvimento nacional sustentável"** como finalidade da licitação pública. Nessa feita, com a alteração promovida pela referida medida provisória, a finalidade da licitação passa a envolver três conceitos, quais sejam:

| Finalidades da Licitação |
|---|
| Vantajosidade |
| Isonomia |
| Promoção do desenvolvimento nacional sustentável |

Tanto o tratamento isonômico como a busca pela melhor proposta serão alcançados de acordo com as balizas legais legitimamente estabelecidas, não se constituindo em finalidades absolutas, mas relativas.

Assim, a proposta mais vantajosa será a considerada melhor, de acordo com os critérios estabelecidos, fundamentados em parâmetros legais. Na mesma feita, o tratamento isonômico será consagrado, mesmo quando estabelecidos critérios legais diferenciadores, como algumas situações de dispensa ou exigências habilitatórias, os quais devem, de qualquer forma, respeitar a igualdade material. Por fim, o desenvolvimento nacional sustentável, que consagra um raciocínio de fomento às licitações sustentáveis, não pode servir como justificativa para a imposição irrazoável de restrições à competitividade.

**▸ Como esse assunto foi cobrado em concurso?**

No concurso para Defensor Público do Estado/RR, em 2013, foi considerada correta a seguinte assertiva: "Os objetivos do procedimento licitatório incluem a isonomia, a seleção da proposta mais vantajosa para a administração pública e a promoção do desenvolvimento nacional sustentável."

Importante lembrar que a igualdade material não exige o tratamento formalmente igualitário a todos; mas, ao permitir um tratamento desigual, diante de situações desiguais, exige que ele se dê na medida dessas diferenças e de acordo com o ordenamento jurídico, guardando compatibilidade com o conteúdo do princípio da igualdade (STF, ADI nº 3.070-RN, Informativo 490).

Nos processos de licitação, poderá ser estabelecida **margem de preferência** para:

a) produtos manufaturados nacionais, que atendam a normas técnicas brasileiras;

b) serviços nacionais, que atendam a normas técnicas brasileiras;

c) bens e serviços produzidos ou prestados por empresas que comprovem cumprimento de reserva de cargos prevista em lei para pessoa com deficiência ou para reabilitado da Previdência Social e que atendam às regras de acessibilidade previstas na legislação.

- **Produtos manufaturados nacionais:** são aqueles produzidos no território nacional de acordo com o processo produtivo básico ou regras de origem estabelecidas pelo Poder Executivo Federal.
- **Serviços nacionais:** são os prestados no País, nas condições estabelecidas pelo Poder Executivo Federal.

Os conceitos demonstram uma excessiva delegação ao Poder Executivo, para regulamentação da matéria, autorizando a quebra da isonomia através de ato infralegal. A disposição pode gerar abusos, por parte do poder regulamentar, dando ensejo a discussões jurídicas e judiciais profundas, acerca das margens de preferência estabelecidas por atos infralegais, que, inequivocamente, quebrarão o tratamento isonômico exigido pelo constituinte.

> **Atenção!**
> Na hipótese de estabelecimento de margem de preferência para bens e serviços produzidos ou prestados por empresas que comprovem cumprimento de reserva de cargos, prevista em lei para pessoa com deficiência ou para reabilitado da Previdência Social e que atendam às regras de acessibilidade previstas na legislação, **tais empresas deverão cumprir, durante todo o período de execução do contrato, a reserva de cargos prevista em lei para tais pessoas.**

Por fim, cabe salientar que, para os produtos manufaturados e serviços nacionais resultantes de desenvolvimento e inovação tecnológica realizados no País, poderá ser estabelecida **margem de preferência adicional**.

> **Atenção!**
> A referida Lei estabelece limitação à **margem de preferência**, no patamar de até 25% acima do preço dos produtos manufaturados e serviços estrangeiros. Este limite vale, inclusive, quando for estabelecida a **margem de preferência adicional.**

O texto da **Lei nº 12.349/2010** incluiu, ainda, dois novos regramentos às licitações públicas:

| Medidas de compensação | Restrição à competitividade |
|---|---|
| Os editais de licitação para a contratação de bens, serviços e obras poderão exigir que o contratado promova, em favor da administração pública ou daqueles por ela indicados a partir de processo isonômico, medidas de compensação comercial, industrial, tecnológica ou acesso a condições vantajosas de financiamento, cumulativamente ou não, na forma estabelecida pelo Poder Executivo Federal. | Nas contratações destinadas à implantação, manutenção e ao aperfeiçoamento dos sistemas de tecnologia de informação e comunicação, considerados estratégicos em ato do Poder Executivo Federal, a licitação poderá ser restrita a bens e serviços com tecnologia desenvolvida no País e produzidos de acordo com o processo produtivo básico de que trata a Lei nº 10.176, de 11 de janeiro de 2001. |

▸ **Atenção.**

É ilegal o estabelecimento de vedação a produtos e serviços estrangeiros em edital de licitação, uma vez que a Lei 12.349/2010 não previu tal situação. Outrossim, importante reiterar que é ilegal o estabelecimento, por parte de gestor público, de margem de preferência nos editais licitatórios para contratação de bens e serviços sem a devida regulamentação via decreto do Poder Executivo Federal, estabelecendo os percentuais para as margens de preferência normais e adicionais, conforme o caso e discriminando a abrangência de sua aplicação (TCU, Acórdão nº 1.317/2013, Plenário).

▸ **Como esse assunto foi cobrado em concurso?**

No concurso para o cargo de Analista Judiciário do STJ (CESPE/2018), foi considerada correta a seguinte assertiva: "É possível estabelecer margem de preferência adicional no caso de produtos manufaturados nacionais resultantes de desenvolvimento e inovação tecnológica realizados no país".

## 3. DESTINATÁRIOS DAS REGRAS LICITATÓRIAS

Conforme estatui o parágrafo único do artigo 1º da Lei nº 8.666/93, Subordinam-se ao regime desta Lei, além dos órgãos da **Administração Direta**, os **fundos especiais**, as **autarquias**, as **fundações públicas**, as **empresas públicas**, as **sociedades de economia mista** e **demais entidades controladas** direta ou indiretamente pela União, Estados, Distrito Federal e Municípios.

Há, contudo, entidades sobre as quais a incidência ou não das regras licitatórias geram certa confusão, inclusive na doutrina, merecendo especial atenção.

a) **Serviços sociais autônomos:** não estão sujeitos à observância dos estritos procedimentos das normas legais de licitações e contratos. Eles utilizam seus regulamentos próprios, que devem, de qualquer forma, estar pautados nos princípios gerais aplicáveis à Administração Pública.

b) **Organizações da Sociedade Civil de Interesse Público (OSCIPs):** em regra, não precisam se submeter ao regime licitatório para a realização de suas contratações ordinárias. Contudo, quando firmam termo de parceria, submetem-se ao regulamento próprio para a contratação com emprego de recursos públicos, observando os princípios da legalidade, impessoalidade, moralidade, publicidade, economicidade e eficiência. É necessária a publicação desse regulamento, no prazo máximo de trinta dias, contado da assinatura do termo de parceria.

c) **Organizações Sociais (OS):** a Lei Federal nº 9.637/98 dispôs, em seu artigo 17, que a entidade deve publicar, em até noventa dias, contado da assinatura do contrato de gestão, regulamento próprio, contendo os procedimentos que adotará para a contratação de obras, serviços e compras, com emprego de recursos provenientes do Poder Público.

O legislador, para tais entidades do Terceiro Setor, expressamente estabeleceu o direito de utilização de regulamento próprio, mesmo para as contratações com emprego de recursos provenientes do Poder Público. Esse entendimento, contudo, não impede que a Administração Pública, antes de transferir recursos públicos, avalie a consonância desses regulamentos próprios com os princípios administrativos.

**▸ Atenção!**

De acordo com o Decreto federal nº 6.170/2011, a aquisição de produtos e a contratação de serviços com recursos da União transferidos a entidades privadas sem fins lucrativos (como OSs e OSCIPs) deverão observar os princípios da impessoalidade, moralidade e economicidade, sendo necessária, no mínimo, a realização de cotação prévia de preços no mercado antes da celebração do contrato.

Outrossim, a Lei 13.019/2014, que estabelece o regime jurídico das parcerias voluntárias, entre a administração pública e as Organizações da Sociedade Civil, exige que estas entidades, para a celebração da parceria, apresentem regulamento de compras e contratações, próprio ou de terceiro, aprovado pela administração pública celebrante, em que se estabeleça, no mínimo, a observância dos princípios da legalidade, da moralidade, da boa-fé, da probidade, da impessoalidade, da economicidade, da eficiência, da isonomia, da publicidade, da razoabilidade e do julgamento objetivo e a busca permanente de qualidade e durabilidade.

d) **Empresas estatais:** com a aprovação da recente Lei federal nº 13.303/2016, foi estabelecido o novo estatuto jurídico das estatais. Em relação a suas regras licitatórias, sugerimos a leitura do tópico específico, tratado ao final deste capítulo.

As regras licitatórias não têm como destinatários, apenas, os órgãos que se submetem à obrigatoriedade de licitar. A Lei nº 8.666/93 traz em seu bojo regras que se relacionam a outros personagens do ambiente licitatório.

e) **Licitantes:** a estes também compete a obediência às regras licitatórias dispostas pela legislação, obrigação que se transveste em direito público subjetivo à fiel observância do pertinente procedimento estabelecido na Lei (art. 4º). Esse direito pode ser exigido administrativa ou judicialmente. Da mesma forma, quando realizada sua prestação, o licitante contratado tem o direito de ver respeitada a ordem cronológica dos pagamentos (art. 5º) e de ter resguardada a condição econômica de sua proposta.

f) **Cidadãos:** buscando fortalecer a participação e o controle social, a Lei nº 8.666/93 estabelece direitos aos cidadãos, permitindo-lhes a interferência no procedimento licitatório. Pode o cidadão (mesmo não sendo licitante) acompanhar o desenvolvimento do procedimento, desde que não interfira de modo a perturbar ou impedir a realização dos trabalhos (art. 4º); ter acesso a informações contratuais, como os quantitativos e os preços unitários de determinada obra executada (§8º do art. 7º); impugnar administrativamente o edital (§1º do art. 41) ou os preços registrados (§6º do art. 15).

g) **Tribunais de Contas:** o controle das despesas decorrentes dos contratos e demais instrumentos regidos pela Lei nº 8.666/93 será feito pelo Tribunal de Contas competente. Qualquer licitante, contratado ou mesmo pessoa jurídica ou física (não sendo necessário ser cidadão) poderá representar sobre irregularidades ao Tribunal de Contas ou aos órgãos integrantes do sistema de controle interno.

O Tribunal de Contas, no exercício de suas atribuições, pode apreciar a constitucionalidade das leis e dos atos do Poder Público (**Súmula 347 do STF**). Ademais, os Tribunais de Contas e os órgãos integrantes do sistema de controle interno poderão solicitar para exame, até o dia útil imediatamente anterior à data de recebimento das propostas, cópia de edital de licitação já publicado, obrigando-se os órgãos ou entidades da Administração interessada à adoção de medidas corretivas pertinentes que, em função desse exame, forem determinadas.

> ▸ **Atenção!**
>
> O STF vem reconhecendo limites ao controle preventivo realizado pelos Tribunais de Contas, assentando que a exigência feita por atos normativos do Tribunal, sobre a remessa prévia do edital, sem nenhuma solicitação, invade a competência legislativa da União (RE 547063/RJ. Julg. 12/12/2008).

## 4. PRINCÍPIOS GERAIS DA LICITAÇÃO

A Lei nº 8.666/93, em seu artigo 3º, elenca os princípios básicos da licitação, quais sejam:

- **legalidade**
- **impessoalidade**
- **moralidade**
- **igualdade**
- **publicidade**
- **probidade administrativa**
- **vinculação ao instrumento convocatório**
- **julgamento objetivo**

Alguns desses princípios já foram tratados no capítulo sobre regime jurídico administrativo, ao qual remetemos o leitor, como complemento da síntese que será adiante feita.

- **Legalidade**: conforme já visto, no direito privado, de acordo com este princípio, ao particular é permitido fazer tudo o que a lei não proíbe. No âmbito do Direito Administrativo, pela doutrina tradicional, existe uma subordinação da ação do administrador, em função do que estabelece a lei, de forma que ele só pode agir nos moldes e limites estabelecidos pela legislação, fazendo apenas o que a lei expressamente autorizar ou determinar. Essa subordinação pode ser identificada por duas vertentes: o da vinculação negativa (***negative bindung***), segundo a qual a legalidade representaria uma limitação para a atuação do administrador, e o da vinculação positiva (***positive bindung***), segundo o qual a atuação dos agentes públicos depende de autorização legal.

Nas licitações públicas, importa observar que as exceções à obrigatoriedade de licitar (dispensa e inexigibilidade) só podem ser estabelecidas por Lei. Temos defendido que, diante da competência legislativa privativa, as hipóteses de dispensa apenas podem ser estabelecidas por Lei federal.[1]

> **Atenção!**
> As entidades do Sistema S não podem inovar na ordem jurídica, por meio de seus regulamentos próprios, instituindo novas hipóteses de dispensa e de inexigibilidade de licitação, haja vista que a matéria deve ser disciplinada por norma geral, de competência privativa da União. **(Acórdão 1785/2013-Plenário – Info TCU 59)**

Conforme visto no capítulo sobre **regime jurídico administrativo**, o conceito de legalidade administrativa vem evoluindo, desenvolvendo-se uma mutação da noção clássica de legalidade para uma ideia de **legitimidade**, que exige também

1. TORRES, Ronny Charles Lopes de. Leis de licitações públicas comentadas. 6ª edição. Salvador: Jus Podivm, 2014.

a obediência à moralidade e à finalidade pública. Essa concepção permite uma maior amplitude no controle das contratações públicas pelo Poder Judiciário, que pode, para invalidar um ato administrativo, avaliar sua adequação aos princípios que regem a Administração Pública. Nesse raciocínio, é possível a invalidação de um procedimento contratual que, embora respeitando as regras legais formais, atente contra o interesse público, pela inutilidade ou desproporcionalidade da contratação (Ex: aquisição de lixeira com detalhes em ouro e brilhantes, para o gabinete de um gestor).

Outrossim, a concepção clássica da legalidade, que impunha a exigência de que a lei predeterminasse de forma completa e absoluta toda a atuação da Administração, é incompatível com a mutabilidade e a complexidade de muitas relações contratuais, o que vem permitindo certa maleabilidade na aplicação das normas positivadas, que muitas vezes tem seus contornos alargados através da compreensão do ordenamento como um todo.

Raquel Carvalho explica que o desenvolvimento de técnicas de gestão pública, a desburocratização, a execução de políticas públicas, o uso preferencial de processos convencionais e a garantia de estabilização mínima das relações jurídicas justificaram a evolução da concepção clássica da legalidade estrita para a noção de **juridicidade,** apresentada como um conceito maior, que vincula a Administração Pública ao ordenamento jurídico como um todo, permitindo uma margem maior de autonomia, dentro dos limites apresentados pelo ordenamento constitucional. Como exemplo, embora a Lei nº 8.666/93 regre a utilização do registro de preços, apenas, em relação a compras, têm-se admitido sua utilização também para serviços e até para obras.

- **Impessoalidade**: esse princípio repele e abomina favoritismos e restrições indevidas, exigindo tratamento equânime e marcado pela neutralidade. Quando contrata com particulares, o gestor não age nem deve agir em nome próprio, mas em nome do Poder Público.
- **Moralidade**: ela exige que a ação da administração seja ética e respeite os valores jurídicos e morais. O gestor público não está autorizado a proceder em confronto com a ética e com a moral. Exemplificando: mesmo possível a utilização de uma hipótese de dispensa (aquisição de pequeno valor), fere a moralidade a contratação direta de parente ou empresa do gestor público.
- **Igualdade**: a determinação de obediência ao princípio da igualdade, na licitação e contrato administrativo, impede discriminação entre os participantes do certame, seja através de cláusulas que favoreçam uns em detrimento de outros, seja mediante julgamento tendencioso. Este tratamento isonômico é uma garantia da competitividade e da consequente busca pela melhor proposta para o negócio administrativo.
- **Publicidade**: o respeito à publicidade é necessário, para que se garanta a lisura do procedimento licitatório e, inclusive, o atendimento a outros princípios, resultando como nulos os atos praticados em sua desobediência.

Conforme artigo 11 da Lei nº 8.429/92, constitui ato de improbidade administrativa, que atenta contra os princípios da Administração Pública, negar publicidade aos atos oficiais.

- **Probidade administrativa**: é um preceito que vincula todo administrador público, tendo o estatuto licitatório incluído este entre os seus princípios básicos. A probidade administrativa também é imposta ao administrador pela letra constitucional, que estabelece, no §4º de seu artigo 37, que os atos de improbidade administrativa importarão a suspensão dos direitos políticos, a perda da função pública, a indisponibilidade dos bens e o ressarcimento ao erário, na forma e na gradação previstas em lei, sem prejuízo da ação penal cabível.
- **Vinculação ao instrumento convocatório**: em função de tal princípio, impõe-se o respeito às normas previamente estabelecidas como regramento do certame. O desacato à regra editalícia pode tornar o procedimento inválido, pela presunção de prejuízo à competitividade e à isonomia. De qualquer forma, o edital não é "lei entre os licitantes", ele é regra de competição que precisa, obrigatoriamente, adequar-se aos ditames legais e aos princípios administrativos.
- **Julgamento objetivo**: o caráter vantajoso da proposta deve ser verificado em função de julgamento objetivo, de acordo com os critérios estabelecidos no instrumento convocatório, evitando-se subjetivismos e conotações individuais na aferição da melhor proposta a ser contratada.

O artigo 3º da Lei nº 8.666/93 indica ainda a existência de **princípios correlatos**, que derivam dos princípios básicos e que se relacionam com estes, em virtude da matéria que tratam. Embora haja certa discordância na doutrina, alguns princípios correlatos podem ser identificados no texto legal, como, entre outros, ***competitividade, formalismo, obrigatoriedade, economicidade*** e ***sigilo das propostas***.

> **▸ Como esse assunto foi cobrado em concurso?**
> No concurso para Procurador do Estado do Piauí (CESPE/2008), com a seguinte ementa: "*Com relação a licitações e contratos, assinale a opção correta*", foi considerada correta a seguinte alternativa: "*c) Conforme o princípio do julgamento objetivo, o julgamento das propostas deve ser feito de acordo com os critérios fixados no instrumento convocatório*".

## 5. CONTRATAÇÃO DIRETA – EXCEÇÕES LEGAIS AO DEVER DE LICITAR

Embora a realização de contratos pela Administração Pública exija, em regra, a obediência ao certame licitatório (**princípio da obrigatoriedade**), o legislador ressalvou hipóteses em que o gestor pode prescindir da seleção formal prevista neste estatuto. Essas hipóteses de ressalva encontram fundamento no próprio texto constitucional, uma vez que o inciso XXI do artigo 37, da Constituição Federal, ao estabelecer a obrigatoriedade do procedimento de licitação para os contratos feitos pela Administração, já inicia seu texto com a ressalva aos casos especificados na legislação.

> **Importante!**
>
> Despesas decorrentes de lei não se enquadram no conceito de contrato dado pela Lei nº 8.666/93. Assim, o pagamento de despesa relacionada ao seguro DPVAT não exige procedimento de licitação nem acarreta hipótese de dispensa ou inexigibilidade. Simplesmente, é incabível a aplicação do estatuto licitatório, pois não se trata de relação de natureza contratual (acordo de vontades), mas cumprimento de obrigação legal.
>
> Da mesma forma, o STF tem entendido que o patrocínio de evento esportivo não pode ser compreendido como contratação administrativa sujeita a licitação (STF, RE 574636/SP, Julg. 16/08/2011).

A Lei Geral de Licitações prevê hipóteses de contratação direta (**dispensa** e **inexigibilidade**), porque admite que nem sempre a realização do certame levará à melhor seleção pela Administração ou que, pelo menos, nem sempre a sujeição do negócio ao procedimento formal e burocrático previsto pelo estatuto serve ao eficaz atendimento do interesse público.

<table>
<tr><th colspan="2">Contratações diretas</th></tr>
<tr><th>Dispensa</th><th>Inexigibilidade</th></tr>
<tr><td>Competição viável</td><td>Competição inviável</td></tr>
<tr><td>Taxatividade</td><td>Não taxatividade</td></tr>
<tr><td>(Art. 17) Dispensada</td><td rowspan="2">(Art. 25)</td></tr>
<tr><td>(Art. 24) Dispensável</td></tr>
</table>

De qualquer forma, mesmo sem a observância dos procedimentos relativos às modalidades licitatórias, a contratação direta deve obediência aos princípios do Direito Administrativo, exigindo, por exemplo, o respeito a **condicionantes da eficácia** e a **elementos de instrução**.

## 5.1. Dispensa de licitação

Com relação à **dispensa**, consolidou-se o entendimento de que o caso concreto se enquadrará como dispensa se ficar caracterizada uma das situações previstas pela legislação. Nesse caso, as **hipóteses legais são taxativas**. Na dispensa, a competição seria possível, mas o legislador entendeu por bem torná-la não obrigatória, naquelas hipóteses fixadas pela Lei.

A doutrina costuma dividir as hipóteses de dispensa em **licitações dispensadas** e **licitações dispensáveis**.

### 5.1.1. *Licitação dispensada*

A Lei nº 8.666/93 indica as situações em que a licitação deve ser dispensada, em seu artigo 17. Convém observar que são hipóteses relacionadas à alienação de bens da Administração Pública. Tal alienação está subordinada à existência de interesse público, devidamente justificado, e à prévia avaliação.

Quando **imóveis**, a alienação dependerá, ainda, de autorização legislativa (para órgãos da Administração Direta, entidades autárquicas e fundacionais), de avaliação prévia e de licitação (na modalidade concorrência), dispensada esta nos casos descritos pela alínea I do artigo 17 da Lei nº 8.666/93, como: dação em pagamento, doação, permuta, investidura, alienação e disposição de bens no âmbito de programas habitacionais de interesse social, procedimento de legitimação de posse, entre outros.

O elenco de hipóteses de licitação dispensada para bens imóveis foi bastante alterado nos últimos anos. Nessa feita, é essencial a leitura sempre atualizada do texto legal, com especial atenção para os dispositivos modificados recentemente.

Quando **móveis**, a alienação dependerá de avaliação prévia e de licitação (na modalidade concorrência ou leilão), dispensada esta nos casos descritos pela alínea II do artigo 17 da Lei nº 8.666/93, como: doação, permuta, venda de ações, venda de títulos, venda de bens produzidos ou comercializados por órgãos ou entidades da Administração Pública (em virtude de suas finalidades) e venda de materiais e equipamentos para outros órgãos ou entidades da Administração Pública, sem utilização previsível por quem deles dispõe.

▸ **Importante!**

A condição restritiva de permitir a doação de bem imóvel (art. 17, I, "b") e a permuta de bem móvel (art. 17, II, "b") apenas para órgãos da Administração Pública foi compreendida pelo STF como regra específica. Assim, tal restrição tem aplicação, apenas, no âmbito da União (ADI-MC 927/RS. Julg. 03/11/1993).

▸ **Atenção!**

A permuta de terreno pertencente à entidade da Administração Pública por unidades imobiliárias a serem nele construídas futuramente não se insere na hipótese de dispensa de licitação prevista na alínea **c** do inciso I do art. 17 da Lei n. 8.666/1993, devendo ser precedida de licitação, na modalidade concorrência (TCU, Acórdão n.º 2853/2011-Plenário, Informativo nº 84).

▸ **Como esse assunto foi cobrado em concurso?**

No concurso para Juiz do Tribunal de Justiça de Sergipe (CESPE/2008), com a seguinte ementa: *"Em relação à Lei de Licitações, assinale a opção correta"*, foi considerada correta a alternativa: *"c) A alienação de bens imóveis públicos permite dispensa de licitação quando os imóveis forem destinados a programas habitacionais de interesse social"*.

### 5.1.2. Licitação dispensável

É importante reiterar que as situações de dispensa previstas na legislação são **taxativas**, ou seja, não podem ser criadas pelo gestor novas hipóteses. O caso concreto se enquadrará como dispensa se ficar caracterizada uma das situações previstas pela lei.

> **Atenção!**
> Outras leis federais podem estabelecer hipóteses de licitação dispensável, além das descritas no artigo 24 da Lei Geral de Licitações. Nesse sentido, a Lei nº 11.652/2008 estabeleceu uma hipótese de dispensa para contratação da Empresa Brasil de Comunicação S/A - EBC, por órgãos e entidades da Administração Pública, com vistas à realização de atividades relacionadas ao seu objeto, desde que o preço contratado seja compatível com o de mercado.

Outro ponto a ser destacado é que, diferentemente da inexigibilidade, na dispensa, a competição seria sim possível, mas o legislador entendeu por bem torná-la não obrigatória em tais casos. Mesmo caracterizada uma das hipóteses de licitação dispensável descritas pela legislação, entendendo o gestor que a realização da licitação atende ao interesse público, poderá fazê-la, pois a hipótese de dispensa permite a faculdade de escolha sobre a realização ou não do procedimento seletivo.

A doutrina divide as hipóteses de licitações dispensáveis descritas pelo artigo 24 da Lei nº 8.666/93 em quatro categorias:

| | Incisos |
|---|---|
| **Em razão do pequeno valor** | I e II |
| **Em razão de situações excepcionais** | III, IV, V, VI, VII, IX, XI, XIV, XVIII, XXVII, XXVIII |
| **Em razão do objeto** | X, XII, XV, XVII, XIX, XXI, XXV, XXIX, XXX, XXXI, XXXII e XXXIII |
| **Em razão da pessoa** | VIII, XIII, XVI, XX, XXII, XXIII, XXIV e XXVI |

A seguir, resumiremos as hipóteses de licitação dispensável descritas pelo artigo 24 da Lei nº 8.666/93, destacando seus pontos polêmicos:

1) **Dispensas de pequeno valor (incisos I e II)**. Nas aquisições, serviços, obras e serviços de engenharia de valor até 10% (dez por cento) do limite máximo previsto para a modalidade convite (art. 23).

De acordo com o §1º do artigo 24 da Lei nº 8.666/93, este percentual será de 20% (vinte por cento) para compras, obras e serviços contratados por consórcios públicos, por autarquia ou fundação qualificadas, na forma da lei, como Agências Executivas.

> ▸ **Atenção!**
> O §1º do artigo 24 da Lei nº 8.666/93 inclui também neste percentual diferenciado (20%) as empresas públicas e sociedades de economia mista; contudo, bom lembrar que as estatais se submetem agora ao regime licitatório da Lei nº 13.303/2016, o qual, inclusive, tem valores diferentes para as chamadas dispensas de pequeno valor.

Deve-se ressalvar que, no caso de consórcios públicos, os valores previstos no *caput* do artigo 23 devem ser dobrados, quando o consórcio for formado por até 3 (três) entes da Federação, ou triplicados, quando o consórcio for formado por maior número.

> ▸ **Atenção!**
> Não se amolda à hipótese de dispensa de licitação prevista no art. 24, II, da Lei 8.666/1993 a situação em que, contratada organizadora para a realização de concurso público por valor inferior ao limite previsto no referido dispositivo, tenha-se verificado que a soma do valor do contrato com o total arrecado a título de taxa de inscrição supere o limite de dispensa previsto no aludido inciso (STJ. REsp 1.356.260-SC, Rel. Min. Humberto Martins, j. 7.2.2013. 2ª T - Info 516).

> ▸ **Atenção!**
> Para fins de escolha das modalidades licitatórias convencionais (concorrência, tomada de preços e convite), bem como de enquadramento das contratações previstas no art. 24, I e II, da Lei nº 8.666/1993, a definição do valor da contratação levará em conta o período de vigência contratual e as possíveis prorrogações. Nas licitações exclusivas para microempresas, empresas de pequeno porte e sociedades cooperativas, o valor de R$ 80.000,00 (oitenta mil reais) refere-se ao período de um ano, observada a respectiva proporcionalidade em casos de períodos distintos." (Orientação Normativa nº 10, alterada em 2017).

2) **Guerra ou grave perturbação da ordem (inciso III).** A declaração de guerra é de competência da União (art. 21, II da CF), através de ato privativo do Presidente da República (art. 84, XIX da CF), mediante autorização ou referendo do Congresso Nacional (art. 49, II da CF). A perturbação da ordem é a situação que afeta a paz e a disciplina social e política.

3) **Emergência ou calamidade pública (inciso IV).** Fica caracterizada quando há urgência de atendimento de situação que possa ocasionar prejuízo ou comprometer a segurança de pessoas, obras, serviços, equipamentos e outros bens, públicos ou particulares, e somente para os bens necessários ao atendimento da situação emergencial ou calamitosa e para as parcelas de obras e serviços que possam ser concluídas no prazo máximo de 180 (cento e oitenta)

dias consecutivos e ininterruptos, contado da ocorrência da emergência ou calamidade, sendo vedada a prorrogação dos respectivos contratos.

Os casos de emergência podem ser produto de **fatores objetivos** e de **fatores subjetivos**.

Ocorre um caso de emergência **"objetivo"**, quando este se apresenta como resultado de um acontecimento ou situação desvinculada da vontade administrativa (uma enchente, um temporal,...). Há um caso de emergência **"subjetivo"**, quando se identifica que o gestor, por desídia, gerou a situação de urgência, como nas contratações emergenciais para aquisições de bens que poderiam ter sido licitadas anteriormente, pela reconhecida preexistência da necessidade administrativa.

Tanto em uma situação como em outra, caracterizados os requisitos legais, é possível a contratação direta. Mesmo caracterizada desídia, por parte do administrador, preenchidos os requisitos previstos pelo dispositivo, é cabível a hipótese de dispensa.

> ▸ **Atenção!**
> A desídia do agente público não impede a caracterização da situação emergencial, embora possa gerar a sua responsabilização.

4) **Licitação deserta (inciso V).** Ocorre quando não acudirem interessados à licitação anterior e esta, justificadamente, não puder ser repetida sem prejuízo para a Administração. Neste caso, devem ser mantidas todas as condições preestabelecidas.

> ▸ **Atenção!**
> De acordo com a ON AGU Nº 12/2009, não se justifica essa hipótese de dispensa, caso a licitação tenha sido realizada na modalidade convite.

5) **Intervenção no domínio econômico (inciso VI).** É o caso em que a União tiver que intervir no domínio econômico para regular preços ou normalizar o abastecimento. Não verificadas tais finalidades, não se poderá utilizar o dispositivo para fundamentar a dispensa em outras situações de intervenção no domínio econômico.

6) **Propostas incompatíveis (inciso VII).** Ocorre quando as propostas apresentadas consignarem preços manifestamente superiores aos praticados no mercado nacional ou forem incompatíveis com os fixados pelos órgãos oficiais competentes. Nesse caso, após o procedimento de renovação das propostas (art. 48), persistindo a situação, será admitida a adjudicação direta dos bens ou serviços, por valor não superior ao constante do registro de preços ou dos serviços.

7) **Contratação de órgão ou entidade da Administração Pública (inciso VIII).** Para a aquisição, por pessoa jurídica de direito público interno, de bens produzidos ou serviços prestados por órgão ou entidade que integre a Administração Pública e que tenha sido criado para esse fim específico em data anterior à vigência desta Lei, desde que o preço contratado seja compatível com o praticado no mercado. É necessária a criação para finalidade específica, anteriormente à vigência da Lei nº 8.666/93.

Esse benefício não deve ser usado para a contratação de empresas públicas e de sociedades de economia mista que explorem atividade econômica, sob o regime de competição com o setor privado, pois estas estão sujeitas à livre concorrência e não devem possuir privilégios que não sejam extensíveis às empresas da iniciativa privada. Nesse sentido, a Orientação Normativa AGU Nº 13, de 01 abril de 2009, estabeleceu que: "Empresa pública ou sociedade de economia mista que exerça atividade econômica não se enquadra como órgão ou entidade que integra a administração pública, para os fins de dispensa de licitação com fundamento no inc. VIII do art. 24 da Lei nº 8.666, de 1993."

> **Atenção!**
>
> O limite temporal de criação do órgão ou entidade que integre a administração pública estabelecido no inciso VIII do caput deste artigo não se aplica aos órgãos ou entidades que produzem produtos estratégicos para o SUS, no âmbito da Lei nº 8.080, de 19 de setembro de 1990, conforme elencados em ato da direção nacional do SUS.

8) **Segurança Nacional (inciso IX).** Caracteriza-se quando houver possibilidade de comprometimento da segurança nacional, nos casos estabelecidos em Decreto do Presidente da República, ouvido o Conselho de Defesa Nacional.

De acordo com o Decreto nº 2.295/97, ficam dispensadas de licitação as compras e contratações de obras ou serviços quando a revelação de sua localização, necessidade, característica do seu objeto, especificação ou quantidade coloque em risco objetivos da segurança nacional.

Mais recentemente, o Decreto federal nº 8.135/2013 estabeleceu outra hipótese de contratação direta, com base neste dispositivo. De acordo com o normativo, com vistas à preservação da segurança nacional, fica dispensada a licitação para a contratação de órgãos ou entidades da administração pública federal, para atendimento ao objetivo de fazer com que as comunicações de dados da administração pública federal direta, autárquica e fundacional sejam realizadas por redes de telecomunicações e serviços de tecnologia da informação fornecidos por órgãos ou entidades da administração pública federal.

9) **Locação de imóvel (inciso X).** Para a compra ou locação de imóvel destinado ao atendimento das finalidades precípuas da Administração, cujas necessidades de instalação e localização condicionem a sua escolha, desde que o preço seja compatível com o valor de mercado, segundo avaliação prévia.

Em síntese, os critérios exigidos pela Lei são os seguintes:

- destinação do imóvel ao atendimento das finalidades precípuas da Administração;
- existência de motivos (necessidade de instalação e localização) que condicionem a sua escolha;
- preço compatível com o valor de mercado (segundo avaliação prévia).

Discordamos da tese doutrinária de que a existência de vários imóveis que possam atender à necessidade administrativa torna obrigatória a realização de procedimento licitatório. Entendemos que, mesmo existindo mais de um imóvel apto ao atendimento da pretensão contratual, é possível a contratação direta para a locação descrita pelo inciso X do artigo 24.

Importante relembrar uma diferença fundamental entre os institutos da inexigibilidade e da dispensa. Se naquela (inexigibilidade) é identificada uma inviabilidade de competição, na dispensa a possibilidade de competição e a pluralidade de possíveis particulares fornecedores do bem ou do serviço não impedem a utilização da permissiva de contratação direta. Em resumo: a existência de um único imóvel apto a atender às finalidades precípuas da Administração não é requisito para a contratação por dispensa de licitação, indicada neste inciso.

Ilustrando, da mesma forma que se admite a dispensa para uma compra de pequeno valor (art. 24, II), mesmo existindo vários fornecedores aptos e interessados na contratação, deve-se admitir a utilização da dispensa para a locação de imóvel (art. 24, X), mesmo que existam outros imóveis aptos ao atendimento das finalidades precípuas da Administração. O que deve ser evitada é a utilização dessa hipótese de contratação direta para justificar contratações motivadas por interesses ilegítimos do gestor, em detrimento do interesse público.

> ▸ **Atenção!**
>
> Como boa prática de gestão, na escolha de imóveis públicos, para locação, alguns órgãos vêm adotando a realização de **"chamamentos públicos"**. Trata-se de uma consulta ao mercado imobiliário, das ofertas disponíveis para locação. A Administração Pública informa a sua intenção de realizar locação em determinado(s) local(is) ou região e determina suas condições, como área útil, localização, garagens disponíveis, entre outros.

10) **Contratação de remanescente (inciso XI).** Na contratação de remanescente de obra, serviço ou fornecimento, em consequência de rescisão contratual, desde que atendida a ordem de classificação da licitação anterior e aceitas as mesmas condições oferecidas pelo licitante vencedor, inclusive quanto ao preço, devidamente corrigido.

> ▸ **Atenção!**
> De acordo com a Jurisprudência do TCU, é obrigatória a manutenção das condições oferecidas pelo licitante vencedor, **inclusive quanto aos preços unitários, devidamente corrigidos,** e não apenas a adoção do mesmo preço global (Acórdão 1443/2018 Plenário).

A contratação direta de remanescente de obra, com suporte no comando contido no art. 24, XI, da Lei nº 8.666/1993, não pode ser adotada com condições diversas daquelas que venceram o processo licitatório ou quando a avença resultante da licitação estiver eivada de vícios

11) **Compra de gêneros perecíveis (inciso XII).** Nas compras de hortifrutigranjeiros, pão e outros gêneros perecíveis, no tempo necessário para a realização dos processos licitatórios correspondentes, realizadas diretamente com base no preço do dia.

12) **Instituição de pesquisa (inciso XIII).** Na contratação de instituição brasileira incumbida regimental ou estatutariamente da pesquisa, do ensino ou do desenvolvimento institucional, ou de instituição dedicada à recuperação social do preso, desde que a contratada detenha inquestionável reputação ético-profissional e não tenha fins lucrativos. A utilização da expressão "instituição" leva a concluir que o legislador não permitiu a contratação de pessoa física.

> ▸ **Atenção!**
> Os contratos firmados com fundações de apoio, com base nessa hipótese de dispensa, devem estar diretamente vinculados a projetos com definição clara do objeto e com prazo determinado, sendo vedada a subcontratação, a contratação de serviços contínuos ou de manutenção, e a contratação de serviços destinados a atender as necessidades permanentes da instituição (ON AGU 14/2009).
>
> A contratação de instituição sem fins lucrativos, com dispensa de licitação, com fulcro no art. 24, inciso XIII, da Lei nº 8.666/93, somente é admitida nas hipóteses em que houver nexo efetivo entre o mencionado dispositivo, a natureza da instituição e o objeto contratado, além de comprovada a compatibilidade com os preços de mercado (Súmula TCU nº 250).
>
> É lícita a contratação de serviço de promoção de concurso público por meio de dispensa de licitação, com fulcro no art. 24, inciso XIII, da Lei 8.666/1993, desde que sejam observados todos os requisitos previstos no referido dispositivo e demonstrado o nexo efetivo desse objeto com a natureza da instituição a ser contratada, além de comprovada a compatibilidade com os preços de mercado. (Súmula TCU nº 287, de 12/11/2014).

13) **Acordo internacional (inciso XIV).** Para a aquisição de bens ou serviços, nos termos de acordo internacional específico, aprovado pelo Congresso Nacional, quando as condições ofertadas forem manifestamente vantajosas para o Poder Público.

A hipótese de dispensa não prevê a contratação de obras, restringindo-se à aquisição de bens e serviços. A redação atual do dispositivo excluiu a necessidade de mediação através de organização internacional, mas explicitou a exigência de que o acordo internacional específico fosse aprovado pelo Congresso Nacional e de que as condições fossem vantajosas ao Poder Público.

14) **Obras de arte e objetos históricos (inciso XV).** Para a aquisição ou restauração de obras de arte e objetos históricos, de autenticidade certificada, desde que compatíveis ou inerentes às finalidades do órgão ou entidade.

Deverá ser considerada ilícita a utilização de tal hipótese, quando inexistir a vinculação finalística exigida pelo dispositivo.

15) **Impressões e prestações de serviço de informática (inciso XVI).** Para a impressão dos diários oficiais, de formulários padronizados de uso da Administração e de edições técnicas oficiais, bem como para prestação de serviços de informática a pessoa jurídica de direito público interno, por órgãos ou entidades que integrem a Administração Pública, criados para esse fim específico.

16) **Aquisição vinculada à garantia (inciso XVII).** Para a aquisição de componentes ou peças de origem nacional ou estrangeira, necessários à manutenção de equipamentos durante o período de garantia técnica, junto ao fornecedor original desses equipamentos, quando tal condição de exclusividade for indispensável para a vigência da garantia.

17) **Abastecimento de embarcações, aeronaves e tropas (inciso XVIII).** Nas compras ou contratações de serviços para o abastecimento de navios, embarcações, unidades aéreas ou tropas e seus meios de deslocamento, quando em estada eventual de curta duração em portos, aeroportos ou localidades diferentes de suas sedes, por motivo de movimentação operacional ou de adestramento, quando a exiguidade dos prazos legais puder comprometer a normalidade e os propósitos das operações e desde que seu valor não exceda ao limite da modalidade convite previsto para compras e serviços comuns.

18) **Padronização de material militar (inciso XIX).** Para as compras de material de uso pelas Forças Armadas, com exceção de materiais de uso pessoal e administrativo, quando houver necessidade de manter a padronização requerida pela estrutura de apoio logístico dos meios navais, aéreos e terrestres, mediante parecer de comissão instituída por Decreto.

19) **Associação de portadores de deficiência (inciso XX).** Na contratação de associação de portadores de deficiência física, sem fins lucrativos e de comprovada idoneidade, por órgãos ou entidades da Administração Pública, para a prestação de serviços ou fornecimento de mão de obra, desde que o preço contratado seja compatível com o praticado no mercado.

20) **Produtos para pesquisa e desenvolvimento (inciso XXI).** A redação anterior do dispositivo previa a contratação direta para a aquisição de bens **e insumos** destinados exclusivamente à pesquisa científica e tecnológica com recursos

concedidos pela CAPES, FINEP, CNPq ou outras instituições de fomento à pesquisa credenciadas pelo CNPq para esse fim específico.

Este inciso foi alterado pela **Lei nº 13.243/2016**, a qual modificou a hipótese de dispensa (retirando a restrição anterior, à origem dos recursos), admitindo-a para **"a aquisição ou contratação de produto para pesquisa e desenvolvimento, limitada, no caso de obras e serviços de engenharia, a R$ 300.000,00** (20% do valor de que trata a alínea "b" do inciso I do *caput* do art. 23).

A **Lei nº 13.243/2016** criou estímulos ao desenvolvimento científico, à pesquisa, à capacitação científica e tecnológica e à inovação, atividades que ainda engatinham, no Brasil, não por falta de qualidade de nossos pesquisadores, mas devido a dificuldades impostas por exigências burocráticas que, quando excessivas, acabam gerando certa disfunção, prejudicando as atividades reguladas. Os órgãos de fomento à pesquisa que atuam com contratações públicas apresentavam diversas queixas em relação às dificuldades para efetivar as contratações, neste segmento; o que gerou a inclusão de dispositivos com repercussão direta no regime licitatório.

Para a aplicação desta hipótese de dispensa, é fundamental identificar a definição de **"produtos para pesquisa e desenvolvimento"**. A própria **Lei nº 13.243/2016** estabeleceu tal definição como sendo "bens, insumos, serviços e obras necessários para atividade de pesquisa científica e tecnológica, desenvolvimento de tecnologia ou inovação tecnológica, discriminados em projeto de pesquisa aprovado pela instituição contratante".

Esta hipótese de dispensa poderá ser adotada, inclusive, para aquisição de produtos utilizados em obras e serviços e engenharia. Nesta hipótese (quando relacionada a contratações para obras e serviços de engenharia), contudo, há uma limitação econômica ao valor de R$ 300.000,00 (20% do valor de que trata a alínea "b" do inciso I do *caput* do art. 23). Ademais, quando esta hipótese de dispensa for aplicada a obras e serviços de engenharia, seguirá procedimentos especiais, instituídos em regulamentação específica (§3º do artigo 24).

> **Atenção!**
>
> De acordo com a **Lei nº 13.243/2016**, nesta hipótese de dispensa, estará afastada a vedação à possibilidade de contratação ou participação, da licitação ou da execução do contrato, do autor do projeto básico ou executivo, pessoa física ou jurídica.

21) **Energia elétrica e gás natural (inciso XXII).** Na contratação de fornecimento ou suprimento de energia elétrica e gás natural com concessionário, permissionário ou autorizado, segundo as normas da legislação específica.

Sendo hipótese de único fornecedor, tecnicamente será verificada uma situação de inexigibilidade, em que a contratação deverá ser adequada à situação prevista no artigo 25 da Lei nº 8.666/93.

22) **Subsidiárias e controladas (inciso XXIII).** Na contratação realizada por empresa pública ou sociedade de economia mista com suas subsidiárias e controladas, para a aquisição ou alienação de bens, prestação ou obtenção de serviços, desde que o preço contratado seja compatível com o praticado no mercado.

O TCU tem entendido que a participação de empresa estatal no bloco de controle de empresa privada da qual é acionista minoritária, mediante celebração de acordo com o acionista majoritário, conferindo à estatal parcela de controle compartilhado, não a torna controladora da empresa participada, devendo esta concorrer nas licitações em condições de igualdade com as demais empresas do setor privado, sendo indevida sua contratação direta pela estatal com base no art. 24, inciso XXIII, da Lei 8.666/1993. Segundo o Tribunal, para fins de dispensa de licitação com fundamento nesse dispositivo, entende-se por controlada a empresa em que a União, direta ou indiretamente, detenha a maioria do capital social com direito a voto, em analogia ao conceito do art. 165, § 5º, inciso II, da Constituição Federal, que baliza a noção de empresa controlada (TCU. Acórdão nº 2472/2017 Plenário).

> **Atenção!**
> A contratação de subsidiárias e controladas com fulcro no art. 24, inciso XXIII, da Lei nº 8.666/93 somente é admitida nas hipóteses em que houver, simultaneamente, compatibilidade com os preços de mercado e pertinência entre o serviço a ser prestado ou os bens a serem alienados ou adquiridos e o objeto social das mencionadas entidades (TCU, Súmula nº 265/2011).

23) **Organizações sociais (inciso XXIV).** Para a celebração de contratos de prestação de serviços com as organizações sociais, qualificadas no âmbito das respectivas esferas de governo, para atividades contempladas no contrato de gestão.

Embora a hipótese faça referência expressa, apenas, às Organizações Sociais, e, em regra, as exceções sejam tratadas e interpretadas de forma restritiva, parte da doutrina tem entendido que o dispositivo também se aplica às OSCIPs.

A hipótese de dispensa, na verdade, não trata da seleção da entidade, mas sim da contratação de prestações de serviços não exclusivos do Estado, relacionados às atividades contempladas no contrato de gestão. No caso das OSCIPs, por exemplo, referir-se-ia ao mesmo tipo de prestações, contempladas no termo de parceria já firmado.

Celebrado e em vigor o convênio, termo de parceria ou contrato de gestão, não há sentido em se realizar tal licitação, ao menos não nos clássicos moldes legais, pois, uma vez firmado o contrato de gestão, inexiste ambiente competitivo no interior dessa relação de cooperação. Nesse caso, há uma inviabilidade que mais se aproxima da inexigibilidade ou da impropriedade de aplicação de todas as regras previstas no estatuto, tornando até desnecessária a ressalva legal de dispensa licitatória.

Importante lembrar que a aquisição de produtos e a contratação de serviços com recursos da União, transferidos a entidades privadas sem fins lucrativos, não estão sujeitas à obrigatoriedade de adoção do regime licitatório. Elas deverão, contudo, observar, nessas contratações, os princípios da impessoalidade, moralidade e economicidade, sendo necessária, no mínimo, a realização de cotação prévia de preços no mercado.

24) **Instituição Científica e Tecnológica (inciso XXV).** Na contratação realizada por Instituição Científica e Tecnológica - ICT ou por agência de fomento para a transferência de tecnologia e para o licenciamento de direito de uso ou de exploração de criação protegida.

- **Instituição Científica e Tecnológica** é órgão ou entidade da Administração Pública que tenha por missão institucional, dentre outras, executar atividades de pesquisa básica ou aplicada de caráter científico ou tecnológico.
- **Agência de fomento** é o órgão ou instituição, de natureza pública ou privada, que tenha, entre os seus objetivos, o financiamento de ações que visem a estimular e a promover o desenvolvimento da ciência, da tecnologia e da inovação;

25) **Consórcio público ou convênio de cooperação (inciso XXVI).** Na celebração de **contrato de programa** com ente da Federação ou com entidade de sua Administração Indireta, para a prestação de serviços públicos, de forma associada, nos termos autorizados em contrato de consórcio público ou em convênio de cooperação.

Lembramos que o **consórcio público** poderá adquirir personalidade jurídica de direito público ou privado, podendo constituir-se por contrato (convênio), dependendo sua celebração da prévia subscrição de protocolo de intenções. Noutro diapasão, seus objetivos, respeitados os limites constitucionais, serão determinados pelos entes consorciados.

26) **Resíduos sólidos (inciso XXVII).** Na contratação da coleta, processamento e comercialização de resíduos sólidos urbanos recicláveis ou reutilizáveis, em áreas com sistema de coleta seletiva de lixo, efetuados por associações ou cooperativas formadas exclusivamente por pessoas físicas de baixa renda reconhecidas pelo poder público como catadores de materiais recicláveis, com o uso de equipamentos compatíveis com as normas técnicas, ambientais e de saúde pública. É importante verificar os requisitos condicionantes previstos pelo dispositivo, dentre eles:

- a associação ou a cooperativa deve ser formada por pessoas físicas de baixa renda;
- o reconhecimento, pelo Poder Público, como catadores de materiais recicláveis;

27) **Complexidade tecnológica e defesa nacional (inciso XXVIII).** Para o fornecimento de bens e serviços, produzidos ou prestados no País, os quais envolvam, cumu-

lativamente, alta complexidade tecnológica e defesa nacional, mediante parecer de comissão especialmente designada pela autoridade máxima do órgão.

28) **Contingentes militares (inciso XIX).** Na aquisição de bens e contratação de serviços para atender aos contingentes militares das Forças Singulares brasileiras empregadas em operações de paz no exterior, necessariamente justificadas quanto ao preço e à escolha do fornecedor ou executante e ratificadas pelo Comandante da Força.

29) **Assistência técnica e extensão rural no PRONATER (inciso XXX).** Na contratação de instituição ou organização pública ou privada, com ou sem fins lucrativos, para a prestação de serviços de assistência técnica e extensão rural no âmbito do Programa Nacional de Assistência Técnica e Extensão Rural na Agricultura Familiar e na Reforma Agrária (PRONATER), instituído por lei federal.

Deve ser entendido como Assistência Técnica e Extensão Rural (ATER) o serviço de educação não formal, de caráter continuado, no meio rural, o qual promove processos de gestão, produção, beneficiamento e comercialização das atividades e dos serviços agropecuários e não agropecuários, inclusive das atividades agroextrativistas, florestais e artesanais.

A permissiva abrange a contratação das **entidades executoras.** Elas compreendem as instituições ou organizações públicas ou privadas, **com ou sem fins lucrativos**, previamente credenciadas e que preencham os requisitos previstos no art. 15 da Lei nº 12.188/2010.

De acordo com a Lei, a contratação das entidades executoras será efetivada, apenas, pelo Ministério do Desenvolvimento Agrário (MDA) ou pelo INCRA.

> **▸ Atenção!**
>
> Mesmo com a hipótese de dispensa, a Lei estabeleceu que a contratação de serviços de Assistência Técnica e Extensão Rural será realizada por meio de "chamada pública". A exigência de que a "chamada pública" deverá conter os critérios objetivos para seleção da entidade executora indica que, mesmo permitida a contratação direta, o legislador exigiu que a escolha ocorresse por procedimento seletivo.

30) **Contratações de estímulo à inovação científica (inciso XXXI).** A recente **Lei nº 12.349/2010** acrescentou hipótese de dispensa relacionada às contratações de estímulo à inovação científica, através de ambientes cooperativos, conforme disposições apresentadas nos artigos 3º, 4º, 5º e 20 da Lei nº 10.973, de 2 de dezembro de 2004, observados os princípios gerais de contratação.

> **▸ Atenção!**
>
> Entre outras ações, é possível aos entes federados e às suas agências de fomento estimular e apoiar a constituição de alianças estratégicas e

> o desenvolvimento de projetos de cooperação envolvendo empresas nacionais, ICT e organizações de direito privado sem fins lucrativos, voltadas para atividades de pesquisa e desenvolvimento que objetivem a geração de produtos e processos inovadores.

31) **Transferência de tecnologia de produtos estratégicos para o Sistema Único de Saúde (inciso XXXII).** A recente **Lei nº 12.715**, de 2012, acrescentou outra hipótese de dispensa, esta relacionada às contratações nas quais houver transferência de tecnologia de produtos estratégicos para o Sistema Único de Saúde - SUS, no âmbito da Lei nº 8.080/90, conforme elencados em ato da direção nacional do SUS, inclusive por ocasião da aquisição destes produtos durante as etapas de absorção tecnológica.

32) **Contratação de entidades sem fins lucrativos para combate à seca (inciso XXXIII).** O dispositivo admite a contratação direta de entidades privadas sem fins lucrativos. O objetivo indicado para a hipótese de dispensa em tais contratações é a implementação de cisternas ou outras "tecnologias sociais de acesso à água" para consumo humano e produção de alimentos, beneficiando famílias rurais de baixa renda atingidas pela seca ou falta regular de água.

De acordo com o Decreto federal nº 8.038/2013, "tecnologia social de acesso à água" seria o conjunto de técnicas e métodos aplicados para captação, uso e gestão da água, desenvolvidos a partir da interação entre conhecimento local e técnico, apropriados e implementados com a participação da comunidade.

33) **Contratação de insumos estratégicos para a saúde produzidos, ou distribuídos, por fundação ou em parcerias que envolvam transferência de tecnologia de produtos estratégicos para o SUS (inciso XXXIV).** A Lei 13.204/2015 incluiu esta hipótese de dispensa, para a aquisição, por pessoa jurídica de direito público interno, de insumos estratégicos para a saúde produzidos ou distribuídos por fundação que, regimental ou estatutariamente, tenha por finalidade apoiar órgão da administração pública direta, sua autarquia ou fundação em projetos de ensino, pesquisa, extensão, desenvolvimento institucional, científico e tecnológico e estímulo à inovação, inclusive na gestão administrativa e financeira necessária à execução desses projetos, ou em parcerias que envolvam transferência de tecnologia de produtos estratégicos para o Sistema Único de Saúde - SUS (conforme inciso XXXII deste mesmo artigo 24), e que tenha sido criada para esse fim específico em data anterior à vigência desta Lei, desde que o preço contratado seja compatível com o praticado no mercado.

34) **Construção, ampliação, reforma e aprimoramento de estabelecimentos penais, em situação de risco à segurança pública. (inciso XXXV).** A Lei federal nº 13.500, de 26 de outubro de 2017, incluiu nova hipótese de dispensa, com o seguinte texto: "para a construção, a ampliação, a reforma e o aprimoramento de estabelecimentos penais, desde que configurada situação de grave e iminente risco à segurança pública".

Da leitura da nova hipótese de dispensa, nota-se a existência de pressupostos que deverão ser observados para sua efetiva caracterização, quais sejam:

a) que o objeto da dispensa seja a construção, a ampliação, a reforma e o aprimoramento de estabelecimentos penais; e

b) que a situação se configure como de grave e iminente risco à segurança pública.

Convém registrar a crítica de que ela, na prática, abrangerá situações já abarcadas pela hipótese de dispensa do inciso IV do artigo 24 da Lei nº 8.666/93 (dispensa emergencial). Por outro lado, importante salientar que a nova hipótese (inciso XXXV) não possui as mesmas condicionantes previstas na anterior (inciso IV). Nesse prumo, por exemplo, não há aqui a expressa limitação temporal de 180 dias, para a respectiva contratação direta.

Nada obstante a inexistência do limite temporal de 180 dias, seria esdrúxulo admitir que essa hipótese de dispensa fosse viável para "a construção, a ampliação, a reforma e o aprimoramento de estabelecimentos penais", sem qualquer limitação temporal. Diante da realidade caótica de nossos estabelecimentos prisionais, isso geraria uma autorização para fuga indiscriminada à obrigatoriedade de licitar, em todas as obras e reformas em nosso sistema prisional.

Mesmo sem a aplicação da limitação temporal expressa de 180 dias (que, em regra, é curta para este tipo de intervenção de engenharia), necessário firmar-se que essa hipótese de dispensa (inciso XXXV) apenas será admissível quando configurada "situação de grave e iminente risco à segurança pública". Assim, deve-se admitir a utilização desta hipótese de dispensa apenas em situações emergenciais, nas quais a submissão à tramitação do processo licitatório se demonstre incompatível com a urgência exigida para a intervenção ("situação de grave e iminente risco à segurança pública").

Por conta disso, nas construções de presídios, obras, recuperações e ampliações ordinárias, deve-se priorizar a adoção do devido procedimento licitatório. Outrossim, nas hipóteses em que a intervenção de engenharia irá perdurar por longo tempo, é natural que a contratação seja preferencialmente precedida do devido planejamento e também de processo licitatório.

> **▸ Como esse assunto foi cobrado em concurso?**
>
> Em relação às hipóteses de licitação dispensável, as bancas têm cobrado, além dos pontos mais importantes, o texto literal dos incisos. Nessa feita, é importante a leitura atenciosa dessas hipóteses de contratação direta. No concurso para o cargo de Delegado de Polícia Civil da PC-MA (CESPE/2018), foi considerada correta a seguinte assertiva: "A falta de interessados no procedimento licitatório é causa de dispensa de licitação, quando tal procedimento, justificadamente, não puder ser repetido sem prejuízo para a administração pública, devendo ser mantidas as condições preestabelecidas.
>
> **Observação:** Atente-se que nesta questão, como em outras várias sobre o tema, é cobrado o texto literal da hipótese de licitação dispensável.

## 5.2. Inexigibilidade de licitação

Diferentemente da dispensa, em que a competição é possível, porém o legislador permite não fazê-la, **na inexigibilidade, a competição é inviável, o que torna inócuo o procedimento licitatório**, cuja razão de ser é, justamente, fomentar a competição em busca da melhor proposta para o atendimento do interesse público.

A maioria da doutrina entende que competição inviável, para fins de aplicação da hipótese de inexigibilidade licitatória, não ocorre apenas nas situações em que é impossível haver disputa, mas também naquelas em que a disputa é inútil ou prejudicial ao atendimento da pretensão contratual, pelo confronto e contradição com aquilo que a justifica (o interesse público).

Verificar-se-á a inviabilidade de competição em várias situações: quando há ausência de pluralidade de interessados aptos a garantir a prestação intentada, quando o procedimento licitatório não for adequado a atender à necessidade da Administração ou quando os critérios de seleção forem inapropriados à escolha do objeto contratual pretendido.

### 5.2.1. *Hipóteses de inexigibilidade*

O artigo 25 da Lei nº 8.666/93 indica três exemplos de inexigibilidade:

A) **Aquisição junto a fornecedor exclusivo (inciso I).** Deve-se destacar a vedação à preferência de marca e a necessidade de que a comprovação de **exclusividade** seja feita através de atestado fornecido pelo órgão de registro do comércio do local em que se realizaria a licitação, a obra ou o serviço, pelo Sindicato, Federação ou Confederação Patronal ou, ainda, pelas entidades equivalentes. Os órgãos contratantes têm a obrigação de averiguar a veracidade do atestado de exclusividade apresentado.

A exclusividade pode ser **absoluta**, quando só existe um fornecedor no país, ou **relativa**, quando acontece apenas na praça onde vai ocorrer a aquisição do bem.

Conforme Orientação Normativa AGU Nº 16, de 01 abril de 2009, os órgãos competentes pela contratação têm a obrigação de averiguar a veracidade do atestado de exclusividade apresentado. Outrossim, de acordo com a Jurisprudência do Tribunal de Contas da União, a "carta de exclusividade", por si só, é insuficiente para demonstrar que a empresa é fornecedora exclusiva de determinado produto.

Embora o dispositivo se refira apenas à exclusividade em função da aquisição de materiais, equipamentos ou gêneros, o caráter exclusivo pode legitimar uma situação de inexigibilidade em outros tipos de contratações. Tratando-se de serviços relacionados a fornecedor exclusivo, a inviabilidade de competição permitirá a contratação direta, tendo por fundamento, contudo, o ***caput* do artigo 25** (e não seu inciso I). Nessa feita, **é inadequada a indicação do inciso I do artigo 25 como fundamento legal para a inexigibilidade de contratação de fornecedor exclusivo de serviço**.

> **Atenção!**
>
> Nas contratações em que o objeto só possa ser fornecido por produtor, empresa ou representante comercial exclusivo, é dever do agente público responsável pela contratação a adoção das providências necessárias para confirmar a veracidade da documentação comprobatória da condição de exclusividade (TCU, Súmula nº. 255/2010)

B) **Contratação de serviços técnicos especializados (inciso II).** Para a contratação direta descrita no inciso II, não basta a indicação de um dos serviços técnicos especializados apontados pelo artigo 13 da Lei. É necessária a **notória especialização** do contratado e a **natureza singular** (singularidade) do serviço.

> **Atenção!**
>
> É vedada a utilização dessa hipótese de inexigibilidade para serviços de publicidade e divulgação.

A **notória especialização** envolve **elemento subjetivo**, referindo-se a uma característica do particular contratado. Essa característica é relativa, podendo variar de acordo com a localidade da prestação contratual. Determinado profissional pode ser reconhecido como notório especialista em uma pequena cidade ou região, embora seu trabalho e sua reputação sejam desconhecidos em uma grande capital.

Já a **natureza singular** envolve **elemento objetivo**, sendo característica diferenciadora do objeto. É o serviço pretendido pela Administração que é singular e não aquele que o executa; caso contrário, estaríamos diante de uma exclusividade, tornando inócuo o dispositivo, pela prescrição já existente no inciso I deste artigo.

Vale reiterar que a inexigibilidade descrita pelo inciso II do artigo 25 do estatuto licitatório pressupõe a presença concomitante dos seguintes requisitos:

a) Tratar-se de serviço técnico profissional especializado;

b) Referir-se a profissional ou a empresa com notória especialização;

c) Restar caracterizada a natureza singular do serviço a ser prestado.

> **Atenção!**
>
> As Súmulas do TCU nº 252/2010 e nº 264/2011 tratam sobre este tema. Vide lista, ao final desse capítulo.

É possível a contratação de serviços advocatícios por inexigibilidade de licitação, como um serviço técnico especializado; contudo, devem ser identificados os requisitos legais para tanto, como a notória especialização, do contratado, e a natureza singular, do serviço.

> ▸ **Como esse assunto foi cobrado em concurso?**
>
> No concurso para o cargo de Analista Judiciário do STJ (CESPE/2018), foi considerada errada a seguinte assertiva: "o poder público poderá promover treinamento de seus servidores mediante contratação direta, por dispensa de licitação, de profissional de notória especialização de natureza singular".
>
> **Observação do autor**: seria hipótese de inexigibilidade, não de dispensa de licitação.
>
> No concurso para Juiz Federal da 1ª Região (CESPE/2011), com a seguinte ementa: "No que concerne ao instituto da licitação, assinale a opção correta", foi considerada correta a alternativa: "a) A contratação de serviços de advogado por inexigibilidade de licitação tem amparo na Lei de Licitações."
>
> No concurso para Titular de Serviços de Notas e de Registros do TJ/DF (CESPE/2014), foi considerada errada a seguinte alternativa: *A inexigibilidade de licitação pode ser adotada em caso de inviabilidade de competição, como ocorre na contratação de serviços técnicos de publicidade e divulgação, de natureza singular, com empresa de notória especialização*

C) **Contratação de profissional do setor artístico (inciso III),** diretamente ou através de empresário exclusivo, desde que consagrado pela crítica especializada ou pela opinião pública.

O fundamento para que profissional do setor artístico seja contratado, através da inexigibilidade licitatória, é a inviabilidade de se realizar uma escolha minimamente objetiva do serviço almejado, bem como o fato de ser pouco provável que um artista, consagrado pela opinião pública, submeta-se a um certame para sua contratação.

> ▸ **Atenção!**
>
> Na contratação de profissional do setor artístico por inexigibilidade de licitação, **é irregular a apresentação de atestado de exclusividade restrito aos dias e à localidade do evento**, em vez do contrato de exclusividade entre o artista e o empresário contratado, haja vista que o contrato de exclusividade é imprescindível para caracterizar a inviabilidade de competição de que trata o art. 25, inciso III, da Lei 8.666/1993 (TCU. Acórdão 1273/2018 Plenário).

> ▸ **Como esse assunto foi cobrado em concurso?**
>
> No concurso para Juiz de Direito Substituto - DF (CESPE/2015), com a seguinte ementa: "Com base no que dispõe a Lei nº 8.666/1993, a licitação será inexigível no caso de:", foi considerada correta a alternativa: "C) contratação de profissional de qualquer setor artístico, diretamente ou com a intermediação de empresário exclusivo, desde que se trate de profissional consagrado pela crítica especializada ou pela opinião pública."

No concurso para Advogado do Metrô-DF (IADES/2014), foi considerada errada a seguinte alternativa: "No caso de o prefeito de determinada cidade decidir contratar renomadas bandas de música brasileiras para se apresentarem em evento festivo de comemoração do aniversário da cidade, poderá fazê-lo por meio de dispensa de licitação, por serem os músicos profissionais do setor artístico consagrados pela opinião pública."

A expressão "**em especial**", usada pelo *caput* do artigo 25 da Lei de Licitações, indica a não taxatividade das hipóteses previstas pelo dispositivo. Tal opção foi correta, pois seria impossível a previsão de todas as hipóteses de competição inviável. Assim, identificada uma situação de inviabilidade de competição, mesmo que não descrita nos incisos do artigo 25, poderá ser caracterizada como hipótese de inexigibilidade.

Raquel Melo Urbano de Carvalho lembra, como hipótese de inexigibilidade não descrita no artigo 25, a situação em que a Administração aceita firmar o negócio com todos aqueles que, atendendo as motivadas exigências públicas, manifestem interesse em firmar contrato. Nesse caso, não há um certame, no sentido de disputa, mas um "**credenciamento**". Ocorre, com o "**credenciamento**", uma hipótese de inexigibilidade, pois não há necessidade de submissão a uma disputa entre os interessados, bastando que o particular atenda às exigências estabelecidas.

▸ **Importante!**

O credenciamento não pode ser mesclado às modalidades licitatórias previstas no artigo 22 da Lei 8.666/1993, por não se coadunar com procedimentos de pré-qualificação nem com critérios de pontuação técnica para distribuição dos serviços (Acórdão 141/2013-Plenário. Info 139).

▸ **Como esse assunto foi cobrado em concurso?**

No concurso de Procurador do Estado de São Paulo (FCC/2009), foi cobrado: "Pretendendo a Administração contratar a prestação de serviços médicos para atendimento de seus servidores, resolveu credenciar todos os estabelecimentos interessados em fazê-lo pelo valor previamente fixado pela Administração e que atendam a um padrão mínimo de qualidade fixado em edital. Ao assim proceder, a Administração praticou ato". Foi considerada certa a seguinte alternativa: *(A) legal, com fundamento na Lei nº 8.666/93, por ser possível a contratação com inexigibilidade de licitação sempre que houver inviabilidade de competição.*

## 5.3. Condicionantes da eficácia e elementos de instrução da contratação direta

Mesmo sem a observância dos procedimentos relativos às modalidades licitatórias, a contratação direta deve obediência aos princípios do Direito Administrativo. A Lei nº 8.666/93 exige, expressamente, a obediência a **condicionantes da eficácia** e a **elementos de instrução**.

- **Condicionantes da eficácia.** As dispensas (**excluídas as de pequeno valor, art. 24, I e II**) e as inexigibilidades devem ser justificadas e comunicadas, dentro de 3 (três) dias, à autoridade superior, para ratificação e publicação na imprensa oficial, no prazo de 5 (cinco) dias, como condição para a eficácia dos atos.

Tem-se entendido que, em virtude dos princípios da economicidade e da eficiência, as demais hipóteses de dispensa e as situações de inexigibilidade que envolvam valores iguais ou menores aos das dispensas de pequeno valor (art. 24, I e II) também tornam desnecessária a publicação na imprensa oficial do ato que autoriza a contratação direta. Esse entendimento foi adotado pela AGU, em sua Orientação Normativa de nº 34.

> **Atenção!**
> De acordo com a ON AGU nº 33/2011, o ato administrativo que autoriza a contratação direta (art. 17, §§ 2º e 4º, art. 24, inc. III e seguintes, e art. 25 da Lei nº 8.666, de 1993) deve ser publicado na imprensa oficial, contudo, é desnecessária a publicação do extrato contratual.

- **Elementos de instrução.** O parágrafo único do artigo 26 exige, no processo de contratação direta, os seguintes elementos: **1.** caracterização da situação emergencial, calamitosa ou de grave e iminente risco à segurança pública (quando for o caso); **2.** razão da escolha do fornecedor ou executante; **3.** justificativa do preço; **4.** documento de aprovação dos projetos de pesquisa aos quais os bens serão alocados (quando for o caso).

Destacam-se as exigências de apresentação da razão da escolha do fornecedor ou executante e a justificativa de preços, cabíveis em todas as hipóteses de dispensa e inexigibilidade. A caracterização da situação emergencial, calamitosa ou grave e iminente risco à segurança pública, bem como a aprovação dos projetos de pesquisa serão necessárias, apenas, nas respectivas hipóteses de dispensa.

Ainda que afastada a existência de sobrepreço ou superfaturamento, a falta de pesquisa de mercado no âmbito do processo de contratação direta representa irregularidade grave, por descumprimento ao art. 26, parágrafo único, inciso III, da Lei 8.666/1993.

> **Atenção!**
> Em decorrência do acréscimo da nova hipótese de licitação dispensável (inciso XXXV, do artigo 24), a Lei nº 13.500/2017 precisou alterar a redação do inciso I do parágrafo único do art. 26 da Lei nº 8.666/93, que trata sobre os elementos de instrução das contratações diretas, para exigir que o processo formal de dispensa demonstre qual é o "grave e iminente risco à segurança pública" que autoriza a contratação direta. Obviamente, este elemento de instrução será exigido nesta específica hipótese de licitação dispensável.

> ▸ **Importante!**
>
> Nas situações de inexigibilidade e de dispensa, se comprovado superfaturamento, respondem solidariamente pelo dano causado à Fazenda Pública o fornecedor ou o prestador de serviços e o agente público responsável, sem prejuízo de outras sanções legais cabíveis.

> ▸ **Como esse assunto foi cobrado em concurso?**
>
> No concurso de Procurador do Tribunal de Contas do Estado do Amapá (FCC/2010), com o enunciado: "*O enquadramento formal de determinada situação na norma que estabelece as hipóteses de dispensa de licitação, dentre outros requisitos:*" foi considerada correta a seguinte alternativa: "*b) depende de regular formalização de procedimento de dispensa de licitação, com ratificação nas hipóteses previstas em lei, da declaração pela autoridade competente.*"

## 6. MODALIDADES DE LICITAÇÃO

As modalidades de licitação são **concorrência, tomada de preços, convite, concurso, leilão** e **pregão**. Enquanto as primeiras se encontram descritas na Lei nº 8.666/93, a última consta na Lei nº 10.520/02.

Determina-se a modalidade a ser usada de acordo com o "**valor**" da licitação (concorrência, tomada de preços e convite) ou com o "**objeto**" licitado (concorrência, concurso, leilão e pregão). Quando a determinação da modalidade decorrer do valor, nos casos em que couber convite, a Administração poderá utilizar a tomada de preços e, em qualquer caso, a concorrência. O raciocínio inverso não é admitido, de forma que a modalidade convite não pode ser utilizada para uma contratação de valor compatível com a modalidade concorrência.

Em 2018, foi publicado o Decreto federal nº 9.412, de 18 de junho de 2018, que atualizou os valores das modalidades licitatórias previstas na Lei nº 8.666/93. Com a mudança proporcionada pelo Decreto, foram ampliados os valores para utilização das modalidades convite e tomada de preços, com reflexos em diversos outros dispositivos da Lei geral de licitações, **entre eles, os incisos I e II do artigo 24, que definem as chamadas dispensas de pequeno valor**.

Segundo o Decreto, para a contratação de **obras e serviços de engenharia**, o valor limite da contratação via Convite passou a ser de até **R$ 330.000,00 (trezentos e trinta mil reais)**; já para a modalidade **Tomada de Preços**, este patamar passa a ser de até **R$ 3.300.000,00 (três milhões e trezentos mil reais)**, sendo aplicável a modalidade Concorrência para licitações de obras e serviços de engenharia com valor estimado superior a este limite.

Para **compras e demais serviços**, a realização de Convite passa a observar o limite de até **R$ 176.000,00 (cento e setenta e seis mil reais)**; o teto para a realização de Tomada de Preços será de até **R$ 1.430.000,00 (um milhão, quatrocentos e trinta mil reais)**, sendo aplicável a modalidade Concorrência para licitações de compras e serviços (que não sejam de engenharia), com valor estimado superior a este limite.

Para ilustrar a atualização, socorremo-nos de didático quadro produzido pelo célebre site "Dizer o Direito", em publicação confeccionada para explicar as disposições do novo Decreto[2]:

| ATUALIZAÇÃO DO DECRETO FEDERAL Nº 9.412/2018 | | |
|---|---|---|
| Modalidade | Obras e serviços de engenharia | Compras e serviços que não sejam de engenharia |
| CONVITE | Antes: até 150 mil<br>Agora: até 330 mil | Antes: até 80 mil<br>Agora: até 176 mil |
| TOMADA DE PREÇOS | Antes: até 1 milhão e 500 mil<br>Agora: até 3 milhões e 300 mil | Antes: até 650 mil<br>Agora: até 1 milhão e 430 mil |
| CONCORRÊNCIA | Antes: acima de 1 milhão e 500 mil<br>Agora: acima de 3 milhões e 300 mil | Antes: acima de 650 mil<br>Agora: acima de 1 milhão e 430 mil |

A atualização dos valores fixados pela Lei nº 8.666/93, por Decreto, foi admitida pela própria Lei, através de seu artigo 120, o qual definiu que os valores fixados para as modalidades poderiam ser revistos anualmente, pelo Poder Executivo Federal, que deveria observar como limite a variação geral dos preços de mercado. Assim, ao definir a atualização dos valores fixados pela Lei, o Decreto não a "altera". Na verdade, ele cumpre, e com atraso, o mandamento legal disposto pelo artigo 120.

> ▸ **Atenção!**
>
> Embora o Decreto tenha definido, especificamente, a atualização dos valores das modalidades, sua regra afeta também as contratações diretas. Isso porque, em razão da disciplina disposta pelos incisos I e II do artigo 24 da mesma Lei n. 8.666/93, o valor limite para a utilização da modalidade convite é referência para a definição dos valores que admitem as chamadas dispensas de pequeno valor.

A questão sobre a vinculação da atualização feita pelo Decreto nº 9.412/2018 às demais esferas federativas (estados, municípios e DF) é uma das mais tormentosas dentre as relacionadas ao citado Decreto.

2. Breves comentários ao Decreto 9.412/2018, que atualizou os valores previstos no art. 23 da Lei de Licitações. Disponível em: https://www.dizerodireito.com.br/2018/06/breves-comentarios-ao--decreto-94122018.html

Defendendo a autonomia dos estados, municípios e Distrito Federal para definir de forma diferente a atualização dos valores, pode ser indicada a interpretação dada por Joel de Menezes Niehbur. Segundo o referido jurista, os limites das modalidades e das dispensas de licitação não se enquadraria no conceito de norma geral, estando vinculados a peculiaridades de cada ente federativo.[3]

Na defesa da vinculação, podemos citar os bons argumentos da também Professora Raquel Carvalho, ao defender que o estabelecimento de um teto máximo para que as modalidades licitatórias sejam adotadas exige uma uniformidade mínima em todos os níveis federativos e em todo território nacional, do que resultaria interpretar que a competência para esta definição foi precisamente deslocada para o Poder executivo federal. Vale observar, contudo, que a ilustre autora, embora defenda a vinculação ao teto máximo definido pelo Decreto Federal, admite que estados, municípios e o DF possam estabelecer limites inferiores aos pormenorizados no âmbito federal.[4]

De nossa parte, como já registramos outrora, entendemos, em consonância com a posição defendida pelo Professor Niebuhr, que a atualização dos valores das modalidades é regra materialmente específica. Assim, embora a criação de modalidades se classifique como norma materialmente geral, a atualização dos valores máximos para uso dessas modalidades é norma materialmente específica, sendo juridicamente possível que outros entes da federação estabeleçam novos patamares, respeitados alguns limites[5]. É fundamental respeitar a autonomia legislativa dos entes federativos, dentro dos limites firmados pelo Constituinte. Uma vez que a competência legislativa restrita (privativa) à União foi estabelecida apenas em relação às normas gerais de licitação, não cabe ao aplicador do direito restringir a capacidade legislativa dos demais entes para tratar sobre o respectivo regramento específico.

Caso admitíssemos que o sobredito Decreto federal materializaria regra geral, de competência privativa da União (o que fazemos em respeito aos relevantes argumentos favoráveis a esta opção interpretativa), não seria possível que estados, municípios e o DF definissem valores menores, em suas regulamentações específicas, o que não costuma ser objeto de crítica. Ora, se é possível aos demais entes definir limites diferentes, é porque a regra não é materialmente geral; e se tais entes possuem autonomia para definir valores menores que os estipulados pelo nível federal, por envolver a matéria norma materialmente específica, também poderiam fazê-lo para definir valores maiores, respeitando sempre os limites pertinentes do artigo 120 da Lei.

---

3. NIEBUHR, Joel Menezes. Reflexões sobre os novos limites para as modalidades e para a dispensa de licitação. Disponível em: https://www.zenite.blog.br/reflexoes-sobre-os-novos-limites-para-as-modalidades-e-para-a-dispensa-de-licitacao/
4. CARVALHO, Raquel. Aspectos controversos do Decreto federal nº 9.412/2018. Disponível em: http://raquelcarvalho.com.br/2018/06/25/aspectos-controversos-do-decreto-federal-no-9-412-2018/
5. TORRES, Ronny Charles Lopes de. Leis de licitações públicas comentadas. 9ª edição. Salvador: Editora Jus Podivm, 2018. P. 279.

> **Importante!**
> Nada obstante nossa opinião, é provável que o entendimento majoritário se firme no sentido de vinculação dos estados, municípios e distrito federal à atualização preconizada pelo Decreto federal nº 9.412/2018, admitindo-se, conforme defendido pela Professora Raquel Carvalho, que essas unidades federativas definam limites inferiores ao estabelecido pelo federal.

A Lei nº 8.666/93 veda a criação de novas modalidades ou a combinação das existentes. Contudo, caracterizando-se a modalidade como regra geral, a União, dentro de sua competência constitucional, pode criar novas modalidades através de Lei, como fez com o pregão e com o Regime Diferenciado de Contratações (RDC).

Podemos, ainda, apontar **"modalidades anômalas"**, que, embora não disciplinadas em lei federal, constam em atos infralegais e regem seleções realizadas por órgãos ou entes públicos.

Segundo a Lei nº 8.666/93, não poderá participar, direta ou indiretamente, da licitação ou da execução de obra ou serviço e do fornecimento de bens a eles necessários:

- o autor do projeto, básico ou executivo, pessoa física ou jurídica;
- empresa, isoladamente ou em consórcio, responsável pela elaboração do projeto básico ou executivo ou da qual o autor do projeto seja dirigente, gerente, acionista ou detentor de mais de 5% (cinco por cento) do capital com direito a voto ou controlador, responsável técnico ou subcontratado;
- servidor ou dirigente de órgão ou entidade contratante ou responsável pela licitação.

> **Importante!**
> O fato de o servidor estar licenciado não afasta o entendimento segundo o qual não pode participar de procedimento licitatório a empresa que possuir em seu quadro de pessoal servidor ou dirigente do órgão contratante ou responsável pela licitação. "O fato de estar o servidor licenciado, à época do certame, não ilide a aplicação do referido preceito legal, eis que não deixa de ser funcionário o servidor em gozo de licença" (STJ. REsp 1.607.715-AL, DJe 20/4/2017).

Para fins desta vedação, considera-se participação indireta, a existência de qualquer vínculo de natureza técnica, comercial, econômica, financeira ou trabalhista entre o autor do projeto, pessoa física ou jurídica, e o licitante ou responsável pelos serviços, fornecimentos e obras, incluindo-se os fornecimentos de bens e serviços a estes necessários. Esta restrição se aplica aos membros da comissão de licitação.

Convém ressaltar que é admitida a participação do autor do projeto ou da empresa responsável pela sua elaboração, como consultor ou técnico, nas funções de fiscalização, supervisão ou gerenciamento, exclusivamente a serviço da Administração interessada. Assim, embora não possa figurar como licitante, é possível sua contratação pela própria Administração, para auxiliá-la na fiscalização contratual.

## 6.1. Concorrência

A **concorrência** é a modalidade de licitação utilizada, via de regra, para maiores contratações (art. 23, I e II). É aberta a quaisquer interessados que preencham os requisitos estabelecidos no edital. Além dos contratos de grande vulto econômico, o legislador fez questão de estabelecer hipóteses em que essa modalidade tem aplicação, independentemente dos valores envolvidos, como nas licitações internacionais, nas compras ou alienações de bens imóveis e nas concessões de direito real de uso.

> ▸ **Como esse assunto foi cobrado em concurso?**
> No concurso para Promotor do Estado da Paraíba (CESPE/2008) foi cobrado: *"A modalidade de licitação apropriada para a venda de bens imóveis da administração cuja aquisição haja derivado de procedimentos judiciais ou de dação em pagamento é denominada"*, foi considerada correta a seguinte alternativa: *b) concorrência ou leilão.*

## 6.2. Tomada de preços

A **tomada de preços** é uma modalidade em que a disputa ocorre entre os interessados cadastrados, podendo ser acrescida por aqueles que, mesmo não cadastrados, atenderem às condições editalícias de cadastramento, até o terceiro dia anterior à data do recebimento das propostas. É um procedimento de menor complexidade, em relação à concorrência, já que, em um primeiro momento, os participantes seriam selecionados apenas dentro do universo de particulares cadastrados.

O prazo de três dias se refere à apresentação da documentação necessária ao cadastramento. Eventual demora da Administração, na ação de cadastrar o licitante interessado, não pode prejudicar sua participação no certame.

> ▸ **Como esse assunto foi cobrado em concurso?**
> No concurso para Juiz do Tribunal de Justiça de Alagoas (CESPE-2008), em questão com o enunciado: *"Licitação entre interessados prévia e devidamente cadastrados ou interessados que atendam a todas as condições exigidas para cadastramento até o terceiro dia anterior à data do recebimento das propostas, observada a necessária qualificação, enquadra-se na modalidade de"*, foi considerada correta a seguinte alternativa: *a) tomada de preços.*

## 6.3. Convite

O **convite** é a modalidade utilizada para as relações negociais de valores mais baixos, o que permitiu ao legislador vislumbrar um procedimento de formalidades reduzidas. Nele, o órgão contratante convida, pelo menos, três empresas ou profissionais, entre interessados do ramo (cadastrados ou não), para apresentar ofertas à pretensão contratual manifestada. Não preenchido o número mínimo de participantes, pode a Administração invalidar o certame, por identificar falta de competitividade, excetuadas as situações em que, por limitações do mercado ou desinteresse dos convidados, for impossível a obtenção do número mínimo de licitantes.

Existindo na praça mais de 3 (três) possíveis interessados, a cada novo convite, realizado para objeto idêntico ou assemelhado, é obrigatório o convite a, no mínimo, mais um interessado, enquanto existirem cadastrados não convidados nas últimas licitações. No convite, é inválida a convocação de interessados pertencentes a ramo negocial diferente do pertinente ao objeto da contratação.

A disposição literal da Lei nº 8.666/93 produz a impressão de que, excetuados os convidados, apenas poderiam participar desta modalidade os cadastrados. Contudo, traçando um paralelo com a tomada de preços, deve-se entender que **os não cadastrados podem participar do certame, desde que atendam às condições editalícias de cadastramento, até o terceiro dia anterior à data do recebimento das propostas.**

> **Importante!**
>
> O convite dispensa a publicação de edital em diário oficial ou jornal, mas a lei exige que a unidade administrativa afixe, em lugar adequado, uma cópia do instrumento convocatório.

> **Como esse assunto foi cobrado em concurso?**
>
> No 21º concurso para Procurador da República, foi considerada correta a seguinte assertiva: "*c) no convite, a ausência de apresentação efetiva de pelo menos 3 (três) propostas impõe a realização de nova licitação, salvo se, por limitações do mercado ou desinteresse dos convidados, for impossível a obtenção do número mínimo de licitantes;*" No concurso para Procurador Municipal em Boa Vista/RR (Cespe/2010), foi considerada correta a seguinte assertiva: "*O convite é uma modalidade de licitação em que a convocação se faz por carta-convite. Ele dispensa a publicação em edital, mas a lei exige que a unidade administrativa afixe, em lugar adequado, uma cópia do instrumento convocatório*".

## 6.4. Concurso

É a modalidade prevista pela legislação para escolha de trabalho técnico, científico ou artístico, mediante prêmios ou remuneração aos vencedores, conforme critérios apresentados pelo edital. Os contratos para a prestação de serviços técnicos profissionais especializados deverão, preferencialmente, ser celebrados mediante a realização de concurso, com estipulação prévia de prêmio ou remuneração.

No **concurso**, o julgamento será feito por uma comissão especial integrada por pessoas de reputação ilibada e reconhecido conhecimento da matéria em exame, servidores públicos ou não.

> **Importante!**
>
> Na modalidade concurso, não é obrigatória a utilização dos tipos de licitação estabelecidos pela Lei nº 8.666/93 (menor preço, melhor técnica, melhor técnica e preço e maior lance ou oferta).

> **Como esse assunto foi cobrado em concurso?**
>
> No concurso para Promotor de Justiça do Ministério Público do Estado de São Paulo (2011), com o enunciado: "*Para a escolha de trabalho técnico, científico ou artístico, mediante a instituição de prêmios ou remuneração aos vencedores, condicionada à obtenção dos direitos patrimoniais sobre a obra*", foi considerada correta a alternativa "*é exigível a licitação, na modalidade concurso*".
>
> No concurso para Procurador do Estado do Piauí (CESPE/2008), foi considerada correta a seguinte alternativa: *c) Concurso é a modalidade de licitação entre quaisquer interessados para escolha de trabalho técnico, científico ou artístico, mediante a instituição de prêmios ou remuneração aos vencedores, conforme critérios constantes de edital publicado na imprensa oficial com antecedência mínima de 45 dias.*

## 6.5. Leilão

**Leilão** é a modalidade utilizada para a venda de bens móveis inservíveis para a Administração, de produtos legalmente apreendidos ou penhorados ou para a alienação de bens imóveis cuja aquisição haja derivado de procedimentos judiciais ou de dação em pagamento. A Lei nº 9.497/97 estabeleceu, também, a adoção do leilão para diversas operações previstas no Programa Nacional de Desestatização.

Nessa modalidade, em vez do menor preço, busca-se o maior lance ou oferta, igual ou superior ao valor da avaliação.

O leilão pode ser cometido a leiloeiro oficial ou a servidor designado pela Administração, procedendo-se na forma da legislação pertinente.

Todo bem a ser leiloado será previamente avaliado pela Administração para fixação do preço mínimo de arrematação. Os bens arrematados serão pagos à vista ou no percentual estabelecido no edital, não inferior a 5% (cinco por cento).

Em ambos os casos, é possível a entrega imediata do bem ao arrematante, que se obrigará ao pagamento do restante devido, no prazo estipulado pelo edital, sob pena de perda do valor já recolhido, em favor da Administração.

Nos leilões internacionais, o pagamento da parcela à vista poderá ser feito em até vinte e quatro horas.

> **▸ Como esse assunto foi cobrado em concurso?**
>
> No concurso para o cargo de Promotor de Justiça (MPE-MS/2011), com a ementa: *"dentre as modalidades de licitação, aquela utilizada para a venda de bens móveis inservíveis ou de produtos legalmente apreendidos e aquela utilizada entre interessados devidamente cadastrados ou que atenderem a todas as condições exigidas para cadastramento até o terceiro dia anterior à data do recebimento das propostas, observada a necessária qualificação são, respectivamente, definidas pela Lei nº 8.666/93 como:"*, foi considerada correta a seguinte alternativa: *d) leilão e tomada de preços;*

### 6.6. Pregão

O **pregão** é a modalidade de licitação utilizada para a aquisição de bens e de serviços comuns, independentemente do valor da contratação. **Consideram-se bens e serviços comuns, aqueles cujos padrões de desempenho e qualidade possam ser objetivamente definidos pelo edital, por meio de especificações usuais no mercado.**

O conceito de bem e serviço comum é aberto, contudo é importante observar que o pregão foi criado para imprimir celeridade no processo de contratação e ampliar a competição entre os interessados nas licitações, mitigando os requisitos de participação e gerando estímulo à redução de preços, fato justificável em virtude de sua aptidão para contratações mais simples.

> **▸ Atenção!**
>
> "Compete ao agente ou setor técnico da administração declarar que o objeto licitatório é de natureza comum para efeito de utilização da modalidade pregão e definir se o objeto corresponde a obra ou serviço de engenharia, sendo atribuição do órgão jurídico analisar o devido enquadramento da modalidade licitatória aplicável." (Orientação Normativa AGU nº 54, de 25 de abril de 2014).

Contratações complexas ou sujeitas à intensa atividade intelectual se afastam do conceito de bens e serviços comuns. Da mesma forma, o fato de estarem os serviços vinculados a diversas normas técnicas não é suficiente para caracterizá-los como comuns. Nada obstante, tem-se entendido que os serviços de engenharia, desde que caracterizáveis como serviços comuns, podem ser licitados através da modalidade pregão.

Cabe frisar: a administração pode revogar pregão que contar com a participação de um único licitante, sob o fundamento da ausência de economicidade e de competitividade no certame.

> **Atenção!**
>
> O uso do pregão nas contratações de serviços comuns de engenharia encontra amparo na Lei nº 10.520/2002 (TCU, Súmula nº 257/2010).

A tendência atual é de ampliação da utilização do pregão. A modalidade pode ocorrer na **forma presencial** e na **forma eletrônica**. Inicialmente restrito ao âmbito federal e disciplinado por medida provisória, hoje, a nova modalidade pode ser aplicada no âmbito da União, Estados, Distrito Federal e Municípios, sendo regulada pela Lei nº 10.520, de 17/07/2002.

Segundo a Lei nº 10.520/2002, a adoção da modalidade pregão é facultativa; contudo, os regulamentos federais estabeleceram que, para aquisição de bens e serviços comuns, é obrigatória a utilização da modalidade pregão, sendo preferencial a adoção da sua forma eletrônica.

> **Atenção!**
>
> Segundo o TCU, os conselhos de fiscalização profissional, dada sua natureza jurídica autárquica, devem adotar, na aquisição de bens e serviços comuns, a modalidade pregão, preferencialmente na forma eletrônica, nos termos do art. 4º, *caput* e § 1º, do Decreto 5.450/2005 (TCU. Acórdão 1623/2013-Plenário, 26.6.2013).

A Modalidade pregão possui várias características específicas, dentre elas:

a) **Pregoeiro:** adota-se a figura do pregoeiro, em vez de uma comissão de licitação. Ele será designado entre os servidores do órgão ou entidade promotora da licitação, tendo várias atribuições, dentre elas: o recebimento das propostas e lances, a análise de sua aceitabilidade e sua classificação, a habilitação e a adjudicação do objeto do certame ao licitante vencedor;

b) **Inversão de fases**: a fase de disputa de preços (propostas) é anterior à fase de habilitação. Apenas serão analisados os documentos de habilitação do licitante que apresentou a melhor proposta. Em caso de não aceitação da proposta ou desatendimento das condições habilitatórias, o pregoeiro examinará as ofertas subsequentes e a qualificação dos licitantes, na ordem de classificação, até a apuração de uma que atenda ao edital, sendo o respectivo licitante declarado vencedor;

c) **Apresentação de lances**: além das propostas inicialmente apresentadas, os licitantes poderão apresentar lances verbais e consecutivos. No caso do pregão presencial, apenas poderão ofertar lances o autor da oferta de valor mais baixo e os licitantes das ofertas com preços até 10% (dez por cento) superiores;

Após o encerramento da etapa de lances da sessão pública, o pregoeiro poderá realizar **negociação,** encaminhando contraproposta ao licitante que tenha apresentado lance mais vantajoso, para que seja obtida melhor proposta, não se admitindo negociar condições diferentes daquelas previstas no edital.

d) **Fase recursal única**: a fase recursal é concentrada em um único momento, após a declaração do vencedor. Ocorre quando apurado, na ordem de classificação, um licitante com melhor proposta que atenda aos requisitos de habilitação.

e) **Prazo para o edital**: o prazo para publicação do edital é de 08 (oito) dias.

f) **Sanções:** a Lei do Pregão estabeleceu sanção com características específicas, para essa modalidade (vide **sanções administrativas**, no capítulo sobre contratos administrativos).

f) **Vedações:** no pregão são vedadas as seguintes exigências: 1) garantia de proposta; 2) aquisição do edital pelos licitantes, como condição para participação no certame; 3) pagamento de taxas e emolumentos, salvo os referentes aos custos de fornecimento do edital, quando for o caso.

> **Como esse assunto foi cobrado em concurso?**
>
> No concurso para Procurador da Fazenda Nacional (ESAF/2015), com o seguinte enunciado: *"A empresa pública federal X, necessitando de um grande número de computadores e impressoras para uso cotidiano de seus empregados, resolveu adquiri-los por meio de certame licitatório. O valor de referência estipulado para a aquisição foi de R$2.000.000,00 (dois milhões de reais). A modalidade de licitação a ser utilizada é:"* foi considerado correta a seguinte assertiva: *"a) obrigatoriamente pregão".*
>
> No concurso para Analista do Tribunal de Contas do DF (Cespe/2014), foi considerado correto o seguinte enunciado: "Entre outras proibições, veda-se, no pregão, a exigência de garantia de proposta bem como a exigência da aquisição do edital pelos licitantes como condição para participação no certame.".
>
> No concurso para Auditor do TCU (Cespe/2010), com o enunciado: *"a respeito da modalidade de licitação denominada pregão, julgue os seguintes itens:"* foi considerada verdadeira a assertiva: *"É vedada a exigência de garantia de proposta no pregão".*

## 6.7. Modalidades anômalas de seleção

Além das modalidades descritas pelas Leis federais nº 8.666/93 e nº 10.520/02, podemos encontrar, em outras disposições legais ou infralegais, a alusão a modalidades de seleção, nas contratações públicas. Preferimos denominá-las de **"modalidades anômalas"**, uma vez que, mesmo aquelas criadas por Lei federal, deixaram de ter suas regras básicas estipuladas pelo legislador, o que, em nossa opinião, contraria a competência constitucional dada ao legislador federal, pelo inciso XXVII do artigo 22 da Constituição.

Como exemplo de **modalidades anômalas**, podemos lembrar: a **consulta** (criada pelas Leis nº 9.472/97 e nº 9.986/2000 – para contratação de serviços pelas Agências Reguladoras); a **chamada pública** (Lei nº 12.188/2010 - para seleção das entidades executoras do PRONATER); o **chamamento público** (Decreto federal nº 6.170/2007 - para celebração de convênios com entidades privadas) e o **concurso de projetos** (Decreto nº 3.100/1999 - para celebração de termos de parceria com OSCIPs).

Embora não se submetam totalmente ao regramento da Lei nº 8.666/93, mesmo sendo admitidos seus procedimentos, tais modalidades de seleção devem respeito aos princípios gerais da licitação, estabelecidos pela Lei nº 8.666/93.

Há ainda o **Regime Diferenciado de Contratações (RDC)**. A Lei nº 12.462/2011 não permite a adoção das modalidades indicadas pela Lei nº 8666/93, em razão da regra que afasta as normas contidas naquele diploma (§2º do art. 2º). Sob essa ótica, é forte o entendimento de que o RDC é uma nova "modalidade" de licitação, com regras próprias para seus procedimentos licitatórios, que possui uma característica diferenciadora: é flexível! Tal nuance permite que um enorme conjunto de ferramentas e características procedimentais possam ser utilizadas, de acordo com a necessidade e a escolha do ente/órgão licitante[6].

## 7. SISTEMA DE REGISTRO DE PREÇOS

O **Sistema de Registro de Preços (SRP)** não é uma modalidade licitatória, é um instrumento que facilita a atuação da Administração em relação a futuras contratações. Em outras palavras, é um mecanismo de registro formal de preços para contratações futuras. Utilizando esse procedimento, pode-se abrir um certame licitatório, em que o vencedor terá seus preços registrados, para que posteriores necessidades de obtenção dos bens e serviços sejam dirigidas diretamente a ele, de acordo com os preços aferidos.

O **SRP** deverá ser adotado, preferencialmente, quando ocorrerem as seguintes situações: pelas características do bem ou serviço, houver necessidade de contratações frequentes; for conveniente a aquisição de bens ou a contratação de serviços para atendimento a mais de um órgão ou entidade ou a programas de governo; for mais propícia a aquisição de bens com previsão de entregas parceladas ou contratação de serviços remunerados por unidade de medida ou em regime de tarefa; não for possível, pela natureza do objeto, definir previamente o quantitativo a ser demandado pela Administração.

6. Sobre o tema, vide: TORRES, Ronny Charles Lopes de. MARRY, Michelle. Regime Diferenciado de Contratações – RDC. Salvador: Juspodivm, 2014.

> ▸ **Como esse assunto foi cobrado em concurso?**
>
> No concurso para Juiz do Tribunal Regional Federal da 1ª Região (CESPE/2015) foi considerada ERRADA a seguinte alternativa: c) O sistema de registro de preços pode ser definido como uma modalidade de licitação por meio da qual a administração pública seleciona a melhor proposta para celebração de contratos específicos a mais de um órgão ou entidade.

## 7.1. Características do SRP

Cabe resumir as **principais características** do Sistema de Registro de Preços.

O SRP **dispensa a prévia dotação orçamentária**. Isso é admitido porque o SRP não tem como objetivo imediato, a contratação. Seu objetivo é o registro formal de preços, o qual pode produzir (ou não) futuras contratações. Na licitação para registro de preços, a indicação dos recursos orçamentários se torna necessária, apenas, quando da contratação junto ao particular que teve seus preços registrados.

> ▸ **Atenção.**
>
> Ementa: Na licitação para registro de preços, a indicação da dotação orçamentária é exigível apenas antes da assinatura do contrato (Orientação Normativa AGU Nº 20, de 01 abril de 2009).

> ▸ **Como esse assunto foi cobrado em concurso?**
>
> No concurso para Juiz Federal (TRF2/2013), foi suscitada a seguinte questão discursiva: "Ultimada licitação que foi processada por meio do sistema de registro de preços, determinado licitante questionou a legalidade do procedimento em razão do edital não ter previsto qualquer dotação orçamentária, o que teria violado o disposto no art. 14 da Lei n. 8.666/93. Procede a irresignação do licitante?"

Embora a Lei nº 8.666/93 faça alusão ao registro de preços, apenas, em relação a compras, o regulamento federal ampliou sua utilização para contratações de serviços. Há precedente do STJ, no sentido de que o regime de licitações por registro de preços foi ampliado pelos decretos regulamentadores, sendo extensível não só às compras, mas aos serviços e às **obras** (STJ, ROMS 15647, DJ 14/02/2003).

Em relação aos **serviços de engenharia**, entende-se que é possível a utilização do SRP para contratação de serviços de engenharia de menor relevância, que possam ser objetivamente definidos, de acordo com especificações usuais no mercado, e possuam natureza padronizável e pouco complexa.

Em relação à adoção do SRP para **obras**, como já dito, há precedente do STJ, no sentido de que o regime de licitações por registro de preços foi ampliado pelos decretos regulamentadores, sendo extensível às **obras** (STJ, ROMS 15647, DJ 14/02/2003), mas, por outro lado, podem ser identificadas manifestações, do TCU, contrárias à adoção do SRP para obras. (TCU, Acórdão 980/2018-Plenário).

Cabe registrar que o Decreto federal nº 7.581/2011 (regulamento do RDC), com as alterações decorrentes do Decreto federal nº 8.080/2013, conceituou o Sistema de Registro de preços como "conjunto de procedimentos para registro formal de preços para contratações futuras, relativos à prestação de serviços, inclusive de engenharia, de aquisição de bens e de execução de **obras** com características padronizadas".

O referido normativo incluiu as obras entre os objetos passíveis de adoção no SRP, naquele "regime" licitatório, o que foi aceito pelo Egrégio TCU ao admitir que é possível a adoção do registro de preços nas licitações de obras, sob o regime do RDC, quando demonstrada a viabilidade de padronização do objeto e das propostas (Acórdão 2600/2013-Plenário).

> **▸ Atenção!**
>
> Entendemos que é possível a utilização do SRP também para obras e serviços de engenharia, contudo, tal utilização deve ser excepcional, sendo cabível, apenas, quando for possível certa padronização da pretensão contratual e houver interesse em sua contratação seriada ou frequente, seja pela impossibilidade de dimensionamento definitivo da pretensão contratual, seja pela necessidade gerencial de contratação parcelada ou de junção de pretensões contratuais para atendimento a mais de um órgão ou entidade. Exemplificando, seria adequada, em nossa opinião, a adoção do SRP para obras de construção de casas padronizadas, de escolas padronizadas ou mesmo para calçamento de ruas.

A seleção de licitantes será feita através das **modalidades concorrência ou pregão**, convocando-se os selecionados para assinar a **"ata de registro de preços"**, que terá vigência de **até 12 meses**.

Pelo SRP, o órgão não assume compromisso efetivo de contratação em relação ao licitante que tem seus preços registrados, embora ele adquira a **preferência de contratação**, em igualdade de condições.

> **▸ Como esse assunto foi cobrado em concurso?**
>
> No concurso para o cargo de Analista Judiciário do STJ (CESPE/2018), foi considerada ERRADA a seguinte assertiva: "Após a efetivação do procedimento de registro de preços, o poder público ficará obrigado a contratar com o ofertante registrado".
>
> No concurso para Juiz do Tribunal de Justiça do DF (2011), foi considerada correta a seguinte alternativa: *c) As compras e contratações de bens e serviços comuns, no âmbito da União, dos Estados, do Distrito Federal e dos Municípios, quando efetuadas pelo sistema de registro de preços previsto no art. 15 da Lei 8.666, de 21 de junho de 1993, poderão adotar a modalidade de pregão, conforme regulamento específico;*

> No concurso para Procurador do Estado do Amazonas (FCC/2010), em questão com o seguinte enunciado: *"O sistema de registro de preços, previsto na lei de licitações:"* foi considerada correta a seguinte alternativa: *a) não obriga a Administração a firmar as contratações que poderão advir dos preços registrados, mas garante ao beneficiário da Ata de Registro de Preços a preferência de contratação em igualdade de condições em relação a outros possíveis fornecedores.*

## 7.2. Ata de registro de preços

A Ata de registro de preços é o documento vinculativo, obrigacional, com característica de compromisso para futura contratação, onde se registram os preços, fornecedores, órgãos participantes e condições a serem praticadas, conforme as disposições contidas no instrumento convocatório e propostas apresentadas. Observada a ordem de classificação, os licitantes aptos são convocados para a assinatura da **Ata de Registro de Preços**, que, após cumpridos os requisitos de publicidade, terá efeito de compromisso de fornecimento nas condições estabelecidas.

Ao preço do primeiro colocado poderão ser registrados tantos fornecedores quantos necessários para que, em função das propostas apresentadas, seja atingida a quantidade total estimada.

A Lei nº 8.666/93 impõe a validade do registro não superior a um ano. Embora parte da doutrina admita a prorrogação excepcional da validade da ata de registro de preços por mais 12 meses, parece-nos que a evidente imposição legal não admite interpretação ou regulamentação nesse sentido. Recentemente, a ON AGU Nº 19/2009 sedimentou o entendimento de que **mesmo as possíveis prorrogações da ata devem respeitar o prazo limite de 12 meses**.

> **▸ Atenção!**
> Eventual prorrogação da ata não tem o condão de permitir a renovação dos quantitativos firmados inicialmente na licitação.

Não deve se confundir o **prazo de vigência da ata** com o **prazo de vigência contratual**. Mesmo que faltem poucos meses para o fim da vigência da ata, o contrato poderá ser firmado, submetendo-se às regras próprias, pois a vigência limitada da ata não vincula a vigência da contratação realizada através dela.

## 7.3. Órgão gerenciador, órgão participante e órgão não participante (carona)

Inicialmente, o SRP tem, do lado da Administração, o **órgão gerenciador**, responsável pela condução do certame e gerenciamento da ata de registro de preços decorrente, e o **órgão participante**, que atua nos procedimentos iniciais e integra a ata de registro de preços, incluindo sua pretensão contratual no certame conduzido pelo órgão gerenciador.

> **Atenção!**
> Na sistemática do Registro de Preços, a licitação englobará o somatório das pretensões contratuais do órgão gerenciador e órgãos participantes. Assim, por exemplo, reunindo-se cinco órgãos, se cada um tem interesse de contratar (pretensão contratual) 100 computadores, a licitação terá como objeto o registro de preços para a eventual aquisição de 500 computadores.

O Sistema apresenta, ainda, a possibilidade de que um órgão que não tenha sido incluído na origem do procedimento possa aderir à ata de registro de preços. É o chamado **"órgão não participante"** (denominado "órgão aderente" ou "carona"). A "adesão" (ou "carona") permite que a ata de registro de preços, durante sua vigência, possa ser utilizada por qualquer órgão ou entidade da Administração que não tenha participado do certame licitatório, mediante prévia consulta ao órgão gerenciador, desde que devidamente comprovada a vantagem para a Administração.

Entendemos que a criação da adesão (carona) por Decreto é **inconstitucional**. Ele (o carona) não consta inicialmente no edital e sua adesão é condicionada à consulta do órgão gerenciador e à aceitação pelo fornecedor. Ele não participou da concepção do certame, nem mesmo da ata de registro de preços, apenas utiliza esta, como instrumento de autorização do pacto contratual, sem prévia submissão a procedimento licitatório específico.

Sobre esse prisma, para o carona, a adesão a uma Ata de Registro de Preços se assemelha a uma hipótese de dispensa licitatória. Isso porque o carona não participou do procedimento licitatório estabelecido. Nesse enfoque, percebendo-o como uma hipótese de dispensa licitatória, é de duvidosa legalidade a instituição do carona por Decreto.

Não basta argumentar que a existência de anterior licitação é suficiente para descaracterizar o carona como uma forma de contratação direta; fosse assim, o Chefe do Executivo poderia, por Decreto, "ressuscitar" licitações ocorridas anteriormente, contratando seus outrora vencedores, sem a necessidade de submissão a um novo certame.

O **princípio da obrigatoriedade** (de licitar) possui dupla perspectiva jurídica. Ele não apenas estabelece um dever para o órgão público contratante (**perspectiva burocrática**) de licitar suas pretensões contratuais (excetuadas as hipóteses de contratação direta), como estabelece um direito aos particulares de, consagrada a isonomia, ter resguardada a possibilidade de participação na seleção para contratação necessária ao atendimento daquela pretensão contratual da Administração Pública (**perspectiva democrática**), de acordo com as condições e exceções previstas pela legislação.

Quando um órgão público localizado em São Paulo adere a uma ata de registro de preços, para aquisição de bens relacionados a uma licitação realizada no

Amazonas, parece evidente que as empresas que somente teriam interesse no certame realizado em São Paulo ou na respectiva região, têm seu direito de participação na seleção prejudicado.

Enfim, entendemos que **a contratação através da adesão (carona) gera uma hipótese de contratação direta, motivo pelo qual só poderia ser legitimamente constituída através de Lei federal.**

> **Atenção!**
> Não obstante a nossa crítica, o **"carona"** tem sido permitido nas licitações realizadas segundo as regras do Sistema de Registro de Preços.

O novo regulamento federal do SRP (Decreto nº 7.892/2013) estabeleceu claras restrições à adesão pelo órgão não participante, buscando coibir excessos. Essas restrições sofreram alterações recentes, pelo Decreto federal 9.488/2018.

Didaticamente, podemos elencar algumas espécies de limitações à adesão por órgãos federais:

a) **Limite quantitativo individual:** de acordo com a redação dada pelo Decreto federal 9.488/2018, cada órgão ou entidade, ao aderir a uma ata, não poderá contratar mais que cinquenta por cento (50%) dos quantitativos dos itens registrados na ata de registro de preços para o órgão gerenciador e órgãos participantes

b) **Limite quantitativo global:** o instrumento convocatório deverá prever que o quantitativo decorrente das adesões à ata de registro de preços não poderá exceder, na totalidade, ao dobro (antes do Decreto 9.488/2018, era o quíntuplo) do quantitativo de cada item registrado na ata de registro de preços para o órgão gerenciador e órgãos participantes, independentemente do número de órgãos não participantes que aderirem

c) **Limite subjetivo:** é vedada aos órgãos e entidades federais a adesão a ARP gerenciada por órgão ou entidade municipal, distrital ou estadual (embora o decreto federal admita a adesão à ARP federal, por entidades ou órgãos dos demais entes federativos);

d) **Limite temporal:** só é admitida a adesão durante a vigência da ARP;

e) **Limite formal:** caso o órgão gerenciador vá admitir adesões, precisa prever no edital a estimativa de quantidades a serem adquiridas por órgãos não participantes (art. 9º, III). Entendemos que a inexistência de tal previsão impede a adesão.[7]

---

7. TORRES, Ronny Charles Lopes de. Leis de licitações públicas comentadas. 6ª edição. Salvador: Jus Podivm, 2014.

f) **Limite lógico:** a adesão só pode ser feita se o bem ou serviço atender à necessidade administrativa. Em regra, não é cabível adaptação do bem ou serviço constante na Ata de registro de Preços.

g) **Limite procedimental:** os órgãos e entidades "aderentes" que desejarem fazer uso da ata de registro de preços, deverão consultar o órgão gerenciador da ata para manifestação sobre a possibilidade de adesão. De acordo com o Decreto federal 9.488/2018, a manifestação do órgão gerenciador fica condicionada à realização de estudo, pelos órgãos ou entidades "aderentes", demonstrando o ganho de eficiência, a viabilidade e a economicidade para a administração pública federal da utilização da pretendida ata de registro de preços. Este estudo, após a aprovação do órgão gerenciador, será divulgado no Portal de Compras do Governo federal.

> **Atenção!**
>
> De acordo com o Decreto federal nº 9.488/2018, **na hipótese de compra nacional**:
>
> a) as aquisições ou as contratações adicionais não excederão, por órgão ou entidade (**limite individual**), a **cem por cento** (100%) dos quantitativos dos itens registrados na ata para o órgão gerenciador e para os órgãos participantes;
>
> b) o quantitativo decorrente das adesões à ata de registro de preços não excederá, na totalidade (**limite global**), ao **quíntuplo** do quantitativo de cada item registrado na ata, para o órgão gerenciador e para os órgãos participantes, independentemente do número de órgãos não participantes que aderirem.

### 7.4. Compra nacional e órgão participante de compra nacional

O Decreto nº 8.250, de 2.014, incluiu, no regulamento federal, os conceitos de "compra nacional" e "órgão participante de compra nacional". Esses dois conceitos objetivaram melhor adaptar a sistemática do registro de preços às relações conveniais formadas pela União com os demais entes federativos.

- **Compra nacional** seria a compra ou contratação de bens e serviços, em que o órgão gerenciador conduz os procedimentos para registro de preços destinado à execução descentralizada de programa ou projeto federal, mediante prévia indicação da demanda pelos entes federados beneficiados.

- **Órgão participante de compra nacional** é o órgão ou entidade da administração pública que, em razão de participação em programa ou projeto federal, é contemplado no registro de preços, independente de manifestação formal.

### 7.5. Intenção de Registro de Preços (IRP).

O novo regulamento federal instituiu, no sistema de Registro de Preços, o procedimento de Intenção de Registro de Preços – IRP, o qual deverá ser utilizado pelos órgãos e entidades para registro e divulgação dos itens a serem licitados, facilitando a comunicação entre órgão gerenciador e órgãos interessados em atuar como participantes no certame.

Caberá ao órgão gerenciador da Intenção de Registro de Preços - IRP:

- estabelecer, quando for o caso, o número máximo de participantes na IRP em conformidade com sua capacidade de gerenciamento;
- aceitar ou recusar, justificadamente, os quantitativos considerados ínfimos ou a inclusão de novos itens; e
- deliberar quanto à inclusão posterior de participantes que não manifestaram interesse durante o período de divulgação da IRP.

A divulgação da intenção de registro de preços poderá ser dispensada, de forma justificada, pelo órgão gerenciador.

> **Atenção!**
> O Decreto federal nº 9.488/2018 alterou o regulamento federal do Sistema de Registro de preços, incluindo a regra de que "o prazo para que outros órgãos e entidades manifestem interesse em participar de IRP será de **oito dias úteis, no mínimo**, contado da data de divulgação da IRP no Portal de Compras do Governo federal".

### 7.6. Cadastro de reserva

O novo regulamento federal criou a possibilidade de formação do **cadastro de reserva**, nas licitações para registro de preços.

De acordo com o Decreto federal nº 7.892/2013, será incluído, na respectiva ata, **na forma de anexo**, o registro dos licitantes que aceitarem cotar os bens ou serviços com preços iguais aos do licitante vencedor na sequência da classificação do certame, **excluído o percentual referente à margem de preferência**, quando o objeto não atender aos requisitos previstos na Lei nº 8.666/1993. Tais licitantes formarão o chamado **cadastro de reserva**, para atendimento da demanda registrada na ARP, no caso de **impossibilidade** de atendimento pelo primeiro colocado, pelo cancelamento de seu registro.

A **habilitação**, do licitante que compõe o cadastro de reserva, será analisada quando ele for convocado para substituir o licitante até então contratado ou vencedor da licitação.

## 8. TIPOS DE LICITAÇÃO

Não deve se confundir as modalidades licitatórias com os tipos de licitação. Como **tipos de licitação**, a Lei indica os seguintes: **menor preço; melhor técnica; técnica e preço** e **maior lance ou oferta**.

a) **Menor preço**: é o tipo mais empregado e tratado pela lei como preferencial (exceto nos casos de alienação de bens ou concessão de direito real de uso), restando aos tipos melhor técnica e técnica e preço as contratações que exijam avaliação de aspectos técnicos ou cujo objeto pretendido possua natureza predominantemente intelectual. É comum, nas contratações relacionadas às passagens aéreas e naquelas que usam tabelas referenciais, a adoção do tipo licitatório **menor preço**, caracterizado **pelo "maior desconto"**.

> ▸ **Importante!**
>
> Na modalidade pregão só é admitido o tipo licitatório menor preço.

b) **Melhor técnica**: o gestor realiza uma avaliação de propostas em duas fases. Na primeira, são abertas as propostas técnicas dos licitantes habilitados, sendo realizada uma classificação de acordo com os critérios pertinentes e adequados ao objeto licitado, sendo ainda possível desclassificação pela não consecução de pontuação mínima. Após tal classificação, proceder-se-á à abertura dos envelopes de preços dos licitantes classificados em suas propostas técnicas. Verificados os preços praticados, é chamado o candidato melhor classificado na apresentação das propostas técnicas, para negociação do preço, tendo como parâmetro a proposta de menor preço entre os licitantes que obtiveram a valorização mínima, procedimento que será feito, sucessivamente, pela ordem de classificação, até a consecução de acordo para a contratação.

c) **Técnica e preço**: nele, há uma avaliação única dos dois tipos diferentes de propostas (preço e técnica), realizando-se uma média ponderada, conforme as valorizações das propostas, para a indicação do vencedor. Deve ser evitado o estabelecimento de peso excessivamente elevado para a pontuação técnica, em detrimento à de preço, sem justificativa plausível, assim como critérios subjetivos de julgamento das propostas.

d) **Maior lance ou oferta**: o licitante deve oferecer proposta (lance) com o maior valor possível, tendo como parâmetro mínimo o valor da avaliação.

> ▸ **Como esse assunto foi cobrado em concurso?**
>
> No concurso do Tribunal Regional Federal da 5ª Região (FCC/2008) foi cobrado: "*Para o julgamento e classificação das propostas no pregão, será adotado o critério de*". Foi considerada correta a seguinte alternativa: *e) menor preço.*

## 9. PROCEDIMENTO DA LICITAÇÃO

A licitação, como procedimento formal, caracteriza-se por trâmites que devem ser respeitados pelo gestor, como precedentes necessários à contratação pretendida. A melhor doutrina costuma dividir esse procedimento em duas fases: a **interna** e a **externa**.

### 9.1. Fase interna

Nela é estabelecida a construção dos elementos que regram as condições do ato convocatório, antes de trazê-las ao conhecimento público. Precede a possível disputa pública, podendo iniciar o processo licitatório, se tal molde competitivo for apto a sua concretização ou se não incidirem as hipóteses de dispensa.

São identificados, na legislação, vários momentos formais necessários, na tramitação interna do procedimento licitatório, como solicitação da contratação, pelo setor interessado; confecção e aprovação do projeto básico ou termo de referência (no pregão) e, quando for o caso, do projeto executivo; estimativa dos gastos necessários para a contratação; indicação dos recursos orçamentários e a adequação da despesa às exigências da Lei de Responsabilidade Fiscal; designação da comissão ou do pregoeiro; elaboração da minuta do edital e seus anexos; exame da minuta pelo órgão de assessoramento jurídico da Administração; autorização de abertura da licitação (fase externa), pela autoridade competente.

#### 9.1.1. *Análise jurídica do edital e do contrato*

O prévio exame das minutas, pelo órgão de assessoramento jurídico, é de suma importância, pois permite um controle preventivo da legalidade, evitando relações contratuais ilegais, equivocadas ou prejudiciais ao interesse público.

O parágrafo único do artigo 38 da Lei nº 8.666/93 expressa o caráter preventivo da análise pela assessoria jurídica. A ausência do parecer jurídico não acarreta anulação do procedimento, embora possa dar ensejo à responsabilização do gestor. **Este parecer jurídico possui natureza opinativa, de caráter obrigatório, porém não vinculante.**

> ▸ **Importante!**
>
> Somente é obrigatória a manifestação jurídica nas contratações de pequeno valor com fundamento no art. 24, I ou II, da Lei nº 8.666, de 21 de junho de 1993, quando houver minuta de contrato não padronizada ou haja, o administrador, suscitado dúvida jurídica sobre tal contratação. Aplica-se o mesmo entendimento às contratações fundadas no art. 25 da Lei nº 8.666, de 1993, desde que seus valores subsumam-se aos limites previstos nos incisos I e II do art. 24 da Lei nº 8.666, de 1993. **(Orientação Normativa AGU nº 46, de 26 de fevereiro de 2014).**

#### 9.1.2. *Manifestações jurídicas referenciais*

Necessário registrar que a análise jurídica do edital ou do contrato pode ser mitigada, pelo órgão de assessoramento jurídico, através de rotinas de padronização que otimizem o procedimento ou outras medidas que tornem mais eficiente a atuação do órgão de consultoria jurídica.

Neste prumo, a Advocacia Geral da União publicou recente **Orientação Normativa nº 55, de 25 de abril de 2014**, admitindo a possibilidade de **manifestações jurídicas referenciais**, analisando todas as questões jurídicas que envolvam matérias idênticas e recorrentes.

Segundo o normativo, os processos objeto de **manifestação jurídica referencial** estão dispensados de análise individualizada pelos órgãos consultivos desde que a área técnica ateste, de forma expressa, que o caso concreto se amolda aos termos da citada manifestação.

Por outro lado, a **Orientação Normativa nº 55, de 25 de abril de 2014** estabelece **requisitos** para a elaboração de manifestação jurídica referencial, quais sejam:

a) o volume de processos em matérias idênticas e recorrentes impactar, justificadamente, a atuação do órgão consultivo ou a celeridade dos serviços administrativos; e

b) a atividade jurídica exercida se restringir à verificação do atendimento das exigências legais a partir da simples conferência de documentos.

O TCU também admite a utilização de parecer jurídico único, em procedimentos licitatórios diversos, quando estiver envolvida matéria idêntica, desde que ele abranja todas as questões jurídicas pertinentes (Acórdão 2674/2014-Plenário, 8/10/2014).

Nesse sentido, parece possível a emissão de manifestações jurídicas referenciais, na análise de minutas previamente padronizadas.

### *9.1.3. Responsabilização do parecerista jurídico*

Seria possível a responsabilização do advogado parecerista, pelo Tribunal de Contas, em razão de sua manifestação jurídica na análise das minutas de editais e contratos? Há vários elementos que precisam ser ponderados sobre o tema, como a inviolabilidade do advogado, a natureza da atividade jurídica, os limites da competência do TCU para tal responsabilização e a competência para aferição de infração funcional por parte de advogados. Uma vez que a tentativa de aprofundamento seria incompatível com a proposta deste livro, iremos, resumidamente, tratar sobre as decisões do STF relacionadas ao tema, costumeiramente cobradas por bancas examinadoras. Para aprofundamento, sugerimos a leitura de nosso artigo: "A responsabilidade do Advogado de Estado em sua função consultiva", indicado entre as referências desta obra.[8]

Em 2002, enfrentando esse tema, o STF, por unanimidade, colocou-se peremptoriamente contrário à possibilidade de responsabilização, pelo TCU, de parecerista chamado a opinar em uma contratação direta. Firmou-se que o parecer não é ato

8. Para aprofundamento, sugerimos a leitura de nosso livro Leis de licitações públicas comentadas, indicado entre as referências desta obra.

administrativo (sendo, quando muito, ato de administração consultiva) e que o advogado somente pode ser civilmente responsabilizado pelos danos causados a seus clientes ou a terceiros, se decorrentes de erro grave, inescusável, ou de ato ou omissão praticados com culpa, em sentido largo (**STF, MS 24073/DF**, Relator: Min. Carlos Velloso, DJ 31-10-2003).

Em meados de 2007, a maioria do Tribunal seguiu o voto do relator, que denegou Mandado de Segurança impetrado contra ato do TCU, entendendo que a "aprovação" indicada pelo artigo 38 da Lei nº 8.666/93, diferentemente do que ocorre com a simples emissão de parecer opinativo, pode possibilitar a responsabilização solidária, já que o administrador decide apoiado na manifestação do setor técnico competente (**STF, MS 24584/DF**, Relator: Min. Marco Aurélio. 20-06-2008).

Como fundamento de tal diferenciação, o relator suscitou o termo "aprovação" (utilizado no parágrafo único do artigo 38 da Lei nº 8.666/93) e a eventual repercussão que essa palavra teria na atividade do parecerista. Cabe frisar que, nesta decisão, o STF sedimentou, apenas, que não cabia Mandado de Segurança para impedir que o parecerista fosse notificado pelo TCU para justificar sua atividade advocatícia, nas situações de aprovação de minuta de edital ou de contrato.

Ainda em 2007, houve nova e pertinente manifestação do Supremo (**STF, MS 24.631-6-DF**), na qual se firmou o entendimento de que **é abusiva a responsabilização do parecerista à luz de uma alargada relação de causalidade entre seu parecer e o ato administrativo do qual tenha resultado dano ao erário**.

Em síntese, o entendimento unanimemente externado pelo STF no MS 24.631-6-DF, relatado pelo ilustre Ministro Joaquim Barbosa (DJ 01-02-2008), sedimentou três premissas:

1. É abusiva a responsabilização do parecerista à luz de uma alargada relação de causalidade entre seu parecer e o ato administrativo do qual tenha resultado dano ao erário.
2. Salvo demonstração de culpa ou de erro grosseiro submetida às instâncias administrativo-disciplinares ou jurisdicionais próprias, não cabe a responsabilização do advogado público pelo conteúdo de seu parecer de natureza meramente opinativa.
3. A responsabilização do parecerista jurídico apenas pode ocorrer quando a lei estabelece efetivo compartilhamento do poder administrativo de decisão (o que seria possível em um parecer vinculante, de acordo com o Relator).

> **Como esse assunto foi cobrado em concurso?**
>
> No concurso para Procurador do Município de Boa Vista/RR (Cespe/2010), em questão sobre a responsabilidade do advogado público parecerista, foi considerada correta a seguinte assertiva: "*No tocante à advocacia pública consultiva, o advogado poderá ser responsabilizado nos casos de culpa grave, erro inescusável, dolo e quando o*

*parecer for vinculante"*. Sobre o mesmo tema, no concurso para Procurador Federal da AGU (Cespe/2010), foi considerada errada a seguinte assertiva: *"Um procurador federal emitiu parecer em consulta formulada por servidor público para subsidiar a decisão da autoridade competente. Nessa situação, se a decisão da autoridade, que seguiu as diretrizes apontadas pelo parecer, não for considerada como a correta pelo TCU e, em consequência disso houver dano ao patrimônio público, então haverá responsabilidade civil pessoal do parecerista"*.

Ainda sobre este assunto, no concurso para Juiz Federal da 2ª Região (Cespe/2013), foi considerada correta a seguinte assertiva:

Segundo entendimento firmado pelo STJ, a responsabilização do consultor jurídico e parecerista em relação aos contratos administrativos eivados de ilegalidade somente ocorrerá em situações excepcionais, ou seja, apenas nas hipóteses em que a peça opinativa seja um instrumento dolosamente elaborado para possibilitar a realização de ato ímprobo, de tal forma que desde o nascedouro a má-fé tenha sido o elemento subjetivo condutor da realização do parecer.

Em complemento, é essencial destacar a Orientação Normativa nº 01/2011 da Corregedoria-Geral da AGU, segundo a qual:

> **É obrigatória a inscrição na Ordem dos Advogados do Brasil, por todos os Advogados da União, Procuradores da Fazenda Nacional, Procuradores Federais e integrantes do quadro suplementar da Advocacia-Geral da União, de que trata o art. 46 da Medida Provisória Nº 2.229-43, de 6 de setembro de 2001, para o exercício da advocacia pública no âmbito da instituição.**
>
> **Os membros da Advocacia-Geral da União e de seus órgãos vinculados respondem, na apuração de falta funcional praticada no exercício de suas atribuições, ou que tenha relação com as atribuições do cargo em que se encontrem investidos, exclusivamente perante a Advocacia-Geral da União, e sob as normas, inclusive disciplinares, da Lei Orgânica da instituição e dos atos legislativos que, no particular, a complementem.**

A elogiável Orientação Normativa reafirma a competência exclusiva da AGU para apuração de falta funcional praticada por um de seus membros, no exercício de suas atribuições (dentre elas, a emissão de parecer jurídico em licitações).

Mais recentemente, a Lei federal nº 13.327/2016, ao menos em relação aos Advogados da União, Procuradores Federais, Procuradores da Fazenda Nacional e Procuradores do Banco Central, firmou a regra de que estes, no exercício de suas funções, não serão responsabilizados, exceto pelos respectivos órgãos correicionais ou disciplinares, ressalvadas as hipóteses de dolo ou de fraude. Ainda de acordo com a referida Lei, a apuração de falta disciplinar dos ocupantes desses cargos compete exclusivamente aos respectivos órgãos correicionais ou disciplinares.

### 9.1.4. *Estimativa de custos nas licitações*

Um tema que na prática administrativa consome muito debate e, também por isso, foi mais detalhadamente normatizado é a realização de estimativa de custos (ou pesquisa de preços) nas licitações e contratos.

Em apertada síntese, a estimativa de preços é fundamental para a atividade contratual da Administração, como instrumento de baliza aos valores oferecidos nos certames públicos e àqueles executados nas respectivas contratações. Sua principal função é garantir que o Poder Público identifique o valor médio de mercado para uma pretensão contratual. Importante destacar que este valor médio de mercado é, na verdade, um parâmetro, que deve ser percebido de forma relativa. O efetivo valor de mercado, na maioria das vezes, apenas será identificado com o resultado do certame licitatório, no qual as nuances específicas da pretensão contratual, as condições contemporâneas do mercado e o respectivo procedimento contribuirão para a apresentação de suas propostas.

Como informação necessária ao planejamento do certame ou mesmo à decisão sobre determinada contratação, evitando-se sobrepreços ou propostas inexequíveis, a estimativa de custos (pesquisa de preços) precisa ser idônea, identificando, com a maior precisão possível, o preço médio que o mercado oferece para o atendimento da pretensão contratual administrativa.

Para obras e serviços de engenharia, têm sido usual a utilização de sistemas de dados indicados como referência pelos órgãos de controle e pela própria legislação. Nesse prumo, o Decreto federal nº 7.983/2013 indica a utilização do **SINAPI** (Sistema Nacional de Pesquisa de Custos e Índices da Construção Civil) para custo global de referência de obras e serviços de engenharia, excetuados os serviços e obras de infraestrutura de transporte e o **SICRO** (Sistema de Custos Referenciais de Obras) para serviços e obras de infraestrutura de transportes.

Em relação às demais licitações e contratações, tradicionalmente, utilizava-se a cotação com, pelo menos, três fornecedores. Contudo, objetivando minimizar o gargalo burocrático no qual se tornou a estimativa de preços, o Executivo Federal elaborou a Instrução Normativa nº 05/2014 da Secretaria de Gestão, do Ministério do Planejamento. Posteriormente, o Normativo foi alterado pela IN 03/2017, que fez pequenas alterações, entre elas a indicação da ferramenta "Painel de Preços", como instrumento para estimativa de custos nas contratações.

De acordo com a Instrução Normativa nº 05/2014, com pertinentes alterações da IN 03/2017, a pesquisa de preços será realizada mediante a utilização de um dos seguintes parâmetros:

- Painel de Preços, disponibilizado, na Internet, pelo Executivo Federal;
- contratações similares de outros entes públicos, em execução ou concluídos nos 180 (cento e oitenta) dias anteriores à data da pesquisa de preços;
- pesquisa publicada em mídia especializada, sítios eletrônicos especializados ou de domínio amplo, desde que contenha a data e hora de acesso; ou

- pesquisa com os fornecedores, desde que as datas das pesquisas não se diferenciem em mais de 180 (cento e oitenta) dias.

Os parâmetros acima poderão ser utilizados de forma combinada ou não, sendo prioritários os dois primeiros.

Como metodologia para obtenção do preço de referência, podem ser utilizadas a **média**, a **mediana** ou o **menor dos valores** obtidos na pesquisa de preços, desde que o cálculo incida sobre um conjunto de três ou mais preços, oriundos de um ou mais dos parâmetros admitidos pelo normativo, desconsiderados os valores inexequíveis e os excessivamente elevados.

De qualquer forma, poderão ser utilizados outros critérios ou metodologias, desde que devidamente justificados pela autoridade competente.

Outra inovação da IN 03/2017 foi a ênfase dada à análise dos dados obtidos. Nesse sentido, o normativo exige que os preços coletados sejam "analisados de forma crítica, em especial, quando houver grande variação entre os valores apresentados". Outrossim, firma que, para a desconsideração dos preços inexequíveis ou excessivamente elevados, deverão ser adotados critérios fundamentados e descritos no processo administrativo.

Apenas excepcionalmente, mediante justificativa da autoridade competente, o normativo admite a pesquisa com menos de três preços ou fornecedores.

Quando o parâmetro utilizado for a "pesquisa com os fornecedores", estes deverão receber solicitação formal para apresentação de cotação, com prazo de resposta compatível com a complexidade do objeto a ser licitado, o qual não será inferior a cinco dias úteis.

## 9.2. Fase externa

A fase externa da licitação se inicia com a publicação do instrumento convocatório (edital ou carta convite), seguida dos procedimentos relacionados à disputa licitatória, como possibilidade de impugnação do instrumento, sessão pública, habilitação, classificação das propostas, julgamento, adjudicação e homologação.

Sempre que o valor estimado para uma licitação ou para um conjunto de licitações simultâneas ou sucessivas for superior a 100 (cem) vezes o valor máximo previsto para a modalidade tomada de preços, o processo licitatório será iniciado, obrigatoriamente, com uma audiência pública, concedida com antecedência mínima de 15 (quinze) dias úteis da data prevista para a publicação do edital. Essa audiência deve ser divulgada, com a antecedência mínima de 10 (dez) dias úteis de sua realização, pelos mesmos meios previstos para a publicidade da licitação.

- **Licitações simultâneas:** são aquelas com objetos similares e com realização prevista para intervalos não superiores a trinta dias.
- **Licitações sucessivas:** são aquelas com objetos similares, em que o edital subsequente tenha uma data anterior a cento e vinte dias após o término do contrato resultante da licitação antecedente.

> ▸ **Como esse assunto foi cobrado em concurso?**
>
> No concurso para Auditor do Tribunal de Contas do Estado de Roraima (FCC/2010), em questão com o seguinte enunciado: "*A Audiência Pública previamente à publicação do edital de licitação é exigível:*", foi considerada correta a seguinte alternativa: "*c) sempre que o valor estimado para uma licitação ou para um conjunto de licitações simultâneas ou sucessivas seja superior a R$ 150 milhões e realizada com antecedência mínima de 15 dias úteis da data prevista para a publicação do edital.*"

### 9.2.1. Publicação do instrumento convocatório

Nas **modalidades descritas pela Lei nº 8.666/93**, os resumos dos editais devem ser publicados, no mínimo, por uma vez:

| | |
|---|---|
| **No Diário Oficial da União** | em licitação de órgãos ou entidades federais, ou quando se tratar de obras garantidas ou financiadas parcial ou totalmente com **recursos federais**; |
| **No Diário Oficial do Estado ou do Distrito Federal** | respectivamente, em licitações feitas por órgãos ou entidades do Estado, Município ou do Distrito Federal; |
| **Em jornal diário de grande circulação** | no Estado e também, se houver, em jornal de circulação no Município ou na região onde será executado o contrato, podendo a Administração, conforme o vulto da licitação, adicionar outros meios de divulgação para ampliar a área de competição. |

Na **modalidade convite**, basta que a unidade administrativa fixe, em local apropriado, cópia do instrumento convocatório (carta convite).

> ▸ **Atenção!**
>
> A obrigatoriedade de que Estados, Municípios e DF realizem a publicação do resumo do edital no Diário Oficial da União restringe-se às **obras** financiadas parcial ou totalmente com recursos federais ou garantidas por instituições federais, não atingindo, literalmente, todas as licitações realizadas por Estados e Municípios, que sejam custeadas, total ou parcialmente, por recursos federais.

> ▸ **Como esse assunto foi cobrado em concurso?**
>
> No concurso para Procurador do Estado da Paraíba (CESPE/2008) foi cobrado: "*O edital é o meio pelo qual a administração torna pública a realização de uma licitação. A modalidade de licitação que não utiliza o edital como meio de tornar pública a licitação é o(a)*". Foi considerada correta a seguinte alternativa: "*(D) convite*".
>
> **OBS:** *Indagação semelhante foi cobrada no 20º concurso para Procurador da República.*

Na **modalidade pregão**, descrita pela Lei nº 10.520/2002, a convocação dos interessados será efetuada por meio de publicação de aviso em **diário oficial do respectivo ente federado** ou, não existindo, em jornal de circulação local e facultativamente, por meios eletrônicos e conforme o vulto da licitação, em jornal de grande circulação.

> **Atenção!**
> No tratamento dado pela Lei Geral, os avisos das licitações realizadas por órgãos municipais deveriam ser publicados nos Diários Oficiais do Estado; noutro prumo, pelo regramento dado pela Lei do Pregão, nas licitações municipais realizadas nessa modalidade, será possível o cumprimento da formalidade mediante a publicação no Diário Oficial do Município.

O prazo mínimo para receber as propostas ou realizar o evento será:

| | |
|---|---|
| 45 dias | a) concurso;<br>b) concorrência, quando o contrato a ser celebrado contemplar o regime de empreitada integral ou quando a licitação for do tipo "melhor técnica" ou "técnica e preço"; |
| 30 dias | a) concorrência, nos demais casos;<br>b) tomada de preços, quando a licitação for do tipo "melhor técnica" ou "técnica e preço"; |
| 15 dias | a) tomada de preços, nos demais casos;<br>b) leilão; |
| 8 dias úteis | *pregão* |
| 5 dias úteis | *convite.* |

O aviso publicado deverá conter a indicação do local em que os interessados poderão ler e obter o texto integral do edital e todas as informações sobre a licitação. Ademais, eventual modificação que altere a formulação de propostas, após a publicação, exige a reabertura do prazo, após a nova publicação.

Cabe destacar que, no pregão e no convite, os prazos são contados em **dias úteis**.

### 9.2.2. *Habilitação*

A habilitação é o momento do procedimento licitatório em que o órgão licitante buscará identificar a aptidão ou capacidade do licitante.

| Os documentos exigidos, para fins de habilitação, estarão relacionados a: |
|---|
| • habilitação jurídica; |
| • qualificação técnica; |

| Os documentos exigidos, para fins de habilitação, estarão relacionados a: |
|---|
| • qualificação econômico-financeira; |
| • regularidade fiscal e trabalhista; |
| • cumprimento da proibição de trabalho noturno, perigoso ou insalubre a menores de dezoito anos e de qualquer trabalho a menores de dezesseis anos, salvo na condição de aprendiz, a partir de quatorze anos. |

a) A **habilitação jurídica** tem por fundamento a necessidade de verificação da capacidade do licitante no exercício de direitos e deveres, para caso de eventual responsabilização pelas obrigações pactuadas. São exemplos de documentos exigidos: cédula de identidade (pessoa física); registro comercial, ato constitutivo, estatuto ou contrato social (empresas), decreto de autorização (empresas estrangeiras), entre outros.

b) A **qualificação técnica** tem como escopo a verificação da habilidade ou aptidão (capacidade técnica) para a execução da pretensão contratual. Por isso mesmo, deve ser proporcional ao objeto contratual. A Lei indica como documentação pertinente: a) registro ou inscrição na entidade profissional competente; b) comprovação de aptidão para desempenho da atividade e de conhecimento das condições para cumprimento das obrigações; c) atendimento de requisitos previstos em lei especial.

A comprovação de aptidão para desempenho será feita por atestados fornecidos por pessoas jurídicas de direito público ou privado, devidamente registrados nas entidades profissionais competentes. Para fins dessa comprovação, divide-se a qualificação técnica em **capacidade técnico-operacional**, relacionada à aptidão da empresa, e **capacidade técnico-profissional**, relacionada à aptidão dos profissionais que atuarão pela empresa.

> ▸ **Atenção!**
>
> Para a comprovação da capacidade técnico-operacional das licitantes, e desde que limitada, simultaneamente, às parcelas de maior relevância e valor significativo do objeto a ser contratado, é legal a exigência de comprovação da execução de quantitativos mínimos em obras ou serviços com características semelhantes, devendo essa exigência guardar proporção com a dimensão e a complexidade do objeto a ser executado (TCU, Súmula 263/2011).

c) A **qualificação econômico-financeira** objetiva identificar a capacidade econômica do particular, de forma que fique resguardada a existência de condições suficientes e compatíveis com a posterior execução contratual.

A Lei nº 8.666/93 elenca a documentação exigível, para fins de comprovação da qualificação econômico-financeira.

O *caput* do artigo 31 indica as **exigências ordinárias**, passíveis de cobrança nas licitações em geral, quais sejam: a) balanço patrimonial e demonstrações contábeis do último exercício social; b) certidão negativa de falência ou concordata (para pessoa jurídica) ou de execução patrimonial (para pessoa física); c) garantia, limitada a 1% do valor estimado da contratação.

Nas licitações específicas de compras para entrega futura, de execução de obras e de serviços, o legislador estabeleceu a possibilidade de **exigências suplementares**, um *plus* nas garantias desses certames, representadas pela demonstração de: a) capital mínimo, b) patrimônio líquido mínimo ou c) garantias previstas no § 1º do art. 56 da própria Lei nº 8.666/93. Nesse caso, elas serão sempre alternativas.

De qualquer forma, são vedados requisitos não previstos pela legislação.

> ▸ **Atenção!**
> Recentemente, a 2ª Turma do Superior Tribunal de Justiça decidiu que as empresas em recuperação judicial têm o direito de participar de licitações, mesmo com a exigência da Lei de Licitações de apresentação da "certidão negativa de falência ou concordata". Assim, segundo o Tribunal, preserva-se a empresa, "sua função social e o estímulo à atividade econômica". (STJ - **Medida Cautelar 23.499**).

d) A **regularidade fiscal e trabalhista** tem o condão de demonstrar que o interessado está devidamente inscrito nos cadastros públicos pertinentes e mantém-se regular com suas obrigações fiscais e trabalhistas. Há, ainda, uma espécie de política do legislador de prestigiar, nas contratações públicas, os particulares que não possuem débito com o fisco ou com seus próprios trabalhadores.

Conforme precedente do STF (ADI 173-6/DF), a **regularidade fiscal** implica exigibilidade da quitação, quando o tributo não seja objeto de discussão judicial ou administrativa.

> ▸ **Atenção!**
> Para fim de habilitação, a Administração Pública não deve exigir dos licitantes a apresentação de certidão de quitação de obrigações fiscais, e sim prova de sua regularidade (Súmula nº 283 do TCU)

Importante frisar que a **regularidade trabalhista**, como exigência de habilitação nas licitações públicas, foi instituída pela Lei federal nº 12.440/2011. Segundo a referida norma, a licitante deve provar a inexistência de débitos inadimplidos perante a Justiça do Trabalho, mediante a apresentação de **certidão negativa de débitos trabalhistas** (CNDT).

O interessado não obterá a certidão, quando em seu nome constar:

- o inadimplemento de obrigações estabelecidas em sentença condenatória transitada em julgado, proferida pela Justiça do Trabalho ou em acordos judiciais trabalhistas, inclusive no concernente aos recolhimentos previdenciários, a honorários, a custas, a emolumentos ou a recolhimentos determinados em lei; ou

- o inadimplemento de obrigações decorrentes de execução de acordos firmados perante o Ministério Público do Trabalho ou Comissão de Conciliação Prévia.

> **Atenção!**
>
> A exigência de apresentação de certidões negativas de débitos salariais e de infrações trabalhistas junto à Delegacia Regional do Trabalho é indevida.

Verificada a existência de débitos garantidos por penhora suficiente ou com exigibilidade suspensa, será expedida Certidão Positiva de Débitos Trabalhistas em nome do interessado, com os mesmos efeitos da CNDT, que possui prazo de validade de 180 dias e certificará a empresa em relação a todos os seus estabelecimentos, agências e filiais.

> **Atenção!**
>
> No pregão, diferentemente do que ocorre nas modalidades da Lei nº 8.666/93, a aferição da habilitação do licitante será posterior ao momento de classificação de propostas.

e) **Cumprimento da proibição de trabalho** noturno, perigoso ou insalubre a menores de dezoito anos e de qualquer trabalho a menores de dezesseis anos, salvo na condição de aprendiz, a partir de quatorze anos, manifesta-se como cumprimento a uma regra constitucional (inciso XXXIII do art. 7º da Constituição Federal).

> **Como esse assunto foi cobrado em concurso?**
>
> No concurso para Auditor do TCE de Roraima (FCC 2010), com o seguinte enunciado: "*As exigências relativas à qualificação econômico-financeira do licitante*": foi considerada correta a seguinte alternativa: "*e) podem contemplar a exigência de garantia, limitada a 1% do valor estimado do objeto da contratação.*".

De acordo com Lei nº 8.666/93 (§1º do art. 32), as exigências de apresentação de documentos de habilitação podem ser dispensadas, no todo ou em parte, nos casos de convite, concurso, fornecimento de bens para pronta entrega e leilão.

> **Atenção!**
>
> A Lei nº 13.243/2016 ampliou a possibilidade de dispensa dos documentos de habilitação para a contratação de **produto para pesquisa e desenvolvimento**, desde que para pronta entrega ou até o valor previsto para compras e serviços, na modalidade convite (R$ 80.000,00).

### 9.2.3. Classificação das propostas

Inicialmente, as propostas são avaliadas em seu conteúdo. Primeiro, faz-se uma avaliação da adequação da proposta aos requisitos estabelecidos pelo edital (preço máximo, confecção da planilha de preços, exequibilidade dos preços...). Identificada a inadequação aos requisitos estabelecidos no ato convocatório, a proposta será desclassificada.

Quando todos os licitantes forem inabilitados ou todas as propostas forem desclassificadas, a Administração poderá fixar aos licitantes o prazo de oito dias úteis para a apresentação de nova documentação ou de outras propostas, facultada, no caso de convite, a redução deste prazo para três dias úteis.

> ▸ **Atenção!**
> A oportunidade de nova apresentação para propostas desclassificadas não deverá abranger a parte de licitantes anteriormente inabilitados, pois a inabilitação importa preclusão da participação nas fases posteriores.

Como segundo passo da classificação, após a avaliação do conteúdo das propostas, é feito o julgamento, de acordo com o critério adotado (tipo de licitação). Tal julgamento apontará a melhor proposta para a contratação (ex: no tipo menor preço será classificada, em primeiro lugar, a proposta com menor preço).

De acordo com a Lei do Pregão, ao examinar a proposta classificada em primeiro lugar (ou a subsequente, quando houver desclassificação da antecedente), o pregoeiro decidirá motivadamente sobre a aceitabilidade da proposta e poderá **negociar**, diretamente com o proponente, para que seja obtido **preço melhor**.

A tentativa de negociação, para reduzir o preço final, constitui-se em poder-dever da Administração, mesmo que o valor da oferta tenha sido inferior à estimativa da licitação (Neste sentido, TCU, Acórdão 2637/2015-Plenário).

> ▸ **Atenção!**
> De acordo com o Tribunal de Contas da União, nada obstante a ausência expressa de previsão na Lei nº 8.666/93, a prerrogativa administrativa da negociação é aplicável em todas as modalidades licitatórias, e não apenas no Pregão. **(Acórdão 1401/2014-Segunda Câmara).**

Por fim, cabe registrar que, de acordo com a Lei nº 8.666/93, em igualdade de condições, como critério de desempate, será assegurada preferência, sucessivamente, aos bens e serviços:

a) produzidos no País;

b) produzidos ou prestados por empresas brasileiras;

c) produzidos ou prestados por empresas que invistam em pesquisa e no desenvolvimento de tecnologia no País;

d) produzidos ou prestados por empresas que comprovem cumprimento de reserva de cargos, prevista em lei, para pessoa com deficiência ou para reabilitado da Previdência Social e que

e) atendam às regras de acessibilidade previstas na legislação[9].

### 9.2.4. *Homologação e adjudicação*

A **homologação** é o ato administrativo pelo qual a autoridade superior manifesta sua concordância com a legalidade e a conveniência do procedimento licitatório.

A **adjudicação** é o ato administrativo pelo qual se declara como satisfatória a proposta vencedora do procedimento e se afirma a intenção de celebrar o contrato com o seu ofertante. O primeiro classificado não tem direito subjetivo à adjudicação. Da mesma forma, o adjudicatário não tem direito subjetivo ao contrato, podendo a licitação ser revogada ou anulada (STJ, RMS 22.447/RS. DJe 18/02/2009).

No pregão, a adjudicação é feita pelo pregoeiro, exceto em caso de pendência de recursos. Já nas demais modalidades, a homologação e a adjudicação são concentradas na autoridade competente pela autorização do certame.

> **Como esse assunto foi cobrado em concurso?**
>
> No concurso para Juiz Federal do TRF1 (Cespe/2015), foi considerado correto o seguinte enunciado: "*a) No pregão, ao contrário das demais modalidades de licitação, a adjudicação do objeto da licitação ao vencedor antecede à homologação do procedimento*".

### 9.2.5. Recursos

Em matéria de licitações, o tema recursos deve ser analisado com certa cautela, uma vez que a Lei nº 10.520/02 estabeleceu regramento próprio em relação à modalidade pregão, diferenciando-o do tratamento dado pela Lei Geral de Licitações.

Para as modalidades tradicionais da Lei nº 8.666/93, o artigo 109 apresenta os recursos aplicáveis em decorrência da aplicação daquela norma. Segundo o citado diploma, são cabíveis três espécies de "recursos": o **recurso** (hierárquico), o **pedido de reconsideração** e a **representação**.

- **Recurso**. Com prazo de interposição de 5 (cinco) dias úteis a contar da intimação do ato ou da lavratura da ata, é cabível nos seguintes casos: a) habilitação ou inabilitação do licitante; b) julgamento das propostas; c) anulação ou revogação da licitação; d) indeferimento do pedido de inscrição em registro cadastral, sua alteração ou cancelamento; e) rescisão unilateral do contrato (inciso I do art. 79); f) aplicação das penas de advertência, suspensão temporária ou de multa.

9. Hipótese acrescida pela Lei nº 13.146/2015.

- **Pedido de reconsideração.** É cabível contra a decisão de Ministro de Estado, Secretário do Estado, do Distrito Federal ou do Município, o qual aplicar a sanção de declaração de inidoneidade. O prazo de interposição é de 10 (dez) dias úteis da intimação do ato.
- **Representação.** Com prazo de interposição de 5 (cinco) dias úteis da intimação da decisão, possui objeto residual, sendo aplicável a situações impugnáveis, não compreendidas nas hipóteses do recurso hierárquico ou do pedido de reconsideração.

> **Atenção!**
> Para a modalidade **pregão,** a Lei nº 10.520/02 estabeleceu regramento diferente, concentrando os recursos cabíveis em **uma única espécie,** apresentável em **fase única.**

**No pregão,** declarado o vencedor do certame, qualquer licitante poderá manifestar, imediata e motivadamente, a intenção de recorrer (sob pena de perda da oportunidade recursal), sendo-lhe concedido o prazo de 3 (três) dias para apresentação das razões do recurso.

Desde logo, ficam os demais licitantes intimados para apresentar contrarrazões, também em 3 (três) dias. O início de tal prazo prescinde de nova intimação, começando a correr após o término do prazo do recorrente (e não da interposição do recurso), devendo ser assegurada vista imediata dos autos aos licitantes. O prazo inicia-se apenas na data em que seja franqueada vista dos autos aos interessados, excluindo-se esse dia e incluindo-se o do vencimento.

Por fim, cabe destacar que o acolhimento de recurso importará a invalidação apenas dos atos insuscetíveis de aproveitamento.

| Quadro-resumo | |
|---|---|
| Lei n. 8.666/93 | |
| **Recurso propriamente dito** (5 dias úteis) | a) habilitação ou inabilitação do licitante; **(Suspensivo)**<br>b) julgamento das propostas; **(Suspensivo)**<br>c) anulação ou revogação da licitação; |
| **Recurso propriamente dito** | d) indeferimento do pedido de inscrição em registro cadastral, sua alteração ou cancelamento;<br>e) rescisão do contrato, a que se refere o inciso I do art. 79 desta Lei;<br>f) aplicação das penas de advertência, suspensão temporária ou de multa; |
| **Pedido de reconsideração** (10 dias úteis) | Da decisão de declaração de inidoneidade |
| **Representação** (5 dias úteis) | De decisão que não caiba recurso hierárquico |

| Quadro-resumo | |
|---|---|
| Lei n. 8.666/93 | |
| Lei n. 10.520/02 | |
| **Recurso** (manifestação imediata e 03 dias p/ juntada de razões) | a) Após a declaração do vencedor<br>b) Manifestação imediata e motivada<br>c) 3 dias p/juntada de razões |

▸ **Atenção!**

Em interessante julgamento, o STJ declarou que "não deve ser reconhecida a nulidade em processo licitatório na hipótese em que, a despeito de recurso administrativo ter sido julgado por autoridade incompetente, tenha havido a posterior homologação de todo o certame pela autoridade competente. Isso porque o julgamento de recurso por autoridade incompetente não é, por si só, bastante para acarretar a nulidade do ato e dos demais subsequentes, tendo em vista o saneamento da irregularidade por meio da homologação do procedimento licitatório pela autoridade competente".

Entre outros motivos, o Tribunal lembrou que o vício relativo ao sujeito (competência), pode ser convalidado pela autoridade superior, quando não se tratar de competência exclusiva. (STJ. REsp 1.348.472-RS, Rel. Min. Humberto Martins, j. 21.5.2013. 2ª T - Info 524)

## 10. ANULAÇÃO E REVOGAÇÃO DA LICITAÇÃO

O **princípio da autotutela** administrativa permite à Administração Pública a revisão de seus atos, seja por vícios de ilegalidade (**invalidação**), seja por motivos de conveniência e oportunidade (**revogação**).

A **invalidação** (anulação) deve ocorrer quando identificada a ilegalidade. Trata-se de um poder-dever por parte do administrador. Essa anulação pode ocorrer de ofício ou por provocação de terceiros, induz à invalidação do contrato e não gera obrigação de indenizar, ressalvado o dever de indenização pelo que o contratado houver executado até a data em que for declarada a nulidade e por outros prejuízos regularmente comprovados, contanto que não lhe seja imputável.

A **revogação** do ato administrativo pressupõe um juízo de conveniência e oportunidade por parte do administrador. No caso da licitação, é importante perceber que o legislador quis limitar a possibilidade de utilização dessa prerrogativa administrativa. A Lei nº 8.666/93 estipula que **a licitação poderá ser revogada por razões de interesse público decorrente de fato superveniente devidamente comprovado, pertinente e suficiente para justificar tal conduta.** O dispositivo objetivou evitar abusos gerenciais e proteger o competidor de boa-fé.

Além da necessidade de respeitar o contraditório, ampla defesa e exigir parecer escrito e fundamentado (também necessários no caso da anulação por ilegalidade), a revogação da licitação pressupõe que seu motivo seja baseado em fato superveniente, pertinente (possuindo relação direta entre fato e motivo da revogação), suficiente (de tal forma que justifique a medida) e condizente com o interesse público.

> **Importante!**
>
> O STJ tem firmado entendimento no sentido de que a revogação da licitação, quando antecedente da homologação e da adjudicação, é bastante pertinente e não enseja contraditório (STJ, RMS 23.360/PR, DJe 17/12/2008).

> **Como esse assunto foi cobrado em concurso?**
>
> No concurso para o cargo de Analista Judiciário do STJ (CESPE/2018), com a seguinte situação hipotética: "Determinado município contratou, sem procedimento licitatório e com comprovada má-fé do contratado, um escritório de advocacia", foi considerada errada a seguinte assertiva: "de acordo com o STJ, o contrato é nulo, contudo o ente público fica obrigado a pagar pelos serviços prestados."

## 11. LICITAÇÃO E CONTRATAÇÃO DE SERVIÇO DE PUBLICIDADE

Recentemente, foi aprovada a **Lei federal nº 12.232/2010**, que dispôs sobre normas gerais para licitação e contratação de serviços de publicidade, prestados por intermédio de agências de propaganda.

Cumpre lembrar que, diante da competência da União para estabelecer regras gerais de licitações e contratos (art. 22, inc. XXVII, CF), essa Lei tem validade tanto para a União como para os Estados, os Municípios e o DF. Subordinam-se a tal Lei, ainda, os órgãos do Poder Executivo, Legislativo e Judiciário, as pessoas da Administração Indireta e todas as entidades controladas direta ou indiretamente pelos entes políticos acima referidos.

A **Lei federal nº 12.232/2010** será aplicada, apenas subsidiariamente, em relação às empresas que possuem regulamento próprio de contratação, às licitações já abertas, aos contratos em fase de execução e aos **efeitos** pendentes dos contratos já encerrados na data de sua publicação.

Nas contratações de serviços de publicidade, podem ser incluídos, como **atividades complementares**, em síntese, os serviços especializados pertinentes às seguintes ações:

- o planejamento e a execução de pesquisas e de outros instrumentos de avaliação e de geração de conhecimento, relacionados à ação publicitária ou ao objeto contratual;
- a produção e a execução técnica das peças e projetos publicitários criados;
- a criação e o desenvolvimento de formas inovadoras de comunicação publicitária.

Somente pessoas físicas ou jurídicas previamente cadastradas pelo contratante poderão fornecer ao contratado bens ou serviços especializados relacionados às atividades complementares da execução do objeto contratual. Em tal fornecimento, deve o contratado apresentar, ao contratante, 3 (três) orçamentos obtidos entre pessoas que atuem no mercado do ramo do fornecimento pretendido.

É expressamente **vedada a inclusão**, nas licitações de serviços de publicidade, de atividades não previstas pela Lei, especialmente: assessoria de imprensa, comunicação e relações públicas ou as que tenham por finalidade a realização de eventos festivos de qualquer natureza. Caso sejam necessárias, elas devem ser contratadas por meio de procedimentos licitatórios próprios.

Para participar das licitações de serviços de publicidade, as agências de propaganda devem possuir certificado de qualificação técnica de funcionamento, obtido perante o Conselho Executivo das Normas Padrão - CENP.

O instrumento convocatório das licitações de publicidade possui **exigências específicas**. Dentre elas, podemos destacar:

- as licitações para serviços de publicidade adotarão, obrigatoriamente, os tipos "melhor técnica" ou "técnica e preço";
- as informações suficientes para que os interessados elaborem propostas serão estabelecidas em um briefing, de forma precisa, clara e objetiva;
- a proposta técnica será composta por um plano de comunicação publicitária, pertinente às informações expressas no briefing, e por um conjunto de informações relacionadas ao proponente;
- o plano de comunicação publicitária será composto dos seguintes quesitos: raciocínio básico; estratégia de comunicação publicitária; ideia criativa e estratégia de mídia e não mídia;
- os documentos de habilitação serão apresentados apenas pelos licitantes classificados no julgamento final das propostas;
- é possível a adjudicação do objeto da licitação a mais de uma agência de propaganda. Nesse caso, para a execução das ações de comunicação publicitária decorrente de licitação, institui-se procedimento de seleção interna entre as contratadas.

As licitações de publicidade serão processadas e julgadas por comissão permanente ou especial, com exceção da análise e julgamento das propostas técnicas, que serão analisadas e julgadas por subcomissão técnica constituída por, pelo menos, 3 (três) membros que sejam formados em comunicação, publicidade ou marketing ou que atuem em uma dessas áreas. Pelo menos, 1/3 (um terço) deles não poderá manter nenhum vínculo funcional ou contratual, direto ou indireto, com o órgão ou a entidade responsável pela licitação.

> **Importante!**
>
> As vantagens, obtidas em negociação de compra de mídia diretamente ou por intermédio de agência de propaganda, incluídos os eventuais descontos e as bonificações na forma de tempo, espaço ou reaplicações que tenham sido concedidos pelo veículo de divulgação, pertencem ao órgão ou ente contratante. Contudo, é possível a concessão de planos de incentivo por veículo de divulgação e sua aceitação por agência de propaganda. Os frutos resultantes constituem, para todos os fins de direito, receita própria da agência.

As informações sobre a execução dos contratos regulados pela Lei nº 12.232/2010, com os nomes dos fornecedores de serviços especializados e veículos, serão divulgadas em sítio próprio, aberto para o contrato, na rede mundial de computadores, garantido o livre acesso às informações por quaisquer interessados.

## 12. SISTEMA DE COTAÇÃO ELETRÔNICA

O Sistema de cotação eletrônica foi criado com o objetivo de ampliar a competitividade e racionalizar os procedimentos de contratação de pequeno valor, por dispensa de licitação. Ele consiste na criação de infraestrutura informatizada que permite uma melhor apuração do menor preço de bens e serviços adquiridos pelo setor público, nas contratações de pequeno valor.

Tal sistema, inicialmente utilizado pelo Governo Federal, vem sendo disseminado para as demais esferas governamentais (estados e municípios), pelos benefícios de fomento à competitividade, racionalização dos gastos e democratização das contratações públicas.

Bens e serviços de pequeno valor seriam aqueles que se enquadram na hipótese de dispensa de licitação prevista no inciso II do art. 24 da Lei nº 8.666/1993, desde que não se refiram a parcelas de uma mesma compra de maior vulto que possa ser realizada de uma só vez. Cabe à autoridade responsável certificar-se de que a aquisição por dispensa de licitação, nas contratações de pequeno valor, não representa fracionamento de compras que deveriam ser licitadas.

A cotação eletrônica será realizada em sessão pública virtual, por meio de sistema eletrônico, que promova a comunicação na Internet. Esse sistema permitirá o encaminhamento eletrônico de propostas de preços, com possibilidade de apresentação de lances sucessivos, em valor inferior ao último preço registrado, durante o período indicado no pedido de cotação eletrônica de preços.

Pela regulamentação federal, os pedidos de cotação eletrônica de preços incluídos no sistema permanecerão disponíveis para recepção de propostas e lances por período nunca inferior a quatro horas.

## 13. LICITAÇÕES PARA MICROEMPRESAS E EMPRESAS DE PEQUENO PORTE

A Lei Complementar 123/2006 apresenta algumas disposições relacionadas ao processo licitatório de contratações públicas, com evidente beneficiamento em favor das sociedades caracterizadas como microempresa ou empresa de pequeno porte.

> **Importante!**
>
> A Lei nº 11.488/2007 estendeu para as sociedades cooperativas que tenham auferido, no ano-calendário anterior, receita bruta idêntica o mesmo tratamento diferenciado nas licitações dado pela LC 123/2006 às microempresas e empresas de pequeno porte.
>
> Outrossim, o Decreto federal nº 8.538/2015, regulamentando as alterações produzidas na LC 123/2006, registra que o tratamento favorecido, nas contratações públicas, para as microempresas e empresas de pequeno porte, é aplicável também ao agricultor familiar, produtor rural pessoa física, microempreendedor individual - MEI e sociedades cooperativas de consumo.

O conceito reservado, pelo legislador, para estas duas espécies, encontra-se delimitado no artigo 3º da Lei Complementar que, respeitadas as ressalvas legais, considera como microempresas ou empresas de pequeno porte a sociedade empresária, a sociedade simples e o empresário a que se refere o artigo 966 do Código Civil de 2002, devidamente registrados no registro de empresas mercantis ou no registro civil de pessoas jurídicas, conforme o caso, desde que, no caso das microempresas, o empresário, a pessoa jurídica, ou a ela equiparada, aufira, em cada ano-calendário, receita bruta igual ou inferior a R$ 360.000,00 (trezentos e sessenta mil reais), no caso das empresas de pequeno porte, o empresário, a pessoa jurídica, ou a ela equiparada deve auferir, em cada ano-calendário, receita bruta superior a R$ 360.000,00 (trezentos e sessenta mil reais) e igual ou inferior a R$ 4.800.000,00 (quatro milhões e oitocentos mil reais).

| | |
|---|---|
| ME | **Receita bruta** ≤ R$ 360.000,00 |
| EPP | R$ 360.000,00 < **Receita bruta** ≤ R$ 4.800.000,00 |

> **Atenção!**
>
> A Lei Complementar nº 155/2016, alterou a redação do artigo 3º da LC 123/2006, ampliando o limite máximo da receita bruta, no caso da EPP, para 4.800.000,00 (quatro milhões e oitocentos mil reais).
>
> Contudo, de acordo com o artigo 11 da LC 155/2016, o efeito desta alteração entrou em vigor, apenas, em 1º de janeiro de 2018.

Esse estatuto teve como escopo regulamentar o tratamento favorecido às empresas de pequeno porte, previsto como um dos princípios constitucionais gerais da atividade econômica, no texto do inciso IX do artigo 170, da Constituição Federal. Portanto, do ponto de vista normativo, o tratamento diferenciado tem como fundamento a previsão constitucional que, ao tratar da ordem econômica, indica como diretriz o favorecimento para as empresas de pequeno porte constituídas sob as leis brasileiras e que tenham sua sede e administração no País.

Não obstante, é imperioso que os benefícios apresentados pelo legislador sejam razoáveis e restem equilibrados com os preceitos ínsitos aos princípios relativos ao procedimento licitatório e à atividade administrativa, como: eficiência, isonomia, legalidade, proporcionalidade e impessoalidade. Caso contrário, o legislador infraconstitucional, a despeito de estar cumprindo a determinação constitucional de tratamento favorecido, poderá interpretar abusivamente esse mandamento, criando regramentos legais que deturpem a própria estrutura constitucional da atividade administrativa.

Se de um lado é bem verdade ser possível o tratamento diferenciado (*e até justificável, diante do papel fundamental de geração de emprego, capitaneado pelas empresas de pequeno porte*), também deve restar claro que o constituinte outrora já estabeleceu balizas e diretrizes básicas para o procedimento de contratação pública, priorizando comportamentos que não podem ser conspurcados pelo legislador, a pretexto de regulamentação de outra norma da mesma Constituição.

Por fim, convém observar que existem benefícios de natureza diversas (tributária, cível, administrativa) na LC 123/2006, que podem ser reconhecidos de forma autônoma. Assim, o fato da empresa estar excluída do regime de tributação do Simples Nacional, por realizar cessão ou locação de mão de obra, não implica o seu impedimento para participar de licitações, com os benefícios da Lei Complementar 123/2006.

> ▸ **Importante!**
>
> "A empresa que realize cessão ou locação de mão de obra, optante pelo simples nacional, que participe de licitação cujo objeto não esteja previsto no disposto no § 1º do art. 17 da lei complementar nº 123, de 2006, deverá apresentar planilha de formação de custos sem contemplar os benefícios do regime tributário diferenciado." **(Orientação Normativa AGU nº 53, de 25 de abril de 2014).**

Podemos classificar as disposições da LC 123/2006, em relação ao tratamento diferenciado no ambiente das **licitações públicas**, em três espécies:

| ME e EPP - Tratamento diferenciado | |
|---|---|
| Benefícios nas licitações (arts 42 a 45) | • regularidade fiscal postergada<br>• desempate ficto |

| **Benefício creditício (art. 46)** | • Cédula de crédito empresarial |
|---|---|
| **Licitações diferenciadas (arts 47 a 48)** | • licitações exclusivas<br>• subcontratação obrigatória<br>• cota de 25% |

1) **Benefícios nas licitações** (arts. 42 a 45). A LC 123/2006 apresenta dois tipos de benefícios nas licitações ordinárias, favorecedores das ME e EPP: a **regularidade fiscal postergada** e o **desempate ficto**.

- **Regularidade fiscal postergada.** O artigo 42 já estabelece que a comprovação de regularidade fiscal das microempresas e empresas de pequeno porte somente será exigida para efeito de assinatura do contrato. Para tanto, as ME e EPP deverão apresentar normalmente os documentos pertinentes, mesmo que existentes restrições, sendo-lhes assegurado um prazo de **5 (cinco) dias úteis**, prorrogáveis por igual período, para a regularização da documentação, pagamento ou parcelamento do débito, e emissão de eventuais certidões negativas ou positivas com efeito de certidão negativa.

> **Atenção!**
> A Lei Complementar nº 155/2016, alterou a redação do artigo 42 da LC 123/2006, ampliando o benefício também para a regularidade trabalhista. Contudo, de acordo com o artigo 11 da LC 155/2016, o efeito desta alteração entrará em vigor, apenas, em 1º de janeiro de 2018.

Importante destacar que esse prazo apenas será contado a partir:

a) da divulgação do resultado da fase de habilitação, no pregão e no RDC (quando a habilitação for posterior à fase de propostas); ou

b) da divulgação do resultado do julgamento das propostas, nas modalidades de licitação da Lei nº 8.666/93 e no RDC (com inversão de fases - quando a habilitação for anterior à fase de propostas).

> **Atenção!**
> A abertura da fase recursal, em relação ao resultado do certame, ocorrerá após os prazos de regularização fiscal.

A não regularização da documentação implicará decadência do direito à contratação, sem prejuízo da aplicação de sanções administrativas, sendo facultado à Administração convocar os licitantes remanescentes, na ordem de classificação, para a assinatura do contrato, ou revogar a licitação.

- **Desempate ficto.** O artigo 44 da LC 123/2006 caracteriza como empate (ficto) as situações nas quais as propostas apresentadas pelas microempresas e empresas de pequeno porte sejam iguais ou até 10% superiores à proposta melhor classificada, quando esta for apresentada por sociedade não caracterizada como ME ou EPP.

> **Atenção!**
> Na modalidade pregão esse intervalo é reduzido para 5%.

Já o artigo 45 estabelece que a microempresa ou empresa de pequeno porte melhor classificada dentre as empatadas (empate ficto), "poderá" apresentar proposta de preço inferior àquela até então considerada vencedora do certame (*a Lei não permite nova proposta pela outrora vencedora*), o que a tornaria a licitante de melhor proposta.

De acordo com o dispositivo, não sendo possível a realização do procedimento com a ME ou EPP melhor classificada no intervalo de empate ficto, as remanescentes (ME ou EPP), que se enquadrem no intervalo de empate ficto, serão convocadas, na ordem classificatória, para o exercício do mesmo direito.

Caso nenhuma ME ou EPP encontre-se no intervalo de empate ficto ou apresente proposta de desempate, manter-se-á como vencedora da fase de propostas a empresa originalmente vencedora.

> **Atenção!**
> O Decreto federal nº 8.538/2015, contrariando entendimento doutrinário, admite o desempate ficto nas licitações do tipo **técnica e preço**. Nesta hipótese, o empate será aferido levando em consideração o resultado da ponderação entre a técnica e o preço na proposta apresentada pelos licitantes, sendo facultada à microempresa ou empresa de pequeno porte melhor classificada a possibilidade de apresentar proposta de preço inferior.

2) **Benefício creditício** (art. 46). A ME ou EPP titular de direitos creditórios decorrentes de empenhos liquidados por órgãos e entidades da União, Estados, Distrito Federal e Município não pagos em até 30 (trinta) dias contados da data de liquidação poderão emitir **cédula de crédito microempresarial.**[10]

> **Atenção!**
> A LC 147, de 2014, alterou o texto original da LC 123, de 2006, excluindo o conceito legal de cédula de crédito microempresarial e a limitação

10. Segundo a redação anterior, a cédula de crédito microempresarial seria um título de crédito regido, subsidiariamente, pela legislação prevista para as cédulas de crédito comercial, tendo como lastro o empenho do poder público.

para que sua regulamentação ocorresse no prazo de 180 dias, a contar da publicação da Lei.

3) **Licitações diferenciadas** (arts. 47 e 48). Nas contratações públicas da administração direta e indireta, autárquica e fundacional, federal, estadual e municipal, deverá ser concedido tratamento diferenciado e simplificado para as microempresas e empresas de pequeno porte objetivando a promoção do desenvolvimento econômico e social no âmbito municipal e regional, a ampliação da eficiência das políticas públicas e o incentivo à inovação tecnológica.

> **▸ Atenção!**
>
> Segundo a LC 147, de 2014, que alterou o texto original da LC 123, de 2006, em relação às compras públicas, enquanto não sobrevier legislação estadual, municipal ou regulamento específico de cada órgão, mais favorável à microempresa e empresa de pequeno porte, aplica-se a legislação federal.

Nesse sentido, a Administração Pública poderá realizar processo licitatório diferenciado, com as seguintes regras:

- **Licitações exclusivas.** Certame destinado exclusivamente à participação de microempresas e empresas de pequeno, **nos itens ou lotes da licitação,** cujo valor seja de até R$ 80.000,00 (oitenta mil reais);

> **▸ Atenção!**
>
> "Em licitação dividida em itens ou lotes/grupos, deverá ser adotada a participação exclusiva de microempresa, empresa de pequeno porte ou sociedade cooperativa (art. 34 da lei nº 11.488, de 2007) em relação aos itens ou lotes/grupos cujo valor seja igual ou inferior a R$ 80.000,00 (oitenta mil reais), desde que não haja a subsunção a quaisquer das situações previstas pelo art. 9º do decreto nº 6.204, de 2007." (Orientação Normativa AGU nº 47, de 25 de abril de 2014).
>
> "A definição do valor da contratação levará em conta o período de vigência do contrato e as possíveis prorrogações para: a) a realização de licitação exclusiva (microempresa, empresa de pequeno porte e sociedade cooperativa); b) a escolha de uma das modalidades convencionais (concorrência, tomada de preços e convite); e c) o enquadramento das contratações previstas no art. 24, inc. I e II, da Lei nº 8.666, de 1993." (Orientação Normativa AGU nº 10, alterada em 14/12/2011)

- **Subcontratação obrigatória.** Pode-se exigir dos licitantes a subcontratação de microempresa ou de empresa de pequeno porte, nas licitações de serviços e obras. Nesses casos, os empenhos e pagamentos do órgão ou entidade da administração pública poderão ser destinados diretamente às microempresas e empresas de pequeno porte subcontratadas.

> **Importante!**
>
> A redação anterior limitava a exigência de subcontratação a 30% (trinta por cento) do total licitado. A atual redação excluiu esse limite. Outrossim, de acordo com a nova redação, importante observar que a "subcontratação obrigatória" é cabível, apenas, nas licitações de serviços e obras.

- **Cota reservada.** É estabelecida **cota reservada** de **até 25%** (vinte e cinco por cento) do objeto para a contratação de microempresas e empresas de pequeno porte, em certames para a aquisição de bens e serviços de **natureza divisível.**

Na hipótese de não haver vencedor para a **cota reservada**, esta poderá ser adjudicada ao vencedor da cota principal ou, diante de sua recusa, aos licitantes remanescentes, desde que pratiquem o preço do primeiro colocado da cota principal. Já se a mesma empresa vencer a cota reservada e a cota principal, a contratação das cotas deverá ocorrer pelo menor preço.

De acordo com o Decreto federal nº 8.538/2015, nas licitações por Sistema de Registro de Preço ou por entregas parceladas, o instrumento convocatório deverá prever a prioridade de aquisição dos produtos das cotas reservadas, ressalvados os casos em que a cota reservada for inadequada para atender as quantidades ou as condições do pedido, justificadamente.

> **Importante!**
>
> A LC 147, de 2014, alterou o texto original da LC 123, relativizando a facultatividade de concessão das licitações diferenciadas. Da leitura conjunta do artigo 47 e 48, percebe-se que as Licitações exclusivas (art. 48, I) e a cota reservada (art. 48, III), devem ser utilizadas, em regra.

**Em relação às licitações diferenciadas**, a LC 123/2006 admite, ainda, que, justificadamente, seja estabelecida **prioridade de contratação** para as microempresas e empresas de pequeno porte sediadas local ou regionalmente, até o limite de 10% (dez por cento) do melhor preço válido. O Decreto federal 8.538/2015, regulamentou a Lei, definindo a prioridade de contratação como um procedimento semelhante ao desempate ficto; assim, a ME/EPP sediada local ou regionalmente, melhor classificada (**em uma licitação diferenciada**) e dentro do percentual de até 10%, poderá apresentar proposta de preço inferior àquela considerada vencedora da licitação (outra ME/EPP, mas não sediada local ou regionalmente).

Conforme o artigo 49, não se aplicam as **licitações diferenciadas** (arts. 47 e 48) quando:

- não houver um mínimo de 3 (três) fornecedores competitivos enquadrados como ME ou EPP, sediados local ou regionalmente e capazes de cumprir as exigências estabelecidas no instrumento convocatório;

- as licitações diferenciadas não forem vantajosas para a administração pública ou representar prejuízo ao conjunto ou complexo do objeto a ser contratado;
- a licitação for dispensável ou inexigível.

> **Atenção!**
>
> A LC 147, de 2014, alterou a redação do artigo 49, suprimindo anterior ressalva à aplicação das licitações diferenciadas, nas hipóteses em que "os critérios de licitação diferenciada não fossem previstos no instrumento convocatório". Nesta feita, as licitações diferenciadas, pela Lei, não estão mais condicionadas à previsão no edital ou instrumento convocatório.

> **Atenção!**
>
> De acordo com a LC 147/2014, as dispensas de pequeno valor (incisos I e II do art. 24 da Lei n. 8.666/93), devem dar preferência à contratação de microempresas e empresas de pequeno porte.

## 14. RESUMO DAS ALTERAÇÕES DECORRENTES DA LEI Nº 12.349/2010

Recentemente, a Lei nº 8.666/93 sofreu pequenas alterações, por conta da edição da **Lei nº 12.349/2010**. A referida lei altera o estatuto geral de licitações, em virtude da política de fomento à inovação e à pesquisa científica e tecnológica, com vistas à capacitação e ao alcance da autonomia tecnológica e ao desenvolvimento industrial do País.

Tal política é representada pela Lei federal nº 10.973/2004. Esta, contudo, não gerou qualquer alteração no regime jurídico das licitações. Agora, através da **Lei nº 12.349/2010**, altera-se o regramento dado a certas contratações públicas, conforme já indicado em tópicos anteriores.

Para facilitar o estudo da matéria, resumimos as alterações decorrentes:

| Principais alterações da Lei nº 12.349/2010 nas licitações públicas |
|---|
| Inclusão da **promoção do desenvolvimento nacional sustentável como finalidade da licitação pública.** |
| Retira o critério de desempate em favor de empresas brasileiras, exclusivamente de capital nacional. |
| Possibilita o estabelecimento de preferências (**margem de preferência**) nas licitações. |
| **Possibilita restrições à competitividade**, em contratações destinadas à implantação, manutenção e ao aperfeiçoamento dos sistemas de tecnologia de informação e comunicação, considerados estratégicos pelo Poder Executivo Federal. |

| Principais alterações da Lei nº 12.349/2010 nas licitações públicas |
|---|
| Altera o inciso XXI do artigo 24 e cria **nova hipótese de dispensa licitatória**, para contratações de estímulo à inovação científica (**inciso XXXI**). |
| Cria **nova exceção à regra geral de duração dos contratos administrativos** (art. 57, inciso V). |

## 15. REGIME DIFERENCIADO DE CONTRATAÇÕES

Em 2011, foi aprovado o Regime Diferenciado de Contratações (RDC) pela **Lei nº 12. 462/2011**, que apresenta diversas inovações para as licitações e contratos necessários à realização: dos **Jogos Olímpicos e Paraolímpicos de 2016**; da **Copa das Confederações Fifa 2013** e da **Copa do Mundo Fifa 2014** (restringindo-se, no caso de obras públicas, às constantes da matriz de responsabilidades celebrada entre a União, Estados, Distrito Federal e Municípios); além de obras de infraestrutura e de serviços para os **aeroportos das capitais dos Estados da Federação distantes até 350 km das cidades sedes dos referidos mundiais.**

Recentemente, a Lei nº 12.462/2012 foi alterada, sendo inseridos novos objetos passíveis de adoção do Regime Diferenciado de Contratações, quais sejam: **ações integrantes do Programa de Aceleração do Crescimento (PAC)** (incluído pela Lei nº 12.688, de 2012); **obras e serviços de engenharia no âmbito do Sistema Único de Saúde - SUS** (incluído pala Lei nº 12.745, de 2012) e licitações e contratos necessários à realização de **obras e serviços de engenharia no âmbito dos sistemas públicos de ensino** (incluído pela Lei nº 12.722, de 2012).

Cabe ainda citar: a Lei nº 12.815/2013 estabeleceu que "as contratações das obras e serviços no âmbito do **Programa Nacional de Dragagem Portuária e Hidroviária II** poderão ser feitas por meio de licitações internacionais e utilizar o Regime Diferenciado de Contratações Públicas".

Ademais, a Lei nº 12.833/2013, admite que a Secretaria de Aviação Civil da Presidência da República (SAC), nas contratações destinadas à **modernização, construção, ampliação ou reforma de aeródromos públicos**, diretamente ou por intermédio de instituição financeira pública federal, pode utilizar o RDC para adquirir bens, contratar obras e serviços de engenharia e de técnicos especializados.

Mais recentemente, a **Lei nº 12.980/2014** admitiu a adoção desse novo regime em licitação de obras e serviços de engenharia **para construção, ampliação e reforma de estabelecimentos penais e unidades de atendimento socioeducativo**, a **Lei nº 13.190/2015** admitiu-o para licitações e contratos necessários a ações no âmbito da **segurança pública** obras e serviços de engenharia, relacionadas à **mobilidade urbana ou ampliação de infraestrutura logística**, aos **sistemas públicos de pesquisa, ciência e tecnologia**, além de contratos que adotem o modelo de **Locação sob medida (Built to suit)**, em que os contratos são firmados por prazo longo, antes mesmo da construção do imóvel, para que este seja construído de forma a atender os interesses do locatário. Por fim, a **Lei nº 13.243/2016** incluiu a possibilidade de adoção do RDC para **ações em órgãos e entidades dedicados à ciência, à tecnologia e à inovação.**

> ▸ **Atenção!**
>
> A Lei nº 13.190/2015 foi resultado da conversão da Medida Provisória nº 678, de 2015, que já acrescentava novos objetos passíveis de adoção do Regime Diferenciado de Contratações, notadamente, as ações no âmbito da segurança pública, além das obras e serviços de engenharia para construção, ampliação e reforma e administração de estabelecimentos penais e de unidades de atendimento socioeducativo.
>
> Ocorre que o texto final da Lei nº 13.190/2015 trouxe dispositivos novos, acrescentando mais objetos passíveis da adoção do RDC, como: obras e serviços de engenharia, relacionadas a melhorias na mobilidade urbana ou ampliação de infraestrutura logística; obras e serviços de engenharia no âmbito dos sistemas públicos de pesquisa, ciência e tecnologia, além das chamadas locações sob medida ou encomenda (built to suit). Os acréscimos foram objeto de liminar, deferida pelo STF, suspendendo os efeitos desses dispositivos.
>
> Contudo, em decisão publicada em abril de 2018, o relator do Processo, o Min. Luis Roberto Barroso, reestabeleceu a eficácia dos referidos dispositivos.
>
> Com a nova decisão, o RDC pode voltar a ser utilizado nas contratações de obras e serviços de engenharia relacionadas a melhorias na mobilidade urbana ou ampliação de infraestrutura logística, bem como poderá firmar contratos de locação de bens móveis e imóveis, nos quais o locador realiza prévia aquisição, construção ou reforma substancial, com ou sem aparelhamento de bens, por si mesmo ou por terceiros, do bem especificado pela administração (modelo de locação *built to suit*)

Essa expansão de objetos passíveis à submissão desse regime diferenciado demonstra uma tendência de ampliação do modelo, concebido inicialmente como provisório e diferenciado, ou mesmo a possibilidade de mudança do regime tradicional de licitações, para algo semelhante ao RDC.

| RDC – Objeto |
|---|
| **Licitações e contratos necessários a:** |
| a) Jogos Olímpicos e Paraolímpicos de 2016 (Carteira de Projetos Olímpicos a ser definida pela APO). |
| b) Copa das Confederações - Fifa 2013 e Copa do Mundo Fifa 2014. |
| c) Obras de infraestrutura e serviços para os aeroportos das capitais dos Estados da Federação distantes até 350 km das cidades sedes dos mundiais acima referidos. |
| d) Ações integrantes do Programa de Aceleração do Crescimento (PAC). |
| e) Obras e serviços de engenharia no âmbito dos sistemas públicos de ensino e de pesquisa, ciência e tecnologia. |
| f) Obras e serviços de engenharia no âmbito do Sistema Único de Saúde – SUS. |
| g) Obras e serviços no âmbito do Programa Nacional de Dragagem Portuária e Hidroviária II. |

| RDC - Objeto |
|---|
| h) Contratações destinadas à modernização, construção, ampliação ou reforma de aeródromos públicos. |
| i) Obras e serviços de engenharia para construção, ampliação e reforma de estabelecimentos penais e unidades de atendimento socioeducativo. |
| j) Ações no âmbito da segurança pública. |
| k) Obras e serviços de engenharia, relacionadas a mobilidade urbana ou ampliação de infraestrutura logística. |
| l) Contratos que adotem o modelo de Locação sob medida (Built to suit). |
| m) Ações em órgãos e entidades dedicados à ciência, à tecnologia e à inovação |

Podemos, ainda, registrar a Lei federal nº 12.873, de 2013, que permite à Companhia Nacional de Abastecimento (CONAB) utilizar o RDC para a contratação de todas as ações relacionadas à reforma, modernização, ampliação ou construção de unidades armazenadoras próprias destinadas às atividades de guarda e conservação de produtos agropecuários em ambiente natural. A CONAB pode, também, contratar instituição financeira pública federal, dispensada a licitação, para atuar nas ações acima. Nesse caso, a instituição financeira pública federal contratada poderá utilizar o RDC para a contratação das respectivas ações[11].

**▸ Atenção!**

De acordo com a Jurisprudência do TCU, para os objetos relacionados a eventos esportivos (foco original do RDC), a utilização do Regime Diferenciado de Contratações Públicas - RDC em obras com término posterior à Copa do Mundo de 2014 - ou às Olimpíadas de 2016, conforme o caso - só é legítima nas situações em que ao menos fração do empreendimento tenha efetivo proveito para a realização desses eventos esportivos e desde que reste evidenciada a inviabilidade técnica e econômica do parcelamento das frações da empreitada a serem concluídas *a posteriori* (TCU. *Acórdão nº. 1538/2012-Plenário, rel. Min. Valmir Campelo, 20.6.2012)*.

**▸ Como esse assunto foi cobrado em concurso?**

No concurso para o cargo de Analista administrativo da EBSERH (CESPE/2018), foi considerada correta a seguinte assertiva: "À luz da Lei n.º 12.462/2011, é aplicável o regime diferenciado de contratações públicas (RDC) para licitações e contratos necessários à realização de ações no âmbito da segurança pública".

No concurso para o cargo de Procurador do Município de Manaus (CESPE/2018), foi considerada correta a seguinte assertiva: "O regime diferenciado de contratação pública poderá ser adotado caso o poder público pretenda locar imóvel no qual o locador tenha realizado prévia reforma substancial do bem especificado pela administração".

11. Há disposições semelhantes, em favor da Secretaria de Aviação Civil (SAC) e da Secretaria de Políticas para Mulheres (SPM).

A adoção do RDC não é obrigatória, mesmo para os objetos previstos pela Lei nº 12.462/2011. Tal opção (pelo RDC) deverá constar expressamente no instrumento convocatório e resultará no afastamento das normas contidas na Lei nº 8.666, de 21 de junho de 1993, exceto nos casos expressamente previstos pela Lei nº 12. 462/2011.

De tal assertiva, conclui-se que as modalidades licitatórias previstas na Lei de Licitações, por não serem citadas pela Lei do RDC, não devem ser aplicadas nesse novo regime. Sob essa ótica, é razoável o entendimento doutrinário de que o RDC é uma nova "modalidade" de licitação, com regras próprias para seus procedimentos e seus contratos.

**Atenção!**

Tal disposição está relacionada às regras do procedimento licitatório. Em relação aos contratos administrativos celebrados com base no RDC dá-se o inverso, eles serão regidos pelas normas da Lei nº 8.666/93, com exceção das regras específicas previstas na própria Lei nº 12. 462/2011.

| RDC<br>Aplicação subsidiária da Lei nº 8.666/93 | |
|---|---|
| **Procedimento licitatório** | **Contratos** |
| NÃO<br>(Exceto quando previsto pelo RDC) | SIM |

Cumpre ainda registrar que o RDC está inserido na competência privativa outorgada à União, pelo Constituinte, para legislar sobre regras gerais relacionadas às licitações e contratos. Assim, o RDC tem validade tanto para órgãos e entes federais, como para órgãos e entes dos Estados, Municípios e DF, os quais podem adotá-lo, nos objetos passíveis de utilização desta nova modalidade.

Respeitadas as regras gerais estabelecidas pela Lei nº 12.462/2011, podem os entes federativos (União, Estados, Municípios e DF) dispor sobre regras específicas diversas, em suas respectivas Leis.

A seguir resumiremos as principais regras aplicáveis às licitações e contratos submetidas ao RDC.

## 15.1. Regras aplicáveis às licitações do RDC

### 15.1.1. *Caráter sigiloso do orçamento*

Segundo a Lei nº 12.462/2011, via de regra, o orçamento estimado para a contratação será tornado público apenas e imediatamente após o encerramento da licitação, possuindo **caráter sigiloso** para o público em geral, mas **sendo disponibilizado permanentemente aos órgãos de controle externo e interno**.

Conforme recente jurisprudência do TCU, a opção por orçamento aberto ou fechado em licitação regida pelo RDC, insere-se na esfera de **discricionariedade** do gestor (TCU, Ac. Nº 3.011/2012 – Plenário, 08/11/2012).

Nas licitações regidas pelo RDC é possível a abertura do sigilo do orçamento na fase de negociação de preços com o primeiro colocado, desde que em ato público e devidamente justificado. (Info TCU nº 141. Acórdão 306/2013-Plenário, 27/02/2013).

> **Atenção!**
> Não é cabível o orçamento sigiloso quando utilizados os critérios de julgamento **maior desconto, melhor técnica** ou **conteúdo artístico.**
> Nas hipóteses de julgamento por **maior desconto,** o orçamento com estimativa de custos constará do instrumento convocatório. Da mesma forma, no caso de julgamento por **melhor técnica** ou **conteúdo artístico,** não haverá sigilo, uma vez que o próprio instrumento convocatório já definirá previamente o valor do prêmio ou da remuneração que será atribuída ao(s) vencedor(es).

### 15.1.2. *Inovações para a aquisição*

No caso de licitações para aquisição de bens, o RDC expressamente previu algumas regras.

a) **Indicação de marca ou modelo.** Desde que formalmente justificada, é possível tal indicação nas hipóteses de: necessidade de padronização do objeto; quando a marca ou modelo for a única capaz de atender às necessidades da Administração; quando a indicação da marca servir como referência (neste caso, será obrigatório o acréscimo da expressão "ou similar ou de melhor qualidade");

b) **Exigência de amostra do bem.** Será possível no procedimento de pré-qualificação, na fase de julgamento das propostas ou de lances, desde que justificada formalmente a necessidade da sua apresentação;

c) **Certificação da qualidade.** Poderá ser exigida em relação ao produto ou ao processo de fabricação, inclusive sob o aspecto ambiental. A certificação será dada por instituição oficial competente ou por entidade credenciada;

> **Atenção!**
> Vale lembrar que, por ausência de previsão legal, o TCU não tem admitido, nas licitações sob a égide da Lei nº 8.666/93, a exigência de certificado de qualidade, como requisito de habilitação. No RDC, esta exigência é permitida.

d) **Carta de solidariedade.** Desde que motivadamente, poderá ser solicitada sua emissão pelo fabricante, de forma a assegurar a execução do contrato, no caso de licitante revendedor ou distribuidor.

> **Atenção!**
> Vale lembrar que, por ausência de previsão legal, o TCU não tem admitido, nas licitações sob a égide da Lei nº 8.666/93, a exigência de carta

de solidariedade, como requisito de habilitação. No RDC, esta exigência é permitida.

### *15.1.3. Regime de contratação integrada*

O RDC permite a utilização dos seguintes regimes:

a) empreitada por preço unitário;

b) empreitada por preço global;

c) contratação por tarefa;

d) empreitada integral; e

e) contratação integrada.

Destacamos o novo regime de contratação (em relação ao que já era previsto na Lei nº 8.666/93), denominado **contratação integrada**, que possui algumas nuances específicas.

A **contratação integrada** compreende a elaboração e o desenvolvimento dos projetos básico e executivo, a execução de obras e serviços de engenharia, a montagem, a realização de testes, a pré-operação e todas as demais operações necessárias e suficientes para a entrega final do objeto.

A grande diferença deste regime está no fato de que ele impõe a incumbência de confecção do projeto básico para a empresa contratada. Além disso, a contratação integrada possui as seguintes características:

a) é um regime específico para **obras e serviços de engenharia**;

b) é necessária justificativa técnica e econômica;

c) seu instrumento convocatório deverá conter **"anteprojeto de engenharia"**, que contemplará os documentos técnicos destinados a possibilitar a caracterização da obra ou serviço;

**▸ Atenção!**

Anteriormente, a utilização da contratação integrada exigia a adoção do critério de julgamento "técnica e preço". Com as alterações decorrentes da Lei nº 12.980, de 2014, essa condição foi suprimida, admitindo-se, em tese, a adoção dos demais critérios de julgamento, inclusive, menor preço.

A Contratação integrada, mediante justificativa técnica e econômica, poderá ser utilizada nas licitações de obras e serviços de engenharia cujo objeto envolva, pelo menos, uma das seguintes condições:

- **inovação tecnológica ou técnica;**

- **possibilidade de execução com diferentes metodologias; ou**
- **possibilidade de execução com tecnologias de domínio restrito no mercado.**

Outrossim, na contratação integrada há **vedação à celebração de aditivos**, que só poderão ocorrer para:

- recomposição do equilíbrio econômico-financeiro decorrente de caso fortuito ou força maior;
- necessidade de alteração do projeto ou das especificações para melhor adequação técnica aos objetivos da contratação, a pedido da administração pública, desde que não decorrentes de erros ou omissões por parte do contratado.

> ▸ **Atenção!**
> Nesta última hipótese (alteração do projeto ou das especificações...), devem ser respeitados os limites para acréscimo e supressões apontados pelo § 1º do art. 65 da Lei nº 8.666, de 21 de junho de 1993 (25% - regra geral para acréscimos e supressões - e 50% - acréscimos em reforma de edifício ou de equipamento).

Na contratação integrada, o **valor estimado** da contratação será calculado com base nos valores praticados pelo mercado, nos valores pagos pela administração pública em serviços e obras similares ou na avaliação do custo global da obra, aferida mediante orçamento sintético ou metodologia expedita ou paramétrica.

Convém observar que, na contratação integrada, é recomendável incluir "**matriz de riscos**", como anexo do edital, para definir os riscos suportados pelas partes, tornando "o certame mais transparente, isonômico e conferindo maior segurança jurídica ao contrato" (TCU. Acórdão 1465/2013-Plenário).

Se o anteprojeto contemplar matriz de alocação de riscos entre a administração pública e o contratado, o valor estimado da contratação poderá considerar **taxa de risco** compatível com o objeto da licitação e as contingências atribuídas ao contratado, de acordo com metodologia predefinida pela entidade contratante.

### 15.1.4. *Remuneração variável*

Na contratação das obras e serviços, inclusive de engenharia, poderá ser estabelecida remuneração variável vinculada ao desempenho da contratada, com base em metas, padrões de qualidade, critérios de sustentabilidade ambiental e prazo de entrega definidos no instrumento convocatório e no contrato. A utilização da remuneração variável será motivada e respeitará o **limite orçamentário** fixado pela administração pública para a contratação.

### 15.1.5. *Contratações simultâneas*

É permitida a contratação de mais de uma empresa ou instituição para executar o mesmo serviço, quando essa contratação simultânea for possível e conveniente.

> **Atenção!**
> Ela não pode implicar perda de economia de escala e só é admitida para serviços (não se aplicando a serviços de engenharia).

### 15.1.6. Das fases

No RDC, as fases seguem, como regra geral, sequência semelhante ao pregão, com a apresentação e julgamento das propostas ou lances antes da habilitação.

> **Atenção!**
> Para o RDC, a **inversão de fases** gera um rito similar ao procedimento tradicional das modalidades da Lei nº 8.666/93, com a fase de habilitação antes da fase de propostas.

Os documentos relativos à regularidade fiscal poderão ser exigidos em momento posterior ao julgamento das propostas, apenas em relação ao licitante mais bem classificado. Em outras palavras, em relação à regularidade fiscal, mesmo na inversão de fases, pode-se retardar sua exigência para momento posterior à análise das propostas, analisando-a apenas em relação ao licitante vencedor.

### 15.1.7. Da publicidade

A publicidade no RDC será realizada mediante:

a) publicação de extrato do edital no Diário Oficial do respectivo ente federativo (sem prejuízo da possibilidade de publicação de extrato em jornal diário de grande circulação);

b) divulgação em sítio eletrônico oficial para essa atividade

No caso de licitações cujo valor não ultrapasse R$ 150.000,00 (cento e cinquenta mil reais) para obras ou R$ 80.000,00 (oitenta mil reais) para bens e serviços (inclusive de engenharia), é obrigatória apenas a divulgação através de sítio eletrônico oficial.

O RDC prevê os seguintes prazos mínimos entre a publicação e a sessão:

| | |
|---|---|
| Aquisição de bens | a) 5 (cinco) dias úteis, quando adotados os critérios de julgamento pelo menor preço ou pelo maior desconto;<br>b) 10 (dez) dias úteis, nas hipóteses não abrangidas pela alínea *a*; |
| Serviços e obras | a) 15 (quinze) dias úteis, quando adotados os critérios de julgamento pelo menor preço ou pelo maior desconto;<br>b) 30 (trinta) dias úteis, nas hipóteses não abrangidas pela alínea *a*; |

| Critério: maior oferta | 10 (dez) dias úteis; e |
|---|---|
| Critério: melhor combinação de técnica e preço, melhor técnica ou conteúdo artístico | 30 (trinta) dias úteis. |

### 15.1.8. *Modos de disputa*

O RDC admite os seguintes modos de disputa:

a) **modo de disputa aberto:** os licitantes apresentarão suas ofertas por meio de lances públicos e sucessivos, crescentes ou decrescentes, conforme o critério de julgamento adotado (procedimento semelhante ao da modalidade pregão);

b) **modo de disputa fechado:** as propostas apresentadas pelos licitantes serão sigilosas até a data e hora designadas para que sejam divulgadas (procedimento semelhante ao das modalidades tradicionais da Lei nº 8.666/93);

c) **modo de disputa combinado:** o instrumento convocatório poderá estabelecer que a disputa seja realizada em duas etapas (aberta/fechada ou fechada/aberta), sendo a primeira eliminatória.

De acordo com o Decreto federal nº 8.080/2013, o instrumento convocatório poderá estabelecer intervalo mínimo de diferença de valores entre os lances, que incidirá tanto em relação aos lances intermediários quanto em relação à proposta que cobrir a melhor oferta.

No modo de disputa aberto, realizado presencialmente, a desistência do licitante em apresentar lance verbal, quando convocado, implicará sua exclusão da etapa de lances verbais e a manutenção do último preço por ele apresentado, para efeito de ordenação das propostas, exceto no caso de ser o detentor da melhor proposta.

> ▸ **Atenção!**
> No RDC é possível o **reinício da disputa aberta,** após a definição da melhor proposta, para definição das demais colocações. De acordo com a Lei, sempre que existir uma diferença de pelo menos 10% (dez por cento) entre o melhor lance e o do licitante subsequente, deve ser aberto o reinício da disputa aberta entre o segundo colocado e os demais licitantes.

### 15.1.9. *Critérios de julgamento*

O RDC estabelece os seguintes critérios de julgamento:

a) **menor preço ou maior desconto.** Neles será considerado o menor dispêndio para a administração pública, atendidos os parâmetros mínimos de qualidade definidos no edital.

> **Atenção!**
>
> No critério maior desconto, quando a licitação envolver obras e serviços de engenharia, o desconto ofertado pela licitante deve incidir linearmente sobre todos os itens da planilha de custo apresentada no orçamento estimativo apresentado pela Administração, no edital.

b) **técnica e preço.** Serão avaliadas e ponderadas as propostas técnicas e de preço apresentadas pelos licitantes, mediante a utilização de parâmetros objetivos, obrigatoriamente inseridos no edital.

> **Atenção!**
>
> É permitida a atribuição de fatores de ponderação distintos para valorar as propostas técnicas e de preço, sendo o percentual de ponderação mais relevante limitado a 70% (setenta por cento).

c) **melhor técnica ou conteúdo artístico.** Critério utilizado para a contratação de projetos, inclusive arquitetônicos, e trabalhos de natureza técnica, científica ou artística. Neles serão consideradas as propostas técnicas ou artísticas apresentadas pelos licitantes, com base em critérios objetivos previamente estabelecidos no edital, que deverá informar o pagamento de prêmio ou remuneração pertinente.

> **Atenção!**
>
> É vedada a utilização deste critério de julgamento para a contratação de projetos de engenharia.

d) **maior oferta de preço.** Este critério será utilizado no caso de contratos que resultem em receita para a administração pública. Nele poderá ser exigida a comprovação do recolhimento de quantia a título de garantia, como requisito de habilitação, limitada a 5% (cinco por cento) do valor ofertado.

e) **maior retorno econômico.** Busca-se selecionar a proposta que proporcione a maior economia para a administração pública, decorrente da execução de um "contrato de eficiência".

O **"contrato de eficiência"** envolve a prestação de serviços, que pode incluir obras e fornecimento de bens, com o objetivo de proporcionar redução de despesas correntes. A remuneração (**REM**) do contratado se dá através de percentual da economia gerada. Necessário perceber que o contrato de eficiência envolve os conceitos de **economia contratada** (**Ec**) e de **economia gerada** (**Eg**).

Na hipótese em que a economia gerada for menor que a economia contratada (EG<EC), a diferença entre a economia contratada e a economia gerada (efetivamente obtida) será descontada da remuneração da contratada. Se essa diferença

for superior à remuneração da contratada, será aplicada multa por inexecução contratual no valor da diferença. Se a diferença entre a economia contratada e a efetivamente obtida for superior ao limite máximo estabelecido no contrato, a contratada sujeitar-se-á às demais sanções cabíveis.

- **Economia gerada < Economia contratada (Eg < Ec)**
- Fórmula: **Remuneração - (Ec - Eg)**
- Se **(Ec - Eg) > Remuneração** = aplicação de multa (valor da diferença)
- Se **(Ec - Eg) > limite máximo contratual** = aplicação de outras sanções cabíveis

### *15.1.10. Critérios de desempate*

Caso haja empate entre duas ou mais empresas, no RDC serão utilizados os seguintes critérios (nessa ordem):

a) **disputa final.** O desempate é definido pela apresentação de nova proposta fechada, em ato contínuo à classificação.

b) **avaliação de desempenho contratual prévio.** Mantido o empate após a "disputa final", as propostas serão ordenadas segundo o desempenho contratual prévio dos respectivos licitantes, desde que haja sistema objetivo de avaliação instituído. Esse critério de desempate exige prévia existência de um sistema objetivo de avaliação.

c) **critérios estabelecidos no art. 3º da Lei nº 8.248, de 23 de outubro de 1991, e no § 2º do art. 3º da Lei nº 8.666, de 21 de junho de 1993;**

d) **sorteio**

▸ **Atenção!**

Nas licitações com participação de microempresas e empresas de pequeno porte, em que for identificada a situação de empate ficto descrita pelo artigo 44 da LC nº 123/2006, o procedimento de desempate descrito pelo artigo 45 da LC nº 123/2006 precederá os critérios de desempate descritos pelo RDC.

### *15.1.11. Dos recursos*

Via de regra, o RDC adotará **fase recursal única**, que ocorrerá após a habilitação do vencedor (procedimento semelhante ao do pregão).

Quando houver inversão de fases, com o procedimento de habilitação antecedendo a apresentação de propostas, adotar-se-á uma **fase recursal múltipla** (procedimento semelhante ao das modalidades tradicionais da Lei nº 8.666/93), em razão de diversos atos praticados no procedimento.

As espécies de recursos previstos na Lei nº 12.462/2011 são:

| | |
|---|---|
| Recurso (5 dias úteis) | a) do ato que defira ou indefira pedido de pré-qualificação de interessados;<br>b) do ato de habilitação ou inabilitação de licitante;<br>c) do julgamento das propostas;<br>d) da anulação ou revogação da licitação;<br>e) do indeferimento do pedido de inscrição em registro cadastral, sua alteração ou cancelamento; |
| Recurso (5 dias úteis) | f) da rescisão do contrato, nas hipóteses previstas no inciso I do art. 79 da Lei nº 8.666, de 21 de junho de 1993;<br>g) da aplicação das penas de advertência, multa, declaração de inidoneidade, suspensão temporária de participação em licitação e impedimento de contratar com a administração pública; |
| Representação (5 dias úteis) | De decisão que não caiba recurso hierárquico |

O prazo para apresentação de contrarrazões será o mesmo do recurso e começará imediatamente após o encerramento do prazo recursal.

> **Atenção!**
> Os licitantes que desejarem apresentar os recursos de que tratam as alíneas *a*, *b* e *c* (do quadro acima), deverão manifestar imediatamente a sua intenção de recorrer, sob pena de preclusão.

## 15.2. Procedimentos auxiliares às licitações, no âmbito do RDC

O RDC expressamente cita quatro procedimentos auxiliares, já utilizados no ambiente licitatório atualmente, quais sejam:

a) **Pré-qualificação permanente.** É um procedimento anterior à licitação, destinado a **identificar fornecedores** aptos ao fornecimento de bem ou a execução de serviço ou obra (pré-qualificação subjetiva) ou **identificar bens** que atendam às exigências técnicas e de qualidade da administração pública (pré-qualificação objetiva). A pré-qualificação terá validade máxima de 1 (um) ano e poderá ser **"total"** ou **"parcial"**. Quando a pré-qualificação for total, será possível a realização de licitações restritas aos pré-qualificados, conforme condições estabelecidas em regulamento.

b) **Cadastramento.** Dá-se através de registro cadastrais, permanentemente abertos para a inscrição de interessados, que poderão ser mantidos para efeito de habilitação dos inscritos em procedimentos licitatórios, com prazo de validade máxima de 1 (um) ano.

c) **Sistema de registro de preços.** Procedimento já estudado anteriormente, mas que tem regramento específico, no RDC. Ao citar o SRP, a Lei nº 12.462/2001 previu, expressamente, a possibilidade de adesão (carona), por qualquer órgão ou entidade responsável pela execução das atividades contempladas no art. 1º da Lei (Objeto do RDC).

O Decreto federal nº 8.080/2013 previu, expressamente, a possibilidade de adoção do Sistema de Registro de Preços (SRP) não apenas para aquisições e serviços, como também **para execução de obras.**

d) **Catálogo eletrônico de padronização.** Consiste em um sistema informatizado de gerenciamento centralizado, feito para permitir a padronização de itens, especificações e modelos, nas licitações públicas.

## 15.3. Regras aplicáveis aos contratos do RDC

O RDC expressamente cita a existência de "regras específicas" aplicáveis aos contratos do RDC (arts. 39 e seguintes). A nomenclatura "regra específica" foi infeliz, tendo em vista que a competência privativa da União para legislar sobre licitações e contratos limita-se às regras gerais. Em relação às regras específicas, a competência da União se restringe ao âmbito federal.

> **Atenção!**
>
> A Lei nº 13.190/2015 incluiu dispositivo que admite, expressamente, nos contratos do RDC, o emprego dos mecanismos privados de resolução de disputas, inclusive a arbitragem e a mediação, para dirimir conflitos decorrentes da sua execução ou a ela relacionados.
>
> Da mesma forma, admitiu que a Administração firme contrato para locação de bens móveis e imóveis, nos quais o locador realiza prévia aquisição, construção ou reforma substancial, com ou sem aparelhamento de bens, por si mesmo ou por terceiros, do bem especificado pela administração **(locação sob medida ou Built to suit).**
>
> Cabe relembrar, contudo, que, como o texto final da Lei nº 13.190/2015 acrescentou algumas disposições estranhas ao trecho original da Medida Provisória nº 678/2015, estes acréscimos foram objeto de liminar, deferida pelo STF, suspendendo os efeitos dos respectivos dispositivos, até que a Corte delibere sobre eventual "contrabando legislativo" (quando a Lei de conversão inclui dispositivos sem a devida pertinência lógico-temática com a Medida Provisória que o originou).

Parece-nos que as regras tratadas no RDC para contratos, inobstante a nomenclatura "específicas", poderão ser utilizadas pelos órgãos dos demais entes federativos. **A especificidade,** em princípio, deve ser compreendida em relação aos demais contratos administrativos e não em relação à competência para legislar sobre o tema.

Cabe destacar algumas regras relacionadas aos contratos do RDC:

| REGRAS APLICÁVEIS AOS CONTRATOS DO RDC | • Convocação de licitante remanescente<br>• Contratação de remanescente por dispensa<br>• Prazos contratuais |
|---|---|

### *15.3.1. Convocação de licitante remanescente*

Diferentemente do prescrito pela Lei nº 8.666/93, quando o convocado não assinar o termo de contrato ou não aceitar ou retirar o instrumento equivalente no prazo e condições estabelecidos, além da revogação ou da convocação dos licitantes remanescentes, na ordem de classificação, para a celebração do contrato nas condições ofertadas pelo licitante vencedor, pelo RDC, caso nenhum dos licitantes remanescentes aceite a contratação nas condições ofertadas pelo licitante vencedor, a administração pública poderá convocá-los, na ordem de classificação, para a celebração do contrato **nas condições ofertadas por eles,** sempre respeitando o orçamento estimado como limite para tal contratação.

> ▸ **Atenção!**
> Neste último caso (convocação do licitante remanescente em suas próprias condições de proposta), a não aceitação dá ensejo à aplicação de sanção administrativa.

### *15.3.2. Contratação de remanescente por dispensa*

Na hipótese de dispensa para contratação de remanescente de obra, serviço ou fornecimento (inciso XI do art. 24 da Lei nº 8.666), respeitada a ordem de classificação, os licitantes remanescentes serão convocados **nas condições das propostas por eles ofertadas,** sempre respeitando o orçamento estimado como limite para tal contratação.

### *15.3.3. Prazos contratuais*

O RDC indica duas regras para os prazos de seus contratos:

a) **Obras.** Os contratos para a execução das obras previstas no plano plurianual poderão ser firmados pelo período nele compreendido, observado o disposto no caput do art. 57 da Lei nº 8.666, de 21 de junho de 1993.

b) **Serviços contínuos** (art. 57, II, da Lei nº 8.666/93). Os contratos de serviços contínuos celebrados pelos entes públicos responsáveis pelas atividades objeto do RDC, poderão ter sua vigência estabelecida até a data da extinção da APO.

## 15.4. Sanções administrativas

O RDC utiliza um parâmetro de sancionamento semelhante ao do pregão. Com uma tipificação de vários atos, praticados durante o certame ou a execução do contrato administrativo, que podem ensejar a aplicação das sanções **"impedi-**

**mento de licitar e contratar"** (pelo prazo de até cinco anos) e **"multa"**, além do **"descredenciamento"** do sistema de cadastramento dos entes federativos que compõem a Autoridade Pública Olímpica.

Segundo a Lei nº 12.462/2011, ficará impedido de licitar e contratar com a União, Estados, Distrito Federal ou Municípios, pelo prazo de até **5 (cinco) anos**, sem prejuízo das multas previstas no instrumento convocatório e no contrato, bem como das demais cominações legais, o licitante que: convocado dentro do prazo de validade da sua proposta não celebrar o contrato (inclusive quando licitante remanescente, convocado em suas próprias condições de proposta); deixar de entregar a documentação exigida para o certame ou apresentar documento falso; dar ensejo ao retardamento da execução ou da entrega do objeto da licitação sem motivo justificado; não mantiver a proposta, salvo se em decorrência de fato superveniente, devidamente justificado; fraudar a licitação ou praticar atos fraudulentos na execução do contrato; comportar-se de modo inidôneo ou cometer fraude fiscal; ou der causa à inexecução total ou parcial do contrato.

De acordo com o § 2º do artigo 47 da Lei nº 12.462/2011, as demais sanções administrativas, além das sanções criminais e outras regras previstas no Capítulo IV da Lei nº 8.666, de 21 de junho de 1993, aplicam-se às licitações e aos contratos regidos pelo Regime Diferenciado de Contratações.

## 16. LICITAÇÕES PARA AS ESTATAIS (LEI FEDERAL Nº 13.303/2016)[12]

No meio do ano de 2016, foi publicada a **Lei das Estatais** (Lei federal nº 13.303/2016), com diversas regras para as licitações das estatais brasileiras, empresas públicas ou sociedades de economia mista, exploradoras de atividade econômica ou prestadoras de serviços públicos.

A referida Lei foi sancionada na passagem do mês de junho ao mês de julho, de 2016. Sua aprovação apresenta-se deveras tardia, já que este diploma era aguardado desde o momento em que a Emenda Constitucional nº 19, de 1998, alterou o artigo 173 da Constituição Federal para prever que uma lei específica estabeleceria "o estatuto jurídico da empresa pública, da sociedade de economia mista e de suas subsidiárias que explorem atividade econômica de produção ou comercialização de bens ou de prestação de serviços", dispondo sobre diversos temas, entre eles, licitações e contratação.

> ▸ **Atenção!**
>
> Nada obstante o referido dispositivo da Constituição esteja relacionado às estatais exploradoras de atividade econômica, a Lei federal nº 13.303/2016 estabeleceu suas regras licitatórias também para as estatais prestadoras de serviços públicos.

---

12. Para aprofundamento, vide nossa obra: BARCELOS, Dawison. TORRES, Ronny Charles Lopes de. **Licitações e contratos nas empresas estatais**. Salvador: Editora Juspodivm, 2018.

Nas linhas a seguir, reproduziremos uma síntese com os principais pontos da nova legislação, para licitações e contratações das estatais.

### 16.1. Vigência das novas regras de licitação para as estatais

Uma das grandes polêmicas da nova Lei envolve a definição do momento de aplicação das suas regras licitatórias! Esta polêmica ocorre por conta da regra de vigência prescrita pelo artigo 91, em conjunto com seu § 3º. Segundo o *caput* do artigo 91, a "Empresa pública e a sociedade de economia mista constituídas anteriormente à vigência desta Lei deverão, no prazo de 24 (vinte e quatro) meses, promover as adaptações necessárias à adequação ao disposto nesta Lei". Já o § 3º, deste mesmo artigo, firma que "Permanecem regidos pela legislação anterior procedimentos licitatórios e contratos iniciados ou celebrados até o final do prazo previsto no *caput*".

Há ainda que se registrar que persiste, no artigo 97 da mesma Lei, norma segundo a qual suas regras entrariam em vigor na data de sua publicação.

Diante da ausência de clareza, convém ao intérprete extrair o sentido da norma, recorrendo à hermenêutica. Nesta missão, podemos extrair, pelo menos, três diferentes correntes, com posições próprias sobre o início da vigência das regras licitatórias disciplinadas pela Lei das estatais.

A primeira corrente, fazendo uso de uma interpretação lógica, defende que as novas regras licitatórias devem ser aplicadas imediatamente, para todas as estatais, mantendo-se a legislação anterior apenas para as licitações lançadas e contratos celebrados até 30/06/2016[13].

Uma segunda corrente, aparentemente realizando uma interpretação literal do referido §3º, defende que, ao menos para as estatais já existentes, licitações iniciadas ou contratos celebrados dentro do período de 24 meses a contar da publicação da Lei nº 13.303/2016, seguem a legislação tradicional. Assim, as novas regras licitatórias só poderiam ser utilizadas após este prazo de 24 meses[14].

De nossa parte, defendemos entendimento diferente, que representa uma terceira corrente, fundamentada em interpretação sistemática, segundo a qual o prazo estatuído pelo §3º do artigo 91 deve ser compreendido juntamente com o *caput* e também com o artigo 97 da mesma Lei. Neste raciocínio, as regras licitatórias da Lei também entraram em vigor na data de sua Publicação, contudo, a mesma Lei abriu, especificamente, um prazo de até 24 meses para que as estatais promovam as adaptações necessárias à adequação ao disposto nesta Lei, em relação às suas licitações e contratos, antes da aplicação do novo regime. Enquanto essas adapta-

---

13. Neste sentido, aparentemente, Renato Geraldo Mendes. Vide: http://www.renatomendes.com.br/tag/vigencia-estatais-leis-das-estatais/#.WCplCSTJK5Q.
14. Neste sentido, aparentemente, Joel de Menezes Niebuhr. Vide: http://www.direitodoestado.com.br/colunistas/joel-de-menezes-niebuhr/aspectos-destacados-do-novo-regime-de-licitacoes-e-contratacoes-das-estatais.

ções não forem promovidas, dentro deste prazo máximo estipulado, permanecerá sendo aplicada a legislação anterior.

Convém destacar que o "final do prazo previsto no *caput*", indicado pelo §3º do artigo 91, não está relacionado ao lapso temporal de 24 meses, mas ao "prazo de adaptação", o qual pode ocorrer em período menor (2, 6, 8, 10 ou 12 meses, por exemplo). Caso a estatal promova as adaptações necessárias à adequação ao disposto na Lei, antes de findo o prazo máximo estabelecido pelo legislador, poderá utilizar o novo regime licitatório.

Esta terceira corrente, que defendemos, parece ter sido adotada pela Consultoria Jurídica do Ministério do Planejamento, órgão da Advocacia-Geral da União[15], que defendeu ser **autoaplicável o regime de licitação e contratação previsto na Lei nº 13.303/2016, podendo este ser aplicado antes do fim prazo de 24 meses.**

Comungando com este entendimento, inclusive, importantes estatais já vêm adotando o regime licitatório da nova Lei, até pela correta compreensão de que ele permite ganhos de eficiência nas licitações e contratações públicas. Acreditamos que esta terceira corrente representa a melhor interpretação acerca dos dispositivos legais que estabelecem o momento de vigência das regras de licitação e contrato, da nova Lei das estatais.

Assim, este novo regime deve ser aplicado pela estatal, dentro do período de até 24 meses, após serem promovidas as adaptações necessárias. Caso a estatal promova tais adaptações em prazo mais curto (seis meses, por exemplo), já pode se valer do novo regime licitatório. Por outro lado, vale lembrar, o prazo de 24 meses é um limite máximo, de forma que, após ele, as novas regras valerão, mesmo que a Estatal não tenha se preparado ou promovido às adaptações necessárias.

### 16.2. Da não observância das regras licitatórias

Primeiramente, consagrando o entendimento desenvolvido pela doutrina e jurisprudência, acerca da não aplicabilidade do regime licitatório tradicional, em algumas atividades realizadas pelas estatais, a referida Lei dispôs, no §3º de seu artigo 28, que as empresas públicas e as sociedades de economia mista são "dispensadas" da observância de suas regras acerca de licitações (previstas no capítulo I, de seu título II), nas seguintes situações:

- comercialização, prestação ou execução, de forma direta, de produtos, serviços ou obras especificamente relacionados com seus respectivos **objetos sociais**;
- nos casos em que a escolha do parceiro esteja associada a suas características particulares, vinculada a **"oportunidades de negócio"** definidas e específicas, justificada a "inviabilidade" de procedimento competitivo.

15. PARECER n. 1211/2016/CSB/GABIN/CONJUR-MP/CGU/AGU.

A primeira hipótese parece ter por base o entendimento de desvinculação das regras licitatórias, em relação à atividade fim, já a segunda alcança situações em que o procedimento seria incompatível (e, portanto, inaplicável), conforme outrora defendido, por corrente doutrinária, em relação às estatais exploradoras de atividade econômica.

Convém destacar a inadequação técnica da referência à "inviabilidade" de procedimento competitivo, já que esta seria fundamento para uma hipótese de inexigibilidade, o que não afasta a observância das regras pertinentes, descritas no próprio capítulo.

A própria Lei considerou como **"oportunidades de negócio"** a formação e a extinção de parcerias e outras formas associativas, societárias ou contratuais, a aquisição e a alienação de participação em sociedades e outras formas associativas, societárias ou contratuais e as operações realizadas no âmbito do mercado de capitais, respeitada a regulação pelo respectivo órgão competente.

**▸ Atenção!**

Vale destacar dois interessantes precedentes do TCU, sobre essas duas hipóteses de "não observância das regras licitatórias", ambos relatados pelo Ministro Benjamin Zymler:

- Embora as empresas estatais estejam dispensadas de licitar a prestação de serviços relacionados com seus respectivos objetos sociais (art. 28, § 3º, inciso I, da Lei 13.303/2016), devem conferir lisura e transparência a essas contratações, em atenção aos princípios que regem a atuação da Administração Pública, selecionando seus parceiros por meio de processo competitivo, isonômico, impessoal e transparente (Acórdão 2033/2017, Plenário)
- São requisitos para a contratação direta de empresa parceira com fundamento no art. 28, § 3º, inciso II, da Lei 13.303/2016 (Lei das Estatais): a) avença obrigatoriamente relacionada com o desempenho de atribuições inerentes aos respectivos objetos sociais das empresas envolvidas; b) configuração de oportunidade de negócio, o qual pode ser estabelecido por meio dos mais variados modelos associativos, societários ou contratuais, nos moldes do art. 28, § 4º, da Lei das Estatais; c) demonstração da vantagem comercial para a estatal; d) comprovação, pelo administrador público, de que o parceiro escolhido apresenta condições que demonstram sua superioridade em relação às demais empresas que atuam naquele mercado; e e) demonstração da inviabilidade de procedimento competitivo, servindo a esse propósito, por exemplo, a pertinência e a compatibilidade de projetos de longo prazo, a comunhão de filosofias empresariais, a complementariedade das necessidades e a ausência de interesses conflitantes (TCU. Acórdão 2488/2018, Plenário).

Ao tratar sobre a "não observância" das regras licitatórias, a Lei das Estatais estabeleceu novas hipóteses de exceção à obrigatoriedade de licitar, que, diferentemente das clássicas "dispensas" e "inexigibilidades", permitem a sublimação do procedimento legal de seleção (licitação) não apenas em sua fase externa, mas também em sua fase interna[16].

## 16.3. Das licitações dispensáveis

A nova Lei adota regime de licitações dispensáveis semelhantes ao da Lei nº 8.666/93, com pequena redução do número de hipóteses de dispensa, pela exclusão daquelas inaplicáveis às estatais.

Uma mudança significativa envolve o valor limite para as chamadas dispensas de pequeno valor. A Lei especial previu limites bem superiores aos previstos na Lei nº 8.666/93, claramente defasados. Assim, para obras e serviços de engenharia, o valor limite da dispensa é de **R$ 100.000,00 (cem mil reais)**; já para outros serviços e compras, além das alienações, o valor limite é de **R$ 50.000,00 (cinquenta mil reais)**, respeitadas, obviamente, as consagradas regras de vedação ao fracionamento ilícito.

> **Atenção!**
>
> Os valores estabelecidos para as chamadas dispensas de pequeno valor poderão ser alterados, para refletir a variação de custos, por deliberação do Conselho de Administração da empresa pública ou sociedade de economia mista, admitindo-se valores diferenciados para cada sociedade.

No restante dos 18 dispositivos que regulam as hipóteses de licitação dispensável, identifica-se texto semelhante aos dispositivos da Lei nº 8.666/93, ao menos aqueles compatíveis com as atividades das estatais.

## 16.4. Da inexigibilidade de licitação

A Lei das estatais não fala, propriamente, em inexigibilidade, mas adota idêntico regime de contratação direta, paras as situações em que há "inviabilidade de competição" (art. 30). Tratando esta modalidade de contratação direta como "inexigibilidade", podemos ressaltar que a nova Lei manteve também padrão assemelhado ao da Lei Geral, fundamentando-a na inviabilidade de competição. Assim, diferentemente da dispensa, em que a competição é possível, porém o legislador permite não fazê-la, na inexigibilidade a competição seria inviável, tornando inócuo o procedimento licitatório.

Assim como na Lei Geral, a nova legislação indica situações exemplificativas de inviabilidade de competição, quais sejam:

- aquisição de materiais, equipamentos ou gêneros que só possam ser fornecidos por produtor, empresa ou representante comercial exclusivo;

16. Sobre o tema, vide artigo que publicamos em coautoria com o Prof. Dawison Barcelos, com o título: "Da não observância das regras licitatórias na nova lei das estatais (Lei nº 13.303/2016)", acessível no site: www.jus.com.br.

- contratação dos alguns serviços técnicos especializados, com profissionais ou empresas de notória especialização, vedadas a inexigibilidade para serviços de publicidade e divulgação

> ▸ **Atenção!**
> Em relação à contratação de serviços técnicos especializados, convém ressaltar que o texto da Lei nº 13.303/2016 não faz alusão ao elemento objetivo **"natureza singular"** do serviço, exigido pela Lei nº 8.666/93, para semelhante hipótese de inexigibilidade.

## 16.5. Disposições diversas sobre as licitações

### *16.5.1. Inexistência de modalidades estáticas*

A Lei das estatais adota um modelo procedimental flexível (como no RDC), no qual não há modalidades estáticas (como ocorre na Lei nº 8.666/93). Assim, embora o texto legal indique a adoção preferencial do pregão (art. 32, IV), não há outras modalidades licitatórias indicadas pela Lei a serem "preteridas". A interpretação adequada desta regra parece ser que, na modelagem do processo licitatório, a estatal deve utilizar, preferencialmente, procedimento assemelhado ao do pregão.

### *16.5.2. Caráter sigiloso do orçamento*

Segundo a Lei nº 13.303/2013, o valor estimado do contrato a ser celebrado pela empresa pública ou pela sociedade de economia mista será, em regra, **sigiloso (ou fechado)** para o público em geral, mas **sendo disponibilizado permanentemente aos órgãos de controle externo e interno**. De qualquer forma, é possível conferir publicidade ao valor estimado, mediante justificativa; assim, embora preferencial, a adoção do orçamento sigiloso não é obrigatória, podendo ser, justificadamente, afastada.

> ▸ **Como esse assunto foi cobrado em concurso?**
> No concurso para o cargo de Advogado do Banpará (Banpará/2017), foi considerada ERRADA a seguinte alternativa: *"A Lei Federal 13.303/2016, preocupada com a competitividade nos certames licitatórios, determina que o valor estimado do contrato a ser celebrado pela empresa pública ou pela sociedade de economia mista sempre deverá ser sigiloso"*.

### *16.5.3 Inovações para a aquisição*

No caso de licitações para aquisição de bens, a Lei das estatais prevê as seguintes novidades:

a) **Indicação de marca ou modelo.** Desde que formalmente justificada, é possível tal indicação nas hipóteses de: necessidade de padronização do objeto;

quando a marca ou modelo for a única capaz de atender às necessidades da Administração; quando a indicação da marca servir como referência (neste caso, será obrigatório o acréscimo da expressão "ou similar ou de melhor qualidade");

b) **Exigência de amostra do bem.** Será possível no procedimento de pré-qualificação, na fase de julgamento das propostas ou de lances, desde que justificada formalmente a necessidade da sua apresentação;

c) **Certificação da qualidade.** Poderá ser exigida em relação ao produto ou ao processo de fabricação.

### *16.5.4. Regimes de execução*

A Lei das estatais permite a utilização dos seguintes regimes de execução:

a) **empreitada por preço unitário:** contratação por preço certo de unidades determinadas;

b) **empreitada por preço global:** contratação por preço certo e total;

c) **contratação por tarefa:** contratação de mão de obra para pequenos trabalhos por preço certo, com ou sem fornecimento de material;

d) **empreitada integral:** contratação de empreendimento em sua integralidade, até a sua entrega ao contratante em condições de entrada em operação;

e) **contratação integrada:** contratação que envolve, pelo contratado, a elaboração e o desenvolvimento dos projetos básico e executivo, a execução de obras e serviços de engenharia, a montagem, a realização de testes, a pré-operação e as demais operações necessárias e suficientes para a entrega final do objeto. A contratação integrada só deve ser utilizada quando a obra ou o serviço de engenharia for de natureza predominantemente intelectual e de inovação tecnológica do objeto licitado ou puder ser executado com diferentes metodologias ou tecnologias de domínio restrito no mercado. A grande diferença deste regime de execução, assim como no RDC, está no fato de que ele impõe **a incumbência de confecção do projeto básico para a empresa contratada;**

f) **contratação semi-integrada:** em relação aos regimes de execução, nas legislações anteriores, a maior novidade é a criação deste regime, o qual será o regime preferencial, nas licitações de obras e serviços de engenharia, pelas estatais. Neste regime, a contratação não envolve a elaboração do projeto básico (diferentemente da contratação integrada), mas apenas o desenvolvimento do projeto executivo, a execução de obras e serviços de engenharia, a montagem, a realização de testes, a pré-operação e as demais operações necessárias e suficientes para a entrega final do objeto.

Na contratação semi-integrada, o Poder Público é o responsável pela confecção do projeto básico (diferentemente da contratação integrada). Contudo, admite-se que o projeto básico seja alterado, desde que demonstrada a superioridade das inovações, em termos de redução de custos, de aumento da qualidade, de redução do prazo de execução e de facilidade de manutenção ou operação. Esta possibilidade (de alteração do projeto básico) deriva também do fato de que a contratação semi-integrada só pode ser utilizada quando for possível a execução através de diferentes metodologias ou tecnologias, e esta possível variação for definida pelo projeto básico.

> **Atenção!**
> Nas licitações de obras e serviços de engenharia, **a contratação semi--integrada foi estabelecida como regime preferencial, para as estatais**, podendo ser utilizados outros regimes de execução, desde que devidamente justificado.

### 16.5.5. *Remuneração variável*

Assim como no RDC, nas licitações para as estatais, na contratação das obras e serviços, inclusive de engenharia, poderá ser estabelecida remuneração variável, vinculada ao desempenho da contratada.

A utilização da remuneração variável respeitará o limite orçamentário fixado pela empresa pública ou pela sociedade de economia mista para a respectiva contratação

### 16.5.6. *Contratações simultâneas*

Na Lei das estatais, mediante justificativa expressa e desde que não implique perda de economia de escala, poderá ser celebrado mais de um contrato para executar serviço de mesma natureza, quando o objeto da contratação puder ser executado de forma concorrente e simultânea por mais de um contratado.

### 16.5.7. *Das fases*

As fases da licitação seguem, como regra geral, sequência semelhante ao pregão, com a apresentação e julgamento das **propostas ou lances antes da habilitação**, podendo optar o edital pela **inversão de fases** (com a fase de habilitação antes da fase de propostas).

Outrossim, os atos e procedimentos das licitações das estatais serão efetivados **preferencialmente** por **meio eletrônico**.

### 16.5.8. *Da publicidade*

Os atos e procedimentos, das licitações das estatais, serão efetivados preferencialmente por meio eletrônico, conforme o edital, devendo os avisos contendo os resumos dos editais das licitações e contratos ser previamente publicados no

Diário Oficial da União, do Estado ou do Município e na internet, em portal específico mantido pela estatal.

Pela Lei das estatais, devem ser adotados os seguintes **prazos mínimos** para apresentação de propostas ou lances, contados a partir da divulgação do instrumento convocatório:

| | |
|---|---|
| * Aquisição de bens | a) 5 (cinco) dias úteis, quando adotado como critério de julgamento o menor preço ou o maior desconto;<br>b) 10 (dez) dias úteis, nas demais hipóteses; |
| * Obras e serviços | a) 15 (quinze) dias úteis, quando adotado como critério de julgamento o menor preço ou o maior desconto;<br>b) 30 (trinta) dias úteis, nas demais hipóteses; |
| * Critério: maior oferta | 10 (dez) dias úteis; e |
| * Critério melhor técnica;<br>* Critério técnica e preço;<br>* Regime de contratação integrada;<br>* Regime de contratação semi-integrada | 45 (trinta) dias úteis. |

As modificações promovidas no instrumento convocatório serão objeto de divulgação nos mesmos termos e prazos dos atos e procedimentos originais, exceto quando a alteração não afetar a preparação das propostas.

> **Atenção!**
>
> Há lacunas na Lei acerca de prazos para algumas pretensões contratuais. Por exemplo, não há referência para os critérios "maior oferta de preço" e "melhor destinação de bens alienados", que, por envolverem alienação, não se enquadram também nas hipóteses de aquisição de bens e de obras e serviços.

### *16.5.9. Modos de disputa, lances intermediários, reinício da disputa e critérios de desempate*

Assim como no RDC, a Lei das estatais admite os seguintes modos de disputa:

a) **modo de disputa aberto:** os licitantes apresentarão suas ofertas por meio de lances públicos e sucessivos, crescentes ou decrescentes, conforme o critério de julgamento adotado (procedimento semelhante ao da modalidade pregão);

b) **modo de disputa fechado:** as propostas apresentadas pelos licitantes serão sigilosas até a data e hora designadas para que sejam divulgadas (procedimento semelhante ao das modalidades tradicionais da Lei nº 8.666/93);

c) **modo de disputa combinado:** o instrumento convocatório poderá estabelecer que a disputa seja realizada em duas etapas, com a combinação dos modos de disputa.

Quando for adotado o modo de disputa aberto, poderão ser admitidos:

1. **Lances intermediários:** lances iguais ou inferiores ao maior já ofertado, quando adotado o julgamento pelo critério da maior oferta; lances iguais ou superiores ao menor já ofertado, quando adotados os demais critérios de julgamento.

2. **Reinício da disputa aberta:** após a definição do melhor lance, quando existir diferença de pelo menos 10% (dez por cento) entre o melhor lance e o subsequente, é possível reabrir a disputa entre os demais colocados (excetuado o melhor lance), **para definição das demais colocações.**

Caso haja empate entre duas ou mais empresas, a Lei das estatais (como o RDC) prevê os seguintes critérios de desempate:

a) disputa final;

b) avaliação de desempenho contratual prévio;

c) critérios estabelecidos no art. 3º da Lei nº 8.248, de 23 de outubro de 1991, e no § 2º do art. 3º da Lei nº 8.666, de 21 de junho de 1993;

d) sorteio.

### *16.5.10. Critérios de julgamento*

A Lei das estatais, de forma assemelhada ao RDC, estabelece os seguintes critérios de julgamento:

a) **Menor preço;**

b) **Maior desconto;**

c) **Técnica e preço;**

d) **Melhor técnica ;**

e) **Melhor conteúdo artístico;**

f) **Maior oferta de preço;**

g) **Maior retorno econômico;**

h) **Melhor destinação de bens alienados.**

> **Atenção!**
>
> Este último critério para alienação, uma novidade da Lei, considera a repercussão, no meio social, da finalidade para cujo atendimento o bem será utilizado pelo adquirente.

### 16.5.11. *Da habilitação*

A Lei nº 13.303/2016 possui regime licitatório diferente do tradicionalmente identificado na Lei nº 8.666/93. Segundo o artigo 58 da Lei nº 13.303/2016, para as estatais, a **habilitação** será apreciada **exclusivamente** a partir dos seguintes parâmetros:

- exigência da apresentação de documentos aptos a comprovar a possibilidade da aquisição de direitos e da contração de obrigações por parte do licitante (algo semelhante à habilitação jurídica);
- qualificação técnica, restrita a parcelas do objeto técnica ou economicamente relevantes, de acordo com parâmetros estabelecidos de forma expressa no instrumento convocatório (habilitação técnica);
- capacidade econômica e financeira (habilitação econômica);
- recolhimento de quantia a título de adiantamento, tratando-se de licitações em que se utilize como critério de julgamento a maior oferta de preço.

Quando o critério de julgamento utilizado for a maior oferta de preço, os requisitos de qualificação técnica e de capacidade econômica e financeira poderão ser dispensados, revertendo em favor da estatal o valor de quantia eventualmente exigida no edital a título de adiantamento, caso o licitante não efetue o restante do pagamento devido no prazo para tanto estipulado.

> **Atenção!**
>
> Além de tratar de forma diferente os parâmetros relacionados à habilitação técnica e à habilitação jurídica (sem o mesmo elenco restritivo da Lei nº 8.666/93), a Lei nº 13.303/2016 não indica, entre os parâmetros que podem/devem ser utilizados para fins de habilitação, a regularidade fiscal e a regularidade trabalhista. Assim, uma vez que o texto legal, expressamente, limita os parâmetros possíveis para fins de aferição da habilitação ("A habilitação será apreciada **exclusivamente**"), entendemos que não cabe a aplicação subsidiária da Lei nº 8.666/93, para fins de exigência dos requisitos de habilitação lá denominados "regularidade fiscal" e "regularidade trabalhista". Isso não impede, por óbvio, que os contratos firmados pelas estatais estabeleçam regras para evitar responsabilizações subsidiárias ou solidárias, em relação a débitos trabalhistas e fiscais.

### 16.5.12. *Dos recursos*

Salvo no caso de inversão de fases, o procedimento licitatório terá fase recursal única, com prazo de **5 (cinco) dias** úteis após a habilitação.

Na hipótese de **inversão de fases**, o prazo de **5 (cinco) dias** úteis será aberto após a habilitação e após a **verificação de efetividade dos lances ou propostas** (antes da negociação).

### 16.6. Das Normas Específicas para Alienação de Bens

Repetindo um regime semelhante ao da Lei geral de licitações, a alienação de bens, pelas estatais, será precedida de avaliação formal do bem contemplado e licitação, ressalvadas as hipóteses de dispensa pertinentes.

### 16.7. Procedimentos auxiliares às licitações das estatais

A Lei das estatais adota, nas suas licitações, regime também semelhante ao RDC, em relação aos seus procedimentos auxiliares, quais sejam:

a) **Pré-qualificação permanente.** Procedimento anterior à licitação, permanentemente aberto, destinado a **identificar fornecedores** aptos ao fornecimento de bem ou a execução de serviço ou obra (pré-qualificação subjetiva) ou **identificar bens** que atendam às exigências técnicas e de qualidade da administração pública (pré-qualificação objetiva).

b) **Cadastramento.** Dá-se através de registro cadastrais, permanentemente abertos para a inscrição de interessados, que poderão ser mantidos para efeito de habilitação dos inscritos em procedimentos licitatórios, com prazo de validade máxima de 1 (um) ano. Pela Lei, a atuação do licitante no cumprimento de obrigações assumidas será anotada no respectivo registro cadastral.

c) **Sistema de registro de preços.** Ao citar o SRP, a Lei nº 13.303/2016 o restringe às licitações por ela disciplinadas, indicando a aplicação do regulamento disposto pelo Poder Executivo.

d) **Catálogo eletrônico de padronização.** Consiste em um sistema informatizado de gerenciamento centralizado, feito para permitir a padronização de itens, especificações e modelos, nas licitações públicas.

### 16.8. Dos contratos

Em relação aos contratos, a Lei federal nº 13.303 talvez tenha proporcionado a grande mudança, em comparação aos regimes anteriores. Diferentemente da relação autoritária e vertical, repleta de poderes extravagantes em favor da Administração, a nova Lei gera uma maior simetria na relação contratual ("horizontalização" entre as partes).

Assim, prerrogativas como a alteração unilateral e rescisão unilateral foram mitigadas na nova Lei, alteração que induzirá a um outro nível de relacionamento contratual, entre a estatal e as empresas contratadas. Assim, por exemplo, os contratos celebrados pelas estatais devem prever cláusula que estabeleça a possibilidade de alteração, **por acordo entre as partes**.

Em relação à vigência, a duração dos contratos, na Lei das estatais, não pode exceder a **5 (cinco) anos**, contados a partir de sua celebração.

Há exceções à regra, para as seguintes hipóteses:

- para projetos contemplados no plano de negócios e investimentos da empresa pública ou da sociedade de economia mista;

- nos casos em que a pactuação por prazo superior a 5 (cinco) anos seja prática rotineira de mercado e a imposição desse prazo inviabilize ou onere excessivamente a realização do negócio.

> ▸ **Atenção!**
>
> Embora a lógica da legislação tradicional, de contratos com vigência restrita a créditos orçamentários, tenha sido superada pela Lei das estatais, esta manteve a regra de vedação a contratos com vigência indeterminada.

Por fim, em relação às **sanções administrativas**, a Lei nº 13.303/2016 estabeleceu um regramento sancionatório usando como parâmetro a Lei nº 8.666/93.

Assim, pela **inexecução total ou parcial do contrato** a empresa pública ou a sociedade de economia mista poderá, garantida a prévia defesa, aplicar ao contratado as seguintes sanções:

- **advertência**;
- **multa**, na forma prevista no instrumento convocatório ou no contrato;
- **suspensão temporária** de participação em licitação e impedimento de contratar com a entidade sancionadora, por prazo não superior a 2 (dois) anos.

> ▸ **Atenção!**
>
> A Lei das estatais não prevê a aplicação da sanção **declaração de inidoneidade**.

A sanção **suspensão temporária** poderá também ser aplicada às **empresas** ou aos **profissionais** que, em razão dos contratos regidos por esta Lei:

- tenham sofrido condenação definitiva por praticarem, por meios dolosos, fraude fiscal no recolhimento de quaisquer tributos;
- tenham praticado atos ilícitos visando a frustrar os objetivos da licitação;
- demonstrem não possuir idoneidade para contratar com a empresa pública ou a sociedade de economia mista em virtude de atos ilícitos praticados.

## 17. SÚMULAS DO STJ

- **Súmula 333.** Cabe mandado de segurança contra ato praticado em licitação promovida por sociedade de economia mista ou empresa pública.

## 18. SÚMULAS DO TCU

- **Súmula 39.** A inexigibilidade de licitação para a contratação de serviços técnicos com pessoas físicas ou jurídicas de notória especialização somente é cabível quando se tratar de serviço de natureza singular, capaz de exigir, na seleção do executor de confiança, grau de subjetividade insuscetível de ser medido pelos critérios objetivos de qualificação inerentes ao processo de licitação, nos termos do art. 25, inciso II, da Lei nº 8.666/1993 (**Alterada em 2011**).

- **Súmula 177.** A definição precisa e suficiente do objeto licitado constitui regra indispensável da competição, até mesmo como pressuposto do postulado de igualdade entre os licitantes, do qual é subsidiário o princípio da publicidade, que envolve o conhecimento, pelos concorrentes potenciais das condições básicas da licitação, constituindo, na hipótese particular da licitação para compra, a quantidade demandada uma das especificações mínimas e essenciais à definição do objeto do pregão.

- **Súmula 185.** A Lei nº 5.194, de 24/12/66, e, em especial, o seu art. 22, não atribuem ao autor do projeto o direito subjetivo de ser contratado para os serviços de supervisão da obra respectiva, nem dispensam a licitação para a adjudicação de tais serviços, sendo admissível, sempre que haja recursos suficientes, que se proceda aos trabalhos de supervisão, diretamente ou por delegação a outro órgão público, ou, ainda, fora dessa hipótese, que se inclua, a juízo da administração e no seu interesse, no objeto das licitações a serem processadas para a elaboração de projetos de obras e serviços de engenharia, com expressa previsão no ato convocatório, a prestação de serviços de supervisão ou acompanhamento da execução, mediante remuneração adicional, aceita como compatível com o porte e a utilidade dos serviços.

- **Súmula 247.** É obrigatória a admissão da adjudicação por item e não por preço global, nos editais das licitações para a contratação de obras, serviços, compras e alienações, cujo objeto seja divisível, desde que não haja prejuízo para o conjunto ou complexo ou perda de economia de escala, tendo em vista o objetivo de propiciar a ampla participação de licitantes que, embora não dispondo de capacidade para a execução, fornecimento ou aquisição da totalidade do objeto, possam fazê-lo com relação a itens ou unidades autônomas, devendo as exigências de habilitação adequar-se a essa divisibilidade.

- **Súmula 248.** Não se obtendo o número legal mínimo de três propostas aptas à seleção, na licitação sob a modalidade convite, impõe-se a repetição do ato, com a convocação de outros possíveis interessados, ressalvadas as hipóteses previstas no parágrafo 7º, do art. 22, da Lei nº 8.666/1993.

- **Súmula 250.** A contratação de instituição sem fins lucrativos, com dispensa de licitação, com fulcro no art. 24, inciso XIII, da Lei n.º 8.666/93, somente é admitida nas hipóteses em que houver nexo efetivo entre o mencionado dispositivo, a natureza da instituição e o objeto contratado, além de comprovada a compatibilidade com os preços de mercado.

- **Súmula 252.** A inviabilidade de competição para a contratação de serviços técnicos, a que alude o inciso II do art. 25 da Lei nº 8.666/1993, decorre da presença simultânea de três requisitos: serviço técnico especializado, entre os mencionados no art. 13 da referida lei, natureza singular do serviço e notória especialização do contratado.
- **Súmula 253.** Comprovada a inviabilidade técnico-econômica de parcelamento do objeto da licitação, nos termos da legislação em vigor, os itens de fornecimento de materiais e equipamentos de natureza específica que possam ser fornecidos por empresas com especialidades próprias e diversas e que representem percentual significativo do preço global da obra devem apresentar incidência de taxa de Bonificação e Despesas Indiretas - BDI reduzida em relação à taxa aplicável aos demais itens.
- **Súmula 254.** O IRPJ – Imposto de Renda Pessoa Jurídica – e a CSLL – Contribuição Social sobre o Lucro Líquido – não se consubstanciam em despesa indireta passível de inclusão na taxa de Bonificações e Despesas Indiretas – BDI do orçamento-base da licitação, haja vista a natureza direta e personalística desses tributos, que oneram pessoalmente o contratado.
- **Súmula 255.** "Nas contratações em que o objeto só possa ser fornecido por produtor, empresa ou representante comercial exclusivo, é dever do agente público responsável pela contratação a adoção das providências necessárias para confirmar a veracidade da documentação comprobatória da condição de exclusividade."
- **Súmula 257.** O uso do pregão nas contratações de serviços comuns de engenharia encontra amparo na Lei nº 10.520/2002.
- **Súmula 258.** "As composições de custos unitários e o detalhamento de encargos sociais e do BDI integram o orçamento que compõe o projeto básico da obra ou serviço de engenharia, devem constar dos anexos do edital de licitação e das propostas das licitantes e não podem ser indicados mediante uso da expressão 'verba' ou de unidades genéricas".
- **Súmula 259.** "Nas contratações de obras e serviços de engenharia, a definição do critério de aceitabilidade dos preços unitários e global, com fixação de preços máximos para ambos, é obrigação e não faculdade do gestor."
- **Súmula 261.** Em licitações de obras e serviços de engenharia, é necessária a elaboração de projeto básico adequado e atualizado, assim considerado aquele aprovado com todos os elementos descritos no art. 6º, inciso IX, da Lei nº 8.666, de 21 de junho de 1993, constituindo prática ilegal a revisão de projeto básico ou a elaboração de projeto executivo que transfigurem o objeto originalmente contratado em outro de natureza e propósito diversos.
- **Súmula 262.** O critério definido no art. 48, inciso II, § 1º, alíneas "a" e "b", da Lei nº 8.666/93 conduz a uma presunção relativa de inexequibilidade de pre-

ços, devendo a Administração dar à licitante a oportunidade de demonstrar a exequibilidade da sua proposta.

- **Súmula 263.** Para a comprovação da capacidade técnico-operacional das licitantes, e desde que limitada, simultaneamente, às parcelas de maior relevância e valor significativo do objeto a ser contratado, é legal a exigência de comprovação da execução de quantitativos mínimos em obras ou serviços com características semelhantes, devendo essa exigência guardar proporção com a dimensão e a complexidade do objeto a ser executado.
- **Súmula 264.** A inexigibilidade de licitação para a contratação de serviços técnicos com pessoas físicas ou jurídicas de notória especialização somente é cabível quando se tratar de serviço de natureza singular, capaz de exigir, na seleção do executor de confiança, grau de subjetividade insuscetível de ser medido pelos critérios objetivos de qualificação inerentes ao processo de licitação, nos termos do art. 25, inciso II, da Lei nº 8.666/1993.
- **Súmula 265.** A contratação de subsidiárias e controladas com fulcro no art. 24, inciso XXIII, da Lei nº 8.666/93 somente é admitida nas hipóteses em que houver, simultaneamente, compatibilidade com os preços de mercado e pertinência entre o serviço a ser prestado ou os bens a serem alienados ou adquiridos e o objeto social das mencionadas entidades.
- **Súmula nº 269.** Nas contratações para a prestação de serviços de tecnologia da informação, a remuneração deve estar vinculada a resultados ou ao atendimento de níveis de serviço, admitindo-se o pagamento por hora trabalhada ou por posto de serviço somente quando as características do objeto não o permitirem, hipótese em que a excepcionalidade deve estar prévia e adequadamente justificada nos respectivos processos administrativos.
- **Súmula nº 270.** Em licitações referentes a compras, inclusive de ***softwares***, é possível a indicação de marca, desde que seja estritamente necessária para atender a exigências de padronização e que haja prévia justificação.
- **Súmula n.º 274.** É vedada a exigência de prévia inscrição no Sistema de Cadastramento Unificado de Fornecedores – Sicaf para efeito de habilitação em licitação.
- **Súmula n.º 275.** Para fins de qualificação econômico-financeira, a Administração pode exigir das licitantes, de forma não cumulativa, capital social mínimo, patrimônio líquido mínimo ou garantias que assegurem o adimplemento do contrato a ser celebrado, no caso de compras para entrega futura e de execução de obras e serviços.
- **Súmula nº 281.** É vedada a participação de cooperativas em licitação quando, pela natureza do serviço ou pelo modo como é usualmente executado no mercado em geral, houver necessidade de subordinação jurídica entre o obreiro e o contratado, bem como de pessoalidade e habitualidade.

- **Súmula nº 283:** Para fim de habilitação, a Administração Pública não deve exigir dos licitantes a apresentação de certidão de quitação de obrigações fiscais, e sim prova de sua regularidade.

- **Súmula nº 286 (10/09/2014).** "A pessoa jurídica de direito privado destinatária de transferências voluntárias de recursos federais feitas com vistas à consecução de uma finalidade pública responde solidariamente com seus administradores pelos danos causados ao erário na aplicação desses recursos."

- **Súmula nº 287 (12/11/2014).** "É lícita a contratação de serviço de promoção de concurso público por meio de dispensa de licitação, com fulcro no art. 24, inciso XIII, da Lei 8.666/1993, desde que sejam observados todos os requisitos previstos no referido dispositivo e demonstrado o nexo efetivo desse objeto com a natureza da instituição a ser contratada, além de comprovada a compatibilidade com os preços de mercado."

- **Súmula nº 288 de 03/06/2015.** "O julgamento pela irregularidade de contas ordinárias ou extraordinárias prescinde de nova audiência ou citação em face de irregularidades pelas quais o responsável já tenha sido ouvido em outro processo no qual lhe tenha sido aplicada multa ou imputado débito".

- **Súmula nº 289 de 24/02/2016.** "A exigência de índices contábeis de capacidade financeira, a exemplo dos de liquidez, deve estar justificada no processo da licitação, conter parâmetros atualizados de mercado e atender às características do objeto licitado, sendo vedado o uso de índice cuja fórmula inclua rentabilidade ou lucratividade".

Capítulo 9

# Contratos administrativos

## 1. INTRODUÇÃO

As demandas administrativas exigem que a Administração realize pactos negociais com terceiros. Quando precisa construir um prédio público, alugar um automóvel, contratar serviços de vigilância ou de limpeza, adquirir bens ou delegar contratualmente atividades, em todos esses casos, a máquina administrativa precisará formalizar uma relação negocial com outra pessoa, um contrato, que, diante do **regime jurídico-administrativo**, é influenciado por normas de direito público.

Com a ampliação das atribuições da máquina administrativa, tais relações tornaram-se cada vez mais diversas e complexas, impondo dificuldades à tentativa de pensar uma roupagem jurídica única para todos esses pactos negociais. Nesse ponto, é incorreta a tentativa de utilização da legalidade administrativa como obstáculo radical, mesmo quando as disposições legais são incompatíveis com as características do mercado específico.

De qualquer forma, os contratos realizados pela Administração se submetem a regras específicas, lastreadas no regime jurídico-administrativo, as quais geram prerrogativas e restrições para a Administração Pública.

Segundo a **Lei nº 8.666/93**, considera-se contrato todo e qualquer ajuste entre órgãos ou entidades da Administração Pública e particulares, em que haja um acordo de vontades para a formação de vínculo e a estipulação de obrigações recíprocas, seja qual for a denominação utilizada.

Ao mencionar expressamente a característica **consensual**, o estatuto expurga qualquer possibilidade de que determinados atos praticados pela Administração, em que inexiste o elemento de acordo de vontades, possam ser considerados **contratos da administração**. Nesse sentido, não se caracterizam como tais a desapropriação, a fiscalização, a tributação, entre outros.

> **Importante!**
>
> Despesas decorrentes de lei não se enquadram no conceito de contrato dado pela Lei nº 8.666/93. Assim, o pagamento de despesa relacionada ao seguro DPVAT não exige procedimento de licitação nem acarreta hipótese de dispensa ou inexigibilidade. Simplesmente, é incabível a

aplicação do estatuto licitatório, pois não se trata de relação de natureza contratual (acordo de vontades), mas cumprimento de obrigação legal.

Da mesma forma, cumpre salientar que o STF possui entendimento de que o patrocínio de evento esportivo não pode ser compreendido como contratação administrativa sujeita à licitação (RE 574636/SP, Primeira Turma. Julgamento: 16/08/2011).

## 2. ESPÉCIES

Não há uniformidade na doutrina acerca do conceito de **contrato administrativo**. José dos Santos Carvalho Filho defende a existência de um conceito maior de "contratos da administração", que envolve dois conjuntos: os contratos administrativos e os contratos privados firmados pela Administração. Para Marçal Justen Filho, a expressão contrato administrativo indica um gênero que comporta, pelo menos, três espécies, quais sejam: contratos administrativos propriamente ditos (Ex: contrato de obra pública); contratos de direito privado praticados pela Administração (Ex: contrato de seguro ou locação) e contratos administrativos de delegação de atribuições administrativas (Ex: concessão de serviço público).

Tendo em vista a opção de tratar dos contratos de concessões em capítulo próprio sobre os serviços públicos, parece-nos mais adequada a classificação dual, que segmenta as espécies de contratos da administração em **contratos administrativos** e em **contratos privados da Administração**, de acordo com a incidência predominante das normas de direito público ou de direito privado.

Tais classificações advêm da dificuldade de estabelecer um tratamento único às relações negociais pactuadas pela Administração. Assim, **contratos administrativos** seriam aqueles em que há uma maior incidência das regras de direito público, com suas prerrogativas e restrições para a Administração, conquanto, nos **contratos privados da Administração**, o Poder Público firmaria negócios regulados, predominantemente, pelo direito privado, situando-se no mesmo plano jurídico da outra parte, sem deter, como regra, todas as prerrogativas e restrições determinadas pelo regime jurídico público aos contratos administrativos.

**▸ Como esse assunto foi cobrado em concurso?**

No concurso para Procurador Especial de Contas dos Municípios do Estado da Bahia (FCC/2011), com o seguinte enunciado: "*os contratos administrativos submetem-se a um regime jurídico diferenciado, que inclui a*", foi considerada correta a seguinte assertiva: "*presença de cláusulas exorbitantes, inclusive prevendo a possibilidade de aplicação de sanções administrativas como multa, advertência e impedimento de contratar com a Administração.*".

Na verdade, a Lei Geral de Licitações e Contratos (Lei nº 8.666/93) não indica tal classificação, mas afirma que os **contratos administrativos** regulam-se pelas suas cláusulas e pelos preceitos de direito público, aplicando-se-lhes, supletivamente, os princípios da teoria geral dos contratos e as disposições de direito privado. Em outro ponto, a mesma Lei Geral indica sua aplicação apenas parcial ("no que couber") aos contratos de seguro, de financiamento, de locação em que o Poder Público seja locatário e aos demais cujo conteúdo seja regido, predominantemente, por norma de direito privado, bem como aos contratos em que a Administração for parte como usuária de serviço público. Estes, para parte da doutrina, seriam os **contratos privados da Administração**.

Contudo, não obstante a preocupação do legislador em deixar clara a aplicação "no que couber" do regramento da **Lei nº 8.666/93**, a aplicação parcial das regras de direito público já desvirtua a condição eminentemente privada desses contratos.

> ▸ **Como esse assunto foi cobrado em concurso?**
>
> No concurso para analista administrativo da ANA (Cespe/2006), foi considerada correta a seguinte assertiva: *"Os contratos administrativos são regulados pelos preceitos de direito público, com aplicação supletiva das disposições de direito privado"*. No concurso para o cargo de Promotor de Justiça do Estado da Paraíba (MPE-PB/2010), foi considerada correta a seguinte assertiva: *"Pode a Administração Pública contratar sob normas predominantes do direito privado, atuando em posição ordinária de igualdade com o particular contratado."*.

## 3. CARACTERÍSTICAS

A incidência do **regime jurídico de direito administrativo** traz algumas características peculiares ao **contrato administrativo**, já que nele a Administração atua com restrições e com prerrogativas extraordinárias que a colocam em um patamar de superioridade em relação à parte contratada. Embora não haja uniformidade na doutrina, podem ser destacadas algumas características.

### 3.1. Formalismo

A legislação cobra especial atenção à necessidade de que os contratos firmados pela Administração sejam devidamente formalizados. Segundo a **Lei nº 8.666/93**, os contratos e seus aditamentos devem ser lavrados nas repartições interessadas. No caso de contratações relacionadas a direitos reais sobre imóveis, exige-se a formalização por instrumento lavrado em cartório de notas.

Em regra, o formalismo exige a formatação de um instrumento contratual, sendo nulo e de nenhum efeito o **contrato verbal** com a Administração. Excetuam-se as situações de pequenas compras de pronto pagamento, assim entendidas aquelas de valor não superior a 5% (cinco por cento) do valor máximo para a modalidade convite, em compras e serviços. É o chamado **regime de adiantamento**.

> ▸ **Como esse assunto foi cobrado em concurso?**
>
> No concurso para analista do SERPRO (Cespe/2013), foi considerada incorreta a seguinte assertiva: "Será nulo qualquer contrato administrativo celebrado e ajustado verbalmente com a administração pública".
>
> Observação: como visto acima, há exceções legais que admitem o contrato verbal, como nas situações de pequenas compras de pronto pagamento.

> ▸ **Importante!**
>
> Regime de adiantamento não significa adiantamento de pagamento. Ele tem relação com o "suprimento de fundos" ou a utilização de "cartão corporativo" e se caracteriza como um adiantamento de numerário a servidor, para que ele efetue o pagamento de despesas de pequeno vulto, para as quais se exija pagamento em espécie e imediato, relacionadas a prestações que dispensem continuidade de relacionamento contratual e não sejam passíveis de se subordinar à tramitação normal de contratação.

O **instrumento contratual** é obrigatório nos casos de concorrência e de tomada de preços, bem como nas dispensas e inexigibilidades cujos preços estejam compreendidos nos limites destas duas modalidades de licitação.

Importante ressaltar que, independente do valor, notadamente nos casos de compra com entrega imediata e integral dos bens adquiridos, os quais não resultem obrigações futuras (inclusive assistência técnica), o **instrumento contratual** pode ser substituído por outros instrumentos hábeis, tais como carta-contrato, nota de empenho de despesa, autorização de compra ou ordem de execução de serviço.

> ▸ **Como esse assunto foi cobrado em concurso?**
>
> No concurso para o cargo de Delegado de Polícia de Pernambuco (Cespe/2016), com a seguinte ementa: "Com base nas regras e princípios relativos à licitação pública e aos contratos administrativos, assinale a opção correta." Foi considerada correta a seguinte alternativa: "B) Na contratação direta de serviço de engenharia por dispensa ou inexigibilidade de licitação, se o valor da contratação for inferior a R$ 150.000,00, o instrumento de contrato não será obrigatório."

## 3.2. Publicidade

O princípio da publicidade exige transparência nos negócios realizados pela Administração. A publicação resumida do instrumento contratual ou de seus aditamentos na imprensa oficial é **condição indispensável para sua eficácia**. Ela deve ser providenciada até o quinto dia útil do mês seguinte ao de sua assinatura, para ocorrer no prazo de vinte dias daquela data, qualquer que seja o seu valor.

O eventual esgotamento do prazo para publicação não invalida o contrato, mas impede sua eficácia. Importante observar que, de acordo com a Orientação Normativa nº 33, da AGU, a publicação do ato que autoriza a contratação direta, na imprensa oficial, torna desnecessária a publicação do posterior extrato contratual.

> **Como esse assunto foi cobrado em concurso?**
> No concurso para especialista em políticas públicas e gestão governamental (Cespe/2007), foi considerada correta a seguinte assertiva: *"Um contrato administrativo não publicado é um ato perfeito, válido e ineficaz"*.

### 3.3. Natureza de contrato de adesão

A forte regulação dada pela Lei gera uma característica identificada pela doutrina como natureza de **contrato de adesão**. Entendendo este como um contrato "cujas cláusulas tenham sido aprovadas pela autoridade competente ou estabelecidas unilateralmente", pode-se defender tal característica.

Contudo, é imprescindível perceber que as regras contratuais não são livremente dispostas pelo gestor. Diante da forte regulação legal, muitas cláusulas são estabelecidas pela Lei (art. 55), e não pelo órgão contratante. Nuance que resulta dessa diferença é o direito que tem o licitante de, antes mesmo da licitação e de eventual contratação, impugnar os termos do contrato (anexo do edital de licitação), exigindo a alteração de disposições contratuais contrárias à legislação.

### 3.4. Mutabilidade

A mutabilidade é uma das características do contrato administrativo, que permite sua alteração, inclusive unilateral, pela Administração, adequando o pacto negocial originariamente firmado ao interesse público. Conforme será visto adiante, as alterações unilaterais, enquanto cláusulas de privilégio, devem ser exercidas nos limites estabelecidos pelo legislador, sempre respeitando os princípios que conformam a atividade administrativa, como legalidade, impessoalidade, finalidade pública, moralidade, entre outros.

Dirley da Cunha Jr. lembra que a alteração ou mudança do contrato pode se dar por álea administrativa (ato unilateral da administração, fato do príncipe e fato da administração) ou por álea econômica (teoria da imprevisão). Deve-se acrescer ao raciocínio do ilustre autor, as alterações decorrentes de atos consensuais, além das alterações decorrentes de álea econômica ordinária, como ocorre com o reajuste e a repactuação.

O interesse público admite que o contrato administrativo seja alterado, de forma consensual ou unilateral, nos limites estabelecidos pelo legislador. Tais alterações podem decorrer de um ato da administração, enquanto contratante (alterações unilaterais ou consensuais, como ocorrem na prorrogação da vigência, na supressão ou no aumento do quantitativo); de ações ou omissões da Administração, não como contratante, mas enquanto Poder Público, com repercussão no contrato (Fato do Príncipe, como ocorre com o aumento de um tributo); de ações ou omissões da Administração, enquanto contratante, que prejudiquem ou desequilibrem a execução contratual (Fato da Administração, como ocorre na demora para liberação do local da obra); além de situações econômicas ordinárias (previsíveis, como a inflação) e extraordinárias (fatos imprevisíveis ou de consequências incalculáveis).

No contrato administrativo, as alterações com repercussão econômica (sejam decorrentes de álea administrativa ou de álea econômica) geram o direito à respectiva recomposição, em benefício de qualquer das partes contratantes (tanto para o particular como para a Administração). Outrossim, a garantia constitucional de manutenção das "condições efetivas da proposta" (intangibilidade da equação econômica), impede que a Administração altere, unilateralmente, cláusulas econômico-financeiras e monetárias.

> **▸ Como esse assunto foi cobrado em concurso?**
>
> No concurso para Juiz federal do TRF1 (CESPE/2015) foi considerada correta a seguinte alternativa: "e) O contrato administrativo tem como uma de suas características a alteração unilateral; entretanto, apenas as cláusulas regulamentares (ou de serviço) podem ser alteradas unilateralmente, possibilidade essa que não alcança as cláusulas econômico-financeiras e monetárias".
>
> No concurso para Juiz do TJ/AP (FCC/2014), foi considerada errada a seguinte assertiva: "O regime jurídico dos contratos administrativos confere à Administração, em relação a eles, a prerrogativa de alterá-los unilateralmente, inclusive no tocante às cláusulas econômico-financeiras e monetárias".
>
> *No concurso para Procurador do Tribunal de Contas de São Paulo (FCC/2011), com seguinte enunciado: "A mutabilidade do contrato administrativo é";* foi considerada correta a seguinte alternativa: *e) característica que permite à Administração Pública a alteração unilateral e limitada do contrato.*

## 3.5. Cláusulas de privilégio (exorbitantes)

O regime jurídico dos contratos administrativos confere à Administração **prerrogativas**, que a colocam em um patamar de relativa superioridade, na relação contratual formada. Tais prerrogativas são autorizadas pela Lei e devem ser exercidas nos estritos limites estabelecidos por ela. O fundamento de validade de tais prerrogativas repousa na Lei, de maneira que não cabe o estabelecimento, no contrato, de prerrogativas extraordinárias não admitidas pelo legislador; por outro lado, a ausência de previsão no instrumento contratual não impede, em princípio, a existência dessas prerrogativas extraordinárias.

A utilização dessas prerrogativas deve sempre atender ao interesse público e respeitar os princípios que conformam o **regime jurídico-administrativo**, como a **proporcionalidade** e a **razoabilidade**. A condição de desigualdade contratual estabelecida pela Lei, em favor da Administração Pública, não pode ser ampliada arbitrariamente pelo gestor.

> ▸ **Importante!**
>
> O STJ tem se manifestado contrariamente à retenção do pagamento das faturas decorrente da imposição de exigências em relação à obrigação de manter a regularidade fiscal. Para o STJ, tal falha, por parte da empresa, pode gerar a rescisão contratual, mas não a retenção dos valores devidos. Conforme entendimento do STJ, uma vez que ela não consta do rol do art. 87 da Lei nº 8.666/93, a retenção do pagamento pelos serviços prestados não pode ser aplicada, como se sanção fosse, sob pena de violação ao princípio constitucional da legalidade.
>
> O TCU adota entendimento semelhante, vedando a retenção de pagamento por serviço já executado ou fornecimento já entregue, quando identificado inadimplemento das obrigações fiscais da contratada, sob pena de enriquecimento sem causa da Administração.

Conforme o artigo 58 da Lei nº 8.666/93, são exemplos dessas prerrogativas, chamadas pela doutrina de cláusulas exorbitantes ou cláusulas de privilégio:

- **Modificação unilateral dos contratos**
- **Rescisão unilateral dos contratos**
- **Aplicação de sanções**
- **Ocupação provisória**

As alterações econômicas dos contratos administrativos não poderão ser realizadas sem a garantia de **manutenção do equilíbrio contratual**.

Via de regra, as **prerrogativas** da Administração, nos casos de rescisão, independem da previsão contratual, pois decorrem da própria Lei. Assim, mesmo que omisso o contrato firmado, cabe a utilização delas em favor do Poder Público. Contudo, o STJ já se pronunciou no sentido de que é inviável a aplicação de penalidade ao adjudicatário que se recusa a assinar o contrato, sem que ela tenha sido prevista no edital (REsp 709.378/PE, DJe 03/11/2008).

> ▸ **Como esse assunto foi cobrado em concurso?**
>
> No concurso para Juiz do TRF1 (Cespe/2015) foi considerada ERRADA a seguinte assertiva: *"a) As cláusulas exorbitantes de que a administração pública pode lançar mão nos contratos administrativos não precisam constar dos instrumentos contratuais, mas deverão, necessariamente, estar previstas no edital da licitação"*.
>
> No 23º concurso para o cargo de Procurador da República, dentre várias assertivas, em relação às denominadas cláusulas exorbitantes, foram consideradas corretas as seguintes:

**I.** são lícitas no contrato administrativo, desde que decorrente da lei ou dos princípios que regem a atividade administrativa, porque visam estabelecer uma prerrogativa em favor de uma das partes para o atendimento do interesse público;

**II.** permitem à Administração a inoponibilidade da *exceptio non adimpleti contractus*;

**III.** possibilitam a rescisão unilateral do contrato pela Administração;

## 3.6. Imposição de ônus especiais

A incidência do regime jurídico de direito público admite que a legislação possa estabelecer alguns ônus especiais, para os particulares que contratam com o Poder Público. Nesse sentido, por exemplo, a Lei Complementar nº 123/2006 admite, no inciso II de seu artigo 48, que a administração pública poderá, em relação aos processos licitatórios destinados à aquisição de obras e serviços, exigir dos licitantes a subcontratação de microempresa ou empresa de pequeno porte.

Mais recentemente, objetivando estimular a contratação de ex-detentos, promovendo sua ressocialização e reinserção no mercado de trabalho, a Lei nº 13.500/2017 inseriu um novo dispositivo à Lei nº 8.666/93, para prever que a Administração Pública poderá exigir que as empresas contratadas pelo Poder Público tenham um mínimo de funcionários que sejam oriundos do sistema prisional. Assim, segundo a redação do novo §5º do artigo 40 da Lei nº 8.666/93, "A Administração Pública poderá, nos editais de licitação para a contratação de serviços, exigir da contratada que um percentual mínimo de sua mão de obra seja oriundo ou egresso do sistema prisional, com a finalidade de ressocialização do reeducando, na forma estabelecida em regulamento".

Cada unidade federativa terá autonomia para definir os termos para aplicação ou mesmo não aplicação desta regra de fomento à ressocialização de oriundos ou egressos do sistema prisional.

## 3.7. Possibilidade de exigência de cota para mão de obra oriunda do sistema prisional (§ 5º do art. 40)

Objetivando estimular a contratação de ex-detentos, promovendo sua ressocialização e reinserção no mercado de trabalho, a Lei nº 13.500/2017 inseriu um novo dispositivo à Lei nº 8.666/93, para prever que a Administração Pública poderá exigir que as empresas contratadas pelo Poder Público tenham um mínimo de funcionários que sejam oriundos do sistema prisional.

Segundo o dispositivo (§ 5º do art. 40), a "Administração Pública poderá, nos editais de licitação para a contratação de serviços, exigir da contratada que um percentual mínimo de sua mão de obra seja oriundo ou egresso do sistema prisional, com a finalidade de ressocialização do reeducando, na forma estabelecida em regulamento."

Trata-se de uma exigência discricionária da Administração Pública, que deverá respeitar regras estabelecidas em regulamento. Cada unidade federativa possui autonomia para definir os termos para aplicação, ou mesmo não aplicação, desta regra de fomento à ressocialização de egressos do sistema prisional.

No âmbito federal, foi publicado o Decreto federal nº 9.450, de 24 de julho de 2018, que instituiu a Política Nacional de Trabalho no âmbito do Sistema Prisional, voltada à ampliação e qualificação da oferta de vagas de trabalho, ao empreendedorismo e à formação profissional das pessoas presas e egressas do sistema prisional, regulamentando o § 5º do art. 40 da Lei nº 8.666/93.

O referido Decreto definiu que na contratação de serviços, inclusive os de engenharia, com valor anual acima de R$ 330.000,00 (trezentos e trinta mil reais), os órgãos e entidades da administração pública federal direta, autárquica e fundacional deverão exigir da contratada o emprego de mão de obra formada por pessoas presas ou egressos do sistema prisional, nos termos disposto no § 5º do art. 40 da Lei nº 8.666, de 21 de junho de 1993.

Esta exigência será prevista:

- no edital, como requisito de habilitação jurídica, consistente na apresentação de declaração do licitante de que, caso seja vencedor, contratará pessoas presas ou egressos, acompanhada de declaração emitida pelo órgão responsável pela execução penal de que dispõe de pessoas presas aptas à execução de trabalho externo; e
- no edital e na minuta de contrato, como obrigação da contratada de empregar como mão de obra pessoas presas ou egressos do sistema prisional, observando o disposto no referido Decreto.

Quando for admitido o emprego da mão de obra de pessoa presa em regime fechado, o edital e a minuta do contrato deverão prever as seguintes cautelas a serem observadas pela contratada, em atendimento ao disposto nos artigos 35 e art. 36 da Lei nº 7.210, de 1984:

- apresentação de prévia autorização do Juízo da Execução;
- comprovação de aptidão, disciplina e responsabilidade da pessoa presa;
- comprovação do cumprimento mínimo de um sexto da pena; e
- observância do limite máximo de dez por cento do número de presos na prestação do serviço.

Na fiscalização da execução do contrato, cabe à administração pública contratante:

- informar à contratada e oficiar a vara de execuções penais sobre qualquer incidente ou prática de infração por parte dos empregados, para que adotem as providências cabíveis à luz da legislação penal; e
- aplicar as penalidades à contratada quando verificada infração a qualquer regra prevista no regulamento.

O Decreto federal define ainda proporções percentuais para a contratação de pessoas presas ou egressas do sistema prisional, para cada contrato firmado:

- 3% das vagas, quando a execução do contrato demandar duzentos ou menos funcionários;
- 4% das vagas, quando a execução do contrato demandar duzentos e um a quinhentos funcionários;
- 5% das vagas, quando a execução do contrato demandar quinhentos e um a mil funcionários; ou
- 65 das vagas, quando a execução do contrato demandar mais de mil empregados.

Pela redação do Decreto, a exigência destes percentuais ocorrerá apenas nas contratações de serviços com dedicação exclusiva de mão de obra. A efetiva contratação será exigida da proponente vencedora quando da assinatura do contrato.

Quando for exigido no edital como condição para a contratação, nos termos do § 5º do art. 40 da Lei nº 8.666/93, a manutenção do número de pessoas egressas do sistema prisional será também condição para a prorrogação de contratos de prestação de serviços com fornecimento de mão de obra.

A não observância dessas regras acarreta quebra de cláusula contratual e possibilita a rescisão por iniciativa da administração pública federal, além das sanções administrativas pertinentes.

Nada obstante a profunda relevância das políticas públicas para tornar efetiva a ressocialização de presos e egressos do sistema prisional, parece-nos que a opção adotada pelo Poder Executivo Federal, na regulamentação da regra prevista no § 5º ao artigo 40 da Lei nº 8.666/93, foi irrefletida e não pode ser adotada imediatamente.

É fundamental que seja previamente concluído um diálogo entre a Administração pública e órgãos responsáveis pela execução penal, para a definição de modelos e procedimentos que tornem aplicáveis, com segurança jurídica e econômica, a política pública intentada pelo legislador. O afã de realização da política pública não justifica a tomada de medidas irrefletidas e precipitadas, comprometedoras das contratações públicas, notadamente na terceirização de serviços.

No que pese a regulamentação federal, diante da complexidade dos serviços contratados e da decisão de adoção das cotas para egressos ou presos, parece mais adequado admitir-se uma ampla avaliação técnica ou análise discricionária da autoridade competente pela contratação, para adoção das referidas cotas. Nesse prumo, convém uma boa utilização da regra disposta no § 4º do artigo 5º do Decreto federal nº 9.450/2018, segundo o qual a administração pública "poderá deixar de aplicar o disposto neste artigo quando, justificadamente, a contratação de pessoa presa ou egressa do sistema prisional se mostrar inviável".

Há ainda, a possibilidade de revogação deste Decreto, com a aprovação de melhores regras para a aplicação da política pública.

## 4. VIGÊNCIA DOS CONTRATOS

A **Lei nº 8.666/93**, em seu artigo 57, prescreve que, regra geral, os contratos devem durar enquanto vigentes os respectivos **créditos orçamentários**. Não obstante, o dispositivo apresenta algumas exceções, quais sejam:

a) Projetos cujos produtos estejam contemplados no plano plurianual PPA;

b) Serviços a serem executados de forma contínua (serviços contínuos);

c) Aluguel de equipamentos e a utilização de programas de informática;

d) Hipóteses previstas nos incisos IX, XIX, XXVIII e XXXI do art. 24 (**hipótese recentemente acrescentada pela Lei nº 12.349/2010**).

Deve-se atentar que são poucas as situações de exceção. Em regra geral, conforme o *caput* do artigo 57, os contratos vigorarão enquanto perdurar o respectivo crédito orçamentário, ou seja, até o fim do exercício financeiro.

> **Importante!**
> A vigência dos contratos regidos pelo *caput* do artigo 57 pode ultrapassar o exercício financeiro, desde que as despesas a eles referentes sejam integralmente empenhadas até 31 de dezembro, permitindo-se, assim, sua inscrição em restos a pagar. A indicação do crédito orçamentário e do respectivo empenho para atender a despesa relativa ao exercício futuro poderá ser formalizada por apostilamento (Vide ONs AGU nº 35 e 39/2011).

Os contratos de **serviços executados de forma contínua** poderão ser prorrogados por sucessivos períodos, respeitando-se o limite máximo de **sessenta meses**. Excepcionalmente, mediante justificativa e autorização da autoridade superior, esse prazo poderá ser estendido por **mais doze meses**.

Nesses contratos de serviços de natureza continuada, embora o prazo de vigência originário seja, em regra, de até 12 meses, admite-se, excepcionalmente, que ele seja fixado por período superior, quando fique tecnicamente demonstrado o benefício advindo para a administração. Admite-se também como juridicamente possível a prorrogação do contrato por prazo diverso da vigência anterior (Vide ON AGU nº 38/2011).

> **Importante!**
> A vigência do contrato de locação de imóveis em que a Administração Pública é locatária, rege-se pelo art. 51 da Lei nº 8.245/91, não estando sujeita ao limite máximo de sessenta meses, estipulado pelo inc. II do art. 57, da Lei nº 8.666/93 (ON AGU Nº 6/2009).

Os contratos de **aluguel de equipamentos** e de **utilização de programas de informática** poderão ser prorrogados, com duração máxima de **quarenta e oito meses**.

Conforme alteração feita pela **Lei nº 12.349/2010**, as contratações decorrentes das hipóteses previstas nos **incisos IX, XIX, XXVIII** e **XXXI do art. 24** poderão ter vigência por até **cento e vinte meses.**

> **▸ Como esse assunto foi cobrado em concurso?**
>
> No concurso para Juiz do TJ/AP (FCC/2014) foi considerada correta a seguinte alternativa: *"Excepcionalmente, determinados contratos, previstos no rol do art. 24 e celebrados com dispensa de licitação, podem ter vigência por até 120 meses, caso haja interesse da Administração"*.

De acordo com a Lei nº 8.666/93, **é vedada a contratação com prazo de vigência indeterminado**. Contudo, tem-se entendido que a Administração Pública pode estabelecer a vigência por **prazo indeterminado** nos contratos em que seja parte como **usuária de serviços públicos prestados por único fornecedor** (por exemplo, água e esgoto). Como fundamentos para tal assertiva, são citados o tratamento diferenciado previsto pelo §3º do art. 62 da Lei nº 8.666/93 (já tratado acima) e o fato de que o preço do serviço público é uniforme para os usuários em geral, segundo a política tarifária que é da competência do poder concedente fixar, sendo desnecessária a constante prorrogação para identificação da vantajosidade e garantia da isonomia.

> **▸ Atenção!**
>
> A Administração pode estabelecer a vigência por prazo indeterminado nos contratos em que seja usuária de serviços públicos essenciais de energia elétrica, água e esgoto, serviços postais monopolizados pela ECT (empresa brasileira de correios e telégrafos) e ajustes firmados com a Imprensa Nacional, desde que no processo da contratação estejam explicitados os motivos que justificam a adoção do prazo indeterminado e comprovadas, a cada exercício financeiro, a estimativa de consumo e a existência de previsão de recursos orçamentários. (ON AGU nº 36/2011)

Torna-se, em princípio, indispensável a fixação dos limites de vigência dos contratos administrativos, de forma que o tempo não comprometa as condições originais da avença, não havendo, entretanto, obstáculo jurídico à devolução de prazo, quando a Administração mesma concorre, em virtude da própria natureza do avençado, para interrupção da sua execução pelo contratante (Súmula 191 TCU).

**A retomada de contrato cujo prazo de vigência encontra-se expirado configura recontratação sem licitação**. Nesse sentido, a Orientação Normativa AGU Nº 3, de 01 abril de 2009, firmou o entendimento de que na análise dos processos relativos à prorrogação de prazo, os órgãos jurídicos devem verificar se não houve extrapolação do prazo de vigência ou solução de continuidade nos aditivos precedentes, já que essas hipóteses podem configurar a extinção do ajuste, impedindo sua prorrogação.

> **Atenção!**
> Convém lembrar que a garantia legal ou contratual do objeto tem prazo de vigência próprio e desvinculado daquele fixado no contrato, motivo pelo qual é possível a aplicação de penalidades em caso de descumprimento de alguma de suas condições, mesmo depois de expirada a vigência contratual. (Orientação Normativa AGU nº 51, de 25 de abril de 2014).

Por fim, importante distinguir os **contratos de escopo**, os quais se extinguem pela conclusão de seu objeto e não pela conclusão do prazo estabelecido. Nos contratos de escopo, o prazo de execução previsto no instrumento contratual é apenas moratório, não representando a extinção do pacto negocial, mas tão somente o prazo estipulado para sua execução.

O TCU, avançando em sua jurisprudência, tem admitido que a extinção dos contratos por escopo somente se opera com a conclusão do objeto e o seu recebimento pela Administração.

> **Atenção!**
> Nos contratos por escopo, inexistindo motivos para sua rescisão ou anulação, a extinção do ajuste somente se opera com a conclusão do objeto e o seu recebimento pela Administração, diferentemente dos ajustes por tempo determinado, nos quais o prazo constitui elemento essencial e imprescindível para a consecução ou a eficácia do objeto avençado. (Acórdão 1674/2014-Plenário, Info TCU 203)

### 4.1. Prorrogação contratual

A **prorrogação contratual** consiste no prolongamento do prazo contratual, com o mesmo contratado e nas mesmas condições. Deverá ser justificada por escrito e previamente autorizada pela autoridade competente para celebrar o contrato, sendo feita através de **termo aditivo**, firmado entre as partes contratantes.

Interessante pontuar que a Lei, ao tratar sobre a continuidade além do exercício financeiro, usa a expressão prorrogação em sentido amplo. Sugerimos, para fins didáticos, a divisão do gênero "prorrogação", em duas espécies: **renovação** e **prorrogação em sentido estrito**.

A **renovação** se dá quando há um prolongamento do contrato de serviços contínuos, por novo período, nas mesmas condições contratuais. Assim, por exemplo, um contrato de serviços contínuos de vigilância, com prazo de 12 meses, pode ser prorrogado (renovado), por mais 12 meses (nos termos do inciso II do artigo 57, da Lei n. 8.666/93) mantendo-se seu pagamento mensal, nos moldes do período anterior.

A **prorrogação em sentido estrito** ocorre em situações como as previstas pelo § 1º do artigo 57, também da Lei n. 8.666/93. Nela, o principal elemento envolvido na prorrogação é a vigência, e não o objeto contratual como um todo. O ato de prorrogação permite que os prazos de início das etapas de execução, de conclusão ou entrega sejam alterados (prorrogados), sem repercussão necessária no valor contratual. Isso ocorre quando, por exemplo, em razão da superveniência de fato excepcional, prorroga-se por mais 60 dias o prazo para a conclusão de uma obra.

> ▸ **Atenção!**
>
> Tendo em vista nomenclatura adotada pela Lei, é comum o uso da expressão "prorrogação", tanto na hipótese de "renovação" como na de "prorrogação em sentido estrito".

A alteração das condições contratuais exige termo aditivo compatível com as demais regras estabelecidas pela legislação. Conforme já declarado pelo STJ, termo aditivo a contrato administrativo que fixa novo período de prestação de serviço, mediante novas condições, inéditas e estranhas ao certame, acrescentadas mediante negociação superveniente, com elementos estranhos à licitação, constitui um novo contrato, que exige novo procedimento licitatório (STJ, RMS 24.118/PR, DJe 15/12/2008).

## 5. ALTERAÇÕES CONTRATUAIS

Diante de alterações na necessidade administrativa a ser suprida, a Administração Pública pode promover alterações nas condições iniciais do contrato. Buscando evitar prejuízo ao interesse público tutelado pela relação contratual ou mesmo abusos gerenciais, relacionados à modificação do contrato, a legislação regrou as situações que admitem alteração dos contratos inicialmente firmados.

Lembramos que, entre as prerrogativas (cláusulas exorbitantes) estabelecidas em favor da Administração, encontra-se a de **modificação unilateral dos contratos.** Contudo, importante reiterar que tais prerrogativas são autorizadas pela Lei e devem ser exercidas nos estritos limites estabelecidos por ela.

A **alteração unilateral** só é admitida nas situações de:

- modificação do projeto, para **adequação técnica;**
- modificação do valor contratual, em decorrência de **acréscimo ou diminuição quantitativa.**

A doutrina nomeia a primeira situação de **modificação qualitativa** e a segunda de **modificação quantitativa.**

A **modificação quantitativa** sofre limitações para seus acréscimos e supressões. Parte da doutrina defende a inexistência de limites para as alterações decorrentes de **modificação qualitativa** (opinião da qual discordamos). Deve-se observar, contudo, a tendência dos órgãos de controle de coibir acréscimos injustificáveis, sob o argumento de modificação qualitativa.

Também é possível a realização de **alteração consensual**. Nesses casos, a Lei estabelece limites para os acréscimos, e não para a supressão. O artigo 65 da Lei nº 8.666/93 elenca casos de alteração dos contratos administrativos, que ilustramos no quadro abaixo:

<table>
<tr><th colspan="3">Alterações dos contratos administrativos</th></tr>
<tr><td rowspan="2">I – unilateralmente pela Administração</td><td>Modificação técnica do projeto (modificação qualitativa)</td><td>Limites: 25% – Regra geral<br>50% – Acréscimo em reforma de edifício ou equipamento</td></tr>
<tr><td>Acréscimos ou diminuição (modificação quantitativa)</td><td>Limites: 25% – Regra geral<br>50% – Acréscimo em reforma de edifício ou equipamento</td></tr>
<tr><td rowspan="2">II – por acordo das partes</td><td>Substituição de garantia, modificação do regime de execução ou da forma de pagamento</td><td>Limites: 25% – Regra geral (Acréscimos)<br>50% – Acréscimo em reforma de edifício ou equipamento</td></tr>
<tr><td colspan="2">Obs.: Inexistência de limites para supressão consensual</td></tr>
<tr><td>III – Reequilíbrio econômico-financeiro inicial do contrato</td><td colspan="2">Limites: Não há</td></tr>
</table>

> **Atenção!**
>
> "Os acréscimos e as supressões do objeto contratual devem ser sempre calculados sobre o valor inicial do contrato atualizado, aplicando-se a estas alterações os limites percentuais previstos no art. 65, § 1º, da lei nº 8.666, de 1993, sem qualquer compensação entre si." (Orientação Normativa AGU nº 50, de 25 de abril de 2014)

> **Atenção!**
>
> O TCU admite, extraordinariamente, que alterações qualitativas extrapolem os limites legais. Os requisitos, para isso, foram estabelecidos pelo Plenário do Tribunal, em sua Decisão nº 215/1999, ainda hoje citada como referência.

Mesmo por consenso, são inadmissíveis alterações que desvirtuem o objeto contratual, de forma a descaracterizar aquilo que fora licitado. As **alterações consensuais** não podem criar beneficiamento que gere tratamento desigual em favor do contratante.

Na **alteração unilateral** do contrato, a qual aumente os encargos do contratado, deve ser resguardado o **reequilíbrio econômico-financeiro**, cabendo indenização por danos eventualmente decorrentes da supressão, desde que regularmente comprovados.

Quaisquer tributos ou encargos legais criados, alterados ou extintos, bem como a superveniência de disposições legais, quando ocorridas após a data da apresentação da proposta, de comprovada repercussão nos preços contratados, implicarão a revisão destes para mais ou para menos, conforme o caso.

> **Como esse assunto foi cobrado em concurso?**
>
> No concurso para Juiz federal do TRF1 (CESPE/2015) foi considerada ERRADA a seguinte alternativa: "b) *Caso ocorra desequilíbrio do contrato devido a aumento da alíquota de tributo que incida sobre o objeto contratual, o particular contratado será beneficiado com a revisão contratual; entretanto, a administração não poderá reduzir o valor devido no ajuste na hipótese de haver diminuição da alíquota de tributo.*"
>
> No concurso para Juiz do Tribunal de Justiça de Alagoas (CESPE/2008) foi considerada correta a seguinte alternativa: c) *Os contratos administrativos poderão ser legalmente alterados unilateralmente pela administração, quando houver modificação do projeto ou das especificações, para melhor adequação técnica aos seus objetivos.*

O contratado fica obrigado a aceitar, nas mesmas condições contratuais, os acréscimos ou supressões que se fizerem nas obras, serviços ou compras, até 25% (vinte e cinco por cento) do valor inicial atualizado do contrato, e, no caso particular de reforma de edifício ou de equipamento, até o limite de 50% (cinquenta por cento) para os seus acréscimos. De acordo com a Lei, o limite de 25% ou de 50% está relacionado ao valor do contrato.

> **Atenção!**
>
> Na hipótese de reforma de edifício ou de equipamento, o limite para supressão unilateral também é de 25%. O limite percentual de 50% envolve, apenas, os acréscimos unilaterais.

Os limites de aditamento devem ser verificados separadamente, tanto nos acréscimos quanto nas supressões de itens e quantitativos, e não pelo cômputo final que tais alterações (acréscimos menos decréscimos) possam provocar na equação financeira do contrato.

Outrossim, quando o aditivo gerar modificação de itens da planilha, é incabível a compensação de eventual subpreço na planilha contratual original com sobrepreços verificados em termos aditivos, uma vez que isso implica a redução da vantajosidade inicial da avença, alterando o equilíbrio econômico-financeiro em desfavor da Administração. Nesse sentido, vide Acórdão 349/2014-Plenário do TCU.

> **Como esse assunto foi cobrado em concurso?**
>
> No concurso para Procurador do Tribunal de Contas do Amapá (FCC/2010), foi considerada correta a seguinte alternativa: *a) o aditamento do contrato até o limite de 50%, caso se trate de obra de reforma, independentemente de anuência do contratado.*

### 5.1. Aditivo e apostila

As alterações contratuais, em regra, exigem que seja firmado **termo aditivo** entre as partes. Este nada mais é do que o instrumento que formaliza a alteração das condições contratuais inicialmente estabelecidas.

A Lei nº 8.666/93 permite a utilização da **apostila** em algumas situações específicas, para as quais, entendeu o legislador, seria desnecessária a formatação de termo aditivo. Em síntese, a **apostila** é a anotação ou registro administrativo, realizado no contrato ou nos demais instrumentos hábeis que o substituem, podendo ser feita no verso da última página do contrato ou através da juntada, por meio de outro documento, ao termo de contrato ou aos demais instrumentos hábeis.

A **apostila** pode ser utilizada nos seguintes casos:

1. variação do valor contratual decorrente de reajuste previsto no contrato;
2. compensações ou penalizações financeiras (relacionadas ao pagamento);
3. empenho de dotações orçamentárias suplementares (até o valor corrigido).

> **Importante!**
> A Instrução Normativa nº 05/2017 do MPOG estabelece que "as repactuações, como espécie de reajuste, serão formalizadas por meio de apostilamento, exceto quando coincidirem com a prorrogação contratual, em que deverão ser formalizadas por aditamento".

### 5.2. Correção monetária

O inciso III do artigo 55 da Lei nº 8.666/93 estabelece que ela incidirá entre a data do adimplemento das obrigações e a do efetivo pagamento. A incidência inicia com o cumprimento da obrigação (que se efetiva com o recebimento do objeto) e não com a apresentação da fatura.

Tem-se entendido que a atualização monetária do pagamento é devida a partir do vencimento da respectiva obrigação, mesmo que reste ausente cláusula expressa a respeito, no contrato administrativo.

> **Como esse assunto foi cobrado em concurso?**
> No concurso para o cargo de Promotor de Justiça do Estado da Paraíba (MPE-PB/2010), foi considerada correta a seguinte assertiva: "*Ainda que ausente no contrato administrativo cláusula expressa a respeito, a atualização monetária é devida a partir do vencimento da respectiva obrigação*".

### 5.3. Revisão econômica do contrato

Visando a proteger a equação econômica do contrato, a Constituição Federal exigiu a manutenção das condições efetivas da proposta (inciso XXI do art. 37). O legislador, regulamentando tal disposição, previu dois institutos: o **reajuste** (em sentido amplo), vinculado à álea ordinária, e o **reequilíbrio econômico-financeiro,** vinculado à álea extraordinária.

- **Reajuste.** É o instrumento para recomposição econômica da **álea ordinária,** relacionada à possível ocorrência de um evento futuro (econômico) desfavorável, mas previsível ou suportável, por ser usual no negócio efetivado. Trata-se de uma atualização periódica e ordinária das condições da proposta. O **reajuste** deve ser previsto nos contratos com prazo de duração igual ou superior a um ano, ocorrendo com periodicidade anual. Ele pode ser classificado em duas espécies: **reajuste em sentido estrito** e **repactuação.**

a) **reajuste em sentido estrito.** Nos termos da Lei nº 10.192/2001, o reajuste ocorrerá com periodicidade anual, contada a partir da data limite para apresentação da proposta ou do orçamento a que essa se referir. No reajuste em sentido estrito, os índices aplicados para refletir a variação dos custos devem estar previamente estabelecidos no contrato. Vale lembrar que o art. 55 da Lei nº 8.666, de 1993, determina como uma das cláusulas necessárias ou essenciais ao contrato, as que estabelecem os critérios, data-base e periodicidade do reajuste de preços.

b) **repactuação.** É uma forma de recomposição ordinária específica das prestações de serviços em que os custos do objeto licitado envolvem, essencialmente, mão-de-obra "serviços continuados com dedicação exclusiva de mão de obra"). Nela adota-se a efetiva alteração dos custos contratuais, de acordo com a variação dos componentes dos custos de mão de obra. O aumento do salário da categoria (ex: vigilante) relacionada à prestação do serviço contratado (ex: serviço de vigilância), gera o direito à repactuação.

A repactuação é um direito disponível da parte contratante. Como tal, a concordância da empresa na manutenção da continuidade do contrato (prorrogação), sem pedido de alteração de seus valores (repactuação), implica opção pela não revisão econômica ordinária do contrato e a consequente **preclusão lógica** do seu direito de repactuar o período anterior.

- **Reequilíbrio econômico-financeiro.** Está relacionado a eventos imprevisíveis ou previsíveis, porém de consequências incalculáveis, retardadores ou impeditivos da execução do ajustado, ou ainda, em caso de força maior, caso fortuito ou fato do príncipe, configurando **álea econômica extraordinária** e **extracontratual.**

Não há interregno mínimo para a utilização deste instrumento de recomposição da equação econômica, nem limite na revisão.

A manutenção do equilíbrio econômico não deve proteger e resguardar apenas o particular; tal intangibilidade pode favorecer também a Administração. São exemplos de situações que em tese podem gerar **reequilíbrio** econômico-financeiro do contrato administrativo:

- modificação superveniente, pela Administração, do projeto a ser executado pelo contratado.
- elevação da carga tributária incidente especificamente sobre o objeto contratual.
- situação de fato preexistente ou não, de impossível conhecimento ou previsão, que onera a contratação.
- fato imprevisível da natureza que atrasa ou torna mais custosa a prestação contratual.

> **Importante!**
> Entendemos que o contrato administrativo pode ser um instrumento de alocação de riscos, inclusive em relação à álea extraordinária, para ganho de eficiência econômica, na relação contratual. Assim, por exemplo, é possível que determinado risco, relacionado a caso fortuito, seja previsto contratualmente como responsabilidade do contratado, motivo pelo qual, sua ocorrência não gerará direito a reequilíbrio econômico.

A adaptação do contrato administrativo às situações imprevistas é medida necessária à proteção do interesse público. A garantia de estabilidade jurídica serve como atrativo ao capital, já que dá segurança aos investimentos. Isso produz aumento na competitividade, por gerar maior interesse nos participantes das licitações públicas, beneficiando a busca pela melhor proposta.

> **Atenção!**
> A atualização periódica e ordinária da expressão monetária do contrato se caracteriza como reajuste (álea ordinária) e não como revisão do equilíbrio econômico (álea extraordinária).

Conforme entendimento do STJ, "não se mostra razoável o entendimento de que a inflação possa ser tomada, no Brasil, como álea extraordinária, de modo a possibilitar algum desequilíbrio na equação econômica do contrato" (STJ, REsp 744.446-DF. Informativo nº 352).

No mesmo sentido, segundo o TCU, a mera variação de preços de mercado não é suficiente para determinar a realização de reequilíbrio econômico-financeiro do contrato, sendo essencial a presença de uma das hipóteses previstas no art. 65, inciso II, alínea "d", da Lei 8.666/93. Diferenças entre os preços contratuais reajustados e os de mercado é situação previsível, já que dificilmente os índices contratuais refletem perfeitamente a evolução do mercado. (Acórdão 3024/2013-Plenário, Info TCU 177).

Por fim, convém salientar que a concessão de participação nos lucros e resultados a empregados de empresas que prestam serviços continuados à Administração não gera direito à repactuação ou ao reequilíbrio econômico. Nesse sentido, *vide* Acórdão nº 3336/2012, do Plenário do TCU.

Podemos apontar o seguinte quadro-resumo:

| | | |
|---|---|---|
| Reajuste (em sentido amplo) | Reajuste em sentido estrito | Álea ordinária |
| | Repactuação | Álea ordinária |
| Reequilíbrio econômico | Reequilíbrio econômico | Álea extraordinária |

▸ **Importante:**

Sobre os institutos de revisão econômica dos contratos administrativos, a AGU publicou algumas Orientações Normativas, que aqui destacamos:

- No caso das repactuações subsequentes à primeira, o interregno de um ano deve ser contado da última repactuação correspondente à mesma parcela objeto da nova solicitação. Entende-se como última repactuação a data em que iniciados seus efeitos financeiros, independentemente daquela em que celebrada ou apostilada. **(Orientação Normativa AGU Nº 26, de 01 abril de 2009, com redação alterada em dezembro de 2011).**
- No contrato de serviço continuado com dedicação exclusiva de mão de obra, o interregno de um ano para que se autorize a repactuação deverá ser contado da data do orçamento a que a proposta se referir, assim entendido o acordo, convenção ou dissídio coletivo de trabalho, para os custos decorrentes de mão de obra, e da data limite para a apresentação da proposta em relação aos demais insumos. **(Orientação Normativa AGU Nº 25, de 01 abril de 2009, com redação alterada em dezembro de 2011).**
- O contrato de serviço continuado sem dedicação exclusiva de mão de obra deve indicar que o reajuste dar-se-á após decorrido o interregno de um ano contado da data limite para a apresentação da proposta. **(Orientação Normativa AGU Nº 24, de 01 abril de 2009, com redação alterada em dezembro de 2011).**
- O edital ou o contrato de serviço continuado deverá indicar o critério de reajustamento de preços, sob a forma de reajuste em sentido estrito, admitida a adoção de índices gerais, específicos ou setoriais, ou por repactuação, para os contratos com dedicação exclusiva de mão de obra, pela demonstração analítica da variação dos componentes dos custos. **(Orientação Normativa AGU Nº 23, de 07 de abril de 2009, com redação alterada em dezembro de 2011).**
- O reequilíbrio econômico-financeiro pode ser concedido a qualquer tempo, independentemente de previsão contratual, desde que verificadas as circunstâncias elencadas na letra "d" do inc. II do art. 65, da Lei nº 8.666, de 1993. **(Orientação Normativa AGU Nº 22, de 07 de abril de 2009).**

▸ **Como esse assunto foi cobrado em concurso?**

No concurso para Analista de Finanças e Controle, do Ministério da Fazenda (ESAF/2013), foi considerada errada a seguinte assertiva: "*A concessão de benefício de participação nos lucros e resultados a empregados de empresas que prestam serviços continuados à Administração justifica a promoção de reequilíbrio econômico-financeiro do respectivo contrato.*"

No 20º concurso para o cargo de Procurador da República, foi considerada correta a seguinte alternativa: *c) é possível a alteração do contrato administrativo para restabelecer o equilíbrio econômico-financeiro da avença na hipótese de superveniência de fatos previsíveis, mas de consequências incalculáveis, que retardem ou impeçam a execução do que foi contratado.* No concurso para Procurador do Estado do Amazonas (FCC/2010), com a seguinte ementa: "*NÃO é causa de revisão do equilíbrio econômico-financeiro do contrato administrativo*". Foi considerada correta a seguinte assertiva: "*d) a necessidade de atualização periódica da expressão monetária do contrato*".

## 6. EXECUÇÃO DO CONTRATO

O contrato deverá ser executado fielmente pelas partes, de acordo com as cláusulas avençadas e as normas legais, respondendo, cada parte, pelas consequências de sua inexecução total ou parcial.

### 6.1. Fiscalização do contrato

A Administração deve designar representante para acompanhar e fiscalizar a execução contratual. Denomina-se este representante de **fiscal do contrato**, que, em contratações complexas, pode receber assistência ou subsídios de terceiros contratados pela Administração. Preferencialmente, a fiscalização deve ser feita por técnico da área relacionada à contratação.

As atividades de fiscalização e de supervisão de contrato devem ser realizadas por agentes administrativos distintos (princípio da segregação das funções), o que favorece o controle e a segurança do procedimento de liquidação de despesa. Diante da **segregação de funções** e das competências específicas, a IN 05/2017, da Secretaria de Gestão do Ministério do Planejamento, indica os seguintes agentes responsáveis pelo acompanhamento e a fiscalização do contrato:

- **Gestor do contrato:** servidor designado para coordenar e comandar o processo da fiscalização da execução contratual;
- **Fiscal técnico do contrato:** servidor designado para auxiliar o gestor do contrato quanto à fiscalização do objeto do contrato;
- **Fiscal administrativo do contrato:** servidor designado para auxiliar o gestor do contrato quanto à fiscalização dos aspectos administrativos do contrato.
- **Fiscalização setorial:** acompanhamento da execução do contrato nos aspectos técnicos ou administrativos, quando a prestação dos serviços ocorrer

concomitantemente em setores distintos ou em unidades desconcentradas de um mesmo órgão ou entidade.

- **Fiscalização pelo público usuário:** acompanhamento da execução contratual por pesquisa de satisfação junto ao usuário, com o objetivo de aferir os resultados da prestação dos serviços, os recursos materiais e os procedimentos utilizados pela contratada, quando for o caso, ou outro fator determinante para a avaliação dos aspectos qualitativos do objeto.

> **Atenção!**
>
> É possível a contração da empresa que elaborou projeto básico ou executivo de obra, para exercer as funções de fiscalização, supervisão ou gerenciamento do empreendimento.

A prerrogativa de fiscalização está relacionada à execução contratual, de forma que cláusula contratual que impuser poder de fiscalização estranho ao objeto do contrato extrapolará os limites legais. Nesse sentido, o STJ tem se manifestado contrariamente à **retenção do pagamento** das faturas decorrente da imposição de exigências em relação à obrigação de manter a regularidade fiscal (STJ, Ag 1030498/RO. DJe 10/10/2008).

> **Como esse assunto foi cobrado em concurso?**
>
> No concurso para Analista de Finanças e Controle, do Ministério da Fazenda (ESAF/2013), foi considerada correta a seguinte assertiva: "A contratação de empresa que elaborou o projeto básico ou executivo de obra para exercer as funções de fiscalização, supervisão ou gerenciamento do empreendimento encontra amparo na Lei n. 8.666/93".

Com relação aos serviços executados em desacordo ao contratado, a Instrução Normativa nº 05/2017, da Secretaria de Gestão do Ministério do Planejamento, regulamentou a possibilidade de **glosa ou retenção parcial**. A glosa permite o redimensionamento no pagamento com base nos indicadores estabelecidos, sempre que a contratada:

a) não produzir os resultados, deixar de executar, ou não executar com a qualidade mínima exigida as atividades contratadas; ou

b) deixar de utilizar materiais e recursos humanos exigidos para a execução do serviço, ou utilizá-los com qualidade ou quantidade inferior à demandada.

Eventual glosa do pagamento (pela deficiência do serviço prestado) é possível, mas exige regras claras e objetivas da mensuração de resultados, que permitam compreender a glosa objetivamente, como condição autorizadora de pagamento parcial do valor contratado, em virtude da prestação parcial do serviço.

Os critérios de aferição de resultados deverão ser preferencialmente dispostos na forma de **Instrumento de Medição de Resultado (IMR)** ou **Acordos de Nível de**

**Serviços (ANS)**, que devem prever critério objetivo de mensuração de resultados, adequando o pagamento aos resultados efetivamente obtidos.

> ▸ **Atenção!**
> Instrumento de Medição De Resultado (IMR) é um mecanismo que define, em bases compreensíveis, tangíveis, objetivamente observáveis e comprováveis, os níveis esperados de qualidade da prestação do serviço e respectivas adequações de pagamento.

## 6.2. Responsabilidade do contratado

O contratado é obrigado a reparar, corrigir, remover, reconstruir ou substituir, às suas expensas, total ou parcialmente, o objeto do contrato, quando se verificarem vícios, defeitos ou incorreções resultantes da execução ou de materiais empregados.

O poder de fiscalização da Administração não exclui ou reduz a responsabilidade do contratado pelos danos causados à Administração ou a terceiros, decorrentes de sua culpa ou dolo na execução do contrato.

> ▸ **Como esse assunto foi cobrado em concurso?**
> No concurso para Juiz Federal substituto da 5ª Região (CESPE/2013), foi considerada correta a seguinte assertiva: "O contratado é responsável pelos danos causados diretamente a terceiros ou à administração decorrentes de sua culpa ou dolo na execução do contrato. Essa responsabilidade não se exclui nem se reduz se tiver havido fiscalização ou acompanhamento pelo órgão interessado."

## 6.3. Encargos trabalhistas e responsabilidade subsidiária

De acordo com a Lei nº 8.666/93 (art. 71), o contratado é responsável pelos encargos trabalhistas, fiscais e comerciais resultantes da execução do contrato. O dispositivo reafirma tal condição, destacando que a inadimplência do contratado, com referência aos encargos trabalhistas, fiscais e comerciais, não transfere à Administração Pública a responsabilidade por seu pagamento nem poderá onerar o objeto do contrato ou restringir a regularização e o uso das obras e edificações, inclusive perante o Registro de Imóveis.

Contudo, para efeito de responsabilidade por obrigações trabalhistas, a Justiça do Trabalho igualava a Administração a qualquer tomador de serviços, impondo-lhe responsabilidade subsidiária. Nesse sentido, o TST havia publicado o Enunciado 331, que assim estipulava, em seu inciso IV: *"o inadimplemento das obrigações trabalhistas, por parte do empregador, implica a responsabilidade subsidiária do tomador dos serviços, quanto àquelas obrigações,* ***inclusive quanto aos órgãos da administração direta, das autarquias, das fundações públicas, das empresas pú-***

***blicas e das sociedades de economia mista,*** *desde que hajam participado da relação processual e constem também do título executivo judicial..."*

Contrariando o dispositivo legal, a jurisprudência trabalhista posicionava-se pela responsabilidade subsidiária da Administração, frente às obrigações trabalhistas das empresas contratadas. Desde a primeira edição de nosso livro "Leis de licitações públicas comentadas"[1], manifestamos nossa respeitosa discordância em relação ao posicionamento da Justiça Obreira. Defendíamos que a responsabilização subsidiária por ela imposta exigiria, tecnicamente, a declaração de inconstitucionalidade do § 1º do artigo 71 da Lei nº 8.666/93.

Outrossim, diferentemente do que afirmam alguns julgados, não há culpa *in eligendo* por parte da Administração. Inexiste uma escolha pessoal e negligente do prestador de serviço, pela Administração Pública, já que a aplicação do regime jurídico estabelecido impõe uma seleção isonômica e impessoal, nos termos dados pela Lei. A compreensão da Justiça Obreira pressupunha uma situação de subordinação e estabilidade, no trabalho entre os empregados da empresa contratada e a Administração, que deve, inclusive, ser combatida nos órgãos públicos. Estes, em suas licitações, devem visar à contratação de bens, obras, serviços, entre outros. Mesmo nos contratos chamados de terceirização de mão de obra, em última análise, a contratação deve objetivar os serviços a serem prestados, que podem ser executados por qualquer empregado da contratada, de acordo com as exigências apontadas pelo edital, sem subordinação ou relação de estabilidade. A permanência estabilizada de terceirizados em um mesmo órgão apenas contribui para a quebra da impessoalidade e para a fragilização do controle administrativo sobre a execução contratual.

Também não se justificava a imputação sumária de responsabilidade à Administração, sob o argumento da *culpa in vigilando*. Nos limites da Lei, a fiscalização a ser promovida pela Administração Pública está relacionada ao objeto contratual e não à relação de emprego existente entre a empresa e seus empregados, de forma que eventual culpa *in vigilando*, por ação ou omissão, não pode ser presumida sumariamente, diante da existência de inadimplemento de verbas trabalhistas. Para responsabilização da Administração Pública tomadora do serviço, a culpa administrativa deve ser efetivamente demonstrada no caso concreto, com a indicação da falha observada.

O Supremo Tribunal Federal, no julgamento da ADC nº 16, em novembro de 2010, por maioria e nos termos do voto do Relator, Ministro Cezar Peluso, **julgou procedente a Ação Declaratória de Constitucionalidade, reputando como constitucional o artigo 71 da Lei nº 8.666/93.** Tal decisão, de forma correta, evita o quadro de responsabilização sumária em detrimento da Administração Pública tomadora de serviços terceirizados.

1. Para aprofundamento, sugerimos a leitura de nosso livro "Leis de licitações públicas comentadas", indicado entre as referências desta obra.

Com o julgamento da ADC 16, pelo STF, e a consequente declaração de constitucionalidade do § 1º do artigo 71 da Lei n. 8.666/93, o TST alterou a redação de seu enunciado nº 331, diferenciando o tratamento dado à Administração Pública daquele reservado aos demais tomadores de serviço. De acordo com a nova redação do enunciado, **os entes integrantes da administração pública direta e indireta respondem subsidiariamente, pelo inadimplemento das obrigações trabalhistas (*desde que haja participado da relação processual e conste também do título executivo judicial*), caso seja evidenciada a sua conduta culposa no cumprimento das obrigações da Lei nº 8.666/93, especialmente na fiscalização do cumprimento das obrigações contratuais e legais da prestadora de serviço como empregadora.** O enunciado pontua que a aludida responsabilidade subsidiária não decorre de mero inadimplemento das obrigações trabalhistas assumidas pela empresa regularmente contratada.

Nesse sentido, o STF já assentou que a responsabilidade subsidiária da Administração Pública por encargos trabalhistas somente tem lugar quando há prova taxativa do nexo de causalidade entre a conduta de agentes públicos e o dano sofrido pelo trabalhador, não sendo admissível atribuir-se responsabilidade, por mera presunção de culpa da Administração (STF, Rcl 16671, julgado em 23/06/2015). Afronta a autoridade da decisão proferida no julgamento da ADC 16, a transferência à Administração Pública da responsabilidade pelo pagamento de encargos trabalhistas sem a indicação de específica conduta que fundamente o reconhecimento de sua culpa (STF, Rcl 22244, julgado em 17/11/2015).

Mais recentemente, o STF reiterou que "o inadimplemento dos encargos trabalhistas dos empregados do contratado não transfere automaticamente ao Poder Público contratante a responsabilidade pelo seu pagamento, seja em caráter solidário ou subsidiário, nos termos do art. 71, § 1º, da Lei nº 8.666/93" (STF. RE 760931/DF, Julg.: 26/04/2017). Nesta feita, para não afrontar o entendimento sedimentado pelo STF, eventual responsabilidade subsidiária por débitos trabalhistas exige a identificação de culpa na fiscalização, em detrimento do órgão público contratante.

> **Atenção!**
>
> A responsabilidade subsidiária não envolve apenas os salários não pagos, mas todas as verbas decorrentes da condenação referentes ao período da prestação laboral (Enunciado 331, VI). O TST tem firmado o entendimento de que a condenação subsidiária do tomador de serviços abrange todas as verbas não adimplidas pelo devedor principal (TST, RR 31800, Publ. 26/08/2011).

Seguindo esta mesma linha de raciocínio, o STJ (REsp 1444957/MG, DJe 16/08/2016) tem entendido que a responsabilidade pelo pagamento dos direitos autorais, na hipótese de execução de obra musical em evento realizado por empresa contratada, para esse fim, mediante licitação, não pode ser transferida para a Administração, salvo se comprovada a ação culposa desta última quanto ao dever de fiscalizar o cumprimento dos contratos públicos (***culpa in eligendo*** ou ***in vigilando***).

## 6.4. Encargos previdenciários

A Administração Pública responde **solidariamente** com o contratado pelos encargos previdenciários resultantes da execução do contrato, nos termos da legislação previdenciária.

Sobre o tema, o Parecer AGU AC-55, aprovado pelo Presidente da República em 20/11/2006, confirmou a responsabilidade solidária por encargos previdenciários, embora tenha ressalvado que "*atualmente, a Administração Pública não responde, nem solidariamente, pelas obrigações para com a Seguridade Social devidas pelo construtor ou subempreiteira contratados para a realização de obras de construção, reforma ou acréscimo, qualquer que seja a forma de contratação, desde que não envolvam a cessão de mão-de-obra, ou seja, desde que a empresa construtora assuma a responsabilidade direta e total pela obra ou repasse o contrato integralmente*".

> ▸ **Atenção!**
> Com relação aos encargos previdenciários, a responsabilidade da Administração é **solidária**.

## 6.5. Subcontratação

O contratado, sem prejuízo das responsabilidades contratuais e legais, poderá subcontratar partes da obra, serviço ou fornecimento, até o limite admitido, em cada caso, pela Administração. A possibilidade de subcontratação e seus limites devem ser estipulados pelo edital.

Havendo subcontratação, tais empresas também devem respeitar as exigências estabelecidas pela legislação, para fins de contratação com a Administração Pública.

> ▸ **Atenção!**
> A subcontratação total do objeto, em que se evidencia a mera colocação de interposto entre a Administração Pública contratante e a empresa efetivamente executora (subcontratada), é irregularidade ensejadora de débito, o qual corresponde à diferença entre os pagamentos recebidos pela empresa contratada e os valores por ela pagos na subcontratação integral. (Acórdão 1464/2014-Plenário, Info TCU 200).

## 6.6. Recebimento provisório e recebimento definitivo

O objeto contratual será recebido provisória e definitivamente. A Lei nº 8.666/93, em seu artigo 73, estabeleceu regras e prazos para tais procedimentos.

O **Recebimento provisório** é feito pelo fiscal do contrato, enquanto o **recebimento definitivo** é feito por servidor ou comissão designada pela autoridade competente. A diferença se justifica, pois o recebimento definitivo pressupõe a análise e a avaliação detalhada da prestação contratual, para sua consequente aceitação.

Nem o recebimento provisório nem o definitivo têm o condão de excluir a responsabilidade civil pela perfeita execução do contrato.

Poderá ser dispensado o recebimento provisório nas seguintes situações: gêneros perecíveis e alimentação preparada; serviços profissionais; obras e serviços de valor até o limite da modalidade convite (para compras e serviços), desde que não se componham de aparelhos, equipamentos e instalações sujeitos à verificação de funcionamento e produtividade.

> **Como esse assunto foi cobrado em concurso?**
>
> No concurso para Procurador do TCU (CESPE/2004), foi considerada errada a seguinte assertiva: *"Em todos os contratos administrativos relativos a obras, devem estar estabelecidas obrigatoriamente duas etapas de recebimento do objeto: a do recebimento provisório e a do recebimento definitivo"*.

## 6.7. Mediação e autocomposição de conflitos, no âmbito da administração pública

A **Lei federal nº 13.140/2015** dispôs sobre **a mediação e autocomposição de conflitos**, no âmbito da administração pública.

Como já dito anteriormente, a competência privativa da União (**inciso XXVII do artigo 22 da Constituição Federal**) para legislar sobre contratações públicas, restringe-se às normas gerais, motivo pelo qual os demais entes federativos possuem competência legislativa comum para legislar sobre as pertinentes normas específicas.

Em suma, para a União Federal, há uma competência legislativa privativa, no que tange às regras gerais, e uma competência legislativa comum, no que se refere às regras específicas. Nessa feita, naquilo que é geral, ao tratar sobre contratações públicas, a Lei federal nº 13.140/2015 possui caráter nacional, aplicando-se a todos os entes da Federação; naquilo que remete a especificidades, ela regula apenas o campo federal, estando os demais entes livres para aprovarem disposições próprias.

Cabe registrar que o novo Código de Processo Civil diferencia o **conciliador**, do **mediador**.

Segundo o novo CPC, o **conciliador** atua, preferencialmente, nos casos em que não há vínculo anterior entre as partes, sugerindo soluções para o litígio, sem qualquer tipo de constrangimento ou intimidação. O **mediador** atua, preferencialmente, nos casos em que houver vínculo anterior entre as partes, auxiliando os interessados a compreender as questões e os interesses em conflito, de modo que eles possam, pelo restabelecimento da comunicação, identificar, por si próprios, soluções consensuais que gerem benefícios mútuos.

Já na **arbitragem**, as partes interessadas decidem submeter a solução de seus litígios ao juízo arbitral, mediante convenção de arbitragem, assim entendida a cláusula compromissória e o compromisso arbitral. A **cláusula compromissória** é a convenção através da qual as partes se comprometem a submeter, à arbitragem, os litígios que possam vir a surgir. O **compromisso arbitral** é a convenção através da qual as partes submetem um litígio à arbitragem de uma ou mais pessoas, podendo ser judicial ou extrajudicial.

A arbitragem poderá ser de direito ou de equidade, a critério das partes; contudo, quando envolver a Administração Pública, a arbitragem será sempre **de direito** e respeitará o princípio da **publicidade**.

### *6.7.1. Regras gerais (válidas para todos os entes)*

Segundo a Lei federal nº 13.140/2015, a União, os Estados, o Distrito Federal e os Municípios poderão criar **câmaras de prevenção e resolução administrativa de conflitos**, no âmbito dos respectivos órgãos da **Advocacia Pública**, onde houver, com competência para:

a) dirimir conflitos entre órgãos e entidades da administração pública;

b) avaliar a admissibilidade dos pedidos de resolução de conflitos, por meio de composição, no caso de controvérsia entre particular e pessoa jurídica de direito público;

c) promover, quando couber, a celebração de termo de ajustamento de conduta.

Cada ente federado disciplinará, em regulamento, o modo de composição e funcionamento das respectivas câmaras. Outrossim, a submissão do conflito às câmaras é **facultativa** e será cabível apenas nos casos previstos no regulamento do respectivo ente federado.

O órgão da Advocacia Pública (da União, dos Estados, do Distrito Federal ou dos Municípios), onde houver, poderá instaurar, **de ofício ou mediante provocação**, procedimento de mediação coletiva de conflitos relacionados à prestação de serviços públicos.

Compreendem-se na competência das câmaras, a prevenção e a resolução de conflitos que envolvam equilíbrio econômico-financeiro de contratos celebrados pela administração, com particulares.

> **Atenção!**
> Não se incluem na competência dos órgãos da Advocacia Pública, as controvérsias que somente possam ser resolvidas por atos ou concessão de direitos sujeitos a autorização do Poder Legislativo.

A instauração de procedimento administrativo para a resolução consensual de conflito, no âmbito da administração pública, **suspende a prescrição**. Nesses casos, considera-se instaurado o procedimento quando o órgão ou entidade pública emitir **juízo de admissibilidade**, retroagindo a suspensão da prescrição à data de formalização do pedido de resolução consensual do conflito. Quando tratar-se de matéria tributária, a suspensão da prescrição deverá observar o disposto no Código Tributário Nacional.

Havendo consenso entre as partes, o acordo será reduzido a termo e constituirá **título executivo extrajudicial.**

### *6.7.2. Regras específicas (válidas para a Administração federal)*

A propositura de ação judicial em que figurem concomitantemente nos polos ativo e passivo órgãos ou entidades de direito público que integrem a administração pública federal deverá ser previamente autorizada pelo Advogado-Geral da União.

O Advogado-Geral da União, diretamente ou mediante delegação, e os dirigentes máximos das empresas públicas federais, em conjunto com o dirigente estatutário da área afeta ao assunto, poderão autorizar a realização de acordos ou transações para prevenir ou terminar litígios, inclusive os judiciais.

De acordo com a Lei federal nº 13.140/2015, as controvérsias jurídicas que envolvam a administração pública federal direta, suas autarquias e fundações poderão ser objeto de transação por adesão, com fundamento em:

a) autorização do Advogado-Geral da União, com base na jurisprudência pacífica do Supremo Tribunal Federal ou de tribunais superiores; ou

b) parecer do Advogado-Geral da União, aprovado pelo Presidente da República.

Os requisitos e as condições da transação por adesão serão definidos em resolução administrativa própria. De qualquer forma, ao fazer o pedido de adesão, o interessado deverá juntar prova de atendimento aos requisitos e às condições estabelecidos na resolução administrativa.

A resolução administrativa terá **efeitos gerais** e será aplicada aos **casos idênticos**, tempestivamente habilitados mediante pedido de adesão, ainda que solucione apenas parte da controvérsia.

A adesão implicará **renúncia** do interessado ao direito sobre o qual se fundamenta a ação ou o recurso, eventualmente pendentes, de natureza administrativa ou judicial, no que tange aos pontos compreendidos pelo objeto da resolução administrativa.

> **Atenção!**
> Se o interessado for parte em processo judicial inaugurado por ação coletiva, a renúncia ao direito sobre o qual se fundamenta a ação deverá ser expressa, mediante petição dirigida ao juiz da causa.

A formalização de resolução administrativa destinada à transação por adesão não implica a renúncia tácita à prescrição nem sua interrupção ou suspensão.

No caso de conflitos que envolvam controvérsia jurídica entre órgãos ou entidades de direito público que integram a administração pública federal, a Advocacia-Geral da União deverá realizar **composição extrajudicial** do conflito, observados os procedimentos previstos em ato do Advogado-Geral da União.

Não havendo acordo quanto à controvérsia jurídica, caberá ao Advogado-Geral da União dirimi-la. Nas hipóteses em que a resolução da controvérsia implicar o reconhecimento da existência de créditos da União, de suas autarquias e fundações em face de pessoas jurídicas de direito público federais, a Advocacia-Geral da União poderá solicitar ao Ministério do Planejamento, Orçamento e Gestão a adequação orçamentária para quitação das dívidas reconhecidas como legítimas.

A composição extrajudicial do conflito não afasta a apuração de responsabilidade do agente público que deu causa à dívida, sempre que se verificar que sua ação ou omissão constitui, em tese, infração disciplinar.

Os servidores e empregados públicos que participarem do processo de composição extrajudicial do conflito, somente poderão ser responsabilizados civil, administrativa ou criminalmente quando, mediante dolo ou fraude, receberem qualquer vantagem patrimonial indevida, permitirem ou facilitarem sua recepção por terceiro, ou para tal concorrerem.

> **Atenção!**
> Quando a matéria objeto do litígio estiver sendo discutida em ação de improbidade administrativa ou sobre ela haja decisão do Tribunal de Contas da União, a conciliação dependerá da anuência expressa do juiz da causa ou do Ministro Relator.

É facultado aos Estados, ao Distrito Federal e aos Municípios, suas autarquias e fundações públicas, bem como às empresas públicas e sociedades de economia mista federais, submeter seus litígios com órgãos ou entidades da administração pública federal à Advocacia-Geral da União, para fins de composição extrajudicial do conflito.

Os órgãos e entidades da administração pública poderão criar câmaras para a resolução de conflitos entre particulares, que versem sobre atividades por eles reguladas ou supervisionadas.

Na transação ou acordo celebrado diretamente pela parte ou por intermédio de procurador para extinguir ou encerrar processo judicial, inclusive os casos de extensão administrativa de pagamentos postulados em juízo, as partes poderão definir a responsabilidade de cada uma pelo pagamento dos honorários dos respectivos advogados.

## 7. DA INEXECUÇÃO E DA RESCISÃO DOS CONTRATOS

O contrato deverá ser executado fielmente pelas partes, de acordo com as cláusulas avençadas e as normas desta Lei, respondendo cada uma pelas consequências de sua inexecução total ou parcial.

A inexecução total ou parcial do contrato enseja a sua rescisão, com as consequências contratuais e as previstas em lei ou regulamento.

O artigo 78 da **Lei nº 8.666/93** elenca situações que constituem motivos para a rescisão do contrato. Em apertada síntese, o elenco aponta situações de:

a) Falha ou irregularidade na execução contratual (incisos I a VIII).

b) Alteração da situação jurídica do contratado, comprometedora da execução contratual (incisos IX a XI).

c) Razões de interesse público (inciso XII).

d) Atitudes, pela Administração, que prejudiquem a execução contratual (incisos XIII a XVI).

e) Caso fortuito ou força maior, impeditivos da execução do contrato (inciso XVII).

f) Descumprimento do disposto no inciso XXXIII do art. 70 da Constituição Federal (inciso XVII).

A **rescisão contratual** poderá ser:

Unilateral ↔ Amigável ↔ Judicial

A **rescisão unilateral** constitui uma prerrogativa extraordinária da Administração. Como tal, só pode ocorrer nas situações expressamente autorizadas pela Lei (**hipóteses taxativas**), ou seja, nos casos enumerados nos incisos I a XII e XVII. Nessa feita, apenas as alterações da situação jurídica do contratado que comprometam a execução contratual justificam a rescisão unilateral.

Por conclusão, não cabe rescisão unilateral, diante de atitudes, pela Administração, as quais prejudiquem a execução contratual (incisos XIII a XVI).

A rescisão unilateral pode acarretar as seguintes consequências: assunção do objeto, ocupação de bens, execução de garantia e retenção de créditos (não devidos, em virtude do necessário ressarcimento de prejuízos causados à Administração).

A **rescisão amigável** ocorrerá por acordo entre as partes, reduzida a termo no processo da licitação, desde que haja conveniência para a Administração.

A **rescisão judicial** ocorrerá nos termos da legislação, quando identificada ilegalidade.

Os casos de rescisão contratual serão formalmente motivados nos autos do processo, assegurado o contraditório e a ampla defesa.

**Atenção!**

Essa garantia ampara, apenas, as hipóteses de contratos firmados validamente com a Administração. Não se justifica essa proteção ao contratado, quando a situação que se pretende manter não se qualifica como um contrato válido, mas como uma relação originada ilicitamente, eivada de manifesta ofensa ao princípio da legalidade (STJ, REsp 808.381/RJ, DJe 11/02/2009).

▸ **Como esse assunto foi cobrado em concurso?**

No concurso para o cargo de Procurador federal (Cespe/2010), foi considerada errada a seguinte assertiva: *"Se a empresa de turismo X for contratada para fornecer passagens aéreas para determinado órgão da União e, durante o prazo do contrato, essa empresa alterar o seu objeto social, de forma a contemplar também o transporte urbano de turistas e passageiros, mesmo que não haja prejuízo para o cumprimento do contrato administrativo já firmado com o órgão federal, a administração pública poderá rescindir unilateralmente o contrato"*.

No concurso para o cargo de analista de controle externo do TCM/CE (FCC/2010), com o enunciado *"os contratos administrativos podem ser rescindidos"*, foi considerada correta a seguinte assertiva: *"c) amigavelmente, por acordo entre as partes, desde que haja conveniência da Administração."*

## 7.1. *Exceptio non adimpleti contractus* em face da administração

Na situação descrita pelo inciso XV, a **Lei nº 8.666/93** admitiu claramente que o atraso superior a 90 (noventa) dias, dos pagamentos devidos pela Administração (salvo em caso de calamidade pública, grave perturbação da ordem interna ou guerra), pode assegurar ao contratado o direito de optar pela suspensão do cumprimento de suas obrigações, até que seja normalizada a situação. Tal garantia consagrou uma cláusula de proteção ao pagamento estipulada pelo constituinte e sepultou a discussão doutrinária sobre a possibilidade ou não de ***exceptio non adimpleti contractus*** em face da Administração.

É importante perceber que os atrasos e a inadimplência inadvertida dos órgãos administrativos, muitas vezes, mascaram atos de corrupção e de chantagem, em detrimento de fornecedores. Esse tipo de atitude retira do ambiente licitatório as empresas idôneas, que não aceitam submeter-se ao oferecimento de comissões ou vantagens ilícitas ao gestor. Ademais, com o tempo, essa promiscuidade afasta empresas sérias, prejudicando a competitividade e a obtenção de melhores contratações pela Administração Pública.

O necessário planejamento das contratações não se coaduna com a justificativa de falta de recursos, já que, em regra, a Lei veda a abertura de procedimento licitatório e a contratação, sem a previsão de recursos suficientes ao seu custeio. Uma vez liquidada a despesa, identificada a escorreita prestação contratual pela empresa, em princípio, deve ser resguardado o direito ao recebimento do respectivo crédito.

De qualquer forma, tem-se entendido que o atraso dos pagamentos, quando inferior a 90 dias, não justifica a suspensão unilateral, por parte do contratado.

▸ **Como esse assunto foi cobrado em concurso?**

No concurso para o cargo de Promotor de Justiça do Estado da Paraíba (MPE-PB/2010), foi considerada correta a seguinte assertiva: "*O atraso superior a noventa dias nos pagamentos devidos pelo Poder Público contratante por obrigações já adimplidas pelo particular contratado autoriza este a suspender unilateralmente o cumprimento de suas obrigações sucessivas, até que se normalize a situação, sendo desnecessário trilhar-se a via jurisdicional*".

## 8. CONVÊNIOS E INSTRUMENTOS CONGÊNERES

Embora a expressão contrato administrativo, no sentido amplo de acordo de vontades, abranja os convênios, inescusável que estes instrumentos possuem configuração jurídica particular. Nesse sentido, o artigo 116 da Lei nº 8.666/93 indicou tratamento diferenciado ("no que couber") aos convênios, acordos, ajustes e outros instrumentos congêneres.

O **convênio** (em sentido amplo) é um acordo ajustado entre pessoas administrativas entre si ou entre elas e particulares, despidos de interesse lucrativo ou pretensão de vantagem econômica, objetivando a realização de um fim de interesse público. Diferentemente dos contratos, em que as partes possuem propósitos econômicos e lucrativos contrapostos, nos convênios o fundamental é a **cooperação**, a ação conjunta ou comum para o atendimento de um **interesse público**.

Esse sentido de cooperação tem justificado o entendimento doutrinário de que, **em regra geral, não é necessário realizar licitação para a celebração de convênios**. Não obstante, parte da doutrina apresenta a ressalva de que, em algumas situações (como se dá em alguns convênios com entidades privadas), faz-se necessária a realização de algum processo seletivo, por respeito ao princípio da impessoalidade. Nesse prumo, o Decreto federal nº 6.170/2009 (com a nova redação estabelecida pelo Decreto Federal nº 7.568/2011) estabelece que "a celebração de convênio ou contrato de repasse com entidades privadas sem fins lucrativos será precedida de chamamento público a ser realizado pelo órgão ou entidade concedente, visando à seleção de projetos ou entidades que tornem mais eficaz o objeto do ajuste".

A **obrigatoriedade de prévio chamamento público**, para a celebração de convênio ou contrato de repasse com entidades privadas sem fins lucrativos, poderá ser excepcionada pelo Ministro de Estado ou o dirigente máximo da entidade da administração pública federal, mediante decisão fundamentada, nas seguintes situações:

I - nos casos de emergência ou calamidade pública, quando caracterizada situação que demande a realização ou manutenção de convênio ou contrato de repasse pelo prazo máximo de cento e oitenta dias consecutivos e ininterruptos, contados da ocorrência da emergência ou calamidade, vedada a prorrogação da vigência do instrumento;

II - para a realização de programas de proteção a pessoas ameaçadas ou em situação que possa comprometer sua segurança;

III - nos casos em que o projeto, atividade ou serviço objeto do convênio ou contrato de repasse já seja realizado adequadamente mediante parceria com a mesma entidade há pelo menos cinco anos e cujas respectivas prestações de contas tenham sido devidamente aprovadas.

▸ **Atenção!**

A ON AGU nº 45/2014 estabeleceu que, as alterações nos convênios, com entidades privadas, submetem-se aos mesmos limites dos contratos administrativos.

Não obstante, cabe reiterar o entendimento doutrinário de que, regra geral, não é necessária a realização de licitação (ao menos licitação em sentido estrito) para a celebração de convênios. Tal raciocínio vem sendo adotado pelas bancas de concurso.

▸ **Como esse assunto foi cobrado em concurso?**

No concurso para o cargo de Promotor de Justiça do Estado do Espírito Santo (Cespe/2010), foi considerada correta a seguinte assertiva: "*b) A regra geral é a ausência de licitação para a celebração de convênios administrativos, diferentemente do que ocorre com os contratos administrativos comuns.*".

▸ **Atenção!**

Sugerimos a leitura de algumas Orientações Normativas da AGU, relacionadas ao tema:

*** (ON AGU nº 55/2014).**

I – Os processos que sejam objeto de manifestação jurídica referencial, isto é, aquela que analisa todas as questões jurídicas que envolvam matérias idênticas e recorrentes, estão dispensados de análise individualizada pelos órgãos consultivos, desde que a área técnica ateste, de forma expressa, que o caso concreto se amolda aos termos da citada manifestação.

II – Para a elaboração de manifestação jurídica referencial devem ser observados os seguintes requisitos: a) o volume de processos em matérias idênticas e recorrentes impactar, justificadamente, a atuação do órgão consultivo ou a celeridade dos serviços administrativos; e b) a atividade jurídica exercida se restringir à verificação do atendimento das exigências legais a partir da simples conferência de documentos.

*** (ON AGU nº 54/2014).**

"Compete ao agente ou setor técnico da administração declarar que o objeto licitatório é de natureza comum para efeito de utilização da modalidade pregão e definir se o objeto corresponde a obra ou serviço de engenharia, sendo atribuição do órgão jurídico analisar o devido enquadramento da modalidade licitatória aplicável."

*** (ON AGU nº 53/2014).**

"A empresa que realize cessão ou locação de mão de obra, optante pelo simples nacional, que participe de licitação cujo objeto não esteja previsto no disposto no § 1º do art. 17 da lei complementar nº 123, de 2006, deverá apresentar planilha de formação de custos sem contemplar os benefícios do regime tributário diferenciado."

*** (ON AGU nº 52/2014).**

"As despesas ordinárias e rotineiras da administração, já previstas no orçamento e destinadas à manutenção das ações governamentais preexistentes, dispensam as exigências previstas nos incisos I e II do art. 16 da lei complementar nº 101, de 2000"

*** (ON AGU nº 51/2014).**

"A garantia legal ou contratual do objeto tem prazo de vigência próprio e desvinculado daquele fixado no contrato, permitindo eventual aplicação de penalidades em caso de descumprimento de alguma de suas condições, mesmo depois de expirada a vigência contratual."

*** (ON AGU nº 50/2014).**

"Os acréscimos e as supressões do objeto contratual devem ser sempre calculados sobre o valor inicial do contrato atualizado, aplicando-se a estas alterações os limites percentuais previstos no art. 65, § 1º, da Lei nº 8.666, de 1993, sem qualquer compensação entre si.

*** (ON AGU nº 49/2014).**

A aplicação das sanções de impedimento de licitar e contratar no âmbito da União (art. 7° da Lei n° 10.520, de 2002) e de declaração de inidoneidade (art. 87, inc. IV, da Lei n° 8.666, de 1993) possuem efeito *ex nunc*, competindo à administração, diante de contratos existentes, avaliar a imediata rescisão no caso concreto.

*** (ON AGU nº 48/2014).**

"É competente para a aplicação das penalidades previstas nas Leis n°s 10.520, de 2002, e 8.666, de 1993, excepcionada a sanção de declaração de inidoneidade, a autoridade responsável pela celebração do contrato ou outra prevista em regimento."

*** (ON AGU nº 47/2014).**

Em licitação dividida em itens ou lotes/grupos, deverá ser adotada a participação exclusiva de microempresa, empresa de pequeno porte ou sociedade cooperativa (art. 34 da Lei nº 11.488, de 2007) em relação aos itens ou lotes/grupos cujo valor seja igual ou inferior a R$ 80.000,00 (OITENTA MIL REAIS), desde que não haja a subsunção a quaisquer das situações previstas pelo art. 9º do decreto nº 6.204, de 2007."

*** (ON AGU nº 46/2014).**

Somente é obrigatória a manifestação jurídica nas contratações de pequeno valor com fundamento no art. 24, I ou II, da Lei nº 8.666, de 21 de junho de 1993, quando houver minuta de contrato não padronizada ou haja, o administrador, suscitado dúvida jurídica sobre tal contratação. Aplica-se o mesmo entendimento às contratações fundadas no art. 25 da Lei nº 8.666, de 1993, desde que seus valores subsumam-se aos limites previstos nos incisos I e II do art. 24 da Lei nº 8.666, de 1993.

*** (ON AGU nº 45/2014).**

"O acréscimo do valor do convênio com entidades privadas sem fins lucrativos submete-se ao limite do §1º do art. 65 da Lei nº 8.666, de 1993.

I - o limite deve ser aferido pelo cotejo entre o valor total original do convênio e a soma dos aportes adicionais realizados pelo concedente e pelo convenente.

II - o acréscimo exige aquiescência dos partícipes e formalização por meio de aditivo.

III - se houver contrapartida, seu valor será acrescido em equivalência ao acréscimo realizado no objeto pactuado."

*** (ON AGU nº 44/2014).**

"I - a vigência do convênio deverá ser dimensionada segundo o prazo previsto para o alcance das metas traçadas no plano de trabalho, não se aplicando o inciso II do art. 57 da Lei nº 8.666, de 1993.

II - ressalvadas as hipóteses previstas em lei, não é admitida a vigência por prazo indeterminado, devendo constar no plano de trabalho o respectivo cronograma de execução.

III - é vedada a inclusão posterior de metas que não tenham relação com o objeto inicialmente pactuado."

*** (ON AGU nº 43/2014).**

"A publicação do extrato de convênio é condição de eficácia do ajuste e a sua ausência admite convalidação, sem prejuízo de eventual apuração de responsabilidade administrativa."

*** (ON AGU nº 42/2014).**

"A despeito do limite de 18 meses previsto no § 3º do art. 37 da Portaria Interministerial CGU/MF/MP nº 507, de 2011, o prazo para a apresentação do projeto básico/termo de referência deve ser fixado de forma compatível com o prazo previsto no § 2º do art. 68 do Decreto nº 93.872, de 1986, e com o prazo de diligência previsto na respectiva lei de diretrizes orçamentárias, ressalvadas as exceções previstas no citado decreto".

*** (ON AGU nº 41/2014).**

"A celebração de quaisquer convênios entre a União e os demais entes federativos não deve ser inferior a R$ 100.000,00 (cem mil reais), sendo que para obras e serviços de engenharia, exceto elaboração de projetos, deve ser igual ou superior a R$ 250.000,00 (duzentos e cinquenta mil reais). A vedação alcança todas as dotações orçamentárias, inclusive

> as decorrentes de emendas parlamentares. para o alcance dos respectivos valores, admitem-se, exclusivamente, as hipóteses previstas no parágrafo único do art. 2º do Decreto nº 6.170, de 2007."
>
> *** (ON AGU nº 40/2014).**
>
> "Nos convênios cuja execução envolva a alocação de créditos de leis orçamentárias subsequentes, a indicação do crédito orçamentário e do respectivo empenho para atender à despesa relativa aos exercícios posteriores poderá ser formalizada, relativamente a cada exercício, por meio de apostila. Tal medida dispensa o prévio exame e aprovação pela assessoria jurídica."

### 8.1. Convênio (em sentido estrito), Termo de execução descentralizada e Contrato de repasse

Recentemente, no plano federal, foi publicado o **Decreto nº 6.170/2007**. Ele dispõe sobre as normas relativas às transferências de recursos da União mediante convênios, termo de execução descentralizada e contratos de repasse, diferenciando as três figuras.

- **Convênio:** é o acordo, ajuste ou qualquer outro instrumento que discipline a transferência de recursos financeiros de dotações consignadas nos Orçamentos Fiscal e da Seguridade Social da União e tenha como partícipe, de um lado, órgão ou entidade da Administração Pública Federal, direta ou indireta, e, de outro lado, órgão ou entidade da Administração Pública Estadual, distrital ou municipal, direta ou indireta, ou ainda entidades privadas sem fins lucrativos, visando à execução de programa de governo, envolvendo a realização de projeto, atividade, serviço, aquisição de bens ou evento de interesse recíproco, em regime de mútua cooperação. Os recursos financeiros devem ser utilizados somente para os fins previstos no convênio.
- **Termo de execução descentralizada:** instrumento por meio do qual é ajustada a transferência de crédito de órgão da Administração Pública Federal Direta, autarquia, fundação pública ou empresa estatal dependente para outro órgão ou entidade federal da mesma natureza.
- **Contrato de repasse:** instrumento por meio do qual é ajustada a descentralização de crédito entre órgãos e/ou entidades integrantes dos Orçamentos Fiscal e da Seguridade Social da União, para execução de ações de interesse da unidade orçamentária descentralizadora e consecução do objeto previsto no programa de trabalho, respeitada fielmente a classificação funcional programática.

É vedada a celebração de convênios com órgãos e entidades da administração pública direta e indireta dos Estados, Distrito Federal e Municípios cujos valores sejam inferiores aos definidos em ato conjunto editado pelos Ministros de Estado da Fazenda, do Planejamento, Desenvolvimento e Gestão e da Transparência, Fiscalização e Controladoria-Geral da União - CGU.

O Decreto federal nº 6.170/2007 veda ainda a celebração de convênios entre órgãos e entidades da própria Administração Pública Federal, já que, nesse caso, tratar-se-ia de Termo de execução descentralizada.

É também vedada a celebração de **convênios** e **contratos de repasse** com **entidades privadas sem fins lucrativos** que tenham como dirigentes membros dos Poderes Executivo, Legislativo, Judiciário, do Ministério Público e do Tribunal de Contas da União, bem como seus cônjuges, companheiros, e parentes em linha reta, colateral ou por afinidade até o 2º grau; ou que tenham como dirigente servidor público vinculado ao órgão ou entidade concedente, bem como seus respectivos cônjuges, companheiros, e parentes em linha reta, colateral ou por afinidade até o 2º grau.

Com as alterações feitas pelo Decreto nº 7.568/2011, passou a ser também vedada a celebração de convênios com entidades privadas sem fins lucrativos que não comprovem ter desenvolvido, durante os últimos três anos, atividades referentes à matéria objeto do convênio ou contrato de repasse; bem como com aquelas que, em suas relações anteriores com a União, tenham incorrido em pelo menos uma das seguintes condutas:

a) omissão no dever de prestar contas;

b) descumprimento injustificado do objeto de convênios, contratos de repasse ou termos de parceria;

c) desvio de finalidade na aplicação dos recursos transferidos;

d) ocorrência de dano ao Erário; ou

e) prática de outros atos ilícitos na execução de convênios, contratos de repasse ou termos de parceria.

De acordo com o Decreto federal nº 8.943/2016, resta também vedada a celebração de convênio e contrato de repasse cuja vigência se encerre no último ou no primeiro trimestre de mandato dos Chefes do Poder Executivo dos entes federativos.

## 8.2. Convênios e execução de recursos transferidos

A simples existência do objeto do convênio não prova de maneira absoluta que sua execução ocorreu com os recursos federais transferidos. A posterior realização do projeto com recursos próprios, pelo convenente ou mesmo pelo gestor responsável, não ilidem sua responsabilidade por eventuais desvios de recursos públicos.

Ademais, as dificuldades administrativas e a ausência de adequada estrutura de gerenciamento não servem para elidir irregularidades em convênios. Os contratos celebrados à conta dos recursos de convênios ou contratos de repasse deverão conter cláusula que obrigue o contratado a conceder livre acesso aos documentos e registros contábeis da empresa, referentes ao objeto contratado, para os servidores dos órgãos e entidades públicas concedentes e dos órgãos de controle interno e externo.

De acordo com o Decreto federal nº 8.244, de 2014, constitui cláusula necessária em qualquer convênio ou contrato de repasse celebrado pela União e suas entidades:

- a indicação da forma pela qual a execução do objeto será acompanhada pelo concedente; e
- a vedação para o convenente de estabelecer contrato ou convênio com entidades impedidas de receber recursos federais.

Outrossim, as transferências financeiras para órgãos públicos e entidades públicas e privadas, decorrentes da celebração de convênios e contratos de repasse, serão feitas exclusivamente por intermédio de instituição financeira oficial, federal ou estadual, que poderá atuar como mandatária da União, para execução e fiscalização.

Nos termos de precedente do STJ, obedece ao princípio da razoabilidade a exigência de órgão público de apenas estabelecer convênios com entidades de reputação ilibada, pedindo, para tal comprovação, certidões negativas de débitos fiscais. Segundo o Tribunal "os atributos exigidos a todos os interessados em estabelecer convênios estão previstos em lei, sendo mandamento constitucional e legal a cautela de se verificar a idoneidade do particular antes de contratar com a Administração Pública (STJ. *MS 13.985/DF, DJe 05/03/2009*).

> **Atenção!**
> A aquisição de produtos e a contratação de serviços com recursos da União transferidos a entidades privadas sem fins lucrativos deverão observar os princípios da impessoalidade, moralidade e economicidade, sendo necessária, no mínimo, a realização de cotação prévia de preços no mercado antes da celebração do contrato.

## 9. CONSÓRCIOS PÚBLICOS

A Lei nº 11.107/2005, com a regulamentação dada pelo Decreto federal nº 6.017/2007, apresenta o consórcio público como pessoa jurídica formada por entes da Federação, constituída como associação pública, com personalidade jurídica de direito público e natureza autárquica, ou como pessoa jurídica de direito privado sem fins econômicos.

Mais que um contrato, a nova Lei dá aos consórcios públicos contornos de ato de constituição de pessoa jurídica de direito administrativo, com personalidade jurídica própria e fins cooperativos. Ademais, sedimenta-se a percepção de que o consórcio público integra a Administração Indireta dos entes consorciados.

Nessa feita, não obstante o tema seja tratado por parte significativa da doutrina, no capítulo referente aos contratos administrativos, parece-nos adequado tratá-lo no capítulo acerca da **organização administrativa**, ao qual remetemos o leitor.

## 10. SANÇÕES ADMINISTRATIVAS

O poder administrativo sancionador não consiste em livre faculdade do administrador, mas em um poder-dever de apurar eventuais práticas sancionáveis e aplicar as punições admitidas, no interesse do serviço público e nos limites legais, resguardando sempre a ampla defesa do contratado, além das garantias e princípios relacionados ao processo administrativo.

> ▸ **Atenção!**
> É inviável a aplicação de penalidade ao licitante adjudicatário que se recusa a assinar o contrato, quando não exista previsão de aplicação, no edital, de sanção para tal conduta (STJ, REsp 709.378/PE, DJe 03/11/2008).

### 10.1. Sanções previstas na Lei geral de licitações

A Lei nº 8.666/93 estabelece que, pela inexecução total ou parcial do contrato, a Administração poderá, garantida a prévia defesa, aplicar ao contratado as seguintes sanções: **advertência; multa; suspensão temporária** e **declaração de inidoneidade**.

- **Advertência:** apresenta-se como uma "sanção" mais leve, relacionada aos acontecimentos contratuais de menor importância.
- **Multa:** é uma sanção que pode ser aplicada cumulativamente às demais. Tem-se entendido que a ausência da previsão de multa no edital ou no contrato impede sua imposição. Ela deve ser descontada primeiramente da garantia contratual.
- **Suspensão temporária:** atinge o direito de participar de licitação ou mesmo de firmar contrato com a Administração, pelo prazo de até **02 (dois) anos.** Para alguns, os efeitos dessa sanção ficam restritos ao órgão sancionador; para outros, a incidência é geral, suspendendo o direito de licitar ou contratar com os demais órgãos da Administração Pública.

> ▸ **Atenção!**
> O STJ tem se posicionado pela incidência geral da penalidade de suspensão, que impediria a participação em certames de outros órgãos (RMS 9707/PR e REsp 151567/RJ).

Já o TCU (em nossa opinião, com maior acerto), tem entendido que: "As sanções de suspensão temporária de participação em licitação e impedimento de contratar com a Administração, previstas no art. 87, inciso III, da Lei 8.666/1993, alcançam apenas o órgão ou a entidade que as aplicaram" (TCU. Acórdão nº 3439/2012-Plenário, Rel. Min. Valmir Campelo, 10.12.2012).

- **Declaração de inidoneidade:** apresenta-se como uma sanção mais rígida, que prejudica o direito de licitar ou contratar com a Administração Pública, enquanto perdurarem os motivos determinantes da punição ou até que seja promovida a reabilitação perante a própria autoridade que aplicou a penalidade. A reabilitação será concedida, se o contratado ressarcir a Administração, após, no mínimo, decorrido o prazo equivalente ao da sanção de suspensão temporária (02 anos).

Para aplicação desta sanção (declaração de inidoneidade), diferentemente do tratamento dispensado às demais, a Lei estabeleceu **competência exclusiva** do Ministro de Estado, Secretário Estadual ou Municipal (no caso do DF, a competência é do respectivo Secretário).

Cabe observar que a competência é **exclusiva**, não sendo possível **delegação.** Outrossim, como sanção, a declaração de inidoneidade só produz efeito para o futuro (***ex nunc***), sem interferir nos contratos já existentes e em andamento.

**▸ Atenção!**

O STJ já admitiu a aplicação da sanção de inidoneidade, na esfera federal, pelo Ministro da Controladoria Geral da União, em relação a contrato pactuado por outro Ministério (MS 13.101/DF, DJe 09/12/2008).

A Lei nº 8.666/93 admite ainda que as sanções de **suspensão** e de **declaração de inidoneidade** poderão também ser aplicadas às empresas ou aos profissionais que, em razão dos contratos regidos por esta Lei:

- tenham sofrido condenação definitiva por praticarem, por meios dolosos, fraude fiscal no recolhimento de quaisquer tributos;
- tenham praticado atos ilícitos visando a frustrar os objetivos da licitação;
- demonstrem não possuir idoneidade para contratar com a Administração em virtude de atos ilícitos praticados.

**▸ Como esse assunto foi cobrado em concurso?**

No concurso para o cargo de Assessor Jurídico do Tribunal de Justiça do Estado do Piauí (FCC/2010), com a seguinte ementa: "No que concerne às sanções pela inexecução total ou parcial do contrato administrativo, é correto afirmar", foi considerada correta a seguinte alternativa: "b) Na hipótese de declaração de inidoneidade, o interessado dispõe do prazo de dez dias da abertura de vista para o exercício do seu direito de defesa, podendo a reabilitação ser requerida após dois anos da aplicação da referida sanção".

No mesmo concurso foi considerada errada a seguinte alternativa: "e) A declaração de inidoneidade poderá também ser aplicada a profissionais ou empresas que, em razão de contratos administrativos, tenham sofrido condenação definitiva por praticarem, com dolo ou culpa, fraude fiscal no recolhimento de tributos".

**Comentário do autor:** deve-se perceber que o erro da alternativa está na inclusão da "culpa" no enunciado.

## 10.2. Sanções previstas na Lei do pregão

A **Lei do Pregão** (Lei nº 10.520/2002) criou uma nova espécie de sanção. Em vez de se reportar à declaração de inidoneidade e à suspensão temporária, ela estabeleceu que determinados comportamentos, descritos em seu artigo 7º, dariam causa ao **impedimento de licitar e contratar** com a União, Estados, Distrito Federal ou Municípios, além do **descredenciamento** do SICAF ou dos sistemas de cadastramento de fornecedores, pelo prazo de **até 5 (cinco) anos**, sem prejuízo das **multas** previstas em edital e no contrato e das demais cominações legais.

Segundo o STJ, o termo inicial para efeito de detração da penalidade impedimento de licitar e contratar (prevista na Lei nº 10.520/2002), aplicada por órgão federal, coincide com a data em que foi publicada a decisão administrativa no Diário Oficial da União, e não com a do registro no SICAF. (MS 20.784-DF, DJe 7/5/2015 - Informativo 561).

Em síntese, a **Lei do Pregão** sugere a aplicação das seguintes sanções:

- **impedimento de licitar e contratar** (com o descredenciamento do sistema de cadastramento de fornecedores); e
- **multa**, as quais podem ser aplicadas cumuladamente.

A sanção impedimento de licitar e contratar, da Lei do Pregão, possui o mesmo efeito restritivo das sanções "suspensão" e "declaração de inidoneidade", da Lei nº 8.666/93. Em suma, elas restringem o direito do fornecedor de participar de licitações ou de ser contratado, possuindo efeito *ex nunc* e não atingindo contratos que, anteriormente, tenham sido validamente firmados. Há, contudo, na sanção impedimento de licitar (Lei do Pregão), uma amplitude específica para esses efeitos, que restringem o direito do particular de participar de licitações ou de ser contratado, na esfera federativa onde foi aplicada a sanção.

▸ **Atenção!**

"A aplicação das sanções de impedimento de licitar e contratar no âmbito da União (art. 7° da lei n° 10.520, de 2002) e de declaração de

> inidoneidade (art. 87, inc. IV, da Lei nº 8.666, de 1993) possuem efeito *ex nunc*, competindo à Administração, diante de contratos existentes, avaliar a imediata rescisão no caso concreto." (Orientação Normativa AGU nº 49, de 25 de abril de 2014).

Acreditamos que as sanções aplicadas na modalidade pregão devem respeitar os limites estabelecidos pela Lei nº 10.520/02. Assim, em uma licitação na modalidade pregão, diante de infrações previstas simultaneamente nas regras estipuladas pela Lei nº 10.520/02 e pela Lei nº 8.666/93, deve ser dada preferência à aplicação das sanções estabelecidas pela lei especial e mais recente, qual seja, a Lei do pregão. Nada obstante, na prática, em editais da modalidade pregão, é comum a adoção dos regimes sancionatórios de forma cumulada, com as sanções da Lei nº 10.520/2002 e da Lei nº 8.666/93.

> ▸ **Atenção!**
>
> Para as sanções impedimento de licitar e contratar, a Lei do Pregão apresenta um prazo de punição de até **cinco anos**, lapso temporal maior que o previsto para a suspensão temporária da Lei nº 8.666/93.

Temos defendido que os **efeitos da sanção** impedimento de licitar e contratar se restringem aos órgãos da unidade federativa à qual pertence o órgão sancionador. O TCU prolatou julgado nesse sentido, recentemente, firmando que a sanção de impedimento de licitar e contratar pautada no art. 7º da Lei 10.520/02 (Lei do Pregão) produz efeitos não apenas no âmbito do órgão/entidade aplicador da penalidade, mas em toda a esfera do respectivo ente federativo (Acórdão 2081/2014-Plenário, Info TCU 209).

> ▸ **Atenção!**
>
> A penalidade de impedimento de licitar e contratar com a Administração Pública, prevista no art. 7º da Lei n. 10.520/2002, imposta a pessoa jurídica sócia majoritária de empresa vencedora da licitação, pode recair sobre a licitante se **patente o intuito de burlar aquela sanção administrativa.**

Ademais, tendo em vista a inexistência de indicação de **autoridade competente** pelo dispositivo legal, temos defendido a possibilidade de que, inexistindo delegação ou competência regimentalmente estabelecida, ela seja aplicada pelo ordenador de despesa, autoridade de menor grau hierárquico para tal decisão, nos termos do artigo 17 da Lei federal nº 9.784/99.[2]

2. Para aprofundamento, vide nossa obra: "Leis de licitações públicas comentadas", indicada entre as referências deste livro.

**▸ Atenção!**

"É competente para a aplicação das penalidades previstas nas Leis n°s 10.520, de 2002, e 8.666, de 1993, excepcionada a sanção de declaração de inidoneidade, a autoridade responsável pela celebração do contrato ou outra prevista em regimento." (Orientação Normativa nº 48, de 25 de abril de 2014).

Para ilustrar as sanções dispostas pela Lei Geral de Licitações e pela Lei do Pregão, podemos apresentar o seguinte quadro-resumo:

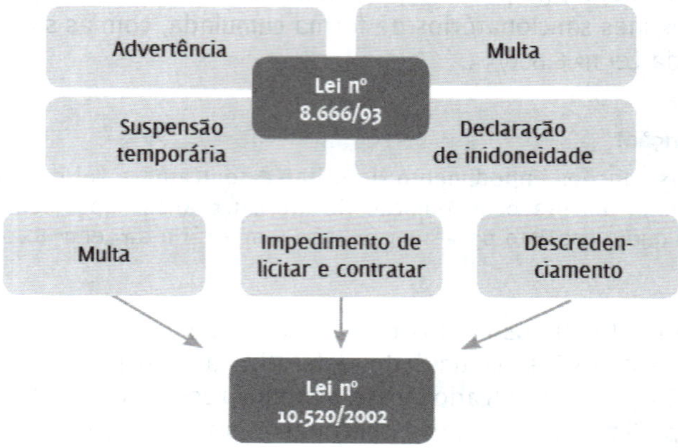


**▸ Como esse assunto foi cobrado em concurso?**

No concurso para o cargo de Procurador do MP junto ao TCU/2015 (Cespe/2015), com a seguinte ementa: "Considerando a legislação de regência e o entendimento jurisprudencial, assinale a opção correta acerca dos contratos administrativos.", foi considerada correta a seguinte alternativa: "C) Na hipótese de inexecução parcial do contrato, é admitida a aplicação concomitante da penalidade de multa e de impedimento temporário para participar de licitação e contratar com a administração pública."

## 10.3. TCU e sanção de inidoneidade

Verificada a ocorrência de fraude comprovada à licitação, o Tribunal de Contas da União poderá **declarar a inidoneidade** do licitante fraudador para participar, por até cinco anos, de licitação na Administração Pública Federal. Não se deve confundir tal prerrogativa com a possibilidade de aplicação da sanção "declaração de inidoneidade" pela Administração (artigo 87 da Lei nº 8.666/93). São competências distintas, exercíveis por órgãos diferentes, através de fundamentação legal diversa.

### 10.4. Desconsideração da personalidade jurídica

Há anos já se identificava precedente do STJ, em que o Tribunal admitia a aplicação da teoria da **desconsideração da personalidade jurídica** para estender os efeitos da declaração de inidoneidade à sociedade empresarial diversa, constituída com o objetivo de burlar à aplicação da sanção administrativa (STJ - RMS 15166, DJ 08/09/2003).

A teoria da **desconsideração da personalidade jurídica** admite que a autonomia da pessoa jurídica seja desconsiderada ou superada, quando há abuso em sua utilização, permitindo a responsabilização de terceiros, por atos praticados por ela. Esta responsabilização, que desconsidera a pessoa jurídica, ultrapassando-a para atingir (responsabilizar) terceiros responsáveis pelo abuso em sua utilização, é um instrumento concebido pela doutrina internacional, já utilizado em diversos ramos jurídicos no Brasil. Nos Estados Unidos, ela é denominada "Disregard of legal entity", em outros países, a denominação adotada é diferente (por exemplo, na Inglaterra, "lifting the corporate veil", na Argentina, "teoría de la penetracion", ou "superamento dela personalitá giuridica, na Itália). Independente da denominação, trata-se de um mecanismo que admite a desconsideração ou desprezo à autonomia da pessoa jurídica, para que pontuais responsabilizações afetem terceiros, responsáveis pelo abuso de sua utilização.

O TCU admite a desconsideração da personalidade jurídica, no âmbito das contratações públicas, já tendo indicado alguns dos elementos que podem justificá-la[3], tais como:

- completa identidade dos sócios-proprietários de empresa sucedida e sucessora;
- atuação no mesmo ramo de atividades;
- transferência integral do acervo técnico e humano de empresa sucedida para a sucessora.

O notável Ministro Celso de Mello, do Supremo Tribunal Federal, em elogiável decisão, também teceu interessantes ponderações favoráveis à desconsideração da personalidade jurídica no âmbito das licitações e contratações públicas, com base em princípios como o da moralidade. Na decisão, contudo, o ilustre jurista ponderou que, mesmo nesse contexto, a desconsideração da personalidade jurídica "configura prática excepcional, cuja efetivação impõe ao Estado a necessária observância de postulados básicos como a garantia do *due process of law*, que representa indisponível prerrogativa de índole constitucional assegurada à generalidade das pessoas".[4] Esta é também a nossa compreensão, sobretudo após a vigência do novo CPC, que regula expressamente o procedimento incidente para

---

3. TCU. Acórdão 1831/2014-Plenário, relator Ministro José Múcio Monteiro, 9.7.2014. Info TCU 205.
4. STF. Medida Cautelar em MS 32.494-DF. Min. Celso de Mello. DJ. 11/11/2013.

desconsideração da personalidade jurídica, estabelecendo balizas aplicáveis em sede de processo administrativo[5].

Por fim, além do registro desta evolução jurisprudencial, convém informar que a Lei nº 12.846/2013 previu expressamente a desconsideração da personalidade jurídica. Não resiste dúvida sobre a possibilidade de sua aplicação, em relação a sanções administrativas aplicáveis nas licitações e contratações públicas, embora o tema ainda guarde espaço para muitas discussões e questionamentos, acerca do "como" proceder.

## 11. SÚMULAS DO STF

- **Súmula 7.** Sem prejuízo de recurso para o Congresso, não é exeqüível contrato administrativo a que o tribunal de contas houver negado registro.

## 12. SÚMULAS DO TCU

- **Súmula 191.** Torna-se, em princípio, indispensável a fixação dos limites de vigência dos contratos administrativos, de forma que o tempo não comprometa as condições originais da avença, não havendo, entretanto, obstáculo jurídico à devolução de prazo, quando a Administração mesma concorre, em virtude da própria natureza do avençado, para interrupção da sua execução pelo contratante.
- **Súmula 205.** É inadmissível, em princípio, a inclusão, nos contratos administrativos, de cláusula que preveja, para o Poder Público, multa ou indenização, em caso de rescisão.
- **Súmula 260.** É dever do gestor exigir apresentação de Anotação de Responsabilidade Técnica - ART referente a projeto, execução, supervisão e fiscalização de obras e serviços de engenharia, com indicação do responsável pela elaboração de plantas, orçamento-base, especificações técnicas, composições de custos unitários, cronograma físico-financeiro e outras peças técnicas.
- **Súmula Nº 286 de 10/09/2014.** A pessoa jurídica de direito privado destinatária de transferências voluntárias de recursos federais feitas com vistas à consecução de uma finalidade pública responde solidariamente com seus administradores pelos danos causados ao erário na aplicação desses recursos.

---

5. Vide artigos 133 e seguintes do CPC.

Capítulo 10

# Serviços públicos

*Ronny Charles*

## 1. INTRODUÇÃO

A definição do conceito de serviço público não é tema pacífico na doutrina, nem mesmo guarda uniformidade no direito positivo brasileiro. Isso é compreensível, uma vez que, tradicionalmente, esse conceito tem relação com a atuação estatal e com os direitos fundamentais estabelecidos em uma sociedade.

Em um modelo de menor intervenção social (como no Estado Liberal), temos um leque reduzido de serviços públicos; já em um modelo de maior intervenção (como no Estado Social), temos um maior número de atividades desenvolvidas direta ou indiretamente pelo Estado, em benefício da população. Ainda hoje, cada país, de acordo com sua realidade, estabelece o que é serviço público em seu sistema jurídico, pois tal qualificação possui profunda relação com a concepção estatal e seu papel.

A nossa Constituição Federal já indica alguns serviços como da alçada do Poder Público (Ex: art. 21, X, XII, entre outros). Não obstante, a enumeração feita pela Carta Magna não é exaustiva, permitindo-se que os entes federais possam criar outros serviços públicos, **de acordo com os limites constitucionais de competência**. Nesse prumo, é incabível o estabelecimento, por um Município, de um serviço público relacionado a atividade de competência federal.

Assim, por exemplo, sendo a competência para legislar sobre telecomunicações privativa da União (artigo 22, IV, da CF), há violação quando lei estadual institui obrigação para as empresas concessionárias de serviços de telecomunicações, ainda que a pretexto de proteger o consumidor ou a saúde dos usuários. Neste sentido, o STF entendeu inconstitucional a Lei nº 10.513/2015, do Estado da Paraíba, que obrigava as empresas concessionárias de serviços de telecomunicações a apresentar mensagem informativa quando os usuários dos serviços realizassem ligações para números de outras operadoras (STF. ADI 5575, Public. 07/11/2018). Seguindo a mesma linha, o Supremo também reputou como inconstitucional a Lei nº 18.909/2016, do Estado do Paraná, que instituiu obrigação para as empresas concessionárias de serviços de telecomunicações manterem escritórios regionais e representantes legais para atendimento presencial de consumidores em cidades com população superior a 100 (cem) mil habitantes, bem como de divulgação dos correspondentes endereços físicos no sítio eletrônico das operadoras, no contrato de prestação de serviços e nas faturas enviadas aos usuários (STF. ADI 5725. Public. 18/12/2018).

Poderíamos então concluir como correta a pseudodefinição (circular ou intuitiva) de que serviço público é aquilo que for definido como tal pela Lei, de acordo com as competências definidas pela Constituição. Essa atitude, contudo, não auxiliaria o trabalho científico de delineamento desse conceito e as nuances que envolvem tal atividade.

Nessa feita, para perceber o conceito de serviço público, é fundamental apresentar seus elementos, atitude essencial para evitar o corriqueiro equívoco de apontar como serviço público atividades diversas, que não resguardam tal condição.

## 2. CONCEITO E ELEMENTOS

O conceito de serviço público há de se compor de três elementos:

| Elemento material | Elemento subjetivo | Elemento formal |
|---|---|---|

a) **Elemento material.** Tal elemento impõe a compreensão de que o serviço público é uma atividade administrativa que se materializa em **prestação de utilidade ou comodidade**, material ou imaterial, fruível individual ou coletivamente, pelos administrados. Esse elemento diferencia o serviço público das atividades prestadas pelo Estado, tanto em suas outras funções (ex: jurisdicional, legislativa), como nas demais atividades administrativas (ex: poder de polícia).

b) **Elemento subjetivo**. Sob este enfoque, impõe-se que **a titularidade desses serviços pertence ao Poder Público**. O artigo 175 da CF/88 estabelece que, direta ou indiretamente, a prestação de serviços públicos incumbe ao Poder Público. Sob tal enfoque, para ser caracterizada propriamente como serviço público, a atividade deve ser titularizada pelo Estado (***publicatio***).

Importante observar que a **titularidade do serviço (*publicatio*) se diferencia da titularidade de sua prestação.** Nosso ordenamento permite que alguns serviços públicos sejam realizados pelo particular (por delegação), que será, então, titular da prestação, mas não do serviço em si.

Esse elemento é fundamental e indica que a qualificação de serviço público provém não apenas da prestação (em prol da coletividade), mas, também, de sua titularidade estatal. Isso diferencia tal atividade de outras, como os serviços sociais realizados por entidades privadas filantrópicas, sem delegação estatal. Nessa feita, serviços sociais não exclusivos, prestados sem delegação estatal, não devem ser percebidos, propriamente, como serviços públicos.

c) **Elemento formal**. Em face deste elemento, a atividade qualificada como serviço público **submete-se a um regime jurídico de direito Público**, impondo a incidência de regras e princípios comuns à atividade administrativa.

A submissão a esse regime jurídico específico pode ser total ou parcial (de acordo com a natureza do serviço público) e objetiva conferir instrumentos de garantia à efetividade desses serviços.

Em princípio, as atividades exercidas pelos particulares, sem delegação ou outorga estatal, não possuem tal prerrogativa. Da mesma forma, quando o Estado explora atividade econômica, através de suas empresas, não deve se beneficiar do regime jurídico ínsito à prestação de serviços públicos.

Conforme tais elementos, podemos apresentar o seguinte conceito:

| Serviço público |
|---|
| Atividade administrativa pela qual o Poder Público objetiva, direta ou indiretamente, satisfazer necessidades coletivas ou individuais dos administrados, sob a incidência total ou parcial de um regime de direito público. |

**▸ Como esse assunto foi cobrado em concurso?**

No concurso para Analista do Controle Externo do TCE/CE (FCC/2015, com o seguinte enunciado: "*A Constituição da República estabelece uma série de competências e atribuições para o Poder Público em favor da população. A execução material dessas atividades*", foi considerada correta a seguinte assertiva: "*d) pode ser atribuída à iniciativa privada, sem prejuízo de eventual prestação direta, mas se estiverem sujeitos à livre iniciativa, prescindindo de delegação ou mesmo autorização, não se consubstanciam em serviço público*".

No concurso para Juiz do TRT da 10ª Região (Cespe/2010), foi considerada correta a seguinte assertiva: "*e) Considera-se serviço público toda atividade exercida pelo Estado ou por seus delegados, sob regime total ou parcial de direito público, com vistas à satisfação de necessidades essenciais e secundárias da coletividade*".

**▸ Atenção!**

O STF, em importante precedente, ao destacar que o serviço postal constitui serviço público, assentou que os regimes jurídicos sob os quais são prestados os serviços públicos implicam que sua prestação seja desenvolvida sob privilégios, inclusive, em regra, o da exclusividade na exploração da atividade econômica em sentido amplo a que corresponde essa prestação, haja vista que é exatamente a potencialidade desse privilégio que incentiva a prestação do serviço público pelo setor privado, quando este atua na condição de concessionário ou permissionário.

## 3. PRINCÍPIOS

De acordo com a Lei federal nº 8.987/95, serviço adequado é o que satisfaz as condições de regularidade, continuidade, eficiência, segurança, atualidade, generalidade, cortesia na sua prestação e modicidade das tarifas.

Além dos princípios naturais à incidência do regime jurídico de direito administrativo (como legalidade, eficiência, isonomia, entre outros), a doutrina aponta **princípios específicos** dos serviços públicos. Destacamos os principais:

a) **Generalidade**: os serviços públicos devem ser prestados de forma indiscriminada. Alguns autores denominam esse princípio como "igualdade entre os usuários". Conforme lembra José dos Santos Carvalho Filho, esse princípio se apresenta com dupla faceta. Por um lado, significa que os serviços públicos devem ser prestados com a maior amplitude possível, por outro lado, impõe que os serviços públicos, "diante das mesmas condições técnicas e jurídicas para fruição", sejam prestados sem discriminação entre os beneficiários.

Essa segunda faceta é reflexo do princípio da igualdade e da impessoalidade. Deve-se observar, contudo, que ela não implica uma igualdade absoluta entre os usuários de serviços públicos. Conforme já tratado no capítulo sobre regime jurídico administrativo, o respeito ao princípio da igualdade permite tratamento desigual, desde que na medida das desigualdades existentes e de acordo com o ordenamento jurídico.

Em tese é possível a aplicação de tarifas diferenciadas, diante de uma diversidade de condições técnicas e jurídicas para fruição. Nesse sentido, a **Súmula 407 do STJ** sedimentou que **é legítima a cobrança da tarifa de água fixada de acordo com as categorias de usuários e as faixas de consumo.**

| Generalidade |
|---|
| Maior amplitude possível na prestação do serviço |
| Inexistência de discriminação na prestação do serviço |

É indevida a discriminação do usuário, condicionando a habilitação de linha celular no plano de serviço básico à apresentação de comprovantes de crédito ou à inexistência de restrição creditícia em nome do interessado, salvo a relacionada a dívidas com a própria concessionária (STJ, REsp 984.005-PE, Julg. 13/09/2011).

▸ **Como esse assunto foi cobrado em concurso?**

No concurso para Juiz do Trabalho (TRT 21ª Região), foi considerada CORRETA a seguinte assertiva: "*Não se caracteriza como descontinuidade do serviço a sua interrupção em situação de emergência ou após prévio aviso quando motivada por razões de ordem técnica ou de segurança das instalações*".

No concurso para Procurador do Pará (UEPA/2015), foi considerada CORRETA a seguinte assertiva: "*a) toda concessão ou permissão pressupõe a prestação de serviço adequado ao pleno atendimento dos usuários, conforme estabelecido na Lei n. 8.987/1995, nas normas pertinentes e no respectivo contrato*".

No concurso para analista judiciário do TRT da 22ª Região (FCC/2010), foi considerada correta a seguinte assertiva: "*Uma das facetas do princípio da generalidade significa que os serviços públicos devem ser prestados com a maior amplitude possível, ou seja, beneficiando o maior número possível de indivíduos*". No concurso para analista processual do MPU (Cespe/2010), foi considerada errada a seguinte assertiva: "*Com base no princípio da igualdade de usuários, não cabe a aplicação de tarifas diferenciadas entre os usuários de serviços públicos*".

b) **Continuidade**: a prestação dos serviços públicos deve ser contínua, sem interrupções. Alguns autores utilizam a denominação **princípio da permanência**. Conforme o §3º do artigo 6º da Lei nº 8.987/95, não se caracteriza como descontinuidade do serviço a sua interrupção em situação de emergência ou **após prévio aviso**, quando:

- motivada por razões de ordem técnica ou de segurança das instalações;
- por inadimplemento do usuário, considerado o interesse da coletividade.

A divulgação da suspensão no fornecimento de serviço de energia elétrica por meio de emissoras de rádio, dias antes da interrupção, satisfaz a exigência de aviso prévio, prevista no art. 6º, § 3º, da Lei n. 8.987/1995. Com base nesse raciocínio, o STJ entendeu que, considerando que a concessionária atendeu o requisito legal de avisar previamente os consumidores do desligamento temporário da energia elétrica, por motivo de ordem técnica, não haveria direito à reparação por dano extrapatrimonial. (STJ. REsp 1.270.339-SC, DJe 17/2/2017).

Em relação à interrupção do serviço por inadimplemento, a Jurisprudência do STJ tem admitido o corte administrativo do serviço em decorrência de débitos de consumo de energia elétrica, se houver aviso prévio da suspensão e respeitados alguns requisitos.

- A suspensão só é admitida quando baseada em débitos atuais, relativos ao mês de consumo, sendo inadmissível a interrupção do serviço público por inadimplemento relacionado a débitos antigos.
- Admite-se a suspensão dos serviços pela concessionária, em razão de inadimplemento, mesmo em relação aos serviços públicos tidos como essenciais.
- O STJ entende como ilegítimo o corte no fornecimento de serviços públicos essenciais, por débitos de usuário anterior, em razão da natureza pessoal da dívida (STJ, AgRg no AREsp 196374/SP, Dje 06/05/2014).

- A suspensão dos serviços também é cabível, via de regra, quando o usuário é um órgão público. Segundo entendimento firmado pelo STJ, não faria sentido admitir-se o fornecimento gratuito, mesmo a um órgão público, porque ele também tem de cumprir suas obrigações. Contudo, há peculiaridades nas relações jurídicas em que o usuário do serviço prestado pela concessionária é um órgão ou ente público. Muitas vezes, a unidade pública usuária depende do serviço oferecido pela concessionária para efetivar a prestação de outros serviços públicos ou atividades administrativas essenciais, que devem ser igualmente resguardadas pelo nosso ordenamento. Nesse diapasão, o STJ ressalva exceção para a interrupção de fornecimento de serviços públicos às **unidades públicas que exercem atividades (serviços públicos) essenciais ou indispensáveis à população.**
- É ilegítimo o corte no fornecimento de energia elétrica em razão de débito irrisório, por configurar abuso de direito e ofensa aos princípios da proporcionalidade e razoabilidade, sendo cabível a indenização ao consumidor por danos morais. (STJ, REsp 811690/RR, DJ 19/06/2006).
- O corte no fornecimento de energia elétrica somente pode recair sobre o imóvel que originou o débito, e não sobre outros imóveis de propriedade do inadimplente (*STJ, REsp 662214/RS, DJ 22.02.2007*).
- Não cabe o corte no fornecimento de serviços públicos essenciais, quando o débito decorrer de suposta fraude no medidor de consumo de energia ou hidrômetro, apurada, unilateralmente, pela concessionária (STJ, AREsp 473348/MG, DJe 21.02/2014).

> **Atenção!**
>
> Na hipótese de débito estrito de recuperação de consumo efetivo por fraude no aparelho medidor atribuída ao consumidor, **desde que apurado em observância aos princípios do contraditório e da ampla defesa, é possível o corte administrativo do fornecimento do serviço de energia elétrica, mediante prévio aviso ao consumidor, pelo inadimplemento do consumo recuperado correspondente ao período de 90 (noventa) dias anterior à constatação da fraude, contanto que executado o corte em até 90 (noventa) dias após o vencimento do débito, sem prejuízo do direito de a concessionária utilizar os meios judiciais ordinários de cobrança da dívida, inclusive antecedente aos mencionados 90 (noventa) dias de retroação.**

Fernanda Marinela observa ainda que o princípio da continuidade do serviço público gera consequências no regime jurídico das atividades realizadas pelos agentes públicos. Embora possuam **direito de greve** (no que pese a falta da respectiva regulamentação legal), seu exercício pode se tornar arbitrário e ilegítimo quando prejudicar a continuidade da prestação dos serviços públicos realizados pela categoria. No que pese a correção de boa parte das demandas funcionais por melhores condições de trabalho e de remuneração, a suspensão das atividades essenciais pelos agentes públicos não pode ser utilizada irresponsavelmente como instrumento de pressão, em prejuízo da coletividade.

O princípio da continuidade permite ao Poder Público determinadas prerrogativas, inerentes ao regime jurídico dos contratos administrativos, como o uso compulsório dos equipamentos e instalações da empresa. No mesmo sentido, a legislação impõe a obrigação de que a empresa contratada pelo Poder Público mantenha a prestação do serviço contratado, mesmo que a Administração esteja inadimplente, pelo prazo de até 90 dias (art. 78, XV da Lei nº 8.666/93).

> **Como esse assunto foi cobrado em concurso?**
>
> No concurso para Analista Judiciário do TRT da 22ª Região (FCC/2010), foi considerada correta a seguinte assertiva: "*É consequência do princípio da continuidade do serviço público, no que concerne aos contratos administrativos, o reconhecimento de privilégios para a Administração, como o uso compulsório dos recursos humanos e materiais do contratado, quando necessário à continuidade do serviço*".
>
> No concurso para Analista de Administração Pública do TC/DF (Cespe/2014), foi considerada errada a seguinte assertiva: "*De acordo com o princípio da continuidade, os serviços públicos, compulsórios ou facultativos, devem ser prestados de forma contínua, não podendo ser interrompidos mesmo em casos de inadimplemento do usuário.*".

c) **Modicidade**: a prestação de serviços públicos deve respeitar a condição econômica do usuário, para que o estabelecimento de sua remuneração, de forma excessiva, não prejudique a fruição por parte dos administrados. Tal princípio estabelece a premissa de que, para o Estado, a prestação do serviço público não tem como intuito alcançar lucro, motivo pelo qual devem ser cobradas as menores tarifas possíveis pela Administração.

É ilegal a cobrança de tarifa mínima de água com base no número de economias existentes em condomínio, sem considerar o consumo efetivamente registrado (na existência de apenas um hidrômetro). (STJ, Ag 1398776/RJ, Julg. 09/08/2011). Por outro lado, o STJ já entendeu que, na falta de hidrômetro ou defeito no seu funcionamento, a cobrança pelo fornecimento de água deve ser realizada pela tarifa mínima, sendo vedada a cobrança por estimativa (STJ, REsp 1.513.218-RJ, DJe 13/3/2015 - Informativo 557).

d) **Atualidade**: esse princípio, que é reflexo da incidência do princípio da eficiência, exige a modernidade das técnicas, do equipamento e das instalações, além da sua conservação, melhoria e expansão do serviço.

e) **Mutabilidade do regime**: Fernanda Marinela observa que alguns estudos indicam a aplicação desse princípio, que permite a adequação do regime dos serviços públicos às necessidades dos administrados, sempre passíveis de mudanças e alterações. Conforme anota a autora, tal princípio "autoriza a mudança do regime de execução do serviço para adaptá-lo ao interesse público".

> **▸ Como esse assunto foi cobrado em concurso?**
>
> No concurso para analista judiciário do TRT da 22ª Região (FCC/2010), foi considerada errada a seguinte assertiva: "*É garantido, a favor do contratado pela Administração, o direito adquirido à manutenção do regime jurídico de prestação do serviço público vigorante no momento em que foi ajustada a contratação*". No concurso para a ANEEL (Cespe/2010), foi considerada correta a seguinte assertiva: "*Aplica-se ao serviço público o princípio da mutabilidade do regime jurídico, segundo o qual é possível a ocorrência de mudanças no regime de execução do serviço para adequá-lo ao interesse público, que pode sofrer mudanças com o decurso do tempo*".
>
> No concurso para Defensor Público de Roraima (Cespe/2013), foi considerada correta a seguinte assertiva:
>
> E) A continuidade, a igualdade dos usuários e a mutabilidade são princípios do regime jurídico aplicável aos serviços públicos.

## 4. CLASSIFICAÇÃO

A doutrina apresenta várias classificações para os serviços públicos. Elas são independentes e baseadas em diferentes critérios. Apresentaremos as principais:

a) **Próprios e impróprios.** Os serviços públicos **próprios** são aqueles que o Estado assume como seus (tem titularidade do serviço) e os executa diretamente (por seus agentes) ou por terceiros (por delegação). Serviços públicos **impróprios** seriam aqueles cuja titularidade não pertence exclusivamente ao Estado, embora possam ser regulamentados e fiscalizados por ele. Conforme vimos anteriormente, tais serviços, no que pese servirem ao atendimento de necessidades da coletividade, não são (propriamente) serviços públicos, quando prestados pelo particular, sem delegação estatal (titularidade do Estado).

b) **Delegáveis e indelegáveis.** Os serviços públicos **delegáveis** são aqueles que o Estado pode prestar diretamente ou por terceiros (Ex.: serviço de transporte público). Os serviços **indelegáveis** são aqueles cuja prestação não pode ser repassada pelo Estado, a terceiros, sendo executados por seus próprios agentes (Ex: serviço postal e correio aéreo nacional).

> **▸ Atenção**
>
> Matheus Carvalho suscita, ainda, a classificação **"Serviços públicos de delegação obrigatória"**, que envolveria os serviços de radiodifusão sonora e de sons e imagens, tratados no artigo 223 da Constituição Federal. Realmente, por expressa previsão constitucional, compete ao Poder Executivo outorgar e renovar concessão, permissão e autorização para o serviço de radiodifusão sonora e de sons e imagens, observado o princípio da complementaridade dos sistemas privado, público e estatal.

A doutrina costuma denominar os serviços públicos delegáveis como serviços de utilidade pública (**pró-cidadão**) e os serviços públicos indelegáveis como serviço público propriamente dito ou serviços de relevância pública (**pró-comunidade**).

c) ***Uti singuli* (individuais) e *uti universi* (gerais).** Os serviços ***uti singuli* (ou individuais)** atendem direta e individualmente ao administrado, sendo mensurável a utilização por cada um dos indivíduos. (ex: serviços de telefonia, de energia elétrica residencial, entre outros). Os serviços ***uti universi* (ou gerais)** não possuem usuários determinados, são prestados para agrupamentos indeterminados de indivíduos, de acordo com as opções e prioridades da Administração (ex: serviços de iluminação pública, pavimentação de ruas, limpeza urbana pública, saneamento, entre outros).

d) **Administrativos, comerciais (ou industriais) e sociais.** Os serviços **administrativos** são os executados pela Administração para atender as suas necessidades internas de funcionamento. Os **serviços comerciais (ou industriais)** são aqueles serviços de ordem econômica, que envolvem o oferecimento de utilidades materiais necessárias ao indivíduo, tal como a água tratada, a energia elétrica, as telecomunicações. Os **serviços sociais** são aqueles que satisfazem necessidades de cunho social ou assistencial, tal como a educação, a assistência, a seguridade.

e) **Exclusivos e não exclusivos.** Serviços públicos **exclusivos** seriam aqueles atribuídos exclusivamente ao Estado (titularidade). Serviços públicos **não exclusivos** seriam aqueles para os quais nosso ordenamento permite a titularidade, tanto pelo Poder Público como pelo setor privado. Para tais serviços, embora tenha exaltado o dever de atuação do Estado, o constituinte permitiu, expressamente, a atuação do setor privado, independentemente de delegação pública (como saúde, educação, previdência social).

Quando os serviços não exclusivos forem prestados por particulares, sem delegação estatal, não haverá titularidade daquele serviço pelo Poder Público. Não obstante, pode o Poder Público prestar tais serviços não exclusivos, direta ou indiretamente (nesse caso, haverá a titularidade pelo Estado).

Essa classificação foi utilizada pelos reformistas no Plano Diretor da Reforma do Aparelho do Estado. Contudo, deve-se perceber que, **apenas nas situações em que houver titularidade do Estado, ter-se-á uma prestação de serviço público** (em sentido estrito). Caso a titularidade não seja estatal, a prestação não se qualificará propriamente como serviço público, embora o relevante interesse social envolvido permita a atuação estatal reguladora e fiscalizadora.

| Quadro-resumo: Serviços públicos | |
|---|---|
| **Próprios** | O Estado tem titularidade do serviço e os executa diretamente ou por terceiros |
| **Impróprios** | A titularidade não pertence exclusivamente ao Estado |
| **Delegáveis** | O Estado pode prestar diretamente ou por terceiro |

| Quadro-resumo: Serviços públicos | |
|---|---|
| Indelegáveis | A prestação não pode ser repassada pelo Estado, a terceiros |
| *Uti singuli* (específicos ou individuais) | Atendem direta e individualmente ao administrado |
| *Uti universi* (gerais) | Não possuem usuários determinados |
| Administrativos | Atender às necessidades de funcionamento da Administração |
| Comerciais (ou industriais) | São serviços de ordem econômica, que envolvem utilidades materiais |
| Sociais | Satisfazem necessidades de cunho social ou assistencial |
| Exclusivos | Atribuídos exclusivamente ao Estado (titularidade) |
| Não exclusivos | O ordenamento permite a titularidade tanto pelo Poder Público como pelo setor privado |

Importante perceber que uma mesma atividade pode receber diversas classificações como serviço público. Assim, podemos ter, por exemplo, um serviço público que, ao mesmo tempo, seja classificável como: próprio, delegável, individuais (*uti singuli*), comercial e exclusivo.

▸ **Como esse assunto foi cobrado em concurso?**

No concurso para Juiz do trabalho (TRT 16ª Região/2015), foi considerada CORRETA a seguinte assertiva: "Os serviços *uti singuli* são os que têm usuários determinados e utilização particular e mensurável para cada destinatário. São sempre serviços de utilização individual e mensurável, pelo que devem ser remunerados por taxa (tributo) ou tarifa (preço público)".

## 5. REMUNERAÇÃO

A doutrina costuma estabelecer que os serviços públicos podem ser **gratuitos** ou **remunerados**. Na verdade, não existe propriamente uma gratuidade, todos os recursos financeiros consumidos na prestação de serviços públicos (mesmo para os denominados gratuitos) exigem o respectivo custeio.

Algumas prestações classificadas como serviços públicos são remuneradas por toda a respectiva sociedade, que sustenta a Administração Pública através dos tributos pagos. Outras prestações devem ser custeadas pelo administrado beneficiado pela prestação pública, através de contraprestação pecuniária direta.

Quando os serviços não possuem usuários determinados (gerais, como os serviços de iluminação pública, de limpeza urbana pública, saneamento, entre outros), a doutrina defende que a remuneração deve ser feita pelo pagamento normal dos tributos. Na verdade, não haveria remuneração direta pelo administrado beneficiado, toda a sociedade arcaria indiretamente com o serviço através dos tributos que paga para o custeio do Estado.

Quando o serviço público atende direta e individualmente ao administrado (divisíveis ou individuais, como os serviços de telefonia, de energia elétrica residencial, entre outros), é possível exigir-se a contraprestação pecuniária direta, que pode se dar pelo pagamento de taxas (compulsório) e tarifas ou preço público (facultativo).

> ▸ **Atenção!**
>
> Preços de serviços públicos e taxas não se confundem porque estas, diferentemente daqueles, são compulsórias e têm sua cobrança condicionada à prévia autorização orçamentária, em relação à lei que as instituiu (STF, Súmula 545).

Se o serviço é **individual** e **compulsório**, tem-se considerado que a cobrança deve ser feita através de **taxa**, que é uma espécie de tributo vinculado a uma contraprestação estatal (ainda que o usuário não utilize efetivamente o serviço). Quando os serviços são compulsórios e considerados essenciais para a coletividade, não podem ser recusados pelos destinatários.

> ▸ **Atenção!**
>
> A taxa cobrada exclusivamente em razão dos serviços públicos de coleta, remoção e tratamento ou destinação de lixo ou resíduos provenientes de imóveis, não viola o artigo 145, II, da Constituição Federal (STF, Súmula Vinculante 19).

Se o serviço é **individual** e **facultativo** (ex: transporte público, telefonia, entre outros), tem-se considerado que a cobrança deve ser feita através de **tarifa ou preço público**. O usuário aceitará ou não a prestação do serviço público e pagará pelo seu efetivo uso.

> ▸ **Atenção!**
>
> O STJ, encampando entendimento sedimentado pelo STF, firmou posição no sentido de que a contraprestação cobrada por concessionárias de serviço público de água e esgoto detém natureza jurídica de tarifa ou preço público. Também se definiu pela aplicação das normas do Código Civil, sendo a prescrição vintenária (EREsp 690.609-RS, julgado em 26/3/2008).

> ▸ **Importante!**
>
> Segundo a Jurisprudência do STJ, "é ilegal a cobrança feita por entes da Administração Pública em face de concessionária de serviço público pelo uso de solo, subsolo ou espaço aéreo, uma vez que: a) a utilização, nesse caso, se reverte em favor da sociedade – razão pela qual não

cabe a fixação de preço público; e b) a natureza do valor cobrado não é de taxa, pois não há serviço público prestado ou poder de polícia exercido". (STJ. REsp 1144399/PR, DJe 24/10/2017).

Cabem observações sobre alguns serviços públicos em especial:

- **Iluminação pública.** Não sendo divisível, o serviço não pode ser remunerado por taxa. Esse pensamento foi sedimentado na **Súmula nº 670 do STF**, ao estabelecer que *"o serviço de iluminação pública não pode ser remunerado mediante taxa"*. Diante desse precedente do STF, foi alterada a Constituição Federal (EC 39/2002), incluindo-se o artigo 149-A, que permitiu aos Municípios e ao Distrito Federal instituir **contribuição**, na forma das respectivas leis, para o custeio do serviço de iluminação pública.

Atualmente, o serviço de iluminação pública tem sido custeado através da cobrança desse tributo (**contribuição**). Parte da doutrina aponta a inconstitucionalidade desse custeio, sob o argumento de que a contribuição também é uma espécie tributária vinculada a uma contraprestação estatal. Discordamos desse entendimento, uma vez que a contribuição difere da taxa, entre outras coisas, por não exigir contraprestação individualizada de um serviço ao contribuinte. O STF já expressou posição favorável ao custeio do serviço de iluminação pública através do referido tributo/contribuição (RE 573675SC, DJ 21/05/2009).

- **Serviço de telefonia.** Embora tido como facultativo (não essencial), é rotineira a cobrança de valores fixos nas contas telefônicas (assinatura mensal), o que suscitou a tese de que esses valores (como não corresponderiam a uma efetiva prestação de serviço) teriam natureza de taxa, sendo incabíveis já que o serviço não era legitimamente compulsório. Nada obstante, o Judiciário consolidou entendimento no sentido de que esses valores fixos não teriam natureza de taxa, mas sim de tarifa básica, sendo admissível sua cobrança.

> **Atenção!**
> É legítima a cobrança da tarifa básica pelo uso dos serviços de telefonia fixa. (STJ. Súmula 356).

## 6. PRESTAÇÃO E EXECUÇÃO DOS SERVIÇOS PÚBLICOS

Os serviços públicos podem ser prestados de forma **centralizada** (diretamente pelo Ente Público), **desconcentrada** (através dos órgãos públicos) e **descentralizada** (através de terceiros, por outorga ou por delegação).

Para parte da doutrina, nas duas primeiras formas de prestação (centralizada e desconcentrada), dá-se a **execução direta**, pois é o próprio Estado, através do ente federativo ou de seus órgãos, que presta o serviço público. Na prestação descentralizada, contudo, dá-se a **execução indireta**, pois os serviços são realizados por pessoas jurídicas distintas dos entes federativos, integrantes ou não da Administração.

Registramos que outra parte da doutrina, com base nas lições do sempre lembrado professor Hely Lopes Meirelles, defende que a **execução direta** ocorre quando o serviço é prestado pelo Poder Público ou pelo terceiro (por outorga ou por delegação), desde que ele o faça por seus próprios meios. Já a **execução indireta** seria aquela em que qualquer um deles comete a terceiros contratados a prestação do serviço.

Parece-nos mais adequada ao atual ordenamento, a primeira corrente doutrinária.

### 6.1. Simplificação do atendimento prestado aos usuários dos serviços públicos

A Lei nº 13.460 tratou sobre participação, proteção e defesa dos direitos do usuário dos serviços públicos da administração pública. Ela se aplica à administração pública direta e indireta da União, dos Estados, do Distrito Federal e dos Municípios, sendo aplicável subsidiariamente, aos serviços públicos prestados por particular.

Sua aplicação não afasta a necessidade de cumprimento de outras obrigações, pela administração pública prestadora de serviços, notadamente quando disposto:

- em normas regulamentadoras específicas, quando se tratar de serviço ou atividade sujeitos a regulação ou supervisão; e
- na Lei nº 8.078, de 11 de setembro de 1990 (CDC), quando caracterizada relação de consumo.

Segundo a Lei, o usuário de serviço público tem direito à adequada prestação dos serviços, devendo os agentes públicos e prestadores de serviços públicos observar as seguintes diretrizes:

- urbanidade, respeito, acessibilidade e cortesia no atendimento aos usuários;
- presunção de boa-fé do usuário;
- atendimento por ordem de chegada, ressalvados casos de urgência e aqueles em que houver possibilidade de agendamento, asseguradas as prioridades legais às pessoas com deficiência, aos idosos, às gestantes, às lactantes e às pessoas acompanhadas por crianças de colo;
- adequação entre meios e fins, vedada a imposição de exigências, obrigações, restrições e sanções não previstas na legislação;
- igualdade no tratamento aos usuários, vedado qualquer tipo de discriminação;
- cumprimento de prazos e normas procedimentais;

- definição, publicidade e observância de horários e normas compatíveis com o bom atendimento ao usuário;
- adoção de medidas visando a proteção à saúde e a segurança dos usuários;
- autenticação de documentos pelo próprio agente público, à vista dos originais apresentados pelo usuário, vedada a exigência de reconhecimento de firma, salvo em caso de dúvida de autenticidade;
- manutenção de instalações salubres, seguras, sinalizadas, acessíveis e adequadas ao serviço e ao atendimento;
- eliminação de formalidades e de exigências cujo custo econômico ou social seja superior ao risco envolvido;
- observância dos códigos de ética ou de conduta aplicáveis às várias categorias de agentes públicos;
- aplicação de soluções tecnológicas que visem a simplificar processos e procedimentos de atendimento ao usuário e a propiciar melhores condições para o compartilhamento das informações;
- utilização de linguagem simples e compreensível, evitando o uso de siglas, jargões e estrangeirismos; e
- vedação da exigência de nova prova sobre fato já comprovado em documentação válida apresentada.

A Lei nº 13.460/2017 também define alguns direitos básicos do usuário, entre eles:

- participação no acompanhamento da prestação e na avaliação dos serviços;
- obtenção e utilização dos serviços com liberdade de escolha entre os meios oferecidos e sem discriminação;
- acesso e obtenção de informações relativas à sua pessoa constantes de registros ou bancos de dados, observado o disposto no inciso X do *caput* do art. 5º da Constituição Federal e na Lei nº 12.527, de 18 de novembro de 2011;
- proteção de suas informações pessoais, nos termos da Lei nº 12.527, de 18 de novembro de 2011;
- atuação integrada e sistêmica na expedição de atestados, certidões e documentos comprobatórios de regularidade; e
- obtenção de informações precisas e de fácil acesso nos locais de prestação do serviço, assim como sua disponibilização na internet, especialmente sobre: a) horário de funcionamento das unidades administrativas; b) serviços prestados pelo órgão ou entidade, sua localização exata e a indicação do setor responsável pelo atendimento ao público; c) acesso ao agente público ou ao órgão encarregado de receber manifestações; d) situação da tramitação dos processos administrativos em que figure como interessado;

e) valor das taxas e tarifas cobradas pela prestação dos serviços, contendo informações para a compreensão exata da extensão do serviço prestado.

Por outro lado, o diploma normativo define que são deveres do usuário:

- utilizar adequadamente os serviços, procedendo com urbanidade e boa-fé;
- prestar as informações pertinentes ao serviço prestado quando solicitadas;
- colaborar para a adequada prestação do serviço; e
- preservar as condições dos bens públicos por meio dos quais lhe são prestados os serviços.

### 6.1.1. *Carta de serviços*

A Carta de Serviços ao Usuário uma espécie de manual que deverá ser elaborado pelos órgãos e entidades do Poder Executivo federal que prestam atendimento aos usuários dos serviços públicos.

> **Atenção!**
> O objetivo da carta é informar, aos usuários, os serviços prestados pelo órgão ou pela entidade do Poder Executivo federal, as formas de acesso a esses e os compromissos e padrões de qualidade do atendimento ao público.

Todos os órgãos e entidades deverão confeccionar e divulgar Carta de Serviços ao Usuário. Ela deverá trazer informações claras e precisas em relação a cada um dos serviços prestados, apresentando, no mínimo, informações relacionadas a:

- serviços oferecidos;
- requisitos, documentos, formas e informações necessárias para acessar o serviço;
- principais etapas para processamento do serviço;
- previsão do prazo máximo para a prestação do serviço;
- forma de prestação do serviço; e
- locais e formas para o usuário apresentar eventual manifestação sobre a prestação do serviço.

A Carta de Serviços ao Usuário deverá ainda detalhar os compromissos e padrões de qualidade do atendimento relativos, no mínimo, aos seguintes aspectos:

- prioridades de atendimento;
- previsão de tempo de espera para atendimento;
- mecanismos de comunicação com os usuários;

- procedimentos para receber e responder as manifestações dos usuários; e
- mecanismos de consulta, por parte dos usuários, acerca do andamento do serviço solicitado e de eventual manifestação.

A Carta de Serviços ao Usuário será objeto de atualização periódica e de permanente divulgação mediante publicação em sítio eletrônico do órgão ou entidade na internet.

### 6.1.2. Medidas de desburocratização da tramitação processual

O Governo Federal, por meio do Decreto nº 9.094/2017, regulamentou os procedimentos para simplificação do atendimento aos usuários dos serviços públicos. Embora vários pontos desse decreto já constassem em outras normas federais, como os Decretos nº 6.932/09 e nº 5.378/05, o normativo trouxe novidades.

Nesse sentido, por exemplo, de acordo com o artigo 2º do Decreto nº 9.094/97, salvo disposição legal em contrário, os órgãos e as entidades do Poder Executivo federal que necessitarem de documentos comprobatórios da regularidade da situação de usuários dos serviços públicos, de atestados, de certidões ou de outros documentos comprobatórios que constem em base de dados oficial da administração pública federal deverão obtê-los diretamente do órgão ou da entidade responsável pela base de dados, não devendo exigi-los dos usuários dos serviços públicos.

Via de regra, excetuadas situações previstas em lei, se os documentos contiverem informações sigilosas sobre os usuários dos serviços públicos, seu fornecimento pelo órgão ou pela entidade responsável ficará condicionado à autorização expressa do usuário.

O Decreto estabelece ainda que, não sendo possível a obtenção dos documentos, junto ao órgão ou entidade responsável pela base de dados, a comprovação necessária poderá ser feita por meio de declaração escrita e assinada pelo usuário dos serviços públicos.

> ▸ **Atenção!**
> Caso comprovada a falsidade da declaração, o usuário ficará sujeito às sanções administrativas, civis e penais cabíveis.

Os órgãos e as entidades do Poder Executivo federal, responsáveis pelo atendimento aos usuários dos serviços públicos, deverão observar as seguintes práticas:

- gratuidade dos atos necessários ao exercício da cidadania, nos termos da Lei nº 9.265, de 12 de fevereiro de 1996;
- padronização de procedimentos referentes à utilização de formulários, guias e outros documentos congêneres; e
- vedação de recusa de recebimento de requerimentos pelos serviços de protocolo, exceto quando o órgão ou a entidade for manifestamente in-

competente (nesta hipótese, os serviços de protocolo deverão prover as informações e as orientações necessárias para que o interessado possa dar andamento ao requerimento).

Caso o agente público verifique que o órgão ou a entidade do Poder Executivo federal é incompetente para o exame ou a decisão da matéria, após a protocolização de requerimento, deverá providenciar a remessa imediata do requerimento ao órgão ou à entidade do Poder Executivo federal competente. Não sendo possível a remessa, o interessado deverá ser comunicado imediatamente do fato para adoção das providências necessárias.

Para evitar-se às desnecessárias idas e vindas do usuário, o Decreto firma a regra de que as exigências necessárias para o requerimento devem ser feitas desde logo e de uma só vez ao interessado, justificando-se exigência posterior apenas em caso de dúvida superveniente. Outrossim, estabelece que não será exigida prova de fato já comprovado pela apresentação de documento ou informação válida.

Por fim, compatibilizando-se à tendência de digitalização dos processos, o Decreto define que, para complementar informações ou solicitar esclarecimentos, a comunicação entre o órgão ou a entidade do Poder Executivo federal e o interessado poderá ser feita por qualquer meio, preferencialmente eletrônico.

### *6.1.3. Ratificação da dispensa do reconhecimento de firma e da autenticação em documentos produzidos no país*

O Decreto federal nº 9.094/2017 ratificou a dispensa do reconhecimento de firma para as pessoas físicas, bem como dispensou a necessidade de autenticação em documentos produzidos no Brasil, tendo como base o princípio da presunção de boa-fé. A novidade do Decreto é que essa prática agora contemplará também as pessoas jurídicas.

> **Atenção!**
>
> O Decreto nº 6.932/2009, revogado pelo Decreto nº 9.094/2017, que tratava da dispensa do reconhecimento de firma e dispensa da necessidade de autenticação para as pessoas físicas, referia-se no corpo da norma à pessoa do "Cidadão". O novo regramento utiliza-se da expressão "usuários dos serviços públicos". Segundo o parágrafo único do art. 1º, 'usuários dos serviços públicos' são as pessoas físicas e jurídicas, de direito público ou privado, diretamente atendidas por serviço público.

Nos termos do Decreto, não existindo dúvida fundada quanto à autenticidade ou previsão legal, fica dispensado o reconhecimento de firma e a autenticação de cópia dos documentos expedidos no País e destinados a fazer prova junto a órgãos e entidades do Poder Executivo federal.

O próprio servidor público poderá fazer a conferência da cópia dos documentos expedidos por órgãos públicos federais no Brasil com o original, autenticando-a.

> **Atenção!**
> Constatada, a qualquer tempo, a falsificação de firma ou de cópia de documento público ou particular, o órgão ou a entidade do Poder Executivo federal considerará não satisfeita a exigência documental respectiva e, no prazo de até cinco dias, dará conhecimento do fato à autoridade competente para adoção das providências administrativas, civis e penais cabíveis (Art. 10, § 2º, do Decreto nº 9.094/2017).

Ademais, será obrigatório aos órgãos federais manter o compartilhamento de informações, a atuação integrada e sistêmica na expedição de atestados, certidões e documentos comprobatórios de regularidade, a eliminação de formalidades, a aplicação de soluções tecnológicas que visem simplificar processos e procedimentos de atendimento aos usuários dos serviços públicos e a propiciar melhores condições para o compartilhamento das informações.

### *6.1.4. Da solicitação de simplificação*

O Decreto 9.094/2017 previu a possibilidade de que os usuários dos serviços públicos solicitem mudanças que impactem na qualidade, acesso e execução dos serviços, quando a prestação desses não observar as regras previstas no mencionado Ato.

A "Solicitação de Simplificação" ("SIMPLIFIQUE") deverá ser apresentada, preferencialmente, por meio eletrônico, em canal único oferecido pela Ouvidoria-Geral da União, do Ministério da Transparência e Controladoria-Geral da União. Do formulário "Simplifique", deverá constar:

- a identificação do solicitante;
- a especificação do serviço objeto da simplificação;
- o nome do órgão ou da entidade perante o qual o serviço foi solicitado;
- a descrição dos atos ou fatos; e
- facultativamente, a proposta de melhoria.

Caso o usuário do serviço público não tenha acesso ao meio eletrônico, ele poderá realizar os procedimentos por meio físico. Nessa situação, caberá aos órgãos e as entidades digitalizarem a solicitação de Simplificação e promoverem a sua inserção no meio eletrônico.

### *6.1.5. Das sanções pelo descumprimento*

O Decreto federal nº 9.094/2007 indica a possibilidade de aplicação de sanções, casos os servidores federais descumpram as regras por ele definidas. Segundo o regulamento, o servidor que descumprir as regras estará sujeito às penalidades previstas, respectivamente, na Lei nº 8.112, de 11 de dezembro de 1990, e na Lei nº 6.880, de 9 de dezembro de 1980.

> ▸ **Atenção!**
> Os usuários dos serviços públicos poderão representar ao Ministério da Transparência e Controladoria-Geral da União, eventual desrespeito às regras definidas no Decreto.

### *6.1.6. Vigência*

A Lei nº 13.460/2017 entra em vigor, a contar da sua publicação (27/06/2017), em:

- 365 dias para a União, os Estados, o Distrito Federal e os Municípios com mais de 500 mil habitantes;
- 540 dias para os Municípios entre 100 mil e 500 mil habitantes; e
- 720 dias para os Municípios com menos de 100 mil habitantes.

## 7. DELEGAÇÃO DO SERVIÇO PÚBLICO

Com a **descentralização**, portanto, o Estado transfere para terceiro a execução da titularidade da prestação do serviço. Essa transferência pode se dar por **delegação legal** (outorga) ou por **delegação negocial**. Em ambas as situações ocorre a transferência da titularidade da prestação do serviço.

> ▸ **Como esse assunto foi cobrado em concurso?**
> No concurso para Analista do Controle Externo do TCE/CE (FCC/2015), com o seguinte enunciado: *"A Constituição da República estabelece uma série de competências e atribuições para o Poder Público em favor da população. A execução material dessas atividades"*. Foi considerada ERRADA a seguinte assertiva: "a) deve se dar em regime de exclusividade pelos entes federados indicados na Constituição Federal, caso contrário, perdem a qualificação de serviços públicos".
>
> No concurso para Juiz do trabalho (TRT 16ª Região/2015), foi considerada CORRETA a seguinte assertiva: *"A transferência da execução do serviço público pode ser feita por outorga ou por delegação. No primeiro caso transfere-se para o ente a titularidade de um serviço público, não apenas sua execução. Não pode mais o Poder Público retomar esse serviço, a não ser por lei"*.
>
> No concurso para cargos de nível superior na Caixa (Cespe/2014), foi considerada correta a seguinte assertiva: *"Ao conceder serviço público, o poder público concedente só transfere ao concessionário a execução do serviço, continuando titular do serviço concedido, o que lhe permite dele dispor de acordo com o interesse público"*.

A titularidade do ente federativo é fundamental para a identificação do foro competente para o deslinde de eventuais litígios relacionados à prestação de serviço, bem como para a delimitação do exercício de prestação do serviço público.

Nesse sentido, o ato do tabelião praticado na comarca para a qual não tem delegação não tem validade, mesmo que a parte, por sua livre escolha, elejá-o para praticar o ato (REsp 682.399-CE, julgado em 7/5/2007).

Instituições particulares de ensino superior e instituições públicas federais de ensino superior agem por delegação da União; assim, o foro competente para eventuais litígios, **em sede de mandado de segurança** (quando a impetração voltar-se contra ato de dirigente de universidade), é a **Justiça Federal**. Em relação às instituições públicas estaduais ou municipais de ensino superior, elas agem por delegação dos Estados, de forma que o foro competente para eventuais litígios, em mandado de segurança (quando a impetração voltar-se contra ato de dirigente de universidade), é da Justiça Comum Estadual.

No caso de **instituições particulares de ensino superior**, o foro competente é a Justiça Federal apenas na hipótese de mandado de segurança, quando a impetração voltar-se contra ato de dirigente de universidade. Nas ações de conhecimento, cautelares ou quaisquer outras de rito especial que não o mandado de segurança, a competência será da Justiça Estadual.

> **Atenção!**
>
> Conforme precedente do STJ, relatado pelo ilustre Ministro Castro Meira, podemos estabelecer as seguintes premissas, nos processos que envolvem o ensino superior:
>
> a) **mandado de segurança:** a competência será federal quando a impetração voltar-se contra ato de dirigente de universidade pública federal ou de universidade particular, com delegação pela União; ao revés, a competência será estadual quando o *mandamus* for impetrado contra dirigentes de universidades públicas estaduais e municipais, componentes do sistema estadual de ensino;
>
> b) **ações de conhecimento, cautelares ou quaisquer outras de rito especial que não o mandado de segurança:** a competência será federal quando a ação indicar no polo passivo a União Federal ou quaisquer de suas autarquias (art. 109, I, da Constituição da República); será de competência estadual, entretanto, quando o ajuizamento voltar-se contra entidade estadual, municipal ou contra instituição particular de ensino (Vide STJ, CC 108466, DJE 01/03/2010).

Com a outorga ou **delegação legal**, o Estado transfere, por meio de lei, a titularidade da prestação para entidades de sua administração indireta.

Com a **delegação negocial**, o Estado transfere, por meio de contrato ou ato administrativo (concessão, permissão e autorização), a titularidade da prestação do serviço para outras pessoas jurídicas.

> **Atenção!**
>
> Por expressa previsão constitucional, o ingresso na atividade notarial e de registro depende de concurso público de provas e títulos, não se

permitindo que qualquer serventia fique vaga, sem abertura de concurso de provimento ou de remoção, por mais de seis meses.

A **concessão** e a **permissão** são formas negociais da delegação de serviços públicos, enquanto a **autorização** é instrumento unilateral de delegação (ato administrativo).

> **Atenção!**
>
> É imprescindível autorização do Poder Público para a exploração do serviço de radiodifusão comunitária.

> **Como esse assunto foi cobrado em concurso?**
>
> No concurso para cargos de nível superior na Caixa (Cespe/2014), foi considerada errada a seguinte assertiva: "*Suponha que a administração pública direta, após regular licitação, tenha transferido temporariamente a execução de determinado serviço público a empresa privada. Nessa situação, está caracterizado o fenômeno da prestação de serviço público por outorga*".

### 7.1. Concessão de serviço público

A concessão consiste na delegação negocial de uma prestação de serviço público. Conforme já asseverado, com a concessão o Poder Público transfere a **titularidade da prestação do serviço** (e não a titularidade do serviço).

Segundo a Lei nº 8.987/95, apenas os **entes políticos** (União, Estados, Distrito Federal e Municípios) são considerados **poder concedente**, cabendo-lhes realizar a concessão (delegação) de serviços públicos de sua competência. Não obstante, a doutrina observa que a celebração de contratos de concessão vem sendo delegada, por leis específicas, a entidades autárquicas.

Como exemplo, vale citar que a Lei nº 9.472/97 atribui à ANATEL a competência para celebrar e gerenciar contratos de concessão e fiscalizar a prestação do serviço no regime público, aplicando sanções e realizando intervenções. José dos Santos Carvalho Filho observa que, nesses casos, há uma delegação de função fiscalizadora ou de controle, transferência ou descentralização que exige expressa previsão legal.

> **Atenção!**
>
> A Lei nº 11.107/2005 estabelece que os **consórcios públicos** podem outorgar concessão, permissão ou autorização de obras ou serviços públicos, mediante autorização prevista no contrato de consórcio público, que deverá indicar de forma específica o objeto da concessão, permissão ou autorização e as condições a que deverá atender, observada a legislação de normas gerais em vigor.

A doutrina tem entendido que a competência para legislar sobre concessões se dá nos termos descritos pelo inciso XXVII do artigo 22 da Constituição Federal. Tal assertiva deriva do entendimento de que a concessão é uma modalidade de contrato administrativo. Nos moldes do dispositivo, assim como se dá nas licitações, nas concessões a União tem competência para legislar sobre **normas gerais**, possuindo os Estados, Municípios e Distrito Federal a competência legislativa para estabelecer **normas específicas** sobre o tema.

O regime jurídico das concessões de serviço público foi fortemente afetado pelas inovações trazidas com a Lei federal nº 11.079/2004, que instituiu as parcerias público-privadas. Nosso ordenamento passou a registrar os seguintes tipos de concessões: **comuns** (Concessão de serviço público e Concessão de serviço público precedida de execução de obra) e **especiais** (Concessão patrocinada e Concessão administrativa).

Podemos apontar algumas **características comuns** a todas as espécies de concessões:

- A delegação não pode ser feita a pessoas físicas, apenas para pessoas jurídicas;
- A formalização se faz por meio de contrato administrativo;
- A delegação, em regra, é precedida de licitação, na modalidade concorrência;
- A delegação se dá por prazo determinado (limitado);

> **Atenção!**
>
> O STJ entende que, fixado o prazo de duração para o contrato de concessão, não pode a Administração alterar essa regra e elastecer o pacto para além do inicialmente fixado, sem prévia abertura de novo procedimento licitatório, pois isto implicaria quebra da regra da licitação, ainda que verificada a ocorrência de desequilíbrio econômico-financeiro do contrato, com o reconhecimento de direito de indenização às concessionárias. Segundo o STJ, deve a Administração promover certame licitatório para novas concessões de serviços públicos, não sendo razoável a prorrogação indefinida de contratos de caráter precário.

De qualquer forma, é de suma importância a leitura atenta das características que diferenciam as espécies de concessões, conforme será resumidamente delineado adiante.

| Concessões comuns | Concessões especiais |
|---|---|
| Concessão de serviço público (simples) | Concessão patrocinada |
| Concessão de serviço público precedida de execução de obra | Concessão administrativa |

▸ **Como esse assunto foi cobrado em concurso?**

No concurso para Analista de Planejamento e Orçamento da ESAF (ESAF/2015), com o seguinte enunciado: " *Sobre as concessões de serviços públicos, assinale a opção correta*, foi considerada CORRETA a seguinte assertiva: "d) A pessoa física não pode ser concessionária em nenhuma hipótese".

No concurso para advogado da CEHAP-PB (Cespe/2009), foi considerada correta a seguinte assertiva: "*Enquanto as concessões comuns, reguladas por lei, são divididas em concessões de serviço público simples e concessões de serviço público precedidas de execução de obra pública, as PPPs se dividem em concessão patrocinada e concessão administrativa*".

a) **Concessão de serviço público (simples).** É uma forma de delegação de sua prestação, feita pelo poder concedente, mediante licitação, na modalidade concorrência, à pessoa jurídica ou ao consórcio de empresas que demonstre capacidade para seu desempenho, por sua conta e risco e por prazo determinado.

b) **Concessão de serviço público precedida da execução de obra pública.** É, também, uma forma de delegação, cuja seleção se dá mediante licitação, na modalidade concorrência, à pessoa jurídica ou ao consórcio de empresas que demonstre capacidade para a sua realização, por sua conta e risco. Contudo, aqui, a prestação do serviço é precedida de obra pública, realizada pela concessionária, cujo investimento será remunerado e amortizado através da exploração do serviço ou da obra, por prazo determinado.

c) **Concessão patrocinada.** É uma concessão comum que envolve, adicionalmente à tarifa cobrada dos usuários, contraprestação pecuniária do parceiro público ao parceiro privado. Ademais, o regramento específico estabelece várias nuances para essa espécie de concessão.

d) **Concessão administrativa.** É apontada pela Lei nº 11.079/2004, como "contrato de prestação de serviços de que a Administração Pública seja a usuária direta ou indireta, ainda que envolva execução de obra ou fornecimento e instalação de bens".

▸ **Como esse assunto foi cobrado em concurso?**

No concurso para o cargo de Delegado de Polícia de Pernambuco (Cespe/2016), com a seguinte ementa: "Tendo como referência a legislação aplicável ao regime de concessão e permissão de serviços públicos e às parcerias público-privadas, assinale a opção correta." Foi considerada correta a seguinte alternativa: "B) Em relação à parceria público-privada, entende-se por concessão administrativa o contrato de prestação de serviços de que a administração pública seja a usuária direta ou indireta, ainda que envolva execução de obra ou fornecimento e instalação de bens."

No concurso para Juiz Federal Substituto 2ª região (Cespe/2013), foi considerada correta a seguinte assertiva:

E) Caso um estado da Federação celebre contrato administrativo de PPP visando à concessão de serviços públicos, conforme legislação específica, e, além da tarifa a ser cobrada dos usuários, o contrato preveja contraprestação pecuniária do parceiro público ao parceiro privado, ter-se-á, nessa hipótese, um exemplo da chamada concessão patrocinada.

A doutrina indica a **natureza jurídica de contrato administrativo** às concessões. A Lei nº 11.079/2004 firmou, literalmente, a natureza jurídica da parceria público-privada como de contrato administrativo.

▸ **Como esse assunto foi cobrado em concurso?**

No concurso para Técnico de controle externo do TCM-PA (FCC/2010) foi considerada correta a seguinte assertiva: *"d) parceria público-privada é o contrato administrativo de concessão, na modalidade patrocinada ou administrativa".*

Adiante, em tópico específico, trataremos das principais características dos contratos de concessões (comuns e especiais) de serviços públicos.

## 7.2. Permissão de serviço público

A permissão do serviço público é uma **forma de delegação de serviço público, também materializada através de contrato**. Contudo, embora submeta-se à licitação, a delegação é **realizada a título precário**, pelo poder concedente, à pessoa física ou jurídica que demonstre capacidade para seu desempenho, por sua conta e risco.

▸ **Atenção!**

Perceba que, no caso das permissões, admite-se a delegação para **pessoas físicas**, diferentemente das concessões, em que a delegação se dá, apenas, para pessoas jurídicas.

Em relação à permissão de serviço público, a Lei nº 8.987/95, expressamente, estabelece que ela seja formalizada mediante **contrato de adesão**, que observará os termos desta Lei, das demais normas pertinentes e do edital de licitação, inclusive quanto à precariedade e à revogabilidade unilateral do contrato, pelo poder concedente.

Há que se registrar certo dissenso doutrinário, sobre o tema. Há relevante doutrina que defende a natureza jurídica da permissão como sendo de ato administrativo unilateral (nesse sentido, Bandeira de Mello e Di Pietro). Outra parte da doutrina, com a qual concordamos (nesse sentido, Carvalho Filho), embora registre o entendimento doutrinário tradicional, reconhece que, por opção expressa do constituinte e do legislador ordinário, estabeleceu-se, para a permissão, **natureza jurídica contratual** (como contrato de adesão).

De qualquer forma, segundo o STJ, no que tange à extinção da permissão e eventual direito à indenização, é "indispensável o cumprimento dos ditames constitucionais e legais, com a realização de prévio procedimento licitatório, para que se possa cogitar de indenização aos permissionários de serviço público" (STJ. AgRg no REsp 1456687/RJ, DJe 19/04/2017).

▸ **Como esse assunto foi cobrado em concurso?**

No concurso para o cargo de Procurador do MP junto ao TCU/2015 (Cespe/2015), com o seguinte enunciado: "Em consonância com a legislação e a jurisprudência pertinentes, assinale a opção correta, com relação ao serviço público." Foi considerada correta a seguinte assertiva: "D) O caráter precário da permissão autoriza a revogação unilateral do contrato por ato do poder concedente, hipótese em que, mediante ação própria, é possível ao permissionário obter indenização dos investimentos feitos para o desempenho do serviço.".

No concurso para o cargo de Procurador do TCM-RJ (FGV/2008) foi cobrado: "*A respeito da natureza jurídica dos institutos, é correto afirmar que a concessão de serviço público, a concessão de serviço precedido da execução de obra pública e a permissão de serviço público são:*", foi considerada correta a seguinte assertiva: "*c) todas contratos administrativos.*"

No concurso para o cargo de Promotor de Justiça do Estado do Espírito Santo (Cespe/2010) foi considerada errada a seguinte assertiva: "*d) A permissão e a concessão de serviço público podem ser atribuídas a pessoas físicas ou jurídicas, bem como a consórcio de empresas*"

## 7.3. Autorização de serviço público

A autorização possui natureza de **ato administrativo unilateral, precário e discricionário**. Através dela, o Poder Público consente que o particular realize determinada atividade. Vê-se, portanto, que (diferentemente do que ocorre na concessão e na permissão) na autorização prepondera o interesse privado.

A Constituição, embora não se reporte à "autorização", ao tratar, no artigo 175, sobre a prestação de serviços públicos, cita este ato administrativo unilateral, ao dispor, em seu artigo 21, sobre a competência federal para explorar determinados serviços públicos (incisos XI e XII). Marçal Justen Filho, identificando a contradição entre a delegação de serviço público e a natureza jurídica da autorização, conclui que tal ato administrativo, em regra, não deve envolver delegação de serviços públicos, mas o consentimento ao exercício de serviços (atividades) privados (ex: seguros, bancos, transporte de táxi, etc.). Observa o autor que, **excepcionalmente**, em situações emergenciais, **pode ser admitida a figura da autorização para a delegação de serviços públicos.**

## 8. DOS CONTRATOS DE CONCESSÃO DE SERVIÇO PÚBLICO

A concessão de serviço público pode gerar contratos administrativos de concessão. A escolha do concessionário se dá através de licitação, via de regra, na modalidade **concorrência**. Conforme a Lei nº 9.491/97, admite-se também a modalidade **leilão** para alguns serviços "desestatizados".

Tendo em vista as nuances que diferenciam as relações contratuais oriundas das **concessões comuns** daquelas estabelecidas em virtude das **concessões especiais**, trataremos as duas espécies em momentos apartados, apresentando suas principais características.

Em todos os casos, em virtude da natureza de contratos administrativos, tais relações jurídicas se submetem à competência privativa da União para legislar sobre normas gerais de contratações administrativas.

> ▸ **Atenção!**
>
> Submetem-se a regime diferenciado as concessões, permissões e autorizações para o serviço **de radiodifusão sonora e de sons e imagens.** Nos termos do artigo 223 da CF, compete ao Poder Executivo outorgar e renovar concessão, permissão e autorização para o serviço de radiodifusão sonora e de sons e imagens. Nesses casos, o ato de outorga ou renovação somente produzirá efeitos legais após deliberação do Congresso Nacional e o cancelamento da concessão ou permissão, antes de vencido o prazo, depende de decisão judicial.
>
> O prazo da concessão ou permissão será de dez anos para as emissoras de rádio e de quinze para as de televisão.

### 8.1. Dos contratos de concessões comuns

Conforme visto anteriormente, os contratos de concessões comuns (tanto a simples quanto a precedida de obra pública) são contratos administrativos. Não obstante, além de exigirem cláusulas essenciais (art. 23, Lei nº 8.987/95), eles se submetem a regime jurídico específico, que impõe algumas características que serão, adiante, destacadas:

a) **Remuneração.** Tanto na concessão comum simples como na precedida de obra pública, a remuneração é paga pelos usuários do serviço público.

> ▸ **Importante!**
>
> O STJ já manifestou entendimento no sentido de que a necessidade de colocar uma via alternativa gratuita para os usuários, em caráter obrigatório, não deve ser imposta para a cobrança do pedágio. Para que isso ocorresse, deveria existir previsão expressa na lei.

b) **Risco.** Nas concessões comuns, a exploração econômica do serviço ou da obra se dá por conta e risco do concessionário.

> **Importante!**
> Necessário perceber que as concessões especiais alteraram esse raciocínio, admitindo o compartilhamento de riscos entre o particular e o Poder Público.

c) **Responsabilidade do concessionário.** Incumbe à concessionária a execução do serviço concedido, cabendo-lhe responder objetivamente por todos os prejuízos causados ao poder concedente, aos usuários ou a terceiros, sem que a fiscalização exercida pelo órgão competente exclua ou atenue essa responsabilidade.

A responsabilidade objetiva estipulada pelo art. 37, § 6º da Constituição Federal alcança as empresas concessionárias de serviço público. Conforme visto no capítulo sobre responsabilidade civil, essa forma de responsabilização prescinde do elemento culpa. Assim, em regra, quando gerar dano a outrem, a concessionária responde objetivamente (sem necessidade de demonstração de culpa ou dolo). Deve-se registrar a ressalva às situações de danos causados por **condutas omissivas**, nesses casos (danos causados em virtude de condutas omissivas) é necessária a demonstração do elemento subjetivo (culpa ou dolo).

Há questões polêmicas sobre o tema: a responsabilidade objetiva das concessionárias se limita aos danos gerados aos **usuários** do serviço público? Diante de um dano causado pela concessionária a um terceiro, **não usuário**, sua responsabilidade é objetiva ou subjetiva?

Inicialmente, o STF, em interessante acórdão, relatado pelo Ministro Carlos Velloso, apontava entendimento no sentido de que a responsabilidade da concessionária era **objetiva**, contudo tal condição estaria restrita aos danos causados aos usuários de serviços públicos, não podendo ser estendida esta forma extraordinária de responsabilização (para o particular) aos eventos danosos causados a terceiros não usuários. Em relação a terceiros não usuários, a responsabilidade civil seria então subjetiva (RE 262651/SP, DJ. 06.05.2005).

Entretanto, posteriormente o STF alterou seu entendimento, reconhecendo que a responsabilidade civil das pessoas jurídicas de direito privado prestadoras de serviço público é **objetiva, seja em relação aos danos causados a usuários como em relação aos danos causados terceiros não usuários do serviço** (RE 591874/MS, publ. 01/02/2010).

Deve-se evitar, de qualquer forma, o raciocínio de que sempre haverá responsabilidade objetiva por parte da concessionária de serviços públicos. É necessário observar que a responsabilização objetiva em relação a terceiros (não usuários ou usuários) não se dá para qualquer dano causado pela concessionária de serviço público, mas para aqueles danos **decorrentes da atividade administrativa prestada**. Nesse sentido, a ementa do Acórdão destaca que é a presença do nexo de causalidade, entre o ato administrativo e o dano causado ao terceiro não usuário do serviço público, que se apresenta como condição suficiente para estabelecer a responsabilidade objetiva da pessoa jurídica de direito privado.

Esse foi o pensamento explicitado pelo então Presidente do STF, Ministro Gilmar Mendes, em seu voto. O ilustre julgador destacou: "Evidente, portanto, que a responsabilidade objetiva das pessoas jurídicas de direito privado prestadoras de serviços públicos limita-se ao exercício de tal atividade; em outras palavras, caso a empresa cause dano a terceiros em razão de conduta não relacionada à prestação do serviço público, descaberá qualquer menção à responsabilidade objetiva".

Entendemos como correto tal raciocínio. É a condição especial de agente delegado do Estado que justifica a imposição da mesma responsabilidade objetiva estabelecida para a Administração Pública, nessa esteira, ela não deve ser estendida aos danos causados a não usuários, decorrentes de atividades outras, não relacionadas à atividade administrativa exercida.

> **▸ Como esse assunto foi cobrado em concurso?**
>
> No concurso para Juiz do Trabalho (TRT 21ª Região/2015), foi considerada CORRETA a seguinte assertiva: "*Incumbe à concessionária a execução do serviço concedido, cabendo-lhe responder por todos os prejuízos causados ao poder concedente, aos usuários ou a terceiros, sem que a fiscalização exercida pelo órgão competente exclua ou atenue essa responsabilidade*".
>
> No concurso para Advogado da Estatal CEHAP-PB (Cespe/2009), foi considerada errada a seguinte assertiva: "*c) Como os serviços públicos objeto de concessão e de permissão são prestados por pessoas jurídicas de direito privado, os danos causados por estas aos usuários dos serviços devem ser reparados, desde que comprovados o nexo de causalidade e a culpa da concessionária/permissionária na ocorrência do evento danoso*".

d) **Responsabilidade do concedente.** O ente público pode ser responsabilizado, caso esgotadas as possibilidades de ressarcimento de danos, frente à concessionária. Trata-se, portanto, de responsabilidade **subsidiária**.

e) **Arbitragem.** O contrato de concessão poderá prever o emprego de mecanismos privados para resolução de disputas decorrentes ou relacionadas ao contrato, inclusive a arbitragem, que deve ser realizada no Brasil e em língua portuguesa.

> **▸ Como esse assunto foi cobrado em concurso?**
>
> No concurso para Juiz Substituto do TJ/RJ (Vunesp/2014), foi considerada errada a seguinte assertiva: "*As disputas decorrentes ou relacionadas ao contrato de concessão não poderão ser resolvidas por meio do emprego de mecanismos privados, devendo ser submetidas ao Poder Judiciário brasileiro*".

f) **Valor da tarifa.** A tarifa do serviço público concedido é fixada de acordo com a proposta vencedora da licitação. Os valores das tarifas podem ser diferenciados em função das características técnicas e dos custos específicos provenientes do atendimento aos distintos segmentos de usuários.

> **Importante!**
>
> É resguardado o direito de revisão dos valores contratuais, para preservar a respectiva equação econômica, mantendo o equilíbrio econômico-financeiro. Havendo alteração unilateral do contrato que afete o seu inicial equilíbrio econômico-financeiro, impõe-se sua revisão econômica.

Cabe observar que, **ressalvados os impostos sobre a renda**, a criação, alteração ou extinção de quaisquer tributos ou encargos legais, após a apresentação da proposta, quando comprovado seu impacto, implicará a revisão da tarifa, para mais ou para menos, conforme o caso.

No atendimento às peculiaridades de cada serviço público, poderá o poder concedente prever, em favor da concessionária, no edital de licitação, a possibilidade de outras fontes provenientes de receitas alternativas, complementares, acessórias ou de projetos associados, com ou sem exclusividade, com vistas a favorecer a modicidade das tarifas. Podemos citar, como exemplo, a utilização de publicidade nos veículos de transporte público, em aeroportos ou em rodovias.

Segundo o STJ, a concessionária de rodovia pode cobrar de concessionária de energia elétrica pelo uso de faixa de domínio de rodovia para a instalação de postes e passagem de cabos aéreos efetivados com o intuito de ampliar a rede de energia, na hipótese em que o contrato de concessão da rodovia preveja a possibilidade de obtenção de receita alternativa decorrente de atividades vinculadas à exploração de faixas marginais (STJ. EREsp 985.695-RJ, DJe 12/12/2014 - Informativo 554) No mesmo sentido, o STJ admitiu a cobrança pelo uso da faixa de domínio, entre duas concessionárias de serviço público, uma a quem foi outorgada a concessão da exploração de Rodovia e a outra a quem fora concedida a prestação do serviço de telefonia, pela existência de previsão admitindo esta cobrança, no contrato de concessão da primeira.

> **Como esse assunto foi cobrado em concurso?**
>
> No concurso para o cargo de Auditor Fiscal da Receita Estadual – SEFAZ-SC (FCC/2018), com a seguinte ementa: "Um município que pretenda contratar uma concessão de serviço de transporte de ônibus regida pela Lei nº 8.987/1995, pode incluir, na modelagem do projeto, que", foi considerada correta a seguinte alternativa: "a) a prestação dos serviços pelo privado também poderá ser remunerada por meio de exploração de outras receitas, alternativas ou acessórias, sem prejuízo do pagamento de tarifa diretamente pelos usuários do transporte".

No concurso para o cargo de Procurador do Estado - MT (FCC/2016), com a seguinte ementa: "No tocante aos aspectos econômicos e tarifários das concessões de serviço público, a Lei nº 8.987/95 dispõe:" Foi considerada correta a seguinte alternativa: "(E) A alteração das alíquotas do imposto de renda não é causa que justifique pedido de revisão tarifária pela concessionária."

No concurso para Juiz Substituto do TJ/RJ (Vunesp/2014), foi considerada errada a seguinte assertiva: *"A alteração de alíquota do imposto sobre a renda, após a apresentação da proposta de concessão, quando comprovado seu impacto, implicará a revisão da tarifa, para mais ou para menos, conforme o caso"*.

g) **Subconcessão.** Desde que expressamente autorizada pelo poder concedente e prevista no contrato de concessão, é admitida a subconcessão. É importante diferenciar a subconcessão da subcontratação. Esta última pode ser admitida ordinariamente no edital, nos termos admitidos pela Lei Geral de licitações. Já a subconcessão, nos termos da Lei nº 8.987/95, exige que sua outorga seja sempre precedida de concorrência, já que ela gera a sub-rogação, para o subconcessionário, de todos os direitos e obrigações do subconcedente, dentro dos limites da subconcessão.

**▸ Como esse assunto foi cobrado em concurso?**

No concurso para Juiz Substituto do TJ/RJ (Vunesp/2014), foi considerada errada a seguinte assertiva: *"A concessionária poderá contratar com terceiros o desenvolvimento de atividades inerentes, acessórias ou complementares ao serviço concedido, sendo, entretanto, expressamente vedada a subconcessão do serviço"*.

h) **Intervenção.** O poder concedente poderá intervir na concessão para assegurar a adequada prestação do serviço e o fiel cumprimento das normas pertinentes. A intervenção far-se-á por decreto do poder concedente, que designará o interventor, o prazo da intervenção, os objetivos e limites da medida.

Declarada a intervenção, o poder concedente terá 30 dias para instaurar procedimento administrativo, assegurada a ampla defesa, para comprovar as causas determinantes da medida e apurar responsabilidades. Esse procedimento deve ser concluído em até 180 dias, sob pena de considerar-se inválida a intervenção.

Se ficar comprovado que a intervenção não observou os pressupostos legais e regulamentares será declarada sua nulidade, devendo o serviço ser imediatamente devolvido à concessionária, sem prejuízo de seu direito à indenização.

Cessada a intervenção, se não for extinta a concessão, a administração do serviço será devolvida à concessionária, precedida de prestação de contas pelo interventor, que responderá pelos atos praticados durante a sua gestão.

i) **Licitação.** A concessão depende de procedimento licitatório prévio, sob a modalidade concorrência. A Lei nº 9.497/97 estabeleceu, também, a adoção do leilão para diversas operações previstas no Programa Nacional de Desestatização.

| No julgamento das licitações, de acordo com a Lei nº 8.987/95, podem ser utilizados os seguintes critérios: |
|---|
| • menor valor da tarifa do serviço público a ser prestado; |
| • maior oferta, nos casos de pagamento ao poder concedente pela outorga da concessão; |
| • melhor oferta de pagamento pela outorga após qualificação de propostas técnicas. |
| • combinação, dois a dois, dos critérios referidos acima; |
| • melhor proposta técnica, com preço fixado no edital; |
| • melhor proposta em razão da combinação dos critérios de menor valor da tarifa do serviço público a ser prestado com o de melhor técnica; |
| • melhor proposta em razão da combinação dos critérios de maior oferta pela outorga da concessão com o de melhor técnica; |

Em igualdade de condições, a Lei nº 8.987/95 prevê que será dada preferência à proposta apresentada por empresa brasileira.

**▸ Importante!**

Por conta das alterações provenientes da nº 11.196/2005, o edital poderá prever a **inversão das fases** de habilitação e de julgamento, adotando fórmula semelhante à adotada na modalidade licitatória pregão, já analisada no capítulo sobre licitações públicas.

Outrossim, quando permitida, na licitação, a participação de empresas em consórcio, observar-se-ão as seguintes normas:

- comprovação de compromisso, público ou particular, de constituição de consórcio, subscrito pelas consorciadas;
- indicação da empresa responsável pelo consórcio;
- apresentação dos documentos exigidos nos incisos V e XIII do artigo 18 da Lei nº 8.987/95, por parte de cada consorciada;
- impedimento de participação de empresas consorciadas na mesma licitação, por intermédio de mais de um consórcio ou isoladamente.

O licitante vencedor fica obrigado a promover, antes da celebração do contrato, a constituição e registro do consórcio. A empresa líder do consórcio será a responsável, perante o poder concedente, pelo cumprimento do contrato de concessão, sem prejuízo da **responsabilidade solidária** das demais consorciadas.

j) **Extinção.** A extinção do contrato de concessão, que exige o respeito ao contraditório e à ampla defesa, pode decorrer de:

| Extinção | |
|---|---|
| **Advento do termo contratual.** | Dá-se com o fim do prazo estabelecido na concessão. No advento do termo contratual, a reversão far-se-á com a indenização das parcelas dos investimentos vinculados a bens reversíveis, ainda não amortizados ou depreciados, que tenham sido realizados com o objetivo de garantir a continuidade e atualidade do serviço concedido. |
| **Encampação** | É a retomada do serviço pelo poder concedente durante o prazo da concessão, por motivo de interesse público, mediante lei autorizativa específica e após prévio pagamento da indenização. Trata-se de uma forma de rescisão unilateral pela Administração. |
| **Caducidade** | Significa a ruína do contrato de concessão, decorrente da grave inexecução total ou parcial do contrato, por parte do concessionário. A declaração da caducidade da concessão se dá por decreto do poder concedente, independentemente de indenização prévia, e deverá ser precedida da verificação da inadimplência da concessionária em processo administrativo, assegurado o direito de ampla defesa. Trata-se de uma forma de rescisão unilateral pela Administração. |
| **Anulação** | Decorre da existência de ilegalidade que contamine a concessão e imponha a extinção do contrato. |
| **Falência ou extinção da empresa concessionária e falecimento ou incapacidade do titular, no caso de empresa individual** | Tais fatos jurídicos prejudicam a continuidade da contratação. |
| **Rescisão judicial** | Quando o concessionário não possui mais interesse na manutenção do contrato, mesmo que por descumprimento de normas contratuais pela Administração, ele não pode realizar a rescisão unilateralmente, precisando recorrer à via judicial. |
| **Rescisão amigável (construção doutrinária)** | Decorre de acordo entre as partes. |

A caducidade da concessão poderá ser declarada pelo poder concedente quando:

- o serviço estiver sendo prestado de forma inadequada ou deficiente, tendo por base as normas, critérios, indicadores e parâmetros definidores da qualidade do serviço;
- a concessionária descumprir cláusulas contratuais ou disposições legais ou regulamentares concernentes à concessão;

- a concessionária paralisar o serviço ou concorrer para tanto, ressalvadas as hipóteses decorrentes de caso fortuito ou força maior;
- a concessionária perder as condições econômicas, técnicas ou operacionais para manter a adequada prestação do serviço concedido;
- a concessionária não cumprir as penalidades impostas por infrações, nos devidos prazos;
- a concessionária não atender a intimação do poder concedente no sentido de regularizar a prestação do serviço; e
- a concessionária não atender a intimação do poder concedente para, em 180 (cento e oitenta) dias, apresentar a documentação relativa a regularidade fiscal, no curso da concessão, na forma do art. 29 da Lei nº 8.666, de 21 de junho de 1993.

> **Importante!**
>
> Entre as hipóteses legais para declaração da caducidade da concessão (art. 38 da Lei nº 8.987/95), deve-se destacar o não atendimento "a intimação do poder concedente para, em 180 (cento e oitenta) dias, apresentar a documentação relativa a regularidade fiscal, no curso da concessão, na forma do artigo 29 da Lei nº 8.666/93.
>
> Tal hipótese merece destaque, pois foi inserida, recentemente, pela Lei nº 12.767/2012.

> **Como esse assunto foi cobrado em concurso?**
>
> No concurso para o cargo de Analista de Controle - Área Jurídica - TCE/PR (Cespe/2016), com a seguinte ementa: "Após prévio e regular certame licitatório, um estado da Federação celebrou contrato de concessão de serviço público. No decorrer da execução do contrato, a administração, após a concessão do direito de ampla defesa, verificou que a empresa concessionária paralisou o serviço contratado sem motivo justificável. Nessa situação hipotética, com respaldo na Lei n° 8.987/1995, o ente federativo poderá extinguir o contrato mediante o instituto da..." Foi considerada correta a seguinte alternativa: "E) caducidade."
>
> No concurso para Analista de Planejamento e Orçamento da ESAF (ESAF/2015), com o seguinte enunciado: "*Sobre as concessões de serviços públicos, assinale a opção correta*, foi considerada ERRADA a seguinte assertiva: "*Encampação é a retomada do serviço pelo poder concedente durante o prazo da concessão por motivo de interesse público, mediante Decreto do Poder Executivo e pagamento prévio de indenização*".
>
> No concurso para Procurador do Pará (UEPA/2015), foi considerada ERRADA a seguinte assertiva: "*c) a concessão de serviço público não precedida de execução de obra pública não será objeto de prévia licitação*".
>
> No concurso para Procurador Especial de Contas do TCM/BA (FCC/2011), com o seguinte enunciado: "*Constitui uma forma de extinção do contrato*

de concessão de serviços públicos *a"*; foi considerada correta a seguinte assertiva: *"e) rescisão, pelo poder concedente ou pelo concessionário, este último apenas por decisão judicial em função de descumprimento, pela Administração, de normas contratuais"*.

k) **Penalidade.** O contrato de concessão comum prevê penalidades que sujeitam, apenas, a concessionária.

l) **Reversão.** É a incorporação dos bens utilizados para a prestação do serviço público concedido, quando da finalização do contrato de concessão.

**▸ Como esse assunto foi cobrado em concurso?**

No concurso para Promotor de Justiça, do Estado de Roraima (CESPE/2008) foi cobrado: *"Acerca dos contratos administrativos, assinale a opção correta."* Foi considerada correta a seguinte alternativa: *b) Se determinado estado da Federação firmar contrato de concessão pública de transporte público interestadual, tal contrato poderá, conforme a legislação federal de regência, prever o emprego de mecanismos privados para resolução de disputas decorrentes desse contrato ou a ele relacionadas inclusive a arbitragem.*

m) **Transferência da concessão ou do controle societário e Administração temporária.** A transferência de concessão ou do controle societário da concessionária, **sem prévia anuência** do poder concedente, implicará a caducidade da concessão.

Para a obtenção da anuência, pelo Poder Concedente, o pretendente deverá:

I. atender às exigências de capacidade técnica, idoneidade financeira e regularidade jurídica e fiscal necessárias à assunção do serviço; e

II. comprometer-se a cumprir todas as cláusulas do contrato em vigor.

De acordo com a **Lei federal nº 13.097/2015**, nas condições estabelecidas no contrato de concessão, o poder concedente autorizará a **assunção do controle** ou da **administração temporária** da concessionária por seus financiadores e garantidores com quem não mantenha vínculo societário direto, para promover sua reestruturação financeira e assegurar a continuidade da prestação dos serviços.

Configura-se a **administração temporária** da concessionária por seus financiadores e garantidores quando, sem a transferência da propriedade de ações ou quotas, forem outorgados os seguintes poderes:

I. indicar os membros do Conselho de Administração, a serem eleitos em Assembleia Geral pelos acionistas, nas sociedades regidas pela Lei 6.404, de 15 de dezembro de 1976; ou administradores, a serem eleitos pelos quotistas, nas demais sociedades;

II. indicar os membros do Conselho Fiscal, a serem eleitos pelos acionistas ou quotistas controladores em Assembleia Geral;

III. exercer poder de veto sobre qualquer proposta submetida à votação dos acionistas ou quotistas da concessionária, que representem, ou possam representar, prejuízos à reestruturação financeira da concessionária ou à continuidade dos serviços públicos prestados;

IV. outros poderes necessários ao alcance dos objetivos de reestruturação financeira da concessionária e de continuidade dos serviços públicos prestados.

A **assunção do controle** ou da **administração temporária** autorizada não alterará as obrigações da concessionária e de seus controladores para com terceiros, poder concedente e usuários dos serviços públicos.

De acordo com a **Lei federal nº 13.097/2015**, na **assunção do controle** ou da **administração temporária**, o poder concedente deverá exigir, dos financiadores e dos garantidores, que atendam às exigências de **regularidade jurídica** e **fiscal**, podendo alterar ou dispensar os requisitos relacionados às exigências de **capacidade técnica** e **idoneidade financeira**.

> **Importante!**
> A administração temporária, autorizada, não acarretará responsabilidade aos financiadores e garantidores em relação à tributação, encargos, ônus, sanções, obrigações ou compromissos com terceiros, inclusive com o poder concedente ou empregados.

### 8.2. Dos contratos de concessões especiais (parceria público-privada)

Os contratos de concessões especiais (tanto a **patrocinada** quanto a **administrativa**) também possuem a natureza jurídica de contratos administrativos. Embora tenha tomado por base o regramento dado para as concessões comuns, a Lei nº 11.079/2004 estabeleceu características especiais para essas formas de concessões.[1]

O novo formato foi desenvolvido para fomentar a concretização de contratos de concessões que, até então, diante das regras das concessões comuns, não alimentavam o interesse necessário da iniciativa privada.

São apontadas, como **diretrizes:** a eficiência, o respeito aos interesses e direitos dos destinatários dos serviços e dos entes privados incumbidos da sua execução, a indelegabilidade das funções exclusivas do Estado, a responsabilidade fiscal, a transparência, a repartição objetiva de riscos, a sustentabilidade financeira e vantagens socioeconômicas dos projetos de parceria.

---

1. Para as concessões administrativas, aplicam-se as disposições dos artigos 21, 23, 25 e 27 a 39 da Lei nº 8.987/95 e do art. 31 da Lei nº 9.074/95. Para as concessões patrocinadas, aplicam-se, subsidiariamente, a Lei nº 8.987/95 e as leis correlatas.

Vejamos as **principais nuances**, acrescidas a essas concessões especiais:

a) **Prazo.** O prazo de vigência do contrato deve ser compatível com a amortização dos investimentos realizados, não inferior a 5 (cinco), nem superior a 35 (trinta e cinco) anos, incluindo eventual prorrogação. Admite-se a "relicitação", com o objetivo de assegurar a continuidade da prestação dos serviços, quando os contratados demonstrem incapacidade de adimplir as obrigações contratuais ou financeiras assumidas originalmente. A relicitação é o procedimento que compreende a extinção amigável dos contratos de parceria e a celebração de novo ajuste negocial para o empreendimento, em novas condições contratuais e com novos contratados, mediante licitação promovida para esse fim.

b) **Remuneração.** Nas concessões especiais, além da remuneração paga pelo usuário do serviço, é realizada contraprestação pecuniária ao parceiro privado, pelo parceiro público (na concessão patrocinada). Na concessão administrativa, a própria Administração Pública é a usuária do serviço.

A contraprestação da Administração Pública nos contratos de parceria público-privada poderá ser feita por: ordem bancária, cessão de créditos não tributários, outorga de direitos em face da Administração Pública, outorga de direitos sobre bens públicos dominicais, além de outros meios admitidos em lei.

> ▸ **Importante!**
>
> A contraprestação da Administração Pública será obrigatoriamente precedida da disponibilização do serviço objeto da parceria público-privada.
>
> Nada obstante, conforme alteração feita pela Lei nº 12.766/2012, pode a administração pública, nos termos do contrato, efetuar pagamento da contraprestação relativa à parcela fruível do serviço objeto do contrato de parceria público-privada.

> ▸ **Como esse assunto foi cobrado em concurso?**
>
> No concurso para Juiz do TJ/SP (VUNESP/2015), foi considerada ERRADA a seguinte assertiva: *"a) é vedado que numa PPP o particular receba recursos públicos a qualquer título que não seja de financiamento por instituição financeira, antes de iniciar a prestação dos serviços objeto da PPP"*.
>
> No concurso para Advogado da UFBA (IADES/2014), foi considerada errada a seguinte assertiva: *"A contraprestação da Administração Pública não poderá ser feita por cessão de créditos não tributários"*.
>
> Na mesma prova, também foi considerada errada, a assertiva: *"A contraprestação da Administração Pública nos contratos de parceria público-privada poderá ser feita mediante outorga de direitos sobre bens públicos afetados de uso comum do povo"*.
>
> Obs.: A lei autoriza, apenas, outorga de direitos sobre bens públicos **dominicais.**

c) **Risco.** Há repartição objetiva de riscos entre as partes, inclusive os referentes a caso fortuito, força maior, fato do príncipe e álea econômica extraordinária. Assim como nas concessões comuns, a PPP admite o emprego dos mecanismos privados para resolução de disputas, inclusive a arbitragem.

> ▸ **Como esse assunto foi cobrado em concurso?**
>
> No concurso para o cargo de Procurador do MP junto ao TCU (Cespe/2015), com a seguinte ementa: "Acerca do regime de PPP, instituído pela Lei n.° 11.079/2004, assinale a opção correta." Foi considerada correta a seguinte alternativa: "D) As contratações de PPPs diferenciam-se das concessões comuns quanto às cláusulas de equilíbrio econômico-financeiro ao prever que cumpre ao contrato estabelecer a repartição objetiva de riscos entre as partes, incluindo-se os referentes a caso fortuito, força maior, fato do príncipe e álea econômica extraordinária."
>
> No concurso para Juiz Federal Substituto 2ª região (Cespe/2013), foi considerada incorreta a seguinte assertiva: "Não se admite o emprego da arbitragem na hipótese de um município querer dirimir conflitos decorrentes de contrato de PPP."

d) **Ganhos.** Há o compartilhamento, com o Poder Público, de ganhos econômicos efetivos do parceiro privado, decorrentes da redução do risco de crédito dos financiamentos utilizados;

e) **Limites.** É vedada a celebração de contrato de parceria público-privada:

- Com período de prestação do serviço inferior a 5 (cinco) anos.
- Com objeto único de fornecimento de mão de obra, de fornecimento e instalação de equipamentos ou de execução de obra pública.
- Com valor contratual inferior a **R$ 10.000.000,00 (dez milhões de reais)**.

Com relação a esta última vedação, entendemos necessária uma melhor discussão, pela doutrina e pelo poder Judiciário, acerca dos limites constitucionais para que a Lei federal estabeleça esse patamar em detrimento dos demais entes federativos (Estados, Municípios e DF). A competência da União para estabelecer regras para todos os entes se limita àquelas de natureza geral, restando protegida a competência dos demais entes para estatuírem regras específicas relacionadas aos seus contratos administrativos. Nessa feita, parece-nos que o patamar estabelecido desprezou o respeito à proporcionalidade. Por via transversa, o patamar imposto pelo dispositivo prejudica a realização de parcerias público-privadas por Municípios de pequeno porte, justamente aqueles que mais agonizam pela falta de recursos para a prestação dos serviços públicos essenciais à coletividade.

> ▸ **Como esse assunto foi cobrado em concurso?**
>
> No concurso para Defensor Público do Estado do Mato Grosso (FCC/2009) foram cobradas as três hipóteses de vedações acima destacadas.

f) **Garantias.** As obrigações pecuniárias, contraídas pela Administração Pública em contrato de parceria público-privada, poderão ser garantidas mediante:

- vinculação de receitas (vide inciso IV do art. 167 da Constituição Federal);
- instituição ou utilização de fundos especiais previstos em lei;
- contratação de seguro-garantia com as companhias seguradoras que não sejam controladas pelo Poder Público;
- garantia prestada por organismos internacionais ou instituições financeiras que não sejam controladas pelo Poder Público;
- garantias prestadas por fundo garantidor ou empresa estatal criada para essa finalidade;
- outros mecanismos admitidos em lei.

Os contratos poderão prever a possibilidade de **emissão de empenho**, em nome dos financiadores do projeto, para resguardo das obrigações pecuniárias da Administração Pública, além de indicar a legitimidade dos financiadores do projeto para receber indenizações por extinção antecipada do contrato, bem como pagamentos efetuados pelos fundos e empresas estatais garantidores de parcerias público-privadas;

Também podem ser previstas a prestação de garantias pelo parceiro privado e o estabelecimento de garantias em favor dos financiadores do projeto.

g) **Sociedade de propósito específico.** Para implantar e gerir o objeto da parceria deverá ser constituída sociedade de propósito específico, antes da celebração do contrato de PPP. Essa pessoa jurídica poderá assumir a forma de companhia aberta, com valores mobiliários admitidos à negociação no mercado, obedecendo a padrões de governança corporativa e adotando contabilidade e demonstrações financeiras padronizadas, conforme regulamento.

A transferência do controle da sociedade de propósito específico estará condicionada à autorização expressa da Administração Pública.

A Administração Pública não pode ser titular da maioria do capital votante da sociedade de propósito específico, exceto em eventual aquisição da maioria do capital votante da sociedade, por instituição financeira controlada pelo Poder Público, em caso de inadimplemento de contratos de financiamento.

De acordo com a **Lei nº 13.079/2015**, o contrato de parceria pode prever requisitos e condições em que o parceiro público autorizará a **transferência do controle** ou a **administração temporária** da sociedade de propósito específico aos seus financiadores e garantidores com quem não mantenha vínculo societário direto, com o objetivo de promover a sua reestruturação financeira e assegurar a continuidade da prestação dos serviços, não se aplicando para este efeito, a exigência de atendimento dos requisitos de capacidade técnica, idoneidade financeira e regularidade jurídica e fiscal necessárias à assunção do serviço.

**Controle** da sociedade de propósito específico é a propriedade resolúvel de ações ou quotas por seus financiadores e garantidores, caracterizando-os como **acionista controlador**;

> **Atenção!**
>
> Entende-se por **acionista controlador** a pessoa, natural ou jurídica, ou o grupo de pessoas vinculadas por acordo de voto, ou sob controle comum, que:
>
> a) é titular de direitos de sócio que lhe assegurem, de modo permanente, a maioria dos votos nas deliberações da assembleia-geral e o poder de eleger a maioria dos administradores da companhia; e
>
> b) usa efetivamente seu poder para dirigir as atividades sociais e orientar o funcionamento dos órgãos da companhia.

Ocorrerá **administração temporária** da sociedade de propósito específico pelos financiadores e garantidores quando, sem a transferência da propriedade de ações ou quotas, forem outorgados os seguintes poderes:

- **indicar os membros do Conselho de Administração**, a serem eleitos em Assembleia Geral pelos acionistas, nas sociedades por ações; **ou administradores**, a serem eleitos pelos quotistas, nas demais sociedades;
- **indicar os membros do Conselho Fiscal**, a serem eleitos pelos acionistas ou quotistas controladores em Assembleia Geral;
- **exercer poder de veto** sobre qualquer proposta submetida à votação dos acionistas ou quotistas da concessionária, que representem, ou possam representar, prejuízo aos objetivos de promover a sua reestruturação financeira e assegurar a continuidade da prestação dos serviços;
- **outros poderes necessários** ao alcance dos objetivos de promover a sua reestruturação financeira e assegurar a continuidade da prestação dos serviços;

Assim como nas concessões comuns, a administração temporária autorizada pelo poder concedente não acarretará responsabilidade aos financiadores e garantidores em relação à tributação, encargos, ônus, sanções, obrigações ou compromissos com terceiros, inclusive com o poder concedente ou empregados.

h) **Autorização legislativa específica.** As concessões patrocinadas, em que mais de 70% (setenta por cento) da remuneração do parceiro privado for paga pela Administração Pública, dependerão de autorização legislativa específica.

> **Como esse assunto foi cobrado em concurso?**
>
> No concurso para Procurador da Fazenda Nacional (ESAF/2015), foi considerada ERRADA a seguinte assertiva: "*a) A transferência do controle da sociedade de propósito específico independe da autorização da Administração Pública*".

No concurso para Procurador do Estado da PGE/MT (FCC/2011), com o seguinte enunciado: "*O Estado pretende ampliar sua malha rodoviária, atribuindo à iniciativa privada os investimentos correspondentes, bem como a manutenção e exploração das rodovias. Para tanto, poderá*"; foi considerada correta a seguinte assertiva: "*d) celebrar concessão patrocinada, na hipótese de a receita tarifária e acessória não serem suficientes, necessitando de lei autorizativa específica, caso a contraprestação pública exceda 70% do total da remuneração do parceiro privado.*"

No concurso para Promotor de Justiça, do Estado da Paraíba (MPE-PB/2010) foi considerada correta a seguinte assertiva: "*c) A exigência de autorização legislativa específica não se aplica à concessão administrativa*".

i) **Licitação (especificidades).** A contratação de parceria público-privada também será precedida de licitação na modalidade de concorrência. Ente outras coisas, as minutas do edital e do contrato devem ser submetidas à consulta pública e poderão prever a inversão da ordem das fases de habilitação e julgamento.

j) **Remuneração variável.** A Lei nº 12.766, de 27 de dezembro de 2012, alterou a Lei nº 11.079/2004 para admitir que o contrato de concessão estabeleça pagamento de remuneração variável, ao parceiro privado. A remuneração variável ficará vinculada ao desempenho, conforme metas e padrões de qualidade e disponibilidade definidos contratualmente.

k) **Penalidades.** Nas PPPs os contratos devem prever cláusula de aplicação de penalidades, tanto para o parceiro privado como para a Administração Pública, em caso de inadimplemento contratual.

l) **Reversão.** As PPPs também admitem reversão (incorporação dos bens utilizados para a prestação do serviço público concedido, quando da finalização do contrato de concessão).

▸ **Atenção!**

Nas PPPs, alteração feita pela Lei nº 12.766/2012, admite-se que o contrato preveja o **aporte de recursos**, em favor do parceiro privado, para a realização de obras e aquisição de bens reversíveis. Em caso de contratos novos, deve existir autorização no edital de licitação. Tratando-se de contratos celebrados até 8 de agosto de 2012, deve haver autorização por lei específica.

Nessas hipóteses, caso ocorra a extinção do contrato, o parceiro privado não receberá indenização pelas parcelas de investimentos vinculados a bens reversíveis ainda não amortizadas ou depreciadas, quando tais investimentos houverem sido realizados com valores provenientes de tal aporte de recursos.

m) **Regras específicas para contratações federais.** A Lei nº 11.079/2004 estabeleceu regras específicas, aplicáveis apenas à União. Dentre elas:

- A União se submete a **limites específicos**, pois só poderá contratar PPPs quando a soma das despesas de caráter continuado, derivadas do conjunto das parcerias já contratadas, não tiver excedido, no ano anterior, a 1% (um por cento) da receita corrente líquida do exercício; e as despesas anuais dos contratos vigentes, nos 10 (dez) anos subsequentes, não excedam a 1% (um por cento) da receita corrente líquida projetada para os respectivos exercícios.
- Instituição, por decreto, de **órgão gestor** das parcerias público-privadas federais, com competência para: I - definir os serviços prioritários para execução por PPP; II - disciplinar os procedimentos para celebração desses contratos; III - autorizar a abertura da licitação e aprovar seu edital; IV - apreciar os relatórios de execução dos contratos.
- Criação de **Fundo Garantidor de Parcerias Público-Privadas - FGP**, que terá por finalidade prestar garantia de pagamento de obrigações pecuniárias assumidas pelos parceiros públicos federais, em virtude das parcerias de que trata esta Lei.

O **FGP** é pessoa jurídica de direito privado (natureza privada e sujeito a direitos e obrigações). O Fundo possuirá patrimônio próprio, separado do patrimônio dos cotistas, que será formado pelo aporte de bens e direitos realizado pelos cotistas, por meio da integralização de cotas e pelos rendimentos obtidos com sua administração. A natureza privada apontada pela Lei não impede a incidência do regime jurídico-administrativo, tendo em vista os recursos públicos envolvidos.

> **Atenção!**
> De acordo com a Lei nº 11.079/2004, em caso de inadimplemento, os bens e direitos do Fundo poderão ser objeto de constrição judicial e alienação para satisfazer as obrigações garantidas.

A integralização das cotas do fundo será feita **independentemente de licitação**, mediante prévia avaliação e autorização específica do Presidente da República, por proposta do Ministro da Fazenda. Noutro prumo, sua dissolução, deliberada pela assembleia dos cotistas, ficará condicionada à prévia quitação da totalidade dos débitos garantidos ou liberação das garantias pelos credores.

A capitalização do FGP, quando realizada por meio de recursos orçamentários, dar-se-á por ação orçamentária específica para esta finalidade, no âmbito de Encargos Financeiros da União; ademais, o estatuto e o regulamento do FGP devem deliberar sobre a política de concessão de garantias, inclusive no que se refere à relação entre ativos e passivos do Fundo.

O parceiro privado poderá acionar o FGP nos casos de:

I) crédito líquido e certo, constante de título exigível aceito e não pago pelo parceiro público após 15 (quinze) dias contados da data de vencimento; e

II) débitos constantes de faturas emitidas e não aceitas pelo parceiro público após 45 (quarenta e cinco) dias contados da data de vencimento, desde que não tenha havido rejeição expressa por ato motivado.

O FGP é obrigado a honrar faturas aceitas e não pagas pelo parceiro público, mas é proibido a ele pagar faturas rejeitadas expressamente por ato motivado.

> **Atenção!**
>
> A ausência de aceite ou rejeição expressa de fatura por parte do parceiro público no prazo de 40 (quarenta) dias contado da data de vencimento implicará aceitação tácita.
>
> O agente público que contribuir por ação ou omissão para a aceitação tácita ou que rejeitar fatura sem motivação será responsabilizado pelos danos que causar, em conformidade com a legislação civil, administrativa e penal em vigor.

Quitado o débito pelo FGP, este assumirá os direitos (respectivos créditos) do parceiro privado.

> **Como esse assunto foi cobrado em concurso?**
>
> No concurso para Procurador da Fazenda Nacional (ESAF/2015) foi considerada ERRADA a seguinte alternativa: *"Nas parcerias público-privadas firmadas no âmbito da União, é o órgão gestor das parcerias público-privadas federais quem realiza as respectivas licitações"*.
>
> No concurso para Juiz do TJ/SP (VUNESP/2015), foi considerada CORRETA a seguinte alternativa: *"c) se inclui entre as cláusulas necessárias dos contratos de PPP a que contenha as penalidades aplicáveis à Administração Pública"*.
>
> No concurso para Juiz de Direito do Estado de Tocantins (CESPE/2007) foi considerada correta a seguinte alternativa: c) *Uma das diferenças entre a parceria público-privada e a concessão de serviço público refere-se à forma de remuneração, já que naquela haverá necessariamente contraprestação pecuniária do parceiro público ao parceiro privado.*

## 8.3. Do Programa de Parcerias de Investimentos (PPI)

A Lei nº 13.334/2016 estabeleceu o **Programa de Parcerias de Investimentos - PPI**, com o objetivo de ampliar e fortalecer a interação entre o Estado e a iniciativa privada, através da celebração de contratos de parceria para a execução de empreendimentos públicos de infraestrutura e de outras medidas de desestatização.

De acordo com o §1º do artigo 1º da Lei nº 13.334/2016, podem integrar o PPI:

I - os empreendimentos públicos de infraestrutura em execução ou a serem executados por meio de contratos de parceria celebrados pela administração pública direta e indireta da União;

II - os empreendimentos públicos de infraestrutura que, por delegação ou com o fomento da União, sejam executados por meio de contratos de parceria celebrados pela administração pública direta ou indireta dos Estados, do Distrito Federal ou dos Municípios; e

III - as demais medidas do Programa Nacional de Desestatização a que se refere a Lei nº 9.491, de 9 de setembro de 1997.

> **Atenção!**
>
> Cabe destacar que, conforme segunda hipótese acima elencada (inciso II), podem integrar o PPI os contratos de parceria firmado por delegação federal, a outros entes políticos. Assim, mesmo empreendimentos de parceria entre estado (ou município) e empresas privadas, podem integrar o PPI, se a exploração tiver sido delegada pela União ao estado (ou município).

Podem ser considerados contratos de parceria, para os fins da Lei nº 13.334/2016, a concessão comum, a concessão patrocinada, a concessão administrativa, a concessão regida por legislação setorial, a permissão de serviço público, o arrendamento de bem público, a concessão de direito real e os outros negócios público-privados que, em função de seu caráter estratégico e de sua complexidade, especificidade, volume de investimentos, longo prazo, riscos ou incertezas envolvidos, adotem estrutura jurídica semelhante.

De acordo com a Lei nº 13.334/2016, os órgãos, entidades e autoridades estatais, inclusive as autônomas e independentes, da União, dos Estados, do Distrito Federal e dos Municípios, com competências de cujo exercício dependa a viabilização de empreendimento do PPI, têm o dever de atuar, em conjunto e com eficiência, para que sejam concluídos, de maneira uniforme, econômica e em prazo compatível com o caráter prioritário nacional do empreendimento, todos os processos e atos administrativos necessários à sua estruturação, liberação e execução.

> **Atenção!**
>
> Entende-se por **liberação** a obtenção de quaisquer licenças, autorizações, registros, permissões, direitos de uso ou exploração, regimes especiais, e títulos equivalentes, de natureza regulatória, ambiental, indígena, urbanística, de trânsito, patrimonial pública, hídrica, de proteção do patrimônio cultural, aduaneira, minerária, tributária, e quaisquer outras, necessárias à implantação e à operação do empreendimento.

O PPI será regulamentado por meio de decretos que, nos termos e limites das leis setoriais e da legislação geral aplicável, definirão:

- as políticas federais de longo prazo para o investimento por meio de parcerias em empreendimentos públicos federais de infraestrutura e para a desestatização;

- os empreendimentos públicos federais de infraestrutura qualificados para a implantação por parceria;
- as políticas federais de fomento às parcerias em empreendimentos públicos de infraestrutura dos Estados, do Distrito Federal ou dos Municípios.

Pois bem, a definição de quais empreendimentos públicos serão qualificados como parcerias do Programa de Parcerias de Investimentos – PPI é fundamental para a aplicação das regras excepcionais de prorrogação e relicitação, previstas na Lei nº 13.448/2017.

### *8.3.1. Da prorrogação e da relicitação*

A Lei nº 13.448/2017 estabeleceu diretrizes gerais para a prorrogação e relicitação dos contratos de parceria, nos setores rodoviário, ferroviário e aeroportuário da administração pública federal.

Há uma ligação direta entre esses instrumentos e o Programa de Parcerias de Investimentos (PPI), pois a referida Lei restringiu a aplicação da prorrogação e da relicitação, por ela delineadas, aos empreendimentos qualificados no âmbito do PPI.

> ▸ **Atenção!**
> A prorrogação e a relicitação, definidas pela Lei 13.448/2017, apenas podem ser aplicadas aos empreendimentos públicos prévia e especificamente qualificados para esse fim no Programa de Parcerias de Investimentos (PPI).

Embora a Lei faça alusão à administração federal, importante salientar que podem integrar o PPI, também, contratos de parceria firmados por outros entes políticos, em virtude de delegação federal. Por conta disso, mesmo empreendimentos de parceria entre estado (município ou DF) e empresas privadas, podem integrar o PPI, se a exploração tiver sido delegada pela União ao estado (município ou DF).

**a) Da prorrogação contratual e antecipada**

A prorrogação pode se dar de duas formas:

- **prorrogação contratual:** alteração do prazo de vigência do contrato de parceria, realizada a critério do órgão ou da entidade competente e de comum acordo com o contratado, em razão do término da vigência do ajuste;
- **prorrogação antecipada:** alteração do prazo de vigência do contrato de parceria, quando expressamente admitida a prorrogação contratual no respectivo edital ou no instrumento contratual original, realizada a critério do órgão ou da entidade competente e de comum acordo com o contratado, produzindo efeitos antes do término da vigência do ajuste;

> **Atenção!**
> Nas duas hipóteses, deve haver previsão expressa, no edital ou no contrato, admitindo a prorrogação da parceria.

A Lei, em relação à **prorrogação contratual** e à **prorrogação antecipada**, por ela previstas, faz referência apenas aos contratos de parceria nos setores rodoviário e ferroviário (não fazendo alusão às parcerias no setor aeroportuário).

A prorrogação contratual e a prorrogação antecipada poderão ocorrer por provocação de qualquer uma das partes do contrato de parceria e estarão sujeitas à discricionariedade do órgão ou da entidade competente. De qualquer forma, o contrato de parceria só poderá ser prorrogado uma única vez, por período igual ou inferior ao prazo de prorrogação originalmente fixado ou admitido no contrato.

> **Atenção!**
> O pedido de prorrogação contratual deve ser apresentado formalmente, ao órgão ou à entidade competente, com antecedência mínima de 24 (vinte e quatro) meses, contados do término do contrato originalmente firmado, exceto quando houver disposição contratual em contrário.

A prorrogação antecipada pode ser realizada em função da inclusão de investimentos não previstos no instrumento contratual original e apenas ocorrerá no contrato de parceria cujo prazo de vigência, à época da manifestação da parte interessada, encontrar-se entre 50% (cinquenta por cento) e 90% (noventa por cento) do prazo originalmente estipulado.

A Lei estabeleceu, ainda, algumas condições para que seja admitida a **prorrogação antecipada**:

- para concessão rodoviária: a execução de, no mínimo, 80% (oitenta por cento) das obras obrigatórias exigíveis entre o início da concessão e o encaminhamento da proposta de prorrogação antecipada, desconsideradas as hipóteses de inadimplemento contratual para as quais o contratado não tenha dado causa, conforme relatório elaborado pelo órgão ou pela entidade competente;
- para concessão ferroviária: a prestação de serviço adequado, entendendo-se como tal o cumprimento, no período antecedente de 5 (cinco) anos, contado da data da proposta de antecipação da prorrogação, das metas de produção e de segurança definidas no contrato, por 3 (três) anos, ou das metas de segurança definidas no contrato, por 4 (quatro) anos.

O termo aditivo de prorrogação do contrato de parceria deverá conter o respectivo cronograma dos investimentos obrigatórios previstos e incorporar mecanismos que desestimulem eventuais inexecuções ou atrasos de obrigações, como o desconto anual de reequilíbrio e o pagamento de adicional de outorga.

> **Atenção!**
> É necessária a realização de estudo técnico prévio que fundamente a vantagem da prorrogação do contrato de parceria, em detrimento à realização de nova licitação para o empreendimento. Além disso, as prorrogações (contratual ou antecipada) deverão ser submetidas previamente a consulta pública.

**b) Da "relicitação"**

A **relicitação** é o procedimento que compreende a extinção amigável do contrato de parceria e a celebração de novo ajuste negocial para o empreendimento, em novas condições contratuais e com novos contratados, após nova licitação, para assegurar a continuidade dos serviços delegados.

Essa nova ferramenta pode ser utilizada no intuito de se construir soluções para contratos de parceria nos setores rodoviário, ferroviário e aeroportuário que não estavam conseguindo cumprir suas obrigações.

Conforme bem explica publicação do célebre site "Dizer o Direito"[2], não estando o concessionário cumprindo as suas obrigações contratuais, poderia o Poder Público concedente extinguir o contrato sob o fundamento da caducidade, contudo, a **relicitação** permite a busca de uma solução consensual que pode ser mais célere e eficiente que a extinção pela caducidade. Ademais, para o parceiro privado, pode haver um pagamento mais célere de eventuais indenizações devidas, além de evitar a aplicação das sanções pertinentes. Vale repetir, interessante quadro criado pela elogiável publicação[3]:

| Caducidade | Relicitação |
|---|---|
| A eventual indenização que ela receba (em virtude dos investimentos feitos e não amortizados) será paga por meio de precatório. | A indenização ao concessionário será paga pelo novo contratado, nos termos e limites previstos no edital da relicitação. |
| A empresa poderá receber a pena de inabilitação de contratar com a Administração Pública. | A empresa não será punida com a inabilitação de contratar com a Administração Pública. A única restrição é que ela não poderá participar do certame licitatório da relicitação. |

Por outro lado, para o ente público, a relicitação pode evitar a judicialização da contenda e o retardo no atendimento do mais importante, que é a correção de uma adequada prestação do serviço público delegado.

2. http://www.dizerodireito.com.br/2017/06/a-lei-134482017-e-o-instituto-da.html
3. http://www.dizerodireito.com.br/2017/06/a-lei-134482017-e-o-instituto-da.html

Assim, buscando uma solução célere e eficiente para assegurar a continuidade da prestação dos serviços, nas situações em que as disposições contratuais da parceria não estejam sendo atendidas ou nas quais o contratado demonstre incapacidade de adimplir as obrigações contratuais ou financeiras assumidas originalmente, poderá ser realizada nova licitação (relicitação) do objeto dos contratos de parceria nos setores rodoviário, ferroviário e aeroportuário.

> **Atenção!**
> Em relação à relicitação, a Lei faz referência expressa não apenas aos contratos de parceria nos setores rodoviário e ferroviário, mas também às parcerias no setor aeroportuário.

A **relicitação** ocorrerá por meio de acordo entre as partes, cabendo ao órgão ou à entidade competente avaliar a necessidade, a pertinência e a razoabilidade da instauração do processo de relicitação do objeto do contrato de parceria, tendo em vista os aspectos operacionais e econômico-financeiros, além da continuidade dos serviços envolvidos.

Para que ocorra a relicitação, deve ser firmado termo aditivo com o atual contratado, do qual deve constar, pelo menos:

- a aderência irrevogável e irretratável do atual contratado à relicitação do empreendimento e à posterior extinção amigável do ajuste originário;
- a suspensão das obrigações de investimento vincendas a partir da celebração do termo aditivo e as condições mínimas em que os serviços deverão continuar sendo prestados pelo atual contratado até a assinatura do novo contrato de parceria, garantindo-se, em qualquer caso, a continuidade e a segurança dos serviços essenciais relacionados ao empreendimento;
- o compromisso arbitral entre as partes com previsão de submissão, à arbitragem ou a outro mecanismo privado de resolução de conflitos admitido na legislação aplicável, das questões que envolvam o cálculo das indenizações pelo órgão ou pela entidade competente.

Poderá ser definida (no termo aditivo e no futuro contrato de parceria) que as indenizações eventualmente devidas ao contratado original, pelos investimentos em bens reversíveis vinculados ao contrato de parceria, realizados e não amortizados ou depreciados, sejam pagas pelo novo contratado, nos termos e limites previstos no edital da relicitação.

> **Atenção!**
> Também poderá ser definida a previsão de pagamento dos valores correspondentes a tais indenizações, diretamente aos financiadores do contratado original.

As multas e as demais somas de natureza não tributária devidas pelo anterior contratado, ao órgão ou à entidade competente, deverão ser abatidas dos valores indenizatórios

De qualquer forma, o pagamento ao anterior contratado, da indenização calculada (abatidas as multas e demais somas de natureza não tributária), será condição para o início do novo contrato de parceria.

São **impedidos de participar do certame licitatório da relicitação**:

- o contratado ou a Sociedade de Propósito Específico (SPE) responsável pela execução do contrato de parceria;
- os acionistas da SPE responsável pela execução do contrato de parceria titulares de, no mínimo, 20% (vinte por cento) do capital votante em qualquer momento anterior à instauração do processo de relicitação.

As vedações acima também se aplicam à participação das entidades acima em:

- consórcios constituídos para participar da relicitação;
- no capital social de empresa participante da relicitação;
- na nova SPE constituída para executar o empreendimento relicitado.

Qualificado o contrato de parceria para a relicitação, serão sobrestadas as medidas destinadas a instaurar ou a dar seguimento a processos de caducidade eventualmente em curso contra o contratado.

Outrossim, não se aplicam ao contrato de parceria qualificado para fins de relicitação, até sua conclusão, os regimes de recuperação judicial e extrajudicial.

> ▸ **Atenção!**
> Se não acudirem interessados para o processo de relicitação, persistindo o desinteresse de potenciais licitantes ou não for concluído o processo de relicitação no prazo de 24 meses (prazo prorrogável), contado da data da qualificação, o órgão ou a entidade competente adotará as medidas contratuais e legais pertinentes, revogando o sobrestamento das medidas destinadas a instaurar ou a dar seguimento a processo de caducidade anteriormente instaurado e podendo aplicar os regimes de recuperação judicial e extrajudicial

## 8.4. Do fundo de apoio à estruturação e ao desenvolvimento de projetos de concessões e parcerias público-privadas

A Lei nº 13.529/2017 dispôs sobre a participação da União em fundo de apoio à estruturação e ao desenvolvimento de projetos de concessões e parcerias público-privadas. Ela autorizou a União a participar de fundo que tenha por finalidade exclusiva financiar serviços técnicos profissionais especializados, com vistas a apoiar a estruturação e o desenvolvimento de projetos de concessão e parcerias público-privadas da União, dos Estados, do Distrito Federal e dos Municípios, em regime isolado ou consorciado, até o limite de R$ 180.000.000,00 (cento e oitenta milhões de reais). Foi dada prioridade aos projetos nas regiões Norte, Nordeste e Centro-Oeste, que terão a preferência em até 40% (quarenta por cento) dos recursos utilizados.

O fundo será criado, administrado e representado judicial e extrajudicialmente por instituição financeira controlada direta ou indiretamente pela União e funcionará sob o regime de cotas. Segundo a Lei, este Fundo não terá personalidade jurídica própria, embora assuma natureza jurídica privada e patrimônio segregado do patrimônio dos cotistas e da instituição administradora.

O patrimônio do fundo será constituído: I – pela integralização de cotas; II – pelas doações de estados estrangeiros, organismos internacionais e multilaterais; III – pelos reembolsos dos valores despendidos pelo agente administrador na contratação dos serviços técnicos profissionais especializados já anteriormente citados; IV – pelo resultado das aplicações financeiras dos seus recursos; e V – pelos recursos derivados de alienação de bens e direitos, ou de publicações, material técnico, dados e informações.

Para desenvolver as atividades e os serviços técnicos necessários para viabilizar a licitação de projetos de concessão e de parceria público-privada, com recursos do fundo, poderá ser contratado **agente administrador**. Nesta contratação poderão ser incluídos a revisão, o aperfeiçoamento ou a complementação de trabalhos anteriormente realizados.

> **Atenção!**
> A contratação do agente administrador poderá se dar, com recursos do fundo, por dispensa de licitação (hipótese criada pela Lei nº 13.529/2017) e será feita por entidades da Administração Pública federal, estadual, distrital e municipal, direta e indireta.

O agente administrador poderá celebrar contratos, acordos ou ajustes que estabeleçam deveres e obrigações necessários à realização de suas finalidades, desde que as obrigações assumidas não ultrapassem a disponibilidade financeira do fundo.

O fundo não contará com qualquer tipo de garantia por parte da Administração Pública direta e indireta e responderá por suas obrigações até o limite dos bens e direitos integrantes do seu patrimônio.

## 9. SÚMULAS DO STF

- **Súmula Vinculante 12.** A cobrança de taxa de matrícula nas universidades públicas viola o disposto no art. 206, IV, da Constituição Federal.

- **Súmula Vinculante 19.** A taxa cobrada exclusivamente em razão dos serviços públicos de coleta, remoção e tratamento ou destinação de lixo ou resíduos provenientes de imóveis, não viola o artigo 145, II, da Constituição Federal.
- **Súmula Vinculante 27.** Compete à justiça estadual julgar causas entre consumidor e concessionária de serviço público de telefonia, quando a Anatel não seja litisconsorte passiva necessária, assistente, nem opoente.
- **Súmula 545.** Preços de serviços públicos e taxas não se confundem, porque estas, diferentemente daqueles, são compulsórias e têm sua cobrança condicionada à prévia autorização orçamentária, em relação à lei que as instituiu.
- **Súmula 670.** O serviço de iluminação pública não pode ser remunerado mediante taxa.

## 10. SÚMULAS DO STJ

- **Súmula: 595.** As instituições de ensino superior respondem objetivamente pelos danos suportados pelo aluno/consumidor pela realização de curso não reconhecido pelo Ministério da Educação, sobre o qual não lhe tenha sido dada prévia e adequada informação.
- **Súmula: 570.** Compete à Justiça Federal o processo e julgamento de demanda em que se discute a ausência de ou o obstáculo ao credenciamento de instituição particular de ensino superior no Ministério da Educação como condição de expedição de diploma de ensino a distância aos estudantes.
- **Súmula: 412.** A ação de repetição de indébito de tarifas de água e esgoto sujeita-se ao prazo prescricional estabelecido no Código Civil.
- **Súmula: 407.** É legítima a cobrança da tarifa de água fixada de acordo com as categorias de usuários e as faixas de consumo.
- **Súmula: 356.** É legítima a cobrança da tarifa básica pelo uso dos serviços de telefonia fixa.

Capítulo 11

# Responsabilidade civil do Estado

*Fernando Baltar*

## 1. CONCEITO

A **responsabilidade civil do Estado** é a obrigação imposta ao erário de reparar os danos causados a terceiros pelos seus agentes públicos, no desempenho de suas funções ou a pretexto de exercê-las.

Essa responsabilidade estatal envolve o desempenho das funções administrativa, legislativa e judicial, tendo em vista que todos os poderes integram uma única pessoa jurídica, titular de direitos e obrigações no nosso ordenamento jurídico.

Inicialmente, podemos destacar que no Direito Civil a questão da responsabilidade civil das pessoas físicas e das entidades privadas está disciplinada nos arts. 186 e 927 do Código Civil. O art. 186 dispõe: "aquele que, por ação ou omissão voluntária, negligência ou imprudência, violar direito e causar dano a outrem, ainda que exclusivamente moral, comete ato ilícito". Já o art. 927 impõe: "aquele que, por ato ilícito, causar dano a outrem, fica obrigado a repará-lo."

Dessa forma, no âmbito do **direito privado**, temos o acolhimento da teoria da responsabilidade subjetiva, vez que a responsabilidade decorre da prática **dolosa ou culposa de um ato ilícito**.

A regra é genérica e abrange tanto a responsabilidade **contratual** como a **extracontratual**. A contratual decorre da previsão em cláusula específica do contrato, que identifique as condutas vedadas às partes e as sanções decorrentes da sua inobservância. A responsabilidade extracontratual, por sua vez, é aquela advinda das atividades estatais e que não se encontra prevista em qualquer instrumento de ajuste.

## 2. EVOLUÇÃO DO TEMA

Interessante a leitura do tópico "Breve histórico sobre o Estado", inserido no capítulo 1 desta obra, para que o leitor tenha uma percepção das mudanças que influenciaram as alterações do modelo estatal e, por conseguinte, a relação de responsabilidade entre ele e os administrados.

### 2.1. Teoria da irresponsabilidade do Estado

Durante séculos prevaleceu a ideia de que o Estado não tinha qualquer responsabilidade pelos atos praticados por seus agentes, secularizada na regra da infalibilidade real inglesa - **"the king can do no wrong"** - ou francesa - **"Le roi ne peut mal faire"** (o rei não pode errar ou o rei não pode fazer mal), que era extensiva aos seus representantes e auxiliares. Portanto, qualquer prejuízo decorrente da ação estatal deveria ser considerado de responsabilidade do administrado e por ele suportado.

Deve ser reconhecido, todavia, que a *Lei 28 pluvioso, do ano VIII (1800)*, apontada por muitos como o marco inicial do Direito Administrativo, consagrava a responsabilidade civil do Estado francês nos danos decorrentes de obra pública, o que representava uma exceção à teoria da irresponsabilidade.

Por óbvio que essa teoria não poderia prosperar no moderno Estado democrático de direito e, segundo aponta Maria Sylvia Di Pietro, as duas últimas nações ocidentais que a abandonaram foram a Inglaterra e os EUA, respectivamente em 1947 e 1946.

### 2.2. Teoria da responsabilidade com culpa

O fim da teoria da irresponsabilidade do Estado marcou o surgimento dessa nova doutrina que, essencialmente, pregava a responsabilidade estatal quando demonstrado que o dano decorreu de um ato da administração regido pelo direito privado.

Segundo essa teoria, deve-se diferenciar os **atos de império** dos **atos de gestão**. Os primeiros seriam praticados pela Administração sob o regime jurídico de direito público, o que significa que este ato está revestido com as prerrogativas e privilégios desse regime jurídico outorgados pelo legislador; enquanto os atos de gestão seriam os atos produzidos pela Administração para gerir os seus bens e serviços e que, por não serem detentores da imperatividade, aproximam-se dos atos de direito privado.

Conforme já destacado, no início desse capítulo, o direito privado consagra a responsabilidade daquele que por ação ou omissão dolosa ou culposa vem a causar dano a outrem. Portanto, segundo a doutrina da responsabilidade estatal com culpa, caso o Estado praticasse um ato de gestão poderia ser civilmente responsabilizado, mas caso viesse a praticar um ato de império seria irresponsável, já que este ato seria tutelado pelo direito público e imune à regulamentação do direito privado.

Essa teoria transfere ao lesado a difícil missão de diferenciar, no caso concreto, o ato de império do ato de gestão e de identificar a conduta dolosa ou culposa do agente público responsável pelo dano.

### 2.3. Teoria da culpa administrativa

Também chamada de **"teoria da culpa do serviço"**, **"teoria da *faute du service*"**, **"teoria da culpa anônima"**, ou, ainda, **"teoria da culpa não individualizada"**, foi mais uma contribuição do Conselho de Estado francês (órgão de cúpula do contencioso administrativo) ao Direito Administrativo e, até hoje é adotada no nosso ordenamento jurídico quando se trata de responsabilidade civil do Estado brasileiro, em razão de danos decorrentes de sua omissão.

Essa teoria não exige do lesado a identificação do agente público causador do dano, nem, tampouco, se o ato lesivo é ato de império ou de gestão, sendo suficiente demonstrar a falta do serviço público.

A prova da falta do serviço exige a demonstração de que o Estado tinha o dever legal de agir e falhou por:

a) não prestar o serviço;

b) por prestar o serviço de forma insuficiente; e

c) por prestar o serviço com atraso. Ocorrendo qualquer destas hipóteses, presume-se a culpa administrativa e surge a obrigação de indenizar.

Ademais, é necessário que o lesado demonstre o nexo de causa e efeito entre a falha do Estado e o seu prejuízo, razão pela qual não se pode alegar responsabilidade civil do Estado por roubos, furtos e outros delitos praticados por criminosos, com o genérico argumento de "falha na prestação do dever de segurança pública", vez que o Estado não é onipresente, razão pela qual não é factível admitir que todos os ilícitos criminais podem ser evitados.

Todavia, caso seja demonstrado uma falha específica do Estado na prestação do serviço de segurança pública, haverá a responsabilidade de reparar os prejuízos decorrentes de sua omissão, como ocorre em situações de assaltos reiterados no mesmo local e horário, sem que o Poder Público adote as providências necessárias para evitá-los.

Da mesma forma, um acidente ocorrido em rodovia federal não é de responsabilidade da União, vez que várias podem ter sido as causas que concorreram para o evento lesivo. No entanto, caso o acidente tenha ocorrido exclusivamente em decorrência da má conservação da rodovia, haverá a responsabilidade do ente federal indenizar a vítima pelos seus prejuízos.

> **▸ Como este tema vem sendo abordado em concurso público?**
>
> No concurso para provimento do cargo de Juiz de Direito Substituto do DF/2015, foi considerada correta a alternativa que possuía a seguinte redação: "Carlos, ao parar em sinal de trânsito de via pública, foi vítima de roubo com emprego de arma de fogo e seu veículo foi levado pelo ladrão. Nessa situação, não é possível imputar responsabilidade objetiva ao Estado por deficiência do serviço de segurança pública, já que a conduta danosa, para a qual a omissão estatal não concorreu efetivamente, foi praticada por terceira pessoa sem vínculo com o ente público".

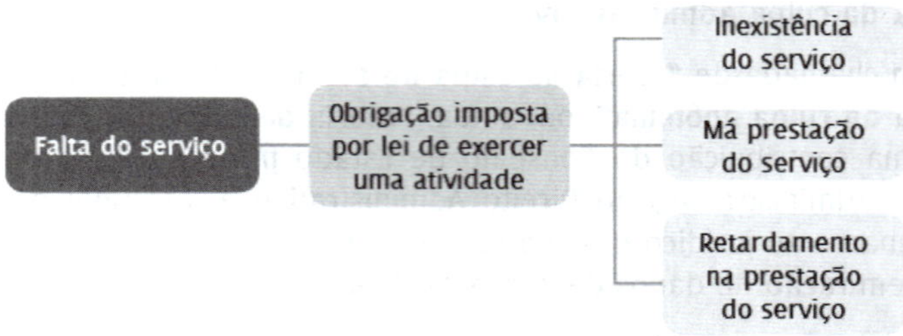


## 2.4. Teoria do risco administrativo

Sem abandonar a teoria da culpa administrativa, o mesmo Conselho de Estado francês passou a adotar, em determinadas hipóteses, a teoria do risco que serve de fundamento para a **responsabilidade objetiva** do Estado.

Essa teoria possui como fundamento o princípio da isonomia e da igualdade dos ônus e bônus sociais decorrentes da atuação do Estado, devendo eventuais prejuízos ser repartidos por toda a sociedade, haja vista ser a coletividade beneficiada com a prestação dos serviços públicos. Percebeu-se que, ainda que o Estado atue de forma legítima, isto é, que os seus agentes não tenham a intenção (dolo) de causar prejuízo, nem tenham agido com negligência, imprudência ou imperícia (culpa), caso essa atuação estatal venha a causar prejuízo a um ou alguns poucos, esse prejuízo deve ser suportado pela Fazenda Pública, em face do risco inerente à atividade pública que, buscando propiciar benefícios para a coletividade, pode, de forma legítima, causar prejuízo a alguns, estando, nesse caso, obrigada a reparar o dano desde que o evento lesivo não tenha decorrido da conduta do lesado.

Trata-se de responsabilidade objetiva, sem a necessidade de demonstrar o elemento subjetivo (dolo ou culpa), nem sequer de identificar o agente causador do dano. **É suficiente a demonstração do dano decorrente da atuação do Estado, sem o concurso do lesado.**

> **▸ Como esse assunto foi cobrado em concurso?**
>
> Na prova para provimento do cargo de Defensor Público da União, foi considerada correta a seguinte assertiva: *"A responsabilidade da administração pública, de acordo com a teoria do risco administrativo, evidencia-se na obrigação que tem o Estado de indenizar o dano injustamente sofrido pelo particular – independentemente da existência de falta do serviço e da culpa do agente público –, havendo a possibilidade de comprovação da culpa da vítima a fim de atenuar ou excluir a indenização".*

## 2.5. Teoria da responsabilidade integral

Segundo essa teoria, o Estado seria responsável sempre que presente no evento lesivo. Essa teoria não admite as excludentes de responsabilidade, o que significa, por exemplo, que caso uma pessoa venha a se jogar de um prédio público, a responsabilidade seria do Estado, ainda que todo o evento lesivo tenha sido causado pela própria vítima.

## 3. A RESPONSABILIDADE CIVIL DO ESTADO NO DIREITO BRASILEIRO

A Constituição Federal de 1988, em seu art. 37, § 6º, dispõe: *"As pessoas jurídicas de direito público e as de direito privado prestadoras de serviços públicos responderão pelos danos que seus agentes, nessa qualidade, causarem a terceiros, assegurado o direito de regresso contra o responsável nos casos de dolo ou culpa"*.

O legislador constituinte seguiu uma tradição que remonta à Constituição Federal de 1946, adotando a teoria da responsabilidade objetiva do Estado.

Portanto, a responsabilidade da pessoa jurídica que presta serviço público, com personalidade de direito público ou privado independerá da demonstração do elemento subjetivo (dolo ou culpa), sendo necessário apenas que os seus agentes estejam no **exercício de suas funções ou a pretexto de exercê-las**.

> **Como este tema vem sendo abordado em concurso público?**
>
> No concurso para provimento do cargo de Procurador do Estado do Ceará-2008, foi considerada correta a alternativa que possuía a seguinte redação: *"Uma sociedade de economia mista prestadora de serviço público responderá por danos causados a terceiros independentemente da prova de culpa"*.
>
> COMENTÁRIO: caso se tratasse de sociedade de economia mista que explora atividade econômica, não haveria responsabilidade objetiva.

Uma situação que esclarece a necessidade de demonstração do agente público estar exercendo suas funções ou a pretexto de exercê-las é a do policial fardado, com a arma da corporação, que atira em pessoas envolvidas em uma briga de bar. Haverá responsabilidade estatal, ainda que o policial não esteja em serviço, pois guardava toda a aparência de estar exercendo sua função.

Em situações como a retratada acima, entende-se que há fato administrativo e que a Administração concorreu com **culpa *in eligendo*** (culpa na escolha do agente público) ou **culpa *in vigilando*** (culpa na fiscalização de sua atuação).

Quanto ao direito de regresso do Estado, trata-se de responsabilidade subjetiva do servidor, cabendo ao Estado individualizar a conduta do agente, demonstrando sua ação ou omissão dolosa ou culposa.

Importa destacar a recente modificação introduzida pela LINDB (Lei de Introdução às Normas do Direito Brasileiro), a qual dispõe que o agente público responderá pessoalmente por suas decisões ou opiniões técnicas, em caso de dolo ou erro grosseiro.

O dispositivo, tacitamente, retira da esfera de responsabilização do agente público os atos praticados com mera culpa, ao exigir o dolo ou erro grosseiro para sua responsabilização.

Apesar de se tratar de norma recente, que será modulada pela doutrina e jurisprudência, entendemos que a intenção do legislador foi proteger os agentes públicos, sobretudo os gestores, de responsabilização decorrente de interpretação diversa dos órgãos de controle, conferindo maior segurança àqueles responsáveis pela tomada de decisões relevantes.

### 3.1. Responsabilidade das concessionárias e permissionárias de serviço público

Conforme se depreende do citado art. 37, § 6º, a responsabilidade alcança entidades públicas de direito público (União, Estados, Distrito Federal, Municípios, suas autarquias e fundações públicas de direito público), de direito privado (fundações públicas de direito privado, empresas públicas e sociedades de economia mista prestadoras de serviço público, assim como empresas privadas concessionárias e permissionárias de serviço público).

> **Atenção.**
>
> O STF, modificando sua tradicional jurisprudência, passou a entender que as concessionárias e permissionárias de serviço público respondem objetivamente pelos danos causados por seus empregados, ainda que a vítima não esteja na condição de usuária de serviço público. (RE-459749, Rel. Min Joaquim Barbosa).

> **Como esse assunto foi cobrado em concurso?**
>
> No concurso para provimento do cargo de Defensor Público - RN/2015, foi considera correta a seguinte assertiva: De acordo com entendimento do STF, é objetiva a responsabilidade das pessoas jurídicas de direito privado prestadoras de serviço público em se tratando de danos causados a terceiros não usuários desse serviço.

As concessionárias de serviço público responderão de forma objetiva pelos danos que seus agentes vierem a causar no exercício da prestação do serviço público. Portanto, ainda que o Supremo tenha entendimento de que o lesado não precisa estar na condição de usuário do serviço público, deverá ser demonstrado que a empresa estava prestando ou a pretexto de prestar o serviço público para obtenção dos benefícios da teoria do risco administrativo.

### 3.2. Responsabilidade dos notários

Segundo o art. 236, da Constituição Federal de 1988, "os serviços notariais e de registro são exercidos em caráter privado, por delegação do Poder Público". O ingresso na atividade notarial e de registro depende de **concurso público** de provas e títulos, não se permitindo que qualquer serventia fique vaga, sem abertura de concurso de provimento ou de remoção, por mais de seis meses.

São particulares que prestam serviço público em nome próprio e são considerados servidores públicos para fins penais, bem como para a lei de mandado de segurança.

Apesar de prestarem serviço público, a Lei nº 13.286/2016 fez expressa opção pela responsabilização subjetiva dos notários e oficiais de registro.

A questão é polêmica e sua repercussão geral já foi reconhecida pelo Supremo Tribunal Federal, nos autos do Recurso Extraordinário 842.846-SC, que pende de julgamento.

### 3.3. Responsabilidade por danos decorrentes de atividades nucleares

A Constituição Federal de 1988, em seu art. 21, inc. XXIII, "d", estabelece: "*a responsabilidade civil por danos nucleares independe da existência de culpa*".

Alguns autores, corrente a qual nos filiamos, entendem desnecessária tal ressalva, que viria apenas reforçar a **responsabilidade objetiva** do Estado no exercício da atividade nuclear, mas que estaria acobertada pela redação do § 6º, do art. 37, da Constituição de 1988.

O entendimento majoritário da doutrina, todavia, defende a recepção, por parte de nossa Lei Maior, da **teoria do risco integral para os danos decorrentes da atividade nuclear**, sob o argumento de que a lei não traz palavras inúteis e como a teoria do risco administrativo já estava albergada no já citado § 6º, do art. 37, não haveria necessidade deste dispositivo, salvo para conferir uma responsabilidade estatal ainda mais abrangente.

A adoção da teoria do risco integral seria justificada face à excepcionalidade da situação e pelo perigo oferecido na atividade nuclear, razão pela qual o Estado responderia independentemente de qualquer outro fator.

> ▸ **Importante!**
>
> Diversos autores, como Sérgio Ferraz, defendem que a responsabilidade integral também deve ser aplicada nos casos de **danos ecológicos**. Nesse caso, defendemos que se trata, na verdade, da adoção da teoria da responsabilidade objetiva, tendo em vista que a Lei nº 6.938/81 faz referência a desnecessidade da demonstração do elemento subjetivo (dolo ou culpa) para a configuração da responsabilidade em casos de danos de natureza ambiental.

As comissões elaboradoras de concurso, seguindo a doutrina majoritária, têm optado pela tese da responsabilização integral, nas situações de danos causados por acidentes nucleares.

> ▸ **Como esse assunto foi cobrado em concurso?**
>
> No concurso para provimento do cargo de Juiz do Trabalho Substituto da 23ª Região-2010, foi considerada correta a seguinte assertiva: *A diferença entre as teorias do risco administrativo e do risco integral é que a primeira admite as cláusulas excludentes da responsabilidade do Estado a segunda não, sendo o único exemplo da aplicação da teoria do risco integral os casos de danos causados por acidentes nucleares, previsto no artigo 21, inciso XXIII, d, da Constituição Federal.*

## 4. REQUISITOS PARA DEMONSTRAÇÃO DA RESPONSABILIDADE ESTATAL

Para apuração da responsabilidade do Estado não é necessária a demonstração de conduta dolosa ou culposa por parte de algum agente ou de falha do serviço, bastando a presença de três pressupostos:

I) Ocorrência do fato administrativo, sendo assim considerado como qualquer forma de conduta comissiva, legítima ou ilegítima, atribuída ao Poder Público, ainda que o agente estatal atue fora de suas funções, mas a pretexto de exercê-las;

II) Dano material ou moral; e

III) Nexo de causalidade entre o fato administrativo e o evento lesivo. Há que se demonstrar a relação de causa e efeito entre a conduta do Estado e o dano sofrido.

Sobre a necessidade de esses elementos estarem configurados, já em 1992, o Supremo Tribunal Federal se manifestou que "Os elementos que compõem a estrutura e delineiam o perfil da responsabilidade civil objetiva do Poder Público compreendem **(a)** a autoridade do dano, **(b)** a causalidade material entre o *eventus damni* e o comportamento positivo (ação) ou negativo (omissão) do agente público, **(c)** a oficialidade da atividade causal e lesiva, imputável a agente do Poder Público, que tenha, nessa condição funcional, incidido em conduta comissiva ou omissiva, independentemente da licitude, ou não, do comportamento funcional (RTJ 140/636) e (d) a ausência de causa excludente da responsabilidade estatal (RTJ 55/503 - RTJ 71/99 - RTJ 91/377 - RTJ 99/1155 - RTJ 131/417).

| Responsabilidade civil do Estado (Requisitos) |
|---|
| Ação ou omissão do estado |
| Dano material ou moral |
| Nexo de causalidade |

Portanto, sem a demonstração de que a lesão material ou moral decorreu de conduta comissiva ou omissiva do Estado, não haverá responsabilidade civil extracontratual do Estado.

Contudo, uma vez demonstrado que o prejuízo decorreu de uma conduta administrativa haverá uma inversão no ônus da prova, devendo o Estado demonstrar a ausência do fato administrativo, do dano ou do nexo causal.

No caso do dano moral, via de regra, há a necessidade de que o lesado demonstre a sua ocorrência e a relação de causa e efeito com a conduta comissiva ou omissiva do Estado, no entanto, há situações em que a doutrina e a jurisprudência admitem o dano moral presumido, ou seja, independentemente da sua comprovação.

Um exemplo de dano moral ***in re ipsa*** ou sem a necessidade de comprovação da ocorrência efetiva do dano moral, acolhida pela nossa jurisprudência, ocorre quando a Empresa Brasileira de Correios e Telégrafos não efetua a entrega de carta registrada e não comprova causa excludente de responsabilidade, vez que há uma presunção de que ninguém remete uma carta, ainda mais registrada, sem que seja importante o seu devido e oportuno recebimento pelo destinatário, independentemente do seu conteúdo (STJ, EREsp 1.097.266-PB, DJe 24/2/2015).

> ▸ **Como esse assunto foi cobrado em concurso?**
>
> No concurso para provimento do cargo de Procurador do Município de Vitória-2007, foi considerada incorreta a seguinte assertiva: *No atual estágio da doutrina da responsabilidade da administração pública pelos atos de seus agentes, a indenização decorrente de atos lesivos limita-se aos danos materiais.*
>
> No concurso para o cargo de Procurador do Município de Manaus (CESPE/2018), foi considerada correta a seguinte assertiva: *o STJ entende que a contratação direta, quando não for caracterizada situação de dispensa ou inexigibilidade de licitação, gera dano ao erário na modalidade in re ipsa, pois o poder público perde a oportunidade de contratar a melhor proposta.*

## 5. POSICIONAMENTO DO STF ACERCA DO NEXO DE CAUSALIDADE

O Supremo Tribunal Federal, no julgamento do RE nº 228.521-RS, relatado pelo Ministro Ilmar Galvão, entendeu que "fora dos parâmetros da causalidade não é possível impor ao Poder Público o dever de indenizar sob o argumento de falha no sistema de registro".

No entanto, nem sempre é fácil identificar quando a conduta comissiva ou omissiva da Administração pode ser considerada causa do evento lesivo e, nesse aspecto, a jurisprudência do STF vem se revelando vacilante.

No julgamento do RE nº 209.203, a Corte Excelsa entendeu existir nexo de causalidade entre o crime de ameaça e estupro praticado por foragido do sistema penitenciário do Rio Grande do Sul, que havia se evadido em sete outras oportunidades, e a falha do Estado, sob os seguintes argumentos: "Considerou-se caracterizada a falha do serviço, a ensejar a responsabilidade civil do Estado recorrente, bem como se entendeu presente o nexo causal entre a fuga do apenado e o dano sofrido pelas recorrentes, haja vista que, se a Lei de Execução Penal houvesse sido aplicada com um mínimo de rigor, o condenado dificilmente teria continuado a cumprir pena nas mesmas condições que originariamente lhe foram impostas e, por conseguinte, não teria a oportunidade de evadir-se pela oitava vez e cometer o delito em horário no qual deveria estar recolhido ao presídio".

Já no julgamento do RE nº 172.025, o STF entendeu não haver nexo de causalidade entre a fuga de apenado e o crime de latrocínio por ele cometido tempos depois. Entendeu o Supremo que só é possível admitir o nexo de causalidade quando o dano for efeito necessário de uma causa, que envolve sempre o **dano direto e imediato**, enquanto o dano indireto ou remoto será abrangido apenas quando para sua produção não haja concausas (causas que concorreram para o evento).

No segundo julgado, o STF adotou a **"teoria do dano direto e imediato"** ou **"teoria da interrupção do nexo causal"**, afastando a **"teoria da equivalência das condições"**. Tal raciocínio parece-nos mais acertado, coadunando-se de maneira harmoniosa a outros ramos do direito e à realidade atual, em que a atuação do Estado encontra-se ampliada, devido à grande gama de atividades estabelecidas como serviços públicos a serem cumpridos pela Administração.

> **▸ Como esse assunto foi cobrado em concurso?**
>
> No 21º concurso para provimento do cargo de Procurador da República, foi considerada correta a seguinte assertiva: *o Supremo Tribunal Federal entende não existir responsabilidade civil do Estado por ato omissivo, quando um preso foragido há vários meses comete homicídio. Isto, porque a Constituição Federal de 1988, no que toca ao nexo de causalidade, adotar a teoria do dano direto e imediato;*

## 6. CAUSAS EXCLUDENTES E ATENUANTES DA RESPONSABILIDADE

São apontadas, como causas excludentes da responsabilidade do Estado:

- **Força maior**
- **Caso fortuito**
- **Ato de terceiros**
- **Culpa exclusiva da vítima.**

### 6.1. Força maior

Conforme regra o Código Civil de 2002, a força maior e o caso fortuito se verificam no fato necessário, cujos efeitos não eram passíveis de serem evitados ou impedidos. A distinção entre os dois conceitos não é pacífica na doutrina. Para grande parte dela, **força maior** é o acontecimento, imprevisível, inevitável e estranho à vontade das partes, decorrente da **natureza,** como uma tempestade, um terremoto, um raio. Não sendo imputável à Administração, não gera responsabilidade do Estado, por não haver nexo causal entre o dano e o comportamento da Administração.

> ▸ **Atenção!**
> Alguns autores apontam a força maior como acontecimento originário da **vontade do homem**, compreensão utilizada por parte da doutrina para formar o conceito de **caso fortuito.**

José dos Santos Carvalho Filho, após observar a divergência doutrinária sobre o assunto, opta por não distinguir os dois conceitos, agrupando a força maior e o caso fortuito como fatos imprevisíveis, chamados de **acaso**, e igualando seus efeitos. Assim, o autor defende que, via de regra, a **imprevisibilidade** da ocorrência desses fatos prejudica a identificação do nexo de causalidade entre a ação do Estado e o dano sofrido pelo lesado, excluindo a responsabilidade civil.

Apesar da divergência doutrinária impõe-se que a **força maior** e o **caso fortuito** são fatos extraordinários que, em regra, excluem responsabilidade.

### 6.2. Caso fortuito

Não obstante a divergência doutrinária já explicada acima, boa parte dos autores costuma indicar o **caso fortuito** como o acontecimento, imprevisível e inevitável, decorrente da ação humana, como um assalto ou uma revolta.

> ▸ **Atenção!**
> É forçoso reconhecer que há doutrinadores que adotam classificação oposta, em que **caso fortuito** seria um evento imprevisível, oriundo da natureza e **força maior** o evento decorrente de uma conduta humana.

Entendendo o **caso fortuito** como fato decorrente de ação humana, importante observar que, nas situações em que há **falha da Administração**, a jurisprudência tem entendido que não ocorre a exclusão da responsabilidade estatal. Quando se rompe, por exemplo, um gasoduto, causando dano a terceiro, a Administração será responsabilizada. Em algumas situações de assalto, dentro de agências bancárias, o STJ tem entendido que o banco deve ser responsabilizado, já que zelar pela segurança dos clientes é inerente à atividade fim de uma instituição financeira.

O que realmente importa é que, se a conduta derivar ou for imputada à ação ou omissão administrativa haverá responsabilização estatal, enquanto se decorrer de evento imprevisível ou for imputado às forças naturais imprevisíveis, não haverá responsabilidade, por não haver nexo de causalidade entre os eventos e a conduta administrativa.

### 6.3. Atos de terceiros

A mesma regra se aplica quando se trata de ato de terceiros, como é o caso de danos causados por multidão. O Estado responderá se ficar caracterizada a sua omissão, a sua falha no dever legal de agir. Nesta hipótese, como na anterior, o fundamento é a teoria da culpa administrativa, demonstrada pelo seu inadequado funcionamento.

### 6.4. Culpa exclusiva da vítima

Quando houver **culpa da vítima**, há que se diferenciar as situações em que restar configurada a culpa exclusiva ou parcial da vítima. A culpa exclusiva da vítima exclui a responsabilidade do Estado (ex.: suicida que se joga em frente a carro oficial), mas se houver culpa concorrente entre a vítima e a atuação do Estado, este responderá na medida de sua contribuição ao evento lesivo (pedestre atravessa de forma imprudente via pública e é colhido por carro oficial que trafegava em excesso de velocidade).

▸ **Como esse assunto foi cobrado em concurso?**

No concurso para provimento do cargo de Juiz do Trabalho Substituto da 23ª Região-2010, foi considerada correta a seguinte assertiva: *À luz da doutrina e jurisprudência majoritária é excludente da responsabilidade civil objetiva do Estado a culpa exclusiva da vítima, sendo que a culpa concorrente pode atenuar a indenização.*

▸ **Como esse tema vem sendo abordado em questões subjetivas de concursos?**

**(TJ-DF – Juiz de Direito - DF/2008)** Faça uma explanação sobre a responsabilidade subjetiva da Administração e causas de exclusão da responsabilidade civil do Estado.

## 7. RESPONSABILIDADE DO ESTADO POR DANOS DECORRENTES DE SUA OMISSÃO

Apesar de a Constituição consagrar a responsabilidade objetiva do Estado, tal responsabilização restringe-se aos prejuízos causados pelos seus agentes no exercício de suas funções ou a pretexto de exercê-las. É dizer, pelos atos comissivos estatais.

Com relação aos danos decorrentes da omissão do Estado, faz-se necessário demonstrar que a conduta estatal não foi suficiente para atender às exigências impostas pelo legislador.

Dessa forma, o entendimento doutrinário e jurisprudencial dominante é de que na responsabilidade do Estado por danos decorrentes de sua omissão vige a **teoria da culpa administrativa,** também chamada de teoria da "falta do serviço", segundo a qual o lesado deve demonstrar que o Estado tinha o dever legal de agir e que falhou no cumprimento deste dever legal, isto é, com negligência, imprudência ou imperícia. O elemento subjetivo da culpa não precisa estar identificado, razão pela qual se chama culpa anônima, **não individualizada**, pois o dano não decorreu de atuação de agente público, mas de omissão do poder público.

Saliente-se que, mesmo ocorrendo força maior ou caso fortuito (dependendo da interpretação), a responsabilidade do Estado poderá ocorrer se, aliada à força maior, ocorrer omissão do Poder público na realização de um serviço. Por exemplo, quando as chuvas provocam enchentes na cidade, inundando casas e destruindo objetos, o Estado responderá se ficar demonstrado que a realização de determinados serviços de limpeza dos rios ou dos bueiros e galerias pluviais, teria sido suficiente para impedir a enchente. São as chamadas **concausas** ou causas concorrentes para o evento lesivo.

Porém, nesse caso, entende-se que a responsabilidade não é objetiva, porque decorrente do mau funcionamento do serviço público. A omissão na prestação do serviço tem levado à aplicação da **teoria da culpa no serviço público**. Nesse sentido vem se posicionando o STF.

> **Como esse assunto foi cobrado em concurso?**
>
> No concurso para provimento do cargo de Promotor de Justiça -GO/2012, foi considerada correta a seguinte assertiva: *Tratando-se de ato omissivo do poder público, a responsabilidade civil por tal ato converte-se em subjetiva, pelo que exige dolo ou culpa, esta numa de suas três vertentes, a negligência, a imperícia ou a imprudência, não sendo, entretanto, necessário individualizá-la, dado que pode ser atribuída ao serviço público, de forma genérica, a falta do serviço*

> **Atenção!**
>
> Em situações de roubos e furtos em transportes coletivos, o STJ vem entendendo, predominantemente, que sem a prova da culpa, não há como responsabilizar a empresa concessionária de transporte, já que ela própria assume a condição de lesada juntamente com os passageiros (RESP 294610/RJ). Todavia, em alguns julgados, o STJ reconhece a responsabilidade das empresas responsáveis pela prestação do serviço público de transporte coletivo, sobretudo, quando prestado em zonas que registram atos de violência constante (RESP 232649/SP).

Em edições anteriores informávamos que a jurisprudência do STJ e do STF acompanhava o entendimento de Celso Antônio Bandeira de Mello, segundo o qual o Estado seria objetivamente responsável pela morte de detento ocorrida dentro de estabelecimento prisional mantido pelo Estado, ainda que decorrente de suicídio.

No entanto, em recente decisão, o STF fixou a seguinte tese de repercussão geral: "Em caso de inobservância de seu dever específico de proteção previsto no artigo 5º, inciso XLIX, da Constituição Federal, o Estado é responsável pela morte de detento".

A Corte Excelsa decidiu que a morte do detento em estabelecimento penitenciário gera a responsabilidade civil do Estado **quando houver inobservância do seu dever específico de proteção.** Portanto, temos a consagração da teoria da culpa administrativa (teoria da falta do serviço) que trata da responsabilidade do Estado por danos decorrentes de sua omissão, devendo ser demonstrado o nexo de causalidade entre o evento morte e a falha específica do Estado no seu dever legal de zelar pela integridade física dos presos.

## 8. RESPONSABILIDADE PRIMÁRIA E SUBSIDIÁRIA

A responsabilidade é considerada **primária** quando atribuída diretamente à pessoa jurídica a que pertence o agente autor do dano. Será **subsidiária** quando o responsável primário não tiver condições econômicas de reparar o dano.

Dessa forma, a responsabilidade do Estado será sempre primária quando o dano tiver sido causado por um dos seus agentes públicos. Contudo, quando, por exemplo, o dano for causado por uma concessionária de serviço público, esta responderá primariamente pelos danos causados por seus empregados, mas caso esses danos venham a superar a sua capacidade econômica surgirá a responsabilidade do poder concedente, isto é, do Estado titular do serviço público delegado.

O ilustre Procurador junto ao TCU, Lucas Furtado, em sua obra "Curso de Direito Administrativo" discorda do posicionamento retrocitado, sob o fundamento de que a responsabilidade do Estado persiste, **de forma direta**, relativamente ao seu encargo de fiscalizar a prestação do serviço público pela concessionária. Para reforçar esse entendimento, vale citar a decisão do STF no RE 258726, que reconheceu a responsabilidade da União em acidente aéreo.

Ocorre que, nos termos da decisão, evidenciou-se o nexo de causalidade entre o dano sofrido e a omissão do agente estatal responsável pela fiscalização das atividades de aviação civil, no caso o Departamento de Aviação Civil - DAC, comprovada pela situação irregular em que se encontrava a aeronave, sem o cumprimento de requisitos mínimos de segurança. Ademais, houve a confirmação, segundo laudo do próprio Ministério da Aeronáutica, de que o "checador", oficial da aeronáutica, que operava a aeronave - em situação também irregular, pois o comandante estava fora da cabine de comando - não possuía treinamento adequado para a situação de emergência ocorrida.

Em síntese, de acordo com o precedente do STF, a responsabilidade imputada ao Estado decorreu não da impossibilidade da empresa aérea poder saudar os encargos financeiros da condenação, mas da falha na fiscalização da prestação do serviço público.

José dos Santos Carvalho Filho entende que a falha na fiscalização do serviço público pelo poder concedente é suficiente para responsabilizá-lo, havendo direito de regresso da concessionária que venha a assumir os danos decorrentes dos serviços públicos por ela prestados. Comentando o entendimento acima,

Lucas Furtado ensina que dito raciocínio importaria em incentivar a torpeza das empresas concessionárias, além de contrariar, frontalmente, o dispositivo da Lei geral de concessão de serviços públicos (Lei nº 8.987/95), segundo a qual, "(Art. 25). *Incumbe à concessionária a execução do serviço concedido, cabendo-lhe responder por todos os prejuízos causados ao poder concedente, aos usuários ou a terceiros,* ***sem que a fiscalização exercida pelo órgão competente exclua ou atenue essa responsabilidade.***".

Entendemos assistir razão ao ilustre membro do *parquet*, junto à corte de Contas Federal, pois as responsabilidades do concessionário e da concedente de serviço público não se confundem, respondendo, cada um, diretamente pelos danos que vierem a causar. Merece reforma, entretanto, o posicionamento do autor, quando afirma inexistir responsabilidade subsidiária do poder concedente quando o concessionário não possuir condições de suportar os encargos financeiros das indenizações devidas, haja vista que a alegação de que "os delegatários de serviço público atuam em nome próprio e seus atos e omissões ensejam responsabilidade exclusivamente para suas pessoas" importaria em inaceitável abrandamento da teoria do risco administrativo, vez que o Estado, ao transferir a prestação do serviço e efetuar uma correta fiscalização dessas atividades, estaria desonerado dos riscos dos serviços, para os quais permanece como titular.

Dessa forma, entendemos que as obrigações da pessoa jurídica concedente e do concessionário não se confundem, podendo haver responsabilização direta de ambos pelas suas condutas comissivas ou omissivas, devendo, ainda, o Estado responder subsidiariamente quando o concessionário não possuir condições de suportar os encargos financeiros das indenizações devidas.

## 9. RESPONSABILIDADE DO ESTADO POR ATOS LEGISLATIVOS

A regra que prevalece em relação a **atos legislativos** é a da **irresponsabilidade**, porque a edição de leis, por si só, não tem o condão de acarretar danos indenizáveis aos membros da coletividade, em face de sua abstração.

Entretanto, se a **lei for julgada inconstitucional**, poderá ensejar a responsabilidade do Estado, porque o dano é causado por ato emitido fora do exercício das competências constitucionais.

> **▸ Atenção!**
> O entendimento dominante no STJ e no STF é pela necessidade de declaração de inconstitucionalidade da lei em sede de controle concentrado de constitucionalidade. Todavia, há doutrinadores que sustentam a possibilidade de responsabilização estatal por danos decorrentes de lei declarada inconstitucional em controle difuso.

Com relação às **leis de efeito concreto**, que atingem pessoas determinadas, incide a responsabilidade do Estado, porque como elas fogem às características da generalidade e abstração inerentes aos atos normativos, acabam por acarretar ônus não suportados pelos demais membros da coletividade. A lei de efeito concreto, embora promulgada pelo Legislativo, constitui, quanto ao conteúdo, verdadeiro ato administrativo, produzindo os mesmos efeitos que este, quando cause prejuízo ao administrado, independentemente de considerações sobre a sua constitucionalidade ou não.

Ressalte-se que Hely Lopes não encontra fundamento jurídico para, em situação alguma, haver responsabilização civil do Estado por atos legislativos.

Há grandes divergências doutrinárias acerca da possibilidade ou não de responsabilização por atos legislativos constitucionais. Alguns autores, como José dos Santos, entendem impossível a responsabilização, por ser a lei uma expressão da soberania do Estado e por se tratar de um mandamento geral e abstrato. Entretanto, podem ocorrer situações em que a lei, apesar de ser abstrata em sua essência, traga sacrifícios a pessoas determinadas. Por exemplo, as limitações administrativas impõem um sacrifício a todos os componentes de um grupo social, mas há casos de limitações que podem acarretar sacrifícios particulares, surgindo direito à indenização, como no caso de lei que cria reserva florestal, prejudicando totalmente o direito de propriedade de um determinado proprietário.

A França defende a possibilidade de responsabilização do Estado decorrente de atos legislativos constitucionais, mas de abstração mitigada. Tal entendimento teve como ponto de partida o famoso caso ***arrêt La Flerette*** que modificou os paradigmas de responsabilização civil do Estado Francês.

Uma sociedade anônima de produtos letreiros, "La Flerette", iniciou a fabricação sob o nome de "gradine", de um creme que utilizava a nata como matéria-prima. Em 29 de junho de 1934, foi publicada lei de iniciativa do Poder Executivo que interditava a fabricação, exposição, colocação à venda importação, exportação ou transporte de qualquer produto destinado ao mesmo uso que as natas que não proviessem exclusivamente do leite. Esta disposição tendia diretamente a interditar a fabricação de gradine e deste modo a sociedade cessaria sua exploração. Ao avaliar a questão, o Conselho de Estado considerou que a restrição imposta não teve como fundamento lesão concreta ou potencial à saúde pública, nem qualquer outra razão que não o interesse do Estado Francês em proteger os fabricantes de leite, razão pela qual a carga imposta ao fabricante deveria ser suportada pela coletividade. Segundo esse raciocínio, o Conselho condenou o Estado a reparar os danos.

> ▸ **Atenção!**
>
> No direito brasileiro, a medida provisória que proibiu a comercialização de bebidas alcoólicas nas margens das rodovias federais é um exemplo de norma constitucional, mas de abstração reduzida, que impõe sacrifício a parcela reduzida da coletividade, visando proporcionar uma segurança para a sociedade.

A despeito de concordarmos com o direito francês, cumpre alertarmos que o entendimento doutrinário e jurisprudencial majoritário é, em regra, pela **impossibilidade de responsabilização do Estado por normas abstratas constitucionais**.

Outro ponto relevante desse tema diz respeito à responsabilidade do Estado brasileiro por danos decorrentes de sua **omissão legislativa**.

A responsabilização do Estado por danos decorrentes de sua omissão legislativa já é uma realidade em nações como França e Itália, contudo, o Brasil, apesar de ter caminhado na direção da responsabilização (STF - RE 424584 - MG - 2ª T. - Rel. Min. Carlos Velloso - J. 04.10.2005), atualmente vem se posicionando pela impossibilidade de responsabilização estatal, segundo recentes decisões da Min. Carmem Lúcia (RE-AgR 510467/SP - SÃO PAULO).

| Responsabilização do Estado por atos legislativos | |
|---|---|
| Leis declaradas inconstitucionais via controle concentrado de constitucionalidade | Leis de efeito concreto |

## 10. RESPONSABILIDADE DO ESTADO POR ATOS JUDICIAIS

No que concerne aos **atos judiciais**, o art. 143 do Novo Código de Processo Civil, dispõe que o juiz responde por perdas e danos quando, no exercício de suas funções, procede dolosamente, inclusive com fraude, bem como quando recusa, omite ou retarda, sem justo motivo, providência que deva ordenar de ofício ou a requerimento da parte. Neste caso, a responsabilidade é individual do juiz, cabendo-lhe, em consequência, o dever de reparar os danos causados.

Se o dano deriva de um ato culposo, haverá responsabilização se o dano decorreu de decisão judicial proferida em **processo penal** (art. 5º, LXXV, da CF "o Estado indenizará o condenado por erros judiciários, assim como o que ficar preso além do tempo fixado na sentença") e irresponsabilidade, caso a lesão tenha como origem uma decisão judicial exarada em **processo civil**.

É interessante destacar, ainda, que as prisões preventivas e temporárias de acusados que venham a demonstrar sua inocência em processo penal não implicam imediata responsabilização do Estado, vez que tais medidas visam instrumentalizar o processo penal, sem importar em juízo de condenação. Todavia, caso sejam decretadas as prisões preventiva e temporária, comprovadamente, sem que possuam os requisitos para sua decretação, surgirá a responsabilização do Estado decorrente da falha na prestação do serviço.

Nesse sentido vem entendendo o Supremo Tribunal Federal, conforme RE 385943/SP, relatado pelo Ministro Celso de Mello. No julgado, o Supremo entendeu que a Decretação de prisão cautelar, que se reconheceu indevida, contra quem não teve qualquer participação ou envolvimento com o fato criminoso, repercutindo na perda de seu emprego, apresenta-se como comportamento inadmissível ao aparelho de Estado. Entendeu o Tribunal que, naquele caso, estariam presentes todos os elementos identificadores do dever estatal de reparar o dano.

> ▸ **Como esse assunto foi cobrado em concurso?**
> No concurso para provimento do cargo de Procurador Federal-2010, realizado pelo CESPE, foi considera correta a seguinte assertiva: *Pedro foi preso preventivamente, por meio de decisão judicial devidamente fundamentada, mas depois absolvido por se entender que ele não tivera nem poderia ter nenhuma participação no evento. No entanto, por causa da prisão cautelar, Pedro sofreu prejuízo econômico e moral. Nessa situação, conforme entendimentos recentes do STF poderão ser indenizáveis os danos moral e material sofridos.*

O STJ modificou o seu antigo entendimento, passando a adotar a orientação do STF para decidir como indevida a indenização por danos materiais a candidato aprovado em concurso público cuja nomeação tardia tenha decorrido de decisão judicial. Portanto, tanto para a Corte Cidadã, quanto para o Pretório Excelso, não é devida indenização pelo tempo em que se aguardou solução judicial definitiva para que se procedesse à nomeação de candidato para cargo público.

## 11. PRESCRIÇÃO

Há alguns anos o STJ fixou o entendimento de que o prazo prescricional para que o lesado possa impetrar ação de indenização contra pessoas jurídicas de direito público e de direito privado prestadoras de serviço público era de três anos, nos termos estipulados pelo art. 206, § 3º, inc. V, do Código Civil, que teria revogado o prazo quinquenal fixado pelo Dec. nº 20.910/32.

Todavia, recentemente a Corte Cidadã, como também é conhecido o STJ, regressou a partilhar o entendimento de que a prescrição do direito de se impetrar ação de reparação em face do Estado é quinquenal, conforme estabelecido pelo artigo 1º do Decreto nº 20.910/32.

Em suma, o atual entendimento do STJ é no sentido de *"que a prescrição contra a Fazenda Pública, mesmo em ações indenizatórias, rege-se pelo Decreto 20.910/1932, que disciplina que o direito à reparação econômica prescreve em cinco anos da data da lesão ao patrimônio material ou imaterial." (STJ, AgRg no REsp 1106715/PR, julgado em 3.5.2011, Dje 10.5.2011).*

Com relação à prescrição para impetração da ação regressiva, isto é, do prazo para que o Estado venha a buscar o ressarcimento dos prejuízos por ela suportados e frutos do dolo ou da culpa do agente público, o art. 37, §5º, Constituição Federal, estabelece que é **imprescritível** as ações de ressarcimento.

No entanto, em decisão recente, o Supremo Tribunal Federal decidiu, com repercussão geral, que a imprescritibilidade a que se refere o art. 37, § 5º, da CF diz respeito apenas a ações de ressarcimento de danos ao erário decorrentes de atos praticados por qualquer agente, servidor ou não, tipificados como ilícitos **dolosos** de improbidade ou como ilícitos penais.

Dessa forma, o STF acresce à redação do §5º, do art. 37 da Carta Magna, requisito não existente, **excluindo da imprescritibilidade os danos decorrentes de ilícitos civis, bem como os atos de improbidade administrativa culposos.** Diante da abstração do conceito de ilícito civil, tal definição só pode ocorrer à luz do caso concreto.

> **Como esse assunto foi cobrado em concurso?**
>
> No concurso para provimento do cargo de Juiz Federal (CESP-2011/TRF 1ª Região), foi considerada incorreta a seguinte assertiva: *Segundo o STJ, as ações por responsabilidade civil do Estado não se submetem ao prazo prescricional de cinco anos.*

> **Como esse tema vem sendo abordado em questões subjetivas de concursos?**
>
> **(MPE-PR – Promotor de Justiça - PR/2008)** (máximo de 25 linhas).
>
> Aborde as posições existentes acerca da prescrição do ressarcimento ao erário público.

## 12. SUJEITO PASSIVO DA LIDE

Caso o lesado pretenda responsabilizar o Estado por danos causado pelo agente público no exercício de suas funções ou a pretexto de exercê-las, o Estado pode optar por **denunciar à lide** o agente causador do dano, para que a responsabilidade do Estado e do agente possa ser decidida no mesmo processo.

Todavia, o Estado pode optar por não denunciar à lide o agente causador do dano, sem que venha a perder o seu direito de regresso.

Ademais, vem crescendo o entendimento, no Poder Judiciário, pela impossibilidade dessa denunciação à lide, sob o fundamento de que o lesado teria o direito a um processo que venha a discutir apenas a responsabilidade objetiva do Estado e que a demonstração da responsabilidade subjetiva deve ser demonstrada em ação regressiva apartada.

Outra questão relevante em relação ao tema reside na possibilidade ou não de se ajuizar ação diretamente contra o agente público que causou o dano, sem acionar a pessoa jurídica a qual ele integra.

Em se tratando de danos causados por Magistrados no exercício de suas funções jurisdicionais, o STF entende que a correspondente ação indenizatória deverá ser impetrada somente em face da respectiva pessoa jurídica de direito público, em razão de o Magistrado ser um agente político do Estado, não se podendo admitir responsabilidade concorrente, mas somente a decorrente da posterior ação regressiva.

Com o mesmo argumento acima o STF, recentemente, afastou a possibilidade de prefeito ser responsabilizado diretamente por prejuízos decorrentes de intervenção em hospital. Dessa forma, devemos entender que nenhum agente político pode ser responsabilizado diretamente por prejuízos decorrentes do exercício de suas atribuições, devendo o ressarcimento ao erário ocorrer por meio de ação regressiva, que, conforme já assinalado, é imprescritível.

Nessa decisão (RE 327904 / SP), relatada pelo Min Carlos Ayres Brito, o corpo do voto indica que nem os agentes políticos, nem os servidores públicos devem ser responsabilizados diretamente por danos causados no exercício de suas funções, mas exclusivamente em ação regressiva, destacando se tratar de verdadeira garantia do servidor estatal.

Posteriormente, o mesmo STF (RE 470.996), corroborando o entendimento acima, posicionou-se pela ilegitimidade passiva de servidor público militar em ação de reparação civil, por defender que a relação jurídica da vítima com o Estado é objetiva, nos termos preconizados pelo art. 37, § 6º da CF/88 e que caberia ao Estado, via ação regressiva, verificar a responsabilidade subjetiva do servidor.

Por sua vez, o novo CPC consagra, expressamente, que a responsabilidade civil do membro da Magistratura, do Ministério Público, da Advocacia Pública, da Defensoria Pública, do escrivão, chefe da secretaria e do oficial de justiça só pode ser aferida em ação regressiva.

Portanto, parece-nos que há ambiente jurídico seguro para afirmar que não se admite a responsabilização direta do servidor público por danos decorrentes de atos praticados durante o exercício de suas atribuições públicas ou a pretexto de exercê-las, devendo o lesado acionar direta e objetivamente o Estado, que, via ação de regresso, irá ser ressarcido pelo servidor, caso demonstre que sua conduta foi dolosa ou culposa.

> **Como esse assunto foi cobrado em concurso?**
>
> No concurso para provimento do cargo de Analista Judiciário do TRE-RJ-2017, foi disponibilizada a seguinte situação para análise:
>
> *"Considere que Marvim, servidor efetivo do Tribunal Regional Eleitoral, no exercício de suas funções na 1ª Zona Eleitoral do Município do Rio de Janeiro, tenha agredido fisicamente um eleitor." Baseado na teoria da responsabilidade civil do estado, o advogado do eleitor deverá propor ação de indenização contra:*
>
> Foi considerada **correta** a seguinte assertiva:
>
> A) a União, somente.

## 13. RESPONSABILIDADE DO ESTADO POR DANOS CAUSADOS POR ATOS TERRORISTAS

O Estado só será obrigado a ressarcir os danos decorrentes de **atentados terroristas** quando ficar demonstrado o nexo de causalidade entre o atentado e a falha do Estado em seu dever de prestar o serviço de segurança pública.

Trata-se da já explicada responsabilidade estatal decorrente de sua omissão, quando o lesado tem o dever de demonstrar a ausência do serviço, retardamento ou má prestação do serviço imposto pelo legislador.

Nessas situações vige a teoria da "culpa administrativa". No entanto, após os atentados terroristas em 11/09/2001, foi editada a Lei nº 10.744, de 9 de outubro de 2003, segundo a qual fica a União autorizada, na forma e critérios estabelecidos pelo Poder Executivo, a assumir despesas de responsabilidades civis perante terceiros na hipótese da ocorrência de danos a bens e pessoas, passageiros ou não, provocados por atentados terroristas, atos de guerra ou eventos correlatos, ocorridos no Brasil ou no exterior, contra aeronaves de matrícula brasileira operadas por empresas brasileiras de transporte aéreo público, excluídas as empresas de táxi aéreo, no montante global, equivalente em reais, de até US$ 1,000,000,000.00 (um bilhão de dólares dos Estados Unidos da América) para o total dos eventos contra aeronaves de matrícula brasileira operadas por empresas brasileiras de transporte aéreo público, excluídas as empresas de táxi aéreo.

Não se trata de adoção da responsabilidade integral, mas simplesmente da possibilidade de a União assumir os encargos financeiros de um dano que não foi causado por qualquer conduta comissiva ou omissa de seus agentes.

Nesse sentido a lição do professor José Carlos Moreira Alves em seu artigo "O Terrorismo e a Violência: Responsabilidade Civil do Estado":

> "Quando ocorriam os atos de terrorismo e havia a necessidade de sacrifício de vida, este se dava por parte do agente terrorista, mas, naquele caso, o que se viu foi o contrário: aviões que estavam, literalmente, ocupados por pessoas que nada tinham a ver com aqueles atos de terrorismo, foram usados por terroristas que sacrificavam as suas vidas e, em última análise, assassinavam pessoas alheias àquele movimento terrorista. Consequentemente, naquele caso, a assunção é provisória, porque a Medida Provisória n. 02, de 24 de setembro de 2001, dispõe que – por ter autorizado a União a fazer essa assunção de responsabilidade civil, significa dizer que a União não se considerava responsável, tanto assim que havia essa necessidade – a autorização a que se refere esta Lei vigorará por trinta dias, contados a partir de 00:00 hora do dia 25 de setembro de 2001, podendo ser prorrogada por ato do Poder Executivo pelo prazo de até cento e vinte dias"

Caso a responsabilidade fosse integral do Estado não haveria razão para que a Lei autorizasse a União a assumir despesas na forma e critérios estabelecidos pelo Poder Executivo e ainda fixasse um teto máximo para essas despesas.

Portanto, podemos concluir que a Lei nº 10.744/2003, ainda em vigor, decorre de medidas provisórias editadas pouco tempo após os atentados de 11/09/2001 que possibilitaram à União, caso disponha de recursos, a assumir despesas para danos que não foram por ela provocados, persistindo como substrato normativo o art. 37, § 6º da nossa Carta Magna que consagra a teoria da "culpa administrativa" para os danos que comprovadamente tenham como origem a omissão administrativa.

## 14. RESPONSABILIDADE DA UNIÃO PERANTE A FIFA

O art. 23 da Lei nº 12.663/2012 (Lei Geral da Copa) dispõe que a União assumirá os efeitos da responsabilidade civil perante a FIFA, seus representantes legais, empresários ou consultores por todo e qualquer dano resultante ou que tenha surgido em função de qualquer incidente ou acidente *de segurança relacionado aos eventos, exceto se e na medida em que a FIFA ou a vítima houver concorrido para a ocorrência do dano.*

Por se tratar de dispositivo legal que alarga a responsabilidade civil estatal estampada no art. 37, § 6º da Constituição Federal de 1988, houve questionamento acerca da existência de uma suposta inconstitucionalidade. Alegava-se que estaria sendo criada verdadeira hipótese de adoção da teoria do risco integral.

O STF, todavia, entendeu pela constitucionalidade do dispositivo, defendendo que o já citado art. 37, § 6º, da Carta Política não impossibilita que a norma infraconstitucional venha a ampliar a responsabilidade civil do Estado, sendo, na verdade, vedado que uma lei contrarie o dispositivo constitucional no sentido de determinar que a responsabilidade da União não será objetiva.

A Suprema Corte ainda enfrentou o tema acerca de qual teoria alicerçaria tal entendimento, restando adotada a chamada **Teoria do Risco Social**, que seria a socialização dos riscos por toda a sociedade, não reconhecendo na hipótese a teoria do risco integral, haja vista que o legislador afastou *os efeitos da responsabilidade civil na medida em que a FIFA ou a vítima houvessem concorrido para a ocorrência do dano. Anotou que se estaria diante de garantia adicional, de natureza securitária, em favor de vítimas de danos incertos que poderiam emergir em razão dos eventos patrocinados pela FIFA, excluídos os prejuízos para os quais a entidade organizadora ou mesmo as vítimas tivessem concorrido.*

## 15. RESPONSABILIDADE DO ESTADO PELA "PERDA DE UMA CHANCE"

a teoria da perda de uma chance vem recebendo boa acolhida, tanto pela doutrina quanto pela jurisprudência pátria, como uma das hipóteses em que é possível se aferir um dano sofrido e responsabilizar o seu autor.

A teoria da perda de uma chance possui como arrimo a probabilidade de que a chance seria concretizada e a certeza do prejuízo decorrente da oportunidade perdida.

Segundo entendimento do STJ "o objeto da reparação é a perda da possibilidade de obter um ganho como provável, sendo que 'há que se fazer a distinção entre o resultado perdido e a possibilidade de consegui-lo. A chance de vitória terá sempre valor menor que a vitória futura, o que refletirá no montante da indenização'" (Recurso Especial Nº 1.254.141 - PR).

Dessa forma, no cálculo da indenização deve haver uma redução proporcional ao que efetivamente poderia ser auferido pelo lesado, vez que a reparação não ocorre pelos danos sofridos, mas pela chance eventualmente perdida.

Ainda na esteira de raciocínio do STJ, para configurar a pretensão de reparação civil em face da perda de uma chance, faz-se necessário a observância dos seguintes requisitos:

(i) Existência de uma chance concreta, real, com alto grau de probabilidade de obter um benefício ou sofrer um prejuízo;

(ii) Que a ação ou omissão do Estado tenha nexo causal com a perda da oportunidade de exercer a chance (sendo desnecessário que esse nexo se estabeleça diretamente com o objeto final);

(iii) atentar para o fato de que o dano não é o benefício perdido, porque este é sempre hipotético.

> **Atenção!**
>
> O STJ reconheceu a responsabilidade civil do Estado com fundamento na teoria da "perda de uma chance" quando demonstrado o erro no tratamento médico pelo sistema público de saúde, porém, ao julgar pedido de indenização em face de interpretação equivocada por parte da Administração Pública quanto à impossibilidade de acumulação de cargos, não vislumbrou a ocorrência da teoria da "perda de uma chance", tendo em vista se tratar de um evento certo sobre o qual não restam dúvidas.
>
> Portanto, a teoria da perda de uma chance, conforme já explicitado acima, pressupõe que uma ação comissiva ou omissiva da Administração venha a inviabilizar a concretização de uma situação que muito provavelmente se realizaria sem a interferência administrativa.

Capítulo **12**

# Bens públicos

*Fernando Baltar*

## 1. INTRODUÇÃO

Segundo o artigo 98 do Código Civil, são bens públicos todos aqueles que pertencem a pessoas jurídicas de direito público, isto é, União, Estados, DF, Municípios, respectivas autarquias e fundações públicas de direito público, sendo todos os outros considerados particulares, independentemente da pessoa a que pertencerem.

O citado art. 98 se refere aos bens de qualquer natureza, tais como imóveis, móveis, semoventes, corpóreos, incorpóreos, créditos, direitos e ações.

Celso Antônio Bandeira de Mello amplia tal conceito por entender que, além dos que integram o patrimônio das pessoas jurídicas de direito público, também **serão públicos os que estejam afetados à prestação de um serviço público**, ainda que o seu proprietário possua personalidade jurídica de direito privado. Por sua vez, Hely Lopes Meirelles entende que bens públicos em sentido amplo seriam "todas as coisas, corpóreas ou incorpóreas, imóveis, móveis e semoventes, créditos, direitos e ações, que pertençam, a qualquer título, às entidades estatais, autárquicas, fundacionais e paraestatais".

Essencialmente, o Código Civil, Hely Lopes Meirelles e outros ilustres autores, como Lúcia Valle Figueiredo, definem o bem público a partir do sujeito titular do bem, enquanto Celso Antônio defende que a natureza pública do bem é encontrada conjugando o critério da titularidade (válido para as pessoas jurídicas de direito público) com a afetação do bem à prestação de um serviço público (hipótese que insere bens de particulares na categoria de público, tais como os bens das concessionárias de serviço público que estejam vinculados à prestação do serviço).

Didaticamente teríamos a seguinte divisão:

| Código Civil, Lúcia Valle de Figueiredo, Maria Sylvia Di Pietro, dentre outros | Hely Lopes Meirelles | Celso Antônio Bandeira de Mello |
|---|---|---|
| Bem público é o que pertence à União, Estados, DF, Municípios, respectivas autarquias e fundações públicas de direito público. | Bem público é o que pertence à União, Estados, DF, Municípios, respectivas autarquias e fundações públicas de direito público, fundações públicas de direito privado, empresas públicas, sociedades de economia mista, serviços sociais autônomos (SESC, SENAI, SENAC, SEBRAE, etc.). | Bem público é o que pertence à União, Estados, DF, Municípios, respectivas autarquias e fundações públicas de direito público e os que estejam afetados à prestação de serviço público, ainda que pertençam a particulares (ex.: torre de transmissão de energia de empresa privada concessionária de serviço público). |

Assiste razão a Celso Antônio Bandeira de Mello, haja vista ser indiscutível que os bens pertencentes à União, Estados, DF, Municípios, respectivas autarquias e fundações públicas de direito público são públicos e que os bens afetados à prestação do serviço público devem estar revestidos com características como a impenhorabilidade, a fim de resguardar o princípio da continuidade do serviço público.

É bem verdade que, quando estes bens forem de propriedade de empresas privadas, não haverá a necessidade de desafetação formal, nem de realização de licitação quando a alienação for admissível (ex.; quando os bens forem substituídos por equipamentos mais modernos), tendo em vista que, uma vez que não estejam mais empregados na prestação do serviço público, perdem a natureza jurídica de direito público e se submetem ao regime jurídico de direito privado.

## 1.1. Bens das empresas públicas e sociedades de economia mista

Em relação aos bens das Empresas Públicas - EP e Sociedades de Economia Mista - SEM, há que se diferenciar as estatais que **prestam serviço público** daquelas que **exploram atividade econômica**.

Conforme exposto acima, em relação às Empresas Públicas e Sociedades de Economia Mista que prestam serviço público, não há dúvidas que seus bens possuem natureza pública, revestindo-se das seguintes características:

- **inalienabilidade;**
- **impenhorabilidade;**
- **imprescritibilidade**
- **impossibilidade de oneração.**

O Informativo nº 412, do STF noticia que os bens da Empresa Brasileira de Correios e Telégrafos não podem ser penhorados, tendo em vista que a empresa pública em questão se submete ao regime de precatórios e que tal entendimento seria aplicável às demais estatais que prestam serviço público ou, ainda, que exercem atividade econômica sob o regime de monopólio legal. Destaca-se, como precedente, o julgamento do RE 220906/RS (DJU de 14.11.2002).

O mesmo STF possui entendimento dúbio quanto à possibilidade de instauração de procedimento de tomada de contas especial pelos Tribunais de Contas, em relação às EP e SEM que explorem atividade econômica. Há julgado em que o Supremo entende pela impossibilidade de tal proceder, sob o argumento de que tais bens seriam privados e inconfundíveis com os bens do Estado, não incidindo, portanto, a competência constitucional das Cortes de Contas (Informativo – STF nº 259); em outro momento, o STF entendeu pela possibilidade da tomada de contas especial de uma SEM, tendo por fundamento a possibilidade de prejuízo do capital pertencente ao Poder Público, com consequente lesão ao erário (Informativo nº 408 – STF).

Sobre o tema, reproduzimos o posicionamento lapidar de José dos Santos Carvalho Filho, o qual esposamos em sua totalidade, senão vejamos: "Os valores e bens oriundos da gestão da empresa pública ou da sociedade de economia mista devem caracterizar-se, em princípio, como privados, já que, como temos visto, são elas pessoas jurídicas de direito privado (art. 98, Cód. Civil). Somente os bens e valores oriundos diretamente da pessoa controladora, normalmente a entidade federativa, e, ainda não administrados pelo ente paraestatal, é que se qualificam (*si et in quantum*) como públicos. Dessa maneira, o controle do Tribunal de Contas executado com base no art. 71, II, da CF (que se refere a 'dinheiros, bens e valores públicos'), somente tem incidência nestes últimos, ficando os primeiros fora do âmbito de controle".

> **Como esse assunto foi cobrado em concurso?**
>
> No concurso para provimento do cargo de Procurador do MP junto ao TCE-SC/2010, realizado pela FEPESE, foi considerada incorreta a seguinte assertiva: "*Todos os bens das empresas públicas são impenhoráveis*".
>
> No 21º concurso para provimento do cargo de Procurador da República, foi considerada incorreta a seguinte assertiva: "*os bens das empresas públicas prestadoras de serviços públicos estão sempre sujeitos a penhora*".

## 2. CLASSIFICAÇÃO

O art. 99, do Código Civil traz a seguinte classificação para os bens públicos:

I) Bens de uso comum do povo;

II) Bens de uso especial;

III) Bens dominicais.

## 2.1. Bens de uso comum do povo

São aqueles que, por lei ou em face de sua natureza, são destinados ao uso da coletividade, sem distinção de usuários, limitação de horários e remuneração, tais como ruas, rios navegáveis ou flutuáveis, praias naturais e mar.

Qualquer restrição ao direito subjetivo de livre fruição, como a cobrança de pedágio nas rodovias, acarreta a especialização do uso e, quando se tratar de bem realmente necessário à coletividade, só pode ser feita em caráter excepcional.

Todavia, a restrição de uso a uma estrada pública para o transporte de grandes cargas (ex.: turbina de hidroelétrica) não retira do bem público a sua destinação de uso comum do povo.

> ▸ **Como esse assunto foi cobrado em concurso?**
> No concurso para provimento do cargo de Promotor de Justiça - SE/2010, realizado pelo CESPE, foi considerada correta a seguinte assertiva: "*Os bens de uso comum do povo são aqueles que se destinam à utilização geral pelos indivíduos e podem ser federais, estaduais ou municipais*".

## 2.2. Bens de uso especial

Os bens serão classificados como de uso especial nas seguintes situações:

a) Utilização pela Administração (repartições públicas, veículos empregados pela Administração);

b) Utilizados por particular com exclusividade por meio de ato unilateral (autorização e permissão de uso) ou bilateral (concessão de uso); e

c) Os que possuem restrições ou para o qual se exige pagamento.

Uma vez configurada a situação da alínea "b" acima, o particular passa a ter um direito subjetivo à sua utilização e será oponível a outros particulares.

> ▸ **Como esse assunto foi cobrado em concurso?**
> No concurso para provimento do cargo de Procurador do Município de João Pessoa-PB (Cespe/2018), com a ementa "Prédio sede de prefeitura, creches municipais e postos de saúde são bens:", foi considerada correta a seguinte assertiva: a) de uso especial, pois são destinados a uma finalidade pública específica.

São características dos bens de uso comum e de uso especial a inalienabilidade, a imprescritibilidade, a impenhorabilidade e a impossibilidade de oneração.

A **inalienabilidade** significa que os bens públicos, enquanto estiverem afetados ao uso comum ou especial, não podem ser objeto de alienação.

A **imprescritibilidade** dos bens públicos significa que não corre a prescrição contra esses bens, isto é, não se admite a usucapião dos bens públicos.

A **impenhorabilidade** significa que esses bens não podem ser penhorados para assegurar o pagamento das dívidas contraídas pelo Poder Público porque a Constituição assegura que os créditos contra a Fazenda Pública se submetem ao regime dos precatórios ou das requisições de pequeno valor, previsto no art. 100, da CF.

A **impossibilidade de oneração** possui o mesmo fundamento da impenhorabilidade, vez que esses bens não podem ser ofertados como garantia na obtenção de empréstimos pelo fato de a Constituição assegurar que os créditos contra a Fazenda Pública se submetem ao regime dos precatórios ou das requisições de pequeno valor.

### 2.2.1. *Afetação e desafetação dos bens de uso comum e especial*

Celso Antônio Bandeira de Mello conceitua **afetação** como "a preposição de um bem a um dado destino categorial de uso comum ou especial, assim como a desafetação é sua retirada do referido destino. Os bens dominicais são bens não afetados a qualquer destino público".

A **afetação** pode ocorrer independentemente de qualquer conduta estatal, como ocorre com os bens que são **naturalmente** afetados como os **rios** e os **mares**; por **lei** ou por **ato administrativo** que determine a destinação de um bem dominial ou de uso especial ao uso público, como a afetação de um terreno não edificado, por lei municipal, como praça pública.

Os bens que são **naturalmente afetados** ao uso comum do povo não podem ser desafetados, vez que são insuscetíveis de valoração. São, portanto, bens revestidos com a **inalienabilidade absoluta**. Ex.: praias e rios.

Por sua vez, os **bens** que venham a ser **afetados por lei, ato administrativo ou fato administrativo** são bens **relativamente inalienáveis**, ou ainda, de **alienabilidade condicionada**, haja vista que deixam a categoria de inalienáveis e passam a ser passíveis de alienação quando perdem a sua destinação comum ou especial e passam a integrar a categoria de bens dominicais.

> **Como esse assunto foi cobrado em concurso?**
>
> No 19º concurso para provimento do cargo de Procurador da República, foi considerada incorreta a seguinte assertiva: "*A inalienabilidade dos bens públicos resulta sempre de imposição legal*".
>
> No concurso para provimento do cargo de Procurador do Estado do Mato Grosso/2016, foi considerada incorreta a seguinte assertiva: "*Chama-se desafetação o processo pelo qual um bem de uso comum do povo é convertido em bem de uso especial*".

A **desafetação** dos bens públicos depende, via de regra, de **lei** ou de **ato administrativo**, vez que a afetação também decorrerá, normalmente, de lei ou ato administrativo.

Também é possível que ocorra a **desafetação** por **fato administrativo**, quando, por exemplo, um terremoto ou um incêndio destruir um prédio onde funcionava uma escola pública.

O que não se admite é a desafetação pela ausência de uso, como, por exemplo, no caso de uma rua ou uma praça que deixaram de ser utilizadas. A desafetação só ocorrerá por ato de hierarquia igual ou superior ao responsável pela afetação.

Entendemos, conforme a melhor doutrina, que a afetação e a desafetação são fatos administrativos, sendo irrelevante a forma pela qual ocorre a mudança de destinação do bem público. O que possui relevância é a alteração da destinação do bem a uma finalidade comum, especial ou a retirada de uma dessas destinações.

> **Atenção!**
> Cabe observar que Diógenes Gasparini não utiliza os termos afetação e desafetação; em seu lugar, ele utiliza a denominação **consagração** e **desconsagração**.

## 2.3. Bens dominiais

São também chamados de **dominicais** ou, ainda, bens do **patrimônio disponível**, os quais, apesar de integrarem o patrimônio público, não se encontram afetados para nenhum fim, podendo ser, ainda, alienados a qualquer tempo.

Os **bens dominiais** possuem as características da impenhorabilidade, da imprescritibilidade e impossibilidade de oneração; no entanto, conforme já assinalado, são bens **alienáveis**. A alienação pressupõe, como regra geral, autorização legislativa e licitação.

Segundo Maria Sylvia Di Pietro os bens dominicais se submetem ao regime jurídico de direito privado, tendo em vista a possibilidade de a Administração Pública agir, em relação a eles, como um proprietário privado. Lucas Rocha Furtado defende que a Administração pode se utilizar de instrumentos do direito privado na gestão dos bens dominicais, como quando celebra com particular contrato de locação desses bens, mas isso não afasta a incidência, mesmo que parcial, de normas de direito público. Como exemplo, impõe ressaltar que o contrato de locação é regido, predominantemente pelo direito privado, mas esses bens não deixam de se submeter, também, ao direito público, haja vista a manutenção da impenhorabilidade, imprescritibilidade e impossibilidade de oneração.

Dessa forma, entendemos que todos os bens públicos, sejam eles de uso comum do povo, especial ou dominial estão inseridos na categoria de bens do **domí-**

**nio público** do Estado, submetendo-se (com maior ou menor incidência) ao **regime jurídico de direito público**.

Quando surge o interesse estatal em facultar a utilização desses bens por particulares, há que se distinguir os bens dominiais, dos bens de uso comum do povo e especial. Os primeiros (**dominiais**) admitem a formalização de seu uso por meio de institutos do direito privado (ex.: locação, enfiteuse, concessão de direito real de uso). Os bens de **uso comum do povo** não admitem utilização exclusiva por particular; já os bens de **uso especial** admitem, tão somente, a utilização exclusiva por intermédio dos instrumentos estatais de outorga (ex.: autorização, permissão e concessão de uso).

▸ **Como esse assunto foi cobrado em concurso?**

No concurso para provimento do cargo de Juiz Substituto 2015 – ALPR, realizado pela FCC, foi considerada correta a alternativa "C" para a seguinte questão:

No ano de 1963, o Supremo Tribunal Federal adotou, em sua Súmula, o seguinte enunciado, sob o nº 340: Desde a vigência do Código Civil, os bens dominicais, como os demais bens públicos, não podem ser adquiridos por usucapião.

Independentemente de eventual opinião doutrinária minoritária em sentido contrário, tal conclusão, atualmente,

A) mostra-se superada, eis que a Constituição Federal prevê a não sujeição à usucapião dos bens públicos imóveis, mas o Código Civil admite tal sujeição em relação aos bens públicos dominicais móveis ou se- moventes.

B) mostra-se superada, eis que vigora novo Código Civil.

C) resta compatível com o direito vigente, eis que a Constituição Federal prevê a não sujeição à usucapião dos bens públicos imóveis, e o Código Civil prevê a mesma não sujeição quanto aos bens públicos em geral, sem excepcionar os dominicais.

D) mostra-se superada, eis que a Constituição Federal excepciona os bens dominicais da não sujeição à usucapião.

E) resta compatível com o direito vigente, eis que a Constituição Federal prevê a não sujeição à usucapião dos bens públicos em geral, superando, nesse ponto, disposição do Código Civil em sentido contrário.

## 3. USO DE BEM PÚBLICO POR ADMINISTRADO

Os bens públicos podem ser utilizados pelos particulares, mas essa utilização será diferenciada, de acordo com a afetação desses bens.

Conforme doutrina de Maria Sylvia Di Pietro, é necessário diferenciar as maneiras de utilização, da seguinte forma:

a) pelo critério da conformidade ou não da utilização com o destino principal a que o bem está afetado, o uso pode ser **normal** ou **anormal**;

b) pelo critério da exclusividade ou não do uso, combinado com o da necessidade ou não do consentimento expresso da Administração, o uso pode ser **comum** ou **privativo**.

| Uso normal | Uso anormal | Uso comum | Uso privativo |
|---|---|---|---|
| é aquele que se exerce de conformidade com a destinação principal do bem; | é o que atende a finalidades diversas ou acessórias, às vezes, em contradição com aquela destinação. | é o que atende a todos os membros da coletividade, sem discriminação entre usuários. | é o que exclui o uso geral pela coletividade, visto que destinado ao uso privativo por indivíduo ou grupo de indivíduos. |

Di Pietro exemplifica magistralmente essas situações com os seguintes exemplos: uma rua em que transitam pedestres e veículos tem uso comum normal, pois está sendo utilizada para o seu fim natural, entretanto, quando esta mesma rua é utilizada para a realização de festejos, tem-se o uso comum anormal, tendo em vista não ser esta a natureza do bem público.

> **Atenção!**
>
> Apesar de a Constituição estabelecer, em seu art. 5º, inciso XVI, que todos podem se reunir pacificamente em locais abertos ao público, independentemente de autorização, exigindo, apenas, aviso prévio à autoridade competente, é consenso que a autoridade competente pode vetar a utilização de espaço público para tais reuniões, desde que amparada em justificativas razoáveis e que admita a utilização de outros espaços públicos aptos a possibilitar a reunião pretendida.

Da mesma forma, quando uma pessoa obtém permissão para ocupar determinado "Box" em mercado municipal, tem-se o uso privativo normal, já que essa é a finalidade precípua do bem, no entanto, se a permissão visa à instalação de terraço de café sobre a calçada, o uso privativo passa a ser anormal.

Essa utilização anormal deve ser precedida de solicitação e deferimento da autoridade competente, que decidirá discricionariamente. Essa autorização estatal só deve ser admitida quando não venha a inviabilizar permanentemente o uso normal do bem público.

> **Atenção!**
>
> O STJ vem entendendo (Informativo nº 297) que *a ocupação de terra pública não passa de simples detenção de terra irregularmente ocupada, não se admitindo a indenização por benfeitorias e o direito de retenção.*

## 3.1. Instrumentos estatais de outorga de títulos jurídicos para uso de bens públicos por particulares

### 3.1.1. *Autorização de uso*

É o ato unilateral, que **independe de autorização legal e prévia licitação,** discricionário e precário pelo qual a Administração legitima o uso de bem público por particular.

Caracterizam a autorização de uso: a unilateralidade, o que significa que a autorização independe da aquiescência do administrado; a precariedade, que admite a sua revogação a qualquer tempo; e o fato de ser conferida no interesse privado do utente.

O STJ vem entendendo que as autorizações para o comércio ambulante é concedida a título precário pela Administração, podendo, assim, ser revogada a qualquer tempo, por não gerar direito adquirido (Informativo nº 237).

### 3.1.2. *Permissão de uso*

É o ato unilateral, discricionário e precário por meio do qual a Administração legitima a utilização exclusiva de bem público por particular.

A permissão se assemelha à autorização por ser unilateral e precário, mas se diferencia por ser conferida no interesse da coletividade e por possuir uma precariedade mitigada em relação à autorização.

A permissão de uso seria um instrumento intermediário entre a extremamente precária autorização e a estável concessão.

As permissões também não dependem de autorização legal e de prévia licitação, salvo quando há exigência em lei específica e quando se tratar de permissão qualificada (com prazo).

### 3.1.3. *Concessão de uso*

É o **contrato administrativo** pelo qual a Administração legitima o uso exclusivo de bem público a particular. Diversamente da autorização e da permissão, na concessão há instrumento bilateral de ajuste de vontades e, portanto, **estável**.

A concessão pode ser remunerada ou gratuita, por tempo certo, mas deverá ser sempre precedida de autorização legal e, normalmente, de licitação para o contrato.

O contrato de concessão de uso de bem público é conferido em razão da natureza da pessoa do concessionário, razão pela qual é intransferível sem prévio consentimento da Administração.

Exemplo clássico dessa modalidade é a concessão remunerada de um hotel de propriedade do Poder Público.

A concessão deverá ser precedida de autorização legal e, normalmente, de licitação para o contrato. Segundo entendimento de Raimundo Nonato Fernandes pode ocorrer as seguintes modalidades:

a) De exploração ou de simples uso, conforme seja, ou não conferido ao concessionário poder de gestão dominial, substituindo-se à Administração concedente; como exemplos da primeira, o autor indica as concessões de minas, de águas e de campo de algas; da segunda, as relativas a áreas de dependências de aeroportos, ocupação de via pública, sepulturas e outras;

b) Temporária (como concessão de águas e a maioria das utilizações privativas) ou perpétua (como a de sepultura);

c) Remunerada ou gratuita;

d) De utilidade pública (como a que é acessória de uma concessão do serviço público) ou de utilidade privada (como a de sepultura, a de derivação de águas para irrigação, de exploração de campo de algas e de minas).

### 3.1.4. *Concessão de direito real de uso*

É o contrato pelo qual a Administração transfere o direito real de uso de terreno público ou do seu espaço aéreo, de forma remunerada ou gratuita.

Apesar de termos inserido a concessão de direito real de uso no tópico relativo aos instrumentos estatais de outorga de título jurídico para uso exclusivo de bem público por particular, na verdade este instituto não é específico do direito público, dele podendo se valer também os particulares.

O contrato de concessão de direito real de uso está regulado pelo Decreto-Lei nº 271/67 e é transmissível por ato *inter vivos* ou *mortis causa*, mas reverterá à Administração concedente se o concessionário ou seus sucessores não mantiverem o uso pactuado ou o desviarem de sua finalidade.

A concessão, no entendimento de Hely Lopes, substitui vantajosamente a maioria das alienações de terrenos públicos, razão pela qual deverá ser sempre preferida principalmente nos casos de venda ou doação. A concessão de direito real de uso, tal como ocorre com a concessão comum, depende de autorização legal e de concorrência prévia, admitindo-se a dispensa desta, quando o beneficiário for outro órgão ou entidade da Administração Pública.

> ▸ **Como esse assunto foi cobrado em concurso?**
> No concurso para provimento do cargo de analista do STJ-2008, foi considerada correta a seguinte assertiva: *"A concessão de direito real de uso de bens públicos imóveis construídos, destinados ou efetivamente utilizados no âmbito de programas habitacionais desenvolvidos por órgãos ou entidades da administração pública, não precisa ser licitada".*

## 3.2. Instrumentos privados de outorga de títulos jurídicos para uso exclusivo de bens públicos por particulares

Conforme já destacado no item 2.3 do presente capítulo, a utilização de institutos de direito privado para outorga de títulos jurídicos que outorgam a particular o direito de utilizar, com exclusividade de bens públicos, somente é admitida para os bens dominicais.

Os bens dominicais podem ser alienados, bem como é facultada a autorização, permissão ou concessão de seu uso, bem como de institutos de direito privado para transferência do seu uso privativo.

Também, conforme já destacado no citado item 2.3, apesar de se utilizar instrumentos do direito privado, tais bens não perdem as características da impenhorabilidade, imprescritibilidade e impossibilidade de oneração, do que denota persistir, mesmo que parcialmente, a incidência de normas de direito público.

> **Atenção!**
> Ademais, nenhum contrato firmado com o Poder Público pode ser considerado inteiramente regido por normas de direito privado, ante a necessidade de se efetivar, em algumas circunstâncias, ajustes e derrogações parciais que se fazem necessárias para adaptar o instituto as peculiaridades da Administração Pública.

### 3.2.1. *Locação*

Diversos autores renomados indicam o **contrato de locação** como tipo de contrato firmado pelo poder público que não é regido pelo direito público, mas pelo direito privado. Todavia, faz-se necessário diferenciar os contratos de locação em que a Administração figura como **locadora**, daqueles em que ela figura como **locatária**.

No que concerne aos contratos em que a **União é locadora** de bem público imóvel, o regramento está disposto no Decreto-Lei nº 9.760/46, cujo artigo 86 autoriza que os bens não utilizados em serviço público devem ser alugados:

- para a residência de autoridades federais ou de outros servidores da União, no interesse do serviço público;
- para residência de servidor da União, em caráter voluntário;
- por quaisquer interessados. O art. 87 determina que a locação "se fará mediante contrato, não ficando sujeito a disposições de outras leis concernentes a locação".

Trata-se, por óbvio, de locação de bens imóveis públicos federais dominicais.

Por sua vez, o art. 89 estabelece que as hipóteses de rescisão contratual ocorrerão por ato administrativo auto executório federal, retirando qualquer espécie de direito de reparação para o locatário, salvo as referentes a benfeitorias necessárias. Nessas hipóteses, trata-se de típico contrato firmado pela Administração e **regido pelo direito público**, em face da presença das cláusulas exorbitantes garantidas pela legislação de regência.

Quanto aos contratos de locação em que a Administração Pública celebra na condição de **locatária**, a Lei nº 8.666/93, em seu art. 62, § 3º, inciso I, firma que se aplicam o disposto nos arts. 55 e 58 a 61 (da Lei nº 8.666/93) e demais normas gerais, **no que couber**, "aos contratos de seguro, de financiamento, de locação em que o Poder Público seja locatário, e aos demais cujo conteúdo seja regido, predominantemente, por norma de direito privado".

O legislador, portanto, determinou expressamente a incidência de algumas regras previstas na Lei nº 8.666/93 aos contratos de locação em que a Administração firma contrato na condição de locatária, o que significa, tacitamente, que os demais dispositivos previstos na Lei de Licitações e Contratos Administrativos não são aplicáveis a esses contratos.

Dessa forma, **nos contratos de locação em que a Administração for locatária** não incidirá a regra estabelecida pelo art. 57, da Lei 8.666/93, que estabelece 60 meses como prazo máximo para os contratos administrativos, já incluídas as eventuais prorrogações. Para a vigência contratual e demais situações não contempladas nos supra referidos arts. 55, 58 e 61, **devem se aplicar as regras previstas na Lei nº 8.245/91 (lei do inquilinato)**.

> ▸ **Atenção!**
> Esse assunto foi sedimentado pela AGU em Orientação Normativa que assim estabelece: A vigência do contrato de locação de imóveis, no qual a Administração Pública é locatária, rege-se pelo art. 51 da Lei nº 8.245, de 1991. Não estando sujeita ao limite máximo de sessenta meses, estipulado pelo inc. II do art. 57, da Lei nº 8.666/93 (ON 6, de 1º de abril de 2009).

Conforme leciona, magistralmente, Jorge Ulisses Jacoby, no seu Parecer nº 2.453/01 PG, emitido no processo nº 270/98, "embora aplique-se, parcialmente, a Lei nº 8.666/93, por força do § 3º, do art. 62, é certo que o Administrador Público que promove o contrato está sujeito às regras do Direito Público, enquanto o contratado tem a seu favor as regras do direito privado".

### *3.2.2. Enfiteuse dos terrenos de marinha*

A enfiteuse ou aforamento era um instituto previsto no antigo Código Civil, mas hoje se encontra extinto, só sendo admissível para os terrenos de marinha.

Dessa forma, atualmente, **enfiteuse** é o instrumento que permite que a União venha a atribuir a outrem o domínio útil de terreno de marinha, mediante o pagamento de uma remuneração anual chamada de foro. Consiste na transferência da posse, do direito de uso e gozo perpétuos, mas não da propriedade do terreno de marinha.

Para melhor compreensão deste instituto, faz-se necessário distinguir o que significa **domínio útil** e **domínio direto**:

| Domínio útil | Domínio direto |
|---|---|
| É o direito de utilizar o bem de forma ampla e que pode ser transmitido a outrem, por ato *inter vivos* ou *mortis causa*, sendo devido o pagamento anual do foro. | É o direito à propriedade do bem, despida do direito de uso. |

Na enfiteuse dos terrenos de marinha, há o exercício concomitante do domínio útil e direto sobre o mesmo imóvel por duas pessoas distintas, União e enfiteuta, também chamado de foreiro.

Sempre que o enfiteuta optar pela venda do bem, deverá observar o **direito de preferência** do senhorio direito; este, caso não venha a exercê-lo, fará jus ao percebimento de um valor chamado de **laudêmio**.

| | |
|---|---|
| Foro, cânon ou pensão | Pagamento anual que o foreiro, também chamado enfiteuta, paga ao senhorio direto. Possui natureza perpétua. |
| Laudêmio | Pagamento efetuado pelo foreiro ao senhorio direto quando este (senhorio) não exerce o seu direito de preferência. |
| Comisso | Pena prevista em lei que extingue do aforamento caso o foreiro venha a deixar de pagar o foro por três anos consecutivos. Poderá o senhorio direto, nesta hipótese, reaver o domínio útil, desde que indenize o valor das benfeitorias necessárias. |

## 4. TRANSFERÊNCIA DE BENS PÚBLICOS ENTRE ENTIDADES E ÓRGÃOS PÚBLICOS

### 4.1. Cessão de uso

Segundo Hely Lopes Meirelles, **cessão de uso** é a transferência gratuita da posse de um bem público de uma entidade ou órgão para outro, a fim de que o cessionário o utilize nas condições estabelecidas no respectivo termo, por tempo certo ou indeterminado. É o ato de colaboração entre repartições públicas, em que aquela que tem bens desnecessários aos seus serviços cede o uso a outra que deles está precisando, podendo retomá-lo a qualquer tempo ou recebê-lo no termo final do prazo fixado na cessão.

A cessão de uso entre órgãos da mesma entidade **não exige autorização legislativa** e se faz por simples termo e anotação no cadastro patrimonial.

## 5. BENS PÚBLICOS EM ESPÉCIE

### 5.1. Terras devolutas

As **terras devolutas**, segundo conceito previsto no Decreto-Lei nº 9.760, de 05 de agosto de 1946 seriam as terras que não sendo próprias nem aplicadas a algum uso público federal, estadual ou municipal, não se incorporam ao domínio privado.

Trata-se, portanto, de um conceito residual. Caso uma terra não esteja afetada a um uso público federal, estadual ou municipal e nenhum particular apresente título de propriedade, será considerada devoluta.

São bens dominicais e que pertencem, via de **regra**, aos **Estados**. Pertencem à **União** as **terras devolutas** indispensáveis à defesa das fronteiras, das fortificações e construções militares, das vias federais de comunicação e à preservação ambiental (art. 20, II, CF). **As demais pertencem aos Estados.**

> ▸ **Como esse assunto foi cobrado em concurso?**
>
> No concurso para provimento do cargo de Juiz do Piauí-2007, foi considerada incorreta a seguinte assertiva: *Como regra, as terras devolutas constituem domínio da União.*
>
> No 22º concurso para provimento do cargo Procurador da República, foi considerada incorreta a seguinte assertiva: *"as terras que, embora originariamente de propriedade de particulares, deixaram de pertencer ao domínio privado por motivo legal e passaram a receber destinação pública específica, são chamadas de devolutas".*

### 5.2. Terrenos de marinha

**Terrenos de marinha** são as áreas banhadas pelas águas do mar ou dos rios navegáveis em sua foz, estendem-se à distância de 33 metros para área terrestre contados da linha da preamar médio (média das maiores marés) de 1831. Pertencem à União, sendo o uso por particulares admitido, por enfiteuse.

> ▸ **Como esse assunto foi cobrado em concurso?**
>
> No concurso para provimento do cargo de Juiz Federal Substituto do TRF5/2011, foi considerada incorreta a seguinte assertiva: "Os terrenos de marinha são bens de propriedade dos estados membros da Federação nos quais estejam localizados".

Alguns autores defendem que a linha de vegetação natural (linha de jundú) marca, na ausência da demarcação da preamar, o início da linha de 33 metros, para contagem dos terrenos de marinha, todavia a lei faz expressa menção à necessidade de demarcação da preamar média do ano de 1831.

Ilhas e rios que sofrem influência das marés também possuem terrenos de marinha. Considera-se influência das marés a oscilação periódica das águas maior ou igual a 5 cm.

> ▸ **Atenção!**
>
> Terreno de marinha não se confunde com praia, que é a área coberta e descoberta pelas marés, seguida da área de detritos.

### 5.3. Terrenos reservados

**Terrenos reservados** são os banhados pelos rios navegáveis que se estendem até a distância de 15 m para a terra. São de propriedade da União, se o rio for federal, e dos Estados, se estadual.

Se o proprietário ribeirinho provar a propriedade mediante título legítimo de propriedade, submeter-se-á à servidão administrativa de 10 m, não havendo que se falar em desapropriação dessas áreas.

> **Atenção!**
> A Súmula 479, do STF, dispõe que "as margens dos rios navegáveis são de domínio público, insuscetíveis de expropriação e, por isso mesmo, excluídas de indenização".

### 5.4. Terras tradicionalmente ocupadas pelos índios

Nos termos do art. 20, inciso XI e art. 231, § 1º, da Constituição Federal, as terras tradicionalmente ocupadas pelos índios **pertencem à União** e são consideradas bens públicos de uso especial, cujo uso e usufruto exclusivo são outorgados em caráter perpétuo aos índios.

Mediante autorização do Congresso Nacional e ouvidas as comunidades indígenas afetadas, pode ser promovido o aproveitamento dos recursos hídricos, pesquisa e lavra de minérios, sendo assegurada a participação das comunidades indígenas o produto da lavra.

### 5.5. Plataforma continental

A **plataforma continental** não está indicada no art. 20, da Constituição Federal de 1988 como bem público da União, mas sua posição já se encontrava definida na Constituição Federal anterior e assim foi mantida por força do disposto no art. 20, I, CF (*São bens da União: os que atualmente lhe pertencem e os que lhe vierem a ser atribuídos*).

- **Plataforma continental** é o prolongamento das terras continentais sob o mar, até a profundidade de 200 metros, a partir do qual o solo submarino descende abruptamente para regiões abissais.
- **Mar territorial** é a faixa de 12 milhas marítimas de largura.
- **Zona contígua** é a faixa de 12 a 24 milhas, onde o Brasil adotará medidas destinadas à fiscalização, a fim de evitar infrações à lei.
- **Zona econômica exclusiva** é a faixa de 12 a 200 milhas, onde o Brasil exerce sua soberania para exploração dos recursos naturais.

### 5.6. Rios

São públicos os rios navegáveis e flutuáveis. Navegável é o rio que admite navegação de embarcação de qualquer natureza, inclusive jangadas em trecho não inferior à sua largura. Flutuável é o rio que possibilita o transporte de achas de lenha em trecho de, pelo menos, 50 vezes a largura média do curso no trecho.

Pertencem à União:

I) Os que estão em seu domínio;

II) Aqueles que percorrem mais de um Estado;

III) Os que forem limítrofes com outros países;

IV) Aqueles que se estendem a território estrangeiro ou dele provenham.

Os demais rios públicos pertencem aos Estados.

> **Como esse assunto foi cobrado em concurso?**
> No concurso para provimento do cargo de Promotor de Justiça de Roraima-2008, foi considerada incorreta a seguinte assertiva: "*Enquadram-se como bens públicos da União, de acordo com previsão constitucional, os lagos, rios e quaisquer correntes de água em terrenos de seu domínio ou do DF, desde que não banhem mais de um estado*".

## 5.7. Faixa de fronteira

**Faixa de fronteira** é a área de 150 km de largura que corre paralelamente à linha divisória do território nacional com países estrangeiros.

Nesta faixa, há bens particulares e públicos, com a ressalva de que o uso por particulares pode sofrer limitações em função do objetivo funcional.

Alguns autores consideram que todas as terras devolutas situadas dentro desta faixa de fronteira pertencem à União. José dos Santos Carvalho Filho entende que, mesmo nesta faixa, serão consideradas bens da União as terras devolutas que comprovadamente sejam indispensáveis à segurança nacional.

## 5.8. Ilhas

A Constituição, em seu art. 20, inciso IV, define que são bens da União:

I. As ilhas fluviais e lacustres nas zonas limítrofes com outros países;

II. As ilhas oceânicas e as costeiras, excluídas destas as que contenham a sede de Municípios, exceto aquelas áreas afetadas ao serviço público e à unidade ambiental federal, e as referidas no art. 26, II.

O supracitado inciso II, do art. 26, define como bens estaduais as áreas, nas ilhas oceânicas e costeiras, as quais estiverem no seu domínio, excluídas aquelas sob domínio da União, Municípios ou terceiros.

Recentemente, o Supremo Tribunal Federal acolheu o entendimento da Advocacia-Geral da União e decidiu que os terrenos de marinha e seus acrescidos localizados em ilhas costeiras que contenham sede de município continuaram a pertencer à União, mesmo após a Emenda Constitucional nº 46/2005 ( RE nº 636.199).

Por fim, o Ato das Disposições Constitucionais Transitórias define que a ilha de Fernando de Noronha integra o Estado de Pernambuco.

## 6. SÚMULAS DO STF

- **Súmula 340.** Desde a vigência do código civil, os bens dominicais, como os demais bens públicos, não podem ser adquiridos por usucapião.
- **Súmula 344.** Sentença de primeira instância concessiva de "habeas corpus", em caso de crime praticado em detrimento de bens, serviços ou interesses da união, está sujeita a recurso "*ex officio*".

## 7. SÚMULA DO STJ

- **Súmula 38.** Compete à justiça estadual comum, na vigência da constituição de 1988, o processo por contravenção penal, ainda que praticada em detrimento de bens, serviços ou interesse da união ou de suas entidades.

Capítulo 13

# Intervenção do Estado no domínio econômico

*Fernando Baltar*

## 1. INTRODUÇÃO AO TEMA

A Constituição Federal de 1988, no seu art. 170, parágrafo único, assegura a todos o livre exercício de qualquer atividade econômica, independente de autorização de órgãos públicos, salvo nos casos previstos em lei.

Tal dispositivo legal, além de outros direitos e garantias constitucionalmente previstas, tais como o direito de propriedade, à livre empresa, a garantia expressa da livre concorrência, dentre outros, permite concluir que o Brasil adotou características típicas de um modelo capitalista liberal.

Todavia, ao tempo em que revela sua faceta liberal, o constituinte brasileiro também demonstra sua preocupação social, ao determinar que a propriedade venha a cumprir sua função social, bem como ao assegurar a busca ao pleno emprego, razão pela qual alguns autores preferem afirmar que o Brasil adota o modelo de "capitalismo misto", que assegura direitos individuais típicos para o desenvolvimento de uma economia de mercado, mas que faculta ao Estado interferir na economia, seja por intermédio de instrumentos de regulação, seja diretamente no domínio econômico.

Os princípios norteadores da ordem econômica se encontram estampados nos incisos do já mencionado art. 170 da nossa Carta Política, são eles:

- soberania nacional;
- propriedade privada;
- função social da propriedade;
- livre concorrência;
- defesa do consumidor;
- defesa do meio ambiente, inclusive mediante tratamento diferenciado conforme o impacto ambiental dos produtos e serviços e de seus processos de elaboração e prestação;

- redução das desigualdades regionais e sociais;
- busca do pleno emprego.

## 2. ATUAÇÃO REGULATÓRIA

A atuação regulatória do Estado, segundo José dos Santos Carvalho Filho, está concentrada basicamente na elaboração de normas com o intuito de: 1) **reprimir o abuso do poder econômico;** 2) **interferir na iniciativa privada;** 3) **regular preços; e** 4) **controlar o abastecimento.**

Portanto, o Estado intervirá no domínio econômico utilizando do seu poder de inovar no ordenamento jurídico, criando princípios e regras com o objetivo de disciplinar a conduta do mercado, estabelecendo limites, incentivos e parâmetros que devem ser observados e com isso impactar um determinado segmento ou toda a economia.

Essa prerrogativa de o Estado interferir no domínio econômico, via regulação, não é exclusiva do Direito Brasileiro, sendo tal ferramenta também utilizada por nações como França, Inglaterra, Estados Unidos, dentre tantas outras.

### 2.1 Repressão ao abuso do poder econômico

O abuso do poder econômico pode se revelar de diversas maneiras, tais como:

- **Dominação de mercado** – caso uma empresa venha a dominar o mercado, ela terá o poder de ditar as regras relativas à qualidade do produto ou serviço, assim como o preço a ser praticado.
- **Eliminação da concorrência** – o processo de busca pela dominação do mercado passa necessariamente pela busca da eliminação da concorrência, seja por meio de aquisições agressivas ou falsas fusões e incorporações.
- **Aumento arbitrário dos lucros** – trata-se da consequência decorrente da eliminação da concorrência e da dominação de mercado. Toda empresa visa aumentar ao máximo seus lucros, mas quando isso ocorre em um ambiente sem competição, tal elevação se revela abusiva, o que torna imperiosa uma intervenção estatal, visando proteger os interesses da coletividade.
- **Truste** – ocorre quando uma ou algumas empresas dominam o mercado, seja pela fusão e incorporação de empresas, eliminando a concorrência, seja pressionando os concorrentes e, com isso, dominando o mercado e suprimindo a livre concorrência.
- **Cartel** – ocorre quando há um acordo comercial entre empresas de um determinado segmento visando impor preços e impedir ou eliminar concorrentes.
- ***Dumping*** – ocorre quando uma empresa pratica preços abaixo do custo, normalmente quando recebe subsídio governamental.

Exemplo de atuação do Estado buscando reprimir o abuso do poder econômico está na atuação da Secretaria de Acompanhamento Econômico – SEAE, órgão vinculado ao Ministério da Fazenda e responsável por acompanhar os preços da economia, subsidiar decisões em matéria de revisões de tarifas públicas, bem como apreciar atos de concentração entre empresas e reprimir condutas anticoncorrenciais e o Conselho Administrativo de Defesa Econômica – CADE, autarquia federal vinculada ao Ministério da Justiça, que possui competência de verdadeiro tribunal administrativo, com sede no Distrito Federal, mas que exerce sua competência em todo o Território nacional, composto por um presidente e seis conselheiros, nomeados pelo Chefe do Poder Executivo federal, aprovados pelo Senado para um mandato de quatro anos, não coincidentes, vedada a recondução, com atribuição para julgar processos de formação de cartéis e monopólios privados, aumento arbitrário de lucros, domínio de mercado relevante e combater a prática de *dumping*, truste, cartel, dentre outras práticas que visem a inibir ou suprimir a competição e impor sanções tais como multa, proibição de licitar, de contratar com instituições financeiras oficias e, até mesmo, cessação parcial de atividade.

O CADE também possui um programa de leniência que surgiu em decorrência da Lei nº 12.529/2011, que é um conjunto de iniciativas com vistas a detectar, investigar e punir infrações contra a ordem econômica.

O programa permite que empresas e/ou pessoas físicas envolvidas ou que estiveram envolvidas em um cartel ou em outra prática anticoncorrencial coletiva celebrem acordo de leniência com o CADE, comprometendo-se a cessar a conduta ilegal, a denunciar e confessar a prática de infração da ordem econômica, bem como a cooperar com as investigações apresentando informações e documentos relevantes à investigação e, em contrapartida, possam se beneficiar com a extinção da ação punitiva da administração pública ou a redução de 1 a 2/3 da penalidade aplicável.

> ▸ **Como esse tema foi cobrado em concursos?**
>
> No concurso para o cargo de Juiz Federal Substituto do TRF - 5ª Região/2015, foi considerada correta a seguinte assertiva: O CADE, autarquia federal vinculada ao Ministério da Justiça, é entidade judicante com jurisdição em todo o território nacional.

Outras autarquias federais que possuem forte função regulatória e que interferem na economia são a Comissão de Valores Mobiliários – CVM e o Banco Central do Brasil – BACEN.

No entanto, o cenário ideal não é o de repressão, visto que pressupõe o descumprimento e até mesmo uma lesão ao interesse da sociedade, mas a prevenção, materializada pela faculdade de o Estado atuar na fiscalização, incentivo e planejamento da atividade econômica, impedindo que o desrespeito ao direito do cidadão venha a ocorrer como ocorre com a competência das agências reguladoras, por exemplo.

### 2.2. Controle de abastecimento e tabelamento de preços

O **controle de abastecimento** se revela como uma medida necessária em situações excepcionais como quando ocorre tabelamento de preços e os fornecedores entendem não ser vantajoso comercializar e armazenam a mercadoria aguardando por um momento mais vantajoso no futuro. A consequência pode ser o desabastecimento e/ou a elevação excessiva do item, razão pela qual o Estado deve interferir comprando, armazenando, distribuindo e vendendo os itens autorizados pela Lei Delegada nº 4/62.

**Tabelamento de preços** - trata-se de uma alternativa que já foi fartamente utilizada pelo Brasil e por diversos países da América do Sul, por meio do qual o Estado determina qual o valor que deve ser praticado pelas empresas privadas, quando entende que tais preços se encontram desconectados da realidade do mercado. Tal medida costuma produzir efeitos deletérios e não os benefícios almejados, vez que os preços devem ser determinados pelo mercado, através da lei da oferta e da procura e quando o Estado interfere para arbitrar qual o melhor valor a ser praticado, costuma desestimular o segmento afetado por tal interferência, produzindo o efeito oposto ao desejado, ou seja, carência de fornecedores ou prestadores o que acarreta o aumento do valor do produto ou serviço.

Em obediência aos ditames constitucionais estabelecidos nos artigos 170 e 174 da Carta Magna, a intervenção estatal na economia, como instrumento de regulação dos setores econômicos deve ser exercida com respeito aos princípios e fundamentos da ordem econômica, de modo a não malferir o princípio da livre iniciativa, um dos pilares da República. Nesse prumo, o STJ entendeu que "não é válido o disposto no art. 1º, inciso II, do Decreto n. 7.860/2012 que estabelece a intervenção da autoridade pública na atividade de praticagem, para promover, de forma ordinária e permanente, a fixação dos preços máximos a serem pagos na contratação dos serviços em cada zona portuária" (STJ, REsp 1.662.196-RJ, DJe 25/09/2017).

## 3. INTERVENÇÃO PELA EXPLORAÇÃO DIRETA DE ATIVIDADE ECONÔMICA OU INTERVENÇÃO PARTICIPATIVA

a atuação do estado intervindo diretamente por meio da criação de empresas públicas e sociedades de economia mista visando explorar um determinado segmento da economia deve ser considerada como uma exceção e nunca como regra, vez que o art. 173 da CF/1988 é expresso ao afirmar que "Ressalvados os casos previstos nesta Constituição, a exploração direta de atividade econômica pelo Estado só será permitida quando necessária aos imperativos da segurança nacional ou a relevante interesse coletivo, conforme definidos em lei".

> ▸ **Como esse tema foi cobrado em concursos?**
>
> No concurso para o cargo de Procurador do Estado do Piauí/2014, foi considerada correta a seguinte assertiva: "Nas hipóteses constitucionalmente previstas de exploração de atividade econômica diretamente pelo Estado, essa atividade deverá ser exercida por meio das empresas estatais, ou seja, empresas públicas e sociedades de economia mista."

Portanto, não é suficiente que exista a vontade estatal em interferir na seara econômica, faz-se imperiosa a presença de uma das hipóteses permissivas elencadas no texto constitucional, quais sejam:

- Que se trate de hipótese contemplada no texto constitucional como o serviço postal, de instalação de energia elétrica, infraestrutura aeroportuária, dentre outros;
- Nos casos imperativos para a segurança nacional, tais como guerra, revoluções, etc.;
- Atendimento de relevante interesse coletivo, definido em lei.

Merece ser destacado que apesar de as empresas estatais figurarem com entidades que compõem a administração pública indireta, tal modalidade de intervenção na economia é considerada pelo legislador constitucional como **exploração direta de atividade econômica pelo Estado,** cabendo, por fim, destacar que quando o Estado opta pela criação de empresas públicas, tais entidades se despem de sua natureza jurídica de direito público e se submetem ao regime jurídico próprio das empresas privadas, inclusive quanto aos direitos e obrigações civis, comerciais, trabalhistas e tributários.

### 3.1 Monopólio

Segundo Diógenes Gasparini "monopólio é a supressão de uma atividade do regime da livre iniciativa, imposta pelo Estado, em benefício do interesse coletivo", não podendo ser admitido o monopólio privado, vez que violaria os princípios básicos das leis de mercado.

Ainda que se trate de uma faculdade de o Estado instituir determinados monopólios legais, a nossa Carta Magna restringiu tal possibilidade para situações excepcionais, que, inclusive, vem sofrendo diversas supressões ao longo dos anos, pelas EC 9/1995 e EC 49/2006, que alteraram a redação original do art. 177 da Lei Maior, que prevê o monopólio da União para as seguintes atividades:

- a pesquisa e a lavra das jazidas de petróleo e gás natural e outros hidrocarbonetos fluidos;
- a refinação do petróleo nacional ou estrangeiro;
- a importação e exportação dos produtos e derivados básicos resultantes das atividades previstas nos incisos anteriores;
- o transporte marítimo do petróleo bruto de origem nacional ou de derivados básicos de petróleo produzidos no País, bem assim o transporte, por meio de conduto, de petróleo bruto, seus derivados e gás natural de qualquer origem;
- a pesquisa, a lavra, o enriquecimento, o reprocessamento, a industrialização e o comércio de minérios e minerais nucleares e seus derivados, com exceção dos radioisótopos cuja produção, comercialização e utili-

zação poderão ser autorizadas sob regime de permissão, conforme as alíneas *b* e *c* do inciso XXIII do **caput** do art. 21 desta Constituição Federal.

No entanto, a União poderá contratar **empresas estatais ou privadas** para a realização das quatro primeiras atividades acima elencadas, o que reduz, de forma saudável, a concentração desses segmentos nas mãos do Estado.

> ▸ **Como esse tema foi cobrado em concursos?**
>
> No concurso para o cargo de Juiz Federal Substituto do TRF - 5ª Região/2015, foi considerada incorreta a seguinte assertiva: O monopólio estatal na refinação do petróleo nacional impede a contratação, pela União, de empresa privada para a realização dessa atividade.

Não obstante tais hipóteses de monopólio constitucionalmente previstas, a lei ordinária poderá estabelecer outros monopólios legais, desde que voltados para a prestação de serviço público, tais como o serviço postal.

Capítulo 14

# Processo administrativo

*Ronny Charles*

## 1. INTRODUÇÃO

O processo administrativo equivale a uma sucessão de atos realizados pela Administração, no intuito de se alcançar um objetivo relacionado à atividade administrativa. A doutrina indica o ***due process of law***, surgido na Grã-Bretanha, como origem da concepção hoje tida de processo administrativo. Conforme explica Celso A. B. de Mello, ele estabelece uma garantia, aos cidadãos, de que o Poder Público não apenas estará vinculado à busca do interesse público e à legalidade, como também só poderá perseguir tais fins, de acordo com os modos estabelecidos para tanto.

Por anos reclamou-se da falta de um estatuto ou norma que definisse regras gerais para o processo administrativo, harmonizando-o às modernas garantias e direitos estabelecidos pela Constituição Federal de 1988. Essa necessidade deriva da própria concepção democrática do Estado de Direito e da compreensão de que deveriam restar delimitados pela lei não apenas os objetivos e fins a serem alcançados pelo Estado, mas também sua forma de atuação.

Em nível federal, vigora, hoje, a **Lei nº 9.784/99**, estabelecendo regras gerais para o processo administrativo, permitindo o alcance de meios efetivos de controle dos atos administrativos. Esse diploma, embora **subsidiário** para os processos especificamente disciplinados por outras normas (processo licitatório, processo disciplinar, processo fiscal, entre outros), serve como excelente parâmetro para o regramento adotado em relação ao tema. Convém observar que o Novo CPC previu, expressamente (art. 15), que na ausência de normas que regulem processos administrativos, suas disposições (do novo CPC) serão aplicadas supletiva e subsidiariamente.

O primeiro artigo da Lei nº 9.784/99 já estabelece sua vocação, evidenciando a finalidade de estabelecer normas básicas sobre o processo administrativo no âmbito da **Administração Federal**, objetivando, em especial, a proteção aos direitos dos administrados e o melhor cumprimento dos fins da Administração.

Importante destacar alguns conceitos dados pela Lei nº 9.784/99:

- **órgão:** a unidade de atuação integrante da estrutura da Administração direta e da estrutura da Administração indireta;
- **entidade:** a unidade de atuação dotada de personalidade jurídica;
- **autoridade:** o servidor ou agente público dotado de poder de decisão.

> **Atenção!**
> Cada ente federativo (União, Estados, Município e DF) pode estabelecer regras próprias sobre seu processo administrativo. Por outro lado, em nível federal, a Lei nº 9.784/99 também se aplica aos órgãos dos Poderes Legislativo e Judiciário, quando no desempenho da função administrativa.

> **Como esse assunto foi cobrado em concurso?**
> No concurso para o cargo de analista judiciário do TRT da 22ª Região (FCC/2010), foi considerada incorreta a seguinte alternativa: "b) *Considera-se entidade a unidade de atuação integrante da estrutura da Administração direta e da estrutura da Administração indireta e órgão a unidade de atuação dotada de personalidade jurídica.*"

## 2. PRINCÍPIOS

Em seu segundo artigo, a Lei nº 9.784/99 informa que a Administração Pública deve obedecer, entre outros, aos princípios da **legalidade**, **finalidade**, **motivação**, **razoabilidade**, **proporcionalidade**, **moralidade**, **ampla defesa**, **contraditório**, **segurança jurídica**, **interesse público** e **eficiência**.

A maior parte desses princípios, comuns ao regime jurídico-administrativo, já foram tratados anteriormente. Portanto, neste capítulo, faremos comentários sobre princípios específicos, citados no dispositivo, **além de outros identificados no restante da Lei**.

### 2.1. Motivação

O princípio da **motivação** obriga a Administração a explicitar o fundamento normativo de sua decisão, permitindo ao administrado avaliar a decisão administrativa, para conformar-se ou insurgir-se perante o Poder Judiciário.

O controle dos atos administrativos é medida que se impõe quando há a atuação do Estado em confronto com os princípios e os valores que norteiam o ordenamento jurídico. Assim, se o motivo vier explicitado por meio de fundamentação, é possível a atuação jurisdicional quando tais fundamentos destoarem da razoabilidade e da própria realidade que circunscreve o ato administrativo (STJ. MS 11.382/DF, DJe 30/05/2017).

A indicação dos pressupostos de fato e de direito que determinarem a decisão é critério obrigatório no processo administrativo. Em seu artigo 50, a **Lei nº 9.784/99** impõe a **motivação** dos atos administrativos, com indicação dos fatos e dos fundamentos jurídicos, quando:

| | |
|---|---|
| • neguem, limitem ou afetem direitos ou interesses; | • decidam recursos administrativos; |
| • imponham ou agravem deveres, encargos ou sanções; | • decorram de reexame de ofício; |
| • decidam processos administrativos de concurso ou seleção pública; | • deixem de aplicar jurisprudência firmada sobre a questão ou discrepem de pareceres, laudos, propostas e relatórios oficiais; |
| • dispensem ou declarem a inexigibilidade de processo licitatório; | • importem anulação, revogação, suspensão ou convalidação de ato administrativo. |

A **motivação** deve ser explícita, clara e congruente, podendo consistir em declaração de concordância com fundamentos de anteriores pareceres, informações, decisões ou propostas, que, neste caso, serão parte integrante do ato.

## 2.2. Contraditório e ampla defesa

A Constituição Federal estabelece, no inciso LV de seu artigo 5º, que, "aos litigantes, em processo judicial ou administrativo, e aos acusados em geral, são assegurados o **contraditório** e a **ampla defesa**, com os meios e recursos a ela inerentes".

Garante-se o processo e não o simples procedimento, permitindo-se formas instrumentais adequadas de socorro ao cidadão. Como ensina José Afonso da Silva, isso tudo engloba a garantia do contraditório, a plenitude do direito de defesa, a isonomia processual e a bilateralidade dos atos procedimentais.

O **contraditório** se relaciona com a igualdade das partes e se traduz na necessidade de informação da existência de todos os atos do processo, além da possibilidade de reação aos atos desfavoráveis.

A **ampla defesa** pressupõe a prerrogativa de defender-se de acusações, com todos os meios e recursos admitidos, para evitar sanções ou prejuízos. A atividade administrativa resta sujeita à obediência ao **devido processo legal** e aos princípios da **ampla defesa** e do **contraditório**, não podendo deles prescindir.

> ▸ **Importante!**
>
> Nos processos perante o Tribunal de Contas da União asseguram-se o contraditório e a ampla defesa quando da decisão puder resultar anulação ou revogação de ato administrativo que beneficie o interessado, excetuada a apreciação da legalidade do ato de concessão inicial de aposentadoria, reforma e pensão. (STF - Súmula Vinculante 3).

OBS.: O STF tem indicado o entendimento de que, mesmo nos casos de apreciação da legalidade do ato de concessão inicial de aposentadoria, reforma e pensão, em que a relação jurídica estabelecida se dá entre o TCU e a Administração Pública (o que, em princípio, não reclamaria a audição da parte diretamente interessada), em caso de decurso de tempo acima do razoável, deve-se resguardar o direito líquido e certo do impetrante de exercitar as garantias do contraditório e da ampla defesa. Com fundamento nos princípios da segurança jurídica e da lealdade, salientou-se a necessidade de se fixar um tempo médio razoável a ser aplicado a tais processos (indicou-se o prazo referencial de cinco anos), após o qual haver-se-ia de convocar o particular para fazer parte do processo de seu interesse (STF MS 25116/DF, Julg. 08/09/2010).

*O termo a quo* desse prazo de 5 anos para que o TCU examine a legalidade dos atos concessivos de aposentadorias, reformas e pensões, conta-se a partir da data de chegada do processo administrativo na própria Corte de Contas (STF, MS 24781/DF, 02.03. 2011).

De acordo com a jurisprudência do STF, **a garantia constitucional da ampla defesa afasta a exigência do depósito como pressuposto de admissibilidade de recurso administrativo.**

O exercício da ampla defesa e do contraditório em processo administrativo disciplinar prescinde da presença de advogado. O Supremo, inclusive, sumulou entendimento no sentido de que **"a falta de defesa técnica por advogado no processo administrativo disciplinar não ofende a Constituição"** (STF, Súmula vinculante nº 5).

Não há ilegalidade na ampliação da acusação a servidor público, se durante o processo administrativo forem apurados fatos novos que constituam infração disciplinar, desde que sejam observados o contraditório e a ampla defesa. Por fim, vale frisar que, no processo disciplinar, a autoridade julgadora não está vinculada às conclusões da comissão de processo administrativo disciplinar (STF, RMS 24526/DF, Julg. 03/06/2008).

Outrossim, o Tribunal de Contas da União sumulou entendimento de que o julgamento pela irregularidade de contas ordinárias ou extraordinárias prescinde de nova audiência ou citação em face de irregularidades pelas quais o responsável já tenha sido ouvido em outro processo no qual lhe tenha sido aplicada multa ou imputado débito **(Súmula TCU nº 288)**.

▸ **Atenção!**

Não é necessária a instauração de processo administrativo, a fim de assegurar o contraditório e a ampla defesa, para a demissão de servidor em exercício precário de função pública, sendo legítima a dispensa *ad nutum* do mesmo (AgInt no REsp 1388644/MT, DJe 07/12/2018).

> ▸ **Como esse assunto foi cobrado em concurso?**
>
> No concurso para Defensor Público de Minas Gerais (Fundep/2014), foi considerada errada a seguinte assertiva: "*Entende-se que a Administração pode exigir depósito prévio para interposição de recurso administrativo, sem ferir o princípio da revisibilidade e o direito ao duplo grau de jurisdição*".
>
> No concurso para o cargo de Juiz de Direito Substituto no Maranhão (Cespe/2013), foi considerada correta a seguinte alternativa:
> D) Embora exista o entendimento no sentido de ser obrigatória a presença de advogado em todas as fases do processo administrativo disciplinar, a falta de defesa técnica, por advogado, não ofende a CF.

### 2.3. Oficialidade

Diante da obrigatoriedade de alcançar o interesse público, a Administração não precisa aguardar impulso das partes. Tal característica está relacionada ao princípio da **oficialidade,** que assegura a possibilidade de instauração do processo por iniciativa da Administração, independentemente de provocação do administrado.

O princípio da **oficialidade** autoriza que a Administração determine, espontaneamente, a produção de provas necessárias à escorreita instrução do processo. Assim, ela pode buscar a verdade material, indo além do alegado pela parte. Essa busca pela apuração da verdade permite que, diante da instrução probatória realizada, a autoridade competente forme livremente sua convicção em qualquer das provas colhidas. Assim, mesmo que determinada prova seja tida como inválida, existindo outras que demonstrem o ilícito praticado, a decisão pode ser tomada com base nestas.

> ▸ **Como esse assunto foi cobrado em concurso?**
>
> No concurso para Defensor Público de Minas Gerais (Fundep/2014), foi considerada correta a seguinte assertiva: "*Aplica-se ao processo administrativo o princípio da verdade material o que permite à Administração ir além do alegado e/ou provado pela parte*".
>
> Ainda no concurso para Defensor Público de Minas Gerais (Fundep/2014), foi considerada errada a seguinte assertiva: "*Em atenção ao princípio da oficialidade, a Administração depende de prévia provocação, quer para instaurar processo administrativo, quer para dar-lhe seguimento*".

### 2.4. Gratuidade

A **Lei nº 9.784/99** estabelece, como regra geral, a proibição de cobrança de despesas processuais. Tal proibição não é absoluta, sendo possível a previsão legal desse tipo de cobrança. A cobrança, contudo, não pode se constituir em empecilho injustificável à utilização do processo.

> **Importante!**
> "É inconstitucional a exigência de depósito ou arrolamento prévios de dinheiro ou bens para admissibilidade de recurso administrativo" (**STF - Súmula vinculante nº 21**).

> **Como esse assunto foi cobrado em concurso?**
> No concurso para o cargo de analista judiciário do TRT da 8ª Região (FCC/2010), com o seguinte enunciado: "*Às disposições gerais relativas ao processo administrativo estabelecido pela Lei nº 9.784/99:*" foi considerada correta a assertiva: "*b) determinam a proibição de cobrança de despesas processuais, ressalvadas as previstas em lei*".

## 2.5. Pluralidade de instâncias

Esse princípio decorre do poder de **autotutela**, que permite à Administração rever os próprios atos. A **Lei nº 9.784/99** reconheceu o direito do administrado de interpor recursos às decisões administrativas, em face de razões de legalidade e de mérito.

Di Pietro lembra que há diferenças na aplicação desse princípio no processo administrativo, em relação ao processo civil, pois, diferentemente deste, no processo administrativo é possível:

- alegar em instância superior o que não foi arguido inicialmente;
- reexaminar matéria de fato;
- produzir novas provas.

Salvo disposição legal em contrário, o recurso administrativo tramitará, no máximo, por três instâncias administrativas. Conforme salienta Di Pietro, quando a decisão for tomada pela autoridade máxima, não cabe recurso administrativo, mas apenas pedido de reconsideração.

> **Como esse assunto foi cobrado em concurso?**
> No concurso para Analista Judiciário do TRE da Bahia (CESPE/2010) foi considerada ERRADA a seguinte assertiva: "*A doutrina destaca a aplicação do princípio da pluralidade de instâncias ao processo administrativo como decorrência do poder de autotutela da administração pública. Sua aplicação, contudo, não autoriza o administrado a alegar em instância superior o que não foi arguido no início do processo*".

## 2.6. Segurança jurídica

O princípio da segurança jurídica pode ser estudado sob dois prismas:

- **Objetivo:** refere-se à irretroatividade das normas e à proteção dos atos perfeitamente realizados contra as modificações legislativas posteriores; e

- **Subjetivo:** trata justamente da preservação das expectativas legítimas da sociedade com a produção de harmonia das relações jurídicas (princípio da proteção da confiança).

O cidadão administrado não pode ficar, indefinidamente, à mercê dos efeitos da decisão administrativa. O princípio da **segurança jurídica** se justifica pela necessidade de previsibilidade dos atos administrativos e de estabilização das relações jurídicas. Têm-se apontado limites para a atuação da Administração na prática de seus atos, como:

a) **vedação à aplicação retroativa de nova interpretação;**

b) **sujeição do poder de autotutela a prazo razoável.**

Nesse prumo, a prerrogativa de revogação ou anulação de atos administrativos não pode se estender indefinidamente, ficando sujeita a prazo razoável e a limites de estabilização das situações criadas administrativamente.

O artigo 54 da **Lei nº 9.784/99** consolidou o princípio da **segurança jurídica**, dentro do processo administrativo, ao estabelecer que o direito da Administração de anular os atos administrativos de que decorram efeitos favoráveis para os destinatários decai em **cinco anos**, contados da data em que foram praticados, salvo comprovada má-fé.

> **Importante!**
> O prazo de cinco anos é de ser aplicado aos processos de contas que tenham por objeto o exame de legalidade dos atos concessivos de aposentadorias, reformas e pensões. Transcorrido *in albis* o interregno quinquenal, é de se convocar os particulares para participar do processo de seu interesse, a fim de desfrutar das garantias do contraditório e da ampla defesa **(STF, MS 24448, DJe 13-11-2007).**

No caso de atos de aposentadoria, não é viável a afirmativa de que o termo inicial para a incidência do art. 54 da **Lei nº 9.784/99** é a sua conclusão, após a manifestação do Tribunal de Contas. O período que permeia a primeira concessão pela Administração e a conclusão do controle de legalidade deve observar os princípios constitucionais da eficiência e da proteção da confiança legítima, bem como a garantia de duração razoável do processo (STJ, RESP 200800782024, DJE: 03/08/2009).

Nada obstante, entendemos que, em relação aos atos de concessão de aposentadoria, quando tiver decorrido menos de cinco anos desde sua edição, é possível que a Administração, identificando ilegalidade, exerça sua prerrogativa de revisar o ato de concessão (autotutela), mesmo que ainda pendente a análise, pelo Tribunal de Contas.

> **Como esse assunto foi cobrado em concurso?**
> No concurso para Juiz do Trabalho (TRT15/2006), com a seguinte ementa: *"O princípio informativo do ato administrativo que veda retroativa nova*

*interpretação de lei, no âmbito da Administração Pública, para atingir situações já consolidadas na vigência de orientação anterior, é o da:"* foi considerada CORRETA a seguinte alternativa: *c) segurança jurídica;*

Como explicado anteriormente, o poder-dever da Administração de invalidar seus próprios atos sujeita-se ao limite temporal delimitado pelo princípio da segurança jurídica, pois os administrados não podem ficar indefinidamente sujeitos à instabilidade decorrente da autotutela estatal e à convalidação dos efeitos produzidos, quando, em razão de suas consequências jurídicas, a manutenção do ato servir mais ao interesse público do que sua invalidação. Da mesma forma, a exigibilidade da pretensão da Administração de apurar e punir irregularidades cometidas por seus agentes não é absoluta, encontrando limite temporal no princípio da segurança jurídica, de hierarquia constitucional, não se admitindo que os administrados fiquem indefinidamente sujeitos à instabilidade do poder sancionador do Estado. (STJ. AgRg no RMS 44657/RS, DJe 10/12/2014)

Noutro prisma, o STJ tem prolatado decisões entendendo que, sendo os atos administrativos de provimento absolutamente inconstitucionais, nem mesmo o Poder Constituinte derivado poderia relevar esse vício. Assim, não há que se falar em prescrição nem em decadência para que se tomem as providências cabíveis para restaurar a necessidade de observância do princípio constitucional do concurso público, não importando o tempo que o cidadão permaneceu, ilicitamente, no exercício do cargo (STJ, REsp 1310857/RN, 25/11/2014). Outrossim, o princípio da segurança jurídica e a suscitada decadência do direito da Administração, para anular seus próprios atos, não impedem a desconstituição de relações jurídicas que padecem de uma irremediável inconstitucionalidade, como é o caso dos servidores que mantêm contrato temporário com Poder Público, fora das permissivas contidas no art. 37, IX, da CF". (STJ, EDcl no RMS 33.143/PA, DJe 3/12/13).

## 3. DIREITOS E DEVERES DOS ADMINISTRADOS

Sem prejuízo de outros que lhe sejam assegurados, o administrado tem os seguintes **direitos** perante a Administração:

- ser tratado com respeito pelas autoridades e servidores;
- quando interessado, ter ciência da tramitação dos processos administrativos; ter vista dos autos e obter certidões ou cópias de seus documentos;
- formular alegações e apresentar documentos, que devem ser previamente considerados pelo órgão competente para a decisão;
- ser assistido por advogado, caso queira, salvo nas hipóteses legais em que tal representação for obrigatória.

Outrossim, nos processos administrativos serão observados, entre outros, os seguintes **critérios**:

- atuação conforme a lei e o Direito;
- atendimento a fins de interesse geral, vedada a renúncia total ou parcial de poderes ou competências, salvo autorização em lei;
- objetividade no atendimento do interesse público, vedada a promoção pessoal de agentes ou autoridades;
- atuação segundo padrões éticos de probidade, decoro e boa-fé;
- divulgação oficial dos atos administrativos, ressalvadas as hipóteses de sigilo previstas na Constituição;
- adequação entre meios e fins, vedada a imposição de obrigações, restrições e sanções em medida superior àquelas estritamente necessárias ao atendimento do interesse público;
- indicação dos pressupostos de fato e de direito que determinarem a decisão;
- observância das formalidades essenciais à garantia dos direitos dos administrados;
- adoção de formas simples, suficientes para propiciar adequado grau de certeza, segurança e respeito aos direitos dos administrados;
- garantia dos direitos à comunicação, à apresentação de alegações finais, à produção de provas e à interposição de recursos, nos processos de que possam resultar sanções e nas situações de litígio;
- proibição de cobrança de despesas processuais, ressalvadas as previstas em lei;
- impulsão, de ofício, do processo administrativo, sem prejuízo da atuação dos interessados;
- interpretação da norma administrativa da forma que melhor garanta o atendimento do fim público a que se dirige, **vedada aplicação retroativa de nova interpretação.**

Por outro lado, são **deveres** do administrado, perante a Administração, sem prejuízo de outros previstos em ato normativo:

- expor os fatos conforme a verdade;
- proceder com lealdade, urbanidade e boa-fé;
- não agir de modo temerário;
- prestar informações e colaborar para o esclarecimento dos fatos.

### 3.1. Dos interessados

Como visto, embora os processos administrativos sejam públicos, alguns administrados são reconhecidos pela Lei nº 9.784/99 como **interessados,** gozando de prerrogativas e direitos especiais na tramitação processual. São **interessados:**

- pessoas físicas ou jurídicas que o iniciem como titulares de direitos ou interesses individuais ou no exercício do direito de representação;
- aqueles que, sem terem iniciado o processo, têm direitos ou interesses que possam ser afetados pela decisão a ser adotada;
- as organizações e associações representativas, no tocante a direitos e interesses coletivos;
- as pessoas ou as associações legalmente constituídas quanto a direitos ou interesses difusos.

Têm legitimidade para atuar como **interessados,** no processo administrativo, os terceiros, não participantes da relação processual, mas que puderem ser afetados pela decisão adotada.

O órgão competente perante o qual tramita o processo administrativo deve determinar a **intimação do interessado** para ciência da decisão ou efetivação de diligências, notadamente em relação aos atos que resultem em imposição de deveres, ônus, sanções ou restrição ao exercício de direitos e atividades do interessado.

Quando dados, atuações ou documentos solicitados ao **interessado** forem necessários à apreciação de pedido formulado, o não atendimento da respectiva apresentação pode implicar arquivamento do processo. Tal disposição, contudo, deve ser razoável e proporcional, sendo incabível quando a apresentação exigida for impraticável, no prazo estabelecido.

Salvo outra previsão legal, encerrada a instrução, o interessado deve ter o direito de manifestação (**alegações finais**) no prazo de **dez dias**.

O interessado pode, por escrito, desistir total ou parcialmente do pedido formulado ou renunciar a direitos disponíveis, sem prejuízo à continuidade do processo, caso a Administração entenda de acordo com o interesse público.

> **Importante!**
>
> Havendo vários interessados, a desistência ou renúncia atinge somente a quem a tenha formulado.

> **Como esse assunto foi cobrado em concurso?**
>
> No concurso para o cargo de Procurador Municipal - PGM/João Pessoa-PB (CESPE/2018), com a seguinte ementa: "A administração pública instaurou processo administrativo contra determinado cidadão, para apurar suposta irregularidade no uso de área pública verificada por fiscal. No referido processo, será necessário expedir intimações para o administrado. Com base apenas nas disposições da Lei n.º 9.784/1999:", foi considerada correta a seguinte alternativa: "e) devem ser objeto de intimação os atos do processo que resultem, para o administrado, em imposição de deveres, ônus, sanções ou restrição ao exercício de direitos e atividades".

> No concurso para Procurador do Município de Salvador (Cespe/2015), foi considerada ERRADA a seguinte assertiva: "c) *Caso o interessado desista totalmente de pedido formulado perante a administração, ficará prejudicado o andamento do processo, não sendo possível que a administração determine seu prosseguimento*".

## 4. DA COMPETÊNCIA

A **competência administrativa** envolve o conjunto de poderes conferidos às pessoas jurídicas, órgãos e agentes públicos, para o exercício de atividades administrativas. Em virtude da **indisponibilidade do interesse público**, tal competência é **irrenunciável**, embora possa ser objeto de **delegação** ou **avocação**.

### 4.1. Da delegação e da avocação

A **delegação** de competência tem por objetivo aperfeiçoar o exercício de atividades administrativas. Nela, um órgão administrativo e seu titular poderão transferir (delegar) parte da sua competência a outro órgão ou titular.

A mudança do titular do cargo não acarreta a cessação da **delegação**. Da mesma forma, a delegação de competência não envolve a perda definitiva, pelo delegante, dos correspondentes poderes, sendo-lhe facultado, quando conveniente e legalmente possível, exercê-los mediante **avocação** ou revogar a delegação.

A **avocação** envolve a atração, por órgão ou agente superior, de competência atribuída a um órgão ou agente subordinado. Ela é permitida excepcionalmente, por motivos relevantes, devidamente justificados.

Cabe **delegação,** ainda que inexista subordinação hierárquica entre os órgãos ou autoridades (delegante – delegada), caso seja conveniente, em razão de circunstâncias de índole técnica, social, econômica, jurídica ou territorial. Já a **avocação** exige relação de subordinação entre os órgãos ou agentes envolvidos.

> ▸ **Importante!**
>
> **Podemos ter avocação, mesmo sem existência de relação de subordinação entre os órgãos, quando a Lei, expressamente, estabelecer essa competência.** Nessa hipótese, teremos uma avocação legal, que independe da relação de hierarquia. Esta é essencial, apenas, para a **avocação comum** (ou hierárquica), que decorre do Poder Hierárquico.
>
> Neste sentido, por exemplo, a Lei federal nº 12.846/2013, dá à Controladoria-Geral da União – CGU, no âmbito do Poder Executivo federal, a competência para **avocar** os processos instaurados com fundamento naquela Lei, para exame de sua regularidade ou para corrigir-lhes o andamento.

**Não podem ser objeto de delegação:**

| |
|---|
| • a edição de atos de caráter normativo; |
| • a decisão de recursos administrativos; |
| • as matérias de competência exclusiva do órgão ou autoridade. |

Os atos de delegação e suas revogações deverão ser publicados por meio oficial, especificando as matérias e poderes transferidos, os limites da atuação do delegado, a duração, os objetivos da delegação e o recurso cabível, podendo conter ressalva ao exercício da atribuição delegada. Conforme já prescrevia o Decreto Federal nº 83.937/79, o ato de delegar pressupõe a autoridade para **subdelegar**. As decisões adotadas por delegação devem mencionar essa qualidade e serão consideradas como editadas pelo delegado.

Cabe frisar que, inexistindo competência legal específica, o processo administrativo deverá ser iniciado perante a autoridade de menor grau hierárquico para decidir.

**▸ Como esse assunto foi cobrado em concurso?**

No concurso para Advogado do Banpará (BANPARÁ/2017), com o enunciado: "Em relação ao Processo Administrativo, assinale a alternativa CORRETA, com base na Lei Federal 9.784/99." Foi considerada correta a seguinte assertiva: "*b)* Não pode ser objeto de delegação a decisão que julga recurso administrativo."

No concurso para o cargo de Juiz de Direito Substituto - AM (Cespe/2016), com a seguinte ementa: "Conforme a Lei n° 9.784 /1999, que trata dos atos administrativos, são indelegáveis." Foi considerada correta a seguinte alternativa: "*A) a edição de atos normativos e as matérias de competência exclusiva do órgão.*"

No concurso para Juiz Substituto do TJ/PB (CESPE/2015), foi considerada ERRADA a seguinte assertiva: "*Como a delegação de competência se assenta no poder hierárquico da administração pública, cujo pressuposto é a relação de subordinação entre órgãos e agentes públicos, é inadmissível a delegação de competência fora da linha vertical de subordinação e comando.*"

## 4.2. Do impedimento e da suspeição

A indisponibilidade do interesse público e a impessoalidade exigem que a prática do ato administrativo esteja desvinculada de interesses subjetivos da autoridade. Para proteção do administrado e da própria Administração, nosso ordenamento previu o **impedimento** e a **suspeição**, que podem justificar o não exercício, por determinada autoridade, de competência a ela atribuída. Esses institutos envolvem restrição ao exercício de competência administrativa.

O **impedimento** deriva de situações objetivamente estabelecidas pela legislação. Nos termos da Lei nº 9.784/99, é impedido de atuar em processo administrativo o servidor ou autoridade que:

I. tenha interesse direto ou indireto na matéria;

II. tenha participado ou venha a participar como perito, testemunha ou representante, ou se tais situações ocorrem quanto ao cônjuge, companheiro ou parente e afins até o terceiro grau;

III. esteja litigando judicial ou administrativamente com o interessado ou respectivo cônjuge ou companheiro.

A legislação pode estabelecer outras hipóteses de impedimento. Cite-se, por exemplo, que a Lei nº 8.112/90 impede a participação de servidor não estável em comissão composta para conduzir processo administrativo disciplinar.

A autoridade ou servidor que incorrer em impedimento deve comunicar o fato à autoridade competente, abstendo-se de atuar. A não comunicação constitui **falta grave**, para efeitos disciplinares.

A **suspeição** pode ser arguida quando a autoridade ou o servidor tenha amizade íntima ou inimizade notória com algum dos interessados ou com os respectivos cônjuges, companheiros, parentes e afins até o terceiro grau.

A **suspeição** deriva de uma situação subjetiva, não sendo obrigatória a comunicação, por parte do agente suspeito. Ademais, ainda que suscitada uma das hipóteses de suspeição, há possibilidade de refutação pelo próprio suspeito.

Decidindo-se pelo indeferimento da alegação de suspeição, cabe a interposição de **recurso**, sem efeito suspensivo.

Questão interessante, comum em processos disciplinares e pouco discutida pela doutrina, deriva da situação em que o próprio agente, designado para o exercício de uma função administrativa, tida como encargo obrigatório, indica sua suspeição. Pode a autoridade superior indeferir tal alegação, mantendo o agente no exercício da função designada?

Sendo declarada pelo próprio servidor designado, entendemos que o caráter subjetivo da suspeição ganha contornos objetivos, pois o próprio servidor informa sua incapacidade de condução imparcial no processamento do feito, o que representaria desrespeito à **impessoalidade**. Ninguém melhor que o agente suspeito para reconhecer sua suspeição, tanto que o procedimento de avaliação desta observa a oportunidade de refutação por parte do agente público.

## 5. PECULIARIDADES DO PROCESSO ADMINISTRATIVO

Cabe tecer observações sobre algumas peculiaridades do processo administrativo em geral.

## 5.1. Dos atos processuais

São capazes, para o processo administrativo, os maiores de dezoito anos, ressalvada previsão especial em ato normativo próprio.

Conforme já dito, em virtude do **princípio da oficialidade**, o processo administrativo pode iniciar-se de ofício ou a pedido de interessado. O requerimento inicial do interessado, salvo casos em que for admitida solicitação oral, deve ser formulado por escrito e conter os seguintes dados:

I. órgão ou autoridade administrativa a que se dirige;

II. identificação do interessado ou de quem o represente;

III. **domicílio** do requerente ou local para recebimento de comunicações;

IV. formulação do pedido, com exposição dos fatos e de seus fundamentos;

V. data e assinatura do requerente ou de seu representante.

É vedada, à Administração, a recusa imotivada de recebimento de documentos, devendo o servidor orientar o interessado quanto ao suprimento de eventuais falhas.

> **Como esse assunto foi cobrado em concurso?**
>
> No concurso para Procurador do Trabalho (PGT/2009), foi considerada falsa a assertiva que assim dispunha: *"O requerimento inicial do interessado deve ser sempre formulado por escrito"*.

Em virtude do **princípio do informalismo**, os atos do processo administrativo não dependem de forma determinada, senão quando a lei expressamente a exigir. Eles devem ser realizados em dias úteis, no horário normal de funcionamento da respectiva repartição, sendo possível a conclusão depois do horário normal, quando o adiamento possa prejudicar o curso regular do procedimento ou cause dano ao interessado ou à Administração.

Inexistindo disposição específica, os atos processuais devem ser praticados no prazo de cinco dias, salvo motivo de força maior, sendo possível a dilatação justificada até o dobro.

Os atos do processo devem realizar-se, preferencialmente, na sede do órgão, cientificando-se o interessado se outro for o local de realização.

> **Como esse assunto foi cobrado em concurso?**
>
> No concurso para Promotor do Estado do Paraná (2014), foi considerada correta a seguinte assertiva: *"Os atos do processo administrativo devem realizar-se preferencialmente na sede do órgão, cientificando- se o interessado se outro for o local de realização"*.

## 5.2. Das intimações

Devem ser objeto de intimação os atos do processo que resultem para o interessado em imposição de deveres, ônus, sanções ou restrição ao exercício de direitos e atividades e os atos de outra natureza, de seu interesse.

O órgão competente perante o qual tramita o processo administrativo determinará a intimação do interessado para ciência de decisão ou a efetivação de diligências. **A intimação deverá conter:** identificação do intimado e nome do órgão ou entidade administrativa; finalidade da intimação; data, hora e local em que deve comparecer; se o intimado deve comparecer pessoalmente, ou fazer-se representar; informação da continuidade do processo independentemente do seu comparecimento; indicação dos fatos e fundamentos legais pertinentes.

A intimação deverá conter:

- identificação do intimado e nome do órgão ou entidade administrativa;
- finalidade da intimação;
- data, hora e local em que deve comparecer;
- se o intimado deve comparecer pessoalmente, ou fazer-se representar;
- informação da continuidade do processo independentemente do seu comparecimento;
- indicação dos fatos e fundamentos legais pertinentes.

A intimação observará a antecedência mínima de três dias úteis quanto à data de comparecimento.

> ▸ **Como esse assunto foi cobrado em concurso?**
> Os requisitos da intimação foram cobrados no concurso de analista Judiciário do TRE-AL (FCC/2010).

A intimação pode ser efetuada por ciência no processo, por via postal (com aviso de recebimento), por telegrama ou por outro meio que assegure a certeza da ciência do interessado. No caso de interessados indeterminados, desconhecidos ou com domicílio indefinido, a intimação deve ser efetuada por meio de publicação oficial.

As intimações serão nulas quando feitas sem observância das prescrições legais, mas o comparecimento do administrado supre sua falta ou irregularidade. Ademais, seu desatendimento não importa o reconhecimento da verdade dos fatos, nem a renúncia a direito pelo administrado.

## 5.3. Das provas

Quando for necessária a prestação de informações ou a apresentação de provas pelos interessados ou terceiros, serão expedidas intimações para esse fim, mencionando-se data, prazo, forma e condições de atendimento. Entendendo relevante a matéria, o órgão pode apresentá-las, mesmo que o interessado se omita.

Regra geral, cabe ao interessado a **prova dos fatos** que tenha alegado. Quando ele declarar que os fatos e dados estão registrados em documentos em posse da Administração, esta, de ofício, obterá os documentos ou respectivas cópias.

> **Importante!**
>
> Poderão ser recusadas, mediante decisão fundamentada, as provas propostas pelos interessados quando sejam ilícitas, impertinentes, desnecessárias ou protelatórias. As provas ilícitas, contudo, são sempre inadmissíveis.

## 5.4. Dos pareceres e dos laudos técnicos

Os pareceres, via de regra, possuem caráter meramente opinativo, embora possam ser usados como fundamentação para o ato praticado. Eles podem ser facultativos, obrigatórios e vinculantes.

Conforme sedimentado pelo STF (MS 24631/DF, DJ 01-02-2008), podemos fazer as seguintes diferenciações:

- **Parecer facultativo:** a manifestação não é obrigatória, não vinculando a autoridade nem afetando seu poder de decisão;
- **Parecer obrigatório:** a manifestação é obrigatória, porém, o administrador, fundamentadamente (outro parecer ou manifestação técnica), pode praticar o ato de forma diversa da opinião do parecerista;
- **Parecer vinculante:** a manifestação é obrigatória e vinculante; o administrador deve decidir nos termos da conclusão do parecer ou, então, não decidir.

| Parecer facultativo: | Parecer obrigatório: | Parecer vinculante: |
|---|---|---|
| • Não obrigatório<br>• Não vinculante | • Obrigatório<br>• Não vinculante | • Obrigatório<br>• Vinculante |

Regra geral, diante da necessidade de manifestação obrigatória de um órgão consultivo, o parecer deverá ser emitido no prazo máximo de quinze dias. Caso extrapolado o prazo, o processo poderá ter prosseguimento e ser decidido com sua dispensa, desde que ele não seja vinculante.

Quando por disposição de ato normativo devam ser previamente obtidos laudos técnicos de órgãos administrativos e estes não cumprirem o encargo no prazo assinalado, o órgão responsável pela instrução deverá solicitar laudo técnico de outro órgão dotado de qualificação e capacidade técnica equivalentes.

> **Como esse assunto foi cobrado em concurso?**
>
> No concurso para Procurador do Município de Salvador (Cespe/2015), com a seguinte ementa: "*Com base no disposto na Lei n.º 9.784/1999, assinale a opção correta acerca dos processos administrativos no âmbito federal.*" foi considerada correta a seguinte assertiva: "*b) No caso de ser obrigatória a emissão de parecer vinculante, não sendo ele emitido no prazo de quinze dias, o processo não terá seguimento até a apresentação desse parecer, salvo norma especial ou comprovada necessidade de maior prazo*".

### 5.5. Da tramitação prioritária

A **Lei nº 12.008/2009** assegurou prioridade na tramitação dos procedimentos administrativos, em qualquer órgão ou instância, em que figure como parte ou interessado:

I. Pessoa com idade igual ou superior a 60 (sessenta) anos;

II. Pessoa portadora de deficiência, física ou mental;

III. Pessoas com doenças graves, mesmo contraída após o início do processo.

> **Atenção!**
>
> A Lei nº 13.466, de 2017, deu nova redação para o art. 3º, § 2º, do Estatuto do Idoso, assegurando prioridade especial aos idosos maiores de oitenta anos, em relação aos demais idosos.

A pessoa interessada deve requerer o benefício, juntando prova de sua condição. Deferida a prioridade, os autos receberão identificação própria que evidencie o regime de tramitação prioritária.

## 6. DO RECURSO ADMINISTRATIVO, DA COISA JULGADA ADMINISTRATIVA E DA REVISÃO

O recurso administrativo é uma forma de impugnação a uma decisão administrativa, em processo devidamente instaurado, mediante manifestação do inconformismo.

Embora possamos identificar várias lacunas nos regramentos específicos de procedimentos administrativos, a **Lei nº 9.784/99** estabeleceu, como regra geral, a possibilidade de interposição de recurso, em face de razões de legalidade e de mérito. Vale ressaltar que a referida Lei, aqui, tratou sobre o **recurso hierárquico próprio**, no qual se identifica uma relação de hierarquia entre a autoridade recorrida e a autoridade revisora ("instância superior"). Ele deriva da própria hierarquia, não sendo (de acordo com a doutrina) imprescindível previsão legal o determinando.

Já no **recurso hierárquico impróprio** não é identificada relação hierárquica direta entre o órgão recorrido e o órgão revisor, sendo necessária a previsão legal para sua existência. Em síntese, no recurso hierárquico próprio, o órgão revisor será a "autoridade hierarquicamente superior". No recurso hierárquico impróprio, o órgão revisor será aquele que a Lei determinar. No capítulo sobre controle da Administração Pública, tratamos acerca das diversas formas de impugnação recursal, como: representação, reclamação, pedido de reconsideração, recurso hierárquico próprio, impróprio e revisão.

Possuem legitimidade para interpor recurso administrativo: os titulares de direitos e interesses que forem parte no processo; aqueles cujos direitos ou interesses forem indiretamente afetados pela decisão recorrida; as organizações e associações representativas, no tocante a direitos e interesses coletivos; os cidadãos ou associações, quanto a direitos ou interesses difusos.

O recurso será dirigido à autoridade que proferiu a decisão, a qual, se não a reconsiderar no prazo de cinco dias, o encaminhará à autoridade superior.

Ressalvada disposição legal específica, a interposição de recurso administrativo **independe de caução**, submete-se a prazo de **dez dias**, (a partir da ciência ou divulgação oficial da decisão recorrida), **não tem efeito suspensivo** e pode tramitar por **até três instâncias** administrativas.

Havendo justo receio de prejuízo de difícil ou incerta reparação decorrente da execução, a autoridade recorrida ou a imediatamente superior poderá, **de ofício** ou **a pedido**, dar **efeito suspensivo** ao recurso.

Esta análise é discricionária, envolvendo juízo de valor, pela autoridade administrativa, que, em geral, não deve ser substituído pelo Poder Judiciário. Em nossa opinião, flagrante desrespeito a normas jurídicas, como a isonomia ou a razoabilidade, justifica a tutela judicial; contudo, em regra geral, tal análise envolve juízo de valor ("discricionário") do agente público (a autoridade recorrida ou a competente para julgar o recurso).

Não será conhecido o recurso interposto:

- fora do prazo;
- por quem não seja legitimado;
- após exaurida a esfera administrativa;
- perante órgão incompetente.

Nesta última hipótese, será indicada ao recorrente a autoridade competente, sendo-lhe devolvido o prazo para recurso.

De acordo com a Lei nº 9.784/99, caso a decisão do recurso possa gerar gravame à situação do recorrente, este deverá ser cientificado para que formule suas alegações antes da decisão.

Outro ponto importante a ser tratado refere-se à **coisa julgada administrativa**. Ela difere da coisa julgada relacionada às decisões do Poder Judiciário, não gozando do mesmo status de imutabilidade. Isso porque, mesmo ocorrendo a **coisa julgada**

**administrativa**, pode o administrado se insurgir contra a decisão proferida, perante o Judiciário.

Conforme explica José dos Santos Carvalho Filho, a **coisa julgada administrativa** significa, apenas, que determinado assunto decidido na via administrativa não mais poderá sofrer alteração, nessa mesma via administrativa, embora possa sê-lo na via judicial. Celso Antonio B. de Mello lembra, ainda, que "toda a vez que a Administração decidir um dado assunto em última instância, de modo contencioso, ocorrerá a chamada **coisa julgada administrativa**".

Noutro prumo, de acordo com a Lei nº 9.784/99, os processos administrativos de que resultem sanções poderão ser objeto de **revisão**, a qualquer tempo, a pedido ou de ofício, quando surgirem fatos novos ou circunstâncias relevantes, suscetíveis de justificar a inadequação da sanção aplicada.

> ▸ **Importante!**
>
> Tal revisão não pode gerar agravamento da sanção.

> ▸ **Como esse assunto foi cobrado em concurso?**
>
> No concurso para o cargo de Analista de Controle – Área Jurídica – TCE/PR (Cespe/2016), com a seguinte ementa: "Acerca do recurso administrativo e tendo como base as disposições da Lei n° 9.784/1999, assinale a opção correta." Foi considerada correta a seguinte alternativa: "A) O recurso não será conhecido quando interposto em órgão incompetente, mas, nesse caso, terá de ser indicada ao recorrente a autoridade competente, sendo-lhe devolvido o prazo para recurso."
>
> No concurso para Advogado da Telebrás (Cespe/2015), foi considerada correta a seguinte assertiva: "*Segundo entendimento dos tribunais superiores, a substituição de juízo de valor de efeito suspensivo a recurso administrativo, por se situar na esfera discricionária da autoridade administrativa competente, não é da alçada do Poder Judiciário*".

## 7. PRESCRIÇÃO ADMINISTRATIVA

O princípio da segurança jurídica impõe certa estabilização das situações jurídicas, limitando direitos, pretensões jurídicas e faculdades processuais. A doutrina consagrou os seguintes institutos delimitadores: **decadência, prescrição** e **preclusão**.

Há certa divergência doutrinária sobre tais conceitos, embora possamos em apertada síntese apontar, tendo em vista as limitações (perdas) por eles geradas, as seguintes diferenças entre tais institutos:

| Decadência: | Prescrição | Preclusão: |
|---|---|---|
| perda do direito | perda do direito de ação, da pretensão jurídica frente ao Estado-Juiz | perda de uma oportunidade processual |

Para diferenciarmos o instituto **prescrição** do instituto **decadência**, vale lembrar o exemplo clássico do credor que, diante de um débito não adimplido, terá um determinado prazo (prescricional) para judicializar uma demanda, a fim de defender seu crédito (direito). A extinção do prazo prescricional (para ajuizamento da ação) não significará a extinção do direito, tanto que poderá o devedor, posteriormente e antes do respectivo prazo decadencial (em que se extinguiria o direito), realizar o pagamento sem gerar para si o direito à repetição de indébito (já que o crédito era devido, pois o credor ainda possuía o direito).

Outrossim, necessário perceber que a **prescrição administrativa** difere da **prescrição** (propriamente dita), na qual, pelo decurso do tempo, o titular de uma pretensão perde a possibilidade de pleitear, junto ao Estado-Juiz, determinada medida que resguarde seu direito. No âmbito da atividade administrativa, o Estado goza do Poder de **autotutela** e do atributo de **autoexecutoriedade** de seus atos, tornando desnecessário o socorro ao Judiciário para exercício de algumas "pretensões jurídicas" (reiteramos, no âmbito da atividade administrativa). Por exemplo, se a Administração percebe que um ato administrativo fora firmado com vícios de ilegalidade, ela, sem necessária intervenção judicial, pode anular o referido ato administrativamente. Da mesma forma ocorre se um contratado descumpre cláusula contratual, o infrator sujeita-se à aplicação de sanções administrativas e à rescisão contratual unilateral, que podem ser aplicadas diretamente pela Administração contratante.

Essa desnecessidade de judicialização, em relação a muitos dos atos relacionados à atividade administrativa, gera certa incompatibilidade com o conceito de prescrição tradicionalmente firmado pela doutrina. Por conta disso, autores de relevo, como Marçal Justen Filho, têm rejeitado a tese da prescrição administrativa, admitindo-a, apenas, num sistema de contencioso administrativo.

Compreendendo a prescrição como a perda do direito de ação, em contraponto à decadência (perda do direito) e à preclusão (perda de uma oportunidade processual), deve-se perceber que muitos dos prazos extintivos indicados em nossa legislação administrativista (e por vezes apontados como prescricionais) na verdade são **decadenciais** (quando geram a perda de um direito) ou **preclusivos** (quando se referirem apenas à perda de uma oportunidade processual). Nesse aspecto, interessante observar que a Lei nº 9.784/99, que traça as regras do processo administrativo federal, não fala em prescrição, mas apenas em decadência (art. 54) e em preclusão (art. 63, § 2º).

Assim, por exemplo, o prazo de cinco anos para exercício da autotutela administrativa (art. 54 da Lei nº 9.784/99) é um **prazo decadencial**, visto que ele encerra um direito da Administração. Noutro diapasão, o prazo para apresentação de recurso hierárquico ou para apresentação de defesa é um **prazo preclusivo**, pois envolve uma faculdade processual.

Celso Antonio Bandeira de Mello e José dos Santos Carvalho Filho identificam algumas hipóteses em que os prazos previstos pela legislação seriam prescricionais, embora divirjam em relação a quais seriam tais hipóteses. Para o primeiro autor, um exemplo de prazo prescricional seria o **direito à reclamação administrativa**, no prazo de 01 ano, já que ele antecede e desencadeia o processo administrativo, conforme previsto no Art. 6º do Decreto 20.910/32. Para Carvalho Filho, este prazo seria decadencial, pois envolveria um direito material de uso deste instrumento. Por outro lado, Carvalho filho aponta, como única hipótese de prescrição administrativa, os prazos estabelecidos para que a Administração exercite seu poder punitivo, como ocorre no **poder punitivo de polícia** (Lei nº 9.873/99) e no **poder disciplinar funcional** (Lei nº 8.112/90). *In casu*, as duas leis citadas denominam os respectivos prazos como prescricionais.

Em sentido contrário, Marçal Justen filho e Raquel Carvalho explicam que os direitos potestativos da Administração sujeitam-se a **prazos decadenciais**, hipótese em que se enquadrariam o exercício do poder punitivo de polícia e do poder disciplinar funcional. Realmente, uma vez transcorrido o prazo para aplicação de sanções decorrentes do exercício do poder de polícia ou do poder disciplinar, perde a Administração o próprio direito de sancionar, do que resulta a correta compreensão de que o prazo é **decadencial**.

Em síntese, a perda do poder para que a Administração possa prover dado assunto administrativamente, em função do transcurso de prazo, decorre do instituto **decadência**, e não da prescrição. Quando essa perda de possibilidade é interna a um processo, apresentando-se como faculdade processual, estar-se-á diante do instituto **preclusão.**

## 7.1. Preclusão

Conforme já visto, a preclusão é a **perda de uma oportunidade processual**, processando-se internamente no processo instaurado. Difere da prescrição, porque esta é externa ao processo e o antecede; difere também da decadência, pois esta gera a perda de um direito ou poder, conquanto a preclusão prejudica apenas o exercício de uma faculdade processual. Podemos citar como exemplos de prazos preclusivos: prazo para recorrer, prazo para apresentar defesa, prazo para juntar documentos, para impugnar determinado ato processual, entre outros.

A doutrina classifica a preclusão em, pelo menos, três espécies:

| Preclusão consumativa: | Preclusão lógica: | Preclusão temporal: |
|---|---|---|
| há o exaurimento de uma faculdade processual, pelo seu exercício. | a parte demonstra vontade expressa ou tácita de não exercitar tal faculdade. | ausência do exercício de uma faculdade no prazo estipulado. |

## 7.2. Prescrição (preclusão) intercorrente

Alguns doutrinadores fazem remissão, ainda, à possibilidade de **prescrição intercorrente**, no âmbito da atividade administrativa. Marçal Justen Filho prefere a expressão **preclusão intercorrente**, em virtude de seu posicionamento acerca da inexistência de prescrição administrativa propriamente dita, fora de uma lógica de contencioso administrativo.

Tanto em um caso como em outro, verificamos corretas construções **doutrinárias para evitar quebra da segurança jurídica, pelo injustificável vagar administrativo no processamento de seus atos.** Assim, quando a demora no trâmite processual for imputável à Administração Pública e for injustificadamente demasiada (por exemplo, superar o limite temporal previsto para a decadência), poderia ser reconhecida a própria prescrição/preclusão processual, impedindo a conclusão do referido processamento, em detrimento do administrado. Seria a hipótese de um processo para sancionamento de empresa contratada, em virtude de alguma irregularidade contratual, quando a Administração consumisse prazo demasiado para sua conclusão.

> ▸ **Importante!**
>
> A Lei nº 9.873/99, ao tratar sobre prazo de prescrição para o exercício de ação punitiva pela Administração Pública Federal, possui interessante regra, segundo a qual: incide a prescrição no procedimento administrativo paralisado por mais de três anos, pendente de julgamento ou despacho, cujos autos serão arquivados de ofício ou mediante requerimento da parte interessada, sem prejuízo da apuração da responsabilidade funcional decorrente da paralisação, se for o caso.

## 8. PROCESSO ADMINISTRATIVO E SÚMULA VINCULANTE

As decisões proferidas em processos administrativos submetem-se às súmulas vinculantes aprovadas por 2/3 (dois terços) dos membros do STF, em sessão plenária.

Se o recorrente alegar que a decisão administrativa recorrida contraria enunciado da **súmula vinculante**, caberá à autoridade prolatora da decisão impugnada, se não a reconsiderar, explicitar, antes de encaminhar o recurso à autoridade superior, as razões da aplicabilidade ou inaplicabilidade da súmula, conforme o caso.

Da mesma forma, o órgão competente para decidir o recurso explicitará as razões da aplicabilidade ou inaplicabilidade da súmula.

Caso o ato administrativo contrarie, negue vigência ou aplique indevidamente enunciado de súmula vinculante, caberá **reclamação** ao STF, sem prejuízo dos recursos ou outros meios admissíveis de impugnação.

> ▸ **Importante!**
>
> Contra omissão ou ato da administração pública, o uso da reclamação só será admitido após esgotamento das vias administrativas.

Acolhida a **reclamação** fundada em violação de enunciado da **súmula vinculante**, o ato administrativo será anulado. Ademais, dar-se-á ciência à autoridade prolatora e ao órgão competente para o julgamento do recurso, que deverão adequar as futuras decisões administrativas em casos semelhantes, sob pena de **responsabilização pessoal** nas esferas cível, administrativa e penal.

## 9. DO PROCESSO ADMINISTRATIVO DISCIPLINAR

Decorrente dos poderes da Administração, o **processo disciplinar** (ou processo administrativo disciplinar em sentido amplo) constitui-se em instrumento para apuração de ilícito administrativo-disciplinar (**infrações administrativas**) praticado por servidores públicos.

Podemos identificar algumas espécies de sistemas para processamento disciplinar dos agentes públicos: **Sistema hierárquico; Sistema de jurisdição completa e Sistema misto (jurisdicionalização moderada).**

| | |
|---|---|
| Sistema hierárquico | • O poder disciplinar é exercido exclusivamente pelo superior hierárquico;<br>• O Superior apura a falta e aplica a pena;<br>• Sistema que era usado para a apuração de faltas leves ou para a aplicação da verdade sabida. |
| Sistema de jurisdição completa | • A falta e a pena são estritamente determinadas por Lei;<br>• A decisão cabe a um órgão de jurisdição que funciona segundo regras de procedimento jurisdicional. |
| Sistema misto (jurisdicionalização moderada) | • A pena é aplicada pelo superior hierárquico;<br>• Intervêm determinados órgãos, com função geralmente opinativa;<br>• Há certo grau de discricionariedade na escolha da pena; |

▸ **Importante!**

No Brasil, atualmente adota-se o **Sistema misto (jurisdicionalização moderada).**

O conceito de **infrações administrativas** envolve aquelas ações ilícitas praticadas no exercício de suas atribuições, ou que tenham relações com as atribuições do cargo investido.

### 9.1. Espécies de processo disciplinar

Embora não exista unanimidade, usando como parâmetro a legislação e a doutrina, podemos apontar 4 (quatro) **espécies de processo disciplinar:**

| Verdade sabida | Sindicância investigativa | Sindicância acusatória | Processo administrativo disciplinar (PAD) |
|---|---|---|---|

A **verdade sabida** é conceituada pela doutrina como o conhecimento pessoal e direto da infração administrativa pela autoridade competente. Esse instrumento não é meio legítimo para aplicação de sanção disciplinar, pois não se coaduna com as garantias constitucionais do contraditório e da ampla defesa.

> **Como esse assunto foi cobrado em concurso?**
>
> No concurso para Procurador do Estado do Piauí (CESPE/2008) foi considerada errada a seguinte assertiva: *"O procedimento disciplinar denominado verdade sabida tem por objetivo conferir celeridade à punição dos servidores faltosos, estando em total harmonia com a CF".*

A **sindicância (acusatória)** é o processo disciplinar que serve para apurar a autoria ou a existência de irregularidade, de menor gravidade, praticada no serviço público, sendo um instrumento mais célere para aplicação da sanção disciplinar. Ela pode ser conduzida por uma comissão de dois ou três servidores estáveis (Portaria CGU nº 335/2006).

O **Processo Administrativo Disciplinar** (processo disciplinar em sentido estrito) possui um rito mais complexo, destinado à apuração de infrações de potencialidade mais grave e aplicação da respectiva sanção disciplinar. Ele deve ser conduzido por uma comissão de três servidores estáveis (Portaria CGU nº 335/2006).

Na prática, é reconhecida outra modalidade de sindicância, utilizada para a apuração de quaisquer indícios de irregularidades de que teve conhecimento a Administração, de forma genérica e sem prévia indicação de autoria. A Controladoria-Geral da União - CGU denomina-a de **sindicância investigativa** (ou preparatória), sendo um instrumento para apuração de irregularidades (e não aplicação de sanções).

Ela é um instrumento de investigação preliminar, conduzida por um servidor ou mais (Portaria CGU nº 335/2006), tendente a coligir, de maneira inquisitorial, elementos bastantes à imputação de falta ao servidor, em processo disciplinar subsequente.

> **Importante!**
>
> A sindicância investigativa não deve estrita reverência aos princípios do contraditório e da ampla defesa. (STF. MS 22.791, DJ 19/12/2003).

Quando a apuração objetivar sancionamento de índole disciplinar, faz-se necessária a realização de sindicância acusatória ou de Processo Administrativo Disciplinar em sentido estrito, obedientes aos princípios do contraditório e da ampla defesa.

> **Importante!**
>
> A falta de defesa técnica por advogado no processo administrativo disciplinar não ofende a Constituição **(STF, Súmula vinculante nº 5).**

> **▸ Como esse assunto foi cobrado em concurso?**
>
> No concurso para Defensor Público de Minas Gerais (Fundep/2014), foi considerada errada a seguinte assertiva: *"A ausência de defesa por advogado é causa de nulidade do processo administrativo disciplinar em homenagem ao princípio da ampla defesa".*

A **sindicância acusatória** e o **Processo Administrativo Disciplinar** em sentido estrito (**PAD**) diferenciam-se em relação ao prazo de conclusão e ao alcance das penas. A **sindicância** deve ser concluída em até trinta dias da instauração, prorrogáveis por igual período, já o **PAD** possui prazo dobrado, devendo ser concluído em até sessenta dias da instauração, prorrogável por igual período.

> **▸ Importante!**
>
> Conforme o Parecer AGU GQ-12, de 07/02/94, a sindicância não é pré-requisito para o processo administrativo disciplinar (PAD). Assim, diante de aparente ilícito, o órgão administrativo pode instaurar diretamente o PAD, sem a instauração prévia da sindicância.

> **▸ Como esse assunto foi cobrado em concurso?**
>
> No concurso para o cargo de Juiz de Direito Substituto - AM (Cespe/2016), com a seguinte ementa: "Assinale a opção correta acerca do recurso administrativo e da sindicância." Foi considerada correta a seguinte alternativa: "C) Pode o órgão administrativo instaurar diretamente o processo administrativo disciplinar, sem que se tenha instaurado previamente a sindicância."

Em relação ao alcance das penas, conforme a Lei nº 8.112/90, a **sindicância** (art. 145) pode resultar em proposta: de arquivamento, de punição com advertência ou suspensão de até trinta dias, ou de abertura de **PAD** (art. 146), pois só através deste (**PAD**), permite-se a aplicação das penas de suspensão superior a trinta dias, demissão, cassação de aposentadoria, disponibilidade ou destituição do cargo em comissão.

Em síntese:

| | |
|---|---|
| **Verdade sabida** | • Conhecimento pessoal e direto da infração, pela autoridade competente;<br>• Não se coaduna com o atual ordenamento; |
| **Sindicância investigativa (ou preparatória)** | • Instrumento para apuração de irregularidades (e não aplicação de sanções);<br>• Natureza inquisitorial;<br>• Sem rito previsto na norma;<br>• Conduzida por um servidor ou mais;<br>• Não deve estrita reverência ao contraditório e à ampla defesa; |

| | |
|---|---|
| Sindicância acusatória | • Apuração de autoria ou existência de irregularidade, de menor gravidade<br>• Conduzida por uma comissão de dois ou três servidores estáveis;<br>• Conclusão: até 30 dias da instauração (prorrogáveis)<br>• Sanções: advertência e suspensão de até 30 dias |
| Processo administrativo disciplinar | • Apuração de autoria ou existência de irregularidade, de maior gravidade;<br>• Conduzida por uma comissão de três servidores estáveis;<br>• Conclusão: até 60 dias da instauração (prorrogáveis)<br>• Sanções mais fortes; |

## 9.2. Penalidades disciplinares

A **Lei nº 8.112/90** apresenta as seguintes **penalidades disciplinares:**

- **advertência;**
- **suspensão;**
- **demissão;**
- **cassação de aposentadoria ou disponibilidade;**
- **destituição de cargo em comissão;**
- **destituição de função comissionada.**

Em relação à **competência para aplicação das sanções disciplinares**, importante observar a seguinte distribuição:

| | |
|---|---|
| Demissão, cassação de aposentadoria ou disponibilidade | Respectivamente, pelo Presidente da República, pelos Presidentes das Casas do Poder Legislativo e dos Tribunais Federais e pelo Procurador-Geral da República; |
| Suspensão superior a 30 (trinta) dias | Autoridades administrativas de hierarquia imediatamente inferior, às previstas para aplicação das sanções acima; |
| Advertência ou suspensão de até 30 dias | chefe da repartição e outras autoridades na forma dos respectivos regimentos ou regulamentos; |

**▸ Importante!**

Através do Decreto federal 3.035/99, o Presidente da República delegou competência para que os Ministros de Estado apliquem as sanções de demissão, cassação de aposentadoria ou disponibilidade.

Uma vez verificadas a autoria e a infração disciplinar a que a lei comina penalidade de demissão, falece competência à autoridade instauradora do processo para emitir julgamento e atenuar a penalidade, sob pena de nulidade de tal ato. "O julgamento de processo disciplinar de que advém a aplicação de penalidade mais branda que a cominada em lei, efetuado pela autoridade instauradora, não obsta que aquela efetivamente competente julgue e inflija a punição adequada, sem que esse ato caracterize dupla irrogação de pena, em razão de um mesmo fato ilícito". (PARECER AGU VINCULANTE Nº GQ – 177)

Segundo o STJ, deve ser aplicada a penalidade de demissão ao servidor público federal que obtiver proveito econômico indevido em razão do cargo, independentemente do valor auferido. O Tribunal entende que não incide, na esfera administrativa (ao contrário da esfera penal), o princípio da insignificância quando constatada falta disciplinar prevista no art. 132 da Lei 8.112/1990. Neste raciocínio, o proveito econômico recebido pelo servidor é irrelevante para a aplicação da penalidade administrativa de demissão, razão pela qual seria despiciendo falar, nessa hipótese, em falta de razoabilidade ou proporcionalidade da pena. (STJ. MS 18.090-DF, Rel. Min. Humberto Martins, j. 8.5.2013. 1ª S - Info 523). No julgamento, o Tribunal concluiu que o ato de demissão é vinculado, cabendo unicamente ao administrador aplicar a penalidade prevista. Em outros julgados, o STJ tem entendido que "a constatação de conduta enquadrável nas previsões legais de demissão (art. 132 da Lei 8.112/1990) é ato vinculado, já que inarredável impor a citada sanção se verificada uma das respectivas hipóteses" (REsp 1685571/RJ, DJe 16/10/2017).

Particularmente, discordamos do raciocínio acima externado, pela convicção de que a atividade administrativa, mesmo em sua faceta disciplinar, submete-se aos princípios que conformam a Administração Pública, entre eles os princípios da proporcionalidade e da razoabilidade. Ao pensar de outra forma, admite-se que a aplicação radical das hipóteses abstratamente previstas pelo artigo 132 possam gerar situações esdrúxulas e desarrazoadas.

Temos maior concordância com o entendimento exarado pelo STJ, em sentido oposto, no MS 15.783/DF. No referido julgado, que envolveu sanção disciplinar aplicada a servidora do INSS, o STJ firmou que a "atividade administrativa sancionadora, em face do seu conteúdo materialmente jurisdicional, deve se revestir, sob a pena de nulidade, do respeito religioso a todos os princípios regentes da processualística contemporânea". Nessa esteira, "por força dos princípios da proporcionalidade, da dignidade da pessoa humana e da não-culpabilidade, aplicáveis ao regime jurídico disciplinar, não há juízo de discricionariedade no ato administrativo que impõe sanção a Servidor Público, em razão de infração disciplinar", o que admite controle jurisdicional amplo, não limitado apenas aos aspectos formais, de modo evitar-se arbitrariedades pelo aparelho estatal.

Assim, de acordo com o STJ, mesmo em sede de Mandado de Segurança, o "Poder Judiciário pode e deve sindicar amplamente, em Mandado de Segurança, o ato administrativo que aplica a sanção de demissão a Servidor Público, para verificar (i) a efetiva ocorrência dos ilícitos imputados ao Servidor e (ii) mensurar a adequação da reprimenda à gravidade da infração disciplinar" (MS 15.783/DF, DJe 30/06/2017).

> **Atenção!**
> A absolvição criminal afastará a persecução disciplinar no âmbito da administração, quando ficar provada na ação penal a inexistência do fato ou a negativa de autoria.

## 9.3. Fases do processo disciplinar

O processo disciplinar se desenvolve nas seguintes fases:

I. instauração;

II. inquérito administrativo; e

III. julgamento.

A **instauração** se dá com a publicação do ato que constituir a comissão. A comissão conduzirá o processo disciplinar e será composta por três servidores estáveis designados pela autoridade competente. Entre eles será indicado **o presidente**, que deverá ocupar cargo efetivo superior (ou de mesmo nível) ou ter nível de escolaridade igual ou superior, em relação ao servidor investigado. Não há hierarquia dentro da comissão, mas distribuição de atribuições.

Quando a infração for cometida por servidor cedido a outro órgão, a competência para instauração do processo administrativo disciplinar é do órgão onde ocorreu a irregularidade. Contudo, como o vínculo funcional do servidor se dá com o órgão cedente, apenas a este incumbiria o julgamento e a eventual aplicação de determinadas penalidades. Outrossim, cessada a relação do servidor com o órgão cessionário, é natural que qualquer aplicação de penalidade se dê pelo órgão cedente.

Neste prumo, segundo o STJ, a instauração do PAD contra servidor efetivo que esteja cedido a outro órgão, deve dar-se, preferencialmente, no órgão em que tenha sido praticada a suposta irregularidade. Contudo, o julgamento e a eventual aplicação de sanção, quando findo o prazo de cessão e já tendo o servidor retornado ao órgão de origem, só podem ocorrer no órgão ao qual o servidor público federal efetivo estiver vinculado (STJ. MS 21.991-DF, DJe 3/3/2017).

> **Importante!**
> De acordo com o Parecer AGU GQ 35, não se configura nulidade processual se na designação da comissão forem omitidas as faltas a serem apuradas ou se a comissão for integrada por servidor de nível funcional inferior.
>
> Realmente, a "igualdade" ou "superioridade" exigida, pela Lei, refere-se ao Presidente, não atingindo os demais membros da comissão. Outrossim, ela pode se dar em relação ao nível hierárquico **ou** à escolaridade.

Prejudica o direito a um julgamento imparcial, a designação de servidor que atuou na sindicância anterior, sugerindo a abertura do PAD. Outrossim, não poderá participar de comissão de sindicância ou de inquérito, cônjuge, companheiro ou parente do acusado, consanguíneo ou afim, em linha reta ou colateral, até o terceiro grau. Trata-se de hipótese de impedimento.

O **inquérito administrativo** compreende a instrução, a defesa e o relatório. Ele obedecerá ao princípio do contraditório, sendo assegurada ampla defesa ao acusado.

A Lei federal nº 8.112/90, embora assegure o direito do servidor de produzir provas e contraprovas e formular quesitos, prevê a possibilidade de que o presidente da comissão denegue pedidos considerados impertinentes, meramente protelatórios, ou de nenhum interesse para o esclarecimento dos fatos. Da mesma forma, a Lei federal nº 9.784/99 (processo administrativo) dispõe sobre a possibilidade de indeferimento motivado de produção de provas tidas por ilícitas, impertinentes, desnecessárias ou protelatórias. Nesse prumo, o STF tem entendido que "o indeferimento fundamentado, em processo administrativo disciplinar, do pedido de produção de provas consideradas impertinentes, não acarreta violação dos princípios do contraditório e da ampla defesa (STF. RMS 34595 AgR/DF, Julgamento: 30/06/2017).

O indeferimento de diligência probatória no âmbito do processo administrativo disciplinar, motivado pelo satisfatório conjunto probatório para a elucidação dos fatos ou nas hipóteses em que, a despeito de sucessivas diligências, a testemunha não tenha sido encontrada ou, ainda que intimada, tenha deixado de comparecer à audiência, não constitui cerceamento de defesa (STF. RMS 33421 AgR, 31-08-2016).

> ▸ **Importante!**
> É permitida a prova emprestada no processo administrativo disciplinar, desde que devidamente autorizada pelo juízo competente e respeitados o contraditório e a ampla defesa. (Súmula STJ 591).

Após a apuração de provas realizada na instrução, caso tipificada a infração disciplinar, será formulada a indiciação do servidor, com a especificação dos fatos a ele imputados e das respectivas provas. O servidor indiciado terá prazo de 10 (dez) dias para apresentar sua defesa escrita.

> ▸ **Importante!**
> A citação do representante legal do servidor, para apresentar defesa, não é fator nulificante do PAD (Parecer AGU Nº GQ-138).

Após a defesa, a comissão elaborará relatório minucioso, conclusivo quanto à inocência ou à responsabilidade do servidor, remetendo-o à autoridade competente, para o julgamento. O julgamento acatará o relatório da comissão, salvo quando contrário às provas dos autos.

Não é obrigatória a intimação do interessado para apresentar alegações finais, após o relatório final de processo administrativo disciplinar. (STJ. MS 18.090-DF, Info 523)

Esgotado o prazo da comissão, incluída a prorrogação, sem conclusão da apuração, deve ser reinstaurado o processo, com nova comissão. Esta nova designação não interrompe a "prescrição", nem a extrapolação do prazo invalida o procedimento.

> ▸ **Importante!**
>
> O excesso de prazo para a conclusão do processo administrativo disciplinar só causa nulidade se houver demonstração de prejuízo à defesa. (Súmula STJ 592).

No **julgamento**, quando o relatório da comissão contrariar as provas dos autos, a autoridade competente poderá, motivadamente, agravar a penalidade proposta, abrandá-la ou isentar o servidor de responsabilidade. Assim, importante reiterar que a decisão da autoridade competente pelo julgamento pode ser diversa da sugerida pela comissão processante, desde que a decisão seja motivada e fundamentada.

O julgamento e a aplicação da sanção são um único ato, que se materializa com a edição de despacho, portaria ou decreto, proferidos pela autoridade competente, devidamente publicado para os efeitos legais.

A autoridade competente para proferir o julgamento pode adotar os argumentos do parecer do órgão de assessoramento jurídico para fins de motivação na aplicação da pena.

A Primeira Seção do STJ já manifestou entendimento de que "Não há ilegalidade na imediata execução de penalidade administrativa imposta em PAD a servidor público, ainda que a decisão não tenha transitado em julgado administrativamente". Segundo o Tribunal, o respectivo ato administrativo goza de autoexecutoriedade; ademais, os efeitos da penalidade independem do julgamento de recurso, em efeito suspensivo (STJ, MS 19.488-DF, DJe 31/3/2015 - Informativo 559).

Segundo a Quinta Turma do STJ, é incabível a incidência generalizada ao processo administrativo disciplinar, por analogia, da regra do crime continuado, prevista no art. 71 do Código Penal; isso porque a aplicação da legislação penal ao processo administrativo restringir-se-ia aos ilícitos que, cometidos por servidores, possuam também tipificação criminal (RMS 19.853-MS, DJe 8/2/2010). Nesta feita, há fatos ilícitos administrativos que, se cometidos de forma continuada pelo servidor público, não se sujeitam à sanção com aumento do quantum sancionatório previsto no art. 71, *caput*, do CP (STJ. REsp 1.471.760-GO, DJe 17/4/2017).

Em relação à competência para aplicação das sanções disciplinares, importante observar a seguinte distribuição:

| Demissão, cassação de aposentadoria ou disponibilidade | Respectivamente, pelo Presidente da República, pelos Presidentes das Casas do Poder Legislativo e dos Tribunais Federais e pelo Procurador-Geral da República; |
|---|---|

| Suspensão superior a 30 (trinta) dias | Autoridades administrativas de hierarquia imediatamente inferior, às previstas para aplicação das sanções acima; |
|---|---|
| Advertência ou suspensão de até 30 dias | Chefe da repartição e outras autoridades, na forma dos respectivos regimentos ou regulamentos; |
| Destituição de cargo em comissão | Autoridade que nomeou o servidor para o cargo em comissão. |

> **Importante**
>
> Através do Decreto federal 3.035/99, o Presidente da República delegou competência para que os Ministros de Estado apliquem as sanções de demissão, cassação de aposentadoria ou disponibilidade.

No processo disciplinar, o acusado se defende contra a imputação de fatos ilícitos, podendo a autoridade administrativa adotar capitulação legal diversa da que lhes deu a Comissão de Inquérito, sem que isso implique cerceamento de defesa. Segundo o STJ, "eventual tipificação jurídica diversa não ofende os princípios da ampla defesa e do contraditório, exceto no caso de agravamento da pena a ser aplicada" (AgInt no MS 23.837/DF, DJe 04/12/2018).

Outrossim, a declaração de nulidade do PAD pode ser parcial, hipótese em que a autoridade competente anulará o processo a partir de certo momento, determinando-se o refazimento dos atos anulados e o aproveitamento dos atos anteriores que não foram atingidos pelo vício insanável.

> **Atenção!**
>
> Segundo o STF, a tomada de contas especial realizada pelo TCU não constitui procedimento administrativo disciplinar, tendo por objeto a defesa da coisa pública. Outrossim, o desconto em folha decorrente de norma legal, como o previsto no art. 28, I, da Lei 8.443/1992, não depende de aquiescência do servidor (**STF - MS 25643, 02/08/2011**).

Quando houver conveniência para o serviço e a critério da autoridade julgadora, a penalidade de suspensão poderá ser convertida em multa, na base de 50% (cinquenta por cento) por dia de remuneração, ficando o servidor obrigado a permanecer em serviço.

> **Importante!**
>
> A acumulação ilegal de cargos, em nível federal, submete-se a procedimento sumário de apuração, conforme regramento da Lei nº 8.112/90.

> **Como esse assunto foi cobrado em concurso?**
>
> No concurso para Analista Judiciário do TRT - 7ª Região (CE) (CESPE/2017), com o enunciado: "Ao cabo de procedimento administrativo disciplinar, a autoridade responsável por decidir aplicou a pena de demissão e remeteu a motivação da decisão ao parecer do departamento jurídico do órgão. Nessa situação hipotética, a decisão é."
>
> Foi considerada correta a seguinte assertiva:
>
> "*b)* válida, visto que, tendo a motivação sido declarada no parecer, não há necessidade de repeti-la na decisão."

## 9.4. "Prescrição" da ação disciplinar

A ação disciplinar "prescreverá" em:

| | |
|---|---|
| 5 anos | para as infrações puníveis com demissão, cassação de aposentadoria ou disponibilidade e destituição de cargo em comissão |
| 2 anos | quanto à suspensão |
| 180 dias | quanto à advertência |

O **prazo de prescrição** começa a correr da data em que o fato se tornou conhecido. O STJ definiu como orientação que "o termo a quo para a contagem do prazo prescricional é a data da ciência do fato pela autoridade competente para instauração do processo administrativo disciplinar" (RMS 44.218/RS, DJe 19/11/2018). A abertura de sindicância ou a instauração de processo disciplinar, mediante a publicação da respectiva portaria, interrompe a prescrição, até a decisão final proferida por autoridade competente ou o término do prazo legal para a conclusão do PAD.

Importante salientar, o STF tem assentado o entendimento de que a interrupção do prazo prescricional em âmbito de processo administrativo disciplinar pressupõe expedição de ato inaugural válido. A exposição dos fatos imputados ao processado é requisito que torna o ato de instauração do processo administrativo disciplinar apto a produzir seus efeitos (STF. MS 35091 AgR, Public 06/02/2018).

> **Importante!**
>
> Apenas a sindicância instaurada com caráter punitivo tem o condão de interromper o prazo prescricional, e não aquelas meramente investigatórias ou preparatórias de um processo disciplinar.

O prazo legal (Lei nº 8.112/90) para a conclusão do PAD é de 140 dias (60 dias + 60 dias + 20 dias), somados o prazo para instauração (art. 152), possível prorrogação (art. 152) e o prazo para que a autoridade julgadora possa proferir sua decisão (art. 167).

Vale salientar que a extrapolação do prazo não invalida o procedimento disciplinar (STJ, MS 7.962/2002 e STF MS 22127/2005). Após o término do prazo, mesmo que não tenha sido proferida a decisão, cessa a interrupção e volta o prazo prescricional a correr. Conforme destacou o STF, a interrupção prevista no § 3º do artigo 142 da Lei nº 8.112/90 cessa uma vez ultrapassado o período de 140 dias alusivo à conclusão do processo disciplinar e à imposição de pena, voltando a ter curso, na integralidade, o prazo prescricional (STF, RMS 23436, 24/08/99).

> **Importante!**
> Em apertada síntese: o termo inicial da prescrição para apuração disciplinar é contado da data do conhecimento do fato pela autoridade competente para instaurar o PAD (art. 142, § 1º). A prescrição é interrompida com a instauração do referido procedimento (art. 142, § 3º), não sendo definitiva, visto que após o prazo de 140 dias, o prazo prescricional recomeça a correr por inteiro.

Por outro lado, o STF tem entendido que o artigo 170 da Lei 8.112/1990[1], o qual estipula que, mesmo ocorrendo prescrição, o fato deve ser registrado nos assentamentos individuais do servidor, é inconstitucional.

Com razão, o Supremo entendeu que, em virtude do reconhecimento da extinção da punibilidade pela prescrição, obstar-se-ia a imposição de punição administrativo-disciplinar, mesmo pelo registro nos assentamentos funcionais, tendo em conta que a pretensão punitiva da Administração estaria comprometida de modo direto e imediato. Em suma, extinta a punibilidade, pela prescrição, a anotação da ocorrência em ficha funcional viola o princípio da presunção de inocência. (MS 23262/DF, 23.4.2014)

> **Atenção!**
> A alegação de prescrição não é suficiente para abrir a via da revisão do Processo Administrativo Disciplinar, pois esta deve estar pautada na comprovação de fatos novos, desconhecidos ao tempo do Processo Administrativo Disciplinar (MS 21.065/DF, DJe 22/10/2018).

## 10. SÚMULAS DO STF

- **Súmula Vinculante 3.** Nos processos perante o Tribunal de Contas da União asseguram-se o contraditório e a ampla defesa quando da decisão puder resultar anulação ou revogação de ato administrativo que beneficie o interessado, excetuada a apreciação da legalidade do ato de concessão inicial de aposentadoria, reforma e pensão.
- **Súmula Vinculante 5.** A falta de defesa técnica por advogado no processo administrativo disciplinar não ofende a Constituição.

1. Art. 170. "Extinta a punibilidade pela prescrição, a autoridade julgadora determinará o registro do fato nos assentamentos individuais do servidor".

- **Súmula Vinculante 21.** É inconstitucional a exigência de depósito ou arrolamento prévios de dinheiro ou bens para admissibilidade de recurso administrativo.
- **Súmula 19.** É inadmissível segunda punição de servidor público, baseada no mesmo processo em que se fundou a primeira.
- **Súmula 20.** É necessário processo administrativo com ampla defesa, para demissão de funcionário admitido por concurso.
- **Súmula 21.** Funcionário em estágio probatório não pode ser exonerado nem demitido sem inquérito ou sem as formalidades legais de apuração de sua capacidade.

## 11. SÚMULAS DO STJ

- **Súmula 618.** A inversão do ônus da prova aplica-se às ações de degradação ambiental.
- **Súmula 615.** Não pode ocorrer ou permanecer a inscrição do município em cadastros restritivos fundada em irregularidades na gestão anterior quando, na gestão sucessora, são tomadas as providências cabíveis à reparação dos danos eventualmente cometidos.
- **Súmula 611.** Desde que devidamente motivada e com amparo em investigação ou sindicância, é permitida a instauração de processo administrativo disciplinar com base em denúncia anônima, em face do poder-dever de autotutela imposto à Administração.
- **Súmula 592.** O excesso de prazo para a conclusão do processo administrativo disciplinar só causa nulidade se houver demonstração de prejuízo à defesa.
- **Súmula 591.** É permitida a prova emprestada no processo administrativo disciplinar, desde que devidamente autorizada pelo juízo competente e respeitados o contraditório e a ampla defesa.
- **Súmula 312.** No processo administrativo para imposição de multa de trânsito, são necessárias as notificações da autuação e da aplicação da pena decorrente da infração.
- **Súmula 343.** É obrigatória a presença de advogado em todas as fases do processo administrativo disciplinar.
- **Súmula 373.** É ilegítima a exigência de depósito prévio para admissibilidade de recurso administrativo.

## 12. ENUNCIADOS CGU

- **Enunciado CGU n.º 23, de 31 de outubro de 2018.** São passíveis de apuração administrativa disciplinar as infrações cometidas por agentes políticos em razão do exercício de cargo ou emprego público federal.

- **Enunciado CGU n.º 22, de 26 de fevereiro de 2018.** As ausências injustificadas por mais de trinta dias consecutivos geram presunção relativa da intenção de abandonar o cargo.
- **Enunciado CGU n.º 21, de 26 de fevereiro de 2018.** A autoridade julgadora poderá, motivadamente, agravar a penalidade proposta, sendo desnecessária a abertura de novo prazo para a apresentação de defesa.
- **Enunciado CGU n.º 20, de 26 de fevereiro de 2018.** O compartilhamento de provas entre procedimentos administrativos é admitido, independentemente de apurarem fatos imputados a pessoa física ou a pessoa jurídica, ressalvadas as hipóteses legais de sigilo e de segredo de justiça.
- **Enunciado CGU n.º 19 de 10 de outubro de 2017.** Havendo conexão a justificar a instauração de procedimento correcional com mais de um acusado, a todos eles será garantido o acesso integral aos documentos autuados.
- **Enunciado CGU n.º 18 de 10 de outubro de 2017.** É lícita a utilização de interceptações telefônicas autorizadas judicialmente para fins de instrução de procedimento correcional.
- **Enunciado CGU n.º 17 de 11 de setembro de 2017.** A empresa individual de responsabilidade limitada (EIRELI) está sujeita à responsabilização administrativa prevista na Lei nº 12.846, de 1º de agosto de 2013.
- **Enunciado CGU n.º 16 de 11 de setembro de 2017.** A atuação de membro da comissão em outro procedimento correcional, em curso ou encerrado, a respeito de fato distinto envolvendo o mesmo acusado ou investigado, por si só, não compromete sua imparcialidade.
- **Enunciado CGU n.º 15 de 18 de janeiro de 2017.** Inexistente normativo interno no âmbito da empresa estatal que estabeleça o rito processual prévio à aplicação de penalidades, admite-se a adoção, no que couber, do procedimento disciplinar previsto na Lei n° 8.112/90 para a apuração de responsabilidade de empregados públicos.
- **Enunciado CGU n.º 14 de 31 de maio de 2016.** Os procedimentos disciplinares têm acesso restrito para terceiros até o julgamento, nos termos do art. 7º, parágrafo 3º, da Lei nº 12.527/2011, regulamentado pelo art. 20, caput, do Decreto nº 7.724/2012, sem prejuízo das demais hipóteses legais sobre informações sigilosas.
- **Enunciado CGU n.º 13 de 28 de abril de 2016.** A penalidade de destituição de cargo em comissão aplicada ao empregado público cedido a órgão da Administração Pública Direta, Autárquica e Fundacional poderá repercutir no vínculo empregatício, sendo desnecessária a instauração de novo processo disciplinar no âmbito da empresa estatal.
- **Enunciado CGU n.º 12 de 14 de janeiro de 2016.** O atestado médico particular não tem, necessariamente, o condão de sobrestar o processo disciplinar. Inexistindo dúvida razoável acerca da capacidade do acusado para o

acompanhamento do processo, com base no conjunto probatório carreado aos autos, poderá a prova pericial ser indeferida.

- **Enunciado CGU n.º 11 de 30 de outubro de 2015.** No âmbito do Processo Disciplinar, a citação poderá ser realizada por hora certa, nos termos da legislação processual civil, quando o indiciado encontrar-se em local certo e sabido, e houver suspeita de que se oculta para se esquivar do recebimento do respectivo mandado.
- **Enunciado CGU n.º 10 de 30 de outubro de 2015.** A validade de uma intimação ou notificação real fica condicionada a ter sido realizada por escrito e com a comprovação da ciência pelo interessado ou seu procurador, independentemente da forma ou do meio utilizado para sua entrega.
- **Enunciado CGU n.º 09 de 30 de outubro de 2015.** Para restar configurada a infração disciplinar capitulada no inciso X do art. 117 da Lei nº 8.112/90, é preciso que o servidor, necessariamente, tenha atuado de fato e de forma reiterada como gerente ou administrador de sociedade privada.
- **Enunciado CGU n.º 08 de 09 de dezembro de 2014.** Nos casos de ato de improbidade que importem em enriquecimento ilícito pelo agente público, cujo valor seja desproporcional à evolução do seu patrimônio ou à sua renda, compete à Administração Pública apenas demonstrá-lo, não sendo necessário provar que os bens foram adquiridos com numerário obtido através de atividade ilícita.
- **Enunciado CGU n.º 07 de 13 de dezembro de 2013.** No âmbito do Processo Administrativo Disciplinar e da Sindicância é possível a utilização de videoconferência para fins de interrogatório do acusado.
- **Enunciado CGU n.º 06 de 30 de agosto de 2012.** CANCELADO (Portaria CGU nº 2.769 de 13 de dezembro de 2012).
- **Enunciado CGU n.º 05 de 19 de outubro de 2011.** Para aplicação de prazo prescricional, nos moldes do § 2º do art. 142 da lei 8.112/90, não é necessário o início da persecução penal.
- **Enunciado CGU n.º 04.** A Administração Pública pode, motivadamente, deixar de deflagrar procedimento disciplinar, caso verifique a ocorrência de prescrição antes da sua instauração, devendo ponderar a utilidade e a importância de se decidir pela instauração em cada caso.
- **Enunciado CGU n.º 03.** A delação anônima é apta a deflagrar apuração preliminar no âmbito da Administração Pública, devendo ser colhidos outros elementos que a comprovem.
- **Enunciado CGU n.º 02.** A aposentadoria, a demissão, a exoneração de cargo efetivo ou em comissão e a destituição do cargo em comissão não obstam a instauração de procedimento disciplinar visando à apuração de irregularidade verificada quando do exercício da função ou cargo público.
- **Enunciado CGU n.º 01.** O processo administrativo disciplinar e a sindicância acusatória, ambos previstos pela lei n.º 8.112/90, são os únicos procedimentos aptos a interromper o prazo prescricional.

Capítulo 15

# Improbidade administrativa

*Ronny Charles*

## 1. INTRODUÇÃO

A doutrina registra a identidade existente entre o princípio da **probidade administrativa** e da **moralidade administrativa**. Para alguns, são expressões que se equivalem, sendo a probidade um subprincípio da moralidade; para outros a probidade administrativa é mais ampla que a moralidade administrativa, pois a violação à moralidade administrativa é apenas uma das hipóteses da prática de atos de improbidade estabelecidas pela legislação.

No capítulo que trata sobre a Administração Pública, a Constituição Federal estabelece que os atos de improbidade administrativa importarão a suspensão dos direitos políticos, a perda da função pública, a indisponibilidade dos bens e o ressarcimento ao erário, na forma e gradação previstas em lei, sem prejuízo da ação penal cabível (§4º, art. 37). Tal dispositivo foi regulamentado pela **Lei federal nº 8.429/92**, que define os elementos do ato de improbidade, suas modalidades, sanções cabíveis e regulamenta o respectivo processo administrativo e judicial.

Entendemos que a improbidade administrativa está relacionada ao exercício da função administrativa, em sentido amplo. Não parece ter sido à toa que sua principal referência constitucional foi inserida, justamente, no artigo 37, em capítulo que trata sobre a Administração Pública.

Essa percepção, de que o regime jurídico regrador da improbidade está relacionado ao próprio regramento da Administração Pública e sua atividade administrativa, ajuda o aplicador do direito a definir o campo de atuação desse sistema especial de responsabilização e o porquê de sua vinculação ao direito administrativo e da exclusão de determinados atos, mesmo que praticados por agentes públicos, da seara de responsabilização estabelecida pela Lei federal nº 8.429/92[1].

1. Para um estudo mais aprofundado, sobre o tema, sugerimos a leitura do nosso livro Improbidade administrativa, publicado em autoria com André J. de Holanda Jr e indicado nas referências desta obra.

Para o estudo deste tema, é fundamental a constante atualização e leitura das decisões jurisprudenciais dos Tribunais pátrios, notadamente STF e STJ, por ser comum identificar-se mudança de compreensão ou mesmo formação de entendimentos específicos, diante de casos concretos. Na verdade, o tema carece de melhor sistematização, sendo fundamental que a doutrina e a jurisprudência avancem para uma racionalização, evitando casuísmos.

## 2. COMPETÊNCIA LEGISLATIVA

Não há referência expressa na Constituição, acerca da **competência legislativa** sobre improbidade administrativa. Diante da natureza jurídica da maioria de suas disposições (processuais, cíveis e políticas), podemos concluir que, em quase sua totalidade, a Lei federal nº 8.429/92 possui natureza de **lei nacional**, valendo para União, Estados, Distrito Federal e Municípios.

José dos Santos Carvalho Filho lembra que, em relação às disposições de **natureza administrativa**, a Lei nº 8.429/92 é, apenas, **federal**, permitindo aos demais entes regulamentação própria. Assim ocorreria, por exemplo, quando a Lei trata sobre a declaração de bens e valores (antes da posse de servidores) ou quando faz referência ao processo administrativo para apuração de representação sobre ato de improbidade, indicando o processamento pela Lei nº 8.112/90 (de âmbito federal).

A probidade administrativa envolve interesse transindividual, de natureza indivisível, titularizada por toda a sociedade e caracterizada como interesse difuso.

## 3. ELEMENTOS

Conforme a doutrina de Maria Sylvia Zanella Di Pietro, para que o ato de improbidade administrativa acarrete a aplicação das medidas sancionatórias previstas no § 4º do artigo 37 da Constituição Federal, é exigida a presença de determinados **elementos** identificados na regulamentação legal, quais sejam:

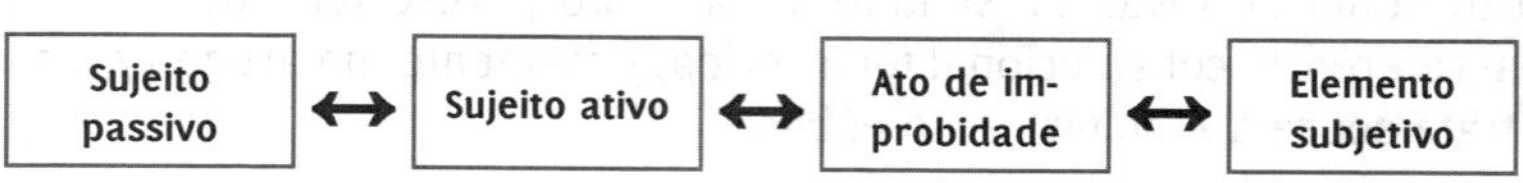


### 3.1. Sujeito passivo

O **sujeito passivo** será aquele atingido pelo ato de improbidade. O artigo 1º da Lei nº 8.429/92 aponta as **entidades** que, atingidas por ato de improbidade, legitimam a incidência das punições previstas na Lei. Segundo o dispositivo seriam elas:

- a administração direta, indireta ou fundacional de quaisquer dos entes (União, Estados, Distrito Federal e Municípios), de Território;
- empresa incorporada ao patrimônio público;

- entidade para cuja criação ou custeio o erário haja concorrido ou concorra com mais de cinquenta por cento do patrimônio ou da receita anual.

O parágrafo único amplia o rol de sujeitos passivos (**sujeitos passivos secundários**), os quais seriam:

- entidade que receba subvenção, benefício ou incentivo, fiscal ou creditício, de órgão público,
- entidades para cuja criação ou custeio o erário haja concorrido ou concorra com até cinquenta por cento do patrimônio ou da receita anual (nessa hipótese, **limitando-se a sanção patrimonial à repercussão do ilícito sobre a contribuição dos cofres públicos**).

> **Atenção!**
>
> A pessoa física, ainda que receba benefício ou incentivo, fiscal ou creditício, do Estado, não será sujeito **passivo** de ato de improbidade administrativa, uma vez que a Lei se refere, exclusivamente, a entidades.

O ato que apenas atinge bem privado e individual, não se submete ao regime jurídico da improbidade; contudo, o mesmo não ocorre com o ato que atinge bem/interesse privado e público ao mesmo tempo. Assim, por exemplo, a tortura de preso, praticada por agente público que tinha o dever de resguardá-lo, pode constituir ato de improbidade administrativa, pois além da lesão ao particular preso (aspecto privado), atenta contra a própria Administração Pública (aspecto público), ferindo suas bases de legitimidade e respeitabilidade (STJ. REsp 1.177.910-SE. DJe 17/2/2016).

> **Como esse assunto foi cobrado em concurso?**
>
> No concurso para Juiz do Trabalho do TRT da 18ª Região (FCC/2014), foi considerada errada a seguinte assertiva: *"não constitui ato de improbidade punível a lesão a patrimônio de entidade para cuja criação ou custeio o erário haja concorrido com menos de cinquenta por cento do patrimônio ou da receita anual."*.
>
> No concurso para Analista do MPU (CESPE/2010) foi considerada correta a seguinte assertiva: *São sujeitos passivos do ato de improbidade administrativa, entre outros, os entes da administração indireta, as pessoas para cuja criação ou custeio o erário haja concorrido ou concorra com mais de cinquenta por cento do patrimônio ou da receita anual e as entidades que recebam subvenção, benefício ou incentivo, fiscal ou creditício, de órgão público.*

### 3.2. Sujeito ativo

O **sujeito ativo** é aquele que pratica o ato de improbidade. A Lei aponta as pessoas que, praticando um ato de improbidade (conforme descrito na Lei), submetem-se aos efeitos sancionatórios nela previstos. De acordo com a Lei nº 8.429/92, são sujeitos ativos o **agente público** e o **terceiro** que, mesmo não sendo agente público, **induza ou concorra** para a prática do ato de improbidade **ou dele se beneficie** sob qualquer forma direta ou indireta.

É inviável, contudo, o manejo da ação civil de improbidade exclusivamente e apenas contra o particular, sem a concomitante presença de agente público no polo passivo da demanda. Assim, implicitamente, há uma necessária relação entre a improbidade administrativa e o exercício da função pública, já que o terceiro, para figurar como sujeito ativo, deve concorrer ou induzir para a prática do ato.

Para os efeitos da referida Lei, **agente público** é todo aquele que exerce, ainda que transitoriamente ou sem remuneração, por eleição, nomeação, designação, contratação ou qualquer outra forma de investidura ou vínculo, mandato, cargo, emprego ou função nas entidades compreendidas como sujeito passivo do ato de improbidade.

> ▸ **Atenção!**
>
> O estagiário que atua no serviço público, ainda que transitoriamente, remunerado ou não, está sujeito a responsabilização por ato de improbidade administrativa (STJ, REsp 1.352.035-RS, DJe 8/9/2015 - Informativo 568).

Discussão importante relaciona-se à responsabilidade dos **agentes políticos** pela prática de atos de improbidade. Já houve recuos e avanços jurisprudenciais sobre o tema.

Em nossa opinião, a responsabilização por ato de improbidade administrativa é ínsita ao regime jurídico administrativo, sendo aplicável quando o ato ilícito está relacionado ao específico exercício de função administrativa, independentemente da classificação do agente público, como agente político. Essa percepção pode ajudar a melhor definir o campo de aplicação desse regime jurídico de responsabilização. Assim, os agentes políticos não estarão imunes ao processo de responsabilização, por improbidade, quando pratiquem atos passíveis dessa classificação. Contudo, em contrapartida, esses agentes públicos, sejam ou não agentes políticos, apenas estarão submetidos a tal regime de responsabilização quando praticarem atos ilícitos relacionados ao exercício da função administrativa. Nessa feita, não seria compatível tal responsabilização, quando o ato é praticado no exercício das funções políticas (ou de Governo), legislativa ou jurisdicional[2].

Mais recentemente, o STF tem consolidado o entendimento de que "**os agentes políticos, com exceção do Presidente da República, encontram-se sujeitos a duplo regime sancionatório, de modo que se submetem tanto à responsabilização civil pelos atos de improbidade administrativa quanto à responsabilização político-**

2. Para aprofundamento, vide MAURÍCIO JR. André Jackson de Holanda. TORRES, Ronny Charles Lopes de. *Improbidade Administrativa*. 4ª ed. Salvador: JusPodivm, 2018.

**-administrativa por crimes de responsabilidade"** (STF. Pet 3240 AgR/DF, julgamento em 10.5.2018). Segundo o Supremo, **"inexiste foro por prerrogativa de função nas ações de improbidade administrativa propostas, em razão do seu nítido caráter civil"** (AI 762136 AgR, Public. 09-11-2018).

A jurisprudência recente do STJ, alinhando-se à jurisprudência do STF, tem firmado posição de que **não há foro privilegiado** nas ações civis de improbidade. Assim, a ação deve ser processada e julgada nas instâncias ordinárias, ainda que proposta contra agente político que tenha foro privilegiado no âmbito penal e nos crimes de responsabilidade.

## 3.3. Atos de improbidade

Conforme explica Di Pietro, o **ato de improbidade** pode corresponder a um ato administrativo, a uma omissão ou a uma conduta, e é praticado no exercício de uma função pública (em sentido amplo). Segundo a autora, mesmo quando praticado por terceiro, que não se enquadre no conceito de agente público, deve haver reflexo sobre uma função pública exercida. Assiste razão à célebre autora, pois, de outra forma, qualquer dano praticado contra Poder Público (ex: choque entre veículos, envolvendo carro oficial) daria ensejo às excepcionais sanções estabelecidas pela Lei.

O ato de improbidade, por si só, não se iguala a um crime, caracterizando-se como um ilícito de natureza civil e política.

> **Como esse assunto foi cobrado em concurso?**
>
> No concurso para Procurador do Ministério Público junto ao TCDF (Cespe/2013), foi considerada correta a seguinte alternativa:
>
> O ato de improbidade, que, em si, não constitui crime, caracteriza-se como um ilícito de natureza civil e política.

Em relação aos atos de improbidade, a Lei nº 8.429/92, inicialmente, optou por dividi-los em três categorias ou modalidades. Os atos que: **importam enriquecimento ilícito** (art. 9º); **causam prejuízo ao erário** (art. 10); **atentam contra os princípios da Administração Pública** (art. 11).

Posteriormente, contudo, foi acrescida mais uma categoria, relativa a atos **decorrentes de concessão ou aplicação indevida de benefício financeiro ou tributário** (art. 10-A), em razão de alteração feita pela LC 157/2016.

Portanto, hoje, a Lei nº 8.429/92 nomina quatro espécies de atos de improbidade administrativa.

| Atos de improbidade |
|---|
| Atos que importam enriquecimento ilícito (**art. 9º**) |
| Atos que causam prejuízo ao erário (**art. 10**) |

| Atos de improbidade |
| --- |
| Atos decorrentes de concessão ou aplicação indevida de benefício financeiro ou tributário (**art. 10-A**) |
| Atos que atentam contra os princípios da Administração Pública (**art. 11**). |

Conforme o **artigo 9°**, constitui-se como ato de improbidade administrativa, importando enriquecimento ilícito, auferir qualquer tipo de vantagem patrimonial indevida em razão do exercício de cargo, mandato, função, emprego ou atividade nos sujeitos passivos (anteriormente descritos). O dispositivo ainda traz um elenco exemplificativo de atos de improbidade classificados nessa modalidade.

O **artigo 10°** trata dos atos de improbidade administrativa que causam lesão ao erário. Eles equivaleriam a qualquer ação ou omissão, **dolosa ou culposa**, que enseje perda patrimonial, desvio, apropriação, malbaratamento ou dilapidação dos bens ou haveres dos sujeitos passivos da improbidade administrativa. O dispositivo também indica um elenco exemplificativo de atos de improbidade classificados nessa modalidade.

De acordo com o STJ, na discussão da regularidade de procedimento licitatório, a contratação irregular de empresa prestadora de serviço gera lesão ao erário. Na medida em que o Poder Público deixa de contratar a melhor proposta, gera o chamado **dano *in re ipsa***, decorrente da própria ilegalidade do ato praticado, descabendo exigir do autor da ação civil pública prova a respeito do tema. Trata-se de dano jurídico derivado de previsão legal expressa, independente da comprovação de que houve superfaturamento ou má-prestação do serviço ora contrato. (AgInt no REsp 1598594/RN, DJe 28/06/2018).

O **artigo 10-A**, acrescido pela LC 157/2016, trata dos atos decorrentes de concessão ou aplicação indevida de benefício financeiro ou tributário, qualificando, como ato de improbidade, qualquer ação ou omissão para conceder, aplicar ou manter benefício financeiro ou tributário contrário ao que dispõem o *caput* e o § 1º do art. 8º-A da Lei Complementar nº 116/2003.

Segundo os referidos dispositivos, a alíquota mínima do Imposto sobre Serviços de Qualquer Natureza (ISSQN) é de 2% (dois por cento), não sendo possível concessão de isenções, incentivos ou benefícios tributários ou financeiros, inclusive de redução de base de cálculo ou de crédito presumido ou outorgado, ou sob qualquer outra forma que resulte, direta ou indiretamente, em carga tributária menor que a decorrente da aplicação desta alíquota mínima, exceto para determinados serviços indicados nos subitens 7.02, 7.05 e 16.01 da lista anexa da LC 116/2003 (como empreitada ou subempreitada de obras de construção civil, hidráulica ou elétrica, inclusive sondagem, perfuração de poços, escavação, drenagem e irrigação, entre outros). Por expressa previsão da LC 157/2016, o novo artigo 10-A somente produz efeitos após o decurso de um ano após sua publicação.

Por fim, o **artigo 11** estabelece como ato de improbidade administrativa, que atenta contra os princípios da administração pública, qualquer ação ou omissão que viole os deveres de honestidade, imparcialidade, legalidade e lealdade às instituições. Ao final, o dispositivo também aponta seu respectivo elenco exemplificativo.

Para a configuração do ato de improbidade previsto no artigo 11 (que atenta contra princípios da administração pública) é necessária a presença de dolo, ao menos genérico, na conduta do agente. Segundo o STJ, não há como se afastar o dolo, ao menos na modalidade genérica, na conduta do agente, que, conhecedor das regras que devem conduzir a boa gestão administrativa, viola os princípios da Administração Pública (STJ. AgInt no REsp 1636147/RN, DJe 04/05/2018).

> **Atenção!**
>
> A tortura de preso custodiado em delegacia praticada por policial constitui ato de improbidade administrativa que atenta contra os princípios da administração pública.

Fácil identificar que as categorias ou modalidades de atos de improbidade estabelecidas pela Lei (notadamente em seu artigo 11), englobam um sem número de possíveis atos jurídicos. Essa amplitude exige certa cautela ao aplicador do direito, para evitar-se ter como ímprobas condutas meramente irregulares ou de pouca significância. Outrossim, deve lembrar-se que, para a incidência das sanções estabelecidas pela Lei, importa a identificação, ainda, de outros elementos.

> **Atenção!**
>
> Convém observar que a Lei nº 10.257/2001 (Estatuto das Cidades), em seu artigo 52, estabeleceu uma nova modalidade de ato de improbidade, ao disciplinar um elenco de ações e omissões que levam um Prefeito a incorrer em improbidade administrativa, para aplicação da Lei nº 8.429/99.
>
> Da mesma forma, convém registrar que a **Lei 13.019/2014**, que trata sobre parcerias com o Terceiro Setor, e a **Lei 13.146/2015**, previram novas hipóteses de atos de improbidade, dentre eles, no rol do artigo 11, o ilícito de "deixar de cumprir a exigência de requisitos de acessibilidade previstos na legislação". Necessária a leitura do rol de atos previstos nos artigos 9, 10 e 11, dando especial atenção para estes, recentemente incluídos, pois o texto literal (dos dispositivos) pode ser cobrado pelas bancas.

> **Como esse assunto foi cobrado em concurso?**
>
> No concurso para o cargo de Analista de Controle – Área Jurídica – TCE/PR (Cespe/2016), com a seguinte ementa: "Acerca de improbidade

administrativa, assinale a opção correta de acordo com o entendimento do Superior Tribunal de Justiça (STJ)." Foi considerada correta a seguinte alternativa: "B) A tortura praticada por policial contra preso custodiado em delegacia pode configurar ato de improbidade administrativa que atenta contra os princípios da administração pública."

No concurso para Juiz do Trabalho do TRT da 18ª Região (FCC/2014), foi considerada errada a seguinte assertiva: *"as condutas descritas nos artigos 9º, 10 e 11 constituem um rol taxativo, sendo que condutas que ali não estejam descritas são consideradas atípicas para fins de aplicação das sanções previstas na referida lei."*

### 3.4. Elemento subjetivo

Embora dentre as descrições legais para as modalidades de atos de improbidade, o **dolo** e a **culpa** tenham sido citados, apenas, no artigo 10, **tem-se entendido que a caracterização de um ato de improbidade exige a identificação desses elementos subjetivos** (dolo ou culpa).

A Jurisprudência tem externado entendimento que admite a forma culposa, **apenas**, em relação ao ato de improbidade que causa dano ao erário (art. 10), exigindo, nos demais casos, a identificação do dolo do agente. O Art. 10-A não menciona o elemento subjetivo da conduta, logo só será punível quando houver dolo, tendo em vista o silêncio do dispositivo em relação a culpa. Em suma, para que o agente público responda pelo ato de improbidade administrativa do art. 10-A, exige-se dolo.

O dolo genérico é verificado quando a parte implicada, tendo pleno conhecimento das normas, pratica o núcleo do tipo legal, mesmo que ausente uma finalidade especial de agir. Em outras palavras, "a existência de dolo genérico prescinde da comprovação de que o imputado tenha agido deliberadamente no sentido de causar prejuízo à Administração Pública, sendo suficiente a demonstração da vontade de descumprir determinado preceito legal" (STJ. AgInt no REsp 1510571/SE, DJe 11/06/2018).

O STJ já admitiu a condenação pela prática de ato que causa lesão ao erário (art. 10), em razão da compreensão de que é suficiente a existência de ação ou omissão do agente público capaz de causar, ainda que involuntariamente, resultado danoso ao patrimônio público, o qual poderia ter sido evitado caso tivesse empregado a diligência devida pelo seu dever de ofício (AgInt no REsp 1598594/RN, DJe 28/06/2018). Nesse prumo, o STJ entendeu que, mesmo inexistindo flagrante má-fé ou desonestidade, de forma livre e consciente, o fracionamento ilícito de licitação (realização de compras em pequenas quantidades, por dispensa de pequeno valor, para a não realização do certame licitatório), caracteriza o dolo genérico para o enquadramento da conduta no art. 11 da Lei 8.429/92 (AgInt no REsp 1630241/SP, DJe 27/06/2018).

Outrossim, tem-se entendido que o dolo exigido para a configuração de improbidade administrativa envolve a "simples vontade consciente de aderir à conduta, produzindo os resultados vedados pela norma jurídica", ou a "anuência aos resultados contrários ao Direito, quando o agente público ou privado deveria saber que a conduta praticada a eles levaria", sendo desnecessário perquirir acerca de finalidades específicas (STJ. AgInt no AREsp 1008646/MG, DJe 22/06/2018).

De qualquer forma, determinados atos irregulares, mesmo que teoricamente identificáveis nas descrições dadas pelos artigos 9°, 10 e 11 da Lei n° 8.429/92, não devem ser caracterizados como atos de improbidade, caso não sejam relevantes ou não envolvam elementos subjetivos que apontem a desonestidade do agente ou do terceiro participante ou beneficiado.

Nessa linha, o STJ entendeu que, "além da compreensão de que basta o dolo genérico - vontade livre e consciente de praticar o ato - para configuração do ato de improbidade administrativa, exige-se, ainda, a nota especial da má-fé, pois a Lei de Improbidade Administrativa não visa punir meras irregularidades ou o inábil, mas sim o desonesto, o corrupto, aquele desprovido de lealdade e boa-fé". No referido julgado, o Tribunal identificou conduta desonesta, de má-fé ou deslealdade, pela ciência da ilegitimidade do ato, tendo em vista anterior manifestação de órgãos de fiscalização (AgInt no AREsp 838.141/MT, DJe 03/12/2018).

A exegese do art. 11 da referida lei, inclusive, deve ser tomada com temperamentos, pois uma interpretação ampliativa poderia ter por ímprobas condutas que são meramente irregulares. Segundo o Superior Tribunal de Justiça, a má-fé torna-se premissa do ato ilegal e ímprobo: a ilegalidade só adquire o status de improbidade quando a conduta antijurídica ferir os princípios constitucionais da Administração Pública e se somar à má intenção do administrador (STJ, REsp 909.446-RN, Julg. 6/4/2010).

O STJ firmou o entendimento de que a improbidade é ilegalidade tipificada e qualificada pelo elemento subjetivo da conduta do agente, sendo indispensável que a conduta do agente seja dolosa, para a tipificação das condutas descritas nos artigos 9º e 11 da Lei nº 8.429/92, ou pelo menos eivada de culpa grave, nas do artigo 10 (STJ, AIA 30/AM, CORTE ESPECIAL, DJe 28/09/2011).

Seguindo este prumo, meras irregularidades administrativas ou o mero atraso na prestação de contas não configura, por si só, ato de improbidade administrativa, sendo necessário demonstrar na conduta omissiva do agente político a presença do elemento subjetivo, consubstanciado no dolo genérico de burlar o comando legal" (STJ. AgInt no AREsp 1143533/PI, DJe 28/06/2018).

> ▸ **Importante!**
>
> O STJ já entendeu que a contratação de servidores públicos sem concurso público, mas baseada em legislação local, não configura improbidade administrativa prevista no art. 11 da Lei 8.429/92, por estar ausente o elemento subjetivo (dolo), necessário para a configuração do ato de improbidade violador dos princípios da administração pública (STJ. AgInt no REsp 1330293/SP, DJe 31/10/2018).

> **Como esse assunto foi cobrado em concurso?**
>
> No concurso para o cargo de Procurador Municipal - PGM/João Pessoa-PB (CESPE/2018), com a seguinte ementa: "Acerca de comportamentos vedados pela Lei n.º 8.429/1992, considerando a jurisprudência do Superior Tribunal de Justiça", foi considerada correta a seguinte alternativa: "c) o ato do agente público que acarrete concessão ou aplicação indevida de benefício financeiro ou tributário caracterizará improbidade administrativa se houver sido praticado com dolo, ainda que genérico".
>
> No concurso para o cargo de Procurador do Estado de Alagoas (CESPE/2009), foi considerada errada a seguinte alternativa: "c) *Em ação de improbidade administrativa, se verificado que o ato praticado pelo agente público ou beneficiário caracteriza-se como culposo, não pode o juiz da causa condená-los a ressarcir o dano ao erário.*"
>
> OBSERVAÇÃO: Conforme registrado acima, o STJ tem externado entendimento que admite a forma culposa, em relação ao ato de improbidade que causa dano ao erário (art. 10).

## 4. DAS SANÇÕES

As sanções derivadas da prática de atos de improbidade possuem **natureza jurídica extrapenal** (civil ou político-administrativa). A própria Constituição Federal (§ 4º do artigo 37) estabelece que os atos de improbidade administrativa importarão, na forma e gradação previstas em lei:

- Ressarcimento ao erário;
- Indisponibilidade dos bens;
- Suspensão dos direitos políticos;
- Perda da função pública.

**A Lei nº 8.429/92 ampliou o rol de medidas punitivas, acrescentando:**

- Perda dos bens ou valores acrescidos ilicitamente.
- Multa civil.
- Proibição de contratar com o Poder Público ou receber benefícios ou incentivos fiscais ou creditícios, direta ou indiretamente, ainda que por pessoa jurídica da qual seja sócio majoritário.

> **Atenção!**
>
> É possível, no âmbito de ação civil pública de improbidade administrativa, a condenação de membro do Ministério Público à pena de perda da função pública prevista no art. 12 da Lei 8.429/1992, mesmo possuindo este, a garantia de vitaliciedade.

> Assim, a demissão ou perda do cargo por ato de improbidade administrativa não só pode ser determinada por sentença condenatória transitada em julgado, em ação específica, cujo ajuizamento deve ser provocado por procedimento administrativo e é da competência do Procurador-Geral, como também pode ocorrer em decorrência do trânsito em julgado da sentença condenatória proferida em ação civil pública prevista na Lei 8.429/1992 (STJ. REsp 1.191.613-MG, DJe 17/4/2015 - Informativo 560).

A doutrina tem admitido a ampliação legal das medidas sancionadoras previstas pela Constituição Federal.

O ressarcimento ao erário, pelo dano ocorrido, deve se dar sempre que houver lesão ao patrimônio público por ação ou omissão, dolosa ou culposa, do agente ou de terceiro. No caso de enriquecimento ilícito, o sujeito ativo (agente público ou terceiro beneficiário) perderá os bens ou valores acrescidos ao seu patrimônio. Nessas duas hipóteses, é possível requerer ao juiz competente, durante o processo, a indisponibilidade dos bens do indiciado que assegurem o integral ressarcimento do dano, ou sobre o acréscimo patrimonial resultante do enriquecimento ilícito.

> ▸ **Importante!**
>
> A **perda da função pública** e a **suspensão dos direitos políticos** só se efetivam com o trânsito em julgado da sentença condenatória.
>
> Não obstante, quando a medida se fizer necessária à instrução processual, a autoridade judicial ou administrativa competente poderá determinar o afastamento do agente público do exercício do cargo, emprego ou função, sem prejuízo da remuneração.
>
> Por fim, vale observar que o nosso ordenamento autoriza a suspensão dos direitos políticos, não a cassação desses direitos.

> ▸ **Como esse assunto foi cobrado em concurso?**
>
> No concurso para o cargo de Procurador Municipal - PGM/João Pessoa-PB (CESPE/2018), foi considerada incorreta a seguinte alternativa: "II - Em ação de improbidade administrativa, embora se admita a concessão de tutela provisória para o bloqueio de bens, não é possível o afastamento cautelar do agente, o que somente poderá ocorrer após o trânsito em julgado da sentença que o reconhecer como autor do ato de improbidade".

As sanções de ressarcimento e indisponibilidade de bens podem ser aplicadas em detrimento do sucessor daquele que causar lesão ao patrimônio público ou se enriquecer ilicitamente, até o limite do valor da herança.

**A sanção de indisponibilidade de bens é possível antes do recebimento da petição inicial**, sendo suficiente a demonstração, em tese, do dano ao Erário e/ou do enriquecimento ilícito do agente, caracterizador do fumus boni iuris; ademais, a aplicação desta sanção independe da comprovação de início de dilapidação patrimonial e pode recair sobre bens adquiridos anteriormente à conduta reputada ímproba (STJ, AgRg no Ag 1423420/BA. 25/10/2011).

Segundo o STJ, a indisponibilidade de bens deve estar adstrita ao dano efetivamente causado, sob pena de enriquecimento ilícito. "O bloqueio patrimonial do acionado em abstrato, sem nenhuma prévia apuração de qual seria o valor do eventual dano, constitui um rematado abuso de poder", constrangendo valores positivos, sem que se tenha ideia de qual seria a dimensão do dano ao erário (STJ. AREsp 752.686/RS, DJe 06/06/2018).

Por outro lado, o mesmo Tribunal entende que, identificando-se indícios de prática de ato de improbidade, é possível a decretação da indisponibilidade de bens, independentemente dos valores envolvidos na demanda (STJ. AgInt no REsp 1440849/PA, DJe 30/05/2018).

> ▸ **Importante!**
>
> Segundo o STJ, ainda que proferida por juízo absolutamente incompetente, é válida a decisão que, em ação civil pública proposta para a apuração de ato de improbidade administrativa, tenha determinado – até que haja pronunciamento do juízo competente – a indisponibilidade dos bens do réu a fim de assegurar o ressarcimento de suposto dano ao patrimônio público.
>
> Segundo aquele Tribunal, de fato, conforme o art. 113, § 2º, do CPC, o reconhecimento da incompetência absoluta de determinado juízo implica, em regra, nulidade dos atos decisórios por ele praticados. Todavia, referida regra não impede que o juiz, em face do poder de cautela previsto nos arts. 798 e 799 do CPC, determine, em caráter precário, medida de urgência para prevenir perecimento de direito ou lesão grave ou de difícil reparação. (STJ. REsp 1.038.199-ES, Rel. Min. Castro Meira, j. 7.5.2013. 2ª T - Info 524).

A aplicação das sanções da Lei de Improbidade independe:

I. da efetiva ocorrência de dano ao patrimônio público, salvo quanto ao ressarcimento;

II. da aprovação ou rejeição das contas pelo órgão de controle interno ou pelo Tribunal ou Conselho de Contas.

O STJ tem entendido ser possível a revisão das penalidades aplicadas em ações de improbidade administrativa em hipóteses excepcionais, nas quais exsurgir a desproporcionalidade entre o ato praticado e as sanções aplicadas (STJ. AgInt nos EDcl no AREsp 485.732/PB, DJe 08/06/2018).

Por fim, cabe salientar que, independentemente das sanções penais, civis e administrativas previstas na legislação específica, está o responsável pelo ato de improbidade sujeito às sanções previstas pela Lei nº 8.429/92, que podem ser aplicadas isolada ou cumulativamente.

Assim, não configura bis in idem a coexistência de título executivo extrajudicial (acórdão do TCU) e sentença condenatória em ação civil pública de improbidade administrativa que determinam o ressarcimento ao erário e se referem ao mesmo fato. Da mesma forma, a condenação pela Justiça Eleitoral ao pagamento de multa por infringência às disposições contidas na Lei n. 9.504/1997 (Lei das Eleições), não impede a imposição de nenhuma das sanções previstas na Lei nº 8.429/1992, pelo ato de improbidade decorrente da mesma conduta.

▸ **Importante!**

A punição no âmbito administrativo (sanção disciplinar) com fundamento na prática de improbidade administrativa independe de provimento judicial que reconheça a conduta de improbidade administrativa (STF, RMS 24194/DF, 13/09/2011).

▸ **Como esse assunto foi cobrado em concurso?**

No concurso para o cargo de Analista de Controle Externo do TCE-MG (CESPE/2018), com a seguinte ementa: "De acordo com a Lei n.º 8.429/1992, agente público que pratique dolosamente ato de improbidade administrativa estará sujeito, entre outras, às penalidades de", foi considerada correta a seguinte alternativa: "b) ressarcimento integral do dano e perda da função pública, no caso de ordenação de despesas não autorizadas por lei"

No concurso para o cargo de Promotor de Justiça do Estado da Bahia (MPE-BA/2015), foi considerada ERRADA a seguinte assertiva "*Segundo a atual jurisprudência do Superior Tribunal de Justiça, a decretação da indisponibilidade de bens em ação de improbidade administrativa depende da comprovação de que o réu esteja dilapidando o próprio patrimônio ou na iminência de fazê-lo*".

No concurso para o cargo de Auditor Substituto do TCE/RJ (FGV/2015), foi considerada correta a seguinte assertiva "*b) o ato de improbidade administrativa pode ser reconhecido em âmbito administrativo, com o intuito de aplicação de pena disciplinar de demissão ao servidor público ímprobo*".

No mesmo concurso, para o cargo de Auditor Substituto do TCE/RJ (FGV/2015), foi considerada ERRADA a seguinte assertiva "*a) promovida a ação civil pública por improbidade administrativa, o processo administrativo de apuração de responsabilidade previsto na Lei anticorrupção será suspenso, ante a existência de prejudicialidade externa;*".

No concurso para o cargo de Procurador do Tribunal de Contas do Estado de Roraima (FCC/2010), com a ementa: "*As sanções aplicáveis aos atos de improbidade administrativa:*" foi considerada correta a seguinte alternativa:

*"e) podem impor a suspensão dos direitos políticos, perda da função pública, indisponibilidade dos bens e ressarcimento ao erário, na forma e gradação previstas em lei, sem prejuízo da ação penal cabível."*

No concurso para o cargo de Promotor de Justiça do Estado de Sergipe (Cespe/2010) foi considerada correta a seguinte alternativa: *"a) A perda da função pública e a suspensão dos direitos políticos, para os que foram condenados por ato de improbidade, somente se podem efetivar após o trânsito em julgado da decisão."*

No 23º concurso para provimento do cargo de Procurador da República, foi considerada errada a seguinte alternativa: *c) Os atos de improbidade administrativa importarão a perda da função pública, a indisponibilidade de bens, o ressarcimento ao erário, e a cassação dos direitos políticos, sem prejuízo da ação penal cabível;*

**OBSERVAÇÃO:** Nosso ordenamento autoriza a suspensão e não a cassação dos direitos políticos.

### 4.1. Da gradação das sanções

A Lei estabeleceu uma gradação nas suas sanções (notadamente nas de suspensão dos direitos políticos, multa civil e proibição de contratar), de acordo com as modalidades de atos de improbidade praticados. São cabíveis as seguintes sanções:

- **Atos que importam enriquecimento ilícito (art. 9º):** perda dos bens ou valores acrescidos ilicitamente ao patrimônio, ressarcimento integral do dano, quando houver, perda da função pública, suspensão dos direitos políticos de oito a dez anos, pagamento de multa civil de até três vezes o valor do acréscimo patrimonial e proibição de contratar com o Poder Público ou receber benefícios ou incentivos fiscais ou creditícios, direta ou indiretamente, ainda que por intermédio de pessoa jurídica da qual seja sócio majoritário, pelo prazo de dez anos;
- **Atos que causam prejuízo ao erário (art. 10):** ressarcimento integral do dano, perda dos bens ou valores acrescidos ilicitamente ao patrimônio, se concorrer esta circunstância, perda da função pública, suspensão dos direitos políticos de cinco a oito anos, pagamento de multa civil de até duas vezes o valor do dano e proibição de contratar com o Poder Público ou receber benefícios ou incentivos fiscais ou creditícios, direta ou indiretamente, ainda que por intermédio de pessoa jurídica da qual seja sócio majoritário, pelo prazo de cinco anos;
- **Atos que atentam contra os princípios Administrativos (art. 11):** ressarcimento integral do dano, se houver, perda da função pública, suspensão dos direitos políticos de três a cinco anos, pagamento de multa civil de até cem vezes o valor da remuneração percebida pelo agente e proibição de contratar com o Poder Público ou receber benefícios ou incentivos fiscais ou

creditícios, direta ou indiretamente, ainda que por intermédio de pessoa jurídica da qual seja sócio majoritário, pelo prazo de três anos.

- **Atos decorrentes de concessão ou aplicação indevida de benefício financeiro ou tributário (art. 10-A):** perda da função pública, suspensão dos direitos políticos de cinco a oito anos e multa civil de até 3 (três) vezes o valor do benefício financeiro ou tributário concedido.

Na fixação das penas previstas nesta lei, o juiz levará em conta a extensão do dano causado, assim como o proveito patrimonial obtido pelo agente.

**QUADRO-RESUMO:**

| | Art. 9º | Art. 10 | Art. 11 | Art. 10-A |
|---|---|---|---|---|
| **Multa civil** | **Até 3 vezes** (acréscimo patrimonial) | **Até 2 vezes** (valor do dano) | **Até 100 vezes** (Remuneração do agente) | Até 3 vezes o valor do benefício financeiro ou tributário |
| **Ressarcimento ao erário** | X | X | X | |
| **Indisponibilidade dos bens** | X | X | x | X |
| **Perda dos bens ou valores acrescidos ilicitamente** | X | X | | |
| **Proibição de contratar, receber benefícios, incentivos fiscais ou creditícios, direta ou indiretamente....** | 10 anos | 5 anos | 3 anos | |
| **Suspensão dos direitos políticos** | 8 a 10 anos | 5 a 8 anos | 3 a 5 anos | 5 a 8 anos |
| **Perda da função pública** | X | X | X | X |

▸ **Importante!**

Por uma interpretação literal, somente caberia a indisponibilidade de bens quando o ato de improbidade causasse lesão ao patrimônio público ou ensejasse enriquecimento ilícito (Artigos 9º e 10). Contudo, a doutrina e a jurisprudência têm conferido ao dispositivo legal uma interpretação lógico-sistemática, **admitindo a indisponibilidade, mesmo na hipótese de ato de improbidade contra princípios,** uma vez que o art. 12, III, da Lei nº 8.429/92, admite expressamente a possibilidade de ocorrência de dano ao erário no ato de improbidade administrativa que atente contra os princípios da Administração Pública.

Noutro diapasão, ainda que se entenda não ser possível a ocorrência de dano ao erário, nos atos improbidade administrativa descritos pelo artigo 11, a indisponibilidade de bens se justificaria pela possibilidade de aplicação de multa civil.

## 5. DA DECLARAÇÃO DE BENS

A posse e o exercício de agente público ficam condicionados à apresentação de declaração dos bens e valores que compõem o seu patrimônio privado, a fim de ser arquivada no serviço de pessoal competente. Tal declaração de bens será anualmente atualizada e na data em que o agente público deixar o exercício do mandato, cargo, emprego ou função. Para esse fim, o declarante, a seu critério, poderá entregar cópia da regular declaração anual de bens apresentada à Delegacia da Receita Federal, com as necessárias atualizações.

O agente público que se recusar a prestar declaração dos bens, dentro do prazo determinado, ou a prestar falsa, poderá ser punido com a pena de demissão, a bem do serviço público, sem prejuízo de outras sanções cabíveis.

Segundo o STJ, a entrega da declaração de rendimentos tem natureza jurídica de obrigação tributária acessória, com finalidade eminentemente fiscal, não gerando presunção de conhecimento, pela Administração, de irregularidade perpetrada pelo servidor que a presta (EDcl no MS 19.533/DF, DJe 22/08/2016).

> **▸ Como esse assunto foi cobrado em concurso?**
>
> No concurso para Juiz do Trabalho do TRT da 18ª Região (FCC/2014), foi considerada correta a seguinte assertiva: "*será punido com a pena de demissão, a bem do serviço público, sem prejuízo de outras sanções cabíveis, o agente público que se recusar a prestar declaração dos bens e valores que compõem seu patrimônio privado no prazo determinado para tanto*".

## 6. DOS PROCESSOS ADMINISTRATIVO E JUDICIAL

**Qualquer pessoa** poderá representar à autoridade administrativa competente ou ao Ministério Público para que seja instaurada investigação destinada a apurar a prática de ato de improbidade. A representação deve ser escrita ou reduzida a termo e assinada, contendo a qualificação do representante, as informações sobre o fato, sua autoria e a indicação das provas.

Caso as formalidades não sejam atendidas, a representação pode ser, fundamentadamente, rejeitada. Atendidos seus requisitos, será determinada a imediata apuração administrativa dos fatos. Deve ser dado conhecimento de tal apuração ao Ministério Público e ao Tribunal de Contas.

Existindo fundados indícios de responsabilidade, a decretação do sequestro (indisponibilidade) dos bens do agente ou do terceiro envolvido pode ser requerida ao juízo competente.

Conforme precedentes do Superior Tribunal de Justiça (AgRg no Ag 1423420/BA, 25/10/2011), a aplicação da sanção indisponibilidade de bens em ação de improbidade administrativa:

a) é possível antes do recebimento da petição inicial;

b) é suficiente a demonstração, em tese, do dano ao Erário e/ou do enriquecimento ilícito do agente, caracterizador do *fumus boni iuris*;

c) independe da comprovação de início de dilapidação patrimonial;

d) pode recair sobre bens adquiridos anteriormente à conduta reputada ímproba.

▸ **Como esse assunto foi cobrado em concurso?**

No concurso para o cargo de Procurador do Município de Boa Vista/RR (CESPE/2010), foi considerada correta a seguinte assertiva: "*O procedimento administrativo cabe à administração pública, mas a Lei de Improbidade permite ao Ministério Público designar um representante do órgão para acompanhar esse procedimento.*"

No concurso para Juiz do TRT da 1ª Região (Cespe/2010), em questão sobre improbidade administrativa, foi considerada correta a seguinte alternativa: "*b) Qualquer cidadão pode representar administrativamente para que seja instaurada investigação destinada a apurar prática de ato de improbidade, e a comissão processante responsável pela apuração deve dar conhecimento do procedimento administrativo ao MP e ao respectivo tribunal ou conselho de contas.*"

No concurso para Procurador Federal (Cespe/2007), foi considerada correta a seguinte assertiva: "*Havendo fundados indícios de responsabilidade de servidor público por ato de improbidade administrativa, à comissão processante também será possível representar à procuradoria do órgão para que requeira ao juízo competente a decretação do seqüestro dos bens do agente ou terceiro que tenha enriquecido ilicitamente ou causado dano ao patrimônio público.*"

A ação judicial, de **rito ordinário,** será proposta pelo Ministério Público ou pela pessoa jurídica interessada (através do respectivo órgão da Advocacia de Estado). Neste último caso, deve o Ministério Público atuar no processo, como fiscal da lei, sob pena de nulidade. O art. 17 da LIA estabelece que a ação civil pública por ato de improbidade administrativa seguirá o "rito ordinário". Tendo em vista o novo CPC, devem ser aplicadas as normas do seu procedimento comum.

Na verdade, o procedimento da ação de improbidade administrativa é híbrido, abrangendo regras específicas contidas na própria Lei, normas do procedimento comum do novo Código de Processo Civil, além de remissões pontuais à Lei nº 4.717/1965 e ao Código de Processo Penal. Para aprofundamento da matéria, sugerimos a leitura da segunda edição de nosso livro "Improbidade Administrativa", pela Editora JusPodivm.

▸ **Atenção!**

Em seu texto original, a Lei de Improbidade (Lei federal nº 8.429/92) vedava a transação, acordo ou conciliação na ação judicial de improbidade (§1º do art. 17). Contudo, recentemente, a Medida Provisória nº 703/2015 revogou tal dispositivo. Com a perda de validade da MP, o dispositivo de vedação volta ter vigência; porém, importante ressaltar que já havia entendimento doutrinário, mesmo antes da referida MP, segundo o qual a aludida vedação não impede que se firme Termo de Ajustamento de Conduta - TAC, nos termos do art. 5º, § 6º, da Lei nº 7.347/1985, para questões ligadas ao aspecto patrimonial do ato de improbidade administrativa.

▸ **Como esse assunto foi cobrado em concurso?**

No concurso para Juiz do Tribunal de Justiça de Alagoas (Cespe/2008), foi considerada correta a seguinte assertiva: "A ação de improbidade administrativa poderia ter sido ajuizada pelo próprio município interessado".

No concurso para Procurador Federal (Cespe/2007), foi considerada errada a seguinte assertiva: "É permitida transação, acordo ou conciliação nas ações de improbidade administrativa, quando o dano causado ao erário for ressarcido".

A propositura da ação prevenirá a jurisdição do juízo para todas as ações posteriormente intentadas que possuam a mesma causa de pedir ou o mesmo objeto.

Estando a inicial devidamente instruída e formalizada, o juiz, após a autuação, ordenará a notificação do requerido, para oferecer manifestação por escrito, em 15 dias. Recebida a manifestação, o juiz decidirá, no prazo de trinta dias, pela rejeição ou pelo recebimento da ação. Uma vez convencido da inexistência do ato de improbidade, da improcedência da ação ou da inadequação da via eleita, rejeitará a ação. Caso contrário, receberá a petição inicial e ordenará que o réu seja citado, para apresentar contestação. Da decisão que receber a petição inicial, caberá **agravo de instrumento**.

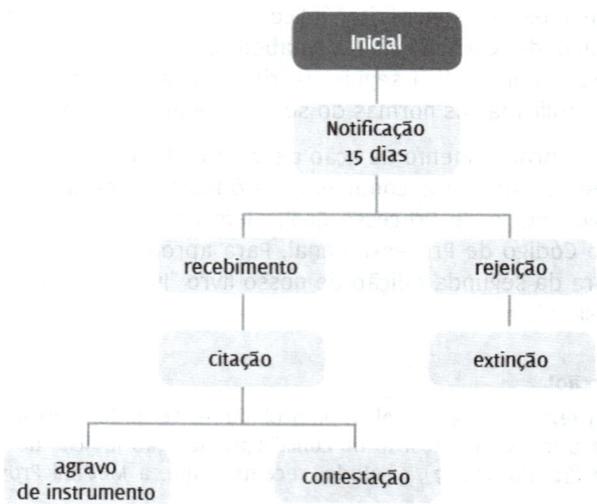

O magistrado deve limitar-se a um juízo preliminar sobre a inexistência do ato de improbidade, da improcedência da ação ou da inadequação da via eleita, apenas com o fim de evitar a ocorrência de lides temerárias (STJ, AgRg no REsp 1168551/MG, 25/10/2011).

A autoridade judicial ou administrativa competente poderá determinar o afastamento do agente público do exercício do cargo, emprego ou função, sem prejuízo da remuneração, quando a medida se fizer necessária à instrução processual. Via de regra, a competência originária para julgamento da ação de improbidade é do juiz de 1º grau.

Em qualquer fase do processo, reconhecida a inadequação da ação de improbidade, o juiz extinguirá o processo sem julgamento do mérito.

O ressarcimento do dano decorrente da procedência da ação será feito em favor da pessoa jurídica prejudicada pelo ilícito.

As ações de improbidade podem ser propostas em até:

- 5 (cinco) anos: após o término do exercício de mandato, de cargo em comissão ou de função de confiança;
- No prazo prescricional da sanção administrativa de demissão, nos casos de exercício de cargo efetivo ou emprego.

No caso de reeleição de prefeito, o termo inicial do prazo prescricional da ação de improbidade administrativa se aperfeiçoa somente após o término do segundo mandato.

Em nível federal, o prazo prescricional da sanção de demissão é de 05 anos, contudo, o respectivo estatuto jurídico das demais entidades federativas pode estabelecer prazo diverso para tal sanção.

O prazo de prescrição do ato de improbidade administrava praticado pelo terceiro beneficiário ou partícipe deve ser o mesmo aplicado, no caso concreto, ao agente público, tendo em vista que sua conduta está ligada diretamente a do agente público ímprobo.

> **Importante!**
>
> Em relação à reparação do dano ao erário, é imprescritível a pretensão de ressarcimento, conforme § 5º do art. 37 da CF/88. Cabe registrar que o STF, recentemente, consagrou a tese de repercussão geral no sentido de que **"é prescritível a ação de reparação de danos à Fazenda Pública decorrente de ilícito civil"**. Essa tese foi elaborada no julgamento do Recurso Extraordinário (RE) 669069 (Sessão do dia 03/02/3016), em que se discutia o prazo de prescrição das ações de ressarcimento por danos causados ao erário, contudo, tal tese não alcançou expressamente prejuízos que decorram de ato de improbidade administrativa, tema não discutido nesse recurso.

> ▸ **Como esse assunto foi cobrado em concurso?**
>
> No concurso para Procurador do MP junto ao TCU (Cespe /2015), foi considerada CORRETA a seguinte assertiva: "D) O prazo de prescrição para que a administração pública federal possa apurar a prática de infração por servidor público sujeita-se a causa interruptiva".
>
> No concurso para Promotor de Justiça do Estado da Bahia (MPE-BA/2015), foi considerada ERRADA a seguinte assertiva: "*A pretensão de reparação do prejuízo causado ao erário pelo agente ímprobo ocupante de mandato eletivo prescreve em 5 (cinco) anos, contados da data da prática do ato de improbidade*".
>
> No mesmo concurso, para Promotor de Justiça do Estado da Bahia (MPE-BA/2015), foi considerada CORRETA a seguinte assertiva: "*O prazo prescricional da ação de improbidade será o mesmo prazo previsto na lei específica por faltas disciplinares puníveis com demissão a bem do serviço público, nos casos de exercício de cargo efetivo ou emprego*".
>
> No concurso para Promotor de Justiça do Estado do Espírito Santo (Cespe/2010), foi considerada correta a seguinte assertiva: "*d) A autoridade judicial ou administrativa competente poderá determinar o afastamento do agente público do exercício do cargo, emprego ou função, sem prejuízo da remuneração, quando a medida se fizer necessária à instrução processual.*"
>
> No concurso para Procurador da República (2013), foi considerada correta a seguinte assertiva:
>
> b) A prescrição das penalidades previstas na Lei 8.429/92 não obsta ao prosseguimento da ação de improbidade administrativa quanto ao pedido de ressarcimento dos danos causados ao Erário.

## 7. DA RESPONSABILIZAÇÃO OBJETIVA ADMINISTRATIVA E CIVIL DE PESSOAS JURÍDICAS PELA PRÁTICA DE ATOS CONTRA A ADMINISTRAÇÃO PÚBLICA (LEI Nº 12.846/2013)

### 7.1. Introdução

Em agosto de 2013, foi publicada a Lei nº 12.846/2013, a qual tem por objeto dispor sobre a **responsabilização objetiva administrativa e civil de pessoas jurídicas,** pela prática de atos ilícitos contra a administração pública, nacional ou estrangeira.

> ▸ **Importante!**
>
> Considera-se administração pública estrangeira os órgãos e entidades estatais ou representações diplomáticas de país estrangeiro, de qualquer nível ou esfera de governo, bem como as pessoas jurídicas controladas, direta ou indiretamente, pelo poder público de país estrangeiro.
>
> Equiparam-se à administração pública estrangeira as organizações públicas internacionais.

A referida Lei foi aprovada com o intuito de combater a proliferação de abusos praticados por empresas, em detrimento do poder Público, notadamente nas relações contratuais e de regulação.

> **Atenção!**
>
> Em dezembro de 2015, a Medida Provisória nº 703 provocou alterações na Lei federal nº 12.846/2013. Contudo, recentemente, a referida MP perdeu sua validade, o que, ao menos por enquanto, faz retornar o regime jurídico antigo da citada Lei federal. É importante que o candidato esteja atento para esta mudança de regime, fundamental no estudo da matéria.

Submetem-se à referida responsabilização, as sociedades empresárias e as sociedades simples, personificadas ou não, independentemente da forma de organização ou modelo societário adotado, bem como quaisquer fundações, associações de entidades ou pessoas, ou sociedades estrangeiras, que tenham sede, filial ou representação no território brasileiro, constituídas de fato ou de direito, ainda que temporariamente.

Segundo a Lei, as pessoas jurídicas serão responsabilizadas **objetivamente** pelos atos lesivos ali previstos, praticados em seu interesse ou benefício, exclusivo ou não. A aludida responsabilização pode ocorrer nos âmbitos **administrativo** e **civil**; ademais, ela não exclui a responsabilidade individual de seus dirigentes ou administradores ou de qualquer pessoa natural, autora, coautora ou partícipe do ato ilícito.

Subsiste a responsabilidade da pessoa jurídica na hipótese de alteração contratual, transformação, incorporação, fusão ou cisão societária.

> **Importante!**
>
> Nas hipóteses de fusão e incorporação, a responsabilidade da sucessora será restrita à obrigação de pagamento de multa e reparação integral do dano causado, até o limite do patrimônio transferido, não sendo aplicáveis as demais sanções previstas nesta Lei decorrentes de atos e fatos ocorridos antes da data da fusão ou incorporação, **exceto no caso de simulação ou evidente intuito de fraude, devidamente comprovados.**

> **Como esse assunto foi cobrado em concurso?**
>
> No concurso para o cargo de Auditor Substituto do TCE/RJ (FGV/2015), foi considerada ERRADA a seguinte assertiva *"dado o caráter sancionatório da lei anticorrupção, a responsabilidade da pessoa jurídica é de natureza subjetiva, isto é, para aplicação das sanções, é imprescindível a demonstração da culpa"*.

### 7.2. Dos atos lesivos à administração pública

Assim como na Lei de improbidade, a Lei nº 12.846/2013 define quais seriam os atos lesivos à administração pública, nacional ou estrangeira, para fins de aplicação das sanções nela previstas. Tais atos seriam:

- prometer, oferecer ou dar, direta ou indiretamente, vantagem indevida a agente público, ou a terceira pessoa a ele relacionada;
- comprovadamente, financiar, custear, patrocinar ou de qualquer modo subvencionar a prática dos atos ilícitos previstos na Lei;
- comprovadamente, utilizar-se de interposta pessoa física ou jurídica para ocultar ou dissimular seus reais interesses ou a identidade dos beneficiários dos atos praticados;
- em relação às licitações e aos contratos:
  - frustrar ou fraudar, mediante ajuste, combinação ou qualquer outro expediente, o caráter competitivo de procedimento licitatório público;
  - impedir, perturbar ou fraudar a realização de qualquer ato de procedimento licitatório público;
  - afastar ou procurar afastar licitante, por meio de fraude ou oferecimento de vantagem de qualquer tipo;
  - fraudar licitação pública ou contrato dela decorrente;
  - criar, de modo fraudulento ou irregular, pessoa jurídica para participar de licitação pública ou celebrar contrato administrativo;
  - obter vantagem ou benefício indevido, de modo fraudulento, de modificações ou prorrogações de contratos celebrados com a administração pública, sem autorização em lei, no ato convocatório da licitação pública ou nos respectivos instrumentos contratuais; ou
  - manipular ou fraudar o equilíbrio econômico-financeiro dos contratos celebrados com a administração pública;
  - dificultar atividade de investigação ou fiscalização de órgãos, entidades ou agentes públicos, ou intervir em sua atuação, inclusive no âmbito das agências reguladoras e dos órgãos de fiscalização do sistema financeiro nacional.

A autoridade competente que, tendo conhecimento dessas infrações, não adotar providências para a apuração dos fatos será responsabilizada penal, civil e administrativamente, nos termos da legislação específica aplicável.

### 7.3. Da responsabilização administrativa

Necessário perceber que, diferentemente da Lei de improbidade, a Lei nº 12.846/2013 tem como foco principal a responsabilização das pessoas jurídicas praticantes dos atos ilícitos por ela descritos.

Na **esfera administrativa**, as **pessoas jurídicas,** consideradas responsáveis pelos atos lesivos previstos na Lei, poderão sofrer as seguintes sanções:

- **multa.** No valor de 0,1% (um décimo por cento) a 20% (vinte por cento) do faturamento bruto do último exercício anterior ao da instauração do processo administrativo, excluídos os tributos, a qual nunca será inferior à vantagem auferida, quando for possível sua estimação. Quando não for possível utilizar o critério do valor do faturamento bruto da pessoa jurídica, a multa será estipulada entre R$ 6.000,00 (seis mil reais) a R$ 60.000.000,00 (sessenta milhões de reais).

- **publicação extraordinária da decisão condenatória.** Ela ocorrerá na forma de extrato de sentença, a expensas da pessoa jurídica, em meios de comunicação de grande circulação na área da prática da infração e de atuação da pessoa jurídica ou, na sua falta, em publicação de circulação nacional, bem como por meio de afixação de edital, pelo prazo mínimo de 30 (trinta) dias, no próprio estabelecimento ou no local de exercício da atividade, de modo visível ao público, e no sítio eletrônico na rede mundial de computadores.

As sanções podem ser aplicadas isolada ou cumuladamente, sempre de forma fundamentada **e precedida da manifestação jurídica elaborada pela Advocacia Pública ou pelo órgão de assistência jurídica** (ou equivalente) do ente público.

> ▸ **Importante!**
>
> Trata-se de um parecer obrigatório, mas não vinculante, já que a lei não estabeleceu tal condição à manifestação de assessoramento.

A instauração e o julgamento de processo administrativo para apuração da responsabilidade de pessoa jurídica cabem à autoridade máxima de cada órgão ou entidade dos Poderes Executivo, Legislativo e Judiciário. Esta instauração pode ser "de ofício" ou mediante provocação, mas sempre respeitando o contraditório e a ampla defesa.

A Lei admite a delegação da competência para a instauração e o julgamento do processo administrativo de apuração de responsabilidade da pessoa jurídica, mas veda a subdelegação.

> ▸ **Importante!**
>
> No âmbito do Poder Executivo federal, a Controladoria-Geral da União - CGU terá competência concorrente para instaurar processos administrativos de responsabilização de pessoas jurídicas ou para avocar os processos instaurados com fundamento nesta Lei, para exame de sua regularidade ou para corrigir-lhes o andamento. Frise-se que, sendo tal competência estabelecida pela Lei, no âmbito do Poder Executivo, a avocação ocorrerá, independentemente da existência de relação de subordinação hierárquica.
>
> Outrossim, a Controladoria-Geral da União - CGU detém a competência para a apuração, o processo e o julgamento dos atos ilícitos previstos nesta Lei, praticados contra a **administração pública estrangeira**.

O processo administrativo para apuração da responsabilidade de pessoa jurídica será conduzido por **comissão** designada pela autoridade instauradora, que deve ser composta por **2 (dois) ou mais servidores estáveis.**

A comissão poderá, cautelarmente, propor à autoridade instauradora que suspenda os efeitos do ato ou processo objeto da investigação, bem como requerer ao órgão de representação judicial que sejam tomadas as medidas judiciais necessárias para a investigação e o processamento das infrações, dentre elas, a busca e apreensão.

A pessoa jurídica investigada terá prazo de **30 (trinta) dias para defesa**, contados a partir da intimação, além da produção de provas necessárias.

A **comissão** deverá concluir o processo no **prazo de 180 (cento e oitenta)** dias (**prorrogáveis pela autoridade instauradora**), contados da data da publicação do ato que a instituir, apresentando, ao final, relatório no qual irá sugerir motivadamente as sanções aplicáveis, remetendo-o à autoridade instauradora.

De acordo com a Lei nº 12.846/2013, "a **personalidade jurídica poderá ser desconsiderada** sempre que utilizada com abuso do direito para facilitar, encobrir ou dissimular a prática dos atos ilícitos nela previstos ou para provocar confusão patrimonial, sendo estendidos todos os efeitos das sanções aplicadas à pessoa jurídica aos seus administradores e sócios com poderes de administração, observados o contraditório e a ampla defesa".

> **▸ Como esse assunto foi cobrado em concurso?**
>
> No concurso para Juiz do Tribunal de Justiça de São Paulo (Vunesp/2015), foi considerada ERRADA a seguinte assertiva: "*Com base na LAC, podem ser aplicadas na esfera administrativa as sanções de multa, publicação extraordinária da decisão condenatória e declaração de inidoneidade da pessoa jurídica envolvida nos ilícitos*".
>
> No mesmo concurso, para Juiz do Tribunal de Justiça de São Paulo (Vunesp/2015), foi considerada ERRADA a seguinte assertiva: "*A competência para instauração e julgamento do processo administrativo de responsabilização por atos de corrupção pelos envolvidos caberá à autoridade máxima de cada órgão ou ente público do respectivo poder, vedada a delegação desta competência*".

## 7.4. Da responsabilização judicial

Além da possibilidade de responsabilização na esfera administrativa, a Lei nº 12.846/2013 previu a possibilidade de responsabilização na **esfera judicial**, em razão dos "atos lesivos à administração pública".

Assim, diante da prática dos referidos atos, além do processamento administrativo, firma a Lei que a União, os Estados, o Distrito Federal e os Municípios, por meio das respectivas Advocacias Públicas ou órgãos de representação judicial (ou equivalentes) e o Ministério Público, poderão ajuizar ação, com pleito de sancionamento em detrimento das pessoas jurídicas infratoras.

A responsabilização da pessoa jurídica na esfera administrativa não afasta a possibilidade de sua responsabilização na esfera judicial.

> **Importante!**
>
> A Lei nº 12.846/2013 restringiu a titularidade na ação judicial ao Ministério Público e aos entes federativos (União, estados, municípios e DF), através do respectivo órgão da Advocacia de Estado, não mencionando as autarquias e demais entes da Administração indireta.

A responsabilização na esfera judicial pode dar ensejo às seguintes **sanções**, que serão aplicadas cumulativamente ou não:

- perdimento dos bens, direitos ou valores que representem vantagem ou proveito direta ou indiretamente obtidos da infração, ressalvado o direito do lesado ou de terceiro de boa-fé;
- suspensão ou interdição parcial de suas atividades;
- dissolução compulsória da pessoa jurídica;
- proibição de receber incentivos, subsídios, subvenções, doações ou empréstimos de órgãos ou entidades públicas e de instituições financeiras públicas ou controladas pelo poder público, pelo prazo mínimo de 1 (um) e máximo de 5 (cinco) anos.

Havendo motivo justo, poderá ser requerida a **indisponibilidade de bens, direitos ou valores** necessários à garantia do pagamento da multa ou da reparação integral do dano causado, ressalvado o direito do terceiro de boa-fé.

A condenação judicial torna certa a obrigação de reparar, integralmente, o dano causado pelo ilícito, cujo valor será apurado em posterior liquidação, se não constar expressamente da sentença.

> **Importante!**
>
> Nas ações ajuizadas pelo Ministério Público, além das sanções acima, poderão ser aplicadas também as sanções administrativas já citadas, quando constatada a omissão das autoridades competentes para promover aquela responsabilização.

A **dissolução compulsória** da pessoa jurídica apenas será determinada em caso comprovado que:

- a personalidade jurídica foi utilizada de forma habitual para facilitar ou promover a prática de atos ilícitos; ou

- a pessoa jurídica foi constituída para ocultar ou dissimular interesses ilícitos ou a identidade dos beneficiários dos atos praticados.

> **Importante!**
> A partícula "ou" indica que as hipóteses acima são alternativas, bastando a constatação de uma delas para a incidência da sanção.

### 7.5. Do acordo de leniência

As pessoas jurídicas responsáveis pela prática dos atos previstos na Lei nº 12.846/2013, que colaborem efetivamente com as investigações, poderão celebrar o chamado acordo de leniência. A competência para celebrar o acordo de leniência, em geral, é da autoridade máxima de cada órgão ou entidade pública.

> **Importante!**
> No âmbito do Poder Executivo federal, a Controladoria-Geral da União - CGU detém a **competência** para celebrar os acordos de leniência, bem como no caso de atos lesivos praticados contra a administração pública estrangeira.

Para tanto, a colaboração deve resultar na:

- identificação dos demais envolvidos na infração, quando couber; e
- obtenção célere de informações e documentos que comprovem o ilícito sob apuração.

Além disso, a celebração do **acordo de leniência** exige o **preenchimento, cumulativo,** dos seguintes **requisitos:**

- a pessoa jurídica seja a primeira a se manifestar sobre seu interesse em cooperar para a apuração do ato ilícito;
- a pessoa jurídica deve cessar completamente seu envolvimento na infração investigada, a partir da data de propositura do acordo;
- a pessoa jurídica deve admitir sua participação no ilícito e cooperar plena e permanentemente com as investigações e o processo administrativo, comparecendo, sob suas expensas, sempre que solicitada, a todos os atos processuais, até seu encerramento.

A celebração do acordo de leniência isentará a pessoa jurídica das sanções "publicação extraordinária da decisão condenatória" e reduzirá em até 2/3 (dois terços) o valor da multa aplicável.

De acordo com a redação original da Lei 12.846/2013, o acordo de leniência também isenta a pessoa jurídica da sanção "proibição de receber incentivos, subsídios, subvenções, doações ou empréstimos de órgãos ou entidades públicas e de instituições financeiras públicas ou controladas pelo poder público". Esta sanção pode ser aplicada, em processo judicial, pelo prazo mínimo de 1 (um) e máximo de 5 (cinco) anos. Em nossa opinião, é de duvidosa constitucionalidade a prerrogativa dada à autoridade administrativa para, através do acordo de leniência, suplantar a decisão judicial de aplicação de uma das sanções (judiciais) previstas pela Lei.

> **Importante!**
>
> O acordo de leniência não exime a pessoa jurídica da obrigação de reparar integralmente o dano causado.

O acordo de leniência estipulará as condições necessárias para assegurar a efetividade da colaboração e o resultado útil do processo, estendendo seus efeitos às pessoas jurídicas que integram o mesmo grupo econômico, de fato e de direito, desde que firmem o acordo em conjunto, respeitadas as condições nele estabelecidas.

A proposta de acordo de leniência somente se tornará pública após a efetivação do respectivo acordo, salvo no interesse das investigações e do processo administrativo. Outrossim, a proposta de acordo de leniência rejeitada não importará em reconhecimento da prática do ato ilícito investigado.

> **Importante!**
>
> Em caso de descumprimento do acordo de leniência, a pessoa jurídica ficará impedida de celebrar novo acordo pelo prazo de 3 (três) anos contados do conhecimento pela administração pública do referido descumprimento.

A Administração Pública poderá também celebrar acordo de leniência com a pessoa jurídica responsável por atos e fatos investigados previstos na Lei nº 8.666/93, com vistas à isenção ou à atenuação das respectivas sanções administrativas.

> **Como esse assunto foi cobrado em concurso?**
>
> No concurso para o cargo de Procurador do Estado – MT (FCC/2016), com a seguinte ementa: "Descobriu-se, por meio de denúncia de um ex-funcionário, acompanhada de farta documentação (recibos, transferências bancárias, anotações manuscritas etc.) que a empresa X participou de esquema para fraudar licitações no âmbito da Administração Estadual. A referida empresa se propôs a celebrar acordo de leniência e colaborar nas investigações, permitindo a identificação de outras empresas envolvidas e fornecendo provas capazes de acelerar a apuração do ilícito. Diante da situação mencionada, conclui-se:" Foi considerada correta a seguinte alternativa: "(A) Ao celebrar o acordo de leniência, a Administração Pública poderá isentar a empresa das penalidades previstas na Lei de Licitações e Contratos (Lei nº 8.666/93)."

### 7.6. Da prescrição

As infrações previstas na Lei nº 12.846/2013 **prescrevem em 5 (cinco) anos**, contados da data da ciência da infração ou, no caso de infração permanente ou continuada, do dia em que tiver cessado.

A instauração de processo, objetivando a apuração da infração, **interrompe a prescrição**, na esfera administrativa ou judicial.

> **Importante!**
> A celebração do acordo de leniência também interrompe o prazo prescricional dos atos ilícitos previstos pela Lei nº 12.846/2013.

A aplicação das sanções previstas na Lei nº 12.846/2013 não afeta os processos de responsabilização e aplicação de penalidades decorrentes de:

- ato de improbidade administrativa nos termos da Lei nº 8.429, de 2 de junho de 1992; e
- atos ilícitos alcançados pela Lei nº 8.666, de 21 de junho de 1993, ou outras normas de licitações e contratos da administração pública, inclusive no tocante ao Regime Diferenciado de Contratações Públicas - RDC instituído pela Lei nº 12.462, de 4 de agosto de 2011.

Capítulo **16**

# Controle da Administração Pública

*Fernando Baltar*

## 1. INTRODUÇÃO

No desempenho de suas funções a Administração Pública deve se guiar pelos princípios constitucionais da legalidade, impessoalidade, moralidade, publicidade e eficiência, submetendo-se à sua fiscalização interna, bem como à fiscalização dos Poderes Legislativo e Judiciário.

Cabe recordar que o Poder Legislativo e o Judiciário, quando exercem função administrativa, também integram a Administração Pública.

Com base nesses elementos, pode-se definir o controle da Administração Pública como **o poder de verificação e correção exercido pelos Poderes Judiciário, Legislativo e Executivo, sobre os atos produzidos pela Administração, visando aferir a observância das normas e princípios de regência.**

## 2. CLASSIFICAÇÃO

O controle da Administração pode ser classificado:

a) conforme o momento a ser exercido;

b) conforme a amplitude;

c) conforme a origem.

Vejamos a síntese das principais classificações:

### 2.1. Conforme o momento a ser exercido

#### 2.1.1. *Controle prévio, preventivo ou "a priori"*

É todo aquele exercido com antecedência à prática do ato pela Administração. Exemplos: a necessidade da Advocacia-Geral da União analisar e aprovar previamente os editais e contratos dos órgãos do Poder Executivo Federal (art. 38, parágrafo único da Lei nº 8.666/93), a autorização do Senado Federal para a União, o Estado-Membro ou o Município contrair empréstimo externo, dentre outros.

### 2.1.2. *Controle concomitante ou sucessivo*

É exercido durante a realização do ato para verificar a sua regularidade. Exemplos: a realização de auditoria durante a execução do orçamento, a fiscalização de um contrato em andamento.

### 2.1.3. *Controle subsequente, corretivo "a posteriori"*

É desempenhado após a conclusão do ato, visando a convalidar ou declarar a nulidade do ato administrativo. Exemplos: a homologação de uma licitação, a aprovação de uma autoridade hierarquicamente superior, sustação dos efeitos de um decreto regulamentar que ultrapasse o poder regulamentar do Chefe do Poder Executivo.

Convém destacar que o controle judicial dos atos administrativos, apesar de poder ser exercido previamente (ex.: mandado de segurança preventivo) é, via de regra, posterior.

## 2.2. Conforme a amplitude

### 2.2.1. *Controle hierárquico*

É o que resulta automaticamente do escalonamento vertical dos órgãos da Administração Pública, em que os inferiores estão subordinados aos superiores. Esta subordinação não depende de previsão legal e é exercida de forma ampla, sem restrições, envolvendo o controle de legalidade, como também o de conveniência e oportunidade.

Do **controle hierárquico** decorrem as faculdades de dar ordens, fiscalizar e rever a atuação dos subordinados, delegar e avocar competências.

### 2.2.2. *Controle finalístico, tutela ou supervisão ministerial*

É o exercido pela Administração Direta sobre as entidades integrantes da Administração Indireta. Enquanto o controle hierárquico é exercido dentro de uma única pessoa, o controle finalístico é desempenhado por uma pessoa sobre outra e, portanto, nos limites de amplitude e intensidade definidos por lei.

Trata-se de controle teleológico, onde será aferida a adequação da entidade controlada aos objetivos traçados pelo governo e que são almejados pelo Estado.

## 2.3. Conforme origem

### 2.3.1. *Controle interno*

É todo aquele realizado pela própria Administração, mais especificamente dentro de um mesmo Poder. O controle hierárquico é exemplo, mas não a única forma de exercício do controle interno dos atos administrativos.

> **Como esse assunto foi cobrado em concurso?**
>
> No concurso para provimento do cargo de Promotor de Justiça do Amapá (2007), com a seguinte ementa: *"Assinale a opção correta acerca do controle da administração pública"*, foi considerada incorreta a seguinte alternativa: *"O controle que os chefes exercem sobre os seus subordinados, na estrutura de um órgão público, é uma modalidade de controle externo"*.

A Constituição Federal, em seu art. 74, determina que os três Poderes de Estado deverão manter um sistema de **controle interno** de forma integrada com a finalidade de:

I. avaliar o cumprimento das metas previstas no plano plurianual, a execução dos programas de governo e dos orçamentos da União;

II. comprovar a legalidade e avaliar os resultados, quanto à eficácia e eficiência, da gestão orçamentária, financeira e patrimonial nos órgãos e entidades da administração federal, bem como da aplicação de recursos públicos por entidades de direito privado;

III. exercer o controle das operações de crédito, avais e garantias, bem como dos direitos e haveres da União;

IV. apoiar o controle externo no exercício de sua missão institucional.

Os responsáveis pelo controle interno, ao tomarem conhecimento de qualquer irregularidade, dela deverão dar ciência ao Tribunal de Contas, sob pena de **responsabilidade solidária**.

### 2.3.2. *Controle externo*

É o exercido por órgão integrante a Poder distinto do órgão responsável pela prática do ato controlado. Tradicionalmente, este controle abrange:

| Controle externo | | |
|---|---|---|
| **Controle legislativo direto** | **Controle legislativo indireto** | **Controle judicial** |
| é realizado pelo parlamento, através de seus representantes diretos (parlamentares). Por exemplo, quando há sustação, pelo Congresso Nacional, dos atos administrativos normativos que extrapolam o poder regulamentar. | é aquele exercido pelo Tribunal de Contas, que é órgão auxiliar do Poder Legislativo. Por exemplo, na apreciação das contas do Executivo, do Judiciário e do próprio Legislativo, pelas cortes de contas. | É aquele exercido pelos membros do Poder Judiciário. Por exemplo, quando um Juiz anula um ato administrativo, por identificar ilegalidade em sua prática. |

### 2.3.2.1. *Controle externo popular*

É o controle dos atos administrativos desempenhado pelo **cidadão.** Conforme estabelece o § 2º, do art. 74, da Constituição Federal de 1988: Qualquer cidadão, partido político, associação ou sindicato é parte legítima para, na forma da lei, denunciar irregularidades ou ilegalidades perante o Tribunal de Contas da União.

#### 2.3.2.1.1. Ação popular

O art. 5º, inciso LXXIII, da Constituição Federal, estabelece que qualquer cidadão é parte legítima para propor ação popular que vise a anular ato lesivo ao patrimônio público ou de entidade de que o Estado participe, à moralidade administrativa, ao meio ambiente e ao patrimônio histórico e cultural.

A **legitimidade ativa** para impetrar ação popular é reconhecida pela Constituição Federal de 1988 a **qualquer cidadão,** que pode questionar a legalidade e a moralidade dos atos administrativos, provocando o Poder Judiciário ou a própria Administração.

A **legitimação passiva** repousará na:

- União, Distrito Federal, Estados e Municípios;
- autarquias, fundações públicas, empresas estatais;
- serviços sociais autônomos (setor "S", SESI, SESC, SENAC, etc.);
- instituições ou fundações para cuja criação ou custeio o tesouro público haja concorrido ou concorra com mais de cinquenta por cento do patrimônio ou da receita ânua.

O **objeto** da ação popular, conforme já asseverado acima será a lesão ao:

- patrimônio público;
- à moralidade administrativa;
- meio ambiente; e
- patrimônio histórico e cultural.

> ▸ **Importante!**
>
> Prescreve em cinco anos o direito do cidadão se valer da ação popular para invalidar os atos administrativos lesivos a um dos objetos acima listados.

#### 2.3.2.1.2. Mandado de segurança

O mandado de segurança é outro instrumento de defesa do indivíduo, contra atos ilegais da Administração. Ele pode ser usado nas formas **individual** ou **cole-**

**tivo**, e está previsto expressamente no art. 5º, LXIX, da CF, com regulamentação recente pela **Lei nº 12.016, de 07 de agosto de 2009**.

Segundo a Lei nº 12.016/2009, "conceder-se-á mandado de segurança para proteger direito líquido e certo, não amparado por habeas corpus ou habeas data, sempre que, ilegalmente ou com abuso de poder, qualquer pessoa física ou jurídica sofrer violação ou houver justo receio de sofrê-la por parte de autoridade, seja de que categoria for e sejam quais forem as funções que exerça".

O mandado de segurança é uma **ação mandamental** (visa obter uma ordem judicial e não uma condenação) de **rito sumário**.

No mandado de segurança **individual**, a **legitimação ativa** é conferida:

- ao indivíduo titular de direito líquido e certo não amparado por habeas corpus ou habeas data (que deverá ser representado por um advogado);
- Ao titular de direito líquido e certo decorrente de direito, em condições idênticas, de terceiro que poderá impetrar mandado de segurança a favor do direito originário, se o seu titular não o fizer, no prazo de 30 (trinta) dias, quando notificado judicialmente.

No mandado de segurança **coletivo**, por sua vez, estão **legitimados ativamente**:

- o partido político com representação no Congresso Nacional, na defesa de seus interesses legítimos relativos a seus integrantes ou à finalidade partidária;
- a organização sindical, entidade de classe ou associação legalmente constituída e em funcionamento há, pelo menos, 1 (um) ano, em defesa de direitos líquidos e certos da totalidade, ou de parte, dos seus membros ou associados, na forma dos seus estatutos e desde que pertinentes às suas finalidades, dispensada, para tanto, autorização especial.

O **objeto** do mandado de segurança **individual** é o direito líquido e certo, não amparado por *habeas corpus* ou *habeas data*, que esteja sendo violado por **abuso de poder**.

- **Direito líquido e certo.** Conforme as clássicas lições de Hely Lopes Meirelles, direito líquido e certo é aquele que se apresenta manifesto na sua existência, delimitado na sua extensão e apto a ser exercitado no momento da impetração. Por tal razão, a liquidez e certeza do direito devem estar comprovadas por meio de documentos, não se admitindo a produção de provas no mandado de segurança.

O **mandado de segurança coletivo** é admitido para a proteção dos seguintes direitos:

- **coletivos**, assim entendidos, os transindividuais, de natureza indivisível, de que seja titular grupo ou categoria de pessoas ligadas entre si ou com a parte contrária por uma relação jurídica básica;

- **individuais homogêneos**, os decorrentes de origem comum e da atividade ou situação específica da totalidade ou de parte dos associados ou membros do impetrante.

Os **direitos coletivos** ou **transindividuais** são interesses indivisíveis de pessoas indeterminadas que estão ligadas por uma circunstância fática. Exemplo de direito transindividual é o decorrente da contaminação de um rio e de seu mangue por uma indústria. Não há como se precisar quais as pessoas que foram lesadas com esse fato, nem se pode, por consequência, quantificar individualmente o dano sofrido.

Os **direitos individuais homogêneos,** segundo o Código de Defesa do Consumidor, são os interesses de grupo, categoria ou classe de pessoas determinadas ou determináveis, que compartilhem prejuízos divisíveis, de origem comum, normalmente oriundos das mesmas circunstâncias de fato. Exemplo: caso um fabricante de *notebook* venha a vender um lote desse produto com defeitos de fabricação, os proprietários (indivíduos determinados ou determináveis) possuirão interesses individuais e homogêneos à reparação.

É parte legítima para figurar no **polo passivo** da ação de mandado de segurança qualquer autoridade, independentemente da sua categoria ou das funções que exerça.

> **Importante!**
>
> A nova lei do mandado de segurança equipara às autoridades os representantes ou órgãos de partidos políticos e os administradores de entidades autárquicas, bem como os dirigentes de pessoas jurídicas ou as pessoas naturais no exercício de atribuições do poder público, somente no que disser respeito a essas atribuições.
>
> Todavia, a Lei não admite mandado de segurança contra os atos de gestão comercial praticados pelos administradores de empresas públicas, de sociedade de economia mista e de concessionárias de serviço público.

O mandado de segurança poderá ser **preventivo** ou **repressivo**.

| Preventivo | Repressivo |
|---|---|
| Visa evitar a lesão a direito líquido e certo por autoridade. | Busca corrigir o abuso de poder praticado por autoridade. |

## 3. CONTROLE EXERCIDO PELA PRÓPRIA ADMINISTRAÇÃO

A Administração, em face do seu poder de **autotutela**, ainda que não tenha sido provocada, pode invalidar os seus atos sob o aspecto da conveniência e oportunidade **(revogação)** ou, ainda, em face de sua ilegalidade **(anulação)**. Trata-se, portanto, de **controle interno de legitimidade e de mérito**.

Nesse sentido o entendimento sumulado (Súmula nº 473) do STF, no sentido de que "a Administração pode anular seus próprios atos, quando eivados de vícios que os tornem ilegais, porque deles não se originam direitos; ou revogá-los, por motivo de conveniência ou oportunidade, respeitados os direitos adquiridos, e ressalvada, em todos os casos, a apreciação judicial".

Os mecanismos de controle se dividem em **fiscalização hierárquica** e **recursos administrativos**, embora a lei possa especificar outras modalidades mais adequadas para certos órgãos, entes ou atividades da Administração direta ou indireta.

A fiscalização hierárquica foi abordada no tópico 2.2.1, do presente capítulo, ao qual remetemos o leitor.

### 3.1. Recursos administrativos

Segundo Maria Sylvia Di Pietro "recursos administrativos são todos os meios que podem utilizar os administrados para provocar o reexame do ato pela Administração Pública".

> ▸ **Como esse assunto foi cobrado em concurso?**
>
> No concurso para provimento do cargo de Promotor de Justiça do Estado de Roraima-2008, foi considerada correta a seguinte assertiva: "*Os recursos administrativos constituem mecanismos de controle interno, por meio do qual a administração é provocada a fiscalizar seus próprios atos, visando ao atendimento do interesse público e a preservação da legalidade*".

O nosso ordenamento jurídico não admite decisões únicas e irrecorríveis. Noutro diapasão, a Lei nº 9.784/99, que traça regras gerais para os processos administrativos no âmbito federal, limita a **três** o número máximo de instâncias, salvo disposição legal em contrário.

#### *3.1.1. Legitimidade e prazos para impetração dos recursos administrativos*

Segundo o art. 58, da Lei nº 9.784/99, possuem legitimidade para interpor recurso administrativo:

- os titulares de direitos e interesses que forem parte no processo;
- aqueles cujos direitos ou interesses forem indiretamente afetados pela decisão recorrida;
- as organizações e associações representativas, no tocante a direitos e interesses coletivos;
- os cidadãos ou associações, quanto a direitos ou interesses difusos.

Salvo disposição legal específica, é de dez dias o prazo para interposição de recurso administrativo, contado a partir da ciência ou divulgação oficial da decisão recorrida.

▸ **Como esse assunto foi cobrado em concurso?**

No concurso para provimento do cargo de Procurador junto ao TCE/SC - 2010, realizado pela FEPESE, *foi considerada incorreta* a seguinte assertiva: *"Nos termos da Lei nº 9784, de 29 de janeiro de 1999, somente poderão legitimamente interpor recurso administrativo os titulares de direitos e interesses que forem parte no processo."*.

### 3.1.2. Efeitos

Os recursos administrativos podem possuir efeito devolutivo e/ou suspensivo. O **efeito devolutivo** é inerente a todo e qualquer recurso e independe de previsão legal, visto que consiste na devolução da matéria para análise por parte da autoridade competente. Já o **efeito suspensivo** não se presume e depende de previsão legal, suspendendo os efeitos do ato impugnado até a decisão do recurso.

| | | |
|---|---|---|
| Efeito devolutivo | Independe de previsão legal (presumido) | Devolve a matéria para apreciação pela autoridade competente |
| Efeito suspensivo | Depende de previsão legal (não se presume) | Suspende os efeitos do ato impugnado até a decisão do recurso |

O recurso administrativo com efeito suspensivo produz de imediato duas consequências fundamentais:

- Impede a fluência do prazo prescricional;
- Impossibilita juridicamente a utilização das ações judiciais para impugnação do ato administrativo recorrido;

Esta última consequência decorre do raciocínio de que, com a suspensão dos efeitos do ato, não há que se falar em lesão, carecendo o administrado de interesse jurídico (uma das condições da ação) para provocar o Poder Judiciário. É dizer, enquanto houver disponibilidade de impetração de recurso administrativo, com efeito suspensivo, não haverá interesse de agir judicialmente para o administrado. Todavia, caso o interessado deixe escoar o prazo para impetração do recurso administrativo, o ato começará a produzir seus efeitos havendo lesão e consequentemente surgindo o direito à impugnação judicial do ato praticado pela Administração. A partir desse momento começa a fluir o prazo prescricional.

### 3.1.3. Fundamento

Os recursos administrativos possuem duplo fundamento constitucional: art. 5º, inc. XXXIV e LV. É importante destacar que a Constituição Federal de 1988 assegura o direito de petição, independentemente do pagamento de taxas.

A antiga jurisprudência do STF admitia como requisito para conhecimento do recurso administrativo a chamada "garantia de instância" (depósito), quando tal exigência se encontrava estampada em lei. No entanto, em Acórdão relatado pelo Ministro Cezar Peluso, o Pretório Excelso consolidou novo entendimento, posicionando-se pela **inconstitucionalidade** da exigência de prestação de garantia para interposição de recursos administrativos, ou seja, o depósito de quantias em dinheiro como condição para conhecimento e decisão do recurso.

A seguir, trecho da decisão da lavra do Ministro Cezar Peluso na ADC 11 MC/DF: "*Entendeu-se que a exigência do depósito ofende o art. 5º, LV, da CF que assegura aos litigantes, em processo judicial ou administrativo, e aos acusados em geral, o contraditório e a ampla defesa, com os meios e recursos a ela inerentes, bem como o art. 5º, XXXIV, a, da CF, que garante o direito de petição, gênero no qual o pleito administrativo está inserido, independentemente do pagamento de taxas. Vencido o Min. Sepúlveda Pertence que, reportando-se ao voto que proferira no julgamento da ADI 1922 MC/DF (DJU de 24.11.2000), negava provimento ao recurso, ao fundamento de que exigência de depósito prévio não transgride a Constituição Federal, porque esta não prevê o duplo grau de jurisdição administrativa*".

### 3.1.4. *Encaminhamento e forma dos recursos administrativos*

A Lei nº 9.784/99 obriga a **motivação** para os atos administrativos que decidam recursos (art. 50, V), além de determinar que os recursos sejam dirigidos à própria autoridade que prolatou a decisão (art. 56, § 1º) a fim de permitir que esta possa exercer o seu juízo de retratação no prazo de até cinco dias.

A faculdade da autoridade administrativa, que exarou a decisão impugnada, de **rever sua atuação** antes da análise da autoridade hierarquicamente superior é uma inovação legislativa que recebeu muitos elogios por toda a doutrina especializada. Com tal mudança, proporciona-se o rápido atendimento da reanálise da matéria, além de eliminar, tacitamente, a necessidade de impetração autônoma do **pedido de reconsideração**.

> **▸ Como esse assunto foi cobrado em concurso?**
>
> No concurso para provimento do cargo de Procurador Federal – 2010, realizado pelo CESPE, foi considerada correta a seguinte assertiva: "*No processo administrativo, eventual recurso deve ser dirigido à própria autoridade que proferiu a decisão, podendo essa mesma autoridade exercer o juízo de retratação e reconsiderar a sua decisão*".

Os recursos administrativos estão previstos em legislação esparsa e muitas vezes específica, razão pela qual a Administração Pública não deve guardar um zelo excessivo à forma dos recursos. Prepondera, nesses casos, o princípio do **informalismo**, que, todavia, não significa ausência dos pressupostos básicos para conhecimento de qualquer impugnação à decisão administrativa.

Segundo disciplina o art. 6º da Lei nº 9.784/94, o recurso administrativo, salvo casos em que for admitida solicitação oral, deve ser formulado por escrito e conter os seguintes dados:

- órgão ou autoridade administrativa a que se dirige;
- identificação do interessado ou de quem o represente;
- domicílio do requerente ou local para recebimento de comunicações;
- formulação do pedido, com exposição dos fatos e de seus fundamentos;
- data e assinatura do requerente ou de seu representante.

### 3.1.5. *Efeitos da decisão revisora*

Na análise dos recursos administrativos, a autoridade competente possui ampla capacidade de rever a decisão atacada. Poderá julgar total ou parcialmente procedente o recurso, modificando ou invalidando o ato impugnado ou, ainda, reformar a decisão, **piorando** a situação do recorrente. Trata-se da chamada ***reformatio in pejus***. Nessas hipóteses, o recorrente deve ser cientificado da possibilidade de agravamento da sua situação para que formule suas alegações antes da decisão (art. 64, parágrafo único, da Lei 9.784/99) a fim de que sejam garantidos os direitos ao contraditório e à ampla defesa.

Filiamo-nos ao entendimento de José dos Santos Carvalho Filho que diferencia a possibilidade de *reformatio in pejus* em situações de legalidade estrita e de apreciação subjetiva dos critérios da decisão impugnada. O autor, inclusive, ilustra tal entendimento com o seguinte exemplo: *um servidor reincidente foi punido com a pena "A", quando a lei determinava que a pena deveria ser a "B", por causa da reincidência. A pena "A", portanto, não atendeu à regra legal, o que se observa mediante critério meramente objetivo. Se o servidor recorre, e estando presentes os elementos que deram suporte à apenação, deve a autoridade julgadora não somente negar provimento ao recurso, como ainda corrigir o ato punitivo, substituindo a pena "A" pela "B". Suponhamos outra hipótese: o servidor foi punido com a pena "A" porque assim o entendeu a autoridade competente como resultado da apreciação das provas, dos elementos do processo, do grau de dolo ou culpa, dos antecedentes etc. Observe-se que todos estes elementos foram considerados subjetivamente para a conclusão da comissão. Se o servidor recorre contra a pena "A, não poderá a autoridade de instância superior proceder à nova avaliação subjetiva dos elementos do processo, para o fim de concluir aplicável a pena "B", de caráter mais gravoso. Aqui sim, parece-nos aplicável a vedação à reformatío in pejus, em ordem a impedir o agravamento da sanção para o recorrente. Há flagrante diferença entre as hipóteses. No primeiro caso, o ato punitivo originário é realmente ilegal, porque contrário ao mandamento da lei. No segundo, todavia, o ato não é rigorosa e objetivamente ilegal; há apenas uma variação nos critérios subjetivos de apreciação dos elementos processuais. Por isso, ali pode dar-se a correção do ato, e aqui se daria apenas uma substituição, o que nos parece vedado.*

Entendemos que a distinção acima não merece reparos e se adéqua, com perfeição, ao nosso ordenamento jurídico.

### 3.1.6. *Não conhecimento do recurso*

A Lei nº 9.784/99, ao dispor sobre o não conhecimento do recurso, diz que, quando interposto perante órgão incompetente, este não o conhecerá, devendo indicar ao recorrente a autoridade competente, devolvendo-lhe o prazo (art. 60, §1º). Entretanto o referido dispositivo pode dar ensejo às manobras protelatórias, em que o recurso seria interposto propositadamente perante autoridade incompetente. É recomendável ao administrador seguir a sugestão de Hely Lopes Meirelles, segundo a qual, nesses casos, o processo deve ser encaminhado à autoridade competente. Dessa forma, não se atentaria contra o princípio do contraditório e atender-se-ia ao da eficiência.

O recurso interposto fora do prazo não deve ser conhecido, vez que intempestivo.

> ▸ **Importante!**
>
> Pode a Administração, mesmo sem conhecer do recurso, declarar de ofício a nulidade de um ato administrativo contaminado de vício insanável, desde que não tenha ocorrido a prescrição administrativa.

### 3.1.7. *Espécies de recursos administrativos*

#### 3.1.7.1. *Representação*

É a denúncia de irregularidades, ilegalidades e condutas abusivas perante a própria Administração. O denunciante pode ser qualquer pessoa, ainda que não afetada pelo ato impugnado, que deverá assinar a peça.

> ▸ **Como esse assunto foi cobrado em concurso?**
>
> No concurso para provimento do cargo de Procurador junto ao TCE/SC - 2010, realizado pela FEPESE, foi considerada incorreta a seguinte assertiva: *"Pela representação, pode o administrado opor-se formalmente à decisão administrativa que afete seu direito ou interesse"*.

#### 3.1.7.2. *Reclamação*

É o recurso interposto pelo interessado que foi atingido pelo ato administrativo. Tal direito, **caso não haja outro prazo fixado em lei**, extingue-se em um ano, a contar da data do ato ou fato lesivo que rende ensejo à reclamação.

A reclamação suspende a fluência do prazo prescricional, desde que seu objeto seja apuração de dívida da Fazenda Pública para com o particular. Nos demais casos, não haverá suspensão.

#### 3.1.7.3. *Pedido de reconsideração*

É o recurso dirigido **à mesma autoridade** que praticou o ato contra o qual se insurge o recorrente, solicitando nova análise da matéria.

Deferido ou indeferido, total ou parcialmente, não admite novo pedido, nem possibilita nova modificação pela autoridade que já reapreciou o ato (Di Pietro entende que o pedido pode ser renovado, apenas, quanto contiver novos argumentos).

Se outro **prazo** não estiver fixado em lei, extingue-se o direito de pedir reconsideração ao término de um ano da data da decisão administrativa e sua apresentação não suspende ou interrompe os prazos para os recursos hierárquicos ou prescricionais.

O STF editou a súmula nº 430, segundo a qual o pedido de reconsideração não interrompe o prazo de mandado de segurança, o que significa que se o interessado interpõe esse recurso e a autoridade não o aprecia no prazo de 120 dias (prazo legal para a impetração do mandado de segurança) haverá a decadência do direito ao uso desse remédio especial.

### *3.1.7.4. Recurso hierárquico próprio*

O recurso hierárquico próprio é dirigido à autoridade que proferiu a decisão, dentro do mesmo órgão em que o ato foi praticado. Caso a autoridade não reconsidere a decisão no prazo de cinco dias, deve encaminhar o recurso para decisão, pela autoridade superior.

O recurso hierárquico próprio decorre da **hierarquia** e **independe de previsão legal**.

> **▸ Como esse assunto foi cobrado em concurso?**
>
> No concurso para provimento do cargo de Procurador junto ao TCE/SC - 2010, realizado pela FEPESE, foi considerada errada a seguinte assertiva: *"A impetração do chamado recurso hierárquico próprio, que é inteiramente admissível, depende de previsão legal específica".*

Salvo disposição legal específica, o prazo para recorrer é, em regra, de **dez dias**, devendo ser decidido em, no máximo **30 dias**, a partir do recebimento dos autos pelo órgão competente. Este último prazo pode ser prorrogado por igual período, mediante decisão fundamentada.

Nesse recurso a Administração tem ampla liberdade decisória, podendo reformar o ato recorrido além do pedido ou, diferentemente do direito processual penal, agravar a situação do recorrente (***reformatio in pejus***).

### *3.1.7.5. Recurso hierárquico impróprio*

**Recurso hierárquico impróprio** é o recurso dirigido à autoridade ou órgão estranho ao que expediu a decisão recorrida.

Por não se tratar de recurso inerente à hierarquia, esse recurso **só é admissível quando estabelecido por norma legal** que indique as situações que admitem a sua utilização, a forma, o prazo e a autoridade competente para julgamento.

Embora se trate de pessoa ou tribunal estranho à repartição de onde emanou o ato recorrido, a apreciação deste recurso continua a cargo da Administração, o que lhe assegura a mesma liberdade e amplitude decisória que dispõe no recurso hierárquico próprio. Em ambos os casos, os pronunciamentos são atos jurisdicionais administrativos de agentes do Executivo. É o caso, por exemplo, dos tribunais ou câmaras recursais para discussão de determinados tributos.

O Informativo nº 199, do Superior Tribunal de Justiça, noticia que foi considerada legal a previsão, em legislação estadual, da possibilidade de recurso hierárquico ao Secretário da Fazenda do Estado, de decisão prejudicial ao ente público, tomada pelo Conselho de Contribuintes local. Segundo o STJ, essa disposição não fere qualquer princípio constitucional, pois resta permitida em lei e consagra a supremacia do interesse público, mantido o contraditório.

> **Como esse assunto foi cobrado em concurso?**
> No concurso para provimento do cargo de Advogado da União – 2006, realizado pelo CESPE, foi considerada incorreta a seguinte assertiva: "O recurso hierárquico impróprio é o pedido de reexame dirigido à autoridade superior àquela que produziu o ato impugnado, isto é, verifica-se dentro da mesma escala hierárquica".

#### *3.1.7.6. Revisão*

**Revisão** é o recurso de que se utiliza o servidor público, punido pela Administração, para solicitar novo exame da decisão, quando surgirem fatos novos capazes de demonstrar a sua inocência.

A revisão pode ser requerida, a qualquer tempo, pelo próprio interessado, por seu procurador ou por terceiros, ou ainda ser declarada de ofício pela Administração. Na revisão não poderá ocorrer a ***reformatio in pejus*** (reforma para agravar a situação do recorrente).

## 4. CONTROLE LEGISLATIVO

O **controle legislativo ou parlamentar** é o exercido pelos órgãos legislativos (Senado, Câmara dos Deputados, Assembleia Legislativa e Câmaras de Vereadores) ou por comissões parlamentares sobre determinados atos do Executivo, das entidades da Administração indireta e o do Poder Judiciário, quando executa função administrativa, na dupla linha da legalidade e da conveniência pública. Tal controle se caracteriza como um **controle eminentemente político**.

Este controle encontra amparo na própria Carta Política, com status de **cláusula pétrea**, não podendo as legislações complementares ou ordinárias, nem as Constituições estaduais estipularem outras modalidades, sob pena de ofensa ao princípio da **separação dos poderes**.

O **controle parlamentar direto** é exercido pelas casas legislativas e podem versar sobre o aspecto político e financeiro do ato administrativo.

### 4.1. Controle político

O **controle político** dos atos administrativos está previsto na Constituição de 1988. No art. 49, X, por exemplo, está estabelecido que compete exclusivamente ao Congresso Nacional fiscalizar e controlar, diretamente, ou por qualquer das Casas, os atos do Poder Executivo, abrangendo administração direta e indireta. Trata-se de amplo poder de controle conferido pelo legislador constituinte ao Poder Legislativo e que alcança qualquer tipo de ato, seja dos órgãos da Administração Direta, seja das entidades integrantes da Administração Indireta.

No inciso III, do mesmo art. 49, a Constituição confere ao Congresso Nacional competência para autorizar o Presidente da República a se ausentar do país (este é um controle prévio). Não se trata de controle de legalidade desta ausência, mas de verdadeiro **controle político**, de mérito, da ausência do Chefe do Poder Executivo Federal.

Já o inciso XII atribui ao Congresso competência para apreciar os atos de concessão e renovação de concessão de emissoras de rádio e televisão.

Além do Congresso Nacional, o Senado Federal também desempenha controle político quando autoriza ou nega operações externas de natureza financeira, de interesse das entidades da federação (art. 52, V), aprova ou não as indicações para os cargos de Presidente do Banco Central, diretores das Agências Reguladoras.

No desempenho do controle político o Poder Legislativo recebeu da Constituição (art. 50) o **poder convocatório**. A Câmara dos Deputados, o Senado Federal ou qualquer Comissão Parlamentar pode convocar Ministro de Estado ou autoridades ligadas diretamente à Presidência da República para prestarem depoimento sobre assunto previamente determinado (art. 50, caput) ou, ainda, solicitar, por escrito, informações às mesmas autoridades (art. 50, § 2°).

Outra ferramenta de relevo no controle político é o **poder de sustação** do Congresso Nacional, previsto no art. 49, V, da Constituição. Segundo o referido dispositivo, cabe ao Congresso sustar os atos normativos do Poder Executivo que exorbitem do poder regulamentar ou dos limites de delegação legislativa.

No desempenho do poder regulamentar, o Chefe do Poder Executivo pode editar Decretos com a função de melhor explicar as leis administrativas, todavia, caso venha a extrapolar de sua função regulamentar, tais decretos ou quaisquer outros atos administrativos de caráter normativo que venham a usurpar a competência constitucional do Poder Legislativo poderão ser sustados pelo Congresso Nacional.

O art. 71, § 1º, da Constituição, confere, também, ao Congresso Nacional, competência para **sustar os contratos administrativos ilegais**, a pedido do Tribunal de Contas da União.

Já as **Comissões Parlamentares de Inquérito**, previstas no art. 58, § 3°, da Constituição, possuem os mesmos **poderes investigatórios** que os órgãos judiciais para apurar fatos ocorridos na Administração, podendo, se for o caso, encaminhar suas conclusões ao Ministério Público com vistas à responsabilização civil e criminal dos responsáveis.

O STF entende (Informativo nº 158) que **as comissões parlamentares podem, motivadamente**:

| Convocar investigados e testemunhas para depor | Requisitar informações e documentos | Determinar a quebra de sigilo fiscal, bancário e telefônico | Convocar juízes para depor sobre suas atividades administrativas |
|---|---|---|---|

No entanto, o mesmo STF, apesar da Constituição afirmar que as CPIs possuem poderes judiciais de investigação, vem entendendo que **é vedado às CPIs**:

| Determinar a busca e apreensão domiciliar de documentos; | Determinar a indisponibilidade de bens do investigado; | Decretar a prisão preventiva e temporária, salvo em situações de flagrante delito; | Determinar a interceptação telefônica | Convocar juízes para depor sobre sua atuação judicial. |
|---|---|---|---|---|

## 4.2. Controle financeiro e orçamentário

A **Fiscalização financeira e orçamentária** é conferida ao Congresso Nacional para julgar anualmente as contas prestadas pelo Presidente da República. O exercício dessa fiscalização é executada com o auxílio do Tribunal de Contas da União e não é desempenhada em face da natureza pública do órgão, entidade ou do agente, mas da origem pública do bem administrado ou do dinheiro gerido que traz, como consequência, a necessidade de demonstrar a sua legítima gestão.

> ▸ **Como esse assunto foi cobrado em concurso?**
>
> No concurso para provimento do cargo de Defensor Público da União (2007), foi considerada incorreta a seguinte assertiva: *"De acordo com o STF, o TCU não tem competência para julgar contas das sociedades de economia mista exploradoras de atividade econômica, ou de seus administradores, já que os bens dessas entidades não são públicos, mas, sim, privados"*.

Os **Tribunais de Contas** não exercem um controle meramente formal da conformidade do ato administrativo com a norma de regência, devendo efetuar uma análise de conformidade do ato com as leis e os princípios constitucionais que regem a Administração Pública. Por Administração Pública, calha repetir, deve-se compreender o Poder Executivo, além do Poder Legislativo e Poder Judiciário, embora estes, desde que no exercício da função administrativa.

> ▸ **Como esse assunto foi cobrado em concurso?**
>
> No concurso para provimento do cargo de Promotor de Justiça AP-2012, em questão que trata da atividade de controle da Administração Pública pelos Tribunais de Contas, foi considerada incorreta a seguinte assertiva: "não se aplica aos órgãos do Poder Judiciário e do Ministério Público, visto que estes estão sujeitos ao controle especial do Conselho Nacional de Justiça e do Conselho Nacional do Ministério Público, respectivamente".

> ▸ **Importante!**
>
> Nesse sentido, a Súmula nº 347, do STF: O Tribunal de Contas, no exercício das suas atribuições, pode apreciar a constitucionalidade das leis e dos atos do poder público.

Os Tribunais de Contas são **órgãos independentes**, mas auxiliares das casas legislativas.

A Constituição, em seu art. 71 estabelece as seguintes **prerrogativas** para o Tribunal de Contas da União:

a) parecer prévio sobre as contas prestadas anualmente pelo Presidente da República;

b) julgamento das contas dos administradores e demais responsáveis por dinheiros, bens e valores públicos da Administração direta (Poder Legislativo e Poder Judiciário) e indireta (autarquias, empresas públicas, sociedades de economia mista e fundações instituídas e mantidas pelo Poder Público) e, ainda, das de todos aqueles que derem causa a perda, extravio ou outra irregularidade de que resulte prejuízo ao erário público;

c) aplicações das sanções previstas em lei aos responsáveis pelas ilegalidades apuradas;

d) fixar prazo para que o órgão ou entidade adote as providências necessárias ao exato cumprimento da lei, bem como sustar, se não atendido, a execução do ato impugnado, comunicando a decisão ao Legislativo.

No exercício do seu poder sancionatório os Tribunais de Contas podem aplicar diversas sanções, tais como multa de até cem por cento do valor atualizado do dano causado ao Erário, aplicando-se, a esse poder sancionatório, o prazo prescricional de cinco anos, conforme entendimento do STF (Informativo 858).

Qualquer cidadão, partido político, associação ou sindicato é parte legítima, nos termos do art. 74, § 2º da Constituição Federal, para, na forma da lei, denunciar irregularidades ou ilegitimidades ao Tribunal de Contas.

> ▸ **Atenção!**
>
> Caso o órgão ou entidade não adote as providências necessárias ao exato cumprimento da lei, o TCU pode sustar o **ato**. Contudo, tratando-se de **contrato**, o ato de sustação será de competência do Congresso Nacional que, caso não venha a tomar nenhuma providência no prazo de 90 dias, devolve a competência para o Tribunal de Contas da União.

Os Tribunais de Contas da União e dos Estados emitem parecer favorável ou não às contas do Presidente da República e Governador de Estado e as respectivas casas legislativas é que julgam as contas do chefe do Poder Executivo federal e estadual.

Com relação aos Municípios, os Tribunais de Contas dos Estados ou do Município (onde houver) emitem um parecer prévio que prevalece, salvo decisão de dois terços dos vereadores.

O Plenário do Supremo Tribunal Federal finalizou no dia 10 de agosto de 2016 o julgamento conjunto dos Recursos Extraordinários (REs) 848826 e 729744, ambos com repercussão geral reconhecida, que discutiam qual o órgão competente – se a Câmara de Vereadores ou o Tribunal de Contas – para julgar as contas de prefeitos, e se a desaprovação das contas pelo Tribunal de Contas gera inelegibilidade do prefeito (nos termos da Lei da Ficha Limpa), em caso de omissão do Poder Legislativo municipal.

Por seis votos a cinco, a Suprema Corte definiu que a apreciação das contas de Prefeito, tanto as de governo quanto as de gestão, será exercida pelas Câmaras Municipais, com auxílio dos Tribunais de Contas competentes, cujo parecer prévio somente deixará de prevalecer por decisão de dois terços dos vereadores.

Para o Ministro Ricardo Lewandowski, a Constituição em seu artigo 31, § 2º conferiu ao Poder Legislativo a função de controle e fiscalização das contas do chefe do Poder Executivo, esta fiscalização se desenvolve por meio de um processo político-administrativo, que se inicia no Tribunal de Contas, que faz uma apreciação técnica das contas e emite um parecer. No entanto, a decisão final cabe ao Poder Legislativo, tendo em vista que a Câmara dos Vereadores representa a soberania popular e os contribuintes e, por essa razão, possui legitimidade para este exame.

Há, dessa forma, um **sistema híbrido** para os Municípios, em que o parecer da Corte de Contas prevalece como decisão, caso a Câmara de Vereadores não venha a rejeitá-lo pelo voto de dois terços de seus membros.

No que concerne aos demais administradores públicos, os Tribunais de Contas possuem competência constitucional para julgar suas contas (art. 71, I).

### 4.3. Controle de constitucionalidade pelos Tribunais de Contas

Há certa controvérsia acerca da possibilidade dos Tribunais de Contas declararem a inconstitucionalidade de lei ou ato administrativo normativo. É que as cortes de contas, no exercício de suas competências, ao apreciarem a aplicação de recursos públicos, muitas vezes, julgam inconstitucionais as leis e os atos administrativos normativos que lastreiam a conduta dos gestores públicos.

A Constituição Federal de 1988, art. 70 e 71, atribui competência ao Tribunal de Contas da União para o julgamento da legalidade dos atos, contratos, reformas e pensões.

Por sua vez, o STF possui entendimento consolidado sobre o tema, senão vejamos o que estabelece a Súmula nº 347:

> O Tribunal de Contas, no exercício de suas atribuições, pode apreciar a constitucionalidade das leis e dos atos do Poder Público.

Tal controle se dá por via difusa, sendo vedado aos tribunais de contas a apreciação de constitucionalidade de norma via controle concentrado, por ser esta uma prerrogativa exclusiva do Poder Judiciário.

Todavia, o entendimento acima merece ser acompanhado de perto, face recentes decisões do Pretório Excelso que apontam para uma possível mudança de entendimento, conforme pode ser percebido pela leitura de trecho do voto do Min. Gilmar Mendes, na cautelar emitida no MS nº 25888-DF, *in verbis:*

> Não me impressiona o teor da Súmula nº 347 desta Corte, segundo o qual "o Tribunal de Contas, o exercício de suas atribuições, pode apreciar a constitucionalidade das leis e dos atos do Poder Público". A referida regra sumular foi aprovada na Sessão Plenária de 13.12.1963, num contexto constitucional totalmente diferente do atual. Até o advento da Emenda Constitucional nº 16, de 1965, que introduziu em nosso sistema o controle abstrato de normas, admitia-se como legítima a recusa, por parte de órgãos não jurisdicionais, à aplicação da lei considerada inconstitucional. No entanto, é preciso levar em conta que o texto constitucional de 1988 introduziu uma mudança radical no nosso sistema de controle de constitucionalidade.

O Min. Ricardo Lewandowski, também concedeu a cautelar em situação idêntica no julgamento do MS nº 26410-DF.

Apesar das últimas decisões, cumpre destacar que se trata de decisões cautelares que ainda não foram apreciadas pelo plenário e que ainda se encontra em vigor a Súmula nº 347, do Supremo, que confere aos Tribunais de Contas a prerrogativa de apreciar a constitucionalidade das leis e dos atos do Poder Público, no exercício de suas atribuições constitucionais.

### 4.4. Controle dos atos de concessão de aposentadoria ou pensão

Optamos por tratar do controle dos atos de concessão de aposentadoria e pensão em tópico apartado, por se tratar de **ato complexo**, segundo entendimento do STF, que depende de registro pelo Tribunal de Contas.

Concedida a aposentadoria ou pensão pela Administração, a sua faculdade de rever o ato concessivo **decai** em **cinco anos**, salvo comprovada má-fé e desde que o Tribunal de Contas ainda não tenha apreciado o ato (Súmulas nº 6 e nº 199, do STF e TCU, respectivamente).

Caso o Tribunal de Contas entenda pela ilegalidade da aposentadoria concedida pela Administração, recomendará que o órgão ou entidade adote, em determinado prazo, as providências devidas para suprimir as irregularidades detectadas. Havendo omissão do órgão ou entidade em seguir as recomendações exaradas pela Corte de Contas, esta poderá sustar o ato de aposentadoria irregular.

> **Como esse assunto foi cobrado em concurso?**
> No concurso para provimento do cargo de Promotor de Justiça AP-2012, em questão que trata da atividade de controle da Administração Pública pelos Tribunais de Contas, foi considerada correta a seguinte assertiva: "abrange a sustação de ato ilegal de aposentação de servidor público titular de cargo efetivo, se o órgão ou entidade responsável pelo ato, previamente comunicado, deixou de adotar as providências necessárias ao exato cumprimento da lei, no prazo assinalado pela Corte de Contas."

O Tribunal de Contas, por sua vez, poderá **negar registro** à aposentadoria ou pensão, sem a necessidade de observar o contraditório e a ampla defesa, desde que o faça em **até cinco anos**, considerado como razoável pelo STF.

Superado os cinco anos, o ato permanece com sua natureza complexa, dependendo de apreciação pelo Tribunal de Contas, todavia, **a Corte de Contas deverá assegurar ao interessado o contraditório e a ampla defesa.**

> **Como esse assunto foi cobrado em concurso?**
> No concurso para provimento do cargo de Juiz Federal da 2ª Região - 2013 (CESPE), foi considerada correta a seguinte assertiva: "Segundo a jurisprudência do STF, é pacífico que o TCU, no exercício da competência de controle externo da legalidade do ato de concessão inicial de aposentadorias, reformas e pensões, não se submete ao prazo decadencial estabelecido na Lei nº 9.784/1999, iniciando-se o prazo quinquenal somente após a publicação do registro na imprensa oficial.".

Caso o ato tenha sido apreciado pelo Tribunal de Contas e a Administração venha a detectar alguma ilegalidade, esta deverá solicitar uma revisão da decisão da Corte de Contas.

O Tribunal de Contas da União poderá rever suas decisões de registro de aposentadoria ou pensão, desde que observe o **prazo decadencial de cinco anos** estabelecido no art. 54, da Lei nº 9.784/99, salvo comprovada má-fé, a qual possibilita a invalidação do ato administrativo a qualquer tempo.

▸ **Como esse assunto foi abordado em questões subjetivas de concurso?**

**(TJ-GO - Juiz de Direito - GO/2012)** A aposentadoria do servidor público, por ser ato administrativo complexo, somente se aperfeiçoa com a sua confirmação pelo respectivo Tribunal de Contas, a respeito dos pressupostos do ato administrativo. Assim, o processo administrativo de registro de aposentadoria e pensões está jungido ao prazo decadencial prescrito pela Lei n. 9.784/99? Incidem as garantias de ampla defesa e do contraditório?

## 5. CONTROLE JUDICIAL

O **controle judicial** é o poder de fiscalização que os órgãos do Poder Judiciário exercem sobre os atos administrativos do Executivo, do Legislativo e do próprio Poder Judiciário.

A Constituição assegura que o Poder Judiciário possui competência para analisar qualquer lesão ou ameaça de lesão a direito individual ou coletivo, todavia, o controle judicial não possui a amplitude do controle exercido pela própria administração, tendo em vista que exerce um controle sobre os atos da Administração, em relação, exclusivamente, à conformidade dos atos com as normas e os princípios de regência, não devendo haver substituição do mérito do administrador pelo do julgador.

Apesar de alguns autores insistirem em defender o entendimento de que é vedado ao Poder Judiciário adentrar no mérito do ato administrativo e analisar os aspectos de conveniência e oportunidade da Administração, trata-se de posicionamento ultrapassado pela moderna doutrina administrativista e pela jurisprudência. Atualmente, defende-se a análise do mérito administrativo pelo Poder Judiciário, o qual pode avaliar a adequação do ato administrativo aos princípios da moralidade, impessoalidade, eficiência, proporcionalidade e razoabilidade, dentre outros.

O teatro de discussão acerca do controle judicial do ato administrativo discricionário deixou o campo da possibilidade e adentrou nos limites de intensidade e nos critérios que devem ser observados pelo Poder Judiciário no desempenho desse controle.

Nesse aspecto, o melhor entendimento é de que cabe ao Poder Judiciário efetuar a análise, diante do caso concreto, da possibilidade ou não de ser exercido tal controle, que, a rigor, não deve ter o escopo de verificar a correção da decisão administrativa, mas se a mesma é sustentável, ou seja, se a mesma se encontra motivada e alicerçada de acordo com a finalidade das normas e dos princípios constitucionais e legais da Administração.

▸ **Atenção!**

O Poder Judiciário, em situações excepcionais, pode determinar que a Administração Pública adote medidas assecuratórias de direitos

> constitucionalmente reconhecidos como essenciais, sem que isso configure violação do princípio da separação de poderes. (STF. AgRg no RE 628.159-MA. Rel. Min. Rosa Weber. Info 715).

Quando o juiz estiver diante das chamadas **"zonas de certeza positiva ou negativa"** poderá exercer o controle sobre os atos administrativos, ou seja, quando não possuir dúvidas de que diante do caso concreto a decisão administrativa está adequada ou inadequada diante das normas e princípios de regência, deverá proceder a análise do mérito do ato administrativo, todavia, se estiver diante das **"zonas de penumbra"**, também chamadas de **"zonas intermediárias"** ou **"zonas de incerteza"**, deverá se abster de efetuar juízo de valor, preservando a discricionariedade própria da autoridade administrativa.

Gustavo Binembojm traz os seguintes **Standards** (parâmetros) para se estudar o nível de controle dos atos administrativos pelo Judiciário:

**I.** quanto maior o grau de restrição imposto a direitos fundamentais, maior deve ser o grau de controle judicial.

**II.** quanto maior o grau de objetividade das normas e princípios, mais intenso deve ser o controle judicial;

**III.** quanto maior o grau de tecnicidade da matéria, objeto de decisão por órgãos dotados de expertise e experiência, menos intenso deve ser o controle judicial;

**IV.** quanto maior o grau de politicidade da matéria, menos intenso deve ser o controle judicial;

**V.** quanto maior o grau de efetiva participação social no processo de deliberação que resultou na decisão, menos intenso deve ser o controle judicial.

O Ministro do STF Gilmar Mendes no julgamento da Intervenção Federal 2.257-6/SP, assim se pronunciou:

> "Em síntese, a aplicação do princípio da proporcionalidade se dá quando verificada restrição a determinado direito fundamental ou um conflito entre distintos princípios constitucionais de modo a exigir que se estabeleça o peso relativo de cada um dos direitos por meio da aplicação das máximas que integram o mencionado princípio da proporcionalidade. São três as máximas parciais do princípio da proporcionalidade: a adequação, a necessidade e a proporcionalidade em sentido estrito. Tal como já sustentei em estudo sobre a proporcionalidade na jurisprudência do STF (...), há que se perquirir se na aplicação do princípio da proporcionalidade, se em face do conflito entre dois bens constitucionais contrapostos, o ato impugnado afigura-se adequado (isto é, apto para produzir o resultado desejado), necessário (isto é, insubstituível por outro meio menos gravoso e igualmente eficaz) e proporcional em sentido estrito (ou seja, se estabelece uma relação ponderada entre o grau de restrição de um princípio e o grau de realização do princípio contraposto)".

Além dos parâmetros propostos acima, por Gustavo Binembojn, aos quais convergimos em entendimento, alguns autores como Maria Sylvia Di Pietro preferem classificar os atos que se sujeitam a um controle diferenciado por parte do Poder Judiciário, da seguinte forma:

a) **Atos políticos;**

b) **Atos legislativos; e**

c) **Atos interna corporis.**

a) **Atos políticos.** São os praticados pelos agentes políticos no exercício de sua função de formar a vontade do Estado, como os atos responsáveis pela formação de políticas públicas e não, simplesmente, de sua execução.

Também se insere na categoria de ato político o veto pelo Chefe do Executivo a projeto de lei, a nomeação de Ministros, a rejeição ao veto presidencial pelo Poder Legislativo. Esses exemplos retratam opções políticas dos Poderes Executivo e Legislativo, que não estão lastreadas em regras, o que os torna, muitas vezes, insuscetíveis de controle judicial, sob pena de interferência indevida de um Poder sobre outro. Todavia, conforme já asseverado, na hipótese em que um ato revestido de natureza política venha a afrontar um princípio constitucional explícito ou tácito, será passível de controle pelo Poder Judiciário.

> **Atenção!**
> O STF decidiu pela legitimidade do controle judicial de ato parlamentar (político), na hipótese de ofensa a direito público subjetivo previsto na CF, razão pela qual tal controle não se caracterizaria como interferência na esfera de outro poder.

De qualquer forma, é forçoso reconhecer que o Poder Judiciário vem, cada vez mais, adentrando na esfera da discricionariedade administrativa a pretexto de exercer o controle de legitimidade dos atos da Administração.

No Resp. Nº 429.570/GO, relatado pela Min. Eliana Calmon, o STJ não se contentou em efetuar um controle de legitimidade negativo:

> "A pergunta que se faz é a seguinte: pode o Judiciário, diante de omissão do Poder Executivo, interferir nos critérios de conveniência e oportunidade da Administração para dispor sobre a prioridade da realização de obra pública voltada para a reparação do meio ambiente, no assim chamado mérito administrativo, impondo-lhe a imediata obrigação de fazer? Em caso negativo, estaria deixando de dar cumprimento à determinação imposta pelo art. 3º, da lei da ação civil pública?
>
> (...) Estando, pois, provado que a erosão causa dano ao meio ambiente e põe em risco a população, exige-se do Poder Público uma posição no sentido de fazer cessar as causas do dano e também de recuperar o que já foi deteriorado".

O STJ, nesse caso, assim como o STF em outros (Agr. RE 594018, Rel. Min Eros Grau), vem exercendo verdadeira interferência na discricionariedade administrativa, em situações que entendem estar configurada hipótese de **abusividade governamental**.

> **▸ Como esse assunto foi cobrado em concurso?**
>
> No concurso para provimento do cargo de Juiz Federal da 5ª Região (2007), foi considerada incorreta a seguinte assertiva: "*Reside, primariamente, nos Poderes Legislativo e Executivo prerrogativa de formular e executar políticas públicas. Assim, é impossível ao Poder Judiciário determinar, ainda que em bases excepcionais, a implementação de tais políticas aos órgãos estatais inadimplentes, mesmo que presente a possibilidade de se comprometerem a eficácia e a integridade de direitos sociais e culturais constitucionais*".

b) **Atos legislativos.** As leis em sentido formal ou material, em face de sua abstração e generalidade, submetem-se a controle judicial pela via do controle concentrado de constitucionalidade.

No entanto, as leis de efeito concreto possuem natureza jurídica de atos administrativos, vez que individualizam situações. Elas podem ser atacadas por mandado de segurança ou ação popular, ensejando controle judicial comum.

c) **Atos *interna corporis*.** Fogem ao controle do Judiciário os atos relacionados às questões internas das casas legislativas, tais como suas rotinas administrativas, os atos relacionados à eleição de suas mesas e comissões, desde que tais atos não venham a desobedecer a comandos constitucionais, legais ou regimentais do próprio Poder Legislativo.

> **▸ Atenção!**
>
> O STF decidiu, por maioria que, até mesmo os incidentes relativos à interpretação das normas regimentais têm caráter *interna corporis* e devem ser solucionados dentro das respectivas casas legislativas. Registramos, contudo, o voto contrário dos Ministros Marco Aurélio, Ilmar Galvão e Celso de Mello, que entendiam que as contendas sobre a interpretação dos regimentos internos do Poder Legislativo deveria ser resolvida pelo Judiciário.

Segundo Celso Antônio Bandeira de Mello, "Dentre as medidas judiciais intentáveis para correção da conduta administrativa, afora as comuns ao Direito Privado, como *exempli gratia*, as de defesa ou reintegração de posse ou as ações ordinárias de indenização e as cautelares em geral, existem algumas específicas para enfrentar atos ou omissões de 'autoridade pública'. São elas: o habeas corpus, o mandado de segurança, individual ou coletivo, o habeas data, o mandado de injunção, a ação popular, a ação civil pública e a ação direta de inconstitucionalidade, por ação ou omissão.".

▸ **Como esse assunto foi cobrado em concurso?**

No concurso para provimento do cargo de Promotor de Justiça do Amapá (2007), com a seguinte ementa: "*Assinale a opção correta acerca do controle da administração pública:*", foi considerada incorreta a seguinte alternativa: "*O controle popular dos atos da administração pública só se consolida por intermédio da atuação do MP*".

## 5.1. Súmula vinculante

Procurando evitar um tratamento diferenciado por parte do Poder Judiciário e da Administração Pública a pessoas que se encontram diante da mesma situação fática, o legislador constituinte derivado inseriu a **súmula vinculante** no nosso ordenamento jurídico por intermédio da EC nº 45/2004, que conferiu ao Supremo Tribunal Federal a competência para, de ofício ou mediante provocação, pelo voto de dois terços dos seus membros, para, depois de reiteradas decisões sobre matéria constitucional, aprovar súmula com efeito vinculante para os demais órgãos do Poder Judiciário e à administração pública direta e indireta, nas esferas federal, estadual e municipal.

Diversamente das demais súmulas editadas pelo Supremo ou pelos demais tribunais, que podem ou não ser seguidas, a **súmula vinculante** torna **obrigatória** a sua observância pelos magistrados e agentes da Administração Pública.

Caso seja editado ato administrativo ou decisão judicial que venha a contrariar súmula vinculante ou indevidamente a aplicar, caberá **Reclamação** ao Supremo Tribunal Federal que, julgando-a procedente, anulará o ato administrativo ou cassará a decisão judicial reclamada e determinará que outra seja proferida com ou sem a aplicação da súmula, conforme o caso.

Exemplificando, até novembro de 2009 a Administração Pública exigia a prestação de caução para conhecimento de recursos administrativos em cumprimento à determinação legal, apesar das incontáveis decisões judiciais em controle difuso declararem a sua inconstitucionalidade, inclusive o Supremo Tribunal Federal. Cabia ao administrado ingressar em juízo solicitando a inadequação da exigência administrativa.

O tema foi definitivamente superado com a edição da **Súmula vinculante nº 21**, que possui a seguinte redação: *É inconstitucional a exigência de depósito ou arrolamento prévios de dinheiro ou bens para admissibilidade de recurso administrativo.*

Exposto o posicionamento vinculante do Pretório Excelso acerca da inconstitucionalidade da exigência de depósito prévio para conhecimento de recursos administrativos, a Administração abandonou a antiga exigência da caução recursal, beneficiando a todos os administrados e não apenas os que se socorriam do Poder Judiciário, conferindo um tratamento isonômico e extinguindo a litigiosidade administrativa e judicial sobre o tema.

## 6. INOVAÇÕES TRAZIDAS PELA LEI DE INTRODUÇÃO ÀS NORMAS DO DIREITO BRASILEIRO – LEI Nº 13.655/2018 (LINDB)

A nova Lei de Introdução às Normas do Direito Brasileiro – LINDB (Lei nº 13.655/2018) buscou estabelecer alguns parâmetros que devem ser observados tanto pelos agentes públicos responsáveis pela condução da máquina pública, quanto pelos órgãos de controle da Administração Pública, vez que determinou uma série de medidas que deverão ser observadas no momento da tomada de decisões, bem como nas suas revisões que possuam o condão de interferir no funcionamento da máquina administrativa.

O tema já vem sendo cobrado pelas bancas de concursos, sendo necessária a leitura atenta dos enunciados estabelecidos pela novas lei. Vejamos:

1 - Nas esferas administrativa, controladora e judicial, não se decidirá com base em valores jurídicos abstratos sem que sejam consideradas as consequências práticas da decisão.

Na hipótese de decisão, esta deverá ser motivada e a motivação demonstrar a necessidade e a adequação da medida imposta ou da invalidação de ato, contrato, ajuste, processo ou norma administrativa, inclusive em face das possíveis alternativas.

Intensifica-se o aspecto da motivação das decisões. O administrador, conselheiro e magistrado deverão indicar os fundamentos de fato e de direito que sustentam as suas decisões, avaliando, inclusive, as possíveis alternativas e respectivas consequências.

> **Atenção!**
> O controlador não poderá efetuar sua análise exclusivamente sob o prisma acadêmico; ele deverá avançar para a análise das consequências fáticas que a invalidação do ato acarretará para o funcionamento da administração pública e para os administrados.

2 - A decisão que, nas esferas administrativa, controladora ou judicial, decretar a invalidação de ato, contrato, ajuste, processo ou norma administrativa deverá indicar de modo expresso suas consequências jurídicas e administrativas.

Quando for o caso, a decisão deverá indicar as condições para que a regularização ocorra de modo proporcional e equânime e sem prejuízo aos interesses gerais, não se podendo impor aos sujeitos atingidos ônus ou perdas que, em função das peculiaridades do caso, sejam anormais ou excessivos.

> **Atenção!**
> O órgão de controle externo que decidir por invalidar um ato, contrato, ajuste, processo ou norma administrativa passa a ter, por determinação legal, o que Carlos Ari Sundfeld chama de **"ônus do regulador"**, que é a

obrigação de explicitação da regra geral que se vai aplicar, justificando-a com a análise profunda das alternativas existentes, de seus custos e ainda de seus possíveis efeitos positivos e negativos.

▸ **Como esse assunto foi cobrado em concurso?**

No concurso para provimento do cargo de Procurador do Município de João Pessoa-PB/2018, foi apresentada a seguinte ementa "Em resposta a consulta sobre a validade de determinado ato administrativo, o procurador municipal responsável recomendou a nulidade do ato. A respeito dessa situação, assinale a opção correta.", foi considerada correta a seguinte alternativa: *Na recomendação, devem estar indicadas, de modo expresso, as consequências jurídicas e administrativas da decretação do ato de invalidação.*

3- Na interpretação de normas sobre gestão pública, serão considerados os obstáculos e as dificuldades reais do gestor e as exigências das políticas públicas a seu cargo, sem prejuízo dos direitos dos administrados.

Em decisão sobre regularidade de conduta ou validade de ato, contrato, ajuste, processo ou norma administrativa, serão consideradas as circunstâncias práticas que houverem imposto, limitado ou condicionado a ação do agente.

Em relação ao aspecto sancionatório, para aplicar uma sanção, a autoridade competente deve considerar a natureza e a gravidade da infração cometida, os danos que dela provierem para a administração pública, as circunstâncias agravantes ou atenuantes e os antecedentes do agente. Outrossim, sanções aplicadas serão levadas em conta na dosimetria das demais sanções de mesma natureza e relativas ao mesmo fato.

▸ **Importante!**

Tal determinação implica na necessidade de a administração ou os órgãos de controle avaliarem todos os aspectos fáticos e jurídicos presentes no momento da tomada de decisão por parte do agente público, que muitas vezes é limitado ou condicionado por circunstâncias práticas que não foram antecipadas pelo legislador.

4- A decisão administrativa, controladora ou judicial que estabelecer interpretação ou orientação nova sobre norma de conteúdo indeterminado, impondo novo dever ou novo condicionamento de direito, deverá prever regime de transição quando indispensável para que o novo dever ou condicionamento de direito seja cumprido de modo proporcional, equânime e eficiente e sem prejuízo aos interesses gerais.

▸ **Importante!**

Essa importante medida traz a obrigação de se criar regras de transição para evitar que ônus desproporcional surja em decorrência de uma decisão que estabeleça nova interpretação de norma.

5 - A revisão, nas esferas administrativa, controladora ou judicial, quanto à validade de ato, contrato, ajuste, processo ou norma administrativa cuja produção já se houver completado levará em conta as orientações gerais da época, sendo vedado que, com base em mudança posterior de orientação geral, se declarem inválidas situações plenamente constituídas.

Consideram-se orientações gerais as interpretações e especificações contidas em atos públicos de caráter geral ou em jurisprudência judicial ou administrativa majoritária, e ainda as adotadas por prática administrativa reiterada e de amplo conhecimento público.

6 - Para eliminar irregularidade, incerteza jurídica ou situação contenciosa na aplicação do direito público, inclusive no caso de expedição de licença, a autoridade administrativa poderá, após oitiva do órgão jurídico e, quando for o caso, após realização de consulta pública, e presentes razões de relevante interesse geral, celebrar compromisso com os interessados, observada a legislação aplicável, o qual só produzirá efeitos a partir de sua publicação oficial.

> **Atenção!**
> O dispositivo cria hipótese de parecer jurídico obrigatório. Em regra, o órgão jurídico deverá ser ouvido e apresentar manifestação, de forma antecedente à tomada de decisão.

O compromisso acima mencionado deverá observar os seguintes critérios:

- buscar solução jurídica proporcional, equânime, eficiente e compatível com os interesses gerais;
- não conferir desoneração permanente de dever ou condicionamento de direito reconhecidos por orientação geral;
- deverá prever com clareza as obrigações das partes, o prazo para seu cumprimento e as sanções aplicáveis em caso de descumprimento.

7 - A decisão do processo, nas esferas administrativa, controladora ou judicial, poderá impor compensação por benefícios indevidos ou prejuízos anormais ou injustos resultantes do processo ou da conduta dos envolvidos.

A decisão sobre a compensação será motivada, ouvidas previamente as partes sobre seu cabimento, sua forma e, se for o caso, seu valor.

Para prevenir ou regular a compensação, poderá ser celebrado compromisso processual entre os envolvidos.

8 - O agente público responderá pessoalmente por suas decisões ou opiniões técnicas em caso de dolo ou erro grosseiro.

> **Atenção!**
> O dispositivo, tacitamente, retira da esfera de responsabilização do agente público os atos praticados com mera culpa, ao exigir o dolo

ou erro grosseiro para sua responsabilização. Apesar de se tratar de dispositivo recente que será modulado pela doutrina e jurisprudência, entendemos que a intenção do legislador é proteger os agentes públicos, sobretudo os gestores, de responsabilização decorrente de interpretação diversa dos órgãos de controle, conferindo maior segurança aos agentes públicos responsáveis pela tomada de decisões relevantes.

9 - Em qualquer órgão ou Poder, a edição de atos normativos por autoridade administrativa, salvo os de mera organização interna, poderá ser precedida de consulta pública para manifestação de interessados, preferencialmente por meio eletrônico, a qual será considerada na decisão.

A convocação conterá a minuta do ato normativo e fixará o prazo e demais condições da consulta pública, observadas as normas legais e regulamentares específicas, se houver.

▸ **Atenção!**

Atentar que o dispositivo não torna obrigatória a realização de consulta pública. Por outro lado, uma vez realizada e apresentada manifestação por algum interessado, esta deve ser considerada na decisão a ser tomada.

10 - As autoridades públicas devem atuar para aumentar a segurança jurídica na aplicação das normas, inclusive por meio de regulamentos, súmulas administrativas e respostas a consultas.

Tais instrumentos terão caráter vinculante em relação ao órgão ou entidade a que se destinam, até ulterior revisão.

Capítulo 17

# Intervenção estatal na propriedade

*Ronny Charles*

## 1. INTRODUÇÃO

Para entender adequadamente o tema, é importante perceber que as mudanças de paradigma que afetaram o Estado, modificaram também sua relação com a propriedade privada. Conforme ensina Raquel Carvalho, se (como resultado de uma repulsa aos excessos praticados no **Estado absolutista**), durante o **Estado liberal** burguês, o direito de propriedade foi enaltecido, tido como absoluto, tal caráter não restou incólume à passagem para o **Estado Social**, que sedimentou a ideia de que a propriedade deve se submeter a uma função social (não possuindo mais seu caráter exclusivo e absoluto, em favor do proprietário).

Tal concepção perdura até hoje, mantendo-se a compreensão de que a propriedade se submete a uma função social, elemento que a define. Nada obstante, convém observar que a concepção de um **Estado Democrático de Direito** impede que o direito de propriedade seja relativizado pelo Estado arbitrariamente, em virtude de finalidades ilegítimas.

Isso tudo exige a leitura atual de algumas normas que regulam as modalidades de intervenção, compatibilizando-as à Constituição, com o mote de evitar atitudes estatais arbitrárias e ilegítimas. Diante de eventual ilegalidade, desvio de finalidade ou mesmo desproporcionalidade do ato administrativo que resulte na restrição ou supressão ao direito de propriedade, pela intervenção estatal, justifica-se o socorro à tutela judicial.

▸ **Como esse assunto foi cobrado em concurso?**

No concurso para Juiz do Tribunal Regional do Trabalho da 5ª Região (CESPE/2006) foi cobrado: *"Considere que o Poder Judiciário tenha anulado o tombamento de imóvel particular por entendê-lo desprovido de valor cultural. Em face dessa consideração e dos conceitos jurídicos sobre o mérito administrativo e o seu controle, assinale a opção correta."* Foi considerada correta a seguinte alternativa: *c) Se o Poder Judiciário invocasse o manifesto desvio de finalidade do ato de tombamento para desconstituí-lo, por restar provado que o tombamento deu-se em razão de perseguição ao particular, estar-se-ia diante de um vício de legalidade que autorizaria a ingerência do Poder Judiciário sobre o ato de tombamento.*

## 2. MODALIDADES

Quando intervém na propriedade, o Estado atinge algumas de suas características principais, como o caráter **absoluto**, a **exclusividade** ou a **perpetuidade**. O ordenamento prevê várias modalidades de intervenção, que afetam o direito de propriedade em aspectos específicos, seja restringindo-o (**intervenção restritiva**), seja suprimindo-o (**intervenção supressiva**), como se dá com a desapropriação.

A doutrina destaca as seguintes modalidades:

- **Limitação administrativa;**
- **Servidão administrativa;**
- **Ocupação temporária;**
- **Requisição administrativa;**
- **Tombamento;**
- **Desapropriação.**

### 2.1. Limitação administrativa

A **limitação administrativa** é a modalidade de intervenção que gera restrições gerais e abstratas, atingindo o **caráter absoluto** do direito de propriedade. Ela se dá pelo exercício do Poder de Polícia, materializando-se através da restrição à prerrogativa de disposição do bem, pelo proprietário, em razão de interesse público legítimo.

Deve-se perceber que ela não afeta o caráter exclusividade, mas apenas o caráter absoluto da propriedade, através de obrigações genéricas de fazer, de não fazer ou suportar. Podemos citar, como exemplo, as limitações para edificações de prédios (não construir acima de determinada altura) ou a exigência de atendimento a medidas de segurança.

**Atenção!**

A exigência de promoção do adequado aproveitamento de solo urbano, descrita pela Constituição ao tratar da Política urbana (§4º do artigo 182), é uma hipótese de limitação administrativa, cujo desrespeito pode gerar, entre outras coisas, outra modalidade de intervenção, a desapropriação.

Conforme lembra Raquel Carvalho, as limitações administrativas se sujeitam aos limites da **reserva legal**, recaindo a competência, para impô-las, sobre o ente da federação a quem o constituinte atribuiu prerrogativa para legislar sobre a matéria.

Sendo **genérica e abstrata**, têm-se entendido que, em regra, a limitação administrativa não gera direito à indenização. Caso a limitação administrativa acabe por prejudicar totalmente a utilização da propriedade, será necessário pagamento de indenização, pois, neste caso, ter-se-á uma desapropriação indireta.

▸ **Atenção!**

É indevido o direito à indenização se o imóvel for adquirido após o implemento da limitação administrativa, porque se supõe que as restrições de uso e gozo da propriedade já foram consideradas na fixação do preço (STJ, REsp 920170 / PR, Dje 18/08/2011).

▸ **Como esse assunto foi cobrado em concurso?**

No concurso para Juiz do TJ/DFT (Cespe/2015), foi considerada ERRADA a seguinte assertiva: "*As limitações administrativas são medidas fundamentadas no poder de polícia do Estado, incidem sobre bens individualizados discriminados em ato administrativo e geram obrigações para o proprietário de cada um desses bens*".

No concurso para Procurador do Estado da Bahia (Fundatec/2015), foi considerada ERRADA a seguinte assertiva: "*As limitações administrativas são restrições à propriedade de caráter geral que, como regra, geram o dever de indenizar o proprietário*".

No 22º concurso para o cargo de Procurador da república, foi considerada incorreta a seguinte alternativa: *c) a limitação administrativa, por consubstanciar verdadeira redução da vocação econômica da propriedade, deve ser sempre acompanhada de indenização, preservando-se o direito do proprietário do bem submetido ao regime jurídico limitador;*

No concurso para o cargo de Procurador do Tribunal de Contas do Estado de Roraima (FCC/2010), foi considerada errada a seguinte assertiva: "*c) Nas limitações administrativas grava-se concreta e especificamente um bem determinado, gerando indenização correspondente ao sacrifício*".

## 2.2. Servidão administrativa

Conforme explica José dos Santos Carvalho Filho, **servidão administrativa** é o direito real público que autoriza o Poder Público a usar a propriedade imóvel para permitir a execução de obras e serviços de interesse público (ex: colocação de postes de energia; passagem de oleoduto ou caminho; placas de sinalização).

O autor lembra que, embora possuam o mesmo núcleo, a servidão administrativa se diferencia da servidão de direito privado, tendo em vista o influxo de direito público em relação à primeira.

A servidão possui caráter específico, incidindo sobre coisas determinadas, e atinge parcial e concretamente o direito de propriedade. Ela incide sobre o **caráter exclusivo** da propriedade.

Nela se estabelece uma relação jurídica entre a coisa serviente e a coisa dominante. **Coisa serviente** é a propriedade que possui o encargo real de suportar a servidão administrativa, enquanto a **coisa dominante** é o serviço público concreto ou o bem afetado a uma utilidade pública.

Tem-se entendido que a servidão administrativa pode gerar direito à **indenização**, mas, apenas, quando demonstrada a ocorrência de dano.

Conforme a doutrina da Profª Maria Sylvia Zanella di Pietro, ela pode se extinguir nas seguintes hipóteses:

a) perda da coisa gravada;

b) desafetação da coisa dominante;

c) incorporação do imóvel serviente ao patrimônio público;

d) transformação da coisa que a torne incompatível com seu destino.

Raquel Carvalho e Juarez Freitas explicam, ainda, que a servidão administrativa, por sua natureza de direito real de titularidade do Poder Público, é insuscetível de prescrição.

Conforme a doutrina, a servidão pode ser constituída das seguintes formas:

| Por ação judicial | Por acordo | Diretamente por lei |
|---|---|---|
| de constituição de servidão (art. 40 do Decreto-Lei nº 3.365/40) | entre as partes, após ato declaratório de utilidade pública; | independentemente de qualquer ato administrativo unilateral ou bilateral. |

Convém registrar a posição de Raquel Carvalho, ao defender que, não obstante eventual disposição legal, a servidão administrativa depende de procedimento administrativo prévio, que culmina no ato específico que restringe a exclusividade do direito de propriedade.

▸ **Como esse assunto foi cobrado em concurso?**

No concurso para o cargo de Juiz de Direito Substituto - AM (Cespe/2016), com a seguinte ementa: "Acerca da servidão administrativa, assinale a opção correta." Foi considerada correta a seguinte alternativa: "C) A servidão administrativa, direito real público que autoriza o poder público a usar a propriedade imóvel para a execução de obras e serviços de interesse coletivo, pode incidir tanto sobre bem privado quanto público."

No concurso para Analista Judiciário do TJ/RJ (FGV/2014), com o seguinte enunciado: "*Autoridade competente declarou de utilidade pública, por meio de decreto, determinada faixa de terras de imóveis particulares, a fim de viabilizar a instalação de um empreendimento que executará serviços públicos utilizando gasodutos. Após acordo entre os proprietários dos imóveis situados na rota do gasoduto e o Poder Público, com indenização em valor equivalente ao prejuízo que os particulares irão suportar, houve a regular implantação dos gasodutos nas áreas privadas. O caso em tela descreve a forma de intervenção do Estado na propriedade caracterizada como direito real público que autoriza o Poder Público a usar a propriedade imóvel para permitir a execução de obras e serviços de interesse coletivo. Trata-se da:"* foi considerada correta a seguinte alternativa: "d) servidão administrativa".

No concurso para o cargo de Promotor de Justiça (MPE/RS/2014), foi considerada correta a seguinte assertiva: *"As servidões administrativas, ao contrário da desapropriação, embora configurem ônus, nem sempre são indenizáveis"*.

No concurso para Procurador do TCE/SP (FCC/2011), com o seguinte enunciado: *"A União Federal pretende implantar um gasoduto subterrâneo para transporte da produção de gás de uma região para outra. O trajeto do gasoduto atinge parcialmente imóveis particulares e imóveis públicos. Para materialização da obra pretendida, que acarretará restrição parcial do aproveitamento dos imóveis, a União deverá"*; foi considerada correta a seguinte alternativa: "*b) instituir servidão administrativa sobre as áreas, observadas as formalidades legais, inclusive para os imóveis públicos*".

No concurso para Procurador da Fazenda (ESAF/2006), com a seguinte ementa: *"Sobre as servidões administrativas, assinale a opção incorreta"*, foi considerada errada a seguinte alternativa: *a) Como regra, dão direito à indenização.* No concurso para o cargo de Procurador do Tribunal de Contas do Estado de Roraima (FCC/2010), foi considerada correta a seguinte assertiva: *"a) A servidão administrativa impõe um ônus real ao imóvel, que fica em estado de sujeição à utilidade pública"*.

## 2.3. Ocupação temporária

A **ocupação temporária** é uma modalidade de intervenção do Estado que restringe o **caráter exclusivo** da propriedade, nos casos de necessidade pública.

Há previsão do instituto no artigo 36 do Decreto-lei 3.365/41 (*É permitida a ocupação temporária, que será indenizada, afinal, por ação própria, de terrenos não edificados, vizinhos às obras e necessários à sua realização*). A doutrina firmou o entendimento de que a ocupação, nesses casos, atinge, apenas, **bens imóveis**.

Contudo, consta também remissão à ocupação no artigo 80 da Lei nº 8.666/93. O dispositivo estabelece, como consequência da rescisão causada pelo não cumprimento das obrigações contratuais, a "*ocupação e utilização do local, instalações, equipamentos, material e pessoal empregados na execução do contrato, necessários à sua continuidade*". Nesse caso, o legislador previu a ocupação de bens imóveis e de bens móveis. Não obstante, em regra geral, a doutrina tem entendido que a ocupação incide apenas sobre bens imóveis.

A ocupação temporária é gratuita e transitória, contudo, quando causar dano, pode gerar direito à indenização.

> **Atenção!**
>
> É indevida a equiparação da hipótese de desapropriação indireta, em que há transferência definitiva e irreversível da propriedade, com a de pretensão indenizatória por danos decorrentes de ocupação temporária do imóvel pelo poder público, na qual a prescrição é quinquenal (Neste sentido: REsp 1190271/RS, DJe 11/04/2018).

Uma diferença elementar entre a **ocupação temporária** e a **requisição administrativa** decorre do fato de que a segunda pressupõe iminente perigo público, enquanto a ocupação temporária pressupõe apenas o interesse público, dando-se, via de regra, em imóvel.

> **Atenção!**
>
> O próprio texto constitucional prevê hipótese de "ocupação e uso temporário de bens e serviços públicos, na hipótese de calamidade pública," pela União, uma vez declarado estado de Defesa (CF, § 1º do art. 136). Nesse caso, parte relevante da doutrina tem entendido que, em virtude do estado de "perigo público" envolvido, configurar-se-ia uma hipótese de "requisição administrativa" e não de ocupação temporária.

> **Como esse assunto foi cobrado em concurso?**
>
> No concurso para Juiz do TJ/DFT (Cespe/2015), foi considerada ERRADA a seguinte assertiva: *"A ocupação temporária é a utilização transitória pelo Estado de bens imóveis de propriedade particular para fins de interesse público, uso que não suscita direito a indenização ante a efemeridade da limitação do uso do bem"*.
>
> No 23º concurso para o cargo de Procurador da República, foi considerada incorreta a seguinte alternativa: *a) A ocupação é modalidade de limitação administrativa que incide parcialmente sobre a propriedade privada, que se caracteriza pela utilização permanente do imóvel, para fins de interesse público, não ensejando direito à indenização;*
>
> *No concurso para o cargo de Defensor Público da União (Cespe/2010), foi considerada errada a seguinte assertiva: "De acordo com a lei, denomina-se ocupação temporária a situação em que agente policial obriga o proprietário de veículo particular em movimento a parar, a fim este na perseguição a terrorista internacional que porta bomba, para iminente detonação".*
>
> **Obs:** Convém observar que, em regra, a ocupação temporária remete a bens imóveis de terceiros. O enunciado da questão faz referência a uma requisição administrativa.

### 2.4. Requisição administrativa

Segundo lição de Raquel Carvalho, **requisição administrativa** é um ato administrativo unilateral e autoexecutório que consiste na utilização de bens ou de serviços particulares pela Administração, para atender necessidades coletivas em tempo de guerra ou em caso de perigo público iminente, mediante pagamento de indenização *a posteriori* (Ex: Requisição de um bem imóvel, para fins de atendimento a uma situação de calamidade).

O fundamento dessa modalidade de intervenção estatal é a **urgência** do uso de determinado bem móvel ou imóvel. Ela se diferencia da desapropriação, porque objetiva o uso do bem, e não a sua propriedade. Dirley da Cunha Jr. aponta outras diferenças: "A desapropriação, para se efetivar, depende de acordo ou ação judicial; a requisição é autoexecutória. A desapropriação exige prévia e justa indenização; a requisição pode ser indenizada a *posteriori* ou mesmo não comportar indenização. A desapropriação alcança sempre bens; a requisição pode alcançar bens e serviços".

> **Atenção!**
> A doutrina tem entendido que, nos casos de requisição de bem móvel consumível (que se exaure com a utilização) não haverá desapropriação, sendo a indenização devida, apenas, posteriormente.

Indagação interessante relaciona-se à possibilidade de requisição administrativa sobre bens públicos. É possível a requisição de bens públicos municipais, por parte da União? Sobre o assunto, o STF, no MS 25.295-DF, decidiu pela "**inadmissibilidade da requisição de bens municipais pela União em situação de normalidade institucional, sem a decretação de Estado de Defesa ou Estado de Sítio**". Foi suscitada a existência de ofensa à autonomia municipal e ao pacto federativo, havendo a ressalva do ministro presidente e do relator quanto à **admissibilidade, em tese, da requisição, pela União, de bens e serviços municipais para o atendimento a situações de comprovada calamidade e perigo públicos.**

> **Como esse assunto foi cobrado em concurso?**
> No concurso para o cargo de Juiz de Direito Substituto - AM (Cespe/2016), com a seguinte ementa: "A CF, em seu artigo 5.°, XXII, garante o direito de propriedade; no inciso XXIII do mesmo artigo, condiciona o exercício desse direito ao atendimento da função social. Acerca da intervenção do Estado na propriedade privada, assinale a opção correta." Foi considerada correta a seguinte alternativa: "D) A requisição é modalidade de intervenção em que o Estado utiliza propriedade particular no caso de perigo público iminente."
>
> No concurso para Procurador do Estado do Rio Grande do Sul (Fundatec/2015), foi considerada ERRADA a seguinte alternativa: *"d) As requisições de bens fungíveis se equiparam às desapropriações no que se refere ao requisito da prévia e justa indenização em dinheiro"*.

No concurso para Serviços Notarias do Tribunal de Justiça do DF (CESPE/2008) foi considerada errada a seguinte alternativa: "*A requisição, modalidade de intervenção do Estado na propriedade, é o meio pelo qual o Estado se utiliza de bens e serviços de particulares, em caso de perigo público iminente, sendo sempre obrigado a indenizar o proprietário, a título compensatório, pelo período em que houver a indisponibilidade do seu patrimônio*".

## 2.5. Tombamento

A notável jurista Raquel Carvalho conceitua o tombamento como "um procedimento administrativo pelo qual o Poder Público reconhece o valor histórico, arqueológico, cultural, turístico, científico ou paisagístico de coisas ou locais que devam ser preservados, com a sua inscrição em livro próprio e submissão a um regime jurídico especial".

Tal procedimento possui **natureza jurídica** de ato vinculado, constitutivo de obrigações para o proprietário, para o poder público e para toda a comunidade.

### 2.5.1. *Objeto*

O **tombamento** é uma modalidade de intervenção que gera restrição estatal à propriedade, com o objetivo de proteção ao patrimônio cultural brasileiro. A incumbência de promover e proteger tal patrimônio, por meio de instrumentos como o tombamento, encontra-se registrada no § 1º do artigo 216 da CF.

Vale frisar que o **patrimônio cultural brasileiro** é constituído por bens de natureza material e imaterial, tomados individualmente ou em conjunto, portadores de referência à identidade, à ação, à memória dos diferentes grupos formadores da sociedade brasileira, como: as formas de expressão; os modos de criar, fazer e viver; as criações científicas, artísticas e tecnológicas; os conjuntos urbanos e sítios de valor histórico, paisagístico, artístico, arqueológico, paleontológico, ecológico e científico.

Podem ser **objeto de tombamento**, bens de qualquer natureza (móveis e imóveis, materiais e imateriais, públicos e privados), desde que tenham **valor histórico ou artístico**. De acordo com o Decreto Lei nº 25/37, o **patrimônio histórico e artístico** nacional se constitui no conjunto dos bens móveis e imóveis existentes no país e cuja conservação seja de interesse público, quer por sua vinculação a fatos memoráveis da história do Brasil, quer por seu excepcional valor arqueológico ou etnográfico, bibliográfico ou artístico.

▸ **Atenção!**

Não há restrição legal à realização de tombamento de bens públicos por outros entes públicos. Assim, é possível tombamento de bens públicos estaduais e Municipais, pela União, ou o tombamento de bens federais, por Município ou Estado.

▸ **Como esse assunto foi cobrado em concurso?**

No concurso para Juiz do TJ/DFT (Cespe/2015), foi considerada ERRADA a seguinte assertiva: *"O tombamento somente poderá ter como objeto bens imóveis e pode incidir sobre imóveis públicos ou privados".*

No concurso para Procurador do Estado do Piauí (CESPE/2008), com a seguinte ementa *"Uma das formas de proteção do patrimônio histórico, artístico e cultural, o tombamento:"*, foi considerada correta a seguinte alternativa: *c) pode atingir bens materiais e imateriais.*

No concurso para Juiz Federal substituto da 2ª Região (Cespe/2013), foi considerada correta a seguinte assertiva:

B) Segundo a jurisprudência do STJ, os municípios podem realizar o tombamento de bens pertencentes à União.

### 2.5.2. *Espécies*

A doutrina indica várias espécies de tombamento, de acordo com critérios específicos. Podemos apontar as seguintes espécies:

| | | |
|---|---|---|
| Quanto à constituição | **De ofício** | Bens públicos pertencentes à União, Estados e Municípios. O tombamento se fará de ofício, sendo notificada a entidade proprietária, para que se produzam os efeitos necessários. |
| | **Voluntário** | Bens privados. O tombamento se dá por requerimento do proprietário ou por sua concordância com o Poder Público. |
| | **Compulsório** | Bens privados. O tombamento se dá mediante processo, após recusa do proprietário. |
| Quanto à eficácia | **Provisório** | Após a notificação (medida precária e acautelatória de preservação do bem até a conclusão dos pareces técnicos e da inscrição deste no livro de tombo). |
| | **Definitivo** | Após a inscrição no livro de tombo. |
| Quanto aos destinatários | **Geral** | Incide sobre todos os bens de um determinado conjunto. Pode-se citar, por exemplo, o tombamento de uma cidade. Nesse caso, não é necessária a intimação individual de cada um dos proprietários cujo imóvel estejam abrangidos pelo tombamento, |
| | **Individual** | Incide especificamente sobre um bem. |

### 2.5.3. *Efeitos*

O Decreto-Lei nº 25/37 aponta vários **efeitos** decorrentes do tombamento, vejamos alguns deles:

| Efeitos |
|---|
| Proibição à destruição, demolição ou mutilação |
| Exigência de autorização para reparo, pintura ou restauração |
| Imposição de servidão administrativa para imóveis vizinhos |
| Vigilância pública sobre o bem (livre inspeção) |
| Tutela pública para a conservação e reparação (proprietário hipossuficiente) |

Segundo o STJ, tombamento tem por efeito (i) acarretar a afetação do bem ao patrimônio histórico, artístico e natural, com a consequente declaração de um conjunto de ônus de interesse público; (ii) instituir obrigações concretas para o proprietário e para o Estado e (iii) abrir para a Administração Pública e para a coletividade - depositárias do bem - a possibilidade de exigirem o cumprimento desses deveres, incluindo a restauração do status quo ante, sobre regime de responsabilidade objetiva (STJ. REsp 1584614/CE, DJe 07/11/2018).

A tutela pública para conservação e reparação impõe que, existindo hipossuficiência por parte do proprietário, este tem a obrigação de notificar o Poder Público, que deverá se incumbir da reparação e conservação, sob pena de permitir ao proprietário que solicite o cancelamento do tombamento.

**▸ Atenção!**

O tombamento exige procedimento administrativo prévio e pode gerar direito à indenização, quando causar dano ao proprietário.

Outrossim, importante ressaltar que o artigo 22 do Decreto-Lei nº 25, de 1937, o qual previa "direito de preferência" para os entes públicos, em face da alienação onerosa de bens tombados, foi revogado pelo artigo 1.072 do novo CPC (Lei nº 13.105/2015).

Por outro lado, o novo CPC estabelece, em seus artigos 889 e 892, que a União o Estado e o Município devem ser cientificados, previamente, da alienação judicial de bem tombado. No leilão judicial do bem tombado, a União, os Estados e os Municípios terão, nessa ordem, o direito de preferência na arrematação, em igualdade de oferta.

**▸ Como esse assunto foi cobrado em concurso?**

No concurso para o cargo de Procurador do Estado - MT (FCC/2016), com a seguinte ementa: "O tombamento, regido no âmbito federal pelo Decreto-lei nº 25/37, é uma das formas admitidas pelo direito brasileiro de intervenção na propriedade. A propósito de tal instituto..." Foi considerada correta a seguinte alternativa: "(C) não mais subsiste no direito vigente o direito de preferência, previsto no texto original do Decreto-lei nº 25/37 e estatuído em favor da União, dos Estados e Municípios."

No concurso para o cargo Procurador do Estado do Rio Grande do Sul (Fundatec/2015), foi considerada ERRADA a seguinte alternativa: "*c) Nos tombamentos que resultam em esvaziamento do conteúdo econômico do direito de propriedade, a jurisprudência não reconhece o dever de indenizar o proprietário, pois não há transferência do bem ao Estado*".

No concurso para o cargo de Juiz Federal do **TRF - 5ª REGIÃO** (Cespe/2011), com o seguinte enunciado: "*Com base na CF e no Decreto-lei n.º 25/1937, assinale a opção correta a respeito de tombamento de bens.*"; foi considerada CORRETA a seguinte alternativa: "*b) Os bens privados podem ser tombados a pedido do proprietário desde que a coisa se revista dos requisitos necessários para constituir parte integrante do patrimônio histórico e artístico nacional*".

## 2.6. Desapropriação

A **desapropriação** é uma modalidade de intervenção estatal na propriedade que se dá de forma radical, pois ela afeta o direito de propriedade em sua substância. Com a desapropriação, suprime-se o direito de propriedade do particular. A desapropriação é, portanto, uma forma de **intervenção supressiva**.

### 2.6.1. *Introdução*

Conforme lições de Hely Lopes Meirelles, a **desapropriação** é a transferência compulsória da propriedade particular ou pública (de entidade inferior para a superior) para o Poder Público ou para seus delegados, por utilidade pública ou necessidade pública ou, ainda, por interesse social, mediante prévia e justa indenização em dinheiro, salvo exceções constitucionais.

A Constituição registra, no título de direitos e garantias fundamentais (art. 5º, XXIV), que a lei estabelecerá o procedimento para desapropriação por necessidade ou utilidade pública, ou por interesse social, mediante justa e prévia indenização, em dinheiro, ressalvados os casos previstos nesta Constituição. Tais casos (**ressalvas**), em que se admitem o não pagamento de indenização prévia e em dinheiro, são as situações de **desapropriação-sanção**, como na desapropriação confisco (expropriação), na desapropriação por descumprimento da função social da propriedade urbana e na desapropriação, por interesse social, para fins de reforma agrária.

**▸ Como esse assunto foi cobrado em concurso?**

No concurso para o cargo de Procurador do Tribunal de Contas do Estado de Roraima (FCC/2010), com a seguinte ementa: "*Determinado Estado pretende adquirir um hospital privado em funcionamento, integrante de um grupo empresarial que atua no setor, uma vez que foi constatada demanda para atendimento público na região, cuja urgência não se mostrava compatível com a construção de uma nova unidade. Obteve recursos somente para essa finalidade. Para que a aquisição dessa unidade se dê de forma a restringir da menor maneira possível o atendimento, o Estado poderá".*

Foi considerada correta a seguinte alternativa: "c) declarar de utilidade pública, para fins de desapropriação, terreno, construções e todos os demais bens e direitos destinados à manutenção e funcionamento das atividades hospitalares".

### 2.6.2. *Elementos*

Podemos identificar, então, os seguintes elementos, para essa modalidade de intervenção supressiva na propriedade.

a) **Elemento formal.** A desapropriação é um procedimento, sendo exigível a tramitação estabelecida pela legislação.

b) **Elemento material.** É um instrumento de supressão da propriedade, que gera uma forma originária de aquisição da propriedade, independente da relação jurídica anterior ou de título outrora existente.

> **▸ Atenção!**
>
> Desapropriadas as ações de uma sociedade, o poder desapropriante, imitido na posse, pode exercer, desde logo, todos os direitos inerentes aos respectivos títulos (STF Súmula 476).

> **▸ Como esse assunto foi cobrado em concurso?**
>
> No concurso para Promotor do Ministério Público do Estado de Roraima (CESPE/2008) foi considerada correta a seguinte alternativa: *"A desapropriação é forma originária de aquisição da propriedade"*.

c) **Elemento subjetivo.** O sujeito ativo da desapropriação é o Poder Público ou seus delegados. O sujeito passivo da desapropriação será o proprietário, seja particular ou público.

O Decreto-Lei nº 3.365/41 admite a desapropriação de bem público, ressalvando, contudo, a existência de certa hierarquia entre os entes federativos (União › Estados e DF › Municípios). Nessa lógica, os demais entes podem ter seus bens desapropriados pela União e os Municípios pelos Estados, exigindo-se, em qualquer caso, prévia autorização legislativa.

Embora boa parte da doutrina repita esta regra, disposta pelo Decreto-Lei nº 3.365/41, parece-nos mais acertada a opinião de Raquel Carvalho, que defende a inconstitucionalidade desta regra, por sua incompatibilidade com o equilíbrio e a ausência de hierarquia entre os entes federativos.

> **Como esse assunto foi cobrado em concurso?**
>
> No concurso para Juiz Substituto do TJ/SP (Vunesp/2015), com o seguinte enunciado: "*Sobre a desapropriação, é correto afirmar que*" foi considerada correta a seguinte assertiva: "*d) a prática dos atos necessários à desapropriação pode ser exercida por particulares mediante delegação pelo poder público à iniciativa privada*".
>
> No concurso para o Defensor Público Estadual do Rio Grande do Sul (FCC/2014), com o seguinte enunciado: "*Sobre a desapropriação, é correto afirmar que*" foi considerada errada a seguinte assertiva: "*não poderá recair sobre bens públicos de uso comum do povo ou de uso especial e, no caso dos bens dominicais ou dominiais, deverá ser precedida de autorização legislativa da entidade expropriada*".
>
> No 20º Concurso para Procurador da República foi considerada correta a seguinte assertiva: *b) todos os entes políticos podem ser sujeitos ativos de desapropriação por utilidade pública;*
>
> No concurso para o cargo de Procurador do Estado do Amazonas (FCC/2010), com o seguinte enunciado: "*Respeitados os requisitos e trâmites legais, é possível ao Estado-membro desapropriar:*" foi considerada correta a seguinte assertiva: "*a) mediante prévia e justa indenização em dinheiro, imóvel não utilizado pertencente a sociedade de economia mista federal exploradora de atividade econômica em sentido estrito*".
>
> No concurso para o cargo de Juiz do Tribunal de Justiça de Santa Catarina (TJ-SC/2010) foi considerada correta a seguinte assertiva: "*As desapropriações podem recair sobre bens móveis e imóveis tanto da pessoa física como jurídica, pública ou privada*".

d) **Elemento finalístico.** Necessidade pública, utilidade pública, interesse social ou descumprimento da função social da propriedade, de acordo com a modalidade de desapropriação.

e) **Elemento condicionante.** Tem-se, como condição constitucional geral, a justa indenização (que, em algumas modalidades, será prévia e em dinheiro, mas não nas desapropriações-sanção). O procedimento específico de cada modalidade apontará elementos condicionantes específicos.

> **Atenção!**
>
> No caso das expropriações (desapropriação-confisco) previstas no artigo 243 da CF (por cultivo ilegal de plantas psicotrópicas, exploração de trabalho escravo e por tráfico ilícito de entorpecentes), não cabe qualquer indenização.

> **▸ Como esse assunto foi cobrado em concurso?**
>
> No concurso para Promotor do Ministério Público do Estado de Roraima (CESPE/2008) foi considerada errada a seguinte alternativa: *"A indenização, no processo de desapropriação, deve ser sempre prévia, justa e em dinheiro"*.

### *2.6.3. Competência*

Podemos indicar duas competências diferentes, a **legislativa** e a **material**.

A **competência legislativa** para tratar sobre desapropriação é privativa da União (art. 22, CF). Contudo, lei complementar poderá autorizar os Estados a legislar sobre a matéria. Obviamente, tal lei complementar deve ser federal.

A **competência material**, que envolve a prerrogativa de realização da desapropriação (**competência para desapropriar**), dependerá do campo de atuação de cada ente, devendo ser respeitadas as competências materiais estabelecidas pela Constituição. Em algumas modalidades, o ordenamento restringe as pessoas jurídicas aptas a realizar a desapropriação.

Além dos entes políticos, podem desapropriar os concessionários de serviços públicos e os estabelecimentos de caráter público ou que exerçam funções delegadas ou outorgadas pelo poder público, mediante autorização expressa, constante de lei ou contrato.

De acordo com a doutrina, a competência para desapropriar não se confunde com a **competência para declarar** a desapropriação. A declaração de desapropriação do bem deve ser feita pelos **entes políticos** (União, Estados, Distrito Federal e Municípios), através de Decreto do Chefe do Poder Executivo ou através de lei aprovada pelo parlamento.

> **▸ Como esse assunto foi cobrado em concurso?**
>
> No concurso para Procurador do TCE/SP (FCC/2011), com o seguinte enunciado: *"A desapropriação realizada pelos entes públicos legalmente habilitados a fazê-lo possui traço característico, qual seja"*; foi considerada correta a seguinte alternativa: *"a) pertinência temática com as competências materiais que lhes são constitucional e legalmente atribuídas"*.
>
> No concurso para Serviços Notariais do Tribunal de Justiça do Distrito Federal (CESPE/2008) foi considerada errada a seguinte alternativa: *"A competência para declarar a utilidade pública ou o interesse social do bem que se pretende desapropriar, assim como a prática dos atos executórios necessários à transferência da propriedade, cabe aos delegatários do poder público"*.

É possível que a Lei atribua tal competência (de declarar a desapropriação) a outras entidades, tal como ocorre com a Agência Nacional de Energia Elétrica-

-ANEEL. Conforme a Lei nº 9.074/95, a ANEEL pode declarar a utilidade pública, para fins de desapropriação ou instituição de servidão administrativa, das áreas necessárias à implantação de instalações de concessionários, permissionários e autorizados de energia elétrica.

### 2.6.4. *Modalidades*

Existem várias formas de desapropriação em nosso ordenamento. Didaticamente, convém dividi-las em **desapropriações comuns** (ou ordinárias) e **desapropriações-sanção** (extraordinárias).

Em relação às **desapropriações comuns**, mantém-se o direito, assegurado pela Constituição, de que a indenização, além de justa, seja **prévia** e em **dinheiro**. Nas **desapropriações-sanção**, em que a propriedade não cumpre sua função social, o pagamento pode ser feito em títulos público ou mesmo não existir (expropriação)

Podemos apresentar as seguintes modalidades de desapropriação:

| | | Competência | Indenização |
|---|---|---|---|
| **Desapropriações comuns** | Por necessidade ou utilidade pública (CF, art. 5º, inciso XXIV) | todos os entes | prévia e em dinheiro |
| | Por interesse social (CF, art. 5º, inciso XXIV) | todos os entes | prévia e em dinheiro |
| **Desapropriações-sanção** | Para reforma urbana (CF, art. 182, §4º) | Município | títulos da dívida pública |
| | Para fins de reforma agrária (CF, art. 184). | União | títulos da dívida agrária |
| | Desapropriações-confisco (expropriação – CF, art. 243) | União | não tem |

1. **Desapropriação comum por necessidade ou utilidade pública** (CF, art. 5º, inciso XXIV). Sua aplicação está regulada pelo Decreto-Lei nº 3.365/41, que igualou os conceitos de necessidade e utilidade pública (unindo suas hipóteses sob o conceito de utilidade pública).

Segundo as preciosas lições de Fernanda Marinela, podemos construir o raciocínio de que a **necessidade pública** estaria relacionada às situações inesperadas, emergenciais, problemáticas, em que a desapropriação se apresentasse como uma solução indispensável. Já a **utilidade pública** estaria relacionada a uma situação vantajosa para o interesse coletivo, mas não urgente.

2. **Desapropriação comum por interesse social** (CF, art. 5º, inciso XXIV). Ela poderá ser decretada para promover a justa distribuição da propriedade ou condicionar o seu uso ao bem-estar social. A Lei federal nº 4.132/62 indica as situações consideradas de interesse social.

> **Atenção!**
> Os bens desapropriados podem ser objeto de venda ou locação, a quem estiver em condições de dar-lhes a destinação social prevista.
> Importante, também, reiterar que as desapropriações comuns exigem indenização prévia e em dinheiro.

> **Como esse assunto foi cobrado em concurso?**
> No concurso para Procurador do Estado de Santa Catarina (FEPESE/2014), foi considerada errada a seguinte assertiva: *"A Constituição Federal estabelece a previsão constitucional de desapropriação por necessidade pública, mediante indenização posterior, o que torna plenamente legítima a desapropriação pelo Estado".*

3. **Desapropriação-sanção para reforma urbana** (CF, art. 182, §4º). A **competência material** para tal desapropriação é do **Poder Público municipal**, embora as diretrizes gerais sejam estabelecidas pela União. Diante desta competência legislativa (para diretrizes gerais), tal modalidade foi regulamentada pela Lei federal n. 10.257/01 (Estatuto das cidades).

A propriedade urbana cumpre sua função social quando atende às exigências fundamentais de ordenação da cidade expressas no plano diretor. Pode o Poder Público Municipal realizar a desapropriação, contudo, para que seja procedida **desapropriação-sanção**, com indenização em títulos da dívida pública (sem pagamento prévio em dinheiro), será necessário o cumprimento de etapas estabelecidas pelo constituinte.

Em primeiro lugar, será necessária a exigência, mediante lei específica (municipal) para área incluída no plano diretor, do adequado aproveitamento do solo urbano. Caso tal reivindicação não seja atendida, é possível, sucessivamente, as seguintes sanções:

- **Parcelamento ou edificação compulsórios.** O Poder Público deve notificar o proprietário e respeitar prazos mínimos para o protocolo do projeto (01 ano, após a notificação) e para o início das obras (02 anos, após a aprovação do projeto).
- **Imposto sobre a propriedade predial e territorial urbana (IPTU) progressivo no tempo.** O valor da alíquota será progressivo por até cinco anos, não podendo exceder a duas vezes o valor referente ao ano anterior, respeitada a alíquota máxima de quinze por cento.
- **Desapropriação-sanção**, com pagamento mediante títulos da dívida pública, de emissão previamente aprovada pelo Senado Federal, com prazo de resgate de até dez anos, em parcelas anuais, iguais e sucessivas, assegurados o valor real da indenização e os juros legais.

4. **Desapropriação-sanção para fins de reforma agrária** (CF, art. 184). O Poder Público pode realizar **desapropriação comum** também em áreas rurais, mediante justa indenização, prévia e em dinheiro. Contudo, em situações específicas, visando à resolução dos problemas de distribuição de terras e identificando o descumprimento da função social da propriedade, o constituinte autoriza o Poder Público a realizar **desapropriação-sanção**, para fins de reforma agrária, com indenização em títulos da dívida agrária, resgatáveis no prazo de até vinte anos, a partir do segundo ano de sua emissão.

> **Atenção!**
> As benfeitorias úteis e necessárias serão indenizadas em dinheiro.

A **competência** para tal modalidade de desapropriação-sanção é da **União**. Embora a competência seja federal, o constituinte estabeleceu que as operações de transferência de imóveis desapropriados para fins de reforma agrária são isentas de impostos, tanto federais, como estaduais e municipais.

> **Atenção!**
> Há precedente do STF, segundo o qual não cabe aos estados-membros ou aos municípios, a pretexto de se utilizarem da desapropriação por interesse social prevista no art. 5º, inciso XXIV, da CF, implementarem projetos que visem a estabelecimento de colônias agrícolas e assentamentos rurais, cujos fins são inerentes à reforma agrária (RE 482452 AgR, DJe 10/05/2016).

São insuscetíveis de desapropriação-sanção, para fins de reforma agrária:

a) a pequena e média propriedade rural, caso seu proprietário não possua outra;

b) a propriedade produtiva.

Importante indagar: é possível a desapropriação-sanção para fins de reforma agrária quando tais propriedades não cumprem sua função social? Parece-nos que a resposta é negativa. Não é possível a aplicação da desapropriação-sanção a tais propriedades, tendo em vista a expressa vedação estabelecida pelo constituinte. Tal vedação não impede a desapropriação comum, que, contudo, exige indenização prévia e em dinheiro.

Os beneficiários da distribuição de imóveis rurais pela reforma agrária receberão títulos de domínio ou de concessão de uso, inegociáveis pelo prazo de **dez anos**.

> **Atenção!**
> São proibidas a avaliação, a vistoria ou a desapropriação, nos dois anos seguintes a sua desocupação, de imóvel rural objeto de esbulho possessório ou invasão motivada por conflito agrário ou fundiário de caráter coletivo (STF. RE 1138122 AgR. Public. 03-12-2018).

> **Como esse assunto foi cobrado em concurso?**
>
> No 23º concurso para o cargo de Procurador da República, foi considerada correta a seguinte alternativa: *c) Podem os Estados e Municípios desapropriar imóveis rurais para fins de utilidade pública, não porém para fins de reforma agrária, privativa da União;*

5. **Desapropriações-confisco** (expropriação - CF, art. 243). A desapropriação-confisco (expropriação) está prevista na própria Constituição Federal, mais especificamente em seu artigo 243. Ela se apresenta como uma modalidade radical de desapropriação-sanção, na qual o constituinte suprimiu, inclusive, o direito ao recebimento de indenização.

Importante frisar que o caput e o parágrafo único do artigo 243 tratam de situações diferentes de desapropriação-confisco.

- Segundo o ***caput* do artigo 243**, propriedades rurais e urbanas de qualquer região do País onde forem localizadas **culturas ilegais de plantas psicotrópicas** ou a exploração de **trabalho escravo**, na forma da lei, serão imediatamente expropriadas destinadas à reforma agrária e a programas de habitação popular, sem qualquer indenização ao proprietário e sem prejuízo de outras sanções previstas em lei.

> **Atenção!**
>
> A expropriação de glebas a que se refere o art. 243 da CF há de abranger toda a propriedade e não apenas a área efetivamente cultivada. (STF, RE 543974/MG, rel. Min. Eros Grau, 26.3.2009).

- Segundo o **parágrafo único do artigo 243**, todo e qualquer bem de valor econômico apreendido em decorrência do **tráfico ilícito de entorpecentes e drogas afins** e da exploração de **trabalho escravo** será confiscado e reverterá a fundo especial com destinação específica, na forma da lei.

Podemos apontar, então, diferenças quanto ao objeto, ilícito justificador e destinação do bem:

| | Objeto | Ilícito | Destinação |
|---|---|---|---|
| **Art. 243 *caput*** | Propriedades rurais ou urbanas | * Culturas ilegais de plantas psicotrópicas;<br>* Exploração de trabalho escravo | * Reforma agrária; e<br>* Programas de habitação popular |
| **Art. 243 parágrafo único** | Qualquer bem (com valor econômico) | * Tráfico ilícito de entorpecentes e drogas afins;<br>* Exploração de trabalho escravo | * Fundo especial, com destinação específica |

> **Atenção!**
> A **competência** para esse tipo de desapropriação-sanção é da **União**.

### 2.6.5. *Desapropriação indireta e desapropriação por zona*

Embora não se caracterizem propriamente como modalidades de desapropriações, cabe tecer algumas observações sobre a **desapropriação indireta** e a **desapropriação por zona**, situações especiais que costumam ser lembradas por algumas bancas.

A **desapropriação indireta** (apossamento administrativo) é aquela que se realiza sem a obediência às exigências legais. Ela também ocorre quando o Poder Público, a pretexto do exercício de uma intervenção restritiva (ex: tombamento), acaba realizando, na prática, uma intervenção supressiva ou tolhendo demasiadamente o exercício do direito de propriedade.

O proprietário prejudicado pela ação ilícita pode buscar o Poder Judiciário para impedir a continuidade de tal ato ilícito contra seu direito de propriedade (ex: ação de reintegração de posse); contudo, caso já tenha ocorrido incorporação do bem a alguma destinação pública, tem-se entendido que a tutela judicial restringir-se-á a indenização pela perda da propriedade. Tal indenização deve abranger as mesmas parcelas que incidem na desapropriação legal, inclusive os juros compensatórios, e será requerida através de **ação de desapropriação indireta**, ajuizada pelo proprietário prejudicado.

Na desapropriação indireta, os juros compensatórios são devidos desde a efetiva ocupação do imóvel.

> **Atenção!**
> A pretensão indenizatória decorrente de desapropriação indireta prescreve em vinte anos na vigência do CC/1916 e em dez anos na vigência do CC/2002, respeitada a regra de transição prevista no art. 2.028 do CC/2002 (STJ. REsp 1.300.442-SC, Rel. Min. Herman Benjamin, j. 18.6.2013. 2ª T -Info 523).

Conforme jurisprudência do STJ, a **competência** para o julgamento dessa ação é do foro de situação do imóvel (STJ, CC 4671/RJ, DJ 19.09.2005).

A **desapropriação por zona** (ou extensiva) é aquela que abrange área contígua, necessária ao desenvolvimento da obra a que se destina, e as zonas que se valorizarem extraordinariamente em decorrência da realização do serviço.

Em qualquer caso, a declaração de utilidade pública deverá compreendê-las, mencionando-se quais as indispensáveis à continuação da obra e as que se destinam à revenda.

> **Como esse assunto foi cobrado em concurso?**
>
> No concurso para Juiz Federal do TRF-1ª REGIÃO (Cespe/2011), foi considerada correta a seguinte alternativa: *"a) Na desapropriação indireta, a indenização deve abranger as mesmas parcelas que incidem na desapropriação legal, inclusive os juros compensatórios"*.
>
> No concurso para Procurador da Fazenda (CESPE/2006), foi cobrado: *"A desapropriação que ocorre em uma área maior que a necessária à realização de uma obra, com vistas a que seja reservada para posterior desenvolvimento da própria obra, é hipótese de:"* Foi considerada correta a seguinte alternativa: *"d) desapropriação por zona, expressamente prevista em legislação que disciplina a desapropriação por utilidade pública"*.

### 2.6.6. Procedimento

A desapropriação se realiza em duas fases, a **declaratória** e a **executória**.

Na **fase declaratória** há a indicação do bem e a justificativa para a respectiva modalidade de desapropriação. Ela não gera a transferência do bem, mas inicia o regular processo de desapropriação.

A competência para a declaração de desapropriação é dos entes políticos (União, Estados, Distrito Federal e Municípios).

Embora a declaração de utilidade pública ou de interesse social seja atividade administrativa afeta ao Poder Executivo, o Decreto-Lei nº 3.365/41 estabelece, em seu artigo 8º, que o Poder Legislativo poderá tomar a iniciativa da desapropriação, cumprindo, neste caso, ao Executivo, praticar os atos necessários à sua efetivação.

> **Atenção!**
>
> A doutrina tem admitido que a lei atribua à entidade da administração indireta, competência para declarar a desapropriação.

A declaração de desapropriação gera alguns efeitos, dentre eles:

| | |
|---|---|
| 1. | Submete o bem à força expropriatória; |
| 2. | Fixa o estado do bem; |
| 3. | Permite ao Poder Público o direito de adentrar o imóvel (moderadamente); |
| 4. | Fixa o termo inicial para a caducidade da declaração |

Em caso de dano por excesso ou abuso de poder ou originário das inspeções e levantamentos de campo realizados, cabe indenização por perdas e danos, sem prejuízo da ação penal.

> ▸ **Como esse assunto foi cobrado em concurso?**
>
> No concurso para Procurador do Estado da Bahia, (UEPA/2015) foi considerada correta a seguinte assertiva: *"Não obstante a declaração de utilidade pública ou de interesse social seja atividade administrativa afeta ao Poder Executivo, o art. 8 do Decreto-lei n. 3.365/41 autoriza o Poder Legislativo a tomar a iniciativa da desapropriação cumprindo, neste caso, ao Executivo, praticar os atos necessários à sua efetivação"*.
>
> No concurso para o cargo Defensor Público do Estado de São Paulo (FCC/2010), com o seguinte enunciado: *"O ato da Administração Pública declarando como de utilidade pública ou de interesse social a desapropriação de determinado imóvel NÃO tem como efeito"*, foi considerada correta a seguinte alternativa: *"b) proibir a obtenção de licença para o proprietário efetuar obras no imóvel"*.

A caducidade da declaração de utilidade pública se refere à perda da validade dessa declaração, em razão de não ter o Poder Público, em determinado lapso de tempo, promovido atos concretamente destinados a efetivar a desapropriação.

Conforme quadro abaixo, nosso ordenamento prevê prazos de caducidade para as desapropriações:

| Caducidade | | |
|---|---|---|
| Desapropriações comuns de utilidade pública e necessidade pública | (05 anos) | DL 3.365/41 |
| Desapropriação comum de interesse social | (02 anos) | Lei nº 4.132/62 |
| Desapropriação-sanção para reforma agrária | (02 anos) | Lei nº 8.629/93 e LC 76/93 |

> ▸ **Atenção!**
>
> Em relação à desapropriação para fins de reforma urbana, o Município procederá ao adequado aproveitamento do imóvel no prazo máximo de cinco anos, contado a partir da sua incorporação ao patrimônio público.
>
> Em relação à desapropriação confisco, se a gleba expropriada, após o trânsito em julgado da sentença, não puder ter em cento e vinte dias a destinação prevista na Lei, ficará incorporada ao patrimônio da União, reservada, até que sobrevenham as condições necessárias àquela utilização.

A **fase executória** envolve a estimativa da indenização a ser paga e a posterior consolidação da transferência do bem para o Poder Público.

A competência para a execução da desapropriação pode ser delegada para as entidades da Administração Indireta e para as concessionárias ou permissionárias de serviço público.

A **fase executória** pode ser resolvida administrativamente, quando houver acordo entre as partes, ou exigir processamento judicial, quando inexistir composição. O processamento judicial se dá pelo ajuizamento de ação de desapropriação, conforme regras disciplinadas pelo Decreto-Lei nº 3.365/41.

O consentimento do desapropriado com o preço ofertado em juízo pelo ente desapropriante não afasta a incidência do sistema de pagamentos por via de precatório nem, portanto, dos juros moratórios pertinentes (STJ. REsp 1735346/TO, DJe 09/05/2018).

De acordo com a legislação, no processo judicial, ao contestar, a parte somente poderá versar sobre vício processual ou impugnação do preço. Motivos outros devem ser impugnados por ação própria, ficando prevento, o juízo da desapropriação.

Têm-se entendido que a intimação para participação do Ministério Público só é indispensável na desapropriação para fins de reforma agrária (STJ. EREsp 486.645/SP, DJe 21/08/2009)

O Expropriante pode desistir da ação de desapropriação, antes do pagamento integral da indenização, caso não tenha ocorrido alteração substancial do estado do imóvel, que impossibilite sua devolução no estado anterior (STJ, REsp 450.383-RS, 03/08/2006). Segundo nossa jurisprudência, caso o imóvel já não se mostre indispensável ao atingimento das finalidades justificadoras da desapropriação, deve ser, em regra, possível sua desistência, observando-se o justo direito de perdas e danos a eventual lesado. Isso porque, ressalvada a existência de fato impeditivo à desistência, obrigar a continuidade da desapropriação de um bem, quando ela não mais se justifica, prestigiaria sobremaneira o interesse particular do expropriado, em detrimento do interesse público. Nesse prumo, o STJ tem definido que é "ônus do expropriado provar a existência de fato impeditivo do direito de desistência da desapropriação" (STJ. REsp 1.368.773-MS, DJe 2/2/2017).

Por fim, convém salientar que a jurisprudência do STJ tem admitido a possibilidade de fixação de "astreintes", como forma de compelir o INCRA a adotar as medidas necessárias à emissão de títulos da dívida agrária, para fins de indenização de desapropriação por interesse social para fins de reforma agrária (AgInt no REsp 1561885/RN, DJe 17/06/2016).

**▸ Atenção!**

Ao expropriar efetivamente a área integral, o Poder Público deverá pagar por ela, ainda que a área registrada seja menor, sendo também certo que a indenização sobre a diferença entre a área medida e a registrada deverá permanecer em juízo até que se identifique o real proprietário, nos termos do art. 34, parágrafo único, do DL 3.365/1941 (AgInt no REsp 1549817/PE, DJe 07/12/2018).

**▸ Como esse assunto foi cobrado em concurso?**

No concurso para Defensor Público Estadual no Estado do Rio Grande do Sul (FCC/2014), com o seguinte enunciado "*Sobre a desapropriação, é correto afirmar que"*, foi considerada correta a seguinte alternativa: *"b) poderá ser promovida por concessionárias de serviços públicos, ou estabelecimentos de caráter público, ou que exerçam funções delegadas de poder público mediante autorização expressa, constante de lei ou contrato"*.

No concurso para Defensor Público Estadual no Estado do Rio Grande do Sul (FCC/2014), com o seguinte enunciado *"Sobre a desapropriação, é correto afirmar que"*, foi considerada errada a seguinte alternativa: *"a) poderá ser impugnada pelo proprietário, sendo admitido arguir, no prazo da contestação, qualquer vício existente no respectivo processo judicial, a insuficiência do preço ou a ausência de utilidade, necessidade ou interesse social, cabendo, nestas hipóteses, ao Poder Judiciário avaliar o mérito do decreto expropriatório."*.

No concurso para Juiz Federal do Tribunal Regional Federal da 1ª Região (2009) foi considerada correta a seguinte alternativa: *e) De acordo com expressa disposição legal, no processo judicial de desapropriação por utilidade pública, a contestação somente poderá versar sobre vício processual ou impugnação do preço; qualquer outra questão deverá ser decidida por ação direta.*

### 2.6.7. *Imissão provisória na posse*

Em tese, a transferência da propriedade ocorre após o pagamento da indenização. Contudo, nosso ordenamento estipula que, havendo urgência e depositada a quantia da avaliação, o juiz ordenará a **imissão provisória na posse** dos bens, em favor do expropriante. Nesse caso, não se dá a transferência da propriedade, mas é precipitada a posse dos bens, que deixam de estar sob o controle do expropriado.

Por conta disso, tem-se entendido que o expropriando que sofreu a imissão provisória da posse estaria excluído de algumas obrigações comuns à condição de proprietário. Nesse sentido, o STJ definiu que o expropriando só é responsável pelos impostos, inclusive o IPTU, até o deferimento e efetivação da imissão provisória da posse, em favor do expropriante (Resp nº 239.687-SP, 17/02/2000).

▸ **Atenção!**

Não se deve confundir a imissão provisória na posse com o direito que tem o expropriante de entrar nos imóveis declarados de utilidade pública a fim de proceder às verificações necessárias.

A imissão provisória é condicionada por dois fatores: **declaração de urgência** e **depósito do valor da avaliação,**sendo admitida até mesmo antes da citação do expropriado.

Com relação ao depósito, o § 1º do artigo 15 do Decreto-Lei nº 3.365/41 prevê que a imissão provisória poderá ser feita, independente da citação do réu, mediante o depósito:

- do preço oferecido, se este for superior a 20 (vinte) vezes o valor locativo, caso o imóvel esteja sujeito ao imposto predial;
- da quantia correspondente a 20 (vinte) vezes o valor locativo, estando o imóvel sujeito ao imposto predial e sendo menor o preço oferecido;
- do valor cadastral do imóvel, para fins de lançamento do imposto territorial, urbano ou rural, caso o referido valor tenha sido atualizado no ano fiscal imediatamente anterior;
- não tendo havido a atualização acima, o juiz fixará, independente de avaliação, a importância do depósito, tendo em vista a época em que houver sido fixado originalmente o valor cadastral e a valorização ou desvalorização posterior do imóvel.

Importante observar que algumas das possibilidades acima importam em depósito de quantia deveras inferior ao pagamento integral da indenização. Não obstante, o STF tem entendido pela constitucionalidade dessa previsão, ponderando que a garantia da prévia e justa indenização refere-se à perda da propriedade (que só ocorrerá ao final da ação), para admitir a desnecessidade de pagamento prévio e integral da indenização, para fins de imissão provisória na posse.

O STF já sumulou entendimento (Súmula 652) no sentido de que o procedimento de depósito previsto no art. 15, § 1º, do Decreto-Lei 3365/1941 não contraria a Constituição.

> **Atenção!**
>
> O Decreto-Lei 1.975/70 estabeleceu rito especial para as desapropriações de **prédio residencial urbano**, habitado pelo proprietário ou compromissário comprador, cuja promessa de compra esteja devidamente inscrita no Registro de Imóveis.
>
> De acordo com o referido Decreto-Lei, o expropriante poderá imitir-se, provisoriamente, na posse do bem, quando o depósito do preço oferecido não for impugnado.
>
> Quando houver impugnação, o juiz, servindo-se, caso necessário, de perito avaliador, fixará o valor provisório do imóvel. Nessa hipótese, quando o valor arbitrado for superior à oferta, o juiz só autorizará a imissão provisória na posse do imóvel, se o expropriante complementar o depósito, alcançando metade do valor arbitrado.

No caso de imissão prévia na posse, na desapropriação por necessidade ou utilidade pública e interesse social, inclusive para fins de reforma agrária, havendo divergência entre o preço ofertado em juízo e o valor do bem, fixado na sentença, expressos em termos reais, incidirão **juros compensatórios de até 6% (seis por cento)** ao ano sobre o valor da diferença eventualmente apurada, a contar da imissão na posse, vedada a aplicação de juros compostos.

> **Atenção!**
>
> Em 2018, o Plenário do STF definiu que devem ser de 6%, e não mais de 12% (como fixado em 2001 em sede de liminar na ADI nº 2.332-DF), os juros compensatórios incidentes sobre as desapropriações por necessidade ou utilidade pública e interesse social ou para fins de reforma agrária, no caso em que haja imissão prévia na posse pelo Poder Público e divergência entre o preço ofertado em juízo e o valor do bem, fixado em sentença judicial

Os **juros compensatórios** destinam-se a compensar a perda de renda comprovadamente sofrida pelo proprietário.

Já os **juros moratórios** destinam-se a recompor a perda decorrente do atraso no efetivo pagamento da indenização e somente serão devidos à razão de até seis por cento ao ano, a partir de 1º de janeiro do exercício seguinte àquele em que o pagamento deveria ser feito.

Importante pontuar a diferença entre as duas espécies: os **juros moratórios** têm como fundamento o atraso no pagamento da indenização justa e devida; os **juros compensatórios** têm como fundamento a indenização (compensação) pela perda antecipada da propriedade/posse do bem expropriado.

> **Atenção!**
>
> Conforme entendimento sumulado pelo STJ, na desapropriação podem ser cumulados os juros compensatórios e os juros moratórios.
>
> Na desapropriação direta, os juros compensatórios são devidos desde a antecipada imissão na posse e, na desapropriação indireta, a partir da efetiva ocupação do imóvel. Já os juros moratórios, na desapropriação direta ou indireta, contam-se desde o trânsito em julgado da sentença.

Enquanto instrumento de compensação, os juros compensatórios podem indenizar, inclusive, eventuais lucros cessantes, pois se destinam a compensar o que o desapropriado deixou de ganhar com a perda antecipada do imóvel, ressarcir o impedimento do uso e gozo econômico do bem, ou o que deixou de lucrar. Os juros compensatórios são devidos mesmo quando o imóvel desapropriado for improdutivo, justificando-se a imposição pela frustração da expectativa de renda, pela possibilidade de aproveitamento do imóvel, a qualquer momento, de forma racional e adequada (STJ. Eresp 453.823/MA, relator para o acórdão Min. Castro Meira, DJ de 17.05.2004).

> **Atenção!**
>
> Os juros compensatórios, em desapropriação, somente incidem até a data da expedição do precatório original, portanto, não são devidos juros compensatórios no cálculo de precatório complementar.

> **Como esse assunto foi cobrado em concurso?**
>
> No concurso para Procurador do Estado da Bahia, (UEPA/2015) foi considerada correta a seguinte assertiva: *"É legítimo ao poder público expropriante solicitar, em casos de urgência, a imissão provisória na posse do bem, o que poderá ser feita após despacho nesse sentido pelo juízo do feito, independentemente da citação do réu, mediante o depósito da quantia arbitrada de conformidade legal"*.
>
> No concurso para Juiz do Tribunal de Justiça de Santa Catarina (TJ-SC/2010) foi considerada errada a seguinte assertiva: *"Havendo muita pressa na desapropriação, alegada pela Administração Pública, o juiz pode negar a imissão provisória na posse, mesmo quando já depositada a quantia arbitrada"*.

### *2.6.8. Direitos do desapropriado*

É importante frisar que a intervenção supressiva do Estado na propriedade privada deve se dar de forma excepcional, quando, efetivamente, houver justificativa legítima (interesse público) para a realização do ato.

Nessa feita, quando a desapropriação se fundamentar em interesses ilegítimos (ex: inequívoca perseguição política) ou não atender às exigências legais, o particular tem o direito de requerer tutela judicial, para interromper a ação expropriatória.

Além do direito à **justa indenização** (exceto no caso de desapropriação-confisco), que nem sempre precisa ser feita em dinheiro (vide desapropriações-sanção), podemos ressaltar dois outros direitos do desapropriado, quais sejam: o **direito de retrocessão** e o **direito de extensão**.

> **Atenção!**
>
> Se, em procedimento de desapropriação por interesse social, constatar-se que a área medida do bem é maior do que a escriturada no Registro de Imóveis, o expropriado receberá indenização correspondente à área registrada, ficando a diferença depositada em Juízo até que, posteriormente, se complemente o registro ou se defina a titularidade para o pagamento a quem de direito (STJ, REsp 1.466.747-PE, DJe 3/3/2015 - Inf. 556).

- **Direito de retrocessão** é o direito do proprietário de exigir o bem de volta, caso seja-lhe dado destino não declarado na desapropriação. Há, no caso, **tredestinação** do bem ou desvio de finalidade do ato de desapropriação. Para alguns autores, a retrocessão proporciona ao expropriado apenas o pagamento de perdas e danos.

▸ **Atenção!**

O direito de retrocessão só será cabível se a nova destinação não for pública (**tredestinação ilícita**). Para que o expropriado tenha direito à devolução do imóvel é necessário que o Poder Público dê ao bem, destinação que não atenda ao interesse público (STJ, REsp 1025801, DJe 08/09/2009).

A **adestinação** ocorre quando não se utiliza o bem expropriado em qualquer finalidade, ela também pode justificar a retrocessão.

- **Direito de extensão** é o direito do expropriado de exigir (administrativamente ou em ação própria) que a desapropriação seja complementada, alcançando parte do bem que não foi incluída no ato declaratório, mas tornada inútil, pela desapropriação.

▸ **Como esse assunto foi cobrado em concurso?**

No concurso para o cargo de Procurador do Município de Boa Vista (Cespe/2010), foi considerada errada a seguinte assertiva: *"Cabe a retrocessão quando o expropriante dá ao imóvel uma destinação pública diferente daquela mencionada no ato expropriatório"*.

No concurso para o cargo de Defensor Público da União (Cespe/2010), foi considerada errada a seguinte assertiva: *"Autoridade municipal competente desapropriou área pertencente a João, para a construção de um hospital público. Após o processo de desapropriação, verificou-se ser mais necessário construir, naquela área, uma escola pública, visto que o interesse da população local já estar sendo atendido por hospital construído na cidade. Nessa situação, João tem direito de exigir de volta o imóvel e pleitear indenização por perdas e danos"*.

No mesmo concurso (DPU-Cespe/2010), foi considerada errada a seguinte assertiva: *"As indenizações referentes a processo de desapropriação sempre devem ser pagas em moeda corrente ao expropriado"*.

Em relação a eventual arrendatário do imóvel expropriado, o STJ já prolatou julgado entendendo que a União é parte legítima para figurar no polo passivo de ação em que o arrendatário objetive ser indenizado pelos prejuízos decorrentes da desapropriação, por interesse social para a reforma agrária, do imóvel arrendado. Tal raciocínio decorre da constatação de que o direito à indenização do arrendatário não se sub-roga no preço do imóvel objeto de desapropriação por interesse social para a reforma agrária, pois a relação entre arrendante (expropriado) e arrendatário é de direito pessoal. Não se aplica, nessa hipótese, o disposto pelo artigo 31 do Decreto-Lei 3.365/1941, pois a sub-rogação no preço ocorre apenas quanto aos direitos reais constituídos sobre o bem expropriado. (STJ. REsp 1.130.124-PR, Rel. Min. Eliana Calmon, j. 4.4.2013. 2ª T. - Info 522).

Segundo o STJ, é cabível a indenização por desapropriação em favor do possuidor do imóvel, hipótese na qual inaplicável o teor do art. 34 do Decreto-Lei

3.365/1941 uma vez inexistente a dúvida sobre o domínio, sobremaneira quando o próprio ente expropriante, quando da propositura da ação, reconheceu essa situação (AREsp 1330637/SP, DJe 29/08/2018).

Por fim, convém destacar que o ente desapropriante não responde por tributos incidentes sobre o imóvel desapropriado, nas hipóteses em que o período de ocorrência dos fatos geradores é anterior ao ato de aquisição originária da propriedade (STJ. REsp 1.668.058-ES, DJe 14/6/2017).

## 3. SÚMULAS DO STF

- **Súmula 23.** Verificados os pressupostos legais para o licenciamento da obra, não o impede a declaração de utilidade pública para desapropriação do imóvel, mas o valor da obra não se incluirá na indenização, quando a desapropriação for efetivada.
- **Súmula 111.** É legítima a incidência do imposto de transmissão "inter vivos" sobre a restituição, ao antigo proprietário, de imóvel que deixou de servir à finalidade da sua desapropriação.
- **Súmula 157.** É necessária prévia autorização do presidente da república para desapropriação, pelos estados, de empresa de energia elétrica.
- **Súmula 164.** No processo de desapropriação, são devidos juros compensatórios desde a antecipada imissão de posse, ordenada pelo juiz, por motivo de urgência.
- **Súmula 218.** É competente o juízo da fazenda nacional da capital do Estado, e não o da situação da coisa, para a desapropriação promovida por empresa de energia elétrica, se a União Federal intervém como assistente.
- **Súmula 378.** Na indenização por desapropriação incluem-se honorários do advogado do expropriado.
- **Súmula 416.** Pela demora no pagamento do preço da desapropriação não cabe indenização complementar além dos juros.
- **Súmula 476.** Desapropriadas as ações de uma sociedade, o poder desapropriante, imitido na posse, pode exercer, desde logo, todos os direitos inerentes aos respectivos títulos.
- **Súmula 561.** Em desapropriação, é devida a correção monetária até a data do efetivo pagamento da indenização, devendo proceder-se à atualização do cálculo, ainda que por mais de uma vez.
- **Súmula 617.** A base de cálculo dos honorários de advogado em desapropriação é a diferença entre a oferta e a indenização, corrigidas ambas monetariamente.
- **Súmula 618.** Na desapropriação, direta ou indireta, a taxa dos juros compensatórios é de 12% (doze por cento) ao ano.
- **Súmula 652.** Não contraria a Constituição o art. 15, § 1º, do Decreto-Lei 3365/1941 (Lei da desapropriação por utilidade pública).

## 4. SÚMULAS DO STJ

- **Súmula 12.** Em desapropriação, são cumuláveis juros compensatórios e moratórios.
- **Súmula 56.** Na desapropriação para instituir servidão administrativa são devidos os juros compensatórios pela limitação de uso da propriedade.
- **Súmula 67.** Na desapropriação, cabe a atualização monetária, ainda que por mais de uma vez, independente do decurso de prazo superior a um ano entre o cálculo e o efetivo pagamento da indenização.
- **Súmula 69.** Na desapropriação direta, os juros compensatórios são devidos desde a antecipada imissão na posse e, na desapropriação indireta, a partir da efetiva ocupação do imóvel.
- **Súmula 70.** Os juros moratórios, na desapropriação direta ou indireta, contam-se desde o trânsito em julgado da sentença.
- **Súmula 113.** Os juros compensatórios, na desapropriação direta, incidem a partir da imissão na posse, calculados sobre o valor da indenização, corrigido monetariamente.
- **Súmula 114.** Os juros compensatórios, na desapropriação indireta, incidem a partir da ocupação, calculados sobre o valor da indenização, corrigido monetariamente.
- **Súmula 119.** A ação de desapropriação indireta prescreve em vinte anos.
- **Súmula 131.** Nas ações de desapropriação incluem-se no cálculo da verba advocatícia as parcelas relativas aos juros compensatórios e moratórios, devidamente corrigidas.
- **Súmula 141.** Os honorários de advogado em desapropriação direta são calculados sobre a diferença entre a indenização e a oferta, corrigidas monetariamente.
- **Súmula 408.** Nas ações de desapropriação, os juros compensatórios incidentes após a Medida Provisória N. 1.577, de 11/06/1997, devem ser fixados em 6% ao ano até 13/09/2001 e, a partir de então, em 12% ao ano, na forma da Súmula n. 618 do Supremo Tribunal Federal.

# Referências


BARCELOS, Dawison. TORRES, Ronny Charles Lopes de. Licitações e contratos nas empresas estatais. Salvador: Editora Juspodivm, 2018.

BARROSO, Luís Roberto. "O Estado contemporâneo, os direitos fundamentais e a redefinição da supremacia do interesse público". In: prefácio ao livro *Interesse públicos versus interesses privados: desconstruindo o princípio de supremacia do interesse público*, Rio de Janeiro: Lumen Juris, 2005, p. XV.

BINENBOJM, Gustavo. Uma Teoria do Direito Administrativo. 1ª edição, Rio de Janeiro, Renovar, 2006.

BITTENCOURT, Marcus Vinícius Corrêa. Manual de Direito Administrativo. 4ª edição, Belo Horizonte, Fórum, 2010.

BITTENCOURT, Sidney. Licitação passo a passo. 9ª edição. Belo Horizonte: Fórum, 2017.

BOBBIO, Norberto. Teoria do ordenamento jurídico. 10ª edição. Brasília: UNB, 1999.

________. Da estrutura à função: novos estudos de teoria do direito. Tradução de Daniela Becccia Versiani. Barueri,SP: Manole, 2007.

________. O futuro da democracia. 10ª edição. São Paulo: Paz e terra, 200[illegible].

________. O positivismo jurídico: lições de filosofia do direito. São Paulo: Ícone, 2006.

BRAGA, Valeschka e Silva. Princípios da proporcionalidade & da razoabilidade. 2ª. ed. Curitiba: Juruá, 2008.

BRASIL, Presidente. PLANO DIRETOR DA REFORMA DO APARELHO DO ESTADO: Presidência da República, Câmara da Reforma do Estado, Ministério da Administração e Reforma do Estado, 1995. Disponível em: ‹http://www.planalto.gov.br/publi_04/COLECAO/PLANDI.HTM›. Acesso em: 08/08/08, às 17:04:45.

BRASIL, Presidente. PLANO DIRETOR DA REFORMA DO APARELHO DO ESTADO: Presidência da República, Câmara da Reforma do Estado, Ministério da Administração e Reforma do Estado, 1995. Disponível em: ‹http://www.planalto.gov.br/publi_04/COLECAO/PLANDI.HTM› Acesso em: 08, agosto 2008, às 17:04:45.

BRESSER-PEREIRA, Luiz Carlos. Estratégia e estrutura para um novo Estado. Revista de Economia Política. vol. 17, nº 3 (67), julho-setembro/997.

BRESSER-PEREIRA, Luiz Carlos. Reforma da gestão e avanço social em uma economia semi-estagnada. Semi-Estagnada. Revista Brasileira de Administração Pública, Rio de Janeiro, v. 38, n. 4, p. 543-560, 2004.

CANOTILHO, José Joaquim Gomes. O Direito Constitucional Passa, o Direito Administrativo Passa Também. In Estudos em Homenagem ao Prof. Doutor Rogério Soares. Boletim da Faculdade de Direito da Universidade de Coimbra. Coimbra: Coimbra Editora, 2001.

CARDOZO, José Eduardo Martins. Empresas estatais que exploram atividade econômica e seu dever de licitar. In; FIGUEIREDO, Marcelo e PONTES FILHO, Marcelo (Organizadores). Estudos de direito público em homenagem a Celso Antonio Bandeira de Mello. Malheiros, 2006. p. 333-371.

CARVALHO FILHO, José dos Santos. Manual de direito administrativo, 23ª ed. Rio de Janeiro: Lúmen Júris, 2010.

CARVALHO, Matheus. Manual de direito administrativo. Salvador: JusPodivm, 2014.

CARVALHO, Raquel Melo Urbano de. Curso de Direito Administrativo. Volume I. Salvador: JusPodivm, 2008.

COUTINHO, Alessandro Dantas; e RODOR, Ronald Krüger. Manual de Direito Administrativo. São Paulo: Método, 2015.

COUTINHO, Ana Luísa Celino. Servidor público: reforma administrativa, estabilidade, emprego público, direito adquirido. Curitiba: Juruá, 2003.

CUNHA JÚNIOR, Dirley da. Curso de Direito Administrativo. 8ª edição. Salvador: JusPodivm, 2009.

DI PIETRO, Maria Sylvia Zanella. Direito Administrativo. 20ª edição. São Paulo: Atlas, 2007.

________. Parcerias na administração pública: concessão, permissão, franquia, terceirização, parceira público-privada e outras formas. 5ª ed. São Paulo: Atlas, 2005.

DOTTI, Marinês Restelatto e PEREIRA JÚNIOR, Jessé Torres. Políticas públicas nas licitações e contratações administrativas. Belo Horizonte: Fórum, 2009.

FEITOSA, Maria Luíza P. A. Mayer. Paradigmas inconclusos: os contratos entre a autonomia privada, a regulação estatal e a globalização dos mercados. Coimbra: Coimbra, 2007.

FIGUEIREDO, Lúcia Valle (Coordenadora). Comentários à lei federal de processo administrativo. Belo Horizonte: Fórum, 2004.

FIGUEIREDO, Marcelo. *Teoria Geral do Estado.* 2ª edição. São Paulo: Atlas, 2001.

FRANÇA. Wladimir da Rocha, Reflexões sobre a prestação de serviços públicos por entidades do terceiro setor. Revista Eletrônica sobre a Reforma do Estado. Nº 06. 2006.

FURTADO, Lucas Rocha. Curso de Direito Administrativo. 1ª edição, Belo Horizonte, Editora Forum, 2007.

JUSTEN FILHO, Marçal. Curso de direito administrativo. Belo Horizonte: Fórum, 2011.

MACHADO, Hugo de Brito. Introdução ao estudo do Direito. 2ª ed. São Paulo: Saraiva, 2004. p. 210.

MÂNICA, Fernando Borges. Panorama histórico-legislativo do terceiro setor no Brasil: Do conceito de terceiro setor à Lei das OSCIP. In OLIVEIRA, Gustavo Henrique Justino de. (Organizador). Direito do terceiro setor: Atualidades e perspectivas. Curitiba: OAB, Seção do Paraná, 2006. Pág. 17-42.

MARINELA, Fernanda. Direito Administrativo. 4ª ed. Niterói: Impetus, 2010.

MARTINS, Humberto Falcão. Em busca de uma teoria da burocracia pública não-estatal: Política e administração no terceiro setor. Revista de administração contemporânea, v.2, nº 3, set/dez, 1998, pág. 109-128.

MAURÍCIO JR. André Jackson de Holanda. TORRES, Ronny Charles Lopes de. *Improbidade Administrativa*. 4ª ed. Salvador: JusPodivm, 2018.

MAZZA, Alexandre. Manual de Direito Administrativo. São Paulo: Saraiva, 2011.

MEIRELES, Hely Lopes . Direito administrativo brasileiro. São Paulo: Malheiros, 2003.

MELLO, Celso Antonio Bandeira de. Curso de Direito Administrativo. 19ª edição. São Paulo: Malheiros, 2005.

MERCADANTE, Armando. Direito Administrativo (Coleção informativos comentados). Salvador: JusPodivm, 2010.

MODESTO. Paulo. Reforma do Estado, Formas de Prestação de Serviços ao Público e Parcerias Público-Privadas: Demarcando as fronteiras dos conceitos de serviço público, serviços de relevância pública e serviços de exploração econômica para as parcerias público-privadas. In: OSÓRIO, Fábio Medina; VILLELA, Marcos Juruena. (Org.). Direito Administrativo: Estudos em Homenagem a Diogo Figueiredo Moreira Neto. Rio de Janeiro: Lumen Juris, 2006. p. 1.009-1.051.

MOREIRA NETO, Diogo de Figueiredo. Curso de Direito Administrativo. Rio de Janeiro: Forense, 2003.

OLIVEIRA, Gustavo Henrique Justino de; MÂNICA, Fernando Borges. Organizações da sociedade civil de interesse público: termo de parceria e licitação. Fórum Administrativo, n. 49, p. 5225-5237, mar. 2005.

OLIVEIRA, Rafael Carvalho Rezende. Princípios do Direito Administrativo. Rio de Janeiro: Lumen Juris, 2011.

PAES, José Eduardo Sabo. Fundações e entidades de interesse social: aspectos jurídicos, administrativos, contábeis e tributários. 2ª Ed. Brasília: Brasília Jurídica, 2000.

ROCHA, Sílvio Luís Ferreira da. Terceiro Setor. 2ª edição. São Paulo: Malheiros, 2006.

SANTOS, Boaventura de Sousa. Para uma reinvenção solidária e participativa do Estado. In Sociedade e Estado em transformação. Bresser-Pereira, Luiz Carlos; WILHEIM, Jorge e SOLA, Lourdes (orgs.). Sociedade e Estado em Transformação. UNESP/ENAP, 1999.

SCATOLINO, Gustavo; e TRINDADE, João. Manual de Direito Administrativo. 3ª edição, Salvador: JusPodivm, 2015.

SILVA, José Afonso da, Curso de Direito Constitucional Positivo. 9ª edição, São Paulo: Malheiros, 1993.

TORRES, Ronny Charles Lopes de. Leis de licitações comentadas. 9ª edição. Salvador: JusPodivm, 2018.

_______. Terceiro Setor: entre a liberdade e o controle. Salvador: Editora Juspodivm, 2013.

TORRES, Ronny Charles Lopes de. MARRY, Michelle. Regime Diferenciado de Contratações – RDC. Salvador: Juspodivm, 2014.

TORRES, Silvia Faber. O princípio da subsidiariedade no Direito Público contemporâneo. Rio de Janeiro: Renovar, 2001.